Dinges/Worm (Hg.)

Siegfried Walter:
Autismus – Erscheinungsbild, Ursachen und Behandlungsmöglichkeiten

W0194216

Siegfried Walter setzt sich in diesem Kompendium der Autismusforschung in wissenschaftlich fundierter Weise mit dieser Problematik auseinander. Neben der Beschreibung der Theorien zum Thema Autismus werden Behandlungsansätze und ihre Umsetzbarkeit in der Praxis kritisch dargestellt. Siegfried Walter studierte Diplompädagogik an der Justus-Liebig-Universität in Gießen. Danach sammelte er praktische Erfahrungen am Autismus-Therapie-Institut in Langen, welches dem Regionalverband Rhein-Main e. V.: "Hilfe für das autistische Kind" angehört. Seit dem Jahre 2000 fördert er autistische Kinder an den Schulen. Hierbei wendet er auch die Methoden der gestützen Kommunikation an.

Gedruckt auf umweltbewusst gefertigtem, chlorfrei gebleichtem und alterungsbeständigem Papier.

1. Auflage 2001
© by Persen Verlag GmbH, Buxtehude

5. Auflage 2014
© by Persen Verlag, Hamburg
AAP Lehrerfachverlage GmbH

Herausgegeben von:
Erik Dinges und Heinz-LotharWorm

ISBN 978-3-8344-**3809**-6

www.persen.de

Siegfried Walter

Autismus –

Erscheinungsbild, Ursachen und

Behandlungsmöglichkeiten

Persen Verlag
www.persen.de

Inhaltsverzeichnis

Vorwort

Der vorliegende Band über das Phänomen „Autismus" stellt ein ausgewähltes Kompendium der Autismusforschung dar. So werden nicht nur die in der gängigen Literatur wiederzufindenden Erscheinungsbilder und Ansätze beschrieben, sondern diese auch bezüglich ihrer möglichen Umsetzbarkeit in der Praxis kritisch diskutiert.

Er dürfte für alle Studierenden der Heil- und Sonderpädagogik eine Hilfe in der Auseinandersetzung mit dieser Störung sein.

Gießen, im August 2001

Erik Dinges   Heinz-Lothar Worm

1 Einleitung

„Wenn man einem Kind zuschauen muß, das sich unentwegt in die eigene Hand beißt, das wie hypnotisiert einen Aschenbecher rotieren läßt, das stundenlang ein Staubkorn anstarrt oder wie ein verwundetes Tier aufschreit, sobald sich ihm jemand nähert, das stundenlang mit den Händen sein Gesicht beklatscht oder das sich mit seinem eigenen Kot den Körper beschmiert – all dies mit einem leeren Blick in den Augen –, da kann man es mit der Angst zu tun bekommen. Das ist das autistische Kind. Es ignoriert einen und wehrt jede Art von menschlichem Kontakt ab. Es hört nicht zu, spricht mit niemanden und läßt sich nicht berühren" (DELACATO 1985, 9).

So verhalten sich aber keineswegs alle autistischen Kinder! Bei meinen praktischen Erfahrungen mit autistischen Kindern kam ich zum Resultat, dass die Bandbreite an diversen Ausdruckformen und Schweregraden so beträchtlich ist, dass, wie es Herr Rödler in seiner Dissertation so treffend formulierte, der Begriff Autismus sein Existenzrecht verliert (vgl. RÖDLER 1983, 3).

Als ich das erste Mal in der Praxis mit autistischen Kindern zu tun hatte, half mir die Theorie hierzu nur begrenzt weiter. Ohne diese Kinder defektorientiert zu betrachteten, lernte ich sie als Menschen kennen, die auf Grund emotionaler oder organischer Probleme gehandicapt sind und in einem veränderten, uns fremdartigen Kontakt zur Umwelt stehen. Die häufiger beobachtete Isolierung von der menschlichen Umwelt steht dabei in scharfem Kontrast zu ihren Begabungen im räumlich-visuellen Bereich. Über mein umfangreiches Literaturstudium bin ich zu dem Fazit gelangt, dass sich unter dem Begriff „Autismus" sowohl Patienten mit wahrnehmungsgestörter Symptomatik, als auch mit psychogener Ätiologie befinden.

Immer wieder, insbesondere in der Sensationspresse, wird beim Autismus von einer faszinierenden und rätselhaften Behinderung gesprochen. Die Eltern und Betreuer hingegen erfahren beim Kind vor allem eine tiefgreifende Entwicklungsstörung, welche sie oftmals an die Grenze ihre Belastungsfähigkeit bringt. Die Früherkennung gestaltet sich für viele Eltern schwierig, da das autistische Phänomen auf Grund seiner Seltenheit in der Allgemeinbevölkerung noch relativ unbekannt ist. Seit dem Kinoerfolg von „Rain Man" und den Auszügen des über gestützte Kommunikation schreibenden Birger Sellin (vgl. Kapitel 4.5.2)[1] hat sich hier jedoch einiges bewegt. Vor allem in den Bereichen, in welchen Autisten betreut werden, wurde wieder vermehrt nach effektiven Therapie- und Förderungsmöglichkeiten gefragt. Insbesondere die nach wie vor umstrittene gestützte Kommunikation (FC) wird zunehmend häufiger bei der Förderung autistischer Kinder eingesetzt.

---

[1] Auszüge aus seinem ersten Buch: „Ich will kein inmich sein" erschienen im Spiegel. Auch gab er eine Demonstration in Stern-TV ab

Seit nunmehr über 50 Jahre beschäftigen sich Spezialisten unterschiedlichster Fachrichtungen[2] mit dem autistischen Phänomen. Die Erklärungsmodelle und Behandlungsmethoden orientierten sich dabei auch an den epochal-kulturellen Normen der Gesellschaft, wobei bis heute keine als gesichert gilt! Lange Zeit ging die Fachwelt davon aus, dass der pathogene Einfluss der Eltern auf ihr Kind die Ich-Entwicklung einschränkt bzw. verhindert. Ende der 60er-Jahre wurden jedoch vermehrt organische Beeinträchtigungen entdeckt, so dass diese Hypothese zunehmend in den Hintergrund geriet. Parallel dazu nahm die literarische Vielfalt an neuen Behandlungsmethoden und Erklärungsansätzen, insbesondere aus dem amerikanischen Raum, immer mehr zu. Neueinsteiger[3] sehen sich dabei auf diesem Gebiet gegenwärtig mit einer solchen Fülle von Verursachungstheorien und Behandlungsvorschlägen konfrontiert, dass nur allzu leicht Verunsicherung entsteht, welche Ursache oder Behandlung für den Autisten denn nun in Frage komme. Einige Autoren hatten daher bereits in der Vergangenheit ihr Ziel gesetzt, spezielle Kompendien herauszugeben, die insbesondere den Neuling auf breiter Basis über Erscheinungsform, Ursachen und Behandlungsmöglichkeiten des gegenwärtigen Wissenstandes der Autismusforschung informieren, so dass dieser nicht mehr unbedingt auf die zahlreichen Publikationen diverser Disziplinen zurückgreifen muss (vgl. RÖDLER 1983; KEHRER 1989; DZIKOWSKI 1996; JANETZKE 1997).

Mit diesem Buch möchte ich nun jedoch bei einer Auswahl an Autoren, die mir auch vom historischen Standpunkt besonders wichtig erscheinen, zu weiterer Differenzierung in den drei Kategorien gelangen. Die überschaubare Klassifizierung der drei Kategorien (Erscheinungsform, Ursachen und Behandlungsmöglichkeiten) in Unterpunkte soll dem theoretisch und praktisch arbeitenden Leser eine noch schnellere Vergleichbarkeit ermöglichen und ihn zum Weiterdenken anregen.

Es ist mir ein Bedürfnis, allen zu danken, die bei der Entstehung des Buches mitgewirkt haben. Mein besonderer Dank gilt Heinz-Lothar Worm (Hg.) für die Förderung einer schnellen Publizierung der Arbeit, Erik Dinges (Hg.) für das Lesen und Korrigieren der Manuskripte und meinen Eltern für die anregenden Diskussionen über den Autismus.

Aufbau des Buchs:

Zielsetzung: Mit diesem Kompendium möchte ich insbesondere Neulingen einen schnellen und übersichtlichen Einstieg ermöglichen. Die Systematik eignet sich aber auch für künftige wissenschaftliche Vergleiche zu noch nicht aufgeführten

---

[2] Mit dem autistischen Phänomen beschäftigen sich vor allem Wissenschaftler aus den Bereichen der Medizin, der Psychologie, der Pädagogik. Aber auch Fachleute aus Musik, Kunst, Gesellschaftswissenschaften, Jura, Ernährungswissenschaft, Verhaltensforschung und Anthroposophie können fachspezifische Thematiken oder Problemstellungen am Autismus reflektieren.

[3] Eltern mit einem autistisch behinderten Kind, Studenten diverser Disziplinen, Sonderpädagogen, Psychologen, Mediziner und weiter an Autismus Interessierte.

Autoren. Das Buch ersetzt keinesfalls praktische Erfahrungen, sondern versteht sich vielmehr als theoretische Ergänzung und Nachschlagewerk.

Schematik: Die literarische Vielfalt über Erscheinungsform, Ursachen und Behandlungsmethoden des Autismus soll in einer überschaubaren Systematik zusammengestellt, verglichen und an gegebener Stelle kritisch reflektiert werden.

Im zweiten Teil der Arbeit folgt nach einer Definition des Autismus ein historischer Abriss, die Diagnosekriterien, die Hauptkriterien beim Erscheinungsbild, Ursachen und Behandlungsmöglichkeiten sowie die Epidemiologie des Autismus.

Im dritten Teil der Arbeit werden namhafte Autoren, deren profunde Kenntnisse wegbereitend für die Forschung waren, mit ihren jeweiligen Forschungsschwerpunkten herausgestellt. Ganz bewusst werden die Autoren ausführlicher besprochen, da ich meine, dass eine knappere Darstellung, wie ich sie schon öfter hierzu zu sehen bekommen habe, die „mentale Haltung" des Autors nicht mehr genügend berücksichtigt oder den Leser auf Grund unzureichender Details und Beispiele nicht mehr ausreichend informiert, so dass sich dieser nur ein vages Bild von dem Autor machen kann.

Zunächst werden Autoren mit klassischen, psychoanalytischen und verhaltenstherapeutischen Ansätzen besprochen (vgl. KANNER 1943ff.; ASPERGER 1944ff.; BETTELHEIM 1975ff.; MAHLER 1972f.; LOVAAS 1966ff.; SCHREIBMANN und KOEGEL 1976; SCHREIBMANN 1979a; ebd. 1979b; CORDES und WILKER 1976a; ebd. 1976b; CORDES 1979ff.; MILLER 1976f.).

Da die psychiatrischen Einrichtungen für die Behandlung von autistischen Störungen schon immer eine wichtige Rolle gespielt haben, schließen sich daran mehrere Autoren aus dem psychiatrisch-neurologischen Bereich an. Die recht bekannten Autoren O´Gorman und J. K. Wing zeigen dabei, wie sie mit eigenen und fremden Beobachtungen, Verursachungstheorien und Interventionsmöglichkeiten durchaus gelungene Interventionsprogramme zusammenstellen können. Weber und Wurst liefern dabei neue, auf empirischer Basis nachgewiesene Beiträge zur Diagnoseerstellung (vgl. O´GORMAN 1976; J. K. WING 1977; WEBER 1970; WURST 1976).

Die Ethologen Delacato und Tinbergen liefern neue Beobachtungen, die sie in neue theoretische Modelle integrieren (vgl. DELACATO 1985; TINBERGEN 1984).

Bei allen nachfolgenden Autoren erschien mir eine systematische Aufteilung (auch aus arbeitstechnischen Gründen) nicht mehr sinnvoll. Bei dem materialistisch orientierten Autor Georg Feuser ist z.B. die Erscheinungsform eher nebensächlich gegenüber der Zeittheorie, die hier großen Raum einnimmt (vgl. FEUSER 1979).

Im vierten Teil folgen die fachtherapeutischen Interventionsmöglichkeiten vor allem neuerer Autoren, die mit ihren Theorien und Methoden einen Teilbeitrag zur Gesamtförderung autistischer Kinder leisten wollen.

2 Der Autismus

2.1 Geschichte der Behandlung und Förderung von Behinderten

Warum ein historischer Rückblick für Behinderte? Der folgende historische Rückblick soll vergegenwärtigen, dass meiner Ansicht nach mit Sicherheit auch in der Vergangenheit vor Kanner und Asperger autistische Kinder als geistig- und seelisch behinderte Kinder eingeordnet wurden. Zudem erscheint es mir sinnvoll, die historische Entwicklung unter dem Aspekt der Förderungsmöglichkeiten für behinderte Kinder näher zu beleuchten, damit deutlich wird, dass viele Reformen durch engagierte Einzelpersonen und Elternbewegungen erreicht wurden. Obwohl der Autismus heute klar von der geistigen Behinderung unterschieden werden muss, so werden auch gegenwärtig autistische Kinder in Schulen für praktisch Bildbare und den Einrichtungen der Lebenshilfe für geistig Behinderte betreut. Das Entwicklungsniveau vieler autistischer Menschen reicht von einer selektiven Hochbegabung bis zur Idiotie.

Vor dem Christentum: In der Kulturform der Jäger und Sammler wurde nach SEE wenig Rücksicht auf kranke oder geschädigte Gruppen- oder Stammesmitglieder genommen. In der jüngeren Stein- und Bronzezeit bestand im Rahmen des Ackerbaus oder der Viehzucht die Möglichkeit, sich der Betreuung geschädigter Menschen zu widmen (vgl. SEE 1973, 28 und KOBI 1977, 83f.). In den alten Hochkulturen der Sumerer, Babylonier und Ägypter sowie bei den Germanen hatten es die Eltern in der Gewalt, was mit dem Nachwuchs geschehen solle. Nach sumerischem Recht durften die Eltern ihre Kinder enterben und verkaufen. In Babylon durften Neugeborene sogar getötet werden (vgl. KOBI 1977, 83f.). Man kann plausiblerweise davon ausgehen, dass autistische Kinder auf niedrigem Funktionsniveau als geistig Behinderte eingestuft wurden und als Geisteskranke, wenn das Funktionsniveau höher lag. Dies führte dann zu den nachfolgenden Konsequenzen:

Nach der Etablierung des Christentums: Mit dem Aufkommen des Christentums im vierten Jahrhundert wurden geistig Behinderte isoliert in Klöstern und Armenhäusern erzogen (vgl. SEE 1973, 83f.). Einen Platz in der Gesellschaft bekamen sie dadurch aber nicht. Während vor dem Christentum einem Dämon die Behinderung zugeschrieben wurde, so wurde sie jetzt als Strafe Gottes verstanden. Behinderung wurde oft mit dem „Dämonischen" bzw. mit dem „Bösen" gekoppelt. Die Ursachen wurden häufig in einer Schuldfrage gesucht. Behinderte Kinder passten nicht zum Ebenbild Gottes (vgl. KOBI 1977, 87f.). Obwohl im 16. Jahrhundert eine verstärkte medizinische Erforschung stattfand und die Probleme deutlicher hervortreten ließ, passierte auf der interventiven Ebene so gut wie nichts, da keine Heilungsaussichten zu bestehen schienen (vgl. MÜHL 1971, 177ff.; MEYER 1973, 26ff.; SCHRÖDER 1983). Im 18. Jahrhundert wandte sich nur Pestalozzi bei der Förderung auch geistig Behinderten zu. Ein wesentlicher Schritt vollzog sich nach der französischen Revolution, in der sich die Bevölkerung vermehrt in der Behandlung von Sklaven, Gefangenen, Kranken, Blinden und Tauben engagierte. Parallel dazu wurde das Recht auf Bildung auch für

Geschädigte gefordert. Mit der ersten Taubstummenanstalt (1770) und der ersten Blindenschule (1784) wurde das Sonderschulwesen etabliert (vgl. BESCHEL 1974, 44f.).

Trennung zwischen „Irrsinn" und „Blödsinn": Im 18. Jahrhundert wurde in der psychiatrischen Praxis zwischen „Irrsinnigen" und „Blödsinnigen" differenziert. Taubstummenlehrer, darunter auch Itard (1774–1838), behandelten nach deren Auffassung „blödsinnige" Kinder (vgl. SCHUMANN 1940, 610ff.; JANTZEN 1974, 58). Itard, der auch den wilden Jungen von Aveyron behandelte, leitete ein neues Erziehungswesen ein, welches später von Séguin fortgesetzt wurde. Obwohl der Psychiater Pinel den Jungen als „unheilbar einstufte, förderte Itard den Jungen auf affektiver und intellektueller Basis (vgl. KANNER 1964, 12ff.; MEYER 1973, 78; HÄNSEL 1974, 23ff.). Auch viele Förderkonzepte für autistische Kinder dürfen wohl als modifizierte Behandlungsmodelle historischer Persönlichkeiten angesehen werden. In Anlehnung an Itard und Séguin entwickelte etwa Montessori (1870–1952) einen Teil ihrer Materialien. Die Muskel- und Sinnesübungen zum Erwerb technischer Fertigkeiten hat sie weitgehend übernommen (vgl. HÄNSEL 1974, 186ff.). 1838 wurde vom Stadtpfarrer Haldenwang (1803–1862) die erste süddeutsche „Rettungsanstalt für schwachsinnige Kinder" gegründet (vgl. KLEVINGHAUS 1972, 7ff.). Von 27 der seit 1870 gegründeten Anstalten sind nur drei durch die Behörden erfolgt. Der Rest erfolgte auf privater Initiative. Der Begriff „Heilpädagogik" wurde von Georgenes (1823–1886) und Deinhardt (1821–1880) geprägt. Sie leiteten in Baden bei Wien die „Heilpflege- und Erziehungsanstalt Levena" (vgl. GEORGENS und DEINHARDT 1871; ebd. 1979; BESCHEL 1965, 58ff.; BACHMANN 1979, 9ff.; SELBMANN 1982; ebd. 1983). Im Gegensatz zu den Irrenanstalten, welche von Ärzten geleitet wurden, standen die Idiotenanstalten unter der Leitung von Geistlichen und Pädagogen (vgl. GEIGER 1977). Den Bezeichnungen „Idiot" und „Blödsinn" waren nicht nur geistig Behinderte und Lernbehinderte untergeordnet (vgl. GERHARDT 1904, 68f.; BESCHEL 1965, 26; BEGEMANN 1970, 93ff.; JANTZEN 1974c, 58f.), sondern nach meiner Ansicht auch autistische Kinder mit stärkerem Behinderungsgrad (mit geistiger Behinderung). Um 1880 konnten mit der Gründung der ersten Hilfsschulen nur 10 % der „blödsinnigen" Kinder in Heimen und Anstalten unterkommen. Die übrigen Kinder blieben ohne Bildung zu Hause oder besuchten die Volksschule (vgl. MÖCKEL 1979, 49). Kern und Stötzner setzten sich dafür ein, dass in allen größeren Städten Schulen für Schwachbefähigte gegründet werden. Die Hilfsschulen für „Debile" wurden somit auch für „Imbezille" erweitert (vgl. MYSCHKER 1969, 19; BEGEMANN 1970, 30ff.; KLEVINGHAUS 1972, 27ff.; MÖCKEL 1979, 57f.).

Nationalsozialismus: Die im Nationalsozialismus verbreitete Ideologie und Praxis von der „Vernichtung lebensunwerten Lebens" setzte nicht plötzlich ein, sondern basierte auf vorangegangenen öffentlichen Diskussionen und Meinungen und stellte nicht nur ein deutsches Phänomen dar (vgl. KANNER 1964, 128ff.). Das inhumane Menschenbild wurde von dem Strafrechtler Binding und dem Psychiater

Hoche in der Publikation: „Die Freigabe der Vernichtung lebensunwerten Lebens" ins Leben gerufen. Als ‚unheilbar Blödsinnige' bezeichneten sie den Aspekt, dass keine Gefühlsbeziehungen zur Umwelt aufgenommen werden können (vgl. FOUQUET 1978, 45ff.). Dem Rassenwahn fielen geistig und psychisch behinderte Kinder und Erwachsene zum Opfer.

Förderung um 1960: Es wäre noch hinzuzufügen, dass 1962 in Hessen die erste Schule für praktisch Bildbare (Albert-Griesinger-Schule) in Frankfurt gegründet wurde und 1958 auf Elterninitiative die „Elternvereinigung Lebenshilfe für das geistig behinderte Kind" ins Leben gerufen wurde. In den 60er-Jahren wurde in fast allen Bundesländern die Schulpflicht für geistig Behinderte (inklusive autistischer Kinder auf dem Funktionsniveau der geistigen Behinderung) gesetzlich verankert (vgl. HOFMANN 1970; JANTZEN 1974c, 72; SPECK 1980, 25; BESCHEL 1974, 52ff. in ebd., 19). Heute wird ein großer Teil der autistischen Kinder in Schulen für praktisch Bildbare und in den Einrichtungen der Lebenshilfe betreut.

1970 wurde die Elternvereinigung: „Hilfe für das autistische Kind" gegründet, da spezielle Beratungs- und Förderkonzepte für die autistischen Menschen benötigt wurden (vgl. JABOBS 1984, 38ff.).

2.2 Geschichte und Definition des Autismus-Begriffs

1799 ITARD

In der französischen Gemeinde Aveyron wurde von den Bewohnern ein 12-jähriger verwilderter Junge im Wald aufgegriffen und unter die Obhut des sehr bekannten Arztes J.M.G. Itard gebracht. Einige Dokumentationen, die Itard über die sonderbaren Verhaltensweisen des Jungen anfertigte, ließen in Fachkreisen die Meinung aufkommen, dass der Junge, den Itard Victor nannte, autistische Verhaltensweisen zeigte (vgl. ITARD 1799 in J. K. WING 1971, 16 und in BETTELHEIM 1977, 465).

1883 KRAEPLIN

Mitte und Ende des 18. Jahrhunderts wurden in der medizinischen Literatur erste Arbeiten über psychische Erkrankungen im Kindesalter publiziert. Ein wichtiger Vertreter ist hierbei Kraeplin, der bei 3,5% seiner Patienten einen Krankheitsbeginn vor dem 10. Lebensjahr (retrograd) feststellte. Der schon legendäre Kraeplin-Pessimismus (schlechte Zukunftsprognosen bei allen diagnostizierten Schizophrenien) kennzeichnet auch seine Fallgeschichten (vgl. KRAEPLIN 1883 in SAMMECK 1973).

1911 BLEULER

Entstehung des Begriffs: Bleuler prägte 1911 als Erster den medizinischen Terminus „Autismus" in seiner interdisziplinär recht bekannten Schizophrenie-monographie: „Dementia praecox". Die Etymologie des Terminus' basiert auf dem

18

griechischen Wort: „autos" (dt: selbst) und bezeichnet eine Zurückgezogenheit des Individuums auf sich selbst (extreme Selbstbezogenheit) (vgl. BLEULER 1911 in BOSCH 1962; SAMMECK 1973, 12; ebd., 60; L. WING 1973, 14).

Hintergrund: Im Rahmen der zunehmenden Etablierung der Fachrichtung Psychiatrie auf dem medizinischen Fachgebiet wurden neben den Erwachsenen-psychosen immer mehr auch die Kindheitspsychosen untersucht. Ein wichtiger Vertreter der ersten Stunde war Eugen Bleuler. Er entdeckte bei psychotischen Kindern Verhaltensweisen, die den autistischen Grundsymptomen (Phasen) von Erwachsenenschizophrenien ähneln. Er erkannte darin noch kein eigenständiges Krankheitsbild, sondern ordnete die Symptome nosologisch den Schizophrenien zu (vgl. BLEULER 1923 in RÖDLER 1983, 12f.).

Erscheinungsform: Bleuler beschreibt mit dem Autismus einen Zustand, dem unter Umständen in schwierigen Situationen auch normale Menschen in leichter Ausprägung verfallen können. Daher reichen autistische Verhaltensweisen allein nicht für die Diagnose Schizophrenie aus. Bei den folgenden Erscheinungsformen hat Bleuler vor allem festgestellt, dass dem autistischen Denken Struktur und Schranken fehlen, um elementare Bereiche der Realität zu bewältigen.

Das Innenleben dominiert die Realität (Abkehr von der Realwelt, Flucht in eine Innenwelt). Bleuler schreibt dazu:

„Diese Loslösung von der Wirklichkeit zusammen mit dem relativen Überwiegen des Innenlebens nennen wir Autismus" (BOSCH 1962, 45).

Das Innenleben des Patienten in einer solchen autistischen Periode ist oft so real wie die Wirklichkeit. Oft wird sie mit ihr vermischt oder in schwersten Fällen als einzige Realität wahrgenommen. Wahrnehmungen, welche die Beziehung zur Realität nicht beeinträchtigen, gelten so lange als normal, solange sie nicht auffallen.

Autistisches Denken zeichnet sich durch realitätsferne Wünsche und Befürchtungen aus. Diese Patienten zeigen mangelnde Widerstandskraft gegen irgendwelche Triebe oder Einfälle (Dominanz der affektiven Bedürfnisse im Denkprozess). Der Patient akzeptiert in seinem autistischen Denken logische Gesetzmäßigkeiten nur dann, wenn sie mit dem gedanklichen Kontext harmonieren. In diesen autistischen Perioden denken viele Patienten in Symbolen, Analogien und unvollständigen Begriffen sowie in zufälligen Verbindungen, die für Außenstehende chaotisch erscheinen.

Außenstehende Personen nehmen sie häufig nur als „flüchtige Masken" war. Viele Patienten können sich auch wieder der Realität zuwenden und angepasst handeln und denken (vgl. BLEULER 1911 in BOSCH 1962, 44ff.; in RÖDLER 1983, 12f. und in SAMMECK 1973, 12).

Therapie: Da Bleuler im autistischen Zustandsbild noch kein eigenständiges Krankheitsbild erkannt hatte, versteht sich von selbst, dass es sich für ihn um Schizophrenien handelte.

Vergleich von Bleuler und Kraeplin: Bleuler sah zwar im Autismus noch kein eigenständiges Krankheitsbild, hielt aber einen Krankheitsbeginn im Kindesalter für möglich. Im Gegensatz zu Kraeplin lag jedoch bei dem Schweizer Psychiater Eugen Bleuler durch retrograde Diagnosen der Krankheitsbeginn bei 5% der Patienten vor dem 10. Lebensjahr. Seine Prognosen fielen im Gegensatz zu Kraeplin für diese Patientengruppe deutlich günstiger aus (vgl. KRAEPLIN 1883 mit BLEULER 1911 in BOSCH 1962, 44ff.; in SAMMECK 1973,12, 60 und in RÖDLER 1983, 12f.).

1925 DE SANCTIS

De Sanctis befasst sich als Erster unter dem Terminus: „dementia praecoxissima" viel mit kindlichen Psychosen und bereicherte die Wissenschaft mit detaillierten Beobachtungsaufzeichnungen. Er gilt daher als Pionier auf dem Fachgebiet der „Kindheitsschizophrenie" (vgl. DE SANCTIS 1925 in SAMMECK 1973, 60f.).

1933 POTTER

H.W. Potter stellte klare Diagnosekriterien für die Psychosen im Kindesalter auf. Er erkannte zudem, dass die Symptome der kindlichen Psychose in Relevanz zum Entwicklungsstand beim Beginn der Krankheit stehen (vgl. POTTER 1931 in SAMMECK 1973, 61f.).

1936 LUTZ

Lutz erweiterte die Diagnosekriterien von Potter, indem er auch den unterschiedlichen Verlauf der Krankheit während der gesamten Zeitspanne miteinbezog (vgl. LUTZ 1936 in SAMMECK 1973, 62f.).

1942 BENDER

Bender erweiterte die Sichtweise von Lutz, indem sie diverse Typen von Schizophrenien im Kindesalter aufstellte. In dieses Spektrum passen denn auch sehr viel mehr schwere Verhaltensstörungen (z.B.: auch schwere Phobien und starke Impulsivität) hinein als bei den anderen Autoren (vgl. BENDER 1942 in SAMMECK 1973, 63ff.).

1943 KANNER

Der amerikanische Kinderpsychiater Kanner verfasste in der medizinischen Fachzeitschrift „Nervous child" unter dem Titel: „Autistic disturbances of affective contact" einen Bericht über seine Untersuchungen und Erfahrungen mit autistischen Kindern. Damit war wieder ein Fortschritt verbunden; ein ganz entscheidender Schritt, da es ihm gelang, in der Nosologie der Psychosen ein neues Krankheitsbild zu etablieren. Im Gegensatz zu Bleuler fasste er damit den Autismus bei Kindern als eigenständiges Krankheitsbild auf. Ein Jahr später veröffentlichte er im Journal Pädiatrie weitere Untersuchungen unter dem Titel: „Early infantile autism", womit er den Begriff „frühkindlicher Autismus" in der Medizin etablierte (vgl. KANNER 1943 in FISCHER 1965, 165ff. u. in SAMMECK 1973, 65f.).

1944 ASPERGER

Unabhängig von Kanner (auf Grund der politischen Weltlage) verfasste der Wiener Pädiater Asperger einen Bericht für die Zeitschrift „Archiv für Psychiatrie und Nervenkrankheiten" unter dem Titel: „Die autistischen Psychopathen im Kindesalter". Darin schilderte er seine Beobachtungen an seiner Einrichtung in Wien. Seine Beschreibungen unterschieden sich zum Teil deutlich von Kanner und führten nachfolgend zu einer Aufspaltung von Kanner- und Asperger-Autisten im Autismusbegriff (vgl. ASPERGER 1944ff.). Er bezeichnete autistische Kinder in seinen Berichten als „Autistische Psychopathen". Bei seiner Begriffsfindung orientierte er sich an der klassischen Psychiatrie von Bleuler, der die Psychopathie als eine vererbbare Charakter- und Triebbesonderheit hervorhebt, die zu Konflikten mit sich selbst oder anderen führt (vgl. BLEULER 1966, 496 in RÖDLER 1983, 34). Im Gegensatz zu Kanner verzichtete er weitgehend auf psychologische Untersuchungsmethoden und zog seine Schlussfolgerungen primär aus seinen Beobachtungen, welche er in Anbetracht der damaligen Zeit sehr detailliert und mit ganz eigenem Stil darstellte.

1952 VAN KREVELEN

Der holländische Kinderpsychiater Van Krevelen veröffentlichte 1952 einen Artikel über Autismus in der Zeitschrift „Zeitschrift für Kinderpsychiatrie", in der er sich kritisch mit den Ansätzen von Kanner und Asperger auseinandersetzte. Dabei brachte er auch eigene Erfahrungen und Beobachtungen mit ein. In seiner Veröffentlichung im „Journal autism and childhood schizophrenia" 1971 versuchte er zudem, Gemeinsamkeiten aus beiden Ansätzen herauszuarbeiten. Er bezeichnete den kindlichen Autismus ganz direkt „Autismus infantum" (vgl. VAN KREVELEN 1971ff.).

Ab der Mitte des 20. Jahrhunderts wurde die Literatur auch durch das zunehmende Interesse anderer Mediziner, später auch der Psychologen und Pädagogen am kindlichen Autismus umfänglicher. Im Folgenden soll daher nur eine Auswahl der wichtigsten Vertreter auf diesem Gebiet aufgeführt werden.[4]

---

[4] Die Auswahl erfolgte nach meinem Ermessen auf Grundlage zahlreicher Diskussionen in div. Publikationen.

1958 MAHLER

Die Kinderanalytikerin Mahler beschäftigte sich schon seit 1930 mit psychischen Störungen und versuchte nun anhand ihrer konstituierten Entwicklungsphasen die Ursachen des Autismus unter traditionellen psychoanalytischen Anhaltspunkten zu erklären. Historisch gilt sie als Begründerin der psychoanalytischen Ursachenforschung beim Autismus. Ihr Modell über die Entwicklungsphasen unterscheidet sich jedoch in den zentralen Punkten stark von Bettelheim, der seine Theorien von der Selbstpsychologie ableitete. Trotzdem bildeten Mahlers Entwicklungsmodelle für viele nachfolgenden Autoren eine fundierte Ausgangsbasis für weitere Überlegungen und Modifikationen bei der Erklärung und Behandlung von Autismus und Psychosen im Kindesalter (vgl. MAHLER 1972; und dies. in DZIKOWSKI 1996, 118ff.).

1967 BETTELHEIM

Nach seinen traumatischen Erfahrungen in den Konzentrationslagern Dachau und Buchenwald leitete Bettelheim in Chicago die „Orthogenetic School", die von seinem besonderen Humanismus geprägt war. Ebenso wie Mahler erarbeitete Bettelheim ein Modell der Kindheitsentwicklung, mit dem er die Ursachen des Autismus in Beziehung bringen konnte. Im Gegensatz zu Mahler geht er bei seinen zentralen Überlegungen von einem Säugling aus, der aktiv auf die Umwelt reagiert. Besondere Kontroversen löste Bettelheim in den Fachkreisen durch die Schuldzuweisung an die Mutter beim Entstehungsprozess des Autismus aus. Trotzdem hat er viele Jahre mit seinem Hauptwerk: „The empty fortress" die internationale Literatur nachhaltig beeinflusst (vgl. BETTELHEIM 1976f.).

1975 DELACATO

Delacato et al. untersuchte seit 1952 die Erscheinungsbilder von hirnverletzten Patienten. Mit seinem Kollegen Doman stellte er die Theorie der neurologischen Organisation auf und entwarf das bekannte Doman-Delacato-Entwicklungsprofil. Zu seinen Patienten gehörten auch autistische Kinder. Seine profundeste Feststellung war, dass diese Kinder nicht psychotisch waren, sondern hirnverletzt. Die daraus resultierenden schweren sensorischen Sinnesstörungen stellten nun eine wichtige Erklärungsbasis für die zahlreichen Verhaltensstörungen der Kinder dar. Delacatos Theorien und Methoden gehören in Deutschland auch heute noch zu den Außenseitern. Hauptkritikpunkte sind die mangelnde Nachweisbarkeit der Hirnverletzungen in Beziehung zu den Symptomen. Auch stellte Weber fest, dass nicht alle Symptome mit Delacatos Theorie zu erklären sind und der Gleichgewichtssinn (für die Motorik verantwortlich) bei seinen fünf Sinnesbereichen fehlte (vgl. DELACATO 1985; ebd. in DZIKOWSKI 1996, 155ff.).

1979 FEUSER

Auf gesellschaftskritischer Basis entwarf Feuser von 1975–1979, beeinflusst durch seine Praxis als Direktor der Martin-Buber-Schule in Gießen, eine neue umfassende Theorie vom Autismus. Feuser kritisierte die bis dahin gängigen Methoden der natur- und geisteswissenschaftlichen Fakultäten aus der Biologie, Medizin und Psychologie, um neue Forschungsergebnisse zu gewinnen. Er wirft ihnen in Bezug auf die Heilung von Behinderungen eine einseitige defektorientierte Grundeinstellung vor, für die sie nun einen adäquaten Interventionsplan konstituieren wollen. Eine systematische Diskussion in der Behindertenpädagogik, in der die Forschungsergebnisse integriert und der gesellschaftliche Hintergrund mitberücksichtigt werden, um die Gesamtsituation des autistischen Kindes zu erfassen, fand nach Feusers Meinung bisher nicht statt. Stark beeinflusst von Seve, entwarf Feuser ein Modell von Realitätsaneignung und Verarbeitung, in dem die Wahrnehmungstätigkeit eines Individuums als Höhepunkt des dialektischen Verhältnisses zwischen Individuum und Umwelt zu verstehen ist (perzeptiv-operante Tätigkeit). Diese Tätigkeit ist beim autistischen Kind dysfunktional beeinträchtigt, so dass es sich in der Umwelt inadäquat verhält und sich die psychische Organisation gestört weiterentwickelt (vgl. FEUSER 1979).

2.3 Autismus ist nicht gleich Autismus!

Auf Grund des großen Spektrums von Beschreibungen, nosologischen Klassifikationen, Namen und differentialdiagnostischen Abgrenzungen wurde die an Bedeutung zunehmende empirische Vergleichbarkeit erheblich erschwert bis hin zur Aussichtslosigkeit.

Differenzen in den Details der nosologischen Klassifikation: Die Durchsicht der Fachliteratur auf interdisziplinärer Basis mit vielen übersetzten Schriften aus der internationalen Literatur, begonnen vom 19. Jahrhundert bis heute, offenbarte, dass es nicht nur zwischen den Disziplinen und Nationen zu Kontroversen über die nosologische Klassifikation kam, sondern auch innerhalb einer Disziplin im gleichen Staat (vgl. KANNER 1943ff.; ASPERGER 1944ff.; BETTELHEIM 1967ff.; MAHLER 1972f.; LOVAAS 1965ff.; SCHREIBMANN 1976ff.; CORDES 1976ff.; MILLER 1976ff.; O'GORMAN 1976; J. K. WING 1973, ders. 1977; WEBER 1966ff.; WURST 1976; DELACATO 1975 (2 Aufl. 1985); TINBERGEN 1984; FEUSER 1979ff.; AXLINE 1973; AYRES 1988; HARTMANN und ROHRMANN 1984f.; BENENZON 1983; NORDOFF und ROBBINS 1986; GANGHOFER 1994; NAGY 1993; SELLIN 1993ff.; WILLIAMS 1992f.; ZÖLLER 1989ff.; PIAGET 1977; KEHRER 1989; RÖDLER 1983; JACOBS 1980; DZIKOWSKI 1996).

– Internationale Unterschiede in der gleichen Disziplin: Während Kanner beim frühkindlichen Autismus von einer psychobiologischen Störung ausgeht, ordnet Asperger den „autistischen Psychopath" nosologisch den funktionellen Störungen (seelisch bedingt) zu (vgl. KANNER 1943ff. und ASPERGER 1944ff.).

– Interdisziplinäre Unterschiede: Medizinisch-psychologisch orientierte Autoren wie z.B. Schopler und Reichler ordnen den Autismus nosologisch den

Entwicklungsstörungen im Kindesalter zu (vgl. SCHOPLER und REICHLER 1981ff.). Bei den psychoanalytisch-orientierten Publikationen (z.b. Mahler) wird primär von einer gestörten Mutter-Kind-Beziehung ausgegangen (Psychotische Störungen im Kindesalter) (vgl. MAHLER 1972f.).

Begriffsverwirrung in der Fachwelt: Auf internationaler Basis gibt es bis heute kein begriffliches Einvernehmen (außer den ICD- und DSM-Kriterien) der autistischen Störung (vgl. KANNER 1943ff.; ASPERGER 1944ff.; BETTELHEIM 1967ff.; MAHLER 1972; LOVAAS 1965ff.; SCHREIBMANN 1976ff.; CORDES 1976ff.; MILLER 1976ff.; O'GORMAN 1976; J. K. WING 1977; WEBER 1966ff.; WURST 1976; DELACATO 1975 (2 Aufl. 1985); TINBERGEN 1984.; FEUSER 1979ff.; AXLINE 1973; AYRES 1988.; HARTMANN und ROHRMANN 1984f.; BENENZON 1983; NORDOFF und ROBBINS 1986; GANGHOFER 1994; NAGY 1993; SELLIN 1993ff.; WILLIAMS 1992ff.; ZÖLLER 1989ff.; PIAGET 1977; KEHRER 1989; RÖDLER 1983; JACOBS 1980 und DZIKOWSKI 1996 – DSM mit SAß, WITCHEN und ZAUDIG 1984, mit SAß, WITCHEN und ZAUDIG und KOEHLER 1989 und mit SAß, WITCHEN und ZAUDIG 1994 und ICD in STEINDAL 1994). Folglich entstand nicht nur ein breites Spektrum von Definitionen, sondern auch in der Bezeichnung der autistischen Störungsbilder. Nach den Publikationen von Kanner und Asperger wuchs der Umfang der internationalen Literatur über diese Störung und führte, ausgehend von den jeweiligen Hypothesen, zu neuen Unterteilungen mit adäquaten Namensgebungen der autistischen Störung im Kindesalter (vgl. KANNER 1943ff.; ASPERGER 1944ff.; VAN KREVELEN 1952; BOSCH 1962; MAHLER 1972). Dazu einige Beispiele:

Autor	Bezeichnung des Autismus
Kanner	Frühkindlicher Autismus
Asperger	Autistische Psychopathie
Van Krevelen	Kindlicher Autismus
Bosch	Autismus im frühen Kindesalter
Mahler	Autismus: Mahler-Syndrom

Nicht selten wurden die Begriffe von späteren Autoren wahllos und daher inadäquat verwendet und trugen damit zusätzlich zur begrifflichen Verwirrung in der Fachwelt bei.

Differentialdiagnostische Grenzen (betrifft insbesondere die medizinische Disziplin): Bei den pathologischen Zustandsbildern, wie z.B. bei der Blindheit, Taubheit, Hyperkinesen und zerebral geschädigten Patienten können auch autistische Symptome begleitend auftreten. Bei einigen Autoren gab es Abweichungen in Bezug auf die differentialdiagnostische Grenze und diagnostischen Parameter des „Autismus im Kindesalter". Die differentialdiagnostische Abgrenzung wird somit von Autor zu Autor unterschiedlich präzise bearbeitet. So werden der Diagnose „autistische Störung im Kindesalter" in einem gewissen Devianzspielraum unterschiedliche Patientengruppen zugeordnet (vgl. O'GORMAN 1976; J. K. WING 1977; WEBER 1970).

Delacatos Hypothese ging bei der autistischen Störung im Kindesalter nur von sensorischen Fehlleistungen des Kindes aus, die auf einer organisch-neuronalen Devianzaktivität beruhen. Seine kontroverse Haltung zum psychogen verursachten Autismus lässt vermuten, dass er die betroffenen Kinder bei seinen Patienten nicht als solche identifiziert hat (vgl. DELACATO 1975, 27ff.).

Weber nahm in der Entwicklungsstudie über autistische Kinder auch hirngeschädigte Kinder auf. Eine tabellarisch-empirische Aufgliederung lässt jedoch spätere Vergleiche zu anderen Untersuchungen zu, sofern diese ebenfalls auf empirischer Grundlage entstanden sind (vgl. WEBER 1970).

Bei anderen Disziplinen (außer der klinischen Psychologie) unterbleibt häufig die differenzierte Beschreibung der Patienten. Insbesondere bei Prekop bekommt der Leser kein Bild, welche Subformen der autistischen Ausprägung sie behandelte (vgl. PREKOP 1984, 1988, 1989).

2.4 Mythologisierung des Begriffs

Insbesondere in Deutschland führten die „rätselhaften" Reaktionen und Verhaltensweisen autistischer Kinder, neben einigen Elternratgebern und Romanen über autistische Kinder, auch in einigen wissenschaftlichen Publikationen zur Mythologisierung der Pathologie:

„Seitdem man sich, vor allem im deutschsprachigen Raum, mit dem autistischen Kind beschäftigt, hat sich die Tendenz verbreitet, seine eigenartigen Verhaltensweisen zu mythologisieren. Weil Reaktionen und Lebensäußerungen des Autisten für den Laien so wenig einfühlbar sind, er sich auch schwer erklären kann, wie derartig abnormes Verhalten auftritt, wird Autismus zur rätselhaften Krankheit oder Behinderung. Das Kind wird zum „unheimlichen Fremdling" (Delacato), es befindet sich in einem „Schneckenhaus" oder einer „Glaskugel" (K.S. Junker) oder in einer „uneinnehmbaren Festung" (C. Park). Diese gewisse Rätselhaftigkeit teilt der kindliche Autismus mit vielen psychischen Krankheiten, sicher mit den sog. schizophrenen Psychosen, zu denen im Erscheinungsbild eine Beziehung besteht. Man sollte mit dem Etikett „rätselhaft" zurückhaltend sein; denn abgesehen davon, dass sich Bücher mit solchen Titeln besser verkaufen und das Kind im Schneckenhaus ein schönes Emblem für das Programm einer Tagung ist, ist die Mythologisierung des Autismus für die Betroffenen nicht nützlich" (KEHRER 1989, 10).

2.5 Diagnosekriterien

Kriterien des autistischen Syndroms

Nicht nur die Definitionen über das autistische Erscheinungsbild unterliegen einem kulturellen und zeitlichen Wandel, sondern auch die daraus abgeleiteten Diagnosekriterien. Rödler hatte bereits in seiner Dissertation darauf hingewiesen, dass es bis heute in der Fachwelt kein Einvernehmen gibt, welche Merkmale als „autistisch" gelten und welche nicht. Im Gegenteil: Die Unvereinbarkeit von Symptomlisten bzw. Auffassungen aus unterschiedlichen Nationen, Disziplinen und Autoren führt zu einer Ausweitung des Autismus-Begriffs, so dass keine hinreichende internationale Verständigung mehr möglich ist (vgl. ergänzende

Details dazu in RÖDLER 1983, 162). Nach Rödler steht der praktisch arbeitende Sonderpädagoge vor folgendem Problem:

„Geht man von der Vielfalt der ihm so gegenüberstehenden als „autistisch" diagnostizierten Kinder und den diesen Diagnosen implizierten verschiedenen theoretischen Vorstellungen aus, so muß man sagen, daß der Begriff „Autismus" ...–... Eindeutigkeit in der Zuordnung des Klienten zu einer therapierelevanten Gruppe oder zumindest Kommunizierbarkeit – nicht mehr erfüllt und damit sein Existenzrecht verliert" (RÖDLER 1983, 162).

Der Sonderpädagoge muss bei der Behandlung vom Autismus auf eine Vielzahl von interdisziplinär entstandenen Theorien aus der Psychologie, Neurologie und Psychiatrie zurückgreifen. Im Bereich der sonderpädagogischen Forschung ist im Verhältnis dazu zwischenzeitlich nur relativ wenig bewegt worden. Vertieft wird dieser Punkt von Feuser (vgl. FEUSER 1979, 15ff.).

Die folgenden Diagnosekriterien, verstehen sich als Summendiagnose. (Bei einer Summendiagnose darf erst ab einer bestimmten Anzahl der beobachteten Merkmale die Diagnose Autismus ausgesprochen werden, da niemals alle Merkmale zugleich auftreten).

DSM IV-Kriterien – 1994 DSM IV 299,00 (84,0) Autistische Störung:

A: Es müssen mindestens sechs Kriterien aus (1), (2) und (3) zutreffen, wobei mindestens zwei Punkte aus (1) und je ein Punkt aus (2) und (3) stammen müssen:

1. qualitative Beeinträchtigung der sozialen Interaktion in mindestens zwei der folgenden Bereiche:

a. ausgeprägte Beeinträchtigung im Gebrauch vielfältiger nonverbaler Verhaltensweisen wie beispielsweise Blickkontakt, Gesichtsausdruck, Körperhaltung und Gestik zur Steuerung sozialer Interaktionen,

b. Unfähigkeit, entwicklungsgemäße Beziehungen zu Gleichaltrigen aufzubauen,

c. Mangel, spontan Freude, Interessen oder Erfolge mit anderen zu teilen (z.B. Mangel, anderen Menschen Dinge, die für die Betroffenen von Bedeutung sind, zu zeigen, zu bringen oder darauf hinzuweisen),

d. Mangel an sozio-emotionaler Gegenseitigkeit;

2. qualitative Beeinträchtigungen der Kommunikation in mindestens einem der folgenden Bereiche:

a. verzögertes Einsetzen oder völliges Ausbleiben der Entwicklung von gesprochener Sprache (ohne den Versuch zu machen, die Beeinträchtigung durch alternative Kommunikationsformen wie Gestik oder Mimik zu kompensieren),

b. bei Personen mit ausreichendem Sprachvermögen deutliche Beeinträchtigung der Fähigkeit, ein Gespräch zu beginnen oder fortzuführen,

c. stereotyper oder repetitiver Gebrauch der Sprache,

d. Fehlen von verschiedenen entwicklungsgemäßen Rollenspielen oder sozialen Imitationsspielen;

3. beschränkte, repetitive und stereotype Verhaltensweisen, Interessen und Aktivitäten in mindesten einem der folgenden Bereiche:

a. umfassende Beschäftigung mit einem oder mehreren stereotypen und begrenzten Interessen, wobei Inhalt und Intensität abnorm sind,

b. auffällig starres Festhalten an bestimmten nichtfunktionalen Gewohnheiten oder Ritualen,

c. stereotype und repetitive motorische Manierismen (z.B. Biegen oder schnelle Bewegungen von Händen oder Fingern oder komplexe Bewegungen des ganzen Körpers),

d. ständige Beschäftigung mit Teilen von Objekten

B: Beginn vor dem dritten Lebensjahr und Verzögerungen oder abnorme Funktionsfähigkeit in mindestens einem der folgenden Bereiche:

1. soziale Interaktion,

2. Sprache, als soziales Kommunikationsmittel oder

3. symbolisches oder Phantasiespiel.

C: Die Störung kann nicht besser durch die Rett-Störung oder die Desintegrative Störung im Kindesalter erklärt werden (Saß, Wittchen und Zaudig 1996, 107f.).

DSM IV - 299,80 (84,5) Asperger-Störung:

A: Qualitative Beeinträchtigungen der sozialen Interaktion, die sich in mindestens zwei der folgenden Bereiche manifestieren:

1. ausgeprägte Beeinträchtigung im Gebrauch multipler, nonverbaler Verhaltensweisen wie beispielsweise Blickkontakt, Gesichtsausdruck, Körperhaltung und Gestik zur Regulation sozialer Interaktionen,

2. Unfähigkeit, entwicklungsgemäße Beziehungen zu Gleichaltrigen aufzubauen,

3. Mangel, spontan Freude, Interessen oder Erfolge mit anderen zu teilen (z.b. Mangel, anderen Menschen Dinge, die für die Betroffenen von Bedeutung sind, zu zeigen, zu bringen oder darauf hinzuweisen),

4. Mangel an sozio-emotionaler Gegenseitigkeit.

B. Beschränkte repetitive und stereotype Verhaltensmuster, Interessen und Aktivitäten in mindesten einem der folgenden Bereiche:

1. umfassende Beschäftigung mit einem oder mehreren stereotypen oder begrenzten Interessen, wobei Inhalt und Intensität abnorm sind,

2. auffällig starres Festhalten an bestimmten nicht-funktionalen Gewohnheiten oder Ritualen,

3. stereotype und repetitive motorische Manierismen (z.b. Biegen oder schnelle Bewegungen von Händen oder Fingern oder komplexe Bewegungen des ganzen Körpers),

4. ständige Beschäftigung mit Teilen von Objekten.

C. Die Störung verursacht in klinisch bedeutsamer Weise Beeinträchtigungen in sozialen, beruflichen oder anderen wichtigen Funktionsbereichen.

D. Es tritt kein klinisch bedeutsamer allgemeiner Sprachrückstand auf (es werden z.b. bis zum Alter von zwei Jahren einzelne Wörter, bis zum Alter von drei Jahren kommunikative Sätze benutzt).

E. Es treten keine klinisch bedeutsamen Verzögerungen der kognitiven Entwicklung oder der Entwicklung von altersgemäßen Selbsthilfefertigkeiten, im Anpassungsverhalten (außerhalb der sozialen Interaktion) und bezüglich des Interesses des Kindes an der Umgebung auf.

F. Die Kriterien für eine andere spezifische Tiefgreifende Entwicklungsstörung oder für Schizophrenie sind nicht erfüllt (ebd., 114f.).

Vergleich von DSM IV (299,00) und (299,80): Bei beiden Zustandsbildern ist die soziale Interaktion in gleicher Form qualitativ beeinträchtigt. In beiden nosologischen Einheiten zeigen die Kinder in gleicher Form und Qualität „Stereotypien" und stereotype Gewohnheiten im Alltag und Beschäftigungen. Beim Asperger-Syndrom tritt kein klinisch bedeutsamer Sprachrückstand auf und nur beim Kanner-Syndrom treten Entwicklungsstörungen im kognitiven Bereich und eine altersgemäße Devianz bei den Selbsthilfefähigkeiten auf.

Ab 1943 und 1944 galten die Diagnosekriterien von Kanner und Asperger als Orientierung (vgl. KANNER 1943; ASPERGER 1944), welche später vom ICD-10 noch weiter differenziert wurden. Die primären Orientierungspunkte der psychoanalytischorientierten Autoren Mahler und Bettelheim sind heute weitgehend in den Hintergrund gerückt (vgl. MAHLER 1958ff.; BETTELHEIM 1967ff.). 1976 modifizierte O´Gorman die neun Diagnosekriterien für Schizophrenien, welche Creak et al. 1961 formulierten. O´Gorman ordnete den Autismus noch den Schizophrenien unter (vgl. CREAK 1961 in O´GORMAN 1976). Ebenfalls 1976 griff der Bundesverband „Hilfe für das autistische Kind" die Diagnosekriterien von Kanner auf und ergänzte sie noch durch eine Früherkennungsliste für das erste Lebensjahr sowie durch eigene Praxiserfahrungen der Eltern (vgl. KANNER 1943; CORDES 1976).[5] 1978 versuchte Rutter Kanners Diagnosekriterien auf vier Punkte zu komprimieren, welches sich jedoch erschwerend auf die Diagnoseerstellung auswirkte (vgl. RUTTER 1978). 1979 entwickelte Kehrer eine nach Lebensmonaten angeordnete Symptomliste für die Früherkennung autistischer Symptome (vgl. KEHRER 1989, 185). 1984 wurden in den Vereinigten Staaten in das DSM-III (dt: Diagnostisches und statistisches Manual psychischer Störungen von der American Psychiatric Association) auch autistische Störungen aufgenommen. Inhaltlich wird dabei u.a. auch auf die Abgrenzung der Kindheitsschizophrenie eingegangen (Punkt 6 vom DSM III). 1989 erschienen die DSM III-R-299-Kriterien, welche nun international für Mediziner und klinisch arbeitende Psychologen zur Diagnoseerstellung verbindlich waren (vgl. SAß, WITCHEN und ZAUDIG 1984; SAß, WITCHEN und ZAUDIG & KOEHLER 1989). 1993 wurden die ICD-Forschungskriterien veröffentlicht, in denen der Asperger-Autismus und andere Entwicklungsstörungen deutlich vom Kanner-Autismus getrennt aufgeführt wurde (vgl. STEIDAL 1994).

2.6 Differentialdiagnostik (am Beispiel des ICD-10)

Abgrenzung zu anderen Entwicklungsstörungen

Der Begriff „Differentialdiagnostik" stammt aus der medizinischen Fakultät. Er beschäftigt sich mit der Abgrenzung von Krankheitsbildern, die in gewissen Bereichen Überschneidungen und Ähnlichkeiten aufweisen. Gerade bei mentalen Störungen existieren oft so viele Überschneidungen, dass erst durch die Summendiagnose Art und Form der Störung identifiziert werden kann:

Abgrenzung zu normalen Kindern: Asperger und J. K. Wing gehen davon aus, dass auch normale Kinder in der Entwicklung autistische Phasen durchleben. Diese sind nach J. K. Wing jedoch nur von kurzer Dauer und lassen sich gut von autistischen Kindern unterscheiden, die abnormes Verhalten oft über Jahre hinweg zeigen (vgl. ASPERGER 1943; J. K. WING 1977, 31).

---

[5] 60-Punkte-Liste in Cordes und Wilker 1976 – Die Diagnoskriterien von Kanner wurden von den Eltern im Rahmen einer Befragung, auch unter dem Aspekt der Wahrnehmungsstörung erheblich erweitert bzw. modifiziert.

Atypischer Autismus: Die Symptome des frühkindlichen Autismus setzen verspätet ein oder sind nur in einer oder zwei Symptomgruppen (Beziehungsstörungen, Kommunikationsstörungen und Zwangssymptomatik) zu finden.

Tourette-Syndrom: Es bildet eine Kombination aus verschiedenen motorischen und vokalen Tics. Unter Stress steigt die Anzahl der Tics (z.B. Wortwiederholung von eigenen oder sozial unerwünschten Wörtern).

Rett-Syndrom: Dieses Syndrom wurde bisher nur bei Mädchen diagnostiziert und entwickelt sich zwischen dem 7. und 24. Lebensmonat. Symptome: Intellektueller und motorischer Abbau, verlangsamtes Schädelwachstum, die Hände führen oft stereotyp merkwürdig wringende Bewegungen aus, schnelles heftiges Atmen, eingeschränktes Kauen und autistische Rückzugstendenzen. Epileptische Anfälle sind häufig.

Heller-Syndrom: Nach ein- bis zweijähriger normaler Entwicklung folgt ein schleichend einsetzender intellektueller und motorischer Abbau. Der damit einhergehende Interessensverlust an der Umwelt und die Stereotypien wirken autismusähnlich.

Hyperkinetische Störung (mit Intelligenzminderung und Bewegungsstereotypien): Diese Diagnose wird nur dann gestellt, wenn das Kind Überaktivität, geistigen Abbau und Stereotypien zugleich zeigt.

Asperger-Syndrom: Der Hauptunterschied zum Kanner-Autismus besteht darin, dass die Auffälligkeiten sich erst im zweiten oder dritten Lebensjahr manifestieren. Im Verhältnis zur rasanten Entwicklung sprachlicher und intellektueller Entwicklungen bleiben die motorischen Fähigkeiten auf niedrigem Niveau.

Das kombinierte Syndrom: Die Diagnose wird dann gestellt, wenn der entwicklungsgestörte Patient keiner Gruppe zuzuordnen ist (vgl. ICD–10 in JANETZKE 1997, 26ff.).

Abgrenzung zu sprachlichen Entwicklungsstörungen

Expressive Sprachstörung: Das Erkrankungsalter liegt beim zweiten bis dritten Lebensjahr. Außer der massiven Schwierigkeit, Wörter und Sätze zu bilden, zeigen diese Kinder jedoch keine weiteren „Autismusmerkmale". Sie sind der Umwelt zugewandt und versuchen, die Störung durch Mimik und Gestik zu kompensieren.

Rezeptive Sprachstörung: Auch unter dem Namen „Wernicke-Aphasie" bekannt, manifestiert sich die Krankheit zwischen dem zweiten und siebten Lebensjahr. Mit dem Autismus haben diese Kinder die Überaktivität, Störung der Aufmerksamkeit und sozialen Anpassung, fehlenden Kontakt zu Gleichaltrigen, Interessenseinengung, Sprachstörungen und Echolalie gemeinsam. Die Intelligenz entwickelt sich normal. Im Vergleich zu autistischen Kindern sind Kinder mit expressiver Sprachstörung am sozialen Austausch, auch mit nonverbalen Mitteln, interessiert.

Landau-Kleffner-Syndrom: Durch entzündungsbedingte Krampfanfälle im Gehirn können sprachliche Fähigkeiten innerhalb von wenigen Tagen bis Monaten verloren gehen. Die Störung tritt zwischen dem dritten und siebten Lebensjahr auf. Trotz eintretender Störungen auf emotionaler und kommunikativer Basis können sie nonverbale Verständigungsmittel zum Ausgleich anwenden (vgl. ICD-10 in JANETZKE 1997, 32f.).

Abgrenzungen zu emotionellen und verhaltensabweichenden Störungen im Kindesalter

Elektiver Mutismus: Bei hypersensiblen Kindern kann diese Störung z.b. durch Schreckerlebnisse verursacht werden. Bei bestimmten sozialen Situationen vermeiden sie die verbale Kommunikation.

Hyperkinetische Störung des Sozialverhaltens: Bestehen über sechs Monate Merkmale aus dem Bereich der Aufmerksamkeitsstörung, Überaktivität und sozial unangemessenes Verhalten, kann diese Diagnose gestellt werden.

Reaktive Bindungsstörungen: Sie entwickeln sich durch Vernachlässigung, Missbrauch oder Misshandlung vor dem fünften Lebensjahr. Kennzeichen dieser Störung sind Traurigkeit, emotionale Abkehr, Rückzug und Aggressionen. Im Vergleich zum Autismus fehlen Wahrnehmungs- und Kommunikationsprobleme sowie Stereotypien. Eine Veränderung der sozialen Situation bewirkt oft rasch ein Abklingen der Symptome (vgl. ebd., 31).

Abgrenzung zur Kindheitsschizophrenie mit ungewöhnlich frühem Beginn

Der Erkrankungsbeginn kann bis zum 10. Lebensjahr akut oder schleichend erfolgen. Der frühkindliche Autismus besteht dagegen von Geburt an und manifestiert sich zum Ende des dritten Lebensjahres. Wie beim Autismus neigen auch schizophrene Kinder zu plötzlichen, heftigen Stimmungsschwankungen, zeigen sich auf emotionaler Ebene beziehungslos, bilden neue Worte, engen ihre Interessen ein und haben zahlreiche Ängste. Die Abgrenzung ist problematisch. Die Kindheitsschizophrenie wird jedoch deutlich, wenn das Kind halluziniert (erst rückwirkend feststellbar), unter Wahnvorstellungen leidet, unzusammenhängende Assoziationen bildet und zur Zerfahrenheit neigt (vgl. JANETZKE 1997, 32; Denkschrift des BUNDESVERBANDES: „HILFE FÜR DAS AUTISTISCHE KIND" 1996, 12).

Abgrenzung zur geistigen Behinderung

Geistig Behinderte haben in der Regel immer eine prä-, peri- oder postnatale Schädigung des zentralen Nervensystem erfahren. Auf die emotionalen Beziehungen zur personalen und sachlichen Umwelt wirkt sich diese Störung jedoch kaum aus. Die sprachlichen und motorischen Besonderheiten des Autismus fehlen häufig. Liegen beide Störungen vor, werden beide Diagnosen gestellt. Autistische Kinder, deren motorisches und geistiges Niveau auf dem Grad der geistigen Behinderung liegt, können und müssen davon unterschieden werden

30

(vgl. KMK-Empfehlungen in RÖDLER 1983, 174; BUNDESVERBAND: „HILFE FÜR DAS AUTISTISCHE KIND" 1996a, 11).

Abgrenzung zum Hospitalismus bei Kindern

Der Hospitalismus, auch bekannt unter den Termini „Deprivationssyndrom" und „Separationssyndrom", kann bei Säuglingen nach längeren Klinik- und Heimaufenthalten auftreten, während dessen er sich emotional deutlich „unterversorgt" fühlt (vgl. Kap. 3.2.3.2). Die dabei einsetzenden Entwicklungsrückschritte äußern sich in Verhaltensauffälligkeiten wie Nägelbeißen, Haarausreißen und stereotypen Schaukelbewegungen. Bei lang andauernden Mangelerlebnissen wird auch die körperliche, geistige und emotionale Gesundheit in Mitleidenschaft gezogen. Neben übersteigerten Kontaktbedürfnissen können diese Babys auch eine Teilnahmslosigkeit aufzeigen, die der autistischen Kontaktabwehr recht nahe kommt (vgl. ICD-10 in JANETZKE 1997, 30f.).

Intelligenzminderung mit emotionaler Verhaltensstörung

Hierzu zählen Entwicklungsstörungen geistiger, sprachlicher , motorischer und sozialer Art, die graduell verschieden als Begleitpathologien mit anderen psychischen Störungen auftreten. Besonders gravierende Intelligenzminderungen sind oft vom atypischen Autismus begleitet (vgl. ICD-10 in ebd., 33).

Autismusdefinition nach DSM IV und ICD-10

Beide international verbindlichen Klassifikationssysteme arbeiten heute weltweit nach empirischen Anamnese- und Analyseverfahren und werden ca. alle fünf Jahre aktualisiert. Für den klinischen Bereich bilden sie für die Erstellung einer Diagnose (inklusive Differentialdiagnose) eine wichtige Orientierung (vgl. SAß, WITTCHEN und ZAUDIG 1996; ICD in STEINDAL 1994)

2.7 Erscheinungsformen

Viele in dieser Arbeit besprochenen Autoren ordneten beim Erscheinungsbild die autistischen Merkmale in Primär- und Sekundärsymptome. Die Primärsymptome stehen mit der vom jeweiligen Autor vermuteten Störung in direktem Zusammenhang, während die Sekundärsymptome Folgeerscheinungen darstellen. Die Arbeit wird aufzeigen, dass es hier zwischen den Autoren analog zu ihren Theorien z.T. erhebliche Unterschiede oder gar Umkehrungen gibt. Bei der Durchsicht der Literatur sind mir jedoch folgende Merkmale immer wieder begegnet, die bei den Autoren je nach Themenschwerpunkt unterschiedlich detailliert beschrieben wurden. Da sie in den einzelnen Kapiteln noch hinreichend präzise beschrieben werden, sollen hier zur Orientierung nur die wesentlichen Hauptaspekte benannt werden:

Isolation von der Umwelt

Von vielen Autoren wird immer wieder von einer fehlenden Antizipationshaltung zur Mutter gesprochen. Mit zunehmendem Alter wird immer deutlicher, dass das Kind die Umwelt generell als eine „Dingwelt" behandelt. Mitmenschen stellen für das autistische Kind häufig „störende Objekte" dar, die gemieden werden oder mechanisch für einen Wunsch benutzt werden (Beispiel: Das autistische Kind führt den Erwachsenen zu einem Objekt, das es nicht erreichen kann). Körperlichen Kontakt lehnt das autistische Kind ab. Dabei wird in der Fachwelt auch heute noch diskutiert, ob die Ablehnung auf emotionellen oder taktilen Störungen des Kindes beruht.

Veränderungsangst

Sehr oft wird bei diesen Kindern von einem ängstlich-zaghaften Bedürfnis nach Gleicherhaltung der Umwelt in zeitlicher und materieller Hinsicht berichtet. Bei den Verhaltenstherapeuten werden die Auswirkungen der Veränderungsangst unter dem Aspekt „fehlendes Generalisierungsvermögen" beleuchtet (also im Sinne eine fehlenden Anpassung an neue Situationen).

Sprachstörung

Die Sprache ist, wenn vorhanden, nach bestimmten Oberkriterien gestört, die bereits von Kanner sehr präzise dargestellt wurden. Viele Autisten bleiben stumm. Axline beschrieb zwar keine Sprachstörung, beobachtete jedoch am Fall Dibs, wie sich ein vorher weitgehend stummes Kind auch sprachlich recht ausdrucks-gewandt der Welt öffnete. Zöller und Sellin offenbarten über Facilitated Communikation (gestützte Kommunikation) ihre rezeptiven und kommunikativen Sprachbesonderheiten.

Stereotypes Verhalten

Weitgehend alle Autoren, die sich mit dem Erscheinungsbild befassten, haben stereotype Verhaltensweisen bei autistischen Kindern beobachtet bzw. von Berichten anderer Autoren übernommen. Dabei führen die Kinder diverse Dreh- oder Schaukelbewegungen aus oder bauen Gegenstände in die Stereotypien mit ein. Auch bei der Sprache gibt es Stereotypien (Beispiel: Ein Kind sagt hundert mal hintereinander: „Käse").

Wahrnehmungsstörung

Von vielen Autoren wird berichtet, dass autistische Kinder ihre Umwelt über die Sensorismen oder Verarbeitungsmechanismen im Gehirn verändert wahrnehmen. Kein Einvernehmen besteht, welche Anzahl von organischen und psychischen Komponenten hier eine Rolle spielt. Auch die Schmerzunempfindlichkeit und die „autistische Taubheit" zählen darunter.

Intellektuelle Leistungsinseln

Viele autistische Kinder können auf einem bestimmten Interessensgebiet Erstaunliches leisten. Viele Autoren berichten, dass sie sich autodidaktisch mit komplizierter Materie beschäftigen. In der non-direktiven Therapie von Axline offenbarte Dibs nach einiger Zeit, wie viel er sich unbemerkt von der Umwelt im „Selbststudium" angeeignet hat.

Störung des Sozialverhaltens

Aus den genannten Merkmalen, wie auch immer sie aufeinander abgestimmt sind, kann sich das autistische Kind nicht adäquat an die Umwelt anpassen. Auf Grund ihres Syndroms werden insbesondere das Sozialverhalten unter Gleichaltrigen und Kenntnisse, die außerhalb ihres Interessensbereiches liegen, in den sensiblen Entwicklungsphasen nur unzureichend oder gar nicht trainiert. Auch die daraus resultierenden Charakterstörungen werden von Asperger deutlich beschrieben.[6]

2.8   Ursachen

Heredität

In der Fachwelt wird bis heute gestritten, welche Anzahl organischer und psychogener Anteile bei der Verursachung des Autismus eine Rolle spielen. Ein wichtiges Hilfsmittel, den organischen Ursachen auf die Spur zu kommen, sind Zwillingsuntersuchungen, bei der u.a. die prädispositionalen Merkmale analysiert werden können (vgl. KANNER 1943ff.; ASPERGER 1944ff., O'GORMAN 1976, J. K. WING 1977; WEBER 1966ff.; WURST 1976; DELACATO 1985; TINBERGEN 1984; FEUSER 1979ff.; RÖDLER 1983; DZIKOWSKI 1996).

Organische Befunde

Die Medizin kann über die Labortechnik zudem EEG-Ergebnisse, andere neuronale Befunde, Blutuntersuchungen und chemische Untersuchungen analysieren und in Beziehung zueinander setzen. Diese Methoden gestalten sich recht schwierig, da es bis heute kein verbindliches Einvernehmen über die autistische Störung gibt und voreilig auch hirnorganisch geschädigte Kinder (vgl. Weber 1966ff.) oder „andersartig gestörte" Kinder unter dem Stichwort „Autismus" untersucht werden. Delacato versucht ohne Einsatz der Labortechnik theoretisch über die Wechselwirkung zwischen organischen Ursachen und Störungen in den Sensorismen eine Hypothese aufzustellen. Nach meiner Ansicht hat Delacato den Autismus-Begriff zu weit ausgedehnt (vgl. KANNER 1943ff.; ASPERGER 1944ff.;

---

[6] Zu diesen Ergebnissen bin ich nach Durchsicht folgender Literatur gelangt: Kanner 1943ff.; Asperger 1944ff.; Bettelheim 1967ff.; Lovaas 1965ff.; Schreibmann und Koegel 1976, Schreibmann 1979ff.; Cordes und Wilker 1976f.; Cordes 1979ff.; Miller 1976ff.; O'Gorman 1976.; J. K. Wing 1977; Weber 1966ff.; Wurst 1976; Delacato 1985; Tinbergen 1984; Feuser 1979ff.; Axline 1973; Ayres 1988; Hartmann und Rohrmann 1988; Benenzon 1983; Nordoff und Robbins 1986; Nagy 1993; Sellin 1993ff.; Zöller 1988ff.; Piaget 1977; Rödler 1983; Rödler in Jacobs 1980; Dzikowski 1996.

O'GORMAN 1976; J. K. WING 1977; WEBER 1966ff.; WURST 1976; DELACATO 1985; TINBERGEN 1984; FEUSER 1979ff.; AYRES 1988; HARTMANN und ROHRMANN 1984ff.; BENENZON 1983; NORDOFF und ROBBINS 1986; RÖDLER 1983; DZIKOWSKI 1996).

Psychogene Befunde

Über den Vergleich von Anamnesen können bestimmte „autismogene Faktoren" in der Familie festgestellt werden. Von psychogen orientierten Vertretern (insbesondere Bettelheim) wird eine pathologische Mutter-Kind-Beziehung erwähnt, deren Ursache eine wechselseitige Entfremdung ist und die eine massive Frustration des Kindes zur Folge hat. Tinbergen und Tomatis erweitern den Bereich noch und verdeutlicht den prägenden Wert in der pränatalen Phase. Tinbergen geht zudem davon aus, dass sensitiv veranlagte Kinder zahlreiche Belastungssituationen in der Umwelt nicht verkraften (vgl. KANNER 1943ff.; ASPERGER 1944ff.; BETTELHEIM 1967ff.; MAHLER 1972ff.; O'GORMAN 1976; WURST 1976; TINBERGEN 1984; AXLINE 1973; RÖDLER 1983; DZIKOWSKI 1996).

Differentialdiagnose

Über die Auswertung von Anamnesen sowie biochemischen, neuronalen und psychologischen Untersuchungen können organische und mentale Krankheitsbilder unterschieden werden. Da speziell auch bei vielen mentalen Krankheiten Überschneidungen in den Symptomen existieren, kommt auch der Summendiagnose eine wichtige Bedeutung zu (vgl. KANNER 1943ff.; ASPERGER 1944ff.; BETTELHEIM 1967ff.; MAHLER 1972ff.; O'GORMAN 1976; J. K. WING 1977; WEBER 1966ff.; WURST 1976 (nur zwischen Kanner- und Asperger-Autismus); DELACATO 1985; TINBERGEN 1984; FEUSER 1979ff.; AYRES 1988; HARTMANN und ROHRMANN 1984ff. sowie DZIKOWSKI 1996).

2.9   Behandlungsmethoden

Die Vielfalt der Behandlungsmethoden hat in der postmodernen Zeit rapide zugenommen. Wie kommt es dazu? Dies liegt
– an der immer schneller vorangetriebenen Forschung seit der Entdeckung von Kanner.
– an immer moderneren Apparaturen bei der Untersuchung von organischen Anteilen.
– an einer weltweit zunehmend verbesserten empirischen Forschung, die gleichsam immer effektiver durch stetig optimierte Computertechnik genutzt werden kann.
– an immer mehr Übersetzungen aus dem Ausland.
– an einer steigenden Intellektualisierung der Gesellschaft.
– an einer globalen, immer dichter werdenden Vernetzung zwischen Forschungs- und Praxiseinrichtungen. (Inzwischen können weltweit über elektronische

„Datenautobahnen" Informationen zu den unterschiedlichsten Einrichtungen und zu Privatpersonen ausgetauscht werden.)[7]

Das Studium der gesamten Literatur hat gezeigt, wie vielfältig das autistische Kind therapiert und gefördert werden kann. Hierbei sind die Autoren zu unterscheiden,

- die ihr Modell der Förderung bzw. Therapie als ausreichend für die Gesamtentwicklung ansehen (vgl. BETTELHEIM 1967ff., MAHLER 1972, CORDES 1979 und DELACATO 1985);
- ihr Modell als wesentlich für die Förderung und Therapie betrachten, es jedoch durch andere Förderungsmethoden ergänzen (vgl. O'GORMAN 1976);
- die Förderung aus unterschiedlichen Therapieangeboten und Programmen zusammenstellen (vgl. KANNER 1943ff.; ASPERGER 1944ff.; J. K. WING 1977; TINBERGEN 1984 und FEUSER 1979ff.) und solche die
- fachtherapeutische Interventionsmöglichkeiten anbieten, welche jeweils nur einen Teilaspekt in der Gesamtförderung und Entwicklung des autistischen Kindes fördern. Diesem Teil habe ich in der Arbeit einen gesonderten Abschnitt gewidmet (außer Welch und Prekop, die im Kapitel 3.5.2.3 vorgestellt werden) (vgl. WELCH 1984; PREKOP 1989; AXLINE 1973; AYRES 1988; HARTMANN und ROHRMANN 1988; TOMATIS 1972, BENENZON 1983, NORDOFF und ROBBINS 1986, NAGY 1993; WILCEK 1992; ROYDS 1977; KEHRER 1989; RIMLAND 1972ff.).

Interventionsmöglichkeiten

Für die Behandlung der autistischen Störungen bieten sich folgende Therapien an:

- Psychoanalytisch orientierte Therapieverfahren (vgl. BETTELHEIM 1967ff.; MAHLER 1972ff.),
- Non-direktive Therapieverfahren (vgl. AXLINE 1973),
- Verhaltenstherapie – häufig kommt sie in autistengemäßen Schulen zur Anwendung (vgl. LOVAAS 1965ff.; SCHREIBMANN 1976ff.; CORDES und WILKER 1976ff.; CORDES 1979ff.; MILLER 1976ff.; FEUSER 1979),
- Haltetherapien (vgl. WELCH 1984; PREKOP 1989),
- Sensorische Therapien (vgl. AYRES 1992; AFFOLTER 1976),
- Musiktherapien (vgl. BENENZON 1983; NORDOFF und ROBBINS 1986),
- Interaktionstherapien (vgl. HARTMANN und ROHRMANN 1988),
- Therapien mit alternativen Kommunikationsmitteln (vgl. GANGHOFER 1994; BERNARD-OPITZ 1988; CROSSLEY 1992; NAGY 1993; ZÖLLER 1988ff.; SELLIN 1993ff.),
- Tiertherapien (vgl. ROYDS 1977),
- Tanztherapien (vgl. WILCEK 1992),
- Ernährungstherapien (vgl. RIMLAND 1972ff.),
- Medikamentöse Therapien (vgl. KEHRER 1989).

---

[7] Zum Beispiel kann man unter dem Stichwort Autismus über eine Internet-Suchmaschine bereits gegenwärtig eine Fülle von interessanten „Links" aufrufen.

Nach meiner Ansicht muss unter Berücksichtigung der Tatsache, dass die Erscheinungsbilder und die Ursachen des Autismus nicht hinreichend geklärt werden konnten, individuell für jedes autistische Kind ein anderes Vollprogramm aus Teilangeboten zusammengestellt werden, dessen Wirksamkeit über einen genügend langen Zeitraum beobachtet wird sowie gegebenenfalls modifiziert werden sollte. Für die chronologische Abfolge macht Dzikowski folgenden Vorschlag:
– Erst wird die Diagnose gestellt.
– Daran schließt sich eine Beobachtungsphase an.
– Ein Basisprogramm aus der sensorischen Integration wird dem Kind zuteil.
– Danach folgen individuelle Aufbautherapien.
– Autisten brauchen eine Lebensbegleitung (vgl. DZIKOWSKI 1996, 19).

2.10   Epidemiologische Mittelwerte

Daten: Nach Auswertung verschiedenster Daten kommt Dzikowski zum Fazit, dass unter 10.000 Kindern nach Kanner-Kriterien durchschnittlich 4–5 autistisch sind. In der Bundesrepublik leben ca. 40.000 autistische Menschen. Auf die Altersgruppe von:
– 1 bis 14 Jahre entfallen demnach 5.000–6.000 Kinder,
– 14 bis 21 Jahre 3.000–4.000 Jugendliche und
– 21 bis über 65 Jahre 30.000–32.000.
Nur ein Bruchteil dieser Menschen gilt als bekannt! (aus datenschutzrechtlichen Gründen gibt es hierzu keine genauen Zahlen. Es wird jedoch von einer erheblich größeren Dunkelziffer ausgegangen (vgl. DZIKOWSKI 1996, 19).

Geschlechterverteilung: Die Jungen sind deutlich überrepräsentiert. Das Geschlechterverhältnis an Autismus Erkrankter beträgt durchschnittlich vier Jungen zu einem Mädchen (vgl. ebd., 19).

Verbreitung in sozialen Schichten: Janetzke benennt „etliche Untersuchungen", die von den Ländern unabhängig voneinander geführt wurden und übereinstimmend ergaben, dass Eltern von autistischen Kindern intelligenter sind als der Durchschnitt, eine überdurchschnittlich hohe Berufsposition erreichen und sich in der Regel liebevoll und warmherzig um ihre „Sorgenkinder" kümmern (vgl. JANETZKE 1997, 34f.).

Kulturelle Verbreitung: Autismus ist unabhängig von gesellschaftspolitisch-zivilisatorischen Einflüssen weltweit verbreitet und die charakteristischen Auffälligkeiten stimmen in frappierender Weise überein. Der Psychologe Sauna stellte differenzierend dazu fest, dass in australischen und japanischen Landesteilen beträchtliche Häufigkeitsunterschiede vorkommen. Autismus ist in südamerikanischen Staaten, in Afrika, in Israel, in arabischen Staaten, in Indien und China nur sehr gering verbreitet. In China wurden im Zeitraum von 1982 bis 1987 bei einer Millionenbevölkerung erstaunlicherweise nur 15 Fälle mit frühkindlichem Autismus verzeichnet (vgl. Daten des Forschungszentrums für geistige Gesundheit des Kindes in Nanjing/Zentralchina (vgl. DZIKOWSKI 1996, 12; JANETZKE 1997, 36).

3   Bekannte Autoren und ihre Beiträge zur Autismusforschung

3.1   Die klassischen Ansätze

Das Befassen mit psychischen Störungen im Kindesalter auf medizinischer Basis ist im Vergleich zur somatisch orientierten Medizin auf diesem Gebiet noch eine relativ junge Wissenschaft. Eine schriftliche Verbreitung (Druck), eine verbesserte Infrastruktur und vermehrte Bildung förderten ab dem 16. Jahrhundert den Austausch zwischen medizinischen Einrichtungen und führten im medizinischen Bereich zu einer Differenzierung der Krankheitsbilder, die sich bis heute fortsetzt. Historische Beobachtungsprotokolle verdeutlichen aus heutiger Sicht, dass es den Autismus bei Kindern schon immer gegeben hat, er jedoch lange Zeit nicht als eigenständiges Krankheitsbild erkannt wurde. Autisten wurden als „Verrückte" und später bis ins 20. Jahrhundert hinein als psychotisch angesehen. Genau geführte historische Dokumentationen sind dabei von hohem Wert, da sie auch noch lange Zeit später interpretiert werden können (vgl. ITARD 1799 in J. K. WING 1977, 172ff. und in BETTELEIM 1977, 465; BLEULER 1911).

Mit diesem Hintergrund und wegen des relativ seltenen Vorkommens verwundert es nur wenig, dass der Autismus bei Kindern erst Mitte des 20. Jahrhunderts von Kanner und Asperger als eigenständiges Krankheitsbild erkannt und publiziert wurde. Stil und Aufbau der Publikationen lassen auch die medizinische Vorbildung der Autoren Kanner und Asperger deutlich werden.

Der amerikanische Kinderpsychiater Leo Kanner beginnt 1943 im Gegensatz zu Asperger 1944 seine Veröffentlichungen mit der detaillierten Beschreibung von 11 autistischen Kindern, die er seit Oktober 1938 beobachtete. In dieser und in nachfolgenden Publikationen versuchte er in „detektivischer" Kleinarbeit alle Verhaltensweisen seiner Patienten und der Eltern in ein von ihm konstruiertes schlüssiges Modell zu integrieren. Sein Modell bestand aus der Klassifizierung in Primär- und Sekundärsymptome des Autismus, wobei er letzteren die Besonderheiten der *Sprachstörung, Faszination für Dinge, hochselektive Entfaltung der Intelligenz und motorischen Besonderheiten* subsumiert. Die Einstufung des Autismus als ein eigenständiges Krankheitsbild lässt sich aus heutiger Sicht auch damit rechtfertigen, dass Kanner bereits zu seiner Zeit *entwicklungstypische Merkmale* des Autismus, wie z.B. den Zeitpunkt des Sprechen- und Laufenlernens, aufzählte. Ohne dieses Charakteristikum hätte die Fachwelt den kindlichen Autismus sicher noch längere Zeit als eine Frühform der Schizophrenie angesehen (vgl. KANNER 1943ff. in RÖDLER 1983, 308).

Während Kanner als freiberuflicher Arzt arbeitete, leitete der Pädiater Asperger in Wien eine heilpädagogische Einrichtung. Dies eröffnete ihm im Gegensatz zu Kanner die Gelegenheit, autistische Kinder durchgängig auch über einen längeren Zeitraum zu beobachten, was sich insbesondere an den detaillierteren Publikationen über die emotionellen Störungen autistischer Kinder im Sozialverhalten abzeichnet. Charakteristisch für Asperger ist, dass er im kindlichen Autismus eine *extreme Persönlichkeitsvariante* sieht, die er den Psychopathien unterordnet.

Der Erfolg der beiden Klassiker liegt insbesondere in der *detaillierten Protokollierung und Systematisierung ihrer Beobachtungen* begründet, wobei sich der frühkindliche Autismus von Kanner bis heute weitgehend durchgesetzt hat und im Wesentlichen nur noch verfeinert wurde (vgl. KANNER und ASPERGER in DALFERTH 1987, 22). Die Darstellungen beider Autoren zeigen, dass sie bereits glaubten, die große Hürde überwunden zu haben; aus heutiger Sicht versuchten sie damals *voreilig ihre Systematiken durch Spekulationen und aufgestellte Interventionsmöglichkeiten zu ergänzen.* Während Kanner unspezifische bekannte Behandlungsmethoden in seinen Therapieplan integrierte, schilderte Asperger ergänzend hierzu deskriptiv seine Erfahrungen bei der heilpädagogischen Förderung unter dem Aspekt der Schüler-Lehrer-Interaktion. Freilich stellte auch diese Schilderung aus heutiger Sicht lediglich einen kleinen Schritt dar, den erst verhaltenstherapeutisch orientierte Forscher im Rahmen eines auf empirischer Grundlage wurzelnden Förderungsprogramms in ähnlicher Form wieder aufgriffen.

Der holländische Kinderpsychiater Van Krevelen brachte bei den Überlegungen zur Ursache des Autismus als Erster zusätzlich die Möglichkeit einer organischen Verursachung (prä-, peri- oder postnatale Hirnschädigung) ins Gespräch.

Bereits die Durcharbeit von Kanner, Asperger und Krevelen zeigte, dass auch schon in den Anfängen der Autismusforschung keine hinreichende Einigung bezüglich eindeutigen Kennzeichen der Merkmale des Autismus möglich war, (z.B. fehlt bei Kanner und Asperger eine *eingehende* Beziehungsanalyse dieses Psychodroms zur Schizophrenie) (vgl. LEMPP 1984 in DALFERTH 1987, 17).

Auch fehlt ein Hinweis darauf, welche Anzahl von Symptomen beim Kind auftreten müssen, um die Diagnose „Autismus" stellen zu können. Erst mit den Diagnosekriterien, insbesondere dem DSM wurde versucht, eine international verbindliche Einheit zu erzielen. Darin wird ungeachtet der nachfolgenden Autoren nur der Kanner- und Asperger-Autismus separat und verfeinert aufgelistet (vgl. Kap. 2.5).

3.1.1   Kanner: Early infantile autism

1943 veröffentlichte Kanner erstmals in der Zeitschrift „Nervous child" unter dem Titel: „Autistic disturbances of Affective Contact" eine Studie über die Beobachtungen, die er seit 1938 an elf autistischen Kindern machte, und *attestierte ihnen frühkindlichen Autismus* (vgl. KANNER 1943, 217ff.). Ein wesentliches Zitat daraus lautet:

„The outstanding, pathognomic, fundamental disorder is the children's inability to relate themselves in the ordinary way to people and situations from beginning of life" (KANNER 1943, 242).

Die Literatur zum Autismus nahm seitdem immer größere Ausmaße an. Die besondere Schwierigkeit lag zum einen darin, dass viele Autoren ihre eigenen Begriffe für den heute klar definierten Begriff Autismus verwendeten: So wurden z.B. im angloamerikanischen Raum häufig schizophrene und autistische Kinder als psychotisch bezeichnet (vgl. FEUSER 1979, 63). Zum anderen fehlte eine gemeinsame Basis, die erst Fischer zusammen mit Kanner und Eisenberg 1965 in dem Jahrbuch für Jugendpsychiatrie und ihre Grenzgebiete 1965 vorstellte (vgl. FISCHER 1965, 157ff.): den sogenannten „Kanner-Autisten". Der Ansatz von Kanner ist im Vergleich zu Asperger auch heute noch der gefragtere von beiden (vgl. RÖDLER 1983, 14).

3.1.1.1 Erscheinungsformen

Viele Sekundärsymptome haben ihren Ursprung in den Kardinalsymptomen, welche für die Diagnose: „frühkindlicher Autismus" vorhanden sein müssen:

Das erste Kardinalsymptom: Die Isolierung

Das erste Kardinalsymptom wird als „Autismus" bezeichnet und meint eine totale Isolierung des Kindes von der menschlichen Umwelt, die seit der Geburt vorhanden ist (vgl. EISENBERG und KANNER 1956, 556ff.; EISENBERG 1956, 607ff.; EISENBERG 1957, 715ff.; KANNER 1946, 242ff.; ebd. 1949, 416ff.; ebd. 1954, 378ff.; ebd. 1957, 739ff.; ebd. 1958, 108ff.). Früheste Signale hierfür bilden das *Ausbleiben der Lächelreaktion* und der *Antizipationshaltung* des Kindes während der ersten Lebensjahre in der Mutter-Kind-Beziehung. Nach Spitz ist das Lächeln ein Beweis dafür, dass eine Beziehung zwischen Mutter und Kind besteht (vgl. KANNER 1943, 242; SPITZ 1973).

Das zweite Kardinalsymptom: Die Veränderungsangst

Das zweite Kardinalsymptom bildet die „Veränderungsangst". Die materielle Umwelt darf sich nach einem ängstlich-zwanghaften Bestreben des Kindes unter keinen Umständen verändern, sondern muss in räumlicher und zeitlicher Ordnung stets gleich bleiben (vgl. EISENBERG und KANNER 1956, 556ff.; EISENBERG 1956, 607ff.; EISENBERG 1957, 715ff.; KANNER 1946, 242ff.; ebd. 1949, 416ff.; ebd. 1954, 378ff.; ebd. 1957, 739ff.; ebd. 1958, 108ff.). Die Veränderungsangst wird von den Eltern häufig erst dann beobachtet, wenn die motorische Reife des Kindes so weit fortgeschritten ist, dass es eine Beziehung zur „dinglichen Umwelt" aufnehmen kann. Alle weiteren Verhaltensweisen, die Kanner den Sekundärsymptomen zuordnet, haben ihren Ursprung in den Kardinalsymptomen (vgl. KANNER und EISENBERG 1955, 227ff.; ebd. 1956, 556ff.).

Die gestörte Sprachentwicklung (1. Sekundärsymptom)

Die Sprachentwicklung *ist gestört* (vgl. EISENBERG und KANNER 1956, 556ff.; EISENBERG 1956, 607ff.; KANNER 1944, 211ff.; ebd. 1946, 242ff.; ebd. 1957, 739ff.). *50% der Autisten bleiben stumm* (vgl. EISENBERG und KANNER 1956, 556ff.; EISENBERG 1956, 607ff.; KANNER 1949, 416ff.; ebd. 1958, 108ff.). Die Reaktionslosigkeit vieler Autisten führt bei der Umwelt zur Annahme, sie seien taubstumm. Nicht selten vermutet dies auch der Facharzt (vgl. KANNER 1944, 211ff.; ebd. 1946, 242ff.; ebd. 1949, 416ff.; ebd. 1954, 378ff.; ebd. 1957, 739ff.).

Viele autistische Kinder sind trotz ihres „Mutismus" nicht ohne Sprachkompetenz (vgl. GREWEL 1954, KANNER 1949, 416ff.; VAN KREVELEN 1954, 207ff.; ebd.1958, 87ff.). Die Motivation zum Sprechen ist gestört, weil das autistische Kind die Kommunikation vermeidet (vgl. KANNER 1954, 378ff.). Die Sprache, wenn vorhanden, trägt zur Kommunikation nichts bei (vgl. KANNER 1943, 243). Mimik und Gestik werden aus dem gleichen Grund vermieden. Der Blickkontakt fehlt dabei ohnehin. Sie sehen an einem vorbei oder hindurch ohne Fixierung des Gegenübers. Personen auf Bildern sind für Autisten interessant, während die Realperson im direkten Kontakt Angst auslöst (vgl. ebd., 247). Die Sprache wird später erlernt; und zwar durch „auswendig lernen", nachsprechen und wieder-holen. Sie können auch sehr lange und differenzierte Sätze sehr gut wiedergeben. Wirklich kreative eigengeformte Sätze sind dagegen die Ausnahme (vgl. KANNER 1943, 243).

Lange Zeit wird die Sprache in Form von Echolalie (ebd.) oder verzögerter Echolalie benutzt, wenn sie vorher eine Latenzzeit benötigte. Sätze werden dabei aus dem kausalen Zusammenhang entfernt und in der gleichen rezeptierten Betonung wiederholt. Autistische Kinder neigen zu metaphorischer Sprache. Sie wird dabei analog verwandt, generalisiert und es werden sogenannte Restriktionen gebildet. Ob andere Personen dies verstehen, interessiert das autistische Kind nicht (ebd., 243f.). Dazu drei Beispiele:

Analoge Verwendung der Begriffe: Statt die Farben eines Mahlkastens direkt zu benennen, besitzt das autistische Kinds analog dazu andere Ausdrücke.

Unübliche Generalisierung: Ein Kind wird ermahnt und merkt sich dabei bildhaft nur die unwichtigen Elemente in der Situation. Im Falle, dass sich das Kind in einer anderen Situation selbst ermahnt, benennt es statt der Ermahnung die bildhaften Elemente aus der ursprünglich erlebten Situation, in der die Ermahnung stattfand.

Restrinktion: Ein Kind nennt seine 55-jährige Großmutter schlicht die „55" (vgl. KANNER 1946, 242ff.).

Eine Frage wird von autistischen Kindern häufig nicht mit ja oder nein beantwortet, sondern als Vorlage für eine Wiederholung derselben verwendet (vgl. KANNER 1943, 243f.). Störungen, problematische Situationen (welche sehr häufig auftreten, weil das autistische Kind jegliche Kommunikation ablehnt) werden auffallend oft mit „Nein" zu umgehen versucht. Sehr selten bejaht ein autistisches Kind ein es betreffendes Ereignis (vgl. KANNER 1946, 242). Die autistischen Kinder vertauschen im Gespräch die Personalpronomen Ich/du (vgl. KANNER 1943, 244). Oft lernen sie den Gebrauch des Personalpronomens „Ich" überhaupt erst ab dem sechsten Lebensjahr. Dies liegt begründet in den versäumten „Rede-Antwort-Spielen" zu anderen Altersgenossen während der frühen Kindheit (vgl. KANNER 1943ff. in BOSCH 1962, 62f.). Die erlernten Wörter und Begriffe können zunächst nur im erlernten Situationsfeld angewendet werden, bevor die Autisten befähigt sind, sie auf andere Situationen zu übertragen (vgl. KANNER 1943, 217ff.; ebd. 1946, 242ff.; ebd. 1954, 378; ebd. 1958, 87ff.). Kanner bezeichnet dies mit

„inflexibler Wörtlichkeit" der Sprache. Ein generalisierter Gebrauch ist außerordentlich selten (vgl. KANNER 1943, 244). Spontane Sätze bilden autistische Kinder nicht (KANNER 1957, 740).

Enges Verhältnis zu Objekten (2. Sekundärsymptom)

Autistische Kinder haben ein auffallend gutes Verhältnis zu unbelebten Dingen und Materialien. Dabei zeigen sie zahlreiche gute feinmotorische Fähigkeiten. Autistische Kinder spielen mit ihren Materialien (z.b. Klötze, Spielautos oder Perlen) häufig nach ständig wiederholenden Schemata, die sie einmal zu Beginn probiert haben (vgl. KANNER 1943, 246). Das Spiel ist nie konstruktiv (vgl. KANNER 1943ff. in ASPERGER und WURST 1982, 288). Die Schemata prägen sich sehr gut in das Gedächtnis des Kindes ein. Selbst geringste Veränderungen an den Materialien werden noch nach Tagen vom Kind registriert. Alle Emotionen werden im Spiel mit unbelebten Dingen ausgelebt (KANNER 1957, 741).

Umwelt wird im Ganzen als Objekt wahrgenommen

Menschen werden von Autisten als „Dinge" angesehen. Individuelle Unterschiede jeglicher Art werden von ihnen ignoriert. Körperteile anderer Mitmenschen werden dabei nicht zum gesamten Individuum gehörig betrachtet, sondern *als unbelebte Objekte*. Wenn z.b. fremde Hände den Autisten beim Spielen blockieren, so richtet sich der Zorn und sein Blick ausschließlich auf die Hände. Kommunikation seitens der Mitmenschen sehen autistische Kinder sehr oft *als Zudringlichkeit* an. Die früheste Zudringlichkeit bildet die Notwendigkeit der Nahrungsaufnahme, bei welcher sie sich häufig verweigern (vgl. KANNER 1943, 246f.; ebd. 1957, 741f.). Schon geringer Lärm von außen, wie z.B. des Staubsaugers wird *sehr sensibel* wahrgenommen und als Zudringlichkeit heftig abgelehnt. Eigenproduzierten Lärm erlebt das Kind *positiv;* das Gleiche gilt für Bewegungen. Ärztliche Untersuchungen z.B. mit dem Stethoskop lösen Panik aus (vgl. ebd. 1943, 244f.).

Beeinträchtigte Intelligenzentwicklung (3. Sekundärsymptom)

Autistische Kinder haben bei oberflächlicher Betrachtung in Bezug auf ihre Intelligenz einen *Entwicklungsrückstand*, der häufig bis zum Schwachsinn reichen kann. Ein Drittel der autistischen Kinder ist jedoch normal oder überdurchschnittlich intelligent. Einer Schulbildung oder einem Beruf stände demnach nichts im Wege. Ihre Intelligenz kann sich überall dort *nicht* entfalten, wo zu ihrer Förderung Kontakte nötig sind. Das autistische Kind wird infolgedessen „depriviert". Autistische Kinder konzentrieren ihre Intelligenz oft *auf bestimmte Gebiete und Begabungen* (vgl. EISENBERG 1956, 607ff.; KANNER und EISENBERG 1955, 227ff.). Durch spezielle Sonderinteressen haben viele autistische Kinder weniger Kontakt zur Umwelt. Bei ihren Interessensgebieten können sie häufig keine echte Kreativität entfalten (vgl. KANNER 1943, 243).

Motorische Besonderheiten (4. Sekundärsymptom)

Fast alle autistischen Kinder weisen eine gesteigerte motorische Unruhe auf. Störungen in der Motorik und den kognitiven Fähigkeiten zählen zu den Sekundärsymptomen. Autistische Kinder beschäftigen sich überdurchschnittlich lange mit ein und derselben motorischen Bewegung (Stereotypien) (vgl. KANNER 1957, 742). Viele von ihnen sind mit Fingerspielen vor den Augen beschäftigt (bzw. mit Drehbewegungen kleiner Objekte vor den Augen). Andere stoßen mit rhythmischen Bewegungen ihren Kopf nach vorn (oft mit Geräuschen begleitet). Manche Autisten hegen eine Vorliebe für das Kratzen an rauen Gegenständen. Des Weiteren kommen noch Beriechen und Belecken von Gegenständen und Ohrenbohren vor (KANNER 1943ff.).

3.1.1.2 Ursachen

Kanner und Eisenberg hatten zur Abklärung der Ätiologie eine Reihe von Untersuchungen an Patienten vorgenommen, die mit „frühkindlicher Autismus" eingestuft waren, um *organische, vererbungsbedingte und psychodynamische* Ursachen nachzuweisen (vgl. EISENBERG und KANNER 1956, 607ff.; EISENBERG 1957, 715ff.; KANNER 1949, 416ff., ebd. 1954, 378ff.).

Organische Ursachen

Es wurden Vorgeschichten, Schwangerschafts- und Geburtsanamnesen, diverse klinisch-neurologische Untersuchungen und elektroenzephalographische Befunde (EEG) bei 55 Patienten überprüft. Dabei stellte Kanner fest, dass nur in einem von 55 *Fällen der Patient eine Hirnschädigung aufwies.* Da diese nicht in Zusammenhang mit dem frühkindlichen Autismus gebracht werden konnte, schieden für Kanner organische Ursachen weitgehend aus (vgl. KANNER 1949, 420f.).

Vererbungsbedingte Ursachen

Kanner untersuchte bei 100 autistischen Kindern 973 Familienangehörige nach ihrer Anamnese, um eine Vererbung nachzuweisen. Die Stichprobe umfasste 200 Eltern, 400 Großeltern und 373 Onkel und Tanten. Es zeigte sich, dass nur bei weniger als *5%* eine psychiatrische oder neurologische Krankheit festgestellt wurde. Die Befunde konnten nicht in Zusammenhang mit dem frühkindlichen Autismus gebracht werden. Trotzdem schlossen Kanner und Eisenberg eine Vererbung nicht aus (vgl. EISENBERG und KANNER 1956, 607ff.).

Epidemiologie

Kanner et al. fanden bei der Auswertung auch heraus, dass 75% der Jungen, aber nur 25% der Mädchen an frühkindlichem Autismus erkrankten. Das Ergebnis war *nicht ganz eindeutig*, weil die Jungen zwischen dem 2. und 6. Lebensjahr, die

Mädchen hingegen zwischen dem 6. und 8. Lebensjahr in die Untersuchung gebracht wurden (vgl. KANNER 1971, 142).

Die Untersuchung brachte jedoch noch ein anderes unerwartetes Ergebnis zu Tage, welches im folgenden Abschnitt dargestellt wird.

Verschobene Skala der Charaktereigenschaften der Eltern

Die überwiegende Mehrzahl der Kinder stammt aus Familien, die sich durch ein hohes Maß an Intellektualität auszeichnen (vgl. KANNER 1943, 248). Bei den Auswertungen stellte Kanner kaum Eltern aus „nichtintellektuellen" Kreisen fest (KANNER 1949, 416ff.). 85% der Elternpaare wiesen untereinander gleiche Charakterstrukturen auf (vgl. EISENBERG 1957, 715ff.). Es wurden zu 85% Verhaltensweisen bei den Eltern, aber auch bei den Großeltern und Seitenverwandten festgestellt, *die dem schizoiden Charakter sehr nahe kamen* (vgl. KANNER und EISENBERG 1956, 556ff.).

Die Auswertung zeigte folgende Dominanz bei den Charakteren der Eltern: Ihr Umgang mit der Umwelt zeugt von Gefühlsarmut, die einhergeht mit ungeselligen, humorlosen und perfektionistischen Umgangs- bzw. Verhaltensformen (vgl. KANNER 1949, 421ff.) Ihr Umgang mit Menschen läuft häufig mechanisch über den Verstand ab. Bei einer Begegnung mit anderen Menschen geben sie sich stets höflich und würdig distanziert (vgl. KANNER 1954, 378ff.). Mütter und Väter bezeichnet Kanner daher als „erfolgreiche Autisten". Dies zeichnet sich auch im Umgang mit den eigenen Kindern ab, der von der gleichen Distanz geprägt ist. Kanner beobachtete eine Mutter, welche zu ihrem Sohn eine so große Distanz hielt, dass sie auch an dem Tag, als sie ihn im Krankenhaus besuchte, sofort zur Seite rückte, als sich dieser neben sie setzen wollte (vgl. KANNER 1949, 422).

Die Eltern haben meist ein formales und kaltes Eheleben ohne Höhen und Tiefen. Viele Eltern neigen zum *Perfektionismus und Detailtreue auf sämtlichen Gebieten* (vgl. ebd. 1949, 421ff.).

Psychodynamische Ursachen

Inwieweit psychodynamische Ursachen bei frühkindlichem Autismus eine Rolle spielen, muss *individuell* überprüft werden. Kanner warnte in diesem Zusammenhang vor psychoanalytischen Strömungen, die *pauschal* von einer pathologischen Mutter-Kind-Beziehung ausgehen. Bei den psychodynamisch verursachten Fällen überzeugten Kanner am ehesten die Hypothesen von Mahler (vgl. KANNER 1958, 108ff.).

Fazit der Untersuchung: Kanner kam zu dem Ergebnis, dass trotz seiner epidemiologischen Befunde und den expliziten verhaltensspezifischen Merkmalen der Eltern- und Verwandtschaft der Kinder, Autismus sowohl *organisch, hereditär als auch psychodynamisch* verursacht werden kann (vgl. KANNER und EISENBERG 1956, 556ff.). Einer psychogenen Ätiologie stand er skeptisch gegenüber. Auszuschließen vermochte er diese jedoch nicht. Hauptkritikpunkt bildete dabei die

Erkenntnis, dass einige autistische Merkmale bereits von Geburt an von einem Fachmann zu erkennen sind. Demnach käme eine familiäre Verursachung primär nicht in Frage (vgl. KANNER 1971, 141ff.).

Differentialdiagnose

Merkmale für die Diagnostik des frühkindlichen Autismus

Beide Kardinalsymptome müssen beim Kind nachweisbar sein, um die Diagnose „frühkindlicher Autismus" sicher zu stellen. Autistische Symptome, wie sie auch bei anderen Psychodromen (z.b. Kindheitsschizophrenie) im Kindesalter vorkommen, reichen nicht aus. Dabei muss beachtet werden, dass das zweite Kardinalsymptom, die Veränderungsangst, in den ersten Lebensjahren nicht bei autistischen Kindern zu beobachten ist, sondern erst, einhergehend mit der motorischen Entwicklung, *im Laufe des 2. Lebensjahres* in Erscheinung tritt. Auch die übrigen Sekundärsymptome werden von den Eltern meist erst ab diesem Alter als auffällig registriert. Eine gestörte Sprachentwicklung als Sekundärsymptom bildet ebenfalls ein wichtiges Element bei der Erstellung der Diagnose (vgl. KANNER 1958, 108ff.).

Merkmale für die Nosologie des infantilen Autismus

Kanner hat Zweifel daran, ob dem frühkindlichen Autismus immer eine pathologische Mutter-Kind-Beziehung zu Grunde liegt, wie es z. B. von Mahler angesehen wird. Kanner sieht im frühkindlichen Autismus eine *psychobiologische* Krankheit, die durch eine Vernetzung von sowohl angeborenen Faktoren, als auch einschneidenden Erlebnisfaktoren entstehen kann (vgl. EISENBERG und KANNER 1956, 556; KANNER 1958, 108ff.; MAHLER 1952, 286ff.).

Nosologische Abgrenzung von der Kindheitsschizophrenie

Kanner betrachtet den frühkindlichen Autismus als eine besonders frühe Form der Psychose und subsumiert ihn daher nosologisch in die Gruppe der Schizophrenien (früheste Manifestation der Kindheitsschizophrenie). Die psychotischen Störungen beschränken sich dabei auf eine Skala der psychischen Elementarfunktion mittlerer Differenziertheit bis hin zum frühesten Beginn dieser auf der präverbalen Entwicklungsstufe (vgl. KANNER 1949, 416ff.). Kanner spricht daher *nicht von einer Abwendung der Realität, sondern von dem Unvermögen des Kindes, Kontakte zur Realität zu knüpfen.* In dieser Beziehung sind demnach spätere schizophrene Erkrankungen im Kindesalter nosologisch abzugrenzen.

Nosologische Abgrenzung von geistigen Behinderungen

Eine nosologische Einordnung unter der „geistigen Behinderung" lehnt Kanner ab. Als überzeugendes Argument führt er die unausgewogenen Hoch- und Tiefpunkte im Leistungsprofil dieser Kinder an. So kann es gut passieren, dass autistische

Kinder bei einfachen Aufgaben versagen, während sie komplexe Aufgabenstellungen mühelos bewältigen. Bei geistiger Behinderung würden sich dementgegen die Leistungstiefs homogen auf alle Bereiche verteilen bzw. keine der oben genannten Extremabweichungen vorkommen. Auch frühkindliche Autisten mit schwerer Ausprägung lernen über ihren momentanen Entwicklungsstand hinaus in der Zukunft noch viele Fähig- und Fertigkeiten (vgl. KANNER 1949, 417).

Nosologische Abgrenzung von frühkindlicher Hirnschädigung

Eine frühkindliche Hirnschädigung (insbesondere der postenzephalitische Zustand und die perinatal erworbene Enzephalopathologie), die mit autistischen Verhaltensweisen einhergeht, kann durch einen Nachweis des 2. Kardinalsymptoms (Veränderungsangst), welches bei diesen Zustandsbildern in der Regel fehlt, nosologisch unterschieden werden. Grewel bezeichnet diese Patienten daher auch als Pseudoautisten (vgl. KANNER und EISENBERG 1956, 556ff.).

Nosologische Abgrenzung von diversen Schwachsinnsformen

Es existieren – wenn auch selten – Schwachsinnstypen, die einen autistischen Ursprung haben. Diese lassen sich beim Kleinkind durch Hinzunahme der Kardinalsymptome nachweisen. Fehlt ein Kardinalsymptom, so ist eine autistische Basisstörung auszuschließen. Bei älteren Kindern lässt sich trotz des Fehlens des 2. Kardinalsymptoms, welches sich im frühen Jugendalter wieder zurücktentwickelt, nicht ausschließen, dass sie auch autistisch sind. Dieser Umstand erschwert für den Arzt eine rückwirkende Diagnose erheblich. Daher erhalten in diesen Fällen die Vorgeschichten der Patienten einen erhöhten Stellenwert (vgl. EISENBERG 1956, 607ff.; ebd. 1957, 715ff.; KANNER 1958, 739ff.; GREWEL 1954, RITVO und PROVENCE 1953, 155).

Nosologische Abgrenzung von Hör- und Taubstummheit

Kinder, die von einer Hörstummheit (USA: kongenitale Aphasie) oder der Taubstummheit betroffen sind, lassen sich von autistischen Kindern leicht unterscheiden, da sie ihre Bedürfnisse nach zwischenmenschlicher Kommunikation durch Mimik, Gestik und Ausdruck kundtun. In fremder Umgebung lässt sich besonders deutlich erkennen, dass sie im Gegensatz zu den stummen autistischen Kindern engen Kontakt zur Mutter aufsuchen (vgl. FRANKL 1943, 251ff.; KANNER 1949, 416ff.).

Nosologische Abgrenzung von der Aphasie

Aphatische Kinder sind häufig so kommunikationswillig, dass sie eine emotionale Sprache mit wortähnlichen Lauten und Modulationen benutzen (vgl. FRANKL 1943, 251ff.; KANNER 1949, 417f.).

Noch bis in die 50er-Jahre hinein wurde den meisten autistischen Kindern eine falsche Intervention zuteil, da sie zunächst für taub- oder hörstumm gehalten wurden und im Verlauf der Behandlung die Diagnose „Schwachsinn" erhielten (KANNER 1949, 416ff.).

3.1.1.3 Behandlungsmöglichkeiten

Therapeutische Interventionen

Psychotherapie in der Psychiatrie

Der frühkindliche Autismus ist auf psychiatrischem Weg allein schwer zu behandeln. Es existierten dabei in der Vergangenheit keine Korrelationen zwischen psychiatrischer Behandlung und klinischem Ausgang (vgl. EISENBERG 1956, 607ff.). Untersuchungen von Kanner und Eisenberg zeigten, dass selbst intensive Psychotherapien mit wenigen Ausnahmen ohne Erfolg blieben (vgl. KANNER 1958, 108ff.). Ein Zusammenlegen der Autisten mit anderen „retardierten" Gleichaltrigen wirkte sich ungünstig aus, da sie hier häufig in totale Passivität verfallen (vgl. ebd. 1971, 140ff.). Dennoch sollten sie neben den von Kanner empfohlenen psychoanalytischen Behandlungsmethoden nach Mahler trotzdem psychiatrisch betreut werden (vgl. FISCHER 1965, 201 und MAHLER 1952, 286ff.).

Therapie mit LSD 25

Freedmann et al. injizierten autistischen Kindern als Psycholyticum Lysergsäure-diäthylamid (LSD 25), um eine vorübergehende Desorganisation der psychischen Integration zu erwirken und zugleich durch Abschwächung der affektiven Abwehr eine Beziehung zum Kind zu bekommen. Sie erzielten dabei keine Erfolge (vgl. FREEDMAN, EBIN und WILSON 1962, 203ff.).

Therapie mit Elektroschocks

Kanner und Eisenberg berichteten von einem fünfjährigen Jungen, der mit Elektroschocks behandelt wurde. Eine gravierende Verschlechterung seines Zustandes war jedoch die unmittelbare Folge (vgl. KANNER und EISENBERG 1955, 227ff.).

Konzepte von erfolgreichen Therapien

Bei der Suche nach einer geeigneten Therapiemethode analysierte Kanner bei den meisten erfolgreichen Ausgängen, dass dem autistischen Kind hier die Gelegenheit geboten wurde, *sich schrittweise an eine menschliche Beziehungsperson zu gewöhnen.* Die Bezugsperson („menschliches Liebesobjekt") blieb dem Kind dabei *über Jahre erhalten.* Bei der Suche nach einer geeigneten Beziehungsfigur für das Kind, denkt man also zunächst einmal an die Therapeutin als eine Art Mutterersatz. Berücksichtigt man allerdings das Prinzip, dass die Mutter des Kindes die wichtigste und natürlichste Beziehungsperson im seinem Leben ist, sollte eine gute Therapie darauf bedacht sein, dass der emotionale Kontakt zwischen Kind und Mutter wieder hergestellt wird (vgl. KANNER 1955, 227ff.; MAHLER 1952, 286ff.).

Psychoanalytische Therapie nach Mahler

Die psychoanalytischen Therapiemethoden von Mahler überzeugten Kanner schließlich am meisten, da er ihre Erfolge gut nachvollziehen und akzeptieren konnte. Als zentralen Behandlungspunkt sah Kanner ebenso wie Mahler, dass das autistische Kind zu einer symbiotischen Beziehung mit seiner Mutter gelangt (vgl. Kap 3.2.1.3) (vgl. KANNER und EISENEBERG 1955, 227ff.; MAHLER und GOSLINER 1955, 215ff.).

Kinderspieltherapie

Auch eine Kinderspieltherapie (nicht im nondirektiven Verfahren nach Rogers), die auch in einer Erziehungsberatungsstelle durchgeführt werden kann, hat Vorteile, da die Mütter anhand der gewonnenen Beobachtungen am Kind weitere Hinweise für die Beratung erhalten. Wichtig dabei ist jedoch, dass es der Mutter mit den zusätzlichen Hinweisen gelingt, einen emotionalen Zugang zum Kind zu bekommen (vgl. KANNER 1952, 701ff.). Um welches Verfahren es sich dabei handelte, beschrieb Kanner nicht näher.

Fazit

Kanner empfiehlt autistischen Kindern nur dann eine Therapie ohne Mutter (Mutterersatz), wenn die Mutter auf Grund eigener Blockaden keinen Kontakt zu ihrem Kind herstellen kann oder will. In solchen Fällen rät Kanner, das Kind in einer Pflegefamilie unterzubringen. Kanner hat selbst mit Erfolg von dieser Maßnahme Gebrauch gemacht (vgl. ebd.).

Förderung

Regelschule

Eisenberg empfiehlt einen engen Kontakt zwischen der Schule und dem behandelnden Arzt im Hinblick auf die positive Integration des autistischen Kindes in den Klassenverband. Vor allem bei verständnisvollen Lehrern haben sich Erfolge abgezeichnet. Allerdings können nur weniger schwer gestörte Autisten unter den vorgegebenen Bedingungen die Regelschule besuchen (vgl. EISENBERG und KANNER 1956, 556ff.).

Prognose

Für die Mehrheit der autistischen Kinder (ca. 70%) lässt sich im Hinblick auf ihre Entwicklungschancen nur eine *ungünstige* Prognose erstellen. Kanner misst *dabei dem verbalen Entwicklungsstand besondere Bedeutung bei.* Im Vorschulalter lässt sich das Ausmaß der autistischen Störung und deren Entwicklungsverlauf relativ zuverlässig anhand des Schweregrades der Sprachstörung bestimmen (vgl. EISENBERG 1956, 607ff.; EISENBERG und KANNER 1956, 556ff.). Kinder, die mit 4 oder noch 5 Jahren kaum oder nicht zu Mitmenschen sprechen (Mutismus), haben die schlechteste Prognose und zwar unabhängig von der gewählten Therapieform. Diesen Kindern wird später infolge zahlreicher Defizite in sozialer Anpassung und wegen unzureichenden Fertigkeiten in vielen lebenspraktischen Bereichen die Aufnahme in eine Anstalt oder ein Heim nicht erspart bleiben (vgl. EISENBERG und KANNER 1956, 556ff.). Nur in einem Fall von 19 mutistischen Patienten berichtet Kanner von einer deutlichen Verbesserung, die in dem Moment auftrat, als die Mutter ihren Jungen als „Aufgabe" und nicht als „Überforderung" betrachtete. Zwischen Mutter und Kind entwickelte sich eine symbiotische Beziehung (in dem Sinne, dass das Kind in die symbiotische Phase gelangte), in der es Sprechen und weitere Selbstständigkeiten erlernte. Kinder, welche ihre autistische Isolierung schon früh durch Verwendung der Sprache durchbrechen, haben im Hinblick auf die künftige Entwicklung und Förderung noch die besten Chancen.

Kanner untersuchte 23 sprechende Autisten und stellte dabei fest, dass sich die Entwicklung von 10 sprechenden Autisten von den mutistisch Verbliebenen in der Hinsicht unterschied, dass sie sich einige „Leistungsinseln" aufbauen konnten, die häufig in abstrakten Gebieten angesiedelt waren. Große Schwierigkeiten bereiteten diesen Kindern Intuitionen und Umgangsformen, die in affektiv-sozialen Bereichen liegen. Die Sekundärsymptome traten dabei stark, die Primärsymptome schwach zurück.

13 Autisten konnten die Regelschule besuchen. Ihre abstrakten Leistungsinseln waren noch ausgeprägter als bei den 10 Autisten (Binet-IQ bis 150). Ihre schizoiden, zwanghaften Verhaltensweisen erschwerten jedoch die Anpassung erheblich und sie konnten weniger oder gar keine freundschaftlichen Kontakte zu den Mitschülern herstellen. Nur einer von ihnen erreichte eine volle Anpassung, heiratete, studierte Musik und wurde Komponist (vgl. KANNER 1971, 119ff.).

Beim frühkindlichen Autismus ist mit einer Wahrscheinlichkeit von 30 Prozent ein zufriedenstellender bis guter Ausgang zu erwarten; d.h. eine soziale Eingliederung ist möglich. Fast alle von ihnen weisen einen *schizoiden Charakter* auf (vgl. KANNER und EISENBERG 1955, 227ff.). Mit zunehmendem Erfolg können die Sekundärsymptome häufig aufgegeben werden, die Primärsymptome meist jedoch weniger (vgl. KANNER 1971, 143).

3.1.2 Asperger: Die autistische Psychopathie

Der Wiener Pädiater Hans Asperger veröffentlichte 1944 unabhängig von Kanner in der medizinischen Fachzeitschrift: „Archiv für Psychiatrie und Nervenkrankheiten" unter der Headline „Die autistischen Psychopathien im Kindesalter" einen Erfahrungsbericht über seine Beobachtungen und Schlussfolgerungen an seiner Einrichtung in Wien. Seine Beschreibungen, die im Gegensatz zu Kanners Darstellungen nicht methodisch abgesichert waren, unterschieden sich zum Teil prägnant von Kanner und führten zu einer Aufteilung in Kanner- und Asperger-

Autisten (vgl. ASPERGER 1944, 76ff.). In seinen Publikationen bezeichnete Asperger die autistischen Kinder als „Autistische Psychopathen". Diesen Begriff leitete er aus der klassischen Klassifikation von E. Bleuler ab, der die Psychopathie als eine vererbbare Charakter- und Triebbesonderheit hervorhebt, die zu Konflikten mit sich selbst und anderen führt (vgl. ebd., 84f.).

3.1.2.1 Erscheinungsformen

Hauptmerkmale des Asperger-Autismus

Kinder mit autistischer Psychopathie werden *meist erst ab dem 3. Lebensjahr* auffällig. Nur Jungen können an Autismus erkranken. Autismus stellt für Asperger eine Extremvariante des männlichen Charakters dar. Ähnlich wie die Kanner-Autisten sind auch sie im Kontakt zu anderen Personen emotional-affektiv gehemmt und neigen zur *Selbstisolierung* (vgl. ASPERGER 1944, 121ff.). Vorhandene Kontakte zu Personen, Tieren oder Dingen sind *disharmonisch und voller Widersprüche* (vgl. ebd., 128). Während Kanner-Autisten in ihrer Umgebung befindliche Personen ignorieren, *empfinden Asperger-Autisten die Gegenwart von anderen als störend* (vgl. KANNER 1943 und ASPERGER 1961 in FEUSER 1979, 70). Bereits sehr früh, *noch bevor sie gehen können, beginnen autistische Psychopathen zu sprechen* (vgl. ASPERGER 1960, 59). Autistische Kinder sind in praktischen Situationen insuffizient, weil sie wesentliche Defekte im thymischen Bereich haben (vgl. ebd. 1960, 59). Die Asperger-Autisten sind durchschnittlich *nicht so hochgradig gestört* wie die Kanner-Autisten, haben *häufiger Sonderinteressen* und entwickeln im Durchschnitt *mehr Fähigkeiten und Leistungsmotivationen* (vgl. ebd. 1944, 114ff.). *Eine Klassifikation, die zwischen Primär- und Sekundärsymptomen unterscheidet, fehlt bei Asperger.*

Aussehen

Autistische Kinder haben kein weiches und undifferenziertes Äußeres. Sie sehen „frühreif" aus und *haben etwas „prinzenhaftes" in ihrem Aussehen.* Gesicht und Körper wirken zusammen disharmonisch. Hinzu kommen nicht selten Nasen-, Kiefer-, Zahn- und Behaarungsanomalien. Autisten wirken damit „charaktervoll" (vgl. ebd. 1960, 59). „Das Gesicht wirkt wie mit scharfen Stift gezeichnet" (ebd. 1961, 178).

Kommunikation

Nonverbale Kommunikation

Das autistische Kind *vermeidet den Blickkontakt zu anderen Personen. Es blickt ins „Leere" oder „durch einem hindurch" in die Ferne.* (vgl. ebd. 1960, 55). Der Blick ist *leer und ausdruckslos.* Nur bei affektiven Handlungen bekommt der Autist einen ausdrucksvollen Blick (vgl. ebd. 1961, 177f.). Die Mimik wirkt schon in jungen Alter „leer oder gespannt grüblerisch". Sie ist häufig unpassend zur momentanen Situation. Sie wird auch für Bizarrerien und Stereotypien eingesetzt (vgl. ebd. 1960, 55). Gestiken setzen Autisten bei der Kommunikation nicht ein. Nur bei den Stereotypien, die jedoch keinen Mitteilungscharakter haben, werden sie eingesetzt (vgl. ebd. 1961, 179). Säuglinge mit autistischer Psychopathie lächeln ihre Mutter ebenso wenig an, wie frühkindliche Autisten (vgl. ebd. 1960, 61).

Verhalten und Umgang im Gespräch

Autistische Kinder schauen ihren Gesprächspartner so gut wie nie an, sondern an ihm vorbei und verhindern damit untereinander den thymischen Kontakt wie z.B. die Mimik. Nur ganz selten wirft das Kind dem Gesprächspartner einen beiläufigen Blick zu. Sie achten nicht darauf, ob andere in Stimmung sind oder überhaupt Interesse haben, ihnen zuzuhören, sondern sie erzählen frei, was ihnen im Moment gerade wichtig erscheint. Sie ignorieren dabei die umgebende Situation (vgl. ebd., 55).

Sprachmelodik von autistischen Kindern

Die „thymische" Qualität der Sprache ist gestört. Viele von Asperger beobachtete Autisten

– sprachen in monotoner Stimmlage.
– leierten stereotyp monoton oder in bestimmter Melodie ihre Sätze oder Wörter herunter.
– sprachen entweder „leise und fern" oder unangepasst laut. (Dabei war es ihnen vollkommen gleichgültig, ob sie verstanden wurden oder nicht).
– sie redeten „übertrieben moduliert" (vgl. ebd.).

Sprachstörung bei autistischen Kindern

Worte, die autistische Kinder „genießen", wiederholen sie gerne stereotyp. Asperger beobachtete, dass diese Kinder längere Zeit in der 3. Person von sich sprachen (vgl. ebd., 55f.).

Erschwerte Interaktion auf Grund gestörter Sprachentwicklung

Ihre Sprechweise stößt bei Gleichaltrigen auf Ablehnung, da sie ungewohnt ist. Autistische Kinder beherrschen selbst komplizierte Grammatik besser als Gleichaltrige und verfügen über eine differenziertere Sprache. Ihre Art des Sprechens wirkt nicht kindgemäß (vgl. ebd.). Die Sprache ist voll von Originalität und Wortschöpfungen. Asperger nennt sie eine „naszierende Sprache". Nicht alle Wortschöpfungen sind unverständlich. Manche davon beschreiben nach Asperger eine Situation besser als herkömmliche Formulierungen (vgl. ebd. 1961, 184).

Intelligenz

Erwerb von Wissen

Autisten „verarbeiten" das erworbene Wissen nicht, sondern eignen es sich *häufig „mechanisch" an*. Autistische Kinder erleben die Umwelt nach ihrer eigenen Schöpfung und nicht so, wie sie ihnen von anderen nahegebracht wird (vgl. ebd., 183f.). Bei der Vermittlung des Unterrichtsstoffs in der Schule schenken sie allen Gebieten, die sie nicht interessieren, keine Aufmerksamkeit. Asperger spricht hier von einer „aktiven Störung der Aufmerksamkeit", die im Kind entsteht (vgl. ebd., 189). Autistische Kinder lassen sich nur ungern etwas beibringen. Demgegenüber entwickeln sie jedoch *aus eigener Motivation individuelle Methoden, um abstraktesten sowie kompliziertesten Gebieten*, wie z.B. der höheren Mathematik oder den letzten philosophischen Fragen nachzugehen (vgl. ebd. 1960, 56). Die Sonderinteressen bei Autisten sind *sehr eng gefasst und haben sehr oft keine Beziehungen zum realen Leben*. Dazu folgende Beispiele:

1. Es gibt viele autistische Kinder, die ein großes Interesse an der Funktionsweise ihres Organismus (vegetative Abläufe) haben.

2. Andere versuchen die Gesetzmäßigkeiten des Gedächtnisses zu studieren. Nach Asperger demonstriert diese Selbstverobjektivierung eine große Distanz zur eigenen Person.

3. Einige autistische Kinder haben ein so tiefes und reifes Kunstverständnis, dass sie sogar die Kompetenzen vieler Erwachsener übertreffen. Sie können bereits in sehr kompetenter Form Bilder beurteilen (z.B. von Rembrandt) sowie die Charaktere der Künstler und deren Stimmungen einschätzen (vgl. ebd., 57).

4. Einige interessieren sich ausgeprägt für Teilfachgebiete aus der Fachdisziplin Chemie.

5. Auch der komplexe Aufbau von Apparaturen oder Maschinen begeistert einige autistische Kinder (vgl. ebd. 1961, 186).

Anwendung von Wissen

Im Vergleich zu anderen Kindern wenden Autisten ihr Wissen z.B. in der Mathematik nach anderen Formeln und Methoden an als erwartet. *Diese Methoden sind hier häufig kompliziert und umständlich*. Folgendes Zitat verdeutlicht, dass autistische Kinder nach Asperger für jede einzelne Rechnung *eine unterschiedliche Methode brauchen*:

„27 und 12: ist 39; er gibt spontan die Erklärung ab, wie er gerechnet hat: 2 x 12 ist 24, 3 x 12 ist 36, ich merk' mir die 3 (er meint, 27 sei um 3 mehr als 2 x 12), rechne weiter" (ebd., 189).

Unterrichtsstoff, der sich gar nicht mit den Interessen des autistischen Kindes deckt, wird von ihm auch nicht nach anderen Methoden verarbeitet, sondern radikal abgelehnt (vgl. ebd.). Insbesondere die autistischen Kinder, die sich selbst beschaut haben, können trotz ihrer Isolierung sehr sensibel über die Stimmungen und Gesonnenheiten *anderer Personen urteilen*. Diesen scheinbaren Widerspruch führt Asperger darauf zurück, dass diese Kinder *genügend Abstand* (Isolierung) zur Umwelt haben, um in abstrakten Maße darüber nachzudenken. Asperger bezeichnet diese Fähigkeit bei Kindern als „psychopathische Klarsichtigkeit". Ihre Fähigkeit zur Abstraktion *festigt sich* in der Adoleszenz und befähigt sie nachfolgend insbesondere für die Berufe, in der diese Begabungen besonders gebraucht werden (z.b. naturwissenschaftliche Berufe) (vgl. ebd., 187f.).

Isolierung

Autistische Kinder *zeigen kein Interesse an der Umgebung, wenngleich sie trotzdem viel mitbekommen* (vgl. ebd., 181).

„Es ist, als ob das Kind allein auf der Welt wäre" (ebd.).

Sie spielen immer alleine oder bei anderen Personen, wobei sie *diese oder die Umweltreize wie z.B. Lärm vollkommen ignorieren* (vgl. ebd., 182). Es gibt jedoch nicht wenige autistische Kinder, die trotz ihrer Isolierung auch fähig sind, zärtliche Bindungen zu Tieren oder zu bestimmten Personen einzugehen (vgl. ebd., 193).

Abnormes Spielverhalten und Sammelleidenschaft

Autistische Kinder haben eine gute Beziehung zu Spielzeugobjekten (vgl. ebd. 1960, 62). Das Spiel mit dem Spielzeug ist im Gegensatz zum normalen Kind jedoch ohne Kreativität und Liebe. Sie spielen mit ihrem Spielzeug nicht wie normale Kinder, sondern sind nur daran interessiert, es nach verschiedensten Kriterien zu ordnen oder anzuordnen. Dazu folgende Beispiele:

1. Ein autistisches Kind ordnet Bauklötze immer wieder nach der Größe und Form an, anstatt mit ihnen zu spielen.
2. Einzelne Spielobjekte werden öfter wie ein „Fetisch" behandelt, von denen sich das Kind auf keinen Fall trennen will.
3. Sehr häufig entwickeln Autisten eine Sammelleidenschaft für das Spielzeug und andere Dinge. Dabei geht es ihnen hauptsächlich um die Vervollständigung und dem Besitz der Sammlung, weniger um die inhaltliche Bedeutung der Objekte (vgl. ebd. 1968a, 192).

Verhalten zu anderen Personen

Autistische Kinder sind u.a. „kontaktgestört" und haben folglich besonders viele Schwierigkeiten bei der sozialen Integration. Ein normales Kind hat einen *permanenten Austausch* mit den Eltern bzw. dem Erzieher, an denen er sein künftiges Verhalten orientiert. Die *affektiven* Inhalte der Erziehung sind dabei sehr wichtig und werden vom normalen Kind wahrgenommen (vgl. ebd., 179f.).

Autistische Kinder *ignorieren affektive Kontakte* oder wehren sie ab. Hier gibt es auch Parallelen zu schizophrenen Erkrankungen (vgl. ebd., 180f.). Sie reagieren nur *auf ihre inneren Impulse* (Spontanideen, Interessen). Eltern, die diese

Eigenheiten berücksichtigen, können im familiären Bereich Konflikte im voraus reduzieren bzw. vermeiden, wenn sie vieles von dem erdulden. In der Regelschule sind daher die Konflikte schon vorprogrammiert, da autistische Kinder *die meisten Regeln und Anforderungen ignorieren*. In der Schule geraten sie fast immer in die Rolle des Außenseiters. Ihr abnormes Benehmen, ihre speziellen Sprachstörungen und grotesken Ungeschicklichkeiten fordern die Mitschüler fast immer zu schonungslosen Hänseleien heraus. Das abnorme Verhalten führt meist schon kurz nach der Einschulung dazu, dass ein Heilpädagoge konsultiert werden muss, da spontane Aktionen von autistischen Kindern den Unterrichtsablauf massiv stören (vgl. ebd., 179ff.). Autisten erkennen sehr schnell die Schwächen anderer Personen und benennen diese mit *respektloser Verletzlichkeit*. Autistische Kinder beurteilen ihre eigenen Bosheiten unabhängig von den jeweiligen Situationen *immer sehr wahrheitsgemäß, weil ihre Schutzinstinkte versagen*. Ein großer Genuss wird ihnen dabei zuteil, wenn sie davon berichten oder andere beim Berichten vervollständigen können (vgl. ebd. 1960, 57). Dazu folgende Beispiele: „Ich bin so schlimm, weil sie sich so schön ärgern', sagte ein autistischer Schulanfänger zur Lehrerin" (ebd. 1961, 181).

Autisten, die als Jugendliche an kriminellen Delikten beteiligt waren, benannten diese auch später mit frappierender Offenheit und demonstrierten damit besonders deutlich das Versagen ihrer Schutzinstinkte (vgl. ebd., 187).

Die Mehrheit aller Bosheiten passiert jedoch in der Familie, wo sie *mit raffiniertesten Methoden die ungünstigsten Schwierigkeiten bereiten* (vgl. ebd., 181).

Motorische Störungen (körperlicher Befund)

Die Motorik ist erheblich gestört. Ihre Bewegungen *sind oft abrupt, eckig, verkrampft* und zu gering koordiniert. Zum Beispiel haben sie große Mühe einen Ball zu fangen (vgl. ebd., 180).

Motorische Entwicklung

Autistische Kinder *erlernen das Gehen später als die Sprache*. Bewegungen und Handgriffe, die der Alltag erfordert, erlernen sie im Vergleich zu Altersgenossen *deutlich verzögert und unter größten Schwierigkeiten*. Sie geraten dabei sehr oft in Zorn. Beispielsituationen sind: Anziehen, Waschen und insbesondere Schneiden der Haare sowie Nägel. Viele Autisten reagieren auf Anforderungen mit Widerstand, Bosheiten oder psychopathischen Überempfindlichkeiten. *Viele Eltern suchen erst jetzt einen Arzt oder Psychiater für ihr Kind auf.* Nur eine geringe Auswahl an motorische Bewegungen, die sie interessieren, erlernen sie oft außergewöhnlich gut. Die Bewegungen wirken *jedoch immer eckig, ungelöst und ungeschickt* (vgl. ebd. 1960, 59).

Emotionale Störungen

Die Anpassungsfähigkeit bei Autisten ist gestört. Sie haben vegetative Fehlsteuerungen. Dies betrifft z.b. den Geschmackssinn oder das Einschlafen. Meist erst ab *dem 3. Lebensjahr* wird deutlich sichtbar, dass der Kontakt zu den Mitmenschen tiefgreifend gestört ist. Das „Kontaktieren" zur Umwelt ist bei Säuglingen mit autistischem Syndrom von Anfang an nicht vorhanden (vgl. ebd., 63). Autistische Kinder lehnen die Kontaktversuche von anderen Personen weitgehend ab. Sie reagieren darauf *mit Rückzug, Angst aber auch mit Feindseligkeit und Zorn* (vgl. ebd., 60). Dies gilt auch für das „mütterliche Zärteln". Auch das Gefühl zu ihrem eigenen Körper ist bei autistischen Kindern gestört. Viele können ihre Proportionen nicht einschätzen:

„Es fehlt ihnen das ‚Körperschema', ‚sie sind in ihrem Körper nicht zu Hause'. Sie rennen leicht überall an, weil sie ihren Körper nicht richtig ‚orten' können" (ebd. 1961, 192).

Daraus ergeben sich zahlreiche Probleme, wie die Missachtung der Körperpflege, der Tischmanieren oder sonstiger Regeln und Sitten. Autistische Kinder verstehen keinen Humor, außer sie bringen ihn durch originelle Einfälle selber ein (vgl. ebd., 192f.).

Veränderter Einsatz ihrer Motivationen

Bei autistischen Kindern gibt es im Vergleich zu normalen Kindern keine homogenen Entwicklungsschritte im Leben. Dabei gibt es bei ihnen eine rasante Entwicklung auf dem Interessengebiet. Eine hohe Motivation entwickeln sie bei den Stereotypien, die in niederer Stufe meist aus Dreh- und Wackelbewegungen, in höherer Stufe am zwanghaften Festhalten an Gewohnheiten besteht (vgl. ebd. 1960, 60).

Verschiedene Störungen im Triebleben

Einigen autistischen Kindern fehlt der sexuelle Trieb und sie sind unerregbar. Andere stellen gnadenlos ihre Masturbation zu Schau. Wieder andere betreiben perverse oder sadistische Spielereien mit anderen Altersgenossen (vgl. ebd. 1961, 190f.).

Verschiedene Störungen bei den Sinnesorganen

Asperger benennt sensorische Überempfindlichkeiten (hyper) und Unterempfindlichkeiten (hypo), mit denen sich Delacato später schwerpunktmäßig beschäftigt hat. Sie können Auftreten beim
– Berühren bestimmter Materialien (Taktilismen),
– im Geschmackssinn (Gutismen),
– bei Lärm (Oligofren) und
– bei bestimmten Bewegungen von anderen Personen.

Auch Makro- und Mikropsien können bei autistischen Kindern auftreten. Hinzu kommt, dass sie häufig kein Gefühl für räumliche Distanzen haben (vgl. ebd., 191).

Veränderungsangst

Asperger nennt hier als Beispiel die im Vergleich zu anderen Kindern extrem langen Heimwehreaktionen, die auftreten, wenn ein Autist gezwungen ist, sein Zuhause zu wechseln. Ein normales Kind würde sich, verglichen zu ihm, bald einleben und wohl fühlen (vorausgesetzt es erhält genügend Liebe und Zuwendung) (vgl. Asperger 1944, 127).

3.1.2.2 Ursachen

Heredität (Hauptverursachungsfaktor)

Asperger kam zu der Überzeugung, dass das Krankheitsbild „autistische Psychopathie" durch Vererbung ausgelöst wurde. Folgende Hypothesen, *die er aus 100 untersuchten Anamnesen ableitete*, bestätigten nach seiner Auffassung die Vererbungstheorie: Noch prägnanter als Kanner stellte Asperger fest, dass fast alle Eltern der behandelten Kinder *den Intellektuellenkreisen angehören*. In den meisten Fällen vererbte *der Vater* den Autismus. Er hatte immer einen intellektuellen Beruf. Auch die Voreltern waren schon seit mehreren Generationen in solchen Berufen beschäftigt. Öfter entstammten Autisten auch Gelehrten- und Künstlerfamilien. Die statistisch häufigere Verteilung von introvertierten Intellektuellen in Großstädten deckte sich mit einer *Ratensteigerung* der mit autistischer Psychopathie diagnostizierten Kinder (vgl. ebd. 1960, 63).

Die autistische Psychopathie wird in der Regel erst *ab dem dritten Lebensjahr* auffällig (vgl. ebd. 1961, 197f.). Nur *im männlichen Geschlecht* kann der Autismus in voller Ausprägung zum Ausbruch kommen. Asperger hatte den Autismus bisher nur bei Jungen entdecken können (vgl. ebd. 1944, 129f.). Autismus stellt eine Extremvariante von männlichen Verhaltensweisen dar und äußert sich in Form von übermäßig viel Intellektualität und mangelnder Instinktfunktion. Autistische Kinder sind nach Aspergers Auswertung immer Einzelkinder gewesen. Die Entbehrung der Geschwister bewirkte in der Regel noch eine Zunahme der ohnehin übersteigerten Introvertiertheit (vgl. ebd. 1960, 63f.).

Psychogene Verursachung (Verstärkungsfaktor)

Asperger beurteilte die psychogene Auffassung, welche die Ursache in der gestörten Mutter-Kind-Beziehung sucht, skeptisch. In diesem Zusammenhang wandte er sich gegen das Modell von der hyperintellektuellen, aber instinkt- und affektarmen Mutter, da seine Anamnesen zeigten, dass es auch genügend Mütter von autistischen Kindern gab, die diese Attribute nicht erfüllten. Auch ein mangelnder Kontakt zu Geschwistern und Gleichaltrigen kommt nach Asperger *nicht als Primärursache in Frage*. Asperger schloss jedoch nicht aus, dass sich eine ungünstige familiäre Konstellation durchaus ungünstig auf den Autismus auswirken kann und somit auf *die Prädisposition negativ verstärkend wirkt* (vgl. ebd. 1961, 201).

<u>Differentialdiagnose</u>

Nosologische Abgrenzung von der Schizophrenie

Asperger zieht einen Vergleich zum Schizophreniebegriff von E. Bleuler und stellt fest, dass autistische Kinder *im Vergleich zu Schizophrenen nicht im Zentrum ihrer Persönlichkeit gestört* sind. Damit sind sie, wenn auch unter erheblichen Schwierigkeiten, beeinflussbar und erziehbar (vgl. ebd., 177). Dies bedeutet konkret:

- Patienten, die unter einer schizophrenen Psychose leiden, verbergen sich total hinter einer Mauer, sind uneinfühlbar, unberechenbar und unzugänglich. Sie wirken wie eine zerstörte Persönlichkeit. Autistische Psychopathen strahlen diese innere Zerstörtheit nicht aus.
- Die autistische Psychopathie *geht nicht mit Halluzinationen oder schwerer Angst einher und besteht zudem von Anfang an konstant über das ganze Leben. Ein Persönlichkeitsabbau erfolgt nicht.* Im Gegenteil, es können sich z.b. noch zahlreiche Beziehungen entwickeln (vgl. ebd., 196).

Nosologische Abgrenzung von postenzephalitischen Zuständen

Um die autistische Psychopathie sicher von autistischen Verhaltensweisen zu unterscheiden, muss im Rahmen der Differentialdiagnose auch ein Elektroenzephalogramm (EEG) aufgezeichnet werden. Anhand des Wellenmusters kann dann nachgewiesen werden, ob die autistischen Verhaltensweisen nicht in einer der folgenden zerebralen Störungen
- den organischen Hirnschädigungen,
- den postenzephalitischen Zuständen oder
- den degenerativen Hirnprozessen
begründet sind. Darüber hinaus zeigen zerebral geschädigte Kinder im Verhalten einige *Überbetonungen*, die dem Zustandsbild „autistische Psychopathie" nicht mehr ganz entsprechen. Im Folgenden wird nun aufgeführt, ab wann der Verdacht auf eine zerebrale Schädigung gerechtfertigt erscheint:

Ein Verdacht auf *postenzephalitische Zustände* besteht, wenn das autistische Kind eine Reihe von Symptomen aufweist, die der „autistischen Psychopathie" entsprechen, jedoch im Bereich der Motorik hiervon abweichende Bewegungsmuster praktiziert. Solche Kinder sind extrem viel mit Hüpfen, Zappeln, sich Drehen, rhythmischem Wackeln, Kreiseln sämtlicher Gegenstände einschließlich dem Drehen um sich selbst beschäftigt. Bei Erregung verstärken sich diese Bewegungsabfolgen noch (vgl. ebd., 197). *Zerebral geschädigte Kinder* wirken mit ihrem Verhaltensrepertoire derart „automatenhaft, unmenschlich und apraktisch", dass sie noch deutlich unter dem Niveau der autistischen Psychopathie liegen (vgl. ebd., 116). Nicht immer kann mit Hilfe des EEG´s oder subtiler

Beobachtung eine Differentialdiagnose gefällt werden, da unterschiedliche Nuancen der Krankheitsbilder ab bestimmten Bereichen eine Unterscheidung unmöglich machen (vgl. ebd., 197).

Interessanterweise weist Asperger an anderer Stelle auch darauf hin, dass autistische Zustände, gerade in leichter Ausprägung, auch bei normalen Kindern „gar nicht so selten sind" (ebd., 178).

3.1.2.3 Behandlungsmöglichkeiten

Ratschläge für den Erzieher

Der Erzieher muss sich, um mit dem autistischen Kind zu kommunizieren bzw. es lenken zu können, mit ihm auf die Ebene *der affektentleerten Interaktion* begeben. Dies stellt den Erzieher vor eine neue, kaum zu bewältigende Aufgabe, da er bei seiner gewissenhaften Erziehung von Kleinkindern bisher gewohnt war, sie über die affektive Interaktion zu beeinflussen. Bei der Erziehung von autistischen Kindern muss er nun seine Affekte stets unter absoluter Kontrolle haben, um den Kontakt zu ihnen zu wahren. Von der Persönlichkeit des Erziehers wird viel innere Stabilität und Überlegenheit abverlangt, um sich *in seinem aufrichtigen Interesse*, dem autistischen Psychopathen zu helfen, nicht aus dem Gleichgewicht bringen zu lassen (vgl. ebd., 194f.).

Förderung

Die Eltern müssen intensiv über die autistische Störung und die zu empfehlenden Förderungsprogramme aufgeklärt werden. Asperger hat für das autistische Kind im schulpflichtigen Alter je nach Schweregrad der Störung drei unterschiedliche Förderungsmöglichkeiten anzubieten:
– den Spezialunterricht,
– die Spieltherapie (vgl. Kap. 3.1.1.3),
– den heilpädagogischen Hort.
Über eine gezielte Förderung können die Bereiche nachgeholt werden, die sich bei normalen Kindern ganz von selbst entwickeln (vgl. ebd. 1960, 67).

Spezialunterricht

Der Spezialunterricht wurde bei Asperger in seiner Institution durchgeführt. Folgende Erfahrungen hat er dabei gemacht: Dem heilpädagogischen Lehrer wird im Unterricht ein großes Maß an Einfühlungsvermögen abverlangt, um die Welt und Wahrnehmung des autistischen Psychopathen genügend zu berücksichtigen (vgl. ebd. 1961, 195). Um leichteren Zugang zum autistischen Kind zu bekommen, wird der Kontakt anfangs *über die Interessengebiete* des Kindes eingeleitet. (Bei Autisten auf höherem Funktionsniveau werden die Interessen häufig bestimmend für die künftige Berufswahl.) Diese Methode wird später von den Verhaltenstherapeuten wieder aufgegriffen. Asperger verlangt vom Lehrer ein hohes Maß an Einfühlungsvermögen:

„Am meisten lassen sich autistische Kinder von einem Erzieher sagen, der mit ihren Interessen richtig „mitspielt", der ihre eigenen Probleme mit ihnen teilt, diese fördert, von seiner eigenen größeren Lebenserfahrung den Kindern zuteilt, was ihnen dann sehr imponiert; man muss diesen Kindern Literatur aus ihrem Fachgebiet verschaffen, ihre Sammlungen fördern, diese eventuell auf ein höheres wissenschaftliches Niveau zu heben versuchen – kurz, muss mit ihnen selbst irgendwie „autistisch" werden; dann tut man sich mit ihnen viel leichter" (ebd.).

Während sich ein normales Kleinkind die Umwelt über die Imitation aneignet, müssen beim autistischen Kind alle Arbeitsgänge in Teilstücken trainiert werden. Im Detail formulierte Asperger:

„Alles muss intellektualisiert, in Arbeitsgänge zerlegt, erklärt (etwa mit einem Sprüchlein) und gezeigt werden, mit vielen Wiederholungen und endloser Geduld – das bringen die Eltern selten auf" (ebd.).

Unterrichtsbedingungen: Viele Ratschläge, die Asperger dem Erzieher vermittelte, gelten folglich auch als Rahmenbedingungen für den Unterricht an der Schule und werden dabei konkret folgendermaßen eingesetzt:

Der Lehrer soll bei seiner Erziehung ruhig und sachlich vorangehen. Negative wie positive Gefühle müssen weitgehend vermieden werden, damit das Kind zuhören kann *und nicht durch Emotionen irritiert wird*. Der Lehrer muss dabei *authentisch sein*. Es liegt in seiner Verantwortung zu entscheiden, in welchen Bereichen das Kind Erziehung braucht, und welche Freiräume er dem Kind auch weiterhin zubilligen kann. Der Lehrer muss ein *klares Hierarchiegefälle* zwischen sich und dem Autisten schaffen. Bei älteren und begabten Autisten wurde eine bessere Durchsetzung erreicht, wenn der Lehrer seine Anforderungen *nie an sie persönlich formulierte, sondern sie allgemein und unpersönlich vorgetragen* wurden. Trotz der sterilen Lernatmosphäre muss der Pädagoge um *das Wohlwollen des Kindes bemüht sein*. Im Unterricht sollte der Lehrer bei einer fehlliegenden Meinung seiner autistischen Schüler darauf verzichten, diese nun zu diskutieren. Ein besserer Unterrichtsablauf wird in dem Fall gewährleistet, wenn der Schüler seine Aufgabe beenden kann, um dann eine neue zu bearbeiten. Insbesondere ältere Autisten sind auf *eine zeitliche Strukturierung des Tages angewiesen*. Die genaue Festlegung des Stundenplans und anderer Handlungsabläufe gibt ihnen innere Stabilität und *hilft Konflikte zu vermeiden* (vgl. ebd.).

Heilpädagogischer Hort

Um 1930 leitete Asperger an der heilpädagogischen Abteilung in Wien auch einen heilpädagogischen Hort, der im Prinzip zwar wie ein Kindergarten strukturiert war, zugleich jedoch auch die Bedürfnisse der autistischen Kinder berücksichtigte. Durch Vorlesen von intellektueller Literatur und durch Mannschaftsspiele sollen Kontaktbarrieren abgebaut werden (vgl. ebd., 196).

Prognose

Negative Prognosen: Autisten, die durch ihr begrenztes Interessengebiet keinen Zugang zur Realität erlangen, haben keine gute Prognose. Bei schwach intellektuellen oder zerebral gestörten Autisten sieht die Prognose schlecht aus. Sie erreichen bestenfalls den Einstieg in Außenseiterberufe oder bleiben im ungünstigsten Falle obdachlos (vgl. ebd., 202).

Positive Prognosen: Eine gute Prognose haben intellektuell begabte und nicht gar so weltfremde Autisten. Sie können gut Berufe ausüben und sind damit sozial eingegliedert. Der Berufswunsch deckt sich häufig mit den Sonderinteressen der Autisten. Nicht wenige von ihnen erreichen in ihrem Berufsfeld sogar eine hohe Position. In der Mehrzahl werden von Autisten abstrakte, wissenschaftliche und künstlerische Berufsfelder bevorzugt (vgl. ebd., 204). Trotzdem bereitet ihnen der Umgang mit Menschen, insbesondere dem anderen Geschlecht, Schwierigkeiten.

Prognose für die Autismusforschung: Bezugnehmend auf die autistische Störung verdeutlicht Asperger noch einmal am Ende seines Aufsatzes die Perfektion, mit der Körper und Psyche bei normalen Kindern harmonieren und somit die Interaktion mit der Gesellschaft erst ermöglichen:

„Mir scheint, daß die Beschäftigung mit dem Typ eigenartig reagierender Kinder, dessen Schilderung hier, gewiss sehr unvollkommen wegen des gedrängten Raumes, versucht wurde, noch über die spezielle Problematik hinaus genug Interessantes bringt: einen Einblick in das „Durchorganisierte" menschlicher Person, in die gesetzmäßige Entsprechung der körperlichen und psychischen Erscheinungen, weiter in die Gesetzmäßigkeiten, die den Menschen in der Gesellschaft bestimmen, schließlich auch einen Blick in die köstliche und erregende Buntheit des Lebens, was all jener Mühe war, jedes menschlichen Einsatzes für diese Kinder wert ist" (ebd. 1960, 67).

3.1.3   Gegenüberstellung von Kanner und Asperger

Auch bei der Diagnostik in der postmodernen Zeit wird nosologisch zwischen den beiden Zustandsbildern „frühkindlicher Autismus" (Kanner-Syndrom) und „autistische Psychopathie" (Asperger-Syndrom) unterschieden. Historisch gab es einige Verwirrung um den Begriff Autismus, der ursprünglich von Bleuler als zentrales Symptom der Schizophrenielehre verwendet wurde. Die aufgezeigten Zustandsbilder von Kanner und Asperger entsprechen jedoch nicht mehr der Definition von Bleuler (vgl. KANNER 1943, 217ff.; ASPERGER 1944, 76ff.; BLEULER 1911 in BOSCH 1962, 45). Die Kontaktstörungen von Asperger-Autisten sind im Vergleich zu Kanner-Autisten mehr *von qualitativer Art* geprägt (z.B. negative Kontaktaufnahme), disharmonisch und voller Widersprüchlichkeiten. Auch viele Sekundärsymptome von Kanner, wie z.B. Stereotypien, fetischistische Vorlieben für Dinge, Veränderungsangst, Motivationsstörungen, Sprachstörungen haben bei der autistischen Psychopathie, wie im Folgenden aufgezeigt wird, eine andere Klangfarbe, Intensität und einen anderen Stellenwert. Im Durchschnitt sind die Asperger-Autisten jedoch weniger stark gestört als die Kanner-Autisten.

Aspergers Theorien haben in den USA bislang wenig Beachtung gefunden (vgl. SAMMECK 1973, 51ff.).

3.1.3.1 Erscheinungsformen

Frühe Auffälligkeiten

KANNER: Die ersten Auffälligkeiten treten schon im 1. Lebensjahr auf. Die Lächelreaktion bleibt aus. Der Säugling nimmt eine Antizipationshaltung ein.

ASPERGER: Die Kinder werden häufig erst vom 3. Lebensjahr an verhaltensauffällig, wenn die kortikalen Funktionen anfangen, auf Kosten der Instinkte vorzuherrschen. Es treten massive Anpassungsprobleme meist erst mit dem Eintritt in die Schule auf (vgl. WEBER 1985, 274; KREVELEN 1958, 89; FEUSER 1981, 20; SAMMECK 1973, 53).

Sprache

KANNER: Die Entwicklung der Sprache ist bei autistischen Kindern immer erheblich gestört oder verzögert.

ASPERGER: Die Sprachentwicklung setzt sehr früh ein und weist schöpferische Besonderheiten auf. Die Sprache besitzt eine, wenn auch gestörte kommunikative Funktion. Ein Beispiel hierfür sind die von Asperger beobachteten „Spontanreden" der Autisten (vgl. FISCHER 1965, 195; WEBER 1985, 274; FEUSER 1981, 20; SAMMECK 1973, 52).

KANNER: Viele Autisten sprechen gar nicht oder beschränken ihre Kommunikation auf rein „reproduktive" oder „echolalieartige" Äußerungen. Eine spontane Satzbildung fehlt.

ASPERGER: Sie erlernen sehr schnell von den Erwachsenen ihre differenzierte Ausdrucksweise und übertreffen diese häufig sogar noch. Sie können häufig schon bereits vor dem Laufen Mehrwortsätze sprechen (vgl. FISCHER 1965, 165; WEBER 1970, 19; ebd. 1985, 274).

Nur KANNER stellt bei seinen Untersuchungen fest, dass die stimmlichen und musischen Elemente der Sprache gestört sind (vgl. WEBER 1985, 274).

Personelle Störung

KANNER: Autisten lassen sich nicht von anderen Personen in ihrer Nähe stören, solange sie nicht bewusst gestört werden.

ASPERGER: Sie empfinden die bloße Gegenwart anderer Personen als störend (vgl. FISCHER 1965, 163; WEBER 1985, 274; FEUSER 1981, 20).

Nur KANNER erwähnte, dass Autisten leichter Kontakt zu Erwachsenen knüpfen können (vgl. Weber 1985, 274).

KANNER: Autistische Kinder schauen lange Zeit keine anderen Kinder an oder lehnen sie angstbesetzt ab.

ASPERGER: Sie haben weniger Angst vor anderen Kindern. Ihre Kontaktversuche sind jedoch durch Ambivalenz gezeichnet (ebd.).

Verhalten im Blickkontakt

KANNER UND ASPERGER: Der Blickkontakt fehlt in den Anfangsjahren oft oder wird vermieden.

NUR ASPERGER interpretiert aus dem Blickverhalten zusätzlich noch ein Desinteresse gegenüber der menschlichen Umwelt (ebd.).

Isolierung

KANNER: Ein vollkommener Kontaktverlust zur menschlichen Umwelt ist möglich.

ASPERGER: Der Kontaktverlust ist hier nie vollkommen (vgl. FISCHER 1965, 195).

Unterschiede in der Intelligenz

KANNER: Die Mehrzahl an autistischen Menschen ist wenig intelligent. Eine gute Intelligenz haben sie nur auf ihrem Interessengebiet. Sie weisen eine charakteristische Intelligenzstruktur auf.

ASPERGER: Viele Autisten sind hochintellektuell in ihren Spezialleistungen (vgl. WEBER 1985, 274).

Sonderinteressen

KANNER UND ASPERGER: Je geringer die autistische Behinderung ausgeprägt ist, um so höher liegt das Niveau ihrer Sonderinteressen.

Nur ASPERGER berücksichtigt noch den Wissenserwerb der Autisten, der darin besteht, dass ganze Sachverhalte auswendig gelernt werden, ohne dass sie dabei darin auf die logischen Verknüpfungen achten (vgl. NISSEN 1976, 384; WEBER 1985, 274).

Sensorielle Besonderheiten

KANNER: In den einzelnen Phasen der Entwicklung treten immer sensorielle Besonderheiten auf.

ASPERGER: Sie treten häufig in Form von Überempfindlichkeiten auf, z.B. beim Geschmackssinn (vgl. WEBER 1985, 274).

Motorische Besonderheiten

KANNER: Die Motorik wirkt oft graziös.

ASPERGER: Die Motorik ist gezeichnet durch Plumpheit und Ungeschicklichkeit (vgl. FEUSER 1981, 20).

NUR ASPERGER: Die Asperger-Autisten haben weniger vielfältige Stereotypien zur Verfügung, als die von Kanner klassifizierten Autisten.

KANNER: Autistische Kinder gehen häufig über Monate bis Jahre hinweg auf ihren Zehen.

ASPERGER: Nur ganz selten gehen sie auf Zehen (vgl.WEBER 1985, 274).

Veränderungsangst

KANNER: In sehr vielen Situationen bildet die Veränderungsangst eine schwerwiegende Beeinträchtigung. Kanner zählt sie mit zu den beiden entscheidenden Kardinalsymptomen.

ASPERGER: Die Veränderungsangst tritt nur auf, wenn der Autist die Heimat wechselt. Auch dies erwähnt Asperger nur am Rande seiner Beobachtungen (vgl. FISCHER 1965, 195; ASPERGER 1961, 193; FEUSER 1981, 20).

3.1.3.2   Ursachen

Entstehung und Nosologie

KANNER: Der frühkindliche Autismus ist von Geburt an vorhanden und wird von Kanner auf Grund der *schwerwiegenden* Beeinträchtigungen im Umgang mit der Realität *dem Formenkreis der schizophrenen Psychosen subsumiert.* Kanner spricht von einer *psychobiologischen Krankheit.* Sie wird in der Regel innerhalb eines Zeitraumes von 30 Monaten auffällig.

ASPERGER: Die autistische Psychopathie bildet eine *Charaktervariante,* in welcher der männliche Charakter besonders ausgeprägt ist. Sie wird von Asperger nosologisch den *Psychopathien subsumiert.* Neben affektiven Störungen haben hier die Kernfälle spezielle Hyperbegabungen, die in ihrem ganzen Leben einen besonders hohen Stellenwert (z.B. auch bei der Berufswahl) haben (vgl. WEBER 1966, 14; ebd. 1970, 18ff.; ebd. 1985, 274; SAMMECK 1973, 53f.).

Vererbung

Untersuchungen bei den Eltern

KANNER: Beide Elternteile weisen einen schizoiden Charakter auf.

ASPERGER: Nur ein Elternteil, meistens der Vater, weist einen schizoiden Charakterzug auf (vgl. FISCHER 1965, 191; ASPERGER 1960f.).

KANNER: Die schizoide Persönlichkeit der Eltern überträgt sich auch auf die Kinder.

ASPERGER: Er bestätigt dies. Er ist jedoch auch davon überzeugt, dass bestimmte „männliche" Extremvarianten der schizoiden Persönlichkeit auf das

Kind vererbt werden, welche maßgebend an der Entstehung des Autismus beteiligt sind (vgl. KANNER 1949, 421ff.; ASPERGER 1961, 198).

Epidemiologie

KANNER: Jungen und Mädchen (Verhältnis 4:1) können autistisch werden.

ASPERGER: Nur Jungen können das volle Zustandsbild „Autismus" zeigen (vgl. KANNER 1971, 142; ASPERGER 1944, 129).

Diagnostik

KANNER: Beide Kardinalsymptome (Isolierung und Veränderungsangst) müssen vorhanden sein, um die Diagnose „frühkindlicher Autismus" zu stellen.

ASPERGER: Die Veränderungsangst fehlt. Weber bezweifelt allerdings die Möglichkeit der differentiellen Unterscheidung auf diesem Wege, da sie viele, zum Teil massive Heimwehreaktionen bei autistischen Psychopathen beobachten konnte (vgl. KANNER 1958, 108ff.; WEBER 1966, 13; ebd. 1970, 17).

3.1.3.3   Behandlungsmöglichkeiten

KANNER: Er empfahl eine psychoanalytische Therapie nach Mahler, in der das Kind wieder zur Mutter oder einem beständigen Mutterersatz findet. Mahlers Therapie ist in kleine Schritte unterteilt (vgl. KANNER 1955, 227ff.).

ASPERGER: Der autistische Psychopath muss aus seiner Isolation herausgeholt und schrittweise mit Regeln vertraut gemacht werden. Dabei muss sich der Pädagoge zunächst auf die affektarme Ebene des Kindes begeben, um einen Kontakt aufzubauen (vgl. ASPERGER 1961, 194).

Unterschiede im Erwachsenenalter (Prognose)

KANNER: Autisten, die früh damit begonnen haben zu sprechen, haben eine gute Prognose (vgl. EISENBERG 1956, 607ff.; EISENBERG und KANNER 1956, 556ff.).

ASPERGER: Nur Autisten auf höherem Funktionsniveau haben eine günstige Prognose zu erwarten und können sich später in die Gesellschaft einordnen. Dies impliziert folglich auch differenzierte Sprachkenntnisse (vgl. ASPERGER 1961, 204; SAMMECK 1973, 53).

Im Jugend- und Erwachsenenalter nähern sich überdurchschnittlich intelligente Kanner- und Asperger-Autisten in ihrem Verhalten so stark an, dass eine Unterscheidung nur noch sehr schwer möglich ist (RUTTER, GREENFELD und LOCKYER 1967, 1169ff.).

3.1.4   Van Krevelen

Van Krevelen, ein Kinderpsychiater aus den Niederlanden, veröffentlichte 1952 als erster Westeuropäer einen Bericht in der „Zeitschrift für Kinderpsychiatrie" über den Autismus. Er entwickelte im Gegensatz zu Kanner und Asperger keinen eigenen Ansatz, sondern verknüpfte die Ansätze der Autoren mit seinen Überlegungen (vgl. RÖDLER 1983, 40). Diese sind folgende:

3.1.4.1   Erscheinungsformen

Wahrnehmung: Autismus stellt im Vergleich zu Bleulers Definition weniger einen Verlust der Realität dar, sondern einen Verlust der zwischenmenschlichen Beziehung (vgl. VAN KREVELEN 1958, 89).

Verhalten: Kanner hatte entdeckt, dass autistische Kinder Pronomen vertauschen. Krevelen beobachtete Vertauschungen auch auf anderen Gebieten. So beißen autistische Kinder anstatt sich selbst andere Kinder oder sind beeindruckt von ihrem Spiegelbild. Normale Kinder wissen ab dem 15. Monat, dass dies irreal ist (vgl. ebd. 1960, 102).

Intelligenz: Van Krevelen kritisiert, dass Kanner den Blick von Autisten als „sinnenden" bezeichnet, weil mit der Silbe „sinnen" Denkleistungen vorausgesetzt werden. Krevelen spricht stattdessen „vom Stieren der Autisten". Er weist darauf hin, dass das äußere Erscheinungsbild des Autisten keinen Einblick in deren intellektuelle Leistungsfähigkeiten gibt (vgl. VAN KREVELEN 1958, 88; ebd. 1960, 102). Van Krevelen ist daher der Auffassung, dass man autistische Kinder nur dann als „intelligent" einstufen darf, wenn neben den Automatismen und dem Auswendiglernen „echte Denkleistungen" beobachten werden (vgl. VAN KREVELEN 1958, 91; ebd. 1960, 102).

3.1.4.2   Ursachen

Vererbung: Van Krevelen ist nicht der Meinung, dass Autismus auf Grund einer gefühlskalten Mutter-Kind-Beziehung entsteht. Damit schließt er sich den Schlussfolgerungen von Kanners und Aspergers Untersuchungen an (vgl. VAN KREVELEN 1958, 91). Er vermutet eine der folgenden organischen Störungen:
– Oligophrenie,
– Postenzephalitische Demenz,
– Kindheitsschizophrenie.

Nach seinen Beobachtungen von Asperger- und Kanner-Autisten in einer Familie fügte er folgenden Punkt zu den Vererbungstheorien hinzu: Kanner-Autisten haben neben der vererbten Störung *noch einen hirnorganischen Defekt* (VAN KREVELEN 1963, 321) Diese Defekte können wie folgt aussehen:
– pränatale Hirnstörung,
– perinatale Hirnstörung,
– postnatale Hirnstörung (vgl. VAN KREVELEN 1971, 85).

Diagnose: Van Krevelen warnt ausdrücklich davor, Autismus voreilig zu diagnostizieren. Er glaubt, dass Eltern, die ohnehin unter der Zurückweisung ihres Kindes leiden, in „starke Neurosen" geraten, wenn die Schuld bei ihnen vermutet wird (vgl. VAN KREVELEN 1958, 88; ebd. 1963, 321).

3.1.4.3 Behandlungsmöglichkeiten

Van Krevelen ist nicht der Ansicht, dass sich der Verstand nach der Beseitigung von affektiven Störungen durchsetzen kann. Er findet es daher wichtig, dass z.b. der Lehrer in der Schule nicht zu viel von dem Autisten erwartet (vgl. VAN KREVELEN 1958, 91f.; ebd. 1960, 102). Er ist der festen Meinung, dass die psychogenen Faktoren stärker hinterfragt werden müssen (vgl. Krevelen 1958, 92) *Prognose*: Nach Van Krevelen sind bei Autisten mit relativ guten Prognosen Störungen im psychischen Bereich zu vermuten (vgl. ebd. 1958, 91). Das autistische Kind kann seine Störung plötzlich aufgeben. Seine sozialen Fähigkeiten sind jedoch weiterhin beeinträchtigt und „unberechenbar" (vgl. ebd. 1960, 102).

3.2   Psychoanalytisch orientierte Ansätze

Die Psychoanalyse (um die Jahrhundertwende von Sigmund Freud begründet) geht davon aus, dass bewusste und unbewusste Erlebnisinhalte, insbesondere aus der frühen Kindheit, das Leben des Menschen bestimmen und prägen. Über den Aufbau einer guten Beziehung des Klienten zum Therapeut wird versucht, einen Zugang zum verdrängten Erleben zu bekommen und zu bearbeiten. In dieser therapeutischen Beziehung erfährt der Klient Impulse, Gefühle, Fantasien, Einstellungen und Abwehrgefühle. Letztere gelten nicht dem Therapeuten. Sie stellen Wiederholungen gegenüber wichtigen Personen der Kindheit dar, die unbewusst auf gegenwärtige Personen (Therapeuten) übertragen werden (Übertragung) (vgl. ELROD in BECKER 1987, 16f.). Die heftigen Reaktionen des Klienten bei der Wiederbelebung seiner Gefühle lösen auch beim Therapeuten Reaktionen aus (Gegenübertragung) (vgl. FEDERN in BECKER 1987, 63ff.). Die Durcharbeitung der Übertragungsbeziehung dauert oft Jahre. Dabei lernt auch der Therapeut seine unbewussten Erlebnis- und Reaktionsweisen zu differenzieren; daher hat der Beziehungsaspekt eine große Bedeutung (vgl. ebd., 16f, 63ff.). Seit dem zweiten Weltkrieg untersuchten die Kinderanalytiker Mahler und Bettelheim die Beziehung des Kleinkindes zur Mutter, speziell auch unter dem Aspekt psychischer Folgeschäden. (Heute zu großer Bedeutung gelangt, werden beide im weiteren Verlauf separat aufgeführt.) Die Vertreter der Psychoanalyse stellen, im Vergleich zu den klassischen Ansätzen, *die Ursachenklärung in den Vordergrund – unter Berücksichtigung der physischen und psychischen Entwicklung des Kindes und des daraus resultierenden Verhaltens.* Im Gegensatz zu den klassischen Ansätzen werden die Symptome des autistischen Kindes weniger im Hinblick auf die Diagnose diskutiert, sondern in die ätiologischen Modelle integriert. Die individuelle Anamnese des Kindes spielt bei der Psychoanalyse, in Bezug auf die Therapie eine große Rolle. Da sich die Psychoanalyse mit dem Ich des Kindes und seinen Beziehungen zu den Eltern und der Umwelt beschäftigt, lässt sie sich auch von den psychologischen Theorien abgrenzen, die in der Regel von einer Störung der Wahrnehmung und Informationsverarbeitung ausgehen. Die Psychoanalytiker Mahler und Bettelheim haben ihre Theorien zur Ätiologie aus einer über mehrere Jahrzehnte langen Praxis aufgestellt. Mahler und Bettelheim haben beide ein eigenes Verständnis von der Kindheitsentwicklung, möglichen Störungen und adäquaten Interventionsmöglichkeiten. Während sich Mahler an der traditionellen Psychoanalyse orientiert, welche von einem passiv eingestellten Baby ausgeht, gilt Bettelheim als ein bedeutender Vertreter der Selbstpsychologie, in der das Neugeborene bereits als aktives Wesen betrachtet wird (vgl. MAHLER 1972; ebd. 1975.; BETTELHEIM 1975ff.).

Was die Ursachen betrifft, stellen die fehlerhafte Ich-Entwicklung sowie mangelnde Emotions- und Bindungsfähigkeit die zentralen Momente dar. Die Bedürfnisse des autistischen Kindes stehen im Vordergrund. Effektivität und Minimalaufwand, die bei den verhaltenstherapeutischen Ansätzen eine große Rolle spielen, sind hier sekundär. Mahler und Bettelheim betrachten die Konditionierung als Störfaktor bei der Intervention, die den Bedürfnissen der Kinder nicht gerecht wird (vgl. JACOBS 1984, 45ff.).

3.2.1 Mahler: Fehlerhafte Individuation

Die amerikanische Kinderanalytikerin Mahler beschäftigte sich bereits in den 30er-Jahren mit schweren emotionellen Störungen bei Kindern. Nach den Veröffentlichungen von Kanner erkannte sie, dass einige ihrer Patienten autistisch waren. Nach den traditionellen psychoanalytischen Methoden von Freud versuchte sie nun das Phänomen Autismus zu ergründen und stellte dabei die im Folgenden ausführlich beschriebene Theorie vom „symbiotischen Ursprung der kindlichen Psychose" auf. *Diese hatte einen langen und nachhaltigen Einfluss auf die Psychoanalyse.* Mahler darf wohl zu Recht als die bedeutendste Begründerin der psychoanalytischen Interpretationsweise des Autismus gelten. Sehr früh erkannte sie bereits die Wahrnehmungsauffälligkeiten autistischer Kinder. Die nachfolgende Beschreibung der Entwicklungsphasen wird verdeutlichen, dass Mahler mit dem Begriff Autismus im Gegensatz zu Kanner einen akuten Zustand beschreibt, in dem sich ein Kind mit autistischer Symptomatik befindet (vgl. MAHLER 1972 in DZIKOWSKI 1996, 118ff.; KANNER 1943, 217ff.).

Im Vergleich zu anderen Autoren analysierte Mahler keine bereits mit Autismus diagnostizierten Kinder, sondern erforschte die Interaktion zwischen Mutter und Kind *zufällig ausgewählter Probanden* in einer für psychologische Studien eingerichteten Institution, die den Namen „Center" trägt (vgl. MAHLER 1972 und RÖDLER 1983, 45).

In ihrer Publikation „Die psychische Geburt des Menschen" geht sie davon aus, dass ein neugeborenes Kind sich noch nicht als individuelles, abgegrenztes Wesen erfährt. Während dem „Ich-Findungsprozess" durchläuft es zwei postnatale Entwicklungsphasen, denen sich 4 weitere Phasen im Individuationsprozess anschließen. Die erfolgreichen Differenzierungsvorgänge in diesem intrapsychischen Prozess bilden damit das Fundament für Individualität und psychische Gesundheit (vgl. MAHLER 1975, 58). Jede durchlaufene Phase leistet dabei einen Beitrag zum psychischen Wachstum des Kindes (vgl. ebd., 67). Störungen in den Phasen erzeugen immer pathologische Zustandsbilder, die unmittelbar *das ICH* betreffen wie z.B. Psychosen und auch der Autismus (vgl. MAHLER 1972 in RÖDLER 1983, 45). Das Kernproblem der kindlichen Psychose beschreibt Mahler bereits so prägnant, dass ich zitiere:

„Die Kernstörung bei der kindlichen Psychose ist daher, so wie ich das sehe, eine Defizienz oder ein Defekt in der Nutzbarmachung des mütterlichen Partners durch das Kind während der symbiotischen Phase und seine daraus folgende Unfähigkeit, die Repräsentanz des mütterlichen Objektes zum Zwecke der Polarisierung zu verinnerlichen. Ohne diese erfolgt keine Differenzierung des Selbst von der symbiotischen Verschmelzung mit dem Teilobjekt und der Verwirrung darüber. Kurzum, der Kern der kindlichen Psychose liegt in einer fehlerhaften oder mangelnden Individuation" (MAHLER 1972, 38).

Da Mahler im Vergleich zu den klassisch orientierten Autoren mit dem Autismus einen akuten Zustand, eine Phase, beschreibt, in der sich das Kind befindet, ist es unbedingt notwendig, ihre Modelle der Entwicklungsphasen näher zu erläutern, um daran anschließend ihre Theorien zur Verursachung zu betrachten. Die Entwicklungsphasen nach der Geburt sind die *normale autistische Phase*, und die *normale symbiotische Phase*. Im daran anschließenden Loslösungs- und Individuationsprozesse sind die Entwicklungsphasen:
– die Differenzierung,
– die Übungsphase,
– die Phase der Wiederannäherung,
– die Phase, in der das Kind zu einer libidinösen Objektkonstanz gelangt (vgl. ebd. 1972, 13ff.; ebd. 1975, 57ff.).

Die normale autistische Phase
Diese Phase ist dadurch gekennzeichnet, dass sich der Säugling in einem Zustand primitiver halluzinatorischer Desorientiertheit befindet. In dieser Phase stabilisiert sich im Baby das postnatale Gleichgewicht (vgl. ebd. 1972, 13ff.).

1.–2. Woche: Der Säugling lebt in dem nach Freud bezeichneten Zustand des „absoluten primären Narzissmus". Der Säugling verhält sich gegenüber Außenreizen fast gleichgültig und reagiert nur selten flüchtig darauf (vgl. FREUD 1895, 1920 in ebd. 1975, 59). Ansonsten verhält er sich ebenfalls passiv. Das Baby befindet sich in einen Zustand zwischen Wachheit und Schlaf. Nur bei Bedürfnisspannungen (z.B. Hunger oder Unwohlsein) wacht der Säugling auf, um zu schreien (vgl. LEVY 1937 in ebd.). Nach Befriedigung kehrt es sofort in den vorherigen Zustand zurück. Die autistische Phase begünstigt das physiologische Wachstum des Säuglings (vgl. ebd.). Personen werden nicht getrennt erlebt, sondern sind Teil seiner „Bedürfnisbefriedigung" und gehören dem allmächtigen „autistischen" Umkreis an, wie z.B. die Mutter. Eine Unterscheidung zwischen Ich und Nicht-Ich findet nicht statt (vgl. FERENCZI 1913 in ebd. 1972, 13). In der folgenden Zeit konzentriert sich nun das Neugeborene darauf, einen Zustand der Homöostase zu erlangen oder beizubehalten (ebd.).

Die normale symbiotische Phase

1. Monat: Die Fähigkeit, eine Symbiose mit der Mutter zu bilden, ist angeboren. Die „Symbiose", von der hier im Folgenden gesprochen wird, bezieht sich nach Mahler insbesondere auf die intrapsychische Verbindung (primitive Imagines) des Babys mit der Mutter und weniger auf deren Verhaltensweisen. Auch bei der Abwesenheit der Mutter besteht eine imaginäre Einheit zu ihr fort. (vgl. MAHLER 1960; MAHLER und FURER 1966 in MAHLER 1975, 19). Ab dem ersten Lebensmonat beginnt sich nun der „normale Autismus", der den Säugling von Außenreizen weitgehend abschirmt, aufzulösen. Die Mutter muss nun das Baby vor einem „Zu-viel an Außenreizen" schützen (vgl. BENJAMIN 1961 in ebd., 62). Der Säugling kann noch immer nicht unterscheiden, ob er selbst oder die Mutter sein Bedürfnis befriedigt hat. Er lernt jedoch hier zwischen „lustvollen" und „unlustvollen" Erfahrungen zu unterscheiden (vgl. MAHLER und GOSLINER 1955 in ebd.).

2. Monat: Vom zweiten Monat an nimmt der Säugling sein umsorgendes Objekt verschwommen war. Es beginnt die normale symbiotische Phase. Der Säugling geht eine omnipotente Fusion mit seiner Mutter ein. Seine Welt besteht aus der Einheit mit der Mutter (vgl. FREUD 1930 in ebd.). Dabei ist anzumerken, dass das Kind ein absolutes Bedürfnis nach seiner Mutter hat. Die Mutter hat jedoch umgekehrt nur ein relatives Bedürfnis nach dem Kind (vgl. ebd., 63). Zur symbiotischen Phase gehört auch das Erleben des eigenen Körpers im körperlichen Kontakt mit der Mutter. Dieser Kontakt wird vom Säugling gemeinsam mit dem visuellen Bild, dem Gesicht der Mutter als einheitliche Situation erlebt (vgl. SPITZ 1965 in ebd., 64). Die Mutter muss dem Säugling erlauben, sie anzusehen. Erst durch den gegenseitigen Blickkontakt ist der Säugling in der Lage, die Mutter anzulächeln (vgl. SPITZ 1946 in ebd., 65). Dies ist ein sicheres Indiz dafür, dass der Säugling in die symbiotische Phase gelangt ist. Der primäre Narzissmus geht dabei beim Kind leicht zurück. Im Verlauf der symbiotischen Phase beginnt der Säugling sein ICH zu differenzieren. Er sieht die Mutter in der Einheit als ein Teilobjekt seiner Bedürfnisbefriedigung an (vgl. SPITZ 1955; MAHLER 1969 in ebd.). Das Bedürfnis zur Mutter formt sich zum Wunsch weiter bis zur „objektgebundenen" Sehnsucht (vgl. MAHLER 1961; ebd. 1963; ebd. 1971 in ebd.). Das rudimentäre ICH des Säuglings beginnt nun zwischen zwei Repräsentanzen, den inneren und äußeren Wahrnehmungen des Körpers, zu vermitteln (vgl. SCHILDER 1923; MAHLER, FURER und FREUD 1923 in ebd.). In der ersten Repräsentanz hat das Kind ein „inneres Bild" vom eigenen Körper, dessen Grenzen bis zum Körperinneren gehen. Das ICH erlebt das Kind dabei vom Körperbild getrennt. Bei der zweiten Repräsentanz hat das Kind eine Vorstellung von der Grenze des „Körperselbst" zur Umwelt (vgl. ebd., 66). Parallel dazu beginnt der Säugling, destruktive aggressive Energie über die Körpergrenzen hinaus abzuwehren (vgl. HOFFER 1950 in ebd.). Die Mutter bildet dabei zum ICH des Kindes ein Hilfs-Ich, dass dem Kind erleichtert, seine gemachten Erfahrungen nach den oben genannten Kriterien einzuordnen (vgl. ebd.).

„In ähnlicher Weise glauben wir, dass das Pflegeverhalten des mütterlichen Partners, das `primäre mütterliche Interesse´ im Sinne Winnicotts (1958), der symbiotischer Organisator, ist die Hebamme der Individuation, der psychischen Geburt" (ebd.).

Schutzmechanismen, wie z.b. die Schmerzschranke, bewahren den Säugling vor dem „oral-sadistischen Druck" seitens der Mutter (vgl. HOFFER 1950a in ebd., 67). Das Kind kann immer noch nicht entscheiden ob die Reize von innen oder außen, von sich selbst oder anderen kommt (vgl. MAHLER und GOSLINER 1955 in ebd., 68).

Ab 3. Monat: Die symbiotische Phase erreicht ihren absoluten Höhepunkt. Es stellt sich im Kind ein „homöostatisches Gleichgewicht" ein (vgl. ebd. 1972, 19). Die Welt und insbesondere die Mutter wird zunehmend libidinös besetzt. Das Kind reagiert nun unterschiedlich auf Innen- und Außenreize. Ein Hungergefühl wird anders erlebt wie ein wahrgenommener Lichtschein. Das Kind hat jedoch noch keinen Begriff von sich selbst und dem anderen. Die emotionale Bereitschaft der Mutter ist nun wichtig und kann die Interaktion zum Kind entscheidend gestalten. Wichtig dabei ist, dass die Mütter den eigenständigen Bewegungstrieb des Kindes nicht zu sehr blockieren. Mit dem Ende der symbiotischen Phase wird der primäre Narzissmus durch den sekundären Narzissmus abgelöst (vgl.MAHLER 1975, 67ff.).

Festzuhalten bleibt noch einmal, dass der Säugling die Phasen des normalen Autismus und der normalen Symbiose erfolgreich durchlaufen muss, um zu dem Beginn des normalen Loslösungs- und Individuationsprozesses zu gelangen (vgl. MAHLER 1967a, MAHLER und FUHRER 1963a in ebd., 67).

Der Loslösungs- und Individuationsprozess
Mahler stellte zwei Entwicklungsgleise auf, die im Idealfall während des Loslösungs- und Individuationsprozesses parallel ablaufen:

1. Gleis:
– Entfaltung intrapsychischer Autonomie,
– Wahrnehmung,
– Erkenntnisvermögen,
– Abgrenzung und
– Realitätsprüfung.

2. Gleis:
– Loslösung und Differenzierung,
– Distanzierung,
– Abgrenzung und
– Abwendung von der Mutter (vgl. ebd., 86).

Erste Subphase: Differenzierung und Entwicklung des Körperschemas

4.–5. Monat: Der Säugling lächelt die Mutter nicht mehr unspezifisch, sondern gezielt an. Der Blick wirkt dabei, als wäre das Kind „ausgeschlüpft". Dies zeigt, dass „ein Band" zwischen Mutter und Kind entstanden ist. Die Mutter ist nun nicht mehr austauschbar (vgl. BOWLBY 1958 in ebd., 72ff.).

Brutzeit: Das Kind richtet seine Aufmerksamkeit vom Innenbefindlichen von sich selbst oder „der Symbiose" parallel mit längeren Phasen der Wachheit nach außen. (vgl. ebd., 74). Das Kind merkt sich gute und schlechte Erfahrungen mit der Mutter und kann diese nun auch unterscheiden. Bei gutem Vertrauen weiß das Kind, dass schlechte Begebenheiten auch vorübergehen. Der Wechselrhythmus zwischen Wachheit und Schläfrigkeit wird verdrängt durch längere Phasen der Wachheit (vgl. WOLFF 1959 in ebd.).

6. Monat: Jetzt beginnen vom Kind recht aktiv die Loslösungs- und Individuationsprozesse: Das Kind erkundet genau den Körper der Mutter. Diese taktile, aber auch visuelle Erkundung dauert ca. 6-7 Monate. Das Kind lernt dabei genau ihr Gesicht sowie be- und entkleidete Teile vom Körper der Mutter kennen. Besänftigungs- und Stimulierungsmuster übernimmt das Kind von der Mutter und bildet fortan Übertragungsmuster. Ein Beispiel ist hierfür das Streicheln des Gesichtes (ebd.). Die Erforschung der eigenen Körpergrenzen mit den Augen fördert die Differenzierung zwischen Selbst und Nichtselbst (vgl. GREENARCE 1960 in ebd., 75). Die Kinder haben den Drang, die „Schoßkindrolle" zu verlassen, wenn sie motorisch dazu in der Lage sind. Sie machen erste „Erkundungstouren" nahe der Mutter (vgl. ebd., 76).

Das Muster des Nachprüfens: Das Kind erforscht, welche Teile zur Mutter gehören und welche nicht. Es stellt fest: Die Hand gehört zur Mutter, ihre Brille jedoch nicht. Es lernt zudem eine Differenzierung zwischen der Mutter und anderen Objekten, die sich ähnlich wie diese anfühlen, riechen oder aussehen (vgl. PACELLA 1972 in ebd.).

8. Monat: (Acht-Monats-Angst): Sobald das Kind infolge der fortschreitenden Individuation das Gesicht der Mutter genügend erforscht hat, beginnt es, dieses mit fremden Gesichtern zu vergleichen. Fremde Personen werden bei Kindern, die eine gute symbiotische Phase hatten, in sicherer Entfernung neugierig angeschaut. Bei Kindern mit wenig Urvertrauen kann akute Fremdenangst auftreten bzw. die Angst so groß sein, dass ein neugieriges Erforschen schwierig wird.

Verzögertes und vorzeitiges Ausschlüpfen: Durch Überforderung der Mutter auf Grund sozialer Umstände oder falscher Behandlung des Kindes können Verhaltensstörungen bei diesem auslöst werden (vgl. ebd., 80). Bei Kindern, die wegen der Mutter in einen zu intensiven symbiotischen Zustand gerieten, setzt sich der Loslösungsprozess früher in Gang.

Zweite Subphase: Das Üben

Die Differenzierungsphase überschneidet sich mit der Übungsphase. Die Übungsphase läuft in zwei Abschnitten ab:
- Die frühe Übungsphase: Das Kind beginnt zu krabbeln, zu klettern und sich aufzurichten. Obwohl es sich dadurch schon von der Mutter entfernen kann, bleibt es doch in ihrer Nähe.
- Eigentliche Übungsphase: Das Kind beginnt laufen zu lernen.

Das Kind verfügt nun über drei wichtige Eigenschaften, die es zum Bewusstsein der Trennung und der Eigenständigkeit führen:
- Es kann nun schnell den Körper von der Mutter differenzieren.
- Es erlangt eine spezifische Bindung an die Mutter.
- Eine weitere Entwicklung und Funktionstüchtigkeit der eigenständigen Ich-Apparatur des Kindes in Mutternähe ist gewährleistet.

Das Kind ist nun in der Lage, sein Interesse, das immer noch vornehmlich der Mutter gilt, auch auf Dinge und Spielsachen zu übertragen. Diese werden mit allen Sinnesorganen untersucht (vgl. ebd., 87). Je mehr sich das Kind fortbewegen will, um autonomer zu werden, desto mehr Eindrücke von der Realität bekommt es. Die Mutter bleibt nach wie vor, auch wenn sie beim Spielen zeitweilig vergessen wird, die wichtigste Person des Kindes. Das Kind weiß, dass ihm die Mutter zum emotionalen Auftanken sicher zur Verfügung steht (secure base) (vgl. ebd., 91f.).

10.–18. Monat: Hauptübungsphase: Das Kind fängt zu laufen an. Es erlebt die Welt nun vom aufrechten Blickwinkel. Er ist von der Größe der Welt und von sich völlig berauscht. Der Narzissmus erreicht damit seinen Höhepunkt. Das Kind übt sich viel im motorischen Bereich. Es erforscht mehr und mehr noch unbekannte Personen oder Dinge. Alle Entdeckungen inklusive seinen Körper besetzt das Kind stark mit Narzissmus. Gegenüber motorischen Missgeschicken oder anderen Frustrationen ist das Kind in dieser Zeit recht unempfindlich. Andere Erwachsene akzeptiert das Kind in dieser Phase (vgl. ebd., 94). Das Kind liebt die Welt und darin seine eigene Größe und Allmächtigkeit.

Fortbewegung: Das Laufen steigert beim Kind enorm das Hochgefühl. (In dieser Zeit entdecken Knaben ihren Penis aus anderer Perspektive) (vgl. GREENARCE 1968, 51 in ebd., 95). Die freie aktive Fortbewegung ist der erste wichtige Schritt zur Identitätsbildung. Eine gute Mutter fördert diesen Drang. Belohnende Blicke seitens der Mutter und das Vertrauen zum Kind, dass es die Welt „laufend meistert", fördern im Kind einen erwartungsfreudigen Bewegungsdrang (vgl. ebd., 98). Wenn in dieser Situation das Kind das Bedürfnis hat, in den Arm genommen zu werden, so ist das durchaus ein positiver Schritt. Es hat bewiesen, dass es auch ohne die Mutter in der Welt bestehen kann, weil es angefangen hat zu laufen. Lobt die Mutter das Kind nach dem Laufen bewusst nicht, so wird das Kind unsicher. Erreichte Ziele können Angst im Kind auslösen (vgl. KIERKEGAARD 1846 in ebd., 96).

Stimmungsabfall: Mahler beobachtete, dass sich die Stimmung des Kindes deutlich senkt, wenn die Mutter das Zimmer verlässt. Die Energien für die

Erkundung der Umwelt gehen nun mehr nach innen (vgl. Rubinfine 1961 in ebd., 98). Versucht eine andere Person als die Mutter das Kind zu trösten, bricht es in Tränen aus. Der Stimmungsabfall wird erst beendet, wenn die Mutter das Zimmer wieder betritt.

Dritte Subphase: Wiederannäherung

ab 30. Monat: Grundsätzliches: Das Kind ist bereits viel gelaufen und ist sich seiner psychischen Getrenntheit schon recht bewusst. Durch weitere Differenzierungen im affektiven Erleben nimmt die Frustrationstoleranz wieder ab, was sich in der Nichtbeachtung der anwesenden Mutter widerspiegelt. Das Kind hat wieder eine erhöhte Angst vor der Trennung von der Mutter, sie praktisch als Objekt zu verlieren. Zudem ist es anhänglicher und will, dass die Mutter Anteil nimmt an seinen Entdeckungen (Zielen und Absichten). Wichtig ist, dass die Mutter in dieser Phase verfügbar ist (vgl. ebd., 101f.). Das bloße „Auftanken" in der Übungsphase wird durch bewusst gesuchten engen Körperkontakt mit der Mutter ersetzt. Einfache Kommunikationsformen und Symbolsprache treten in den Vordergrund (vgl. GALENSON 1971 in ebd., 102).

Beschattungs- und Weglaufmuster: Kinder beschatten in dieser Phase gern die Mutter oder laufen vor ihr weg, in der Erwartung, dass die Mutter sie jagt und in die Arme nimmt. Dem Wunsch nach Wiedervereinigung steht dabei die Angst, „verschlungen" zu werden, gegenüber. Mit seinen zwei Jahren erfährt das Kind immer mehr Hürden und Konflikte in Bezug auf sein Allmachtserleben („Grandiosität"). Es erfährt, dass nicht ihm die Welt gehört, sondern dass es sich eigenständig darin behaupten muss (vgl. MAHLER 1966b in ebd., 103). Das Kind fürchtet den Verlust der Liebe seiner Mutter, nicht jedoch den Objektverlust (vgl. MASTERSON 1973, STOLLER 1973 in ebd., 103f.). Die Individuation des Kindes verläuft in dieser Phase *sehr schnell*. Das Kind nimmt zunehmend stärker die Trennung von der Mutter wahr und erfährt, dass eine Symbiose nun nicht mehr möglich ist. Das Kind merkt, dass die Eltern Menschen mit ganz eigenen Interessen sind. Wenn die Kinder ihr Größenempfinden nur unter Druck der Eltern ablegen, bezeichnet Mahler dies als „Wiederannäherungskrise" (vgl. ebd., 104). Die permanente emotionale Verfügbarkeit der Mutter zum Kind fördert die Entwicklung des autonomen Ich's. Es setzt nun weniger Vertrauen in seine Allmächtigkeit. Verhalten sich Kind und Mutter wie eben dargestellt, lässt die verbale Kommunikation nicht mehr lange auf sich warten (vgl. HOMBURGER 1923; MAHLER 1944; ebd. 1949a in ebd., 105). Ist die Mutter nicht oder unberechenbar verfügbar, gelingt die Trennung verzögert.

3 spezielle Phasen hat Mahler bei der Wiederannäherung unterschieden:
– die beginnende Wiederannäherung,
– die Wiederannäherungskrise und
– die individuellen Wiederannäherungsmuster: Die optimale Entfernung.

Die beginnende Wiederannäherung (ab 15. Monat):

Im 15. Monat ist die Mutter nicht nur die Heimatbasis wie in der Übungsphase, sondern ein Partner, mit dem das Kind seine Gegenstände, die es entdeckt hat, teilen will (vgl. ebd., 118). Mit der bewussten Wahrnehmung der Trennung von der Mutter erfährt das Kind, dass sie andere Interessen und Ansichten hat als es selbst. Das Omnipotenzgefühl des Kindes erhält dadurch einen enormen Dämpfer. Es nimmt nun auch parallel dazu die getrennte Existenz anderer Kinder war. Dies ruft nun den Wunsch des Kindes hervor, ähnliche Handlungen und Aktivitäten zu machen, z.b. der Wunsch nach gleichen Spielsachen, Nahrungsmittel wie andere Kinder. Sie erleben ihren Körper zunehmend als Eigentum. Zum Vater entwickelt sich nun eine Beziehung, die sich aber stark von der zur Mutter unterscheidet (vgl. ABELIN 1971; GREENARCE 1966; MAHLER 1967a in MAHLER 1975, 120). Im Folgenden gibt es allerdings auch einige Beispiele für Trennungsängste:

1. Das Kind verliert in der Übungsphase deutlich seine Hochstimmung, wenn die Mutter es ganz alleine lässt.

2. In der frühen Wiederannäherung löst die Abwesenheit der Mutter große Unruhen im Kind aus. Sie sind die Vorläufer einer späteren Traurigkeit in dieser Situation. Hyperaktivität und Unruhe erfordern weniger Ich-Stärke.

Im Verlauf der Wiederannäherungsphase wird der „Mutterverlust" durch erhöhte Kontaktbereitschaft zu anderen Personen überbrückt, ebenso mit symbolischen Spielen, in dessen Verläufen sich zeigt, dass sich das Kind mit seinen Eltern identifiziert. Mit 18 Monaten erreicht die Wiederannäherungsphase ihren Höhepunkt. Das Kind hat jetzt viel Spaß daran, seinen Besitz und seine Aktivität mit den Eltern, Gleichaltrigen sowie jüngeren und älteren Kindern zu teilen. Zu dieser Zeit kommt es jedoch auch zu regelrechten Kämpfen um das Liebesobjekt Mutter (vgl. ebd., 121). Das Kind lernt nun mit Worten und Gesten, einen Wunsch an die Mutter zu richten (vgl. ebd., 124).

Die Wiederannäherungskrise (18.–24. Monat und später):

Das Kind erlebt sich zu Beginn dieser Zeit als „omnipotent" und bekommt gleichzeitig seine Wünsche von der Mutter erfüllt. Es ignoriert dabei, dass die Hilfe von außen kam. Auf Grund seiner Unersättlichkeit kommt es zu Stimmungsschwankungen. Es nähert sich seiner Mutter an, um sie im nächsten Moment wieder wegzustoßen. Es verleugnet das Getrenntsein, indem es die Mutter als Erweiterung des Selbst benutzt. So zerrt das Kind z.B. an der Hand der Mutter, um einen begehrten Gegenstand zu erlangen. In dieser Phase reagieren Kinder ablehnend auf Kontaktversuche von „Fremden", insbesondere bei denen, die vorher gute Freunde vom Kind waren. Hyperaktivität und Unruhe verdrängen das Gewahrwerden der Trauer über dem Verlust der Symbiose mit der Mutter. Die Kinder lernen das Weinen zu unterdrücken. Sie gelangen zu einer echten „Ich-Identifizierung" mit Mutter und Vater auf höherem Niveau. Dem Kind wird jetzt klar, dass es verletzlich ist und die Mutter nicht immer in der Lage ist, für sein Wohlbefinden zu sorgen.

18.–21. Monat: Nimmt die Mutter für eine Weile Abschied von den Kindern, fühlen sich diese zurückgelassen und lassen die Mütter schwer gehen. Die Kinder suchen in einer verbleibenden Person (in Mahlers Versuch die Beobachterin im Center) einen Mutterersatz, an dem sie sich kuscheln, aber auch abreagieren. Übergangsphänomene: Die Loslösung während der Wiederannäherungskrise meistern viele Kinder z.b. durch Ersatzbeschäftigungen und durch den Umgang mit anderen Personen (z.b. sich etwas vorlesen lassen) (vgl. ebd., 131).

Individuelle Wiederannäherungsmuster – Die optimale Entfernung
(ab 21. Monat):

Folgende Individuationsmerkmale sind dabei entscheidend (Voraussetzung):
– Die Fähigkeit, mit der Sprache Wünsche und Objekte zu benennen,
– die Verinnerlichung der guten Eltern, aber auch deren Vorschriften,
– die Fähigkeit zu Wünschen und Fantasien bei symbolischen Spielen.

Jedes Kind hat dabei seine individuellen Methoden, Krisen während der Wiederannäherungsphase zu meistern. Die Wahl der Methode entscheidet sich je nach Verlauf der beiden Subphasen als begründet (vgl. ebd., 135). Jetzt entdecken die meisten Kinder auch ihre Geschlechtsunterschiede. Den Penis entdecken die Jungen häufig schon früher, sobald sie aufrecht stehen können (vgl. MAHLER 1968 in ebd., 136). Mädchen bemerken in diesem Alter den „Penismangel".

Vierte Subphase: Konsolidierung der Individualität und die Anfänge der emotionalen Objektkonstanz.

Die Hauptaufgaben innerhalb dieser Phase liegen in der Erringung einer gleich bleibenden Persönlichkeit und in der Erlangung eines gewissen Grades an Objektkonstanz.

Hat das Kind eine positiv besetzte innerliche Mutterimago erlebt, so gelangt es dadurch in der 4. Phase, in die affektive Objektkonstanz. Elterliche Gebote, Vorläufer des Über-Ich's, werden verinnerlicht (vgl. HARTMANN 1952 in ebd., 142). In der Phase der Objektkonstanz kann sich das Kind sein Liebesobjekt auch bei dessen Abwesenheit „bewahren". Zugleich werden dem Objekt gute wie böse Anteile zugeschrieben. Aggressive und libidinöse Triebe gleichen sich aus, so dass auf jeden Fall der Hass auf die abwesende Person deutlich gemindert wird (vgl. ebd., 142f.). Die Objektkonstanz ist das letzte Stadium einer reifen Objektbeziehung. Das Liebesobjekt wird nicht abgestoßen, sobald es keine Befriedigung mehr bietet oder abwesend ist (vgl. ebd., 143).

Folgende Mindestvoraussetzungen müssen nach Mahler erfüllt sein:
– Vertrauen: Das Kind macht die Erfahrung von regelmäßigen
   Spannungserleichterungen.
– Die auf Erkenntnis beruhende Zuordnung der symbolischen inneren Repräsentanz des
   beständigen Objektes; d.h., die Mutter wird im Kind durch ein „Inneres Bild von ihr"
   ersetzt, das zudem sehr stabil ist.

Im Idealfall beruht die Beziehung auf gegenseitigem Nehmen und Geben. Der Ausgang der vierten Phase ist offen. Der Grad an Objektkonstanz ist sehr abhängig von den übrigen Entwicklungsfaktoren, dem Ich-Zustand und den Reaktionen des Umfelds. Eine hohe Objektkonstanz wird erreicht, wenn ein Urvertrauen, Vertrauen zur Mutter und zu anderen Personen besteht sowie ein gesunder sekundärer Narzissmus vorherrscht, begleitet von einem angemessenen Selbstwertgefühl (vgl. ebd., 149). Der Erwerb der Individualität wird immer sichtbarer:

- Beim Kind verbessert sich die verbale Ausdrucksfähigkeit.
- Es beginnt mit Fantasie- und Rollenspielen und Vorführungen. Die Realwelt wird schon recht deutlich ins Spiel integriert.
- Das Interesse an anderen Erwachsenen und Spielgefährten nimmt zu.
- Die Kinder bekommen ein Gefühl für Zeit und räumliche Verhältnisse. Sie können ihre kognitiven Fähigkeiten hierauf auch anwenden.

Komplexe kognitive Funktionen werden in der 4. Phase gelernt:

- verbale Kommunikation,
- Fantasie,
- Realitätsprüfung.

Konsolidierung und Objektkonstanz werden durch die Reinlichkeitserziehung sowie dem Gewahrwerden der Geschlechtsunterschiede auf eine harte Probe gestellt (vgl. ebd., 154).

Fazit: Das Durchlaufen der „normalen symbiotischen Phase" ist ein unverzichtbarer Entwicklungsschritt, bei dem im Kind „Antennen" für sein Selbst, andere Menschen und die Umwelt reifen (vgl. ebd., 62ff.).

3.2.1.1 Erscheinungsformen

Mahler orientierte sich bei ihren Beobachtungen am dem klassischen Ansatz von Kanner und wird daher nicht gesondert aufgeführt (vgl. ebd. 1972, 72ff.; KANNER 1943ff.).

3.2.1.2 Ursachen

Mahler geht bei dem Krankheitsbild Autismus davon aus, dass das Kind bei seiner Entwicklung auf der Phase des „normalen Autismus" (primärer Autismus) stehen bleibt. Es erfährt damit nicht die symbiotische Phase und die daran anschließenden Subphasen, die zur Bildung einer gesunden, individuellen und getrennt erlebten Persönlichkeit unverzichtbar sind. Dieser Kausalität liegen alle Primär- und Sekundärsymptome im Sinne Kanners zu Grunde. Dies hat natürlich zur Folge, *dass die Mutter als Repräsentantin der Außenwelt nicht wahrgenommen wird.* Das autistische Kind kann sich nicht an ihr orientieren (vgl. ebd., 72). Es erfährt dadurch keine Unterscheidung zwischen seinem Körper-Selbst und den unbelebten Objekten der Außenwelt. Monakow spricht hier auch von einem Totalverlust der „*Protodiakrise*" (vgl. MONAKOW 1923 in ebd.). Dies bedeutet konkret für das autistische Kind, dass die Ich-Funktionen der Mutter zwecks Orientierung der Innen- und Außenwelt *nicht* in Anspruch genommen werden können. Es muss sich aus eigener Kraft Ersatzorientierungen schaffen. Die Realität wird verleugnet und wegen ihrer Belastung für das Ich weghalluziniert. Dies führt nach Mahler nun auch zu den Verhaltensweisen, die Kanner entdeckt hatte. Zudem stellte sie fest, dass sich die Reinlichkeitsgewöhnung im gleichen Alter wie bei normalen Kindern vollzieht. Dies ist im Mangel an Erotisierung der Körperöffnungen und im Mangel an emotionaler Beteiligung begründet. Das autistische Kind hat kein Interesse daran, der Mutter zu gefallen. Aus diesem Grund fällt es z.b. auch beim Stuhlgang und der Nahrungsaufnahme überhaupt nicht auf. Die Körperoberfläche ist bei autistischen Kindern nicht libidinös besetzt. Deswegen sind sie relativ schmerzunempfindlich. Autistische Kinder neigen zu selbstverletzendem Verhalten. Sie wollen dabei ihre Körpereinheit fühlen und körperliche Grenzen entdecken bzw. durchbrechen. Sie wollen zu einem Körper-Ich und damit zu einem differenzierteren Selbst gelangen. Die Beispiele verdeutlichen das Fehlen einer emotionalen Bindung. Die Kinder fühlen sich *in ihrer Existenz bedroht* und sind nicht in der Lage, die Flut an äußeren und inneren Reizen zu verarbeiten (vgl. ebd., 76f.).

Vom primären Autismus unterscheidet Mahler noch den sekundären Autismus, bei dem das Kind infolge eines traumatischen Ereignisses die symbiotische Phase nicht bewältigt und sich daher wieder auf die normale autistische Phase zurückzieht. Im Gegensatz zum primären Autismus lässt sich der sekundäre Autismus durch besonders einfühlsames Verhalten ausgleichen, da das Kind hier in der Regel keinen Totalverlust der Protodiakrise erleidet (vgl. ebd., 53ff.; RÖDLER 1983, 50).

Prototypen der Interaktion zwischen Mutter und Kind: Den Grund für eine gescheiterte Interaktion sucht Mahler nicht nur bei der Mutter, sondern sie stellt die Hypothese auf, dass das Kind auf Grund einer konstitutionellen Überempfindlichkeit bereits auf die „Psychose" prädisponiert ist (vgl. ebd., 149). Zusätzliche Störfaktoren, wie z.B. ständige Krankheit, können hier als Verstärker wirken. Hauptfehler der Mütter sind:

– Überängstlichkeit;
– abrupte Veränderungen während der Entwicklungsphasen ihres Kindes;
– eine überbehütende Haltung; diese kann auch im Loslösungsprozess nicht abgelegt werden und
– eine symbiotische Mutter erträgt die Selbstständigkeit ihres Kindes nicht und lehnt es daher ab.

Verfehlte Verständigung: Mahler erlebte auch Mütter, die sich der Psychose ihres Kindes anpassen, indem sie sich selbst auch vom Kind entfremden oder sich dem Kind derart unterordnen, dass sich die Trennung zwischen Mutter und Kind auflöst (vgl. MAHLER 1975, 149ff.).

Differentialdiagnose

Bei den differentialdiagnostischen Kriterien orientiert sich Mahler an Kanner und fügt folgende Kriterien hinzu: Autistische Kinder haben einen intelligenten, nachdenklichen Gesichtsausdruck. Von organisch kranken oder *symbiotisch-psychotischen* Kindern unterscheidet sich das autistische Kind, indem es in eine *selbstgenügsame Zufriedenheit verfällt, wenn man es in Ruhe lässt*. Die Entfernungsrezeptoren arbeiten beim autistischen Kind wie in der Phase des „normalen Autismus". Sie sind nicht funktional gestimmt. Sehr laute Geräusche können ignoriert werden, während leise überdeutlich wahrgenommen werden (vgl. MAHLER 1975, 76, 149).

Vererbung

Der Verlust der Protodiakrise ist ein angeborener Defekt (kein Unterscheidungs-vermögen zwischen belebten und unbelebten Objekten). Hinzu kommt auch eine konstitutionell bedingte erhöhte „Verletzlichkeit" gegenüber der Umwelt. Letztere Theorie wurde auch von dem Ethnologen Tinbergen als Erklärung wieder aufge-griffen (vgl. MONAKOW 1923 in MAHLER 1972, 72; und TINBERGEN 1984, 113, 135).

3.2.1.3   Behandlungsmöglichkeiten

Psychoanalytische Therapie

Ziel: In einer therapeutischen Dreiergruppe (Mutter-Kind-Therapeut) soll das Kind Gelegenheit bekommen, mit seiner Mutter die symbiotische Phase nachzuholen. Mahler entwirft dabei ein sehr differenziertes Therapiekonzept, dessen Rahmen-elemente ebenfalls recht umfassend sind (vgl. MAHLER 1972, 164ff.).

Auswahl der Patienten: Mahler hat die therapeutischen Methoden direkt aus ihren psychoanalytischen Schlussfolgerungen entwickelt. Die autistischen Kinder, die sie behandelte, bezeichnete sie hierbei als „primär autistisch-psychotisch" und sie brauchten im Gegensatz zum „primär symbiotisch-psychotischen" Kind eine eigenständige Therapie (vgl. ebd., 182).

Unterschiede im Grad der autistischen Störung: Autistische Kinder, die noch nicht ein gewisses Maß an seelischer Objektrepräsentanz (gemischt mit Selbst-repräsentanzen), erreicht haben, müssen erst einmal lernen, Mutter und Therapeut wahrzunehmen. Diese Kinder können sich noch nicht affektiv mit unbelebten Objekten beschäftigen (vgl. ebd., 167).

Anspruch der Therapie: Die Therapie versteht sich als Nachholerziehung der versäumten Entwicklungsphasen. Diese müssen in Gegenwart eines Therapeuten nachgeholt werden. Dem Therapeuten kommt dabei die Funktion eines leicht zugänglichen Hilfs-Ichs zu. Er dient zudem als „Reizschranke", die das Kind vor übermäßiger Stimulierung aus der Umwelt schützt und innere Reize desselben ablenkt (vgl. ebd., 177).

Anspruch für das primär autistische Kind: Es muss aus seiner Isolation gelockt werden, um in die symbiotische Phase zu gelangen. Erst dann kann es von den außen herangetragenen Erziehungsmethoden profitieren. *Personelle Struktur der Therapie*: Die Mutter nimmt an der Therapie teil. Auf Grund negativer Erfahrungen mit der traditionellen Behandlungsmethode von infantilen Psychosen, die vorsah, dass Kind möglichst schnell in eine Gruppe zu integrieren, entwickelte Mahler eine revidierte Behandlungsmethode. Das Kind wird erst einer Gruppensituation ausgesetzt, wenn es dafür reif genug ist (vgl. ebd., 191).

Die Anwesenheit der Mutter in der Therapie (Therapeut-Mutter-Kind-Therapie) erweist sich als Fortschritt, da sie oft vom Kind toleriert oder sogar gewünscht wird. Für den Therapeuten hat es den Vorteil, dass er mit ihrer Hilfe leichter die Signale des Kindes deuten kann. Die Behandlung setzt sich somit zum einen Teil aus den Beobachtungen des Therapeuten, dem beratenen Psychiater und den Eltern, zum anderen Teil aus den Erklärungen der Eltern hierzu zusammen. Die Erklärungen sind von elementarer Wichtigkeit, da sie den Therapeuten in die Signale des Kindes einweihen, damit dieser eine gute symbiotische Beziehung zwischen Mutter und Kind fördern kann (vgl. ebd. 1972, 192f.).

Die Entwicklungsschritte können direkt beobachtet werden und somit der häufig „defätistischen Einstellung" der Familie korrigierend begegnen.

Die Einbeziehung der Mutter in die Therapie hat den Vorteil, dass sie sich abschauen kann, wie der Therapeut mit dem Kind umgeht, und damit ein Gefühl von Verständnis und Sicherheit aufbauen kann. Der Therapeut hat demnach eine Vorbildfunktion. Eine innere Bereitschaft sowie Lernfähigkeit der Mutter ist jedoch Voraussetzung für ein Gelingen dieses Prinzips.

Zu dieser Therapie sind noch zusätzliche Therapiesitzungen zwischen Mutter und Therapeut vorgesehen, in welchen die Mutter ergänzend weitere emotionale und intellektuelle Fähigkeiten erlernen kann, die sich stabilisierend auf die Dreier-Gruppe auswirken.

Über die nachgeholte Symbiose mit der Mutter soll das Kind seine Grenzen in Form einer getrennten Einheit innerhalb der Umwelt erfahren. Eine gelungene Symbiose rüstet das Kind sozusagen mit der notwendigen Isolierschicht gegen die Gruppenanforderungen aus (vgl. ebd., 164ff.).

Materielle Hilfsmittel in der Therapie: Das autistische Kind muss aus seiner Isolierung ohne Zwang herausgelockt werden. Dies geschieht zu Beginn am besten durch Stimulierung seiner Sinnesorgane in Form von Musik und rhythmischer Betätigung. Umarmungen wirken auf das autistische Kind abschreckend und sind zu vermeiden. Ein zu früh geforderter sozialer Kontakt ist schädlich und kann beim Autisten im Extremfall eine infantile Psychose auslösen.

Behandlungsdauer/Personelle Betreuung: Die Therapie beläuft sich auf durchschnittlich 3 Stunden pro Woche. Für die Betreuung der Therapie sind ein Psychiater, ein Therapeut und eine Fürsorgerin zuständig. Die Aufgabe der

Fürsorgerin ist es, mit der Mutter außerhalb der Therapiestunden in Kontakt zu treten. Die Therapie dauert insgesamt mehrere Jahre (vgl. MAHLER 1972 in RÖDLER 1983, 57).

Therapie in den Behandlungsstadien

Im einleitenden Stadium versucht die Therapeutin zum Kind einen „beschützenden Kontakt" herzustellen. Dabei soll das Kind noch einmal die Homöostase der „symbiotischen Phase" erleben. Das Kind lernt hier, dass die gute Umwelt, eben die Pflege und Liebe von einer „guten Mutter" stammt. Das Erleben von „behaglichen Situationen" in der Therapie dient als „Puffer" gegenüber der Umwelt. Die positive Einstellung der Therapeutin wird zur Quelle des Wohlbefindens und dient als Schutz vor innerem und äußerem Unbehagen. In dem Maß in welchem Angst und Destruktivität dabei weichen, kann das Kind besser funktionieren. Es wird in einem bestimmten Zeitpunkt, indem es offensichtlich das mütterliche Prinzip der Therapeutin akzeptiert, dazu hingeleitet, seine richtige Mutter wieder zu entdecken, womit das eigentliche Behandlungsstadium beginnt. Dabei werden die traumatischen Erfahrungen der Kleinkindzeit diskutiert, neu durchlebt und aufgearbeitet. Das gemeinsame Handeln befähigt das Kind nun auch, die Grenzen seines Körper-Ichs zu erkennen, und vermittelt ihm zugleich die Außenwelt. Zum besseren Verständnis dieser Vorgänge ist eine detaillierte Beschreibung unbedingt notwendig (vgl. MAHLER 1972, 164ff.).

Einleitendes Stadium: Hat die Mutter selbst in ihrer Kindheit zu wenig Liebe und Geborgenheit erfahren, so muss sie, um wieder liebesfähig gegenüber ihrem Kind zu werden, selbst mit mütterlicher Liebe seitens der Therapeutin „gefüttert" werden (wie in einem Fall von der Therapeutin Mrs. Mirian Ben-Aaron) (vgl. MAHLER 1972, 201).

Durch primitive Kommunikation soll das Kind ein positives Gefühl zur Therapeutin aufbauen. Es muss noch nicht die Existenz der Therapeutin als getrennte Person wahrnehmen. Die Therapeutin lässt sich durch das Kind führen, ohne in irgendeiner Weise aufdringlich zu sein. Sie fungiert als Teilobjekt. Das Kind benutzt sie als Verlängerung seines Selbst (z.B. um unerreichbare Gegenstände zu holen). Ihre Verfügbarkeit hält das Kind hierbei für selbstverständlich. Erst nach diesen Übungen darf die Therapeutin überhaupt selbst aktiv werden. Dies geschieht zunächst über das Füttern. Meist akzeptiert das Kind dabei auch spielähnliche Handlungen, welche die Basis für den Austausch zwischen ihm und der Therapeutin bilden. Das kann ein Trommeln auf den Tisch oder das Vorsummen eines Liedes sein. Das Lied sollte ohne jegliche Betonung sein, damit das Kind sich nicht überfordert fühlt. Es muss hierbei noch keinen visuellen Kontakt zur Therapeutin aufnehmen. Der erste physische Kontakt wird mit Seifenblasen oder Wasser hergestellt. Als nächsten Schritt fängt die Therapeutin an, Handlungen des Kindes mit dem Singen vertrauter Melodien zu begleiten. Das Kind lernt dabei, das Lied mit der Handlung in Beziehung zu setzen. Diese Assoziationen bilden die Anfänge der Sprachstruktur, die zunehmend reicher wird. Für jede Handlung lernt es zudem ein eigenes Lied. Nach ausreichender Übung wird das Kind zur Mutter behutsam übergeleitet. Dies kann wie eingangs erwähnt nur stattfinden, wenn auch die Mutter eine positive Ausstrahlung auf ihr Kind hat. Die Mutter wird nun aufgefordert, über das häusliche Leben zu berichten, in welchem es nach wie vor Schwierigkeiten gibt. Kind und Mutter müssen sich nun aktiver in die Behandlung einbringen, was natürlich auch eine engere Beziehung untereinander zu Folge hat. Das Kind kann die positiven Gefühle, die es erhalten hat, auch umgekehrt auf die neuentdeckten Teilobjekte, nämlich die Therapeutin und die Mutter richten. Unbelebte Übergangsobjekte bilden den „symbiotischen Fetisch", wie z.B. Karten, Kannen, Flaschen und Deckel. Diese repräsentieren das verzerrte Eigenbild des Kindes und ein Teil der Liebe vom Therapeuten. Dem Kind wird zunehmend Sinn und Bedeutung des „Fetisch" bewusst. Zudem erinnert es sich an traumatische Ereignisse, die es spielerisch am „Fetisch" ausdrückt. Diese können nun besprochen werden. Das Kind kann nun seine Bedürfnisse ausdrücken und hat gleichzeitig ein echtes Bedürfnis nach einer Symbiose. Es ist wichtig, dass die Mutter vor dem Verlangen ihres Kindes nicht zurückschreckt. Dies ist jedoch manchmal der Fall, wenn die Mutter Ängste vor erneuten Traumatisierungen entwickelt.

Eigentliche Behandlungsphase: Die Therapeutin führt das Kind jetzt von seiner bisherigen Beziehung, bei der die Mutter ein Teilobjekt war, weg und zeigt dem Kind die Wege, die es erfahren lassen, dass die Mutter ein eigenständiges ganzes Objekt ist. Das Erleben der traumatisierten Erfahrungen steht dabei im Vordergrund. Sie sollen neu erlebt, aber diesmal verstanden werden. Eine gründliche Untersuchung des „Fetisch", einhergehend mit dessen Sinn und Bedeutung, sind Grundlage einer weiteren Differenzierung und einer stabilen Besetzung der Mutter.

Grundsätze in der Therapie

Mahler fügt zur Behandlung allgemeine Grundsätze hinzu, in denen sie auf die besonderen Schwierigkeiten während der Behandlung hinweist und einige Rahmenbedingungen nennt. Es sind dem Kind in der Behandlung genügend Ruhepausen einzuräumen, in der es „regredieren" bzw. sich zurückziehen darf. Mütter, die Widerstände haben, mit ihren Kindern eine Symbiose zu durchleben, müssen auf diesen Punkt hin in der Dreier-Gruppe behandelt werden. Ansonsten besteht die Gefahr, daß die Mutter, um das pathologisches Gleichgewicht aufrecht zu erhalten, die Behandlung mit ihrem Kind beendet. Die Mütter lehnen hierbei die symbiotischen Bedürfnisse des Kindes ab, während dieses nun die Mutter sekundär durch autistische Verhaltensweisen auf Distanz hält. Da Autisten häufig schmerzunempfindlich sind und zu Autoaggressionen neigen, muss die Therapeutin als Puffer wirken, um das Kind vor seinem selbstverletzenden Verhalten zu schützen. Sie muss ihm sagen, dass sein Körper behütet und geliebt werden muss und nicht beschädigt werden darf. Dies besänftigt das Kind und führt zur Neutralisierung der kindlichen Aggressionen. Es kann dadurch lernen, seinen

Körper mit eigener Libido zu besetzen. Den nächsten Schritt bilden therapeutische Eingriffe, in denen das Kind lernt, zwischen Innen und Außen seines Körper-Ichs zu unterscheiden. Mit der fortschreitenden Individuation beginnt das Kind, Therapeutin und Mutter in gute und schlechte Objekte aufzuspalten. Es richtet nun seine Aggression auf äußere Objekte. Wichtig ist an dieser Stelle, dass die Therapeutin in einer ruhigen Atmosphäre dem Kind Grenzen setzt. Mit zunehmenden Maße lernt es größere Teile der Außenwelt angstlos anzunehmen (vgl. ebd., 164ff.).

Prognose: Die autistischen Kinder, die es geschafft haben, ein gewisses Maß an seelischer Objektrepräsentanz gemischt mit Selbstrepräsentanzen zu erlangen, haben eine bessere Prognose (vgl. ebd., 167).

3.2.2   Bettelheim: Traumatische Lebensbedingungen

Der Wiener Psychoanalytiker Bruno Bettelheim zählt zu den bekanntesten und bedeutendsten Kinderpsychologen überhaupt. Seine reichhaltigen Publikationen sind sehr umfassend, und auch seine Veröffentlichungen zum Autismus demonstrieren, wie tiefgreifend er sich mit dem Phänomen auseinander gesetzt hat (vgl. BETTELHEIM 1977 in DZIKOWSKI 1996, 111ff.). Bettelheim hat selbst eine bewegte Lebensgeschichte hinter sich, die es wert ist, im Zusammenhang mit seinen Thesen näher beschrieben zu werden:

Bettelheim wurde 1903 in Wien geboren; er interessierte sich seit seinem 14. Lebensjahr für Psychoanalyse. Über das Studium der Germanistik und Kunstgeschichte gelangte er zur Philosophie. In den folgenden Jahren lernte er viel von Wilhelm Reich und Sigmund Freud, die er auch persönlich kennenlernte. Wegen seiner jüdischen Abstammung wurde er 1938 unmittelbar nach Einmarsch der deutschen Truppen in Österreich verhaftet und musste ein Jahr die qualvollen Zustände der Konzentrationslager in Dachau und Buchenwald miterleben (vgl. ebd., 111). Parallel dazu brach das österreichische Kaiserreich zusammen. Diese Erfahrung haben ihn im Leben und in seinem Respekt gegenüber der Welt von psychotischen Menschen entscheidend geprägt. 1939 emigrierte Bettelheim in die USA nach Chicago und übernahm 1944 die Leitung der „Sonia Shankmann Orthogenic School", welche einer Universität angehörte. Die Schule verstand sich als eine kindertherapeutische Einrichtung, in der psychotische Kinder behandelt wurden. Sein dort praktiziertes Therapiekonzept war geprägt von *Psychoanalyse und Humanismus*. Seine traumatischen Schlüsselerlebnisse führten bei ihm zu folgenden Schlüssen:

„Es zählt nur, wer man ist, ungeachtet dessen, was man tut oder der Stellung, die man in der Gesellschaft einnimmt. Das Nächstwichtige nach der Erkenntnis, wer man ist, sind jene persönlichen Beziehungen, die unbeeinflusst von allen äußeren Veränderungen inneren Halt gewähren." (BETTELHEIM 1976, 14).

Auf diesen Schlüssen basiert sein Therapiekonzept:

- Der psychotische Patient kann erst dann in das normale Leben zurückkehren, wenn er begriffen hat, wer er ist.
- Der Patient muss die Formen der Selbstliebe, Nächstenliebe und Gegenliebe erst wieder erlernen.
- Ganz wichtig ist für Bettelheim, dass der Therapeut *auf die Würde des Patienten achtet.*

Bettelheim lehnt es ab, dem Patienten vorzuschreiben, wie er sich verhalten soll. Er ist dafür, dass man dem Patienten mehr hilft, wenn man ihm hilft, „seinen Weg aus dem Labyrinth" zu finden:

„Mein Therapieziel ist, dass auch der psychotische Mensch frei entscheiden kann, was für ein Leben er führen will" (ebd.; vgl. auch Kap. 3.2.2.3).

Bettelheim vertritt die Ansicht, dass bei psychisch schwer gestörten Kindern das ganze Leben nach psychoanalytischen Prinzipien gestaltet werden muss. Grundlage für diese Überzeugung war ein Fall in Wien, wo er die Aufgabe hatte, ein autistisches Kind täglich lediglich stundenweise zu therapieren. Er stellte fest, dass er dem Kind so nicht helfen kann, weil der Rest des Tages das Kind überlastet (vgl. ebd., 13).

Die Schlüsselerlebnisse von Bettelheim haben nicht nur sein Therapiekonzept geprägt, sondern auch seinen literarischen Stil: Die Fallgeschichten sind teilweise in dramatischer Sprache geschrieben, so dass Bettelheims tiefe Betroffenheit gegenüber den Fällen deutlich wird (vgl. RÖDLER 1983, 58). Bettelheim setzt ganz bewusst seine psychoanalytischen Schlussfolgerungen nur in Kombination mit einer Fallbeschreibung an. Damit will er ausdrücklich vermeiden, dass die Patienten durch gesonderte Theorien „entpersonalisiert" werden (vgl. SCHMAUCH 1977, 15).

Bettelheim starb im März 1990 im Alter von 86 Jahren durch eigene Hand. In seinem Buch „Die Geburt des Selbst" übersetzt aus dem Englischen „The empty fortress" befasste er sich ausführlich mit dem Phänomen Autismus.

3.2.2.1 Erscheinungsformen

Bettelheim verzichtete in seinem Buch: „Die Geburt des Selbst" auf eine gesonderte Abhandlung autistischer Verhaltensweisen, da er sich im theoretischen Teil hauptsächlich auf die Ursachen des autistischen Phänomens konzentrierte. Darin nannte er aber auch autistische Verhaltensweisen, die er in seiner langjährigen Praxis immer wieder beobachtete. Er reflektierte diese mit Hilfe seiner theoretischen Hypothesen.

Seine Zentralbeobachtungen sind: Die Kinder, die sich so früh zurückgezogen haben, dass sie noch keine symbolischen Formen lernen konnten, isolieren sich völlig von der Umwelt und bleiben meistens mutistisch, während jene Kinder, die symbolische Formen lernten, sich eine Fantasiewelt schaffen, in der sie im Wahn der absoluten Kontrolle über alles Geschehen leben können. Diese zweite Gruppe verbrachte ihre Zeit mit Ritualen, Ordnen von Materialien und Objekten und Ordnungszwängen. Außerdem trat hier die Veränderungsangst auf. Bettelheim stellte zudem fest, dass bei sehr vielen autistischen Kindern die Orientierung in Zeit und Raum gestört ist (vgl. BETTELHEIM 1977, 69; ebd., 96f.).

Folgende Einzelbeobachtungen machte er zusätzlich: Viele autistische Kinder halten ihren Mund stets leicht geöffnet, weil sie so wenig wie möglich mit ihrem Mund anfangen wollen. Sie blicken häufig in die Ferne, ohne ein Objekt zu fixieren. Wenn sie zur Seite blicken, drehen sie dabei nicht ihren Kopf. Dies wirkt auf den äußeren Betrachter verstohlen. Sie weinen und lachen nicht. Gang und Körperhaltung wirken bei autistischen Kindern besonders schlaff. Viele autistische Kinder stimulieren sich durch Fingerspiele selbst. Häufig sind sie ohne sinnvollen Hintergrund damit beschäftigt, Zahlen, Daten und Fakten auswendig zu lernen. Sie beharren extrem stark auf Monotonie und Gleichförmigkeit (vgl. ebd., 87f.). All diese Verhaltensweisen beobachtete Bettelheim auch bei den „Muselmännern". (Er bezeichnete so Mithäftlinge im Konzentrationslager, die derart psychisch traumatisiert und regrediert waren, dass sie autistische Verhaltensweisen zeigten.) Ein weiteres Phänomen ist eine immer wieder anzutreffende Schmerzunempfindlichkeit bei autistischen Kindern. Das Kind reagiert dabei sowohl auf innenbefindliche als auch äußere Schmerzen nicht (vgl. ebd., 74f.). Bettelheim beschrieb in seinem Buch „Die Geburt des Selbst" vier im Schnitt je einhundert Seiten umfassende Fallgeschichten über die Behandlung autistischer Kinder. Ähnlich wie in einem Roman über Autismus, bekommt der Leser hier einen wesentlich tieferen Einblick in die Welt des Autisten als nach der Durchsicht einer theoretischen Abhandlung. Die Geschichten waren so beeindruckend, dass ich mich entschloss, die erste Geschichte über die Autistin „Laurie" als Fallgeschichte für die Arbeit auszuwählen. Sie soll dem Leser im Folgenden die interaktiven und psychodynamischen Einblicke gewähren, die eine theoretische Beschreibung nicht zu leisten vermag. Bettelheims Schlussfolgerungen sind dabei jeweils kursiv dargestellt.

Fallgeschichte: Die Autistin Laurie

Laurie, ein stummes autistisches Mädchen, wurde mit 7 Jahren von einer öffentlichen Heilanstalt an die Orthogenetic-School überwiesen.

Vorgeschichte der Eltern: Die Mutter entstammte einem Elternhaus, das in seiner Erziehung autoritäre Maßstäbe anlegte. Die anschließende Heirat mit einem viel älteren Mann scheiterte. Es kam zum Zusammenbruch, dem eine Behandlung folgte. Den nächsten Mann, der genauso viele Enttäuschungen in Liebesbeziehungen hinnehmen musste wie sie, heiratete sie und gebar ein Kind namens Laurie (entgegen ihrem Wunsch zunächst kinderlos die Stabilität der Beziehung zu beobachten). Ab der 6. Woche wurde Laurie von einem Kindermädchen betreut, weil beide Elternteile arbeiten mussten.

Das Verhalten von Laurie: Zunächst verhielt sich Laurie im Vergleich zu anderen Kindern augenscheinlich normal. Ihre Beschäftigung bestand hauptsächlich aus

Imitationen von Unterhaltungskünstlern und Nachsummen von Melodien. Laurie war ausgesprochen hübsch, so dass sie den ersten Preis bei einem Säuglingsschönheitswettbewerb gewann. Mit 15 Monaten begann sie zu sprechen, vermied aber auffällig, Personen beim Namen zu nennen.

Später wurde Laurie von einem Kindermädchen beaufsichtigt. Dieses behandelte sie wie ein Objekt, um ihrem Ziel, ein ruhiges und problemloses Kind zu haben, näher zu kommen. Rücksichtslos wurde der eigene Wille und die Spontaneität von Laurie gebrochen. Bettelheim ging zudem davon aus, dass auch die Eltern Laurie nie als „ganze Person" behandelt haben und aus welchen Gründen auch immer, ihre eigenen Gefühle in dieser Beziehung viel zu stark verbargen. Beim Kindermädchen vermutete Bettelheim, dass sie in ihrem eigenen Interesse versunken, so wenig wie möglich vom Kind mitbekommen wollte. Die schlimmsten Auswirkungen sieht Bettelheim jedoch darin, dass das Kindermädchen sich gegenüber negativem wie positivem Verhalten von Laurie gleichgültig verhielt.

Nach Kündigung des Kindermädchens wurde Laurie vom 30. Monat bis zu ihrem 4. Lebensjahr durch eine ältere Frau beaufsichtigt. Danach kümmerten sich wieder die Eltern um das Kind. Es stellte daraufhin seine Sprache ein und gab von nun an lediglich glucksende Laute von sich. Bettelheim vermutete, dass Laurie hier auf eine präverbale Stufe zurückkehrte, um mit den Eltern ein neues positives Leben zu beginnen. Die Mutter verstand dies nicht und strafte Laurie, wenn sie die tierähnlichen Laute von sich gab oder zu Tics neigte. Daraufhin verstummte diese völlig. Nun setzte ein verzweifelter Rückzug ein. Kurze Zeit später hörte Laurie auch auf, ihren Stuhlgang zu kontrollieren. Begleitend dazu zog sie sich immer mehr in sich zurück und wirkte auf außenstehende Personen blind, taub und willenlos in der autonomen Fortbewegung. Sie verbrachte ihre Zeit so lange am selben Ort, bis sie von jemandem woanders hingeführt wurde. Sie saß extrem lange auf einem Stuhl, blätterte manchmal desinteressiert in Zeitschriften oder zerriss diese in kleine Schnipsel. Spontaneität entwickelte sie übrigens nur bei destruktiven, zerstörerischen Tätigkeiten. Die Wohnungseinrichtung war nicht mehr sicher. Ermahnungen blieben wirkungslos, weil das Kind sie zusammen mit der Person ignorierte. Sie schaute dann ins Leere oder auf ihre Hand.

Laurie hatte sich somit derart von ihrem Körper entfremdet, dass sie nicht einmal mehr fühlte, was in ihrem Körper vorging. Sie war auch, so Bettelheim, schmerzunempfindlich.

Mit vier Jahren kam Laurie auf Grund der immer stärkeren Verhaltensstörungen zum Kinderarzt, der eine psychiatrisch-psychologische Untersuchung verordnete. Dort fiel auf, dass sie keinen eigenen Willen zeigte. Sie erfüllte alle Untersuchungsanforderungen ohne innere Teilnahme. So ließ sie sich vom Arzt in den Untersuchungsraum tragen, ohne auf die Trennung von der Mutter zu reagieren. Sie behandelte den Arzt dabei lediglich als Objekt und sprach kein einziges Wort während der Untersuchung. Wenn Laurie lächelte, dann nie auf Grund einer äußeren Situation.

Die medizinischen, neurologischen Untersuchungen mit EEG brachten keine weiteren Aufschlüsse, so dass andere Ursachen als infantiler Autismus auszuschließen waren. Trotz Anraten der Ärzte, Laurie in die Klinik zu geben, besuchte sie auf Wunsch der Eltern zwei Jahre eine Schule für Sprachstörungen, auf der sie letztlich scheiterte.

Kleine Lebensäußerungen, wie langes Schreien oder auch Beschäftigungen mit Bastelmaterial, stellte Laurie im fünften Lebensjahr ein. Nach der Geburt einer Schwester verschlimmerte sich Lauries Zustand erheblich. Sie verbrachte von nun an den ganzen Tag nur noch bewegungslos auf einem Stuhl, aß nur noch sehr spezielle Nahrung und vermied jegliche Mimik oder Bewegung, so weit es nur ging. Wenn Laurie hungrig oder durstig war, gab sie kein Zeichen von sich. Die Mutter reagierte zum Selbstschutz nun feindselig auf das Kind.

Lauries Zustand spitzte sich derart extrem zu, dass nach einer zweiten psychiatrischen Untersuchung die Mutter der Aufnahme von Laurie in der Orhogenetic-School zustimmte. Die Eltern von Laurie beschrieb Bettelheim als narzisstische Persönlichkeiten, die sich stark von der Welt abgeschottet hatten.

Auf der Orthogenetic-School lernte Laurie wieder viele stützende „Modi" (im Sinne von Erikson), wie das Bewegen des Halses oder Kopfes beim Essen etc. Nie erreichte sie in der Schule ein komplett harmonisches Zusammenspiel aller Modi. Kurz bevor Laurie tragischerweise die Schule verließ, war sie der Koordination aller Bewegungen sehr nahe gekommen. Sie stand damit, nach Erikson, kurz vor der eigentlichen *auf Kommunikation gerichteten Sprachentwicklung* (vgl. ERIKSON 1950, 1956 in BETTELHEIM 1977, 160).

Bettelheim und sein Team vermuteten bei Laurie im Gegensatz zu vielen anderen autistischen Kindern hinter der Fassade eine Einsamkeit und Verzweiflung. Da Laurie zudem unter Anorexie litt, machte sie viele Schwierigkeiten beim Essen. Sie erbrach es und besudelte sich damit, ohne Anteil daran zu nehmen. Sie schränkte sogar ihren Kauvorgang bei der Nahrungsaufnahme so weit wie nur möglich ein. Laurie bekam in dieser Schule das Gefühl, *dass sie auch überleben kann, wenn sie aktiv wird und nicht nur beim Nichtstun bzw. -sein verharrt,* wie die Schilderung folgender Beobachtungen zeigt:

Einen winzigen Fortschritt, um Laurie zurück ins Leben zu holen, erreichte eine junge Krankenschwester, die Lauries Lippen, welche immer leicht geöffnet waren, mit Öl einrieb und ihr anschließend den Finger auf ihre Zunge legte. Laurie fand Gefallen an dem Reiz des Fingers. Die Schwester und das Team bekamen dabei von Laurie den Eindruck, als würden ihre Organe untereinander völlig autonom reagieren und keinen Bezug zueinander haben. So hatte ein Betreuer beim Ankleiden von Laurie das Gefühl bekommen, als ob ihre Körperteile nicht mit ihrem Bewusstsein verbunden sind und damit praktisch „ein autonomes Eigenleben führen."

Den nächsten Schritt vollzog Laurie, indem sie ihrer Beraterin gestattete, ihr am Abend in gemütlicher Atmosphäre Rosinen in den Mund zu stecken. Vorbeigefallene Rosinen hob Laurie auf und aß sie sogar selbst.

Eine weitere Öffnung zeigte sie erstmals im zaghaften Ausagieren von Aggressionen, indem sie ihrer Beraterin einen Klaps gab. Da sie nicht reagierte, verblüffte Laurie damit, dass sie ihre Arme, ihre Beine und schließlich ihren ganzen Körper an den Körper der Beraterin schmiegte. Noch verblüffter war das Team, als Laurie völlig selbständig mehrere Plätzchen aß. Von nun an aß sie mehr als zuvor. Wieder geschah eine Öffnung. Fünf Tage später gab Laurie während dem Mittagessen wieder die glucksenden Laute von sich wie damals vor der „vollständigen Verstummung". Die Beraterin stellte fest, dass das Kind nun nicht mehr gefüttert werden wollte. An einem Abend biss Laurie ihr beim Füttern in die Finger. Bettelheim vermutete in Laurie eine *Wut über die Ignoranz* ihrer Bemühungen, selber zu essen (Beispiel mit den Plätzchen).

Bettelheim und sein Team lehnten es ab, Laurie zur Defäkation zu zwingen. Stattdessen ermunterten sie das Mädchen, ihren Stuhl zeitlich und örtlich dort zu lassen, wo sie ihn haben wollte. Diese ihr dabei überlassene Autonomie führte Bettelheim als Grund dafür an, dass sich die Abstände des Stuhlganges während des Schulaufenthaltes bis auf ein Normalmaß verringert hatten.

Laurie entdeckte nun wieder das Spiel mit den Klötzchen, was darin bestand, dass sie die Klötzchen zu einem Haufen fallen ließ. Parallel dazu hantierte sie mit ihren Exkrementen und behandelte diese wie Bausteine. Was das Team nun nach 4 Tagen beeindruckte, war die Tatsache, dass Laurie, die bisher immer zu völlig unterschiedlichen Zeiten defäkierte und urinierte, nun beides direkt zum Spiel machte. Außerdem zeigte sie Anzeichen im Körper und Gesicht, dass sie *erstmalig Anteil* an dem bisher völlig autonomen Vorgang nahm. Sie wirkte dabei fasziniert, ängstlich und verwirrt zugleich.

Laurie entwickelte in der Schule die Motivation, ihren Körper zu entdecken. Sie entdeckte zunächst die autonome Nahrungsaufnahme, bevor sie fähig war, aktiv ihr Spiel mit den Exkrementen und Klötzchen zu entwickeln. In diesem Spiel lernte sie zudem zu unterscheiden, dass die Klötzchen von der Schule sind, aber die Exkremente von ihr selbst. Das Team bemerkte, dass Laurie wie ein Säugling dabei überlegte, wieso die Exkremente vom Selbst in ein Nicht-Selbst übergehen können. Später, nachdem der Stuhlgang das Normalmaß erreichte, verschmierte sie damit Arme, Beine und Hände, vermutlich um zu ergründen, wo die Exkremente herkommen. Des Weiteren lernte sie auch am Urinieren Anteil zu nehmen. Dies ging nun sogar so weit, dass Laurie ihr Unterhöschen beim Urinieren betrachtete, wie es sich in der Nässe verfärbte. Ihre Autonomie führte dazu, dass sich ihre Spiele auf Sand und Schmutz ausweiteten. Gleichzeitig hatte sie nun die Angewohnheit, wie ein kleineres Kind bei Mahlzeiten im eigenen und fremden Essen „herum zu fuhrwerken".

Bettelheim war sich sicher, dass eine Mutter, die das Kind *und* seine Fäkalien ablehnt, es dem Kind unmöglich macht, zwischen Selbst und Nicht-Selbst zu unterscheiden. *Der Stuhlgang war die erste und wichtigste Gelegenheit zur Unterscheidung. Dies sollte die Mutter mit Anteilnahme begleiten.*

Laurie legte nun zunehmend aggressivere Verhaltensweisen an den Tag, die für den fortschreitenden Heilungsprozess sprachen. Eines Tages schleuderte sie beim Essen das gesamte Besteck und den Gewürzstreuer vom Tisch. In dem Moment, als die Beraterin die Gewürze aufsammeln wollte, verließ Laurie lachend den Raum, nicht ohne noch einen Teller vom Geschirrwagen zu zertrümmern.

Das Mädchen machte in der Sprachentwicklung immer mehr Fortschritte. Sie zeigte erste Ansätze zum Sprechen. Lauries Autonomieentwicklung kam nun richtig in Gang:

- Sie langte eines Tages nach den Schlüsseln der Lehrerin, um damit allein den Schrank für die Kreide zu öffnen.
- Sie zog sich alleine den Mantel aus und gab ihn der Beraterin ab.
- Sie betrachtete nun sehr genau ihren Körper und seine Bewegungen. *Sie begriff hierbei die Zusammenhänge.* Das Team hatte nun das Gefühl, dass Laurie ihren eigenen Körper fühlte.

Laurie fing nun an, einen weiteren großen Schritt zu vollziehen. Sie begann, den Körper anderer nahe stehender Menschen, hier die Beraterin, zu erkunden. Ihre spärlichen Körperkontakte weiteten sich zu großzügigen längerdauernden Episoden, die sie fest an die Beraterin geschmiegt verbrachte.

- Sie nahm fetale Stellungen sowohl auf dem Schoß der Beraterin, als auch bei „spielerischem Balgen" auf dem Boden ein.
- Sie hatte Gefallen daran, auf der am Boden liegenden Beraterin zu reiten.
- Zugleich entwickelte Laurie die Gewohnheit, abends beim Einschlafen den Kopf aufs Kissen zu schlagen oder hin und her zu rollen. Bettelheim vermutete, dass Laurie hiermit versuchte, die körperlichen Stimulationen im Gesicht während des „Rumtollens" weiter autonom aufrecht zu erhalten. Dazu musste sie die Stimulationen beim „Rumtollen" jedoch erst *kennen lernen.* Bettelheim verglich sie mit dem Säugling der nach der Brustwarze sucht.

Laurie machte bei ihrer Körpererkundung neue wichtige Erfahrungen: Sie klatschte der Beraterin auf die Gesäßbacken. Die Beraterin reagierte positiv darauf und griff nach hinten um Laurie leicht auf den Rücken zu klatschen. Daraufhin lachte Laurie lautstark. Später versuchte sie ihren Kopf und Mund im Gesäß hin und her zu rollen, so als Wolle sie die Brust suchen oder erkunden, ob man dort hineingelangen könnte. Durch das Klatschen wollte sie, so Bettelheim, erst einmal die Ungefährlichkeit ihres Vorhabens abtesten.

Eines Tages bekam das Spiel eine neue Bereicherung. Laurie betastete mit ihren Händen den gesamten Oberkörper der Beraterin. Als sie nach langer Zeit wagte die Brüste zu berühren, was sie vorher nie gemacht hatte, erwachte Laurie, so Bettelheims Eindruck, vollends zum Leben. Die Beraterin hatte den Eindruck, nun mit einem „normalen Säugling" zu spielen und zu kommunizieren.

Das Mädchen verbrachte nun auch viel Zeit mit Halluzinationen, die es vorher nicht gab. Sie schaute der Beraterin ebenfalls länger direkt ins Gesicht und in die Augen.

Als Nächstes begann Laurie die Beraterin nachzuahmen. Nach einem besonders angenehmen Bad setzte sie sich in derselben Haltung auf den Wannenrand wie ihre Beraterin. Sie schaute diese direkt an und lachte. Spielerisch lernte Laurie hier weitere Schritte zur Unterscheidung zwischen Selbst und Nicht-Selbst.

Sie wiederholte nun spielerisch auch die Entwicklung vom Kriechen zum Krabbeln bis zum Stehen. Da sie nie krabbelte, war dies folglich mit großer Anstrengung für sie verbunden.

Des Weiteren hatte Laurie Spaß daran, der Beraterin den Schoß einzunässen. Die Beraterin, die positiv darauf reagierte, ließ, so Bettelheim, eine Wechselseitigkeit zu. Später ging Laurie immer danach selber auf die Toilette, um zu defäkieren.

Das Mädchen durchlebte somit noch einmal die Kleinkindphasen, um damit zumindest die Stufe des normalen Kleinkindes zu erreichen. Bettelheim wies darauf hin, dass diese „Rückwärtsentwicklung" nicht genau das Gegenteil der Vorwärtsentwicklung darstellt und für Laurie mit größeren Schwierigkeiten verbunden sei.

Laurie öffnete sich der Umwelt immer schneller. Sie begann zu masturbieren, hielt ihre Lippen geschlossen oder betastete mit der Zunge ihre Lippen. Einmal ließ sie die Hand der Beraterin an ihren Lippen vorbeistreichen. Zudem versuchte sie zum ersten Mal das Gesicht und das Haar der Beraterin zu erkunden. Direkt am Tag darauf erlebte Laurie dann leider den Zusammenbruch.

Sie war anscheinend ständig auf die Verfügbarkeit der Beraterin angewiesen. Als diese wegen eines Urlaubs nicht anwesend war, regredierte Laurie so weit, dass es zu einem Zusammenbruch kam.

Auslöser war nach der Auffassung von Bettelheim, dass die Beraterin einen kleinen Rückschritt von Laurie als Zurückweisung interpretierte. Diese hatte sich ihr rückwärts gehend vom Klassenzimmer zum Schlafsaal genähert. Die Beraterin verhielt sich fortan ambivalent zu Laurie, welches den eigentlichen Rückzug erst in Gang in brachte.

Bettelheim vermutete, dass Lauries kleiner Rückzug in Wirklichkeit die Antwort auf ihre momentan zu intensiv genossenen Befriedigungen war. Die dabei entstandenen Gefühle, die für Laurie neu waren, hatten sie zu stark erschreckt. Dies war aber weder der alleinige, noch der entscheidende Grund für Lauries Rückzug. Später erkannte Bettelheim, dass die Beraterin Lauries Verhalten falsch, quasi zum Gegenteil interpretierte. Dabei schilderte er noch einmal die Szene, in der Laurie gerade beim Hinausgehen vom Klassenzimmer zeigte, dass sie nicht nur die Beraterin mag, sondern auch die Lehrerin. Diese schaute Laurie beim Rückwärtsgehen nämlich nach. Laurie vollzog hier hingegen anfänglicher Vermutungen einen weiteren positiven Schritt zur Autonomie. Sie musste hierbei stark das Gefühl bekommen haben, dass die Schule ihr doch kein selbstständiges Leben gönnt. Diese Kränkung veranlasste ihren Rückzug. Laurie hatte Angst vor den Reaktionen der Beraterin, die diese neue Unabhängigkeit bei ihr auslösen könnte.

Der fortschreitende Rückzugsprozess von Laurie konnte erst in dem Moment aufgehalten und umgekehrt werden, nachdem Bettelheim nun der Beraterin vorschlug, das Verhalten von Laurie als Zuneigung zu ihr zu interpretieren. Dies hatte zur Folge, dass die Beraterin wieder alle positiven Gefühle gegenüber Laurie äußern konnte und Laurie wieder Fortschritte machte. Dabei fiel auf, dass das Mädchen weit größere Fortschritte bei der Lehrerin machte, von der sie sich nicht gekränkt fühlte. Bei ihr hielt sie z.b. die Augen viel länger offen, als bei der Beraterin. Zudem erkannte das Team, dass dieser Rückzug weit weniger schwer wog, als zu Beginn der Aufnahme. Lauries Zustand verbesserte sich weit schneller. Laurie überraschte zudem mit der Fähigkeit, nun selbst zu äußern, womit sie sich beschäftigen möchte. Ihre Kreativität kam dabei zum Ausdruck. Lauries Beschäftigungsarten lassen sich in drei Gruppen ordnen:

– Sie zerriss Papier.
– Sie bemalte das Papier.
– Sie setzte Grenzstrukturen fest.

Zunächst war Laurie nur zu einer Beschäftigung in der Lage. Erst später war es ihr möglich, mehrere Bereiche zu kombinieren, wie z.B. mit zerrissenem Papier Grenzstrukturen festzulegen.

Fingerfarben benutzte Laurie erst, nachdem sie körpereigenen Speichel auf dem Papier verteilen durfte. Die Benutzung von Speichel stärkte dabei das Körper-Selbst von Laurie derart, dass sie nun in der Lage war, körperfremde Malfarben zu benutzen.

Ein einzelnes DIN-A4-Blatt riss sie nicht in Fetzen, sondern machte sich die Mühe, es spiralförmig zu einem einzelnen, sechs Meter langen Streifen zu zerreißen. Dabei schaute sie nur zur Decke.

Ein anderes Mal nahm Laurie die Schnurenden vom Luftballon und dem Spielzeugauto und band sie zusammen. Bettelheim deutete dies so, dass Laurie hier symbolisch eine dauerhafte Verbindung zwischen dem Luftballon (häufiges verwendetes Symbol der unerreichbaren Mutterbrust bei autistischen Kindern) und dem Spielzeugauto schaffen wollte (Letzteres ist Symbol für die Fäkalien, die ins WC gespült werden. Das Spielzeugauto verwendete Laurie beim Spiel mit ihren Fäkalien). Beide Objekte sollten hiermit auf symbolische Weise beständig bleiben.

Sie verband mit Papierstreifen auch noch andere Möbel und Spielsachen in ihrem Zimmer, die ihr wichtig waren. Die so entstandenen Grenzlinien durfte niemand überschreiten.

Laurie zeigte große Ausdauer dabei. Sie malte stundenlang ohne Unterbrechung Papiere an. Dabei befand sie sich die ganze Zeit in halluzinatorischem Zustand.

Bettelheim war überzeugt, dass Laurie mit ihren drei Beschäftigungsarten gleichzeitig den inneren und äußeren Druck verarbeitete. Es begann sich ein Ich zu entwickeln, das nun die Elemente des Druckes zu meistern lernen musste.

Hier nun einige Auszüge aus Bettelheims spekulativen Ideen:

1. Laurie riss bei ihrem selbsterstellten Papierstreifen, jedes Mal den Mittelpunkt der Spirale ab und warf ihn mit angewiderter Mimik fort. Bettelheim vermutete, dass Laurie hiermit zeigte, dass der Mittelpunkt dieser Welt nicht für sie bestimmt sei. Folgte man der Überlegung weiter, so könnte die Zerreißrichtung (vom Rand zur Mitte) den Versuch bedeuten, zum Mittelpunkt der Störung vorzudringen. Lauries Verhalten beim Papierzerreißen (mit dem Kopf zur Decke schauend) verglich Bettelheim mit einem Säugling, der emporblickend nach der Mutterbrust sucht. Lauries tastendes Voranarbeiten bei der Erstellung ihres Papierstreifens ähnelte in der Art und Weise einem Säugling, der Brust, Gesicht und Körper der Mutter betastet. Bei der Vernichtung des Mittelstreifens agierte Laurie ihre Wut über ihre Enttäuschungen diesbezüglich aus. Später trennte sie das Mittelstück sofort raus, um am Ende keine Enttäuschung zu erleben.

2. Laurie verlieh dem Papier häufig einen schwarzgrauen Farbton, den sie auf komplexe Weise erzielte. Zunächst malte sie das Blatt bunt an. Durch viele Überlagerungen der Farbtöne färbte sich das Blatt dunkel. Darüber verstrich sie schwarze Deckfarbe (Symbol der Fäkalien). Bettelheim vermutete hier eine symbolische Darstellung ihres Umwandlungsprozesses von der Nahrungsaufnahme (viele Farben) zum Stuhlgang (einheitliche dunkle Farbe).

Bettelheim ordnete die drei Beschäftigungskategorien von Laurie zu autonomen spontan zielgerichteten Tätigkeiten ein, die mit ihrem kreativen Inhalt etwas symbolisieren. Dabei hatte sie hierfür kein Vorbild. Die Masturbation oder das Verkleckern von Essen dagegen waren zwar autonome, aber dafür an ihren Körper verhaftete, wenig kreative Tätigkeiten. Ein wichtiges Kriterium für Lauries Entwicklung war auch die Fähigkeit, in ihrem Leben Vorhersagen zu treffen (z.B. bei den Beschäftigungen).

Eines Tages zerriss Laurie einen Bogen Papier wesentlich komplexer als bisher. Zuerst entfernte sie den Mittelstreifen des Papiers. Anschließend zeriss sie jede Hälfte des Papiers in ineinander greifende „Zähne" (Links-Rechts-Muster). Bettelheim spekulierte vage, dass Laurie hier möglicherweise demonstriert, dass sie der Welt aggressiver und erwachsener gegenübertreten möchte. Laurie verwendete nun nicht mehr nur Papierstreifen um Grenzlinien zu ziehen, sondern auch andere Materialien. Sie lernte zu verallgemeinern und war nun in der Lage, sehr komplexe Grenzlinien anzufertigen, die ihren enormen geometrischen Vorstellungen entstammten. So legte sie eines Tages mit Tannenrinde über 50 sehr sauber geformte Sinuskurven auf einem 20 Meter langen Mäuerchen.

Bettelheim entdeckte auch Parallelen zwischen dem Mal-, Zerreiß- und Essverhalten. Ein Beispiel hierzu bildete Lauries Prinzip, sich bei Materialien von außen nach innen voranzuarbeiten. Dies übertrug sie nun auch auf einen Schokoriegel, den sie mit kleinen Bissen fünf mal umrundete, bis er aufgegessen war.

(Bettelheim versuchte auch an weiteren Kunstwerken von Laurie Spekulationen über ihre Befindlichkeit anzustellen. Eine Beschreibung derselben würde jedoch den Rahmen der Fallgeschichte übersteigen.) Laurie gab zu dieser Zeit immer differenziertere Geräusche von sich. Ihre Lippen begannen zudem stumm Wörter zu formen.

Bettelheim interpretierte Lauries Dilemma folgendermaßen: Laurie war zu Beginn der Aufnahme hoffnungslos enttäuscht, die Mutterbrust nicht gefunden zu haben. Sie lernte weder die gute, noch die schlechte Mutterbrust kennen. Sie befand sich in einem inneren Konflikt zwischen ihrem Wunsch und der Enttäuschung, dass dort, wo sie suchte, keine Brust zu finden war. Dies hatte zur Folge, dass Laurie nicht die Fähigkeit entwickelte, Zustände zu bejahen oder zu verneinen. Um sich vor weiteren Enttäuschungen zu schützen, gelangte sie in den Zustand des absoluten Nichts-Tuns bzw. Nicht-Seins. Durch ihre Mal- und Zerreißbeschäftigungen gewährte sie Bettelheim und dem Team symbolische Einblicke in ihr Dilemma, das sie selber zu verarbeiten versuchte.

Leider hatten die Eltern, kurz bevor Laurie zu sprechen anfing, beschlossen, sie von der Schule zu nehmen, weil sie unbedingt ihr Kind, wie sie in einigen weiteren Gesprächen immer wieder betonten, wieder zu Hause haben wollten. Für die Gründe, warum es für Laurie besser wäre, auf der Schule zu bleiben, waren die Eltern nicht zugänglich. Der Vater äußerte dabei den nahezu unglaublichen Satz: „Ich habe damals nur eingewilligt, weil ich überzeugt war, dass sie ein hoffnungsloser Fall sei, den Sie nicht behalten würden" (BETTELHEIM 1977, 198).

Nachdem Laurie erfuhr, dass sie die Schule verlassen musste, verfiel sie auf der Stelle in ihren ursprünglichen Zustand des Nicht-Seins. Die Eltern schickten Laurie kurze Zeit später in eine öffentliche Heilanstalt, in der sich Lauries Zustand des Nicht-Seins nicht besserte. Bettelheim besuchte sie ein Jahr später dort und war erschüttert von diesem Ausgang (vgl. ebd., 124ff.).

<u>Die Entwicklungsphasen nach Bettelheim</u>

Da Bettelheim ebenso wie Mahler eine neue Theorie zur Verursachung der autistischen Störung aufstellte, müssen auch hier die Entwicklungsphasen des Kindes beschrieben werden, um daran die Pathologie zu erläutern. Bettelheim ist im Gegensatz zu Mahler ein Vertreter der Selbstpsychologie und geht daher nicht von einem passiven Säugling zu Beginn der Entwicklung aus. Er zählt damit zu den Vertretern einer neuen psychoanalytischen Strömung, die in diesen Fragen von der traditionellen Psychoanalyse Freuds abweicht. Neuere Forschungen in der Säuglingsforschung bestätigen, dass der Säugling in der Tat instinktgesteuert aktive Handlungen vollbringen kann, diese aber nur aufrechterhalten werden können, wenn die Mutter adäquat darauf reagiert (vgl. BETTELHEIM 1977, 16ff., MAHLER 1975, 59ff.; STERN 1992). Bettelheim zog eine Fülle von Beobachtungsstudien heran, aus denen er sein neues Modell konzipierte:

Die Welt des Neugeborenen

Aktivität statt Passivität (Beginn des Selbst): Nach Bettelheim verhält sich der Säugling nicht „passiv rezeptiv" (diese Auffassung ist noch weit verbreitet in der klassischen Psychoanalyse), sondern er verhält sich oral aktiv.

Der Zustand von ruhiger Wachsamkeit: Das Baby ist damit beschäftigt, ein Saugobjekt und die darin befindliche Nahrung aufzunehmen (vgl. JOSSELYN 1962 in BETTELHEIM 1977, 18). Ein 3–4 Tage alter Säugling kann im Zustand ruhiger Wachsamkeit bereits seine Augen und seinen Kopf in die Richtung bewegter Objekte drehen (vgl. WOLFF und WHITE 1965 in ebd., 19). Mit knapp 9 Wochen kann der Säugling den Kopf in die Richtung drehen, wo er auf Wange und Lippe berührt wurde (vgl. HOOKER 1952 in ebd., 20). Entscheidend für die Entwicklung ist daher, wie viel Zeit der Säugling mit „ruhiger Wachsamkeit" und aktiver Beobachtung der Welt verbringt (vgl. ebd., 19). Die Umgebung während des Stillvorgangs (z.B. die Stimmung der Mutter oder die Art, wie er gehalten wird) wird vom Säugling ziemlich empfindlich wahrgenommen (vgl. ebd., 20).

Schwere Frustrationen: Der Säugling handelt „aktiv im eigenen Namen". Belohnt die Mutter seine Aktivitäten nicht, deutet sie falsch oder ignoriert sie, so bricht er seine Interaktionen ab und verhält sich fortan passiv. Er wendet dann sein Gesicht von der Mutter ab oder schlägt sie sogar. Innere Anspannung und Wut überwältigen ihn (vgl. ebd., 20ff.). Beispiel: Säuglinge, die unter Sauerstoffmangel leiden, reagieren besonders heftig, wenn sie so an die Brust genommen werden, dass die Oberlippe die Atemwege der Nase versperrt. Spielt sich der Kampf mehrmals ab, entwickelt der Säugling eine rigorose Abneigung gegen das Stillen. Mütter (vgl. GUNTER 1961 in ebd., 21), die diesen Umstand nicht bemerken, betrachten das Verhalten des Säuglings als Zurückweisung und lehnen diesen daraufhin ab (vgl. WOLFF 1964 in ebd., 22).

Urvertrauen: Ein Säugling, der bei seinen Aktivitäten auf Erfolg stößt, hat es im späteren Leben entschieden leichter, selbstmotiviert zu handeln. Bei einer angenehm erlebten Brustfütterung beginnt im Kind das Urvertrauen in die Welt zu reifen. Es verinnerlicht das Gefühl des Vertrauens in sich selbst und andere. Das wichtigste in der Mutter-Kind-Beziehung ist, dass die Mutter ihre Zuwendung dem Kind aus Liebe und nicht nur aus Pflichterfüllung zukommen lässt. Die Brustfütterung führt sowohl bei der Mutter als auch beim Kind zum Spannungsabbau und befriedigt emotionale Bedürfnisse (vgl. ebd., 23).

Bedürfnisbefriedigung über Signale (Körpersprache)

Signale der Aktivität: Bettelheim hält es für wichtig, dass der Säugling bei seiner Entwicklung nicht zu sehr von seiner Mutter beeinflusst wird. Da er ein aktives Wesen ist, soll er in seinen Aktivitäten so wenig wie möglich blockiert werden. Der Idealfall stellt sich ein, wenn die Mutter einerseits auf die selbstständigen Entscheidungen des Säuglings achtet und andererseits seine Abhängigkeit in pflegerischer Weise beachtet (vgl. ebd.,26). Konkret bedeutet dies:

– Die Mutter sollte das Kind nicht bedrängen, selbstständig mit dem Löffel zu essen.
– Die Mutter sollte den Säugling nicht daran hindern, Dinge selbst zu verrichten, wenn dieser es gerade möchte. In diesem Fall verhindert die Mutter nicht nur die Wechselseitigkeit, sondern blockiert den Säugling auch noch am aktiven Handeln.

Die Aktivität nach der Geburt signalisiert noch keine Kommunikation: Beispiel: Ein Säugling, der sich von der Mutterbrust freikämpft, tut dies instinktiv. Er kann damit noch nicht bewusst signalisieren, dass er erstickt. Umgekehrt kann die Mutter einseitig gerichtet mit dem Säugling kommunizieren. Eine wechselseitige Kommunikation existiert noch nicht von Geburt an.

Entwicklung des Körper-Ichs: Der Säugling entwickelt ein Körper-Ich in dem Maße, in dem er sein Unbehagen in einem Körperteil zu lokalisieren mag.

Die Erkenntnis der Signalwirkung: Der Säugling lernt, dass bestimmte Äußerungen vom ihm, die Unbehagen ausdrücken, bei der Mutter eine spezifische Reaktion auslösen. Sie erhalten nun eine Signalwirkung und die Mutter kann zuverlässig die vom Kind gewünschte Befriedigung verwirklichen.

Wechselseitigkeit über Signale: Es entwickelt sich eine wechselseitige Kommunikation, in der Mutter und Kind einem Ereignis bestimmte Gefühle zuschreiben. Durch sein Lachen oder Weinen vermittelt der Säugling Emotionen, welche die Mutter so beeinflussen, dass das hierdurch erwartete Resultat erreicht wird. Das Ich im Säugling lernt zu interagieren. Der Säugling weiß nun, dass er so andere beeinflussen kann (vgl. ebd., 31 und 32). Lediglich ein Zurücklächeln der Mutter reicht selbstverständlich nicht aus, um das Kind zu befriedigen. Wichtig ist, dass der Säugling durch das Lächeln oder Weinen Emotionen vermittelt, welche die Mutter erreichen. Bettelheim weist darauf hin, dass sich die Mutter bereits nach der Geburt ihres Kindes sehr stark an seinen Bedürfnissen orientieren sollte. Erst im Verlauf der Entwicklung darf diese Hinorientierung zunehmend lockerer gestaltet werden (vgl. WINNICOTT 1953 in ebd., 32). Bettelheim ergänzt, dass sich selbst der Säugling, wenn auch nur im begrenzten Maße, der Mutter anpassen kann. Im Idealfall empfinden beide Befriedigung dabei (vgl. ebd., 33). Je mehr Kommunikation auf diese Weise stattfindet, desto differenzierter nimmt der Säugling seinen Körper war. Ein Selbst-Bewusstsein existiert dabei noch nicht (vgl. ebd., 28f.).

Frustrationen: Der Säugling bemerkt erst die Existenz der Außenwelt, wenn seine Bedürfnisse nicht immer sofort erfüllt werden. Das Kind kann seine Frustrationen dabei nur deshalb ertragen, weil seine Erwartung zugleich auch sein Interesse an der Welt anspornt (vgl. ebd., 29).

Von der Signalwirkung zur Wechselseitigkeit: Im Verlauf dieses Prozesses lernt das Kind, dass es durch das Aussenden oder Empfangen von Signalen die Welt beeinflussen kann. Dies geht so weit, dass es versucht, seine Mutter „zu kontrollieren". Erst nachdem es feststellt, dass es dazu nicht im Stande ist, lernt es die Wechselseitigkeit anzunehmen und die Vorteile darin zu entdecken (vgl. ebd.). Erst ein Mindestmaß an Unterscheidung zwischen Selbst und Nicht-Selbst befähigt den Säugling, aus eigenem Antrieb mit anderen Kontakt aufzunehmen.

Diffuse Gefühle des Unbehagens nehmen weiter ab und das Kind wird nun zunehmend fähiger, die Ursache dafür zu lokalisieren.

Wechselseitigkeit

Bettelheim geht davon aus, dass es die ideale „Wechselseitigkeit" nicht gibt. Die richtige Gewichtung zwischen Frustrationen und Erfolgserlebnissen ist das Fundament für die Geburt des Selbst.

Starke Frustrationen: Bedrängt die Mutter das Kind zu früh nach Wechselseitigkeit oder erwartet zu wenig vom Kind, kann dies im schweren Fall die Kommunikation aufgeben und das Interesse an der Realität einbüßen (vgl. ebd., 34). Eine unsichere Mutter nimmt die Anpassungsbemühungen des Säuglings nicht wahr und fördert gerade dadurch, dass dieser seine Bemühungen einstellt. Die sichere Mutter dagegen erkennt genügend Zeichen des Säuglings (vgl. ebd., 35). Die schwersten psychologischen Störungen entstehen in dieser Phase (vgl. BOWLBY 1958 in ebd., 39).

Prädisposition: Die Vererbung ist Schicksal. Alle gemachten Erfahrungen in der Welt können sie lediglich modifizieren (vgl. ebd., 35). Hyperaktive oder langsame Säuglinge können bei einer jeweils umgekehrt eingestellten Mutter die Anpassung sehr erschweren.

Übergangsobjekte: Bettelheim weist darauf hin, dass der Säugling von Anfang an aktiv in der Lage ist, mit Hilfe von Übergangsobjekten (Babydecke oder Teddy) Liebkosungen der Mutter, wenn diese zu spärlich waren, auszugleichen (vgl. WINNICOTT 1953 in ebd., 37).

Wechselseitigkeit als neue Erkenntnis: Im weiteren Verlauf merkt der Säugling, dass er statt dem Weinen, um die Mutter herbeizurufen, nun auch selbst aktiv werden kann, indem er von sich aus ihre Anwesenheit aufsucht. (Die psychische Anhänglichkeit ist im Alter vom 18 bis 30 Monaten am stärksten ausgeprägt.) Weitere zahlreiche Erfahrungen in der Realität lassen im Kind nun den Erkenntnisprozess reifen, dass Enttäuschungen zu verkraften sind und seine Handlungen bestimmte Konsequenzen nach sich ziehen.

Entfaltung der Autonomie

Die klassische Psychoanalyse sieht in der Defäkation des Kindes einen Moment, bei dem das Kind bemerkt, dass sich ein Teil (Defäkation), der eben noch Selbst war, in ein Nicht-Selbst verwandelt. Häufig wird auch davon gesprochen, dass die Defäkation des Kindes ein Geschenk an die Mutter sein soll (vgl. ERIKSON 1959 in ebd., 42). Bettelheim weist diesbezüglich darauf hin, dass das Kind vor allem im eigenen Namen Fäkalien produziert. Eine gute Mutter lobt demzufolge das Selbst ihres Kindes, indem sie ihm sagt, „wie groß es schon ist und es nun selbstständig auf die Toilette gehen kann". Die Erwähnung der sozialisierenden Bestandteile sind dabei unwesentlich (vgl. ebd., 44). Bettelheim weist dabei darauf hin, dass es nicht ausreicht, wenn der Säugling die Mutter bei der Nahrungsaufnahme beobachtet. Er erlebt die Mutter als zu sich zugehörig und registriert Folgendes: Er selbst nimmt das Nicht-Selbst in sich auf und wandelt es in das Selbst um.

Das Kind lernt am besten die Toilette zu benutzen, wenn man es in seiner Autonomie nicht einschränkt. Es erledigt den Toilettengang in Form eines Gefallens an die Mutter. Hier wird eine erweiterte Form der Autonomie, nämlich die Autonomie der sozialen Beziehungen deutlich. Das Kind wählt nun selbst, ob es einer anderen Person eine Freude bereiten möchte. Bekräftigt die Mutter das Verhalten des Kindes positiv, indem sie es lobt und damit an seinem Vergnügen teilhat, so haben beide ihre Freude daran. Durch weitere positive Erfahrungen mit der Mutter gewinnt das Kind nun direkten Spaß daran, die Defäktation fortan immer auf der Toilette auszuführen. Durch diese wichtige Erfahrung lernt das Kind viel über die Differenzierung von Selbst und Nicht-Selbst (vgl. ebd., 46).

Hierbei merkt Bettelheim an, dass das Selbst in einer Person aus seinem Wissen und seinen Handlungsfähigkeiten besteht. Die Entwicklung des Selbst ist ein lebenslanger Prozess. Das wahre Selbst entdeckt man erst durch die Interaktion mit anderen (vgl. ebd., 47).

Bettelheim warnt abschließend, dass sich keine Autonomie beim Kind entwickeln kann, wenn man es nur sich selbst überlässt, ohne Anteil zu nehmen (vgl. ebd., 62).

3.2.2.2 Ursachen

Autismus stellt für Bettelheim die schwerste Ausprägung einer Kindheitspsychose dar (vgl. ebd. 1975, 11). Für dessen Entstehung macht Bettelheim eine gestörte Mutter-Kind-Beziehung auf kommunikativer Basis verantwortlich. Er analysiert dabei die auslösenden Faktoren und diskutiert daran die Folgeerscheinungen. Im Gegensatz zu Mahler sieht Bettelheim die Ursachen im Autismus nicht durch einen Mangel an passiver Befriedigung begründet, sondern in der *Missachtung der Autonomie* des Kindes (vgl. MAHLER 1972, 70ff.; ebd. 1977, 19).

<u>Auslösende Faktoren</u>

Autistische Anlage: Zwar erwähnt Bettelheim, dass auch eine angeborene Disposition zu hoher Sensibilität zu Anpassungsschwierigkeiten führen kann, wenn dadurch frühreifes Verhalten durch körperliche Unreife blockiert wird, aber die wirkliche autistische Anlage entwickelt sich auch hier erst, wenn die Umgebung die Kluft nicht bemerkt (vgl. ebd., 57).

Schäden durch Schmerzen oder Fehlinterpretation der Umwelt: Leidet das autistische Kind unter Schmerzen, die ihm Angst bereiten oder schätzt es die Emotionen der Mutter falsch ein, kann dies eine Frustration auslösen, die adäquate Konsequenzen hat.

Schäden durch die Eltern: Erfährt das Kind von den Personen, die es betreuen, einen gravierenden Mangel an befriedigenden Reaktionen, kann dies dazu führen, dass es die Welt nur noch frustrierend erlebt. Eine unausweichliche Abwärtsspirale wird zudem in Gang gesetzt, wenn die Mutter auf den anfänglichen Rückzug des Kindes ebenfalls mit deutlichem Rückzug reagiert. Dies ist häufig der Fall, wenn die Mutter auf Grund eigener Frustrationen zu wenig Geduld für das Kind aufbringt. Zu häufig behandelt sie es dann zu grob oder gleichgültig. Da aber die Mutter für das Kind zugleich die Welt repräsentiert, gelangt das Kind im schlimmsten Falle zur Überzeugung, dass die Welt insgesamt eine Bedrohung für sein Leben darstellt. Der Säugling stellt seine aktiven Bemühungen, die Welt zu beobachten, ein. Die Kommunikation zu anderen Personen reduziert das Kind proportional mit der Schwächung seines Ichs. Bei einer nicht ganz so schweren Störung kann das Kind die frustrierende Außenwelt durch befriedigende innere Vorstellungen ersetzen (vgl. die Abwehrstrategien, auch im Kap. 3.2.2.2). Dann kann es, wenn auch sehr begrenzt, mit der Außenwelt kommunizieren. Bei solch einer schweren Störung benötigt das Kind sämtliche Energie zum Selbstschutz. Der schwere Rückzug impliziert, dass der Säugling noch keine Gelegenheit hatte, ein positives Weltbild aufzubauen. Das Kind flüchtet notgedrungen aktiv in den „Autismus" (vgl. ebd., 95).

Auch folgende Beispiele verdeutlichen Fehler, die den Müttern nicht immer bewusst sind und trotzdem die Wechselseitigkeit zwischen Mutter und Kind empfindlich stören können, da auch hier das Kind erfährt, dass seine Aktivitäten keinen Einfluss auf die Situation haben: Wird das Kind so gestillt, dass es die Brustlage nicht bestimmen kann und seine Atemöffnungen nicht genügend Sauerstoff bekommen, kann es bereits sehr früh zu einer Traumatisierung kommen. Auch eine Mutter, die das Kind während des Fütterns daran hindert, nach dem Löffel zu greifen, kann das Kind in dem Autonomiebestreben empfindlich einschränken (vgl. ebd., 26). Bettelheim weist jedoch beruhigend darauf hin, dass keine großen Nachwirkungen zu befürchten sind, wenn der Säugling nur in einer bestimmten Einzelsituation daran gehindert wird, aktiv zu sein (vgl. ebd., 31).

Irreversibilität der Schäden: Positive Erfahrungen zu einer späteren Zeit können das Kind nicht mehr dazu veranlassen, seine Wünsche zu verwirklichen. Es erlebt die Welt weiterhin „nur frustrierend" und zerstörerisch. Diese Kinder haben bereits unauslöschbar verinnerlicht, dass sie die Welt nicht beeinflussen können, weil die Welt sich ihnen gegenüber schon immer gefühllos gezeigt hat. Bettelheim ergänzt, dass jedoch die Kinder, welche minimal aktiv sein durften, die Welt später nicht ganz so zerstörerisch erleben, jedoch in jedem Fall gefühllos (vgl. ebd., 57f.).

Die Schäden werden oft übersehen: Die Kinder werden von den Eltern auf Grund ihrer Inaktivität bis zum zweiten Lebensjahr als ruhige, unproblematische Babys bezeichnet. Spätestens ab dem 18. Monat, wenn die Gesellschaft ein Minimalmaß an Selbstständigkeit vom Kind fordert, können sie nicht mehr aktiv sein. Sie erleben die Welt nun nicht mehr nur gefühllos, sondern folglich auch noch zerstörerisch. Als Reaktion bleibt den Kindern nichts anderes übrig, als sich in den Autismus zurückzuziehen (vgl. ebd., 58).

Primärschädigung durch Inaktivität: Bettelheim geht davon aus, dass autistische Kinder die Welt mindestens ebenso traumatisierend erleben wie z.b. Kinder, die an infantilem Marasmus oder Hospitalismus (nach Spitz) leiden. Er hebt in diesem Zusammenhang seine Überzeugung hervor, dass die eigentliche Ursache der Schädigungen darin besteht, dass die Kinder nicht aktiv waren und weniger in der unpersönlichen Pflege, die ihnen zuteil wurde. (Diese Inaktivität verursachte demnach den emotionellen, intellektuellen und häufig körperlichen Tod.) (vgl. SPITZ 1945 in ebd., 59). Der infantile Marasmus und der Spitz' Hospitalismus werden nach Bettelheim hauptsächlich in den Momenten verursacht, wo der Säugling inaktiv bleibt. Als Beweis dafür führt Bettelheim den Spitz' Hospitalismus an, wo unter gleichen Milieubedingungen einige Säuglinge überlebten, weil sie von ihrer Anlage her aktiver waren oder zufällig zur Aktivität kamen (vgl. ebd., 58f.).

Faktoren, die Autismus begünstigen: Kritische Entwicklungsphasen

Die Persönlichkeit des Kindes beginnt sich schon vor der Geburt zu formen (vgl. MONTAQUE 1950 in ebd., 50). Bettelheim vermutet sehr viele kritische Perioden in der Entwicklung des Kindes, in denen die Empfänglichkeit für Umweltreize erhöht ist. Dabei hat er drei sensitive Phasen näher beschrieben, die Autismus begünstigen. Bettelheim weist darauf hin, dass seine Einteilungen noch sehr vage und ungenau sind. Doch er ist davon überzeugt, dass in jeder Phase andere Strebungen des Selbst blockiert werden. Die kritische Phase kann jeweils innerhalb des angegebenen Zeitraumes auftauchen. Alle Störungen haben gemeinsam, dass die Aktivität des Kindes blockiert wurde. Das Kind wendet sich aktiv von der Umwelt ab. Konkret bedeutet dies, dass es jedes zielgerichtete Handeln, jede Kommunikation und Erwartungshaltung aufgibt (vgl. ebd., 60).

1. Kritische Phase 1.–6. Monat: Der Säugling konnte sich noch kein Bild vom libidinösen Objekt machen. Diese generelle Beeinträchtigung kann das Kind bereits so frustrierend erleben, dass der Rückzug die einzige Überlebensmöglichkeit darstellt (vgl. ebd.).

2. Kritische Phase 6.–9. Monat: In dieser Periode gelangt das Kind zu realen Objektbeziehungen. Es erlebt sich selbst als getrenntes Individuum. Das Kind möchte jetzt nicht nur empfangen werden, sondern vielmehr von ganz bestimmten Personen auf eine ihm vertraute Art und Weise behandelt werden. Vertraute Personen nimmt es in dieser Periode deutlicher wahr als sonst. Fremde Personen hingegen ängstigen es. Bettelheim vermutet, dass in der Evolution die Ängstlichkeit des Kindes vor fremden Personen eine positive Beziehung zu einer vertrauten Person förderte. Ignoriert die andere Person das Kind, verliert es die Orientierung über den Standpunkt seines eigenen Selbst. Es kann nicht mehr zwischen Fremden und Freunden unterscheiden. Es zieht sich von der Mutter zurück, lächelt sie nicht an und versteift sich, wenn es auf den Arm genommen werden soll. Ein sicheres Indiz dafür bildet auch das Ausbleiben der 8-Monats-Angst (vgl. ebd., 52ff.; ebd., 60).

3. Kritische Phase 18.–24. Monat: Der Säugling erlernt Sprache und Fortbewegung. Er wird zum Kind, womit er die Fähigkeit erlangt, nach eigenem Wünschen einer Person näher zu kommen oder fern zu bleiben. Das Kind macht die Erfahrung, dass es auch schon mal ohne fremde Hilfe für sich sorgen kann. Bei einer positiven Mutter-Kind-Interaktion hat es in dieser Phase selbst den Wunsch, „sauber" zu werden. Es ist zudem die Zeit, in der das Kind erkennt, dass die Welt nicht nur seine Bedürfnisse befriedigt, sondern auch frustrierend sein kann. Doch durch die neu erworbene Fähigkeit, die Welt zu beeinflussen, erkennt es, dass es trotzdem eine Chance hat, seine Wünsche und Ziele in die Tat umzusetzen. Diese Entwicklung setzt jedoch voraus, dass das Kind früher der Meinung war, dass die Welt es versorgt. Scheitert das Kind bei seinen Bemühungen, die Welt mit Kopf und Körper zu meistern, so kann es sich dann durch die erlernte Fortbewegung nicht nur emotional, sondern auch körperlich (physisch!) zurückziehen (vgl. ebd., 60).

Diese zeitliche Differenzierung zeigt, dass in jedem Stadium eine andere Strebung des Selbst blockiert wurde. Im ersten Stadium wurden die Aktivitäten des Kindes generell missachtet, im Zweiten seine Bemühungen, zu anderen Personen in Kontakt zu treten und im dritten Stadium wurden seine Aktivitäten ignoriert, die Welt physisch und psychisch zu meistern (vgl. ebd., 60f.). Bettelheim weist dabei ergänzend darauf hin, dass der Autismus, der seinen Ursprung in einer der kritischen Phasen hat, meist erst in der Zeit vom 18. bis 24. Monat erkannt wird (vgl. ebd., 54; ebd., 60).

Inaktivität auch in der Vorhersage

Autistische Kinder können ihre Fähigkeit zur Vorhersage (Antizipation) nicht auf Veränderungen anwenden: Im Laufe der Entwicklung bildet sich beim Kind die Fähigkeit aus, Dinge zu ordnen oder Vorhersagen zu treffen. Es lernt, ihm zugestoßene Ereignisse richtig in Zeit und Raum einzuordnen. Die Ursprünge und Zusammenhänge werden ihm dabei klar. Das Kind hat nun die Möglichkeit gewonnen, zweckgerichtet zu handeln und die Folgen vorherzusehen. Bettelheim hebt dabei hervor, dass die Fähigkeit zur Vorhersage dem Kind nur dann nützt, wenn es ihm selbst gelingt, die Ereignisse darin aktiv zu verändern. Ansonsten würde es sich machtlos der Vorhersage ausgeliefert fühlen. Folglich gibt es sie gemeinsam mit dem zielgerichteten Handeln und der Kommunikation auf. Bettelheim veranschaulicht seine Beobachtungen am Beispiel von der Raum- und Zeitwahrnehmung autistischer Kinder:

Ein Gefühl für Raum und Zeit erwerben autistische Kinder schon sehr früh. Es gelingt ihnen jedoch für lange Zeit nicht, eine Verbindung darin herzustellen. Bettelheim hat z.B. an seiner Schule festgestellt: Autistische Kinder, die es routinemäßig gewohnt waren, dass in einem bestimmten Zeitraum Schule stattfindet, geraten in Panik und fühlen sich verloren, wenn diese ausfällt. Das neue Ereignis konnte nicht eingeordnet werden, weil die Kinder dabei keine Vorhersage gebrauchten. Dies hatte zur Folge, dass sie den Tag nicht umstrukturieren konnten (vgl. ebd., 68).

<u>Schädigungen und deren Abstufung</u>

Verkümmerung des Selbst: Das gesunde Zusammenspiel zwischen den Komponenten des Selbst und des Nicht-Selbst sind wichtige Voraussetzungen für die Entwicklung des Selbst. Beim autistischen Kind verkümmert jedoch das Selbst, indem es die Besetzungsenergien von inneren und äußeren Repräsentanzen abzieht. Drei Schweregrade der Realitätsabwehr hat Bettelheim dabei entdeckt:

Sehr schwerer Rückzug: Diese Kinder haben absolut alle Besetzungen von den innerpsychischen Prozessen und der Außenwelt abgezogen und verhalten sich damit total passiv und regungslos gegenüber der Umwelt. Bettelheim nennt hier als Beispiel stumme autistische Kinder, die dem Erscheinungsbild des infantilen Marasmus gleichen.

Schwerer Rückzug: Diese Kinder haben im Gegensatz zu den oben genannten zwar die Besetzung von der Außenwelt abgezogen, aber nur eingeschränkt in ihren innerpsychischen Prozessen. Obwohl sie die Interaktion zur Umwelt eingestellt haben, sind sie noch begrenzt handlungsfähig. Als Beispiel führt Bettelheim Autisten an, die neben ihrem starren Beharren auf Gleichförmigkeit, stellenweise Wutausbrüche haben.

Leichter Rückzug: Bettelheim stellte hier fest, dass diese Kinder die Außenwelt zu gering und die innerpsychischen Prozesse zu viel besetzt haben. Er stellte fest, dass betroffene Kinder dieser Art trotz verzerrter Realitätswahrnehmung und teilweiser Desintegration handlungsfähig sind. Unter diesem Aspekt vergleicht er sie mit schizophrenen Kindern, die einen heftigen Kampf gegen die Welt führen (vgl. ebd., 99).

<u>Abwehrstrategien</u>

Bettelheim entdeckte, dass die Abwehrstrategien autistischer Kinder in direktem Zusammenhang mit dem Entwicklungsstand stehen, in dem sie beginnen, sich aktiv von der Umwelt zurückzuziehen. Die Abwehrstrategien gehen je nach Entwicklungsalter fließend ineinander über.

<u>Äußere Abwehrstrategien</u>

1. Totaler Rückzug: (1. Phase) Derart zurückgezogene Kinder verharren im Zustand des absoluten „Nichts-Tuns". Damit sollen weitere Enttäuschungen, Verletzungen und Zerstörungen möglichst vollkommen abgewendet werden. Beim totalen Rückzug leben die Kinder nahezu in der absoluten „Nicht-Existenz". Da sie noch keine symbolischen Formen erlernt haben, verfügen sie noch nicht einmal über Rituale, mit denen sie sich beschäftigen können.

Das Selbst im Kind verkümmert durch das Nichts-Tun derart, dass es sich letztlich „auflöst". Das Kind fühlt: *Jedes Handeln bedeutet eine Gefahr*. Es vermeidet daher alle Situationen, die es zum Handeln veranlassen könnten. Äußere Reize und innere Feindseligkeit, die es zum Handeln drängen, werden ignoriert bzw. es wird gefühllos darauf reagiert. Ist das Kind der Ansicht, dass Sprechen eine tödliche Gefahr bedeutet, so gibt es die Kommunikation auf (Mutismus). In diesem Fall vollzieht sich der zerstörerische Prozess noch schneller (vgl. ebd., 69).

2. Bettelheim erkannte eine zweite Gruppe von Kindern, die auf Grund der Aneignung symbolischer Formen in der Lage sind, eine „Privatwelt" parallel zur Realität aufzubauen. Dabei glaubt das Kind wahnhaft in Form einer absoluten Kontrolle über alle Geschehnisse (z.b. über Maschinen), die Schicksale beeinflussen zu können. Bettelheim beobachtete, dass diese Kinder Tage damit zubringen, verschiedenste Dinge zu ordnen und unter der Veränderungsangst litten (vgl. ebd., 69f.).

Sprachstörung und Stereotypien: Diese Sekundärsymptome von Kanner stellen gleichfalls eine Abwehr der Realität dar, wobei Bettelheim diese Symptome im therapeutischen Prozess bereits als höchste Form der „Ich"-Leistung interpretiert und als Vorläufer einer Kommunikation betrachtet (vgl. ebd., 108f.; KANNER 1943, 217ff.).

Innere Abwehrstrategien

Schmerzunempfindlichkeit: Autistische Kinder, haben wegen des Abzugs der Besetzungsenergie von inneren und äußeren Repräsentanzen kein Schmerzgefühl. Sie verlieren ihr Gefühl zum Körper. Sie ignorieren folglich ihre inneren Reize genauso wie die äußeren. Sie konzentrieren daher ihre Energien nur auf die Abwehr der Reize und nicht auf die Anpassung an die Realität. Auch der Mutismus stellt gleichfalls eine Abwehrform der Schmerzen dar (vgl. ebd., 79). Das folgende Beispiel handelt von autistischen Kindern, die infolge ihrer Schmerzunempfindlichkeit ihre Zahngesundheit ruiniert haben. Es verdeutlicht, dass hinter der Schmerzunempfindlichkeit massive versteckte Aggressionen stecken, die das Kind im absoluten Sinn als zerstörerisch halluziniert.

Autisten vermeiden unter allen Umständen ein Aufbrechen von Schmerzen. Arztbesuche werden heftig abgewehrt, da sie auf Grund ihrer eigenen Aggressivität eine schlechte, für sie zerstörerische Behandlung befürchten. Bettelheim führt in diesem Zusammenhang nun ein Beispiel an, worin ein Autist die Zahnbehandlung verweigert. Die eigene Aggression des Autisten, den Zahnarzt zu beißen, führt zur Angst, dieser könne nun die Zähne bei der Behandlung zerstören. Es hat sich gezeigt, dass Zahnbehandlungen dann durchgeführt werden können, wenn der Autist eine Vertrauensperson gefunden hat, die er während der Behandlung aktiv und aggressiv umklammern kann. Sie müssen jetzt nicht mehr das von ihnen als aggressiv empfundene Eindringen in den Mund passiv hinnehmen, sondern können selber dabei aggressiv sein. Je mehr sie dabei lernen, die Angst vor dem Arzt in den Griff zu bekommen, desto mehr stellt sich das normale Schmerzgefühl wieder ein. Es hat sich sogar später herausgestellt, dass sie in Wirklichkeit viel sensibler auf Schmerzen reagierten, als normale Kinder und deshalb die inneren Reize vehement bekämpften (vgl. ebd., 78).

Bettelheim spricht bei diesem Beispiel von einer oralen Aggression des Kindes. (In vielen Therapien hat Bettelheim zusammenfassend beobachtet, dass sich autistische Kinder, welche beginnen, sich für äußere Objekte zu interessieren, häufig auch zu heftigen Aggressionsausbrüchen neigen. Die versteckte Feindseligkeit im Autismus kann demnach nur mit einem Interesse an der Welt einhergehen. Es ist bereits ein Fortschritt, wenn das autistische Kind Forderungen an die Umwelt stellen kann.)

Angst: Alle psychotischen Kinder und Autisten, die Bettelheim behandelte, litten über längere Zeiträume in ihrer Kindheit an extremer Angst. Der Schweregrad der Störung hing (was den Angstaspekt betraf) auch von der Dauer der Traumatisierung, dem Lebensalter und der Betroffenheit des Kindes ab (vgl. ebd. 1956 in ebd. 1977, 82).

Psychotische (autistische) Kinder leben ständig in extremer Angst, bis hin zur Panik. Die Symptome zehren stark an ihren Energien. Autistische Kinder sind besonders davon überzeugt, dass ihnen der Tod unmittelbar bevorsteht. Sie leben in der Überzeugung, dass sie ihn hinausschieben können, wenn sie am Leben nicht teilnehmen. Der Säugling hat dabei das Gefühl, dass sein Leben emotionslosen Mächten unterworfen ist, die entscheiden, wie lange er noch zu leben hat. Deshalb beharren sie auch auf Gleichförmigkeit, da sie ohnehin davon ausgehen, dass sie die Welt niemals positiv beeinflussen können (vgl. FURER 1964 in ebd., 82, 89).

Bettelheim vergleicht die innere Realität des autistischen Kindes mit den beobachteten Extremsituationen in der KZ-Haft. Häftlinge, die dem Druck nicht standhielten und zum Autismus regredierten, waren zur Überzeugung erlangt, dass sich ihr Schicksal nicht mehr aufhalten ließe. So wurde ihnen von den SS-Leuten der eigene Wille abgesprochen und suggeriert, dass sie keine Menschen seien. Das autistische Kind kommt zu einem ähnlichen Schluss, da es die Innen- und Außenwelt noch nicht zu trennen vermag und somit negative Erfahrungen mit seiner eigenen Person vermischt (vgl. ebd., 86ff.).

3.2.2.3 Behandlungsmöglichkeiten

Bettelheim behandelte von 1944 bis 1973 an der Orthogenetic School (Heim für psychisch gestörte Menschen) psychotische und autistische Kinder. *Seine Behandlungsmethoden zielen, abgeleitet von seiner Theorie, alle auf die Förderung der Aktivität der Kinder, damit sich das Selbst (Ich-Bildung, Autonomie, Erkundungsverhalten und Kommunikation mit der Umwelt) der Kinder wieder entfalten kann. Dabei darf das Kind weder aktiv, noch durch Verbalisation oder Deutung seiner Handlungen beeinflusst werden.* Im Rahmen einer Nachholerziehung soll dem Kind Raum geboten werden, die versäumten Entwicklungsstufen nachzuholen. Im Gegensatz zu Mahlers Bedenken, erfolgt bei Bettelheim die Therapie in einer Gruppe (vgl. ebd., 116ff., 543ff.; MAHLER 1972, 164ff.).

Eine ambulante Therapie für mehrere Stunden in der Woche hält Bettelheim im Hinblick auf die Schwere der Störungen für ungeeignet, da das Kind außerhalb der Therapie weiterhin schädlichen und traumatisierenden Erfahrungen ausgesetzt bleibt und die Familie keine Entlastung erfährt. Nach seiner Überzeugung kann dem autistischen Kind nur geholfen werden, wenn es das „pathogene" Elternhaus verlässt und nach seiner eigens konzipierten Milieutherapie „vollstationär" behandelt wird (vgl. ebd. 1975, 205). Die neue Umgebung bietet dem Patienten sehr viel Schutz. Abnormes Verhalten, welches außerhalb der Schule Konsequenzen nach sich ziehen würde, wird hier aufgefangen und behandelt.

Angebot einer positiven Realwelt: Bettelheim lehnt traditionelle Therapiemethoden ab, deren primäres Ziel es ist, kranke Kinder aufzufordern, die Welt mit normalen Augen zu sehen. Dazu ist das autistische Kind seiner Ansicht nach noch nicht fähig. Da autistische Kinder keine Befriedigung von der Welt mehr erwarten, ist es umso wichtiger, ihnen von Anfang an in der Therapieeinrichtung ein Umfeld von möglichst positiver Wertigkeit zur Verfügung zu stellen, das sich fördernd auf die „Ich-Bildung" des Kindes auswirkt. Bettelheims Primärziel ist es folglich, dem autistischen Kind eine Fülle von positiven Erfahrungen zukommen zu lassen, damit es wieder Interesse für die Realwelt entwickelt und die Bedürfnisse in ihm reifen, dort etwas aktiv zu bewirken (vgl. ebd., 144f.; ebd. 1977, 121). Nur auf diesem Weg kann nach Bettelheim die Heilung erfolgen (vgl. ebd. 1977, 19).

Die Leiter zur Realwelt: Um diesen Grundsätzen gerecht zu werden, versucht das therapeutische Team die adäquate „Schlüsselleiter" zur Realwelt für das autistische Kind zu entdecken. Umfassende Kenntnisse über die verschlüsselten Signale des autistischen Kindes sind daher Grundvoraussetzung (vgl. ebd. 1975, 15). „Wir müssen für ihn einen Weg hinaus bauen – sagen wir eine Leiter" (ebd., 13). Diese „Leiter" darf dem Kind nicht aufgedrängt werden. Es darf selbst frei entscheiden wann es seinen Weg zur Realwelt gehen möchte. Wegen dem hohen Misstrauen neu aufgenommener Kinder dauert dies jedoch oft sehr lange. Zudem sind Regressionen während dem Therapieverlauf keine Seltenheit (vgl. ebd. 1977, 122).

„Er wird versuchen, die Leiter zu zerstören, da er seit langem sicher ist, wir bauen sie nicht, damit er in die Freiheit gelangt, sondern nur, damit er in ein noch schlimmeres Gefängnis kommt (das uns aus unerfindlichen Gründen mehr Vorteile bringt als ihm und ihn nur noch größeren Gefahren aussetzt)" (ebd. 1975, 13).

Lehnt ein Patient diesen Weg ab, müssen die Angebote (vorübergehend) eingestellt werden. Trotzdem gibt Bettelheim auch solche Fälle nicht auf (vgl. ebd.).

Regeln bei ersten Therapieerfolgen: Hat das autistische Kind begonnen, eine Verbindung zur Realwelt aufzunehmen, rät Bettelheim dem Therapeuten, positive Gefühle sparsamer einzusetzen, wenn abzusehen ist, dass dadurch das autistische Kind unter Leistungsdruck gerät. Zudem muss der Therapeut berücksichtigen, dass autistische Kinder, welche die Phase des selbstständigen Handelns erreicht haben, diesen Gewinn zunächst für egoistische Zwecke gebrauchen (vgl. ebd. 1977, 122f.).

Allgemeine Regeln für die Therapie: Der Therapeut muss die Fähigkeit, den Mut und die Entschlossenheit mitbringen, zunächst in die autistische Welt des Kindes einzutauchen, um gemeinsam mit ihm „die Hölle" zu verlassen (vgl. ebd. 1977, 12). Kann sich der Therapeut oder Betreuer nicht spontan und emphatisch für das ihm anvertraute Kind entscheiden, was Bettelheim für einen Therapieerfolg als Wesentlich erachtet, sollte er lieber darauf verzichten (vgl. ebd. in Rödler 1983, 68). Der Therapeut muss alles versuchen, um den Bedürfnissen des Patienten gerecht zu werden. Eigene, unbewusste Bedürfnisse wie z.B. Rettungswahn muss er während der Arbeit ausblenden, da sie dem Patienten schaden. Auch darf die Therapeut-Patient-Beziehung nicht durch Demonstration von Rangunterschieden oder Überlegenheitsgefühlen gestört werden (vgl. ebd. 1975, 15). Vom Therapeut wird weiter erwartet, dass er ein sehr gründliches Therapiekonzept ausarbeiten kann, das seine Emphatie zum Kind wirkungsvoll ergänzt (vgl. ebd., 17). Darin muss er unbedingt die Entwicklungsgeschwindigkeit des Kindes berücksichtigen. Niemals darf das Kind in seinen Handlungen eingeschränkt werden, außer es besteht eine ernsthafte Gefährdung für andere Personen. Die verbale Kommunikation darf dem autistischen Kind nicht aufgedrängt werden. In diesem Fall muss sich der Therapeut überlegen, welche alternativen Verständigungsformen er dem Kind anbieten kann (vgl. ebd. 1977, 119). Auch die freie Assoziation darf als Behandlungstechnik eingesetzt werden, da der Patient hier in Zusammenarbeit mit dem Therapeuten in eigenem Namen aktiv Ordnung ins Chaos bringen kann. So kann z.B. diffuse Angst in konkrete Ängste umgewandelt werden oder Gedanken und Emotionen an Struktur gewinnen (vgl. ebd., 106). Der Therapeut muss wissen, dass ein autistisches Kind, welches zu der Überzeugung kommt, dass es aktiv etwas in der Umwelt bewirken kann, eine enorme Menge an Wut- und Hassgefühlen äußert. Diese zeigen sich zunächst in Autoaggressionen, ehe andere Personen gefährdet werden (vgl. ebd., 117). Während der Therapie wird vom Therapeuten ein enormes Durchhaltevermögen abverlangt. In geradezu unendlicher Geduld muss er das autistische Kind in jedem kleinsten Schritt begleiten und ihm dabei Sicherheit und Geborgenheit gewähren (vgl. ebd., 124ff.).[8]

Das therapeutische Milieu: Bettelheim unterstreicht seine Wertschätzung für das Kind auch in der Umgebung. Das Milieu ist ausschließlich an den Bedürfnissen der Kinder orientiert. Besichtigungen traditioneller Pflegeanstalten der 70er-Jahre wirkten auf Bettelheim abschreckend, da sie in ihrer Struktur unpersönlich und nur auf Versorgung ausgerichtet waren. Seine Patienten brauchten eine würdige Umgebung, die speziell auf sie abgestimmt ist.[9]

Bettelheim hat seine Schule bis ins letzte Detail den Patienten angepasst, damit diese begreifen, dass sich auch das Milieu an ihrem Wohlbefinden orientiert (vgl. ebd. 1975, 144ff.; ebd. 1977, 121). Dazu einige Beispiele:

---

[8] Siehe hierzu die Fallgeschichten von Bettelheim.

[9] Bettelheim bezieht sich hier auf die amerikanischen Anstalten mitte der 70er Jahre, die er für sehr ungeeignet hält, da sie die Würde des Patienten massiv untergraben.

1. Es wird darauf geachtet, dass jeder Schlafraum, in dem 6–8 Kinder nächtigen, einen „wohnlichen" Eindruck macht, in dem sich die Kinder wohl fühlen.

2. Der Wohnraum muss mindestens 60 Quadratmeter groß sein, damit genügend Distanz (vier Meter) zum Patienten gewahrt werden kann.

3. Das Inventar besteht zum Teil aus stabilen Sonderanfertigungen, die der teilweise rauen Behandlung durch die Kinder genügend lange standhalten.

4. Es gibt keine Schlüssel zu den meisten Türen, da dies den Kontakt untereinander blockieren oder verhindern könnte. [10]

Therapiedauer: Die Behandlung dauert auf Grund der Schwere der Krankheit in leichten Fällen 5–7 Jahre, in schweren Fällen sogar 7–10 Jahre. Damit liegt Bettelheim deutlich über dem üblichen Maß von Behandlungszeiträumen (vgl. ebd. 1976, 16).

Prognose: Bettelheim verweist auf eine schwere Vergleichbarkeit seiner Prognose, da seine Kinder in einer Ganz-Tag-Therapie behandelt werden. Seine Auswertung erfolgte in den Kategorien von Eisenberg: Von 46 autistischen Kindern schieden 6 aus, da andere schwerwiegende Symptome zum Autismus hinzukamen. Bei den verbleibenden 40 Kindern zeigte sich folgende Entwicklung:

– Bei 10% (4) der Kinder war das Ergebnis schlecht, weil trotz ihrer Zustandsverbesserung die soziale Anpassung so stark versagte, dass ein selbstständiges Leben für sie unmöglich wäre.

– Bei 37,5% (15) der Kinder war das Ergebnis mittelmäßig. Diese Kinder waren in der Lage, eine Regelschule zu besuchen und einige Kontakte zu anderen Menschen zu unterhalten. Sie fielen jedoch dabei durch ihre schizoiden Verhaltensweisen so sehr auf, dass sie anormal wirkten.

– Bei 42,5% (17) der Kinder war das Resultat gut. Diese Patienten waren in der Lage, ihr Privat- und Berufsleben gut bis mittelmäßig zu bewerkstelligen und überdies genügend Anerkennung von der Umwelt zu erfahren. Relikte der schizoiden Verhaltensweisen färben aber auch hier noch das Persönlichkeitsbild (vgl. ebd. 1977, 543ff.).

3.2.3 Gegenüberstellung von Mahler und Bettelheim

Da Mahler und Bettelheim jeweils von einer unterschiedlichen Haltung des Kleinkindes zur Umwelt ausgehen, weichen auch deren Erklärungsansätze zu den Ursachen und die empfohlenen Interventionsmöglichkeiten voneinander ab (vgl. Mahler 1972; 1978;. Bettelheim 1975; 1976; 1977).

3.2.3.1 Erscheinungsformen

Beide Autoren befassen sich mit dem frühkindlichen Autismus von Kanner. Die sporadisch verteilten Beschreibungen bestätigen diese Auswahl. Während Mahler nur Auszüge davon in einer theoretischen Abhandlung erwähnt, demonstrieren

---

[10] Siehe hierzu die fotographischen Abdrucke in Bettelheim 1975, 144f.

Bettelheims Fallgeschichten beispielhaft eine Vielzahl an Beobachtungen aus Kanners Repertoire.

Entwicklung der Kindheit
Zentralunterschiede

1. BETTELHEIM geht davon aus, dass das Kind auf seine gesamte Lebenssituation, inbegriffen die Beziehung zu seiner Mutter, von Geburt an *aktiv* (autonom) reagiert.

2. Erfährt das Kind, dass es in seiner Umgebung nichts bewirken kann, weil sich die Umwelt durch Rigidität, Gleichgültigkeit und Nichtbeachtung auszeichnet, wird es passiv und kann sich frustriert soweit zurückziehen, dass es in einen autistischen Zustand gelangt. Das Kind ist demnach von Anfang an aktiv, im Handeln, im Bewerten und auch im Rückzug (vgl. BETTELHEIM 1977, 60ff.).

1. MAHLER dagegen kommt bei ihren Untersuchungen am „Center" zum Schluss, dass der Säugling ein *passives* Wesen ist. Die angeborenen „Ich-Apparate" werden in biologisch vorbestimmter Abfolge aktiviert. Das Kind ist dabei den inneren und äußeren Reizen unterworfen. Erst in dem von Mahler entworfenen Abschnitt „der Übungsphase" im Individuationsprozess, wenn das Kind laufen lernt, entwickelt es vermehrt eigene Aktivitäten, die hier vor allem den Zweck haben, die Umwelt zu erkunden und die richtige Distanz zur Mutter zu entwickeln.

2. Das autistische Kind bleibt in der von Mahler definierten normalen „autistischen Phase", weil es unfähig ist, Lebendiges von Leblosem zu unterscheiden (Protodiakrise). Es gelangt dadurch nicht in eine Symbiose mit der Mutter und kann ohne sie folglich auch die Realität nicht libidinös besetzen. Angst, Rückzug, Abkapselung und Leere sind die Folgen für das Kind (vgl. MAHLER 1972, 24ff.).

Entwicklung der ersten drei Jahre
1. Monat: Beziehung zur Umwelt

MAHLER: Der Säugling nimmt in der normalen autistischen Phase (1. Monat) nur seinen inneren Körper war. Die Umwelt ist noch nicht libidinös besetzt. Im von Mahler beschriebenen Wachzustand strebt der Säugling nach dem Zustand innerer Ausgeglichenheit, *der Homöostase* (vgl. MAHLER 1975, 59f.).

BETTELHEIM: Im beschriebenen Zustand ruhiger Wachsamkeit kann der Säugling *aktiv* seine Aufmerksamkeit auf seine Umgebung richten. Bettelheim ist der Ansicht, *dass nur die Kinder, die genügend aktiv an der Umgebung teilnehmen durften*, ausreichend gerüstet sind, die weiteren Entwicklungsschritte erfolgreich zu meistern. Bettelheim weicht hiermit von der traditionellen Psychoanalyse Freuds ab, die von einem passiven Säugling ausgeht (vgl. BETTELHEIM 1977, 16ff.).

2. Monat: Beginn der Wechselseitigkeit

1. MAHLER: In der symbiotischen Phase, die zwar vom primär-, aber nicht vom absoluten Narzissmus geprägt ist, fantasiert das Kind eine gemeinsame Einheit mit der Mutter (Symbiotische Phase). Bei Mahler beginnt der Säugling *erst in dem Loslösungs- und Individuationsprozess richtig aktiv zu werden*. Dies setzt eine „gelungene" Symbiose voraus (vgl. MAHLER 1975, 62ff.).

2. Der primäre und sekundäre Autismus haben ihre Ursache in einer mangelnden Symbiose mit der Mutter. Nur wenn sie dem Kind als Hilfs-Ich dienen kann, erreicht es den Zustand der Homöostase. Dies ist nach Mahler eine Voraussetzung für die Entwicklung einer gesunden psychischen Struktur (vgl. ebd. 1972, 19ff.).

1. BETTELHEIM spricht dann von einer erfolgreichen Wechselseitigkeit, wenn die Mutter den Erkundungsbewegungen des Säuglings *freie Entfaltung gewährt und diese positiv begleitet*. Das Kind macht dabei eine Reihe von Selbst- und Objekterfahrungen, die später auch Einfluss auf seine Interaktionsfähigkeit haben.

2. Gelingt es der Mutter nicht, eine Sensibilität für ihren Säugling aufzubringen, wird sie zwangsläufig den Aktivitäten des Säuglings zuwiderhandeln und diesen damit frustrieren, schlimmstenfalls in den Autismus treiben. Eine narzisstisch kränkbare Mutter kann zudem nach einmaliger Zurückweisung durch den frustrierten Säugling den verhängnisvollen Kreislauf erst in Gang bringen (vgl. BETTELHEIM 1977, 34ff.).

Kontakte zur Außenwelt

MAHLER: Das Kind öffnet sich der Außenwelt, wenn es eine zuverlässige, bedürfnisbefriedigende Mutter in der Symbiose erfahren hat. Die Introversion der „guten Mutter" führt zur Fähigkeit, Selbst und Nicht-Selbst deutlich zu unterscheiden. Eine als überwältigend erlebte symbiotische Phase oder eine Krankheit können zum Abzug der libidinösen Energien führen. Nach Mahler reift das Kind zum „menschlichen Wesen" heran, wenn es die Symbiose verlässt und Phasen der Individuation antritt (vgl. MAHLER 1972, 149ff.; ebd. 1975, 66).

BETTELHEIM: Durch das Aussenden von Signalen (Schreien, Weinen und Lächeln) löst das Kind Reaktionen in der Außenwelt aus. Bei einer gelungenen Interaktion, in der die Mutter auf die Signale des Kindes achtet, kann sich das Kind zum „menschlichen Wesen" entwickeln. So sollten z.B. auch die Fütterungszeiten nicht zu stark den inneren Befindlichkeiten des Kindes zuwiderlaufen, da es sonst internalisiert, dass sein Schreien nach Nahrung unbeantwortet bleibt. Dies kann bei schwerem Unverständnis der Mutter beim Kind zu dauerhaftem Kommunikationsverlust und Entmenschlichung führen (vgl. BETTELHEIM 1977, 25).

Autonomie

MAHLER: Sie sieht in der Entwicklung zur Autonomie fast die gleichen Faktoren als maßgebend an wie Bettelheim, wobei sich hier dieser Prozess in der Übungsphase des Individuationsprozesses vollzieht. Das Kind erhält hier einen starken

Schub zur Körperselbstidentität, womit sich eine intrapsychische Trennung vollzieht und eigene Grenzen entstehen (vgl. MAHLER 1975, 87ff.).

BETTELHEIM: Erst wenn das Kind entdeckt und versteht, dass sein Ausscheidungsprodukt, das vorher zu seinem „Selbst" gehörte, nun in ein „Nicht-Selbst" übergeht, kann es sich als Individuum wahrnehmen und sich folglich autonom darauf aufbauend weiterentwickeln (vgl. BETTELHEIM 1977, 42ff.).

3.2.3.2 Ursachen

1. MAHLER: Sie vermutet, dass die Anlage zum Autismus vererbbar ist oder aber in den ersten Wochen nach der Geburt entsteht. Die Kinder sind *damit unfähig, sich die Mutter symbiotisch nutzbar zu machen,* um über sie zur Homöostase zu gelangen. Des Weiteren schließt Mahler nicht aus, dass die Kinder unfähig sind, zwischen lebendiger und lebloser Materie zu unterscheiden. Manakow bezeichnet dieses Phänomen mit dem Fachbegriff „Protodiakrise". Mahler geht davon aus, dass beim frühkindlichen Autismus, die „Abwehr" derart archaisch ist, dass weder ein psychischer Hintergrund noch deren Sinn erkennbar wird.

2. Zeitpunkt: Die unter Autismus leidenden Kinder haben die Phase des „normalen Autismus" nicht verlassen. Sie verbleiben in dem Zustand (vgl. Mahler 1972, 51ff.; ebd., 70ff.).

1. BETTELHEIM: Das Kind kann sich in den Autismus zurückziehen, wenn es selbst davon überzeugt ist, dass die Welt emotionslos und unbeeinflussbar ist. Auferlegte Forderungen im Kleinkindalter werden zusätzlich als zerstörerisch erlebt und treiben bis dahin unauffällige Kinder in den Autismus. Das autistische Kind empfindet die Welt als sehr enorme Bedrohung.

2. Zeitpunkt: Der Autismus kann nach den Erfahrungen von Bettelheim in einer der drei kritischen Phasen der Entwicklung entstehen, die das Selbst des Kindes blockieren. In den ersten sechs Monaten vermutet er, dass die Aktivitäten des Kindes allgemein unbeantwortet bleiben. Diese Kinder gehen wegen der massiven Enttäuschung nie soziale Bindungen ein. Zwischen dem sechsten und neunten Monat wird die aktive Suche nach einem Identifikationsobjekt verhindert. Ohne dieses ist das Kind auch nicht in der Lage, sich selbst zu finden. In dem Zeitraum zwischen dem 18.– 24. Monat weigert sich das Kind, aktiv die Realität körperlich und intellektuell zu meistern. Es ist jetzt in der Lage, sich nicht nur psychisch, sondern auch physisch zurückzuziehen (vgl. BETTELHEIM 1977, 34; ebd., 60f.).

Die Folgen

Mangelnde Libido zur Realität und deren Repräsentanzen

1. MAHLER: Repräsentanz der Mutter: Bei Mahler fehlen dem Kind schon von Geburt an die aktiven (instinktiven) Anteile des Suchens, der Erwartungshaltung, der Fähigkeit zum Lächeln oder ein Bezug für Berührung. Durch die fehlende Symbiose eignet sich das Kind auch keine seelische Repräsentanz der stellenweise abwesenden Mutter an.

2. Reizschranke: Nach Mahler erhalten autistische Kinder ihre autistische Phase aufrecht, indem sie *auch ihre sensorischen, emotionellen und körperlichen Reize ausschalten oder so umformen, dass sie ihr „autistisches Gleichgewicht" nicht bedrohen.* Nach Mahler hat das autistische Kind nie eine libidinöse Besetzung seines Körpers erlebt, die wie bei Bettelheim von ihm hätte entzogen werden können (vgl. MAHLER 1972, 72ff.).

1. BETTELHEIM: Repräsentanz der Mutter: Bei Bettelheim löscht das Kind bei der Frustration sein innerpsychisches Bild wieder. Damit einhergehend verlernt es seine Fähigkeiten und zieht sich stark zurück.

2. Reizschranke: Die radikale Unterdrückung sämtlicher feindselig erlebter Gefühle führt auch zur physischen Schmerzunempfindlichkeit. Bei diesem Prozess zieht das Kind sämtliche libidinösen Energien von der äußeren Realität und seinem inneren Körper ab, um sein Abwehrsystem so gut wie möglich aufrecht zu erhalten. Alle nun auf das Kind einströmenden Reize werden sofort umgeformt. Bettelheim stützt diese Annahme auf seine Beobachtungen von autistischen Kindern, die in seiner Schule mit dem Auftauen innerer Feindseligkeiten auch begannen, allmählich wieder am Leben teilzuhaben und ihren Körper libidinös zu besetzen (vgl. BETTELHEIM 1977, 62).

MAHLER und BETTELHEIM haben beobachtet, dass das Kind wegen der Selektion und Umformung der Reize, deren Ursprung, wie bereits erwähnt in der mangelnden Libido zum Körper begründet liegt, nur in einem sehr begrenztem Ausschnitt fühlen, sehen und hören können (vgl. MAHLER 1972, 72ff.; BETTELHEIM 1977).

Nur Bettelheim geht von einer Todesangst autistischer Kinder aus

BETTELHEIM: Sowohl schizophrene, als auch autistische Kinder und Erwachsene leiden unter Todesangst, deren Intensität sich aus der Dauer, der Stärke und dem Beginn der Störung ergibt. Autistische Kinder haben im Gegensatz zu schizophrenen Patienten eine so große Todesangst, dass sie überzeugt sind, letztendlich nur die Fähigkeit zu haben, mit ihrer Abwehr den Tod für Augenblicke hinauszuschieben. Bettelheim beschreibt in diesem Zusammenhang die Extremsituation von seinen Mithäftlingen in den Konzentrationslagern, wo er erlebte, dass gesunde Menschen autistisch wurden. Diese Erfahrungen verdeutlichen die Entstehung der Todesängste. Zuerst verloren die Häftlinge die Fähigkeit, in der Realität objektiv zu handeln. Dann versanken sie in positiv erlebte Tagträume, die sich bald zum Negativen wandelten. Danach verlor der Häftling das Gefühl für seine Identität. Die Selbstachtung löste sich auf. Dabei stellt Bettelheim ergänzend fest, dass bei den Häftlingen, die noch eine Spur von Hoffnung auf Besserung in sich bewahren konnten, bei weitem nicht so große Todesangst vorherrschte, wie bei den so genannten „Muselmännern", die jede Hoffnung verloren hatten. Die „Muselmänner" glichen in ihrem Verhalten weitgehend den autistischen Kindern, die Bettelheim später an seiner Schule beobachtete. Auch sie verloren sämtliches Interesse an der Realität und ignorierten einfallende Sinneseindrücke von Augen und Ohren. Sie nahmen in der Körperhaltung die gleiche Starre an wie autistische Kinder. Im Unterschied zu den Häftlingen hatten autistische Kinder allerdings *niemals* die Gelegenheit, eine Identität zu entwickeln (vgl. BETTELHEIM 1977, 82ff.).

MAHLER spricht bei ihren Beschreibungen die Todesangst der Kinder nicht an. Sie zeigt lediglich auf, dass das Abwehrverhalten des Kindes gegen Objektbeziehungen den Sinn hat zu überleben (vgl. MAHLER 1972, 69ff.).

Die autistische Abkapselung von der Umwelt

BETTELHEIM hat festgestellt, dass sich das Kind in dem Moment zurückzieht, in dem entweder die Angst vor körperlichem Unbehagen zu groß wird, oder das Verhalten der Mutter falsch (ablehnend) interpretiert wird. Auch eine zu intensiv wahrgenommene Ablehnung der Mutter kann in Frage kommen. Bei den genannten Situationen bekommt das Kind *das Gefühl*, dass es von seiner Mutter abgelehnt wird, mit der Folge, dass sich diese durch den Rückzug des Kindes abgelehnt fühlt und es fortan gleichgültig behandelt. Eine Abwärtsspirale hat sich in Gang gesetzt, welche Mutter und Kind immer weiter entfremdet. Das Kind verliert durch die Gleichgültigkeit immer mehr an Interesse, aktiv zu sein. Im Rückzug werden zugleich Verhaltensweisen aufgebaut, die das Kind gefahrloser und befriedigender erlebt, als die Realität. Bevor es sich *total* von seiner Umwelt abwendet, verdrängt es noch vollständig seine inneren Hassgefühle. Das Kind erlebt dabei die Realität weiterhin zerstörerisch, bewirkt aber dort fortan nichts mehr und filtert zudem so viele sensorische Reize aus, dass es sich in seinem autistischen Zustand nicht gefährdet sieht. Nach Bettelheims Vergleich zu Konzentrationslagern betreibt das Kind systematisch „Katastrophenschutz" auf Kosten seiner Entwicklung. Dabei hat es kein Interesse, die Fülle von Fantasien, Ideen oder Gedanken in sich so zu organisieren, dass es sie zur Aktivität hinwenden kann. Je stärker der äußerlich sichtbare Autismus, desto schlimmer das Chaos in der Gedankenwelt (vgl. Bettelheim 1977, 94ff.).

MAHLER: Nach Mahler gibt es keine Abwärtsspirale der Entfremdung, wie sie Bettelheim beschrieben hat. Obwohl auch sie zweifellos bei ihren Untersuchungen von Versagungen und Verletzungen in der Lebensgeschichte der Kinder erfuhr, fanden diese bei dem theoretischen Modell für die Entstehung des Autismus keinerlei Beachtung. Vielmehr ist bei ihr, wie schon mehrfach ausführlich beschrieben, das Kind in seiner Entwicklung bei der Phase des „normalen Autismus" stehen geblieben. Es hat demnach nie einen Bezug zur Realität erlangen können. Aus Mahlers Sicht hören und sehen autistische Kinder deshalb nicht oder nur hochselektiv, weil die Wahrnehmungsvorgänge wegen der fehlenden Symbiose mit der Mutter *nicht libidinös besetzt* sind und daher auch nicht zur Ich-Funktion werden können. Der Körper und die Sinne sind ebenfalls nicht libidinös besetzt. Skeptisch betrachtet, müsste nach Mahlers Theorie das autistische Kind auch völlig gleichgültig auf Umarmungen und Streicheleinheiten reagieren, was es nach Kanner nicht tut (vgl. MAHLER 1972, 22; ebd., 49ff.; ebd., 115ff.; KANNER 1943, 242ff.).

Gleichförmigkeit durch Stereotypien

MAHLER: Autistische Kinder führen rhythmische Bewegungen mit ihren Körperteilen aus, die den Zweck haben sich wahrzunehmen. Als „psychotische Fetische" bezeichnet Mahler dabei die Gegenstände, die viele autistische Kinder in ihre Bewegungsabläufe integrieren. Dabei bevorzugen Autisten vor allem Räder. Noch eine Stufe weiter verbringen autistische Kinder ihre Zeit damit, Lieder, Texte oder lange abstrakte Auflistungen auswendig zu lernen. Im Gegensatz zu Bettelheim analysierte Mahler die Stereotypien anders und weniger ausführlich. In den Fallgeschichten von Mahler hatten die Stereotypien den Zweck der *Selbststimulierung*, oder sie *symbolisierten* Unbehagen. Mahler erkannte während der Beobachtung von Lottie, dass sie nur durch Gleichförmigkeit existieren konnte. Jedoch interpretierte sie das etwas anders als Bettelheim. Mahler sieht in den Stereotypien das Bedürfnis der autistischen Kinder, innerhalb einer statischen und festgefrorenen Teilrealität zu leben (vgl. MAHLER 1972, 74, 164f.).

BETTELHEIM: Das Kind praktiziert *aktiv* Stereotypien, damit es in einen halluzinatorischen „Trancezustand" gerät, der es geradezu *hypnotisiert* und es vor der Außenwelt abschirmt. Die bedeutungslose Realität wird dabei durch stereotype und nahezu inhaltsleere Halluzinationen bzw. Tagträume ersetzt. *Nach Bettelheim symbolisieren viele autistische Kinder mit den Stereotypien einen verborgenen Konflikt.* Beispiele:

– Mit einer vom Mund hin- und wegbewegenden Hand symbolisiert ein autistisches Kind seinen Konflikt mit der unerreichbaren Mutterbrust, wobei es in der Hand die Brust sieht.

– In der Fallgeschichte von Joy symbolisierte Joy mit einem drehenden Objekt seinen Teufelskreis. Er selbst wollte der Mittelpunkt sein; drumherum waren seine Eltern. Der Teufelskreis kam in Gang, weil er glaubte, niemals zu einer Wechselbeziehung zu gelangen. Dabei entstand Wut, die kompensiert werden musste. Solange dies funktionierte, „drehte sich der Kreis". Irgendwann kam der Punkt, an dem Joy vor Hoffnungslosigkeit nicht mehr konnte und seine Stereotypien einstellte. (Diese Informationen erhielt Bettelheim übrigens von Joy selbst, nachdem er drei Jahre nach Verlassen der Schule zurückkehrte.)

Bettelheim empfiehlt, die Symptome zu achten und zu respektieren, damit nicht alle Spontaneität erlischt. Zudem ist er der Auffassung, dass das Symptom bereits einen, wenn auch verschlüsselten Kommunikationsversuch darstellt; z.B. beschreibt Bettelheim am Fall Marcia, wie das Mitarbeiterteam erkannte, dass sie bei der Eingewöhnung verschiedene Stereotypien entwickelte, die etwas signalisierten.

Die Stereotypien dienen nicht nur zur Abkehr von der Welt oder als Symbolträger für verborgene Konflikte, sondern vermitteln dem Kind zugleich die absolute Kontrolle über ein Körperteil bzw. den zusätzlich benutzten Gegenstand. Die

110

Stereotypien haben neben den genannten Möglichkeiten für das autistische Kind auch den Sinn, eine Regelmäßigkeit und damit eine Ordnung im Leben zu finden. Von den Ausdrucksmöglichkeiten einmal abgesehen, herrscht beim autistischen Kind *primär die Angst zu sterben*, wenn es die eigenen Abwehrrituale (Stereotypien) unterlässt. Es wehrt damit auch die Veränderungen ab, welche *die Zeit mit sich bringt. Zeit ist für das autistische Kind eine Bedrohung.* Sich darauf einzulassen, würde für das Kind auch bedeuten, an die Vergangenheit zu denken sowie an eine herbeigewünschte positive Zukunft, die jedoch *auch nicht vor Enttäuschungen sicher ist.* Aus der daraus resultierenden gewaltigen Wut erlebter Versagungen sieht das Kind nur einen Ausweg: die Abtrennung von Vergangenheit und Zukunft und damit die Abkehr von jeglicher Kausalität. Denn wo man nicht mehr hoffen muss, kann man auch nicht mehr enttäuscht werden. Das autistische Kind betrachtet Ereignisfolgen nicht im Ursache-Wirkungs-Prinzip, sondern nach „inneren kosmischen Gesetzmäßigkeiten", die allein darauf gerichtet sind, die als Ausweg gesuchte Gleichförmigkeit beizubehalten. Um in diesem Zustand zu überleben, haben autistische Kinder ganz individuelle Verhaltensmuster entwickelt (vgl. BETTELHEIM 1977, 124ff.).

3.2.3.3 Behandlungsmöglichkeiten

BETTELHEIM bietet autistischen Kindern an seiner Orthogenetic-School eine „Ganz-Tag-Therapie", in der das Kind die versagenden Phasen der Kleinkindzeit noch einmal neu und jetzt positiv durchleben kann. An diesem Ort, fernab des belastenden Milieus, kann das Kind emotional „auftauen". Erste Aktivitäten des Kindes, auch destruktive (jedoch nicht akut selbstschädigende) werden dort nicht blockiert, sondern mit in den Heilungsprozess einbezogen. Bettelheim lehnt die Behandlungsmethoden von Mahler ab, da sie die Mutter mit in die Therapie einbeziehen möchte. Er glaubt, dass durch die Anwesenheit der Mutter der Heilungsprozess nicht in Gang kommen kann, weil eben diese das Kind bisher an seiner Entwicklung gehindert hat. Bettelheim zieht Grenzen: Wenn eine Mutter-Kind-Beziehung in der Vergangenheit schlecht war, muss sie nicht um jeden Preis wie bei Mahler gerettet werden. Außerdem sieht er die Eltern als Störfaktor in der Therapie. Immer wieder machte er bei anfangs ambulanten Behandlungen die Erfahrungen, dass sie zu ungeduldig waren oder aus Unkenntnis die Therapie behinderten bzw. abbrachen. Insgesamt kritisiert Bettelheim an Mahlers Therapiekonzept, dass *dieses nicht von einem aktiven Individuum ausgeht, welches in der Vergangenheit aktiv auf traumatisierende Ereignisse reagiert hat* (vgl. BETTELHEIM 1975; ebd. 1976; ebd. 1977, 116ff.).

MAHLER: Humanistische Leitprinzipien wie bei Bettelheim gibt es bei Mahler nicht. Im Übrigen sieht sie für den primären (nach Kanner) sowie sekundären (im Sinne der psychotischen reaktiven Restriktion) Autismus *nur eine einheitliche Therapie vor*, obwohl sie beide Formen in vorangegangenen Kapiteln deutlich trennt. Mahler lehnt im Gegensatz zu Bettelheim bei Beginn der Therapie eine Gruppe für das autistische Kind ab. Eine Gruppentherapie mit anderen Patienten würde demnach den Nachholprozess zu einer Symbiose zwischen Mutter und Kind verhindern, schlimmstenfalls das Kind neuen Traumata aussetzen. Mahler erlebte in einer von diesen Schlüssen geleiteten Patientengruppe, dass neue autistische Kinder Panikanfälle bekamen oder fortliefen. Solche Verhaltensweisen gab es bei Neulingen in der gruppenorientierten Therapieschule von Bettelheim nicht. Im Gegensatz zu Bettelheim muss bei Mahler die Mutter und eine Therapeutin anwesend sein. Die Therapeutin hat dort zunächst allein die Rolle der Ersatzmutter. Sie dient dem Kind solange als Hilfs-Ich, bis sein Ich stark genug ist. Sie schirmt es vor der Umwelt ab und verhindert Autoaggressionen beim Kind. Später fungiert sie als Vermittlerin von Raum und Zeit, erklärt dem Kind die Funktionsweise seines Körpers und die Regeln in sozialen Beziehungen. Nun wird in der Therapie darauf hingearbeitet, dass das Kind seine Mutter wieder entdeckt (vgl. Kap. 3.2.1.3).

Hinsichtlich der Prognose ist Bettelheim bei weitem optimistischer als Mahler. Zudem hat er eine beachtliche Erfolgsrate in seiner Einrichtung vorzuweisen (vgl. MAHLER 1972, 164; BETTELHEIM 1977, 543ff.).

Zusammenfassung

Der Vergleich hat gezeigt, dass unterschiedliche Therapiemethoden auf unterschiedlichen Schlussfolgerungen aus Beobachtungen basieren. Beide Autoren, insbesondere Mahler, versuchten alle Beobachtungen sinnvoll in die Theorien mit einzubauen. Die Resultate erscheinen auf den ersten Blick in allem stimmig. Schmauch hat jedoch aufgezeigt, dass es insbesondere bei Mahlers Fallgeschichten zum Teil erhebliche Unstimmigkeiten zu Gunsten der Aufrechterhaltung ihrer theoretischen Modelle gibt. Vielleicht wäre es besser gewesen, wenn die Autoren in der Lage gewesen wären, mehr Fragen offen zu lassen oder zuzugeben, dass die eine oder andere Beobachtung noch nicht geklärt werden kann. Eine Auflistung gestellter Fragen hätte dann leichter von anderen Autoren weiter untersucht werden können. Eine große Schwierigkeit sehe ich bei Bettelheim in der Hypothese von der schlechten (pathogenen) Mutter, welche eine heftige Antipathie der betroffenen Mütter und deren Kritiker auf sich zieht. Denn welche Mutter möchte schon ein derart vernichtendes Urteil auf sich sitzen lassen. Dies bedeutet zweifellos für viele Mütter eine tiefe Kränkung (vgl. MAHLER 1966, ebd. 1972; BETTELHEIM 1975ff.; SCHMAUCH 1977).

3.3 Verhaltenstherapeutische Ansätze

Die Verhaltenstherapie steht in enger Verbindung mit der empirisch-akademischen Disziplin der Psychologie (insbesondere der Lernpsychologie), ferner Sozialpsychologie, Klinische Psychologie und Entwicklungspsychologie. Verhalten, Gefühle und Einstellungen sind erlernte Elemente. Dabei werden unerwünschte Verhaltensweisen verlernt und erwünschte gelernt (vgl. WIENER 1995, 21; BUNDES-

VERBAND: „HILFE FÜR DAS AUTISTISCHE KIND" 1996a, 22).[11] Erscheinungsbilder von Patienten werden von der Verhaltenstherapie hauptsächlich unter diesem Aspekt interpretiert und diskutiert. Die Ursachen spielen häufig nur eine untergeordnete Rolle (beim Autismus häufig keine). Bei der autistischen Störung bieten sie im Gegensatz zu den Klassikern Kanner und Asperger (vgl. KANNER 1943ff.; ASPERGER 1944ff.), die ihre Beobachtungen hauptsächlich unter dem Aspekt der Diagnosefindung sammelten, und den Psychoanalytikern Mahler und Bettelheim (vgl. MAHLER 1952ff.; BETTELHEIM 1975ff.), die sie hauptsächlich für die Ursachenklärung gebrauchten, ein erheblich differenzierteres Förderkonzept (insbesondere Cordes, vgl. 1976ff.), das klar verständlich ist, schnell und effektiv dem Autisten bei der Orientierung der Außenwelt hilft und auch von Laien (Eltern) in kürzester Zeit erlernt werden kann (vgl. GOTTWALD und REDLIN 1972 in JACOBS 1984, 38). Auf der Grundlage einer umfangreichen Verhaltens-diagnostik wird hierbei ein Therapieplan erstellt, der die Bereiche und Methoden zur Veränderung des Verhaltens festlegt. Die Erfolge erstrecken sich dabei vor allem auf die Selbstständigkeit im Leben. Die Therapie umfasst eine *umfangreiche Sprachförderung, Reinlichkeitserziehung, Verrichtung alltäglicher Abläufe, der Orientierung in Raum und Zeit und der sozialen Interaktion* (vgl. BUNDESVERBAND: „HILFE FÜR DAS AUTISTISCHE KIND" 1996, 22; GOTTWALD und REDLIN 1972, 18ff.). Schreibmann, Miller und Cordes bieten zudem Programme, um dem autistischen Kind die Diskrimination von Erlerntem zu erleichtern (vgl. SCHREIBMANN und KOEGEL 1976; SCHREIBMANN 1979a und 1979b; CORDES und WILKER 1976, CORDES 1980ff., MILLER 1976ff.). Lovaas Studien hatten hier unter dem Aspekt Sprachförderung ebenfalls großen Einfluss (vgl. LOVAAS 1966). Die innere Psyche des Autisten, die insbesondere bei Bettelheim eine zentrale Rolle in der Behandlung spielt, wird hier auffallend vernachlässigt. Auch Attribute wie z.B. spontanes Verhalten und das innere Interesse, am Leben und an der Gemeinschaft teilzunehmen, finden hier keine Berücksichtigung (vgl. BUNDESVERBAND: „HILFE FÜR DAS AUTISTISCHE KIND" 1996, 22; BETTELHEIM 1975ff.) Auch die Hypothesen von einer gefühlskalten Mutter, die bei Kanner, Asperger und Bettelheim für Schuldgefühle bei den Müttern sorgten, wurden von den Lerntheoretikern nicht bestätigt. Stattdessen waren sehr viele Eltern für die Kooperation zu gewinnen (vgl. CORDES und WILKER 1976; CORDES 1980ff.; MILLER 1976ff.; SCHREIBMANN und KOEGEL 1976; SCHREIBMANN 1979, KUHLEN 1972, LOVAAS 1965 ff., KANNER 1943 ff., ASPERGER 1944 ff., MAHLER 1952ff.; BETTELHEIM 1975ff.).

Autistische Kinder werden in der gegenwärtigen Zeit, von anthroposophischen Einrichtungen einmal abgesehen, fast ausnahmslos nach dem verhaltenstherapeutischen Ansatz therapiert (vgl. HELBRÜGGE in JACOBS 1984, 38). Die meisten wissenschaftlichen Veröffentlichungen der gegenwärtigen Literatur orientieren sich an diesem Modell (vgl. RÖDLER 1983, 69).

---

[11] vgl. Abschnitt Grundlagen zur Verhaltenstherapie in Kap. 3.3

Der verhaltenstherapeutische Ansatz wurde vor 35 Jahren in der USA und England entwickelt und erfuhr ein ungewöhnlich positives Feedback seitens der Therapeuten, denen es damit nun gelang, verhaltensgestörte Kinder in einem relativ kurzen Zeitraum wieder in die Gesellschaft zu integrieren (vgl. KUHLEN 1972, 11). 1970 wurde in Lüdenscheid der Verein „Hilfe für das autistische Kind" gegründet, der das verhaltenstherapeutische Modell aufgriff. Gottwald und Redlin sowie Kehrer waren daran maßgeblich beteiligt (vgl. KEHRER und KÖRBER in JACOBS 1984, 38). Bevor die verhaltenstherapeutischen Elemente in der therapeutischen Praxis bei der Förderung von autistischen Kindern erläutert werden, erscheint es sinnvoll, eine Übersicht über die Grundlagen der Verhaltenstherapie voranzustellen.

Grundlagen der Verhaltenstherapie

Verhaltensweisen werden nach bestimmten Gesetzmäßigkeiten erlernt: Die verhaltenstherapeutische Wissenschaft versucht u.a. auf empirischem Weg zu ergründen, nach welchen Gesetzmäßigkeiten Lernprozesse stattfinden. Diese Fachkenntnisse sind ein unverzichtbarer Bestandteil bei der Therapie von Fehlverhalten bzw. Verhaltensstörungen. Die meisten Lerntheorien bestätigen, dass praktisch alle Verhaltensformen des Individuums durch Lernprozesse angeeignet werden. Unterschiede existieren unter diesem Aspekt aber in Bezug auf Verhalten über die Annahme der Abhängigkeit einzelner Lernelemente. Auch die Interpretationen fallen recht unterschiedlich aus (vgl. KUHLEN 1972, 17).

Eine Kenntnisnahme der diversen Ätiologien der Verhaltensstörungen wird dabei kaum benötigt, da sie in der Therapie von minderer Wichtigkeit sind (vgl. RÖDLER 1983, 70).

Respondentes und operantes Verhalten (nach Skinner): Respondente Verhaltensformen werden beim Individuum immer durch spezifische Reize der Umwelt hervorgerufen. Als Beispiel wäre hier eine Reflexhandlung infolge einer unmittelbaren Schmerzeinwirkung zu nennen. Neben allen Formen von Reflexverhalten teilte Skinner beim Individuum auch die bedingten Reaktionsformen ein. Bedingte Reaktionsformen entstehen beim Lernprozess, worin ein anfangs neutraler Reiz mit einem Wertreiz gekoppelt wird. Der Zusatzreiz dient nun als Signal für den Wertreiz. Dabei wird der unbedingte Reiz in einen bedingten umgewandelt (neutraler Reiz in einen Reiz mit Signalcharakter). Das bekannteste Beispiel klassischer Konditionierung bildet das physiologische Experiment von Pawlow mit der Fütterung von Hunden. Pawlow gelang es bei Laborexperimenten mit Hunden, die Speichelabsonderung, die sich beim Anblick von Nahrung stark vermehrte (unkonditionierte Reaktion), auch durch Einbau eines Glockentons zu aktivieren. Der Glockenton ertönte immer vor der Fütterung (positiver Stimulus) und löste nach vielen Wiederholungen des gleichen Schemas schließlich bereits im Moment des Ertönens einen messbaren Anstieg der Speichelkonzentration im Gaumen des Hundes aus. Die Anzahl der nötigen Wiederholungen zum Erfolg orientiert sich an der Eindringlichkeit des neutralen Reizes, in welcher Beziehung er zum Wertreiz steht und der vorherigen Bedeutung des neutralen Reizes für das Individuum (vgl. SKINNER 1938 und PAWLOW 1953 in KUHLEN 1972, 18ff.).

Die operanten Verhaltensformen des Individuums unterscheiden sich vom reaktiven Verhalten dadurch, dass primär das eigene Verhalten (in sich entstandener Reiz) die Verhaltenskonsequenzen der Umwelt beeinflusst. Die Konsequenzen führen zu einem Lernprozess im Individuum, worin es erfährt, wie seine Verhaltensweisen von der Umwelt bewertet werden. Sie werden folglich bestimmte Anteile in ihm stärken oder abschwächen. Die operante Konditionierung ist somit für den Aufbau menschlicher Verhaltensweisen maßgebend („law of effect – Lernen nach dem Gesetz der Wirkung"). Das Individuum selektiert und merkt sich im Laufe der instrumentellen Lernsituation erfolgsbringende Verhaltensweisen. Verhaltensweisen, die keinen oder kaum Erfolge erzielen, werden analog dazu aufgegeben (vgl. SKINNER 1938 in KUHLEN 1972, 18f.).

Verstärker

Positive Verstärkung: Bei Verstärkungen von Verhaltensweisen in der therapeutischen Situation kommt neben den neu erlernten Elementen auch dem bisher angeeigneten Erfahrungsrepertoire besondere Bedeutung hinzu. Bei positiven Verstärkungen achtet der Therapeut darauf, dass neue Versuchs-Irrtum-Prozesse beim Individuum reduziert und gleichzeitig erwünschte Verhaltensweisen durch positive Konsequenzen (z.B. Belohnungen) gefördert werden. Bei konsequenter Anwendung werden hierdurch vermehrt positive (erwünschte) Verhaltensweisen beim Individuum erzielt. Bisherige Experimente mit der kontinuierlichen Verstärkung, in denen die Probanden bei jeder erwünschten Verhaltensweise positive Konsequenzen erfuhren, wirkten sich nur bei einer neu erlernten Verhaltensweise positiv aus, da hier die Frequenz von positiven Verhaltensweisen schnell gesteigert werden konnte. Bei der Aufrechterhaltung bereits vorhandener Verhaltensweisen versagte diese Methode, weil die Probanden schon sehr kurz nach dem Entzug der kontinuierlichen Verstärkung die gewünschten Verhaltensweisen aus ihrem Verhaltensrepertoire löschten (Extinktion). Um diesem Phänomen entgegenzuwirken, wurde für diese Fälle das Konzept der unterbrochenen Verstärkung angewendet. Dieses basiert darauf, dass positive Konsequenzen nur intervallweise oder nach speziellen Verhaltensquoten erfolgen. Die Intervall- und Quotenpläne wurden nun nochmals erweitert durch folgendes Splitting:
– fixierter Intervallplan (FI),
– fixierter Quotenplan (FQ).

Beide Pläne sind durch den gesamten Konditionierungsprozess festgelegt.
– variabler Intervallplan (VI),
– variabler Quotenplan (VQ).

Hier wechseln die Konditionierungsprozesse innerhalb des Ablaufes nach bestimmter Planung.

Die Intervall- und Quotenpläne der unterbrochenen Verstärkung sind vergleichbar mit dem natürlichen und somit diskontinuierlichen Lernprozess bei der Entwicklung des Kindes. Der Verhaltensaufbau erfolgt hier zwar verzögerter als bei der kontinuierlichen Verstärkung, hat jedoch im Vergleich zu dieser den Vorteil, dass bei Abbruch des Verstärkers bei weitem nicht so schnell die Extinktion der Probanden einsetzt. Bei therapeutischer Anwendung ist hierbei die Stabilität und damit das Konzept der unterbrochenen Verstärkung der wichtigste Faktor (vgl. KUHLEN 1972, 23f.).

Negative Verstärker, wie z.b. Schmerz oder andere unangenehme Reize (aversive Stimuli) veranlassen das Individuum zur Suche nach den Verhaltensweisen, welche am besten den negativen Reiz ausschalten bzw. vermeiden. Bei diesem Vorgang steigert das Individuum jenes Verhalten, welches dabei am erfolgreichsten war. Dabei wird unterschieden:

1. Fluchtverhalten: Das Individuum lernt den negativen Reiz, sobald er auftritt, zu beenden. Beispiel: Ein Kind läuft jedes Mal fort, wenn es einen Hund sieht, da es vorher einmal von Hund gebissen wurde.

2. Vermeidungsverhalten: Das Individuum lernt die Konfrontation mit dem negativen Reiz ganz zu vermeiden. Beispiel: Dasselbe Kind vermeidet von vornherein Orte, wo sich Hunde aufhalten (vgl. ebd., 26).

Verstärkerarten: Für primäre Verstärker, wie z.b. Nahrung oder Schmerz ist kein Lernprozess erforderlich. Sie werden jedoch hauptsächlich bei Tierversuchen angewendet, da es im therapeutischen Prozess mit Menschen innerhalb des Programmablaufes zur Sättigung im Lernprozess käme.

Die sekundären Verstärker, wie z.b. Lob oder Tadel, welche durch klassisches Konditionieren erlernt werden (z.b. Lob wird gekoppelt mit positiver Konsequenz), kommen bei der Verhaltenstherapie viel häufiger zur Anwendung (vgl. ebd., 25).

Extinktion (Löschung von unerwünschtem Verhalten)

Analog zur klassischen Konditionierung, nach deren Hypothese ein konditionierter Stimulus wieder neutralisiert werden kann, wenn der unkonditionierte Reiz ausgespart wird, können auch in der operanten (instrumentellen) Konditionierung durch unterbleibende Verstärkung die gelernten Elemente wieder gelöscht werden, weil sie an Bedeutung verlieren. Am zuvor eingesetzten Verstärkerplan zum Aufbau des Verhaltens (kontinuierliche oder unterbrochene Verstärkung), lässt sich ungefähr ableiten, wie lange die Extinktion dauern wird. Extinktionen lassen sich nur unter Laborbedingungen exakt durchführen, weil nur hier die Kontrolle aller Verstärkerquellen gewährleistet werden kann (vgl. ebd., 26f.).

Anwendung der Methoden

Bestrafung durch aversive Reize: Ein negativer Reiz folgt auf das unerwünschte Verhalten und senkt dessen Rate. Durch Bestrafung gerät das Individuum in einen messbaren Alarmzustand und vermeidet das unerwünschte Verhalten. Nach Beendigung der aversiven Reize (Strafende), tritt das Fehlverhalten in der gleichen Frequenz auf wie vorher, weil sich dieses verstärkend auswirkt. In der therapeutischen Praxis bewähren sich aversive Mittel am besten dann, wenn die Möglichkeit zum Aufbau positiver Alternativverhaltensweisen besteht und sie so gering dosiert werden, dass bei kleinsten Nebeneffekten noch gerade das erwünschte Vermeidungsverhalten gestärkt wird. Ungeeignet ist die Bestrafung als Mittel, um ein Fehlverhalten beim Individuum ganz auszulöschen. Die Ursache liegt darin, dass die bestrafte Verhaltensweise nur unterdrückt, aber hierdurch niemals gelöscht wird. Je geringer der Intelligenzgrad des Individuums ist, desto wichtiger ist es, dass die Bestrafung unmittelbar mit dem Fehlverhalten einher geht, da sie sonst an Wirksamkeit verliert (vgl. ESTES 1944 in KUHLEN 1972, 27f.).

Bestrafung durch den Entzug positiver Verstärker: Der Entzug von positiven Verstärkern (ein angenehmer Zustand wird dabei beendet) wirkt wie der Strafreiz aversiv. Auch mit dieser Methode lässt sich die Frequenz unerwünschter Verhaltensweisen reduzieren, wenn der Entzug unmittelbar erfolgt. In der therapeutischen Praxis findet diese Methode unter dem Namen „response cost"- oder als „time out"-Verfahren Anwendung. Dabei wird das Individuum einmal aus der verstärkenden Umwelt herausgenommen oder aber es werden verstärkende Faktoren darin entfernt (vgl. KUHLEN 1972, 28).

Verhaltensaufbau durch differenzielle Verstärkung: Bei einigen Pathologien (z.B. frühkindlicher Autismus) reicht eine positive Verstärkung nicht aus, um das erwünschte Verhalten zu erzielen. In solchen Fällen kann es mittels der differenziellen Verstärkung (ein spezieller Prozess zur Ausformung von Verhalten) erlernt werden. Cordes und Schreibmann verwenden diese Methoden bei der Durchführung ihrer Therapiekonzepte. Dieser Prozess wird im englischen als „shaping" (deutsch Verhaltensformung) bezeichnet. Diese graduelle Annäherung hat den Vorteil, dass der Therapeut nicht abwarten muss, bis der Patient (z.B. Kind mit frühkindlichem Autismus) das gewünschte Verhalten zufällig von allein zeigt, sondern er bereits jeden Schritt in diese Richtung verstärken kann (vgl. SKINNER 1953 in KUHLEN 1972, 40). Beispiel: Ein autistisches Kind, welches zum Sprechen gebracht werden soll, obwohl es bisher nie sprach, wird durch sofortige Verstärkung der von ihm geäußerten Laute in der Therapie in die gewünschte Richtung geführt (vgl. LOVAAS 1967 in ebd.). Die graduelle Annäherung verläuft nach folgendem Schema:

– Hilfestellung: Der Therapeut hilft beim Aufbau vom Verhalten (promting).
– Ausblenden dieser Hilfeleistung: Der Therapeut zieht dabei seine Hilfe nach und nach zurück (fading).
– Verhaltensverkettung einfacher Verhaltensmöglichkeiten zu komplexen Strukturen (chaining): Eine gelungene Verhaltensverkettung kann nur stattfinden, wenn das Kind die Einzelelemente der Kette beherrscht und der Therapeut erst am Ende der Verhaltenskette seine Hilfestellungen zurücknimmt.

Generalisierung und Diskrimination

Es hat sich gezeigt, dass das Individuum gelernte Verhaltensmuster auch auf ähnlich geartete Reizsituationen übertragen kann. Das neue Verhaltensmuster weist dabei umso mehr Ähnlichkeit mit dem alten auf, desto ähnlicher der neue Reiz dem ursprünglichen ist. Ein eintauschbarer Verstärker, wie z.b. Geld, ist generalisiert auf eine große Anzahl unterschiedlicher Verhaltensweisen. Eine Diskrimination schließt sich der Generalisierung an, in der das Individuum zu unterscheiden lernt, welche Generalisierungen erwünscht sind oder ihm Erfolg bringen. Viele Verhaltensstörungen resultieren dabei aus falscher Stimuluskontrolle und ungenügender Diskrimination. Schreibmann und Cordes entdeckten bei ihrer Arbeit mit autistischen Kindern, dass die Kinder gerade auf diesem Gebiet große Schwierigkeiten haben, was folglich besonders intensiv geschult werden muss. Insbesondere Lovaas et al. entwickelten hierzu ein exzellentes Sprachprogramm. (vgl. KUHLEN 1972, 29f.; SCHREIBMANN und KOEGEL 1976; SCHREIBMANN 1979, CORDES und WILKER 1976, CORDES 1979ff.; LOVAAS et al. 1973).

Lernen am Modell: Lernen durch Imitation

Viele Lernprozesse und komplexe Verhaltensweisen werden nicht durch instrumentelle Konditionierung erworben, sondern am Modell gelernt (Lernen durch Beobachtung). Eine Verstärkung wird hierbei nicht benötigt. Zu dieser Verhaltensaneignung zählt z.b. das Schwimmen, die Bedienung von Maschinen und eine Vielzahl sozialer Verhaltensweisen. In weiterer Form kann das Individuum zudem Verhaltensweisen äußern, die es vorher nicht beobachtet hat. Die Kopplung und Auswertung diverser beobachteter Verhaltenselemente, einhergehend mit der Fähigkeit zur Abstraktion im Individuum, ermöglichen diese Vorgänge. Auch moralische Urteile können dadurch entwickelt werden. Diese Vorgänge werden als Verhaltensäußerung bezeichnet (vgl. BANDURA 1970 in KUHLEN 1972, 66f.). In der therapeutischen Praxis finden drei Subbereiche Anwendung, um Verhaltensweisen aufzubauen:

Lernen am Modell zum Erwerb von Verhaltensweisen

Die Imitation motorischer Reaktionen kann gut bei autistischen Kindern angewendet werden. Metz empfiehlt das differenzielle Verstärkungsmuster mit Hilfestellungen (prompts) und Belohnungen durch primäre Verstärker (z.B. Nahrung) (vgl. METZ 1965 in ebd., 69).

Imitation verbaler Reaktionen: Lovaas und Mitarbeiter haben bei autistischen Kindern zunächst die Diskriminationsfähigkeit ausgebildet, mit der Fähigkeit sie nun besser soziale und verbale Elemente imitieren konnten (vgl. LOVAAS 1969 in ebd., 70).

Imitation emotionaler Reaktionen: Emotionale Reaktionen wie z.B. Angst oder Mitgefühl können in diversen Situationen von anderen Individuen übernommen werden (vgl. ebd., 70f.).

Eine weitere Möglichkeit bietet das Lernen am Modell mit Einsatz elektronischer Medien. O' Connor inszenierte einen Versuch, worin er gehemmt isolativen Kindern einen Film über positive soziale Interaktion vorführte. Der Film zeigte zudem, dass jede Beteiligung der Kinder am „Modell" belohnt wird. In einer Nachuntersuchung zeigten die Kinder eine bessere Beteiligung an Gruppenaktivitäten als die Kinder, die nicht als gehemmt isolativ diagnostiziert wurden (vgl. O' CONNOR 1969 in ebd., 71).

Lernen am Modell zur Reduktion von Verhaltensweisen

Reduktion durch aversive Konsequenzen: Das Individuum kann auch durch Beobachtung des Verhaltens oder der Imitation dessen erfahren, dass dieses negative (aversive) Konsequenzen nach sich zieht. Als Folge wird es die Rate der Wiederholungen reduzieren. In der Therapie von Kindern bringt es Vorteile, wenn Alternativverhaltensweisen analog dazu verstärkt werden (vgl. BANDURA und ROSS 1963, CHITTENDENS 1942 in ebd., 72).

Reduktion durch stellvertretende Löschung (Extinktion): Das Individuum erfährt durch Beobachtung oder Imitation, dass ein bestimmtes Verhalten keine aversiven Konsequenzen nach sich zieht. In der verhaltenstherapeutischen Praxis findet diese Methode vor allem Anwendung bei der Behandlung von Angstzuständen und Phobien (vgl. BANDURA und MENLOVE 1968 in ebd., 73).

Reduktion durch stellvertretende Löschung und Partizipation: Ritter entwickelte ein abgewandeltes Modell, worin das Kind sich stückweise dem Modell nähert. Das Modell selbst nähert sich dabei ebenfalls sukzessiv dem Ziel. Diese Methode erwies sich als noch wirksamer (vgl. RITTER 1968 in ebd.).

Reduktion durch stellvertretendes Lernen inkompatibler Reaktionen: Das Individuum erfährt durch Beobachtung oder Imitation, dass es neben negativ bewerteten Verhaltensweisen auch stellvertretend Alternativverhaltensweisen gibt, die positiv verstärkt werden. Diese kann es übernehmen und häufiger äußern (vgl. CHITTENDENS 1942, BANDURA und RITTER 1968 in ebd., 74). Der verhaltenstherapeutische Ansatz von Miller basiert auf diesen Grundprinzipien. Das folgende Schema verdeutlicht die Zusammenhänge grafisch (vgl. ebd., 37).

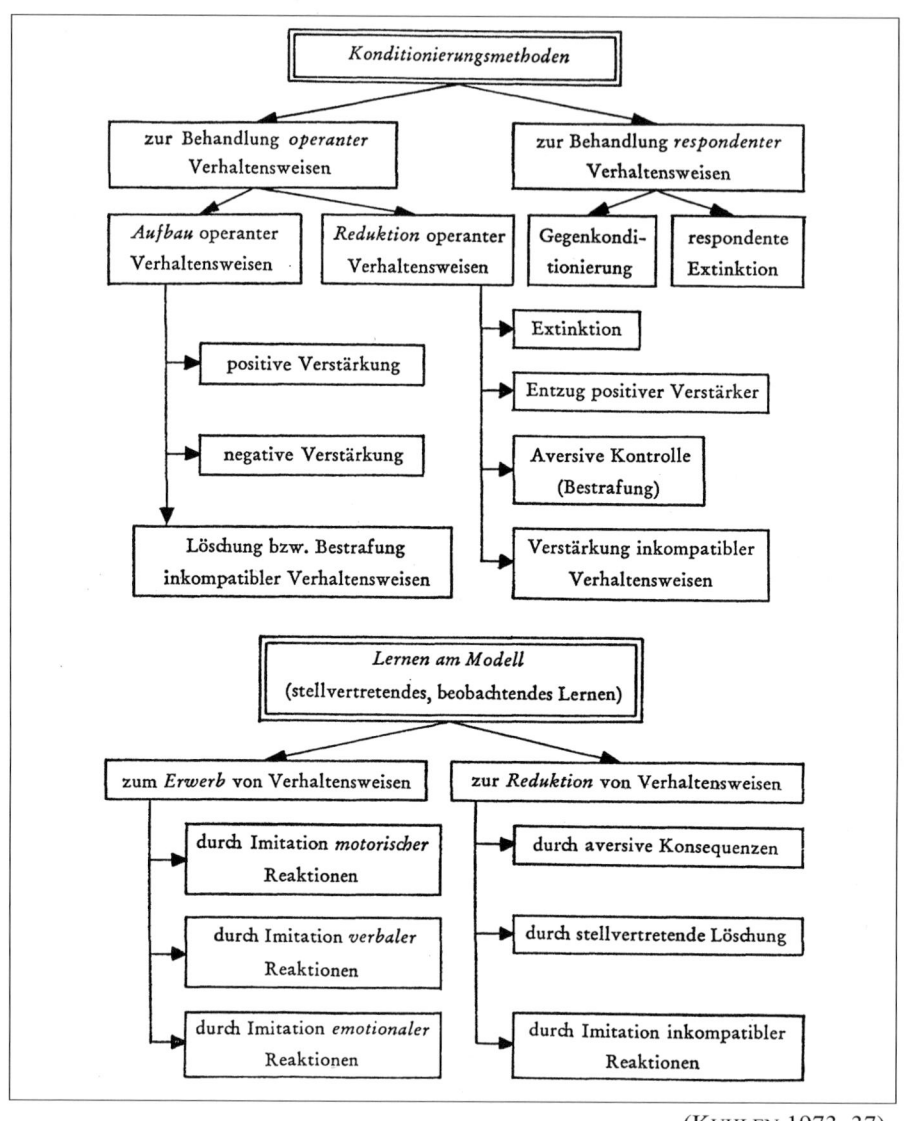

(KUHLEN 1973, 37)

3.3.1   Lovaas: Verhaltensentwicklung bei autistischen Kindern

Lovaas gilt historisch gesehen als Begründer der autistischen Therapie nach lerntheoretischen Prinzipien. Dabei orientierte er sich weitgehend an Ferster, der eine starke Explizertheit und Konkretheit von Lernprinzipien und Verhaltensentwicklungen aufzeigte (vgl. FERSTER 1961, 437ff.; FERSTER und DeMEYER

120

1962, 89ff.). Lovaas geht davon aus, dass autistische Kinder einen Mangel an Verhalten bzw. adaptivem Verhalten aufweisen. Der Verhaltensaufbau erfolgt bei Lovaas nach den Prinzipien der Verstärkung. Bei fehlendem Verhalten erfolgt ein gradueller Aufbau bei geringsten Äußerungen dieser Art durch Belohnung (operantes Lernen mit Einsatz primärer Verstärker) (vgl. SKINNER 1938; FERSTER und SKINNER 1957 in LOEBEN-SPRENGEL, SOUCOS-VALAVANI und VOIGT 1981, 39). Unerwünschtes Verhalten wird durch Verminderung von Verstärkern, die dieses Verhalten unterstützen oder durch aversive Reize vermindert (vgl. LOVAAS, SCHREIBMANN und KOEGEL 1974, 111ff.).

Im Folgenden wird das Konzept von Lovaas et al. an Behandlungsvorschlägen für einzelne Verhaltensprobleme dargestellt:

Ähnlich wie Schreibmann, Cordes und Miller interessiert Lovaas an den Kindern vor allem das Verhalten und die möglichen Änderungen im „Hier und Jetzt". Die Ursachen und die Einstufung des Autismus als Krankheit haben für die Behandlung so gut wie keine Bedeutung (LOVAAS et al. 1974, 116). Selbstdestruktives und selbststimulierendes Verhalten wurde durch aversive Reize (meist schmerzhafte elektrische Schläge) unterdrückt (vgl. LOVAAS, KOEGEL, SIMMONS und LANG 1973, 131ff., LOVAAS, SCHREIBMANN und KOEGEL 1974, 119; LOVAAS, SCHÄFER und SIMMONS 1965, 99ff.; LOVAAS und SIMMONS 1969, 143ff.). Auch beim Aufbau angemessener Verhaltensweisen setzte er elektrische Schläge ein (vgl. LOVAAS, SCHÄFER und SIMMONS 1965, 99ff.). Eine Generalisierung auf andere Bereiche stellte Lovaas nicht fest. Einen wirklich durchgreifenden Erfolg verzeichnete er jedoch erst bei seinem Sprachprogramm, in welchem er feststellte, dass komplexere Imitationen auch das Diskriminationsvermögen der Kinder förderten. Mit operanten Techniken, wobei der Schwerpunkt beim „shaping" liegt, brachte Lovaas stumme autistische Kinder dazu zu sprechen. Er verwendete dabei ein Imitationsprogramm, das in fünf Schritte unterteilt war:

– Er setzt Verstärker ein, um sprachliche Lautäußerungen zu erhöhen.
– Das Kind erhält jetzt nur noch dann Verstärkung, wenn es innerhalb von fünf Sekunden dem Therapeuten mit Vokalen antwortete (zeitliche Diskrimination).
– Das Kind bekommt nur noch dann eine Verstärkung, wenn seine Laute denen des Therapeuten ähnlicher werden.
– Der Therapeut äußert einen zweiten Laut und bietet ihn anschließend dem Kind mit dem ersten Laut in unterschiedlicher Reihenfolge an. Jede richtige Nachahmung vom Kind wird dabei verstärkt.
– Ein dritter Laut etc. wird dargeboten. Die Reihenfolge nimmt immer mehr an Komplexität zu, so dass das Kind zu immer feineren Diskriminationen gelangt. Alsbald beginnt eine Verständigung (Sprache), angefangen von der Benennung einfacher Gegenstände bis hin zu abstrakten Begriffen wie z.B. Position und Zeit. Eine Grammatikschulung schließt sich dem an (vgl. LOVAAS 1966; ebd. 1970; LOVAAS, KOEGEL, SIMMONS und LONG 1973, 131ff.).

3.3.2   Schreibmann

Für autistische Kinder gab es bis in die 70er-Jahre hinein keine geeigneten Förderprogramme und sie wurden als „nicht therapierbar" in Anstalten überwiesen. Die amerikanische Fachzeitschrift „National Society for autistic children" deckte diesen Missstand auf und weckte damit das öffentliche Interesse. Die daran ansetzenden Veröffentlichungen mit schockierenden Fallberichten durch die Medien sorgten dafür, dass sich engagierte Personen in Santa Babara durch Einreichung von Anträgen an die Bundesregierung dafür einsetzten, dass an den Schulen Sonderklassen für autistische Kinder entstanden, wo sie entsprechend gefördert werden können. Unter der Mitarbeit von Dr. R. Koegel von der Universität Santa Babara startete Schreibmann in Santa Babara das erste Forschungsprojekt dieses Schultyps. Das Modell gewann schnell zunehmenden Erfolg, da deren Nützlichkeit und Wirksamkeit auch auf empirischem Weg nachweisbar war. Alternative Modelle, die nach psychoanalytischen oder sensomotorischen Prinzipien geleitet wurden, ließ man daher nach einiger Zeit fallen. Zur gleichen Zeit erließ Kalifornien ein Gesetz, das den Anspruch auf Beschulung autistischer Kinder festlegte, welches Ende 1979 nach Antrag bei der Bundesregierung in allen Ländern der Vereinigten Staaten übernommen wurde. Im Unterpunkt hieß es zudem, dass eine separate Autistenklasse entstehen muss, wenn es mehr als 6 Autisten in einem Schulbezirk gibt. Die Verhaltensmodifikation, die im Modell aus Santa Babara zur Anwendung kommt, soll hier nun im Einzelnen im therapeutischen Programm vorgestellt werden (vgl. SCHREIBMANN 1979, 65ff.).

3.3.2.1   Erscheinungsbilder

Schreibmann führt hier die Stereotypien und die Sprachstörung von Kanner an. Sie berichtet daraus in Auszügen und ergänzt diese mit der gesellschaftlichen Aufgabe der Verhaltenstherapie:

Stereotypien: Autistische Kinder verbringen viel Zeit mit Schaukeln, Schlagen der Arme oder Schnipsen der Finger vor den Augen.

Sprachstörung: Viele autistische Kinder sind stumm oder sprechen häufig in Echolalie (vgl. SCHREIBMANN und KOEGEL 1976, 22).

Sozialverhalten: In ihrer ersten Veröffentlichung in einer psychologischen Fachzeitschrift wird deutlich, dass Schreibmann das Sozialverhalten der autistischen Kinder im Hinblick auf die Schwierigkeiten und Unannehmlichkeiten, die diese in Umfeld und Gesellschaft verursachen, gemäß dem Blickwinkel der Verhaltenstherapie beschreibt. Das Verständnis für die Bedürfnisse des Behinderten tritt dabei zurück (vgl. ebd.). Autistische Kinder reagieren nicht auf die Umwelt und vermeiden es, sich spielerisch mit Spielzeug oder anderen Kindern zu beschäftigen. Ein Bedürfnis nach Zuwendung fehlt (eine Eigenschaft, welche die Eltern häufig zusätzlich verletzt). Sie wirken so, als ob ihnen die sie umgebenden Personen einschließlich der Eltern gleichgültig sind. Autistische Kinder bekommen oft Wutanfälle, die als sehr massive Autoaggressionen ablaufen, wie z.B. sich beißen, sich schlagen oder den Kopf gegen Möbel hauen. Viele Eltern autistischer Kinder müssen ihr ganzes Leben nach ihnen ausrichten. Wegen des unberechenbaren Verhaltens (z.b. Wutanfälle) müssen sie alle potentiellen Wurfgeschosse wie z.b. Aschenbecher, Blumentöpfe und andere Dinge wegräumen. Auch das übrige Inventar wird schlicht gewählt, da Zerstörungen hier häufiger sind. Freunde werden nicht eingeladen, weil Szenen vom Kind zu befürchten sind (vgl. ebd.). Schreibmann formuliert diesen Aspekt fast in theatralischer Sprache:

„Viele Eltern autistischer Kinder sind an ihr Haus gefesselt, sie müssen ihr ganzes Leben nach den Kindern ausrichten. Freunde können nicht mehr eingeladen werden, weil Peinlichkeiten zu befürchten sind" (ebd.).

Auch auf den Aspekt der verfehlten Anpassung an die Gesellschaft geht Schreibmann ein: Das autistische Kind nimmt keine Rücksicht auf die Benimm-Regeln der Öffentlichkeit. Peinlichkeiten sind vorprogrammiert. Das sonderbare Verhalten sowie die Wutanfälle machen kaum eine positive Unternehmung möglich. Dazu folgende Beispiele:

Das autistische Kind fängt im Lokal zu schreien an und wirft das Besteck oder Essen um sich. Oder es bekommt ohne gleich erkennbaren Grund im Auto einen solchen Wutanfall, dass der Fahrer gefährdet wird.

An Regelschulen sind die Lehrer überlastet, weil das Kind stört, nicht spricht, keine Anweisungen befolgt, sich nicht konzentriert und sich auch nicht mit den Mitschülern beschäftigt. Selbst das Lehrpersonal an Sonderschulen ist wenig im Umgang mit diesen Kindern geschult (vgl. ebd.).

3.3.2.2 Ursachen

Wie bereits in der Einführung angerissen, ist die Ursachenkenntnis bei der Verhaltenstherapie von minderer Bedeutung. Die Ursache wird vielmehr unter dem Blickwinkel der verfehlten Lernprozesse erklärt. Demnach sprechen die Autoren auch beim Autismus von einem Zustandsbild, in dem sich spezifische Verhaltensweisen im Individuum kombinieren. Es wird davon ausgegangen, dass beim Autismus *Verhaltensexzesse* (ein Verhalten dominiert) existieren und zum anderen *Verhaltensdefizite* (ein Verhalten fehlt) vorliegen. Im Vergleich zu dem psychoanalytischen Ansatz von Bettelheim, der ebenfalls einen hohen Leserkreis erreichte, geben Verhaltenstherapeuten der Mutter keine Schuld an der Verursachung. Sie wird vielmehr als Primärpartner für die konsequente verhaltenstherapeutisch ausgerichtete Erziehung gebraucht (vgl. ebd. 1979, 118 und BETTELHEIM 1977).

3.3.2.3 Behandlungsmöglichkeiten

An ihrem Institut behandelte Schreibmann Verhaltensabweichungen von autistischen Kindern. Ihre Publikationen der 80er-Jahre befassten sich dabei mit dem selbstzerstörerischen Verhalten, dem selbststimulierenden Verhalten, den Wutanfällen, der autistischen Reizschranke und den Echolalien von autistischen Kindern. Das Behandlungsziel gilt als erreicht, wenn es dem Therapeuten gelingt, Verhaltensexzesse und Verhaltensdefizite mittels seines Repertoires von Verstärkern so zu verändern, dass eine gute Integration des Patienten in die Umwelt gewährleistet werden kann. Auch an diesem Satz wird wieder deutlich, dass das innere Wohlbefinden des Autisten keine nennenswerte Rolle spielt (vgl. SCHREIBMANN und KOEGEL 1976; ebd. 1979b).

Art und Form der Behandlung: Frühkindlicher Autismus wird nach der differenziellen Verhaltenstherapie behandelt (shaping through prompting, fading and chaining). Die Eltern müssen in die Behandlung autistischer Kinder mit einbezogen werden und damit die Rolle des Therapeuten (Lehrers) übernehmen. Sie werden dabei vom Institut über die allgemeinen Verfahrensregeln der Verhaltensmodifikation informiert (differenzielle Verhaltenstherapie), um diese dann auf breiter Basis in ihrem Umfeld anzuwenden.

In Schreibanns Einrichtung bekommen die Eltern zunächst einmal zum Selbststudium ein Buch über verhaltenstheoretische Prinzipien. Im Anschluss daran werden sie in praxisbezogene Anwendungen bei der Therapie vom Autismus durch ein Videoband eingewiesen. Erst dann arbeiten die Eltern am Institut mit ihren Kindern unter Aufsicht erfahrener Therapeuten, die ihnen so lange ein Feed-back geben, bis die Regeln mindestens zu 80% richtig angewendet werden (vgl. SCHREIBMANN and KOEGEL 1975, 61ff.; KOEGEL, RUSSO und RINCOVER 1977, 197ff.).

Schreibmanns Programm im Einzelnen:

Beendigung von selbstzerstörerischem Verhalten: Autoaggressionen, wie z.B. Kopfschlagen gegen Möbel, sich beißen oder andere Selbstschädigungen, sind gelernte Verhaltensweisen, um etwas in der Umwelt zu bewirken. Daher müssen in der Therapie die adäquaten Verstärker festgestellt werden, damit sie abgestellt werden und die Methode der Extinktion, die sich bei leichten Fällen am besten bewährt hat, wirksam werden kann. Das Kind erfährt dadurch, dass sein Verhalten, in welcher Form auch immer, ihm keine Vorteile mehr (bzw. Beachtung) einbringt (vgl. SCHREIBMANN 1979, 120f.). Bei schweren Fällen, in der die Extinktion nicht das gewünschte Ziel erreichen kann, wird die Bestrafung durch aversive Reize angewandt. Zeitlich unmittelbar nach dem negativen Verhalten ruft der Therapeut ein „Nein". Bei den schwersten Fällen verabreicht er dabei noch zusätzlich einen ungefährlichen elektrischen Stromstoß mit einer Vorrichtung in seiner Hand. Bei Extremfällen konnten hierdurch die Autoaggressionen schnell und stark reduziert werden. Die Bestrafung darf nur dann angewendet werden, wenn Autoaggressionen schnellstens beendet werden müssen (z.B. bei akuter Gefahr) (vgl. ebd., 121).

Ablenkung von selbststimulierendem Verhalten: Selbststimulierende Verhaltens-weisen wie z.b. rhythmisches Schaukeln, Werfen der Arme, Drehen von Objekten und Starren auf Lichter lenken das Kind vom Lernprozess ab. Bei der Behandlung wählt der Therapeut für das Kind eine Beschäftigung, die mit den Stereotypien inkompatibel ist. Zum Beispiel belohnt der Therapeut das Kind, welches bisher mit den Fingern vor dem Gesicht herumwirbelte, wenn es nun ein Spielzeug in die Hand nimmt und währenddessen auf seine Stereotypien verzichtet. Eine andere Methode, Stereotypien zu reduzieren, ist die Bestrafung durch Festhalten, welche von einem deutlichen „Nein" begleitet wird. Parallel zur Reduktion müssen nun Alternativverhaltensweisen aufgebaut werden (vgl. SCHREIBMANN 1979, 121f.).

Nichtbeachtung von Wutanfällen: Wutanfälle bei autistischen Kindern, wie z.b. Schreien, Weinen, Dinge herumwerfen und sich auf den Boden werfen, werden am Besten durch Nichbeachtung reduziert, um eine Extinktion zu erzielen. Da viele Autisten sich durch Wutanfälle vor Anforderungen abzuschirmen versuchen, hat es sich in der Praxis als sinnvoll erwiesen, sie zwar die Wut ausleben zu lassen, aber nicht von den Anforderungen zu entlasten. Für das Durchhalten wird das Kind anschließend belohnt. Es internalisiert damit die Wirkungslosigkeit solcher Wutanfälle und reduziert sie infolgedessen.

Behebung der extremen Reizselektion: Die extreme Reizselektion verhindert bei autistischen Kindern gelernte Situationen zu generalisieren. Während der Lernsi-tuation prägen sich autistische Kinder nur für sich relevante Elemente ein, die oft nicht mit dem Lernstoff an sich in Beziehung stehen. Dazu folgendes Beispiel:

Ein Therapeut hob die Hand mit einem Bonbon hoch und forderte das Kind auf, seine Nase zu berühren. Das autistische Kind ignorierte die verbale Aufforderung und prägte sich lediglich die spezielle Handbewegung des Therapeuten ein. Diese Bewegung wurde zum Signal. Ein anderer Therapeut hatte bei dem selben Kind keinen Erfolg, weil er zu seiner Aufforderung, seine Nase zu berühren, die Handbewegung unterließ. In einem anderen Raum reagierte das Kind so lange nicht, bis der Therapeut herausfand, dass es der Aufforderung nur nachkam, wenn die zwei Stühle aus dem ursprünglichen Raum in den neuen gebracht wurden. Das Kind baute somit zusätzlich die Anwesenheit der beiden Stühle in sein Lernschema ein (vgl. RINCOVER and KOEGEL 1975, 235ff.).

Um die extreme Reizselektion autistischer Kinder auf die wesentlichen Lerninhal-te zu konzentrieren, werden die relevanten Komponenten anfangs stark übertrie-ben dargestellt, um sie nach und nach zurückzunehmen. Dazu folgendes Beispiel:

Ein autistisches Kind bekommt ein Dia gezeigt mit jeweils fünf vertikalen und fünf horizontalen Farbpunkten. Die horizontale Reihe, deren Anordnung von Farben es sich einprägen soll, wird stark vergrößert abgebildet (Die Konzentration darauf wird für das autistische Kind erleichtert).Gelingt es ihm, sich auf die horizontale Anordnung zu konzentrieren, wird in nachfolgenden Dias die Größe dieser Anordnung nach und nach zurückgenommen, bis hin zur Größe der vertikalen Reihe.

Durch diese spezielle Trainingsmethode wird das autistische Kind herangeführt, auch Diskriminationsaufgaben zu lösen (vgl. RINCOVER 1978 und SCHREIBMANN 1975, 91ff.).

Beseitigung von Echolalien (Wiederholung, Nachplappern rezeptierter Sprache): Echolalien treten bei autistischen Kindern hauptsächlich dann auf, wenn sie die an sie gerichtete Frage nicht verstehen. In Experimenten konnte nachgewiesen werden, dass die Echolalie vermindert werden kann, wenn den autistischen Kindern für die adäquaten Situationen eine Ersatzantwort beigebracht wird. Diese lautete: „Ich weiß es nicht" und war im Vergleich zu anderen Alternativen noch auf breitester Basis generalisierbar. Mit diesem Rüstzeug kann das autistische Kind auch von „Autismuslaien" verstanden werden (z.b. anderen Klassenkameraden) (vgl. CARR, SCHREIBMANN und LOVAAS 1975, 331ff.).

Prognose

Schreibmann stellt (für Verhaltenstherapeuten typisch) für autistische Kinder keine Lebensprognose auf, sondern lediglich eine Erwartung im Hinblick auf die Erfolgsrate ihrer Methoden und der daraus möglichen Beschulung der Kinder. 1971–1973 gab es an der Schule in Santa Babara eine ausführliche Untersuchung an 16 autistischen Kindern (Durchschnittsalter 7 Jahre mit einem Entwicklungsalter von 2–4 Jahren), die auf Grund ihrer schwer psychotischen Verhaltensweisen aus sämtlichen Grund- und Sonderschulen ausgeschlossen wurden. In diesem Experiment wurde ein Versuchsklassenzimmer mit einem Lehrer, zwei Assistenten und zwei Sprechtherapeuten besetzt. Durch Anwendung der Verhaltensmodifikation im Generalisierungsprozess waren die Kinder nach 16–18 Monaten im Rechnen und Lesen so weit vorbereitet, dass sie wieder die Grundschule bzw. Sonderschule besuchen konnten. Bisher konnte durch die vom Institut geleitete Verhaltensmodifikation jedes autistische Kind so weit gefördert werden, das es an irgendeiner Form von Schulunterricht wieder teilnehmen konnte (vgl. SCHREIBMANN und KOEGEL 1976, 28).

3.3.3   Cordes: Kompensatorische Erziehung

Cordes hat sich im Vergleich zu Schreibmann in Deutschland stark um die Entwicklung einer speziellen Sonderschule für autistische Kinder bemüht und dabei beachtliche Erfolge erzielt. 1972 wurde auf Initiative des Elternvereins: „Hilfe für das autistische Kind Bremen e.V." das „Bremer Projekt" beim Innovationsausschuss der BLK beantragt. Der erste Modellversuch lief etwa 3 Jahre und wurde jeweils zur Hälfte vom Bundesminister für Bildung und Wissenschaft und dem Land Bremen finanziert (vgl. CORDES und WILKER 1976b, 8f.; ebd.,27f.).

Durch Anwendung verschiedener Behandlungsmethoden für Schule, Haus und Praxis löste das erste Projekt bei den autistischen Kindern viel Verunsicherung aus. Daraufhin wurde ein einheitliches Behandlungskonzept konzipiert, welches beim Modellversuch A 5261 in den Jahren 1976 bis 1978 unter wissenschaftlicher Begleitung erprobt wurde. In diesem Versuch wurden 3 Jahre lang 9 autistische Schüler ganztägig von einem Lehrer-Psychologen-Team betreut und gefördert. Das Konzept basierte dabei auf den wissenschaftlichen Methoden von Cordes und Mitarbeitern und orientierte sich an der Verhaltensmodifikation. Außergewöhnlich war an diesem Projekt, dass hier *für jeden Schüler ein ganz individuelles, „kompensierendes"* Lern- und Verhaltensprogramm entworfen wurde und dieses zum Teil auch auf *außerschulische Situationsfelder generalisiert* werden konnte. Die Mitarbeit der Eltern war Voraussetzung. Alle Modellversuche wurden zudem empirisch untersucht. Cordes geht davon aus, dass eine genaue Analyse wichtige Daten für weitere Verbesserungen nachfolgender Projekte liefert (vgl. CORDES und WILKER 1976b, 27ff.; CORDES 1980, 1ff., 14, 116).

3.3.3.1 Erscheinungsformen

In Cordes Beobachtungen sind viele Merkmale von Kanner vorhanden. Eine differenzierte Beschreibung von Kanner- und Asperger-Autisten findet nicht statt und wird auch bei der Therapie nicht weiter berücksichtigt. Stattdessen verweist Cordes auf eine detaillierte Merkmalliste (60 Punkte) des Bundesverbandes (vgl. CORDES und WILKER 1976a, 15; BUNDESVERBAND: „HILFE FÜR DAS AUTISTISCHE KIND 1976 in ebd., 95ff.; in ebd. 1980, 185ff.). Er betrachtet die Symptome von Kanner unter dem Aspekt, dass beim Autismus eine Entwicklungsstörung vorliegt, bei der das Kind vielfältige Beeinträchtigungen in der Wahrnehmung erlebt. Daraus lassen sich nach Cordes auch die sonderbaren Verhaltensweisen im Sozialverhalten ableiten.

Störungen in der Entwicklung: Autistische Kinder haben im Vergleich zu normalen Kindern qualitative Abweichungen in der Entwicklung. Sie zeigen dabei, im Vergleich zur verhältnismäßig homogenen Entwicklung von Gleichaltrigen, sowohl herausragende Fähigkeiten als auch gravierende Verhaltenslücken (vgl. CORDES 1980, 9). Dies hat seine Ursache u. a. auch in folgenden Punkten:

Wahrnehmungsstörung: Auf akustische, optische, taktile oder geschmackliche Reize reagieren autistische Kinder überzogen, gar nicht oder paradox. Pathologien bei den adäquaten Sinnesorganen werden daher immer wieder vermutet. Die Wahrnehmung der Kinder ist hochselektiv und orientiert sich an ihren Interessen, die sie mit Stimulationen weiter ausbauen. Bildlich gesehen haben sie dadurch viele *Wahrnehmungslücken*, weil sie es unterlassen, für sie irrelevante Reize mit vorhandenen Kognitionen zu verknüpfen. Die Selektion und die Reizschranke in der Wahrnehmung ist bei jedem autistischen Kind verschieden. Sie orientieren sich im Raum bevorzugt mit ihren Nahrezeptoren (Nase, Hand). Die Gleicherhaltung der Umwelt ist für ihre Orientierung unverzichtbar. Nicht wenige reagieren auf die Umwelt wie Blinde und Taube (vgl. ebd. 1980, 7f.; ebd. 1988, 56ff.).

Stereotypes Verhalten: Autistische Kinder persistieren stark an ihren Stereotypien, Handlungsritualen und Selbststimulationen. Cordes fügt selbst einen neuen Aspekt zu den klassischen Autoren hinzu, indem er beobachtet, dass autistische Kinder kaum durch Imitation lernen können. Für die Kompensierung dieses Aspektes entwickelte er eine separate Methode (vgl. ebd. 1980, 8; ebd. 1988, 56).

Sprachstörung: Autistische Kinder orientieren sich bei der Kommunikation eher an situationalen Aspekten, als an der Bedeutung der Sprache und haben daher größere Schwierigkeiten beim Verstehen (Entcodierung ist dabei erschwert). Das Sprechen ist ebenfalls gestört. Melodie, Grammatik und Rhythmus sind häufig davon betroffen. Auch Mutismus kommt vor. Viele autistische Kinder neigen zur Echolalie (vgl. ebd. 1980, 7).

Sozialverhalten: Bereits im Säuglingsalter ist die Wahrnehmung gestört und hat zur Folge, dass das Baby die Mutter nicht anlächelt oder zu ihr blickt. Es hat nicht die typische Antizipationshaltung eines normalen Babys. Die autistischen Kinder lehnen Körperkontakt und Liebkosungen ab. Bei Personen richtet sich ihre Aufmerksamkeit häufig auf einzelne Körperteile, die sie wie Gegenstände benutzen. Mit anderen Kindern spielen sie spontan nicht. Viele Personen (Schüler) im Raum lenken den Autisten bei einer Aufgabe ab (vgl. ebd., 8f.).

3.3.3.2 Ursachen

Cordes schließt sich dem Konsens anderer Behavioristen (Dunlop, Koegel, Egel etc.) an, die davon ausgehen, dass die Ursachen für Autismus bis heute nicht hinreichend geklärt werden konnten. Deswegen wurde kein Verhaltensmodell konzipiert, das die Ursachen miteinbezieht, sondern eins, welches auf die alleinige Korrektur u.a. durch Ausformung von Verhaltensweisen des Kindes ausgerichtet ist und sich an den eben zitierten Beobachtungen und Auffassungen orientiert (DUNLOP, KOEGEL und EGEL 1979, 552ff.).

Hypothese der gestörten Reizverarbeitung: Autistische Kinder werden von Geburt an mit Unmengen unstrukturierter Reize überflutet. Sie können diese zwar im Gedächtnis wahrnehmen, aber nicht die wesentlichen Reize herausfiltern. Das hat zur Folge, dass das autistische Kind nur in unspezifische Stimulationen verfällt und keine Imitationen unternimmt (vgl. CORDES 1979a, 94). Die Isolierung des Kindes von der menschlichen Umwelt bildet daher nach Cordes ein sekundäres Verhaltensmuster. Auch hiermit zeigt Cordes auf, dass die Kontaktstörung, welche bei den psychoanalytisch orientierten Autoren eine zentrale Rolle spielt, hier nur peripher ist (vgl. CORDES 1979, 93ff., MAHLER 1972ff., BETTELHEIM 1977). Normale Kinder, die nicht an dieser Verarbeitungsstörung leiden, begreifen mit der Reifung, nach welchem Konzept ihre Sozialpartner (Eltern, Kinder) handeln. Durch Erproben von Sprache und Handlungen, um ihre Wünsche zu realisieren, erkennen sie auch zunehmend ihre eigene Position in der Welt. Die angesammelten Erfahrungen erlauben dem Kind schließlich, Vorhersagen zu treffen, und machen ihm damit eine Orientierung im Umfeld möglich. Die Theorie von der gestörten Reizverarbeitung bildet das Fundament für die Konzeption des Lehrplanes (vgl. CORDES 1979, 95; ebd. 1988, 56).

3.3.3.3 Behandlungsmöglichkeiten

Ziele des Modellversuchs A-5261: (1976–78) Autistische Kinder sollen ganztägig gefördert werden, damit erfolgreiches Lernen auf umfassender Grundlage erfolgt. Bisher angeeignete Lernprozesse müssen korrigiert werden, damit neue ansetzen können. Sie werden in drei Hauptgruppen gefasst:
– Korrektur bei inadäquatem Lernverhalten,
– Korrektur von anderen (inkompatiblen) Lernprogrammen,
– Korrektur von schlechten Strukturen bisheriger Lernsituationen (vgl. ebd. 1980, 11).
Damit soll auf lange Sicht der Sozialisierungsprozess der autistischen Kinder verbessert werden.

Konkrete Ziele: Im Persönlichkeitsbereich soll hiermit eine Verbesserung der Leistungsmotivation, Stärkung des Selbstbewusstseins, Durchbrechung von Misserfolgsmustern, Einleitung sozialer Lernprozesse, Anpassung an allgemeine Verhaltensformen und Gewöhnung an später geforderte Leistungsnormen in der jeweiligen Schule erreicht werden.

Im Leistungsbereich soll das Kind in allen Fächern (Sprache, Umwelt, Mathematik etc.) eine Leistungssteigerung erfahren. Dabei müssen spezielle Handicaps, Lerndefizite und Verhaltenslücken ausgeglichen werden, um den Schulerfolg zu garantieren. Erfahrungen müssen erweitert werden und mittels erlernter Erfahrungsstrukturen ein brauchbares System bilden (vgl. CORDES und WILKER 1976a, 7f.).

Wesentliche Methoden des Bremer Curriculums: Es wird ein ganz individueller Lehrplan für jedes autistische Kind erstellt, der dem unterschiedlichen Funktionsniveau dieses Kindes genau angepasst wird. Er beinhaltet 10 Verhaltensbereiche. Bei großen Verhaltensdefiziten oder vollständigem Fehlen von Verhalten wird Einzelunterricht gegeben. Die Verhaltensmodifikation, die zur Anwendung kommt, ist dem Kind exakt anzupassen. Erwünschtes und unerwünschtes Verhalten ist vorher exakt zu definieren. Lehrer und Psychologen spezialisieren sich bei der Arbeit, um anschließend ihre Erfahrungen auszutauschen und zusammenzuführen. Der Sonderschullehrer organisiert während dem Gruppen- oder Fachunterricht die Schülerinteraktion. Die Psychologen betreiben systemische Verhaltensbeobachtung, Verhaltensanalyse und planen die Therapie. Cordes weist dabei darauf hin, dass in der Praxis Therapie und Unterricht jeweils fließend ineinander übergehen können (vgl. CORDES 1988, 60). Gelernte Inhalte in der Schule müssen auch auf die häusliche Umgebung generalisierbar sein. Die Eltern werden stark am Unterricht beteiligt. Sie durchlaufen ein Training und nehmen an Supervisionen teil. Durch Aneignung verhaltenstherapeutischer Elemente haben sie die Aufgabe, ihrem autistischen Kind bei der Generalisierung zu helfen, in der es nun die Elemente von der hochstrukturierten Unterrichtssituation auf die weniger strukturierte Praxis überträgt (vgl. ebd., 61).
„Sie sollen sich zu ‚Para-Professionals' qualifizieren" (ebd. 1979, 94).

Das Unterrichtskonzept basiert darauf, dass die Lernstörung primär eine Beeinträchtigung der Wahrnehmung ist (ebd., 93f.). Daher wird bei der Neuaufnahme des autistischen Kindes in der Regel das Reizangebot zuerst reduziert dargestellt, um es danach schrittweise wieder aufzubauen. Dabei werden die für das Kind relevanten Elemente zusätzlich überbetont (vgl. ebd., 97f.).

Praxisorientierte Gestaltung des Unterrichtsraumes

Die Praxis hat gezeigt, dass es wirklich Vorteile mit sich bringt, wenn Autisten mit absteigendem Funktionsniveau reizärmere Räume geboten werden. Es wurden keine Gegenstände im Raum aufgenommen, die als stimulierender Reiz vom Autisten zweckentfremdet werden könnten und ihn damit vom Lernen abhalten würden (vgl. ebd. 1980, 34). Hutt bestätigte mittels EEG einen ruhigeren Herzschlag, wenn autistische Kinder konzentriert lernten (vgl. HUTT in KEHRER 1978).

Im Einzelunterricht: Das Mobiliar ist so strukturiert, dass dem autistischen Kind die beste Voraussetzung für konzentriertes Arbeiten zugute kommt. Dabei sitzt der Lehrer dem Schüler gegenüber. Nur das momentan benötigte Arbeitsmaterial wird auf den Tisch gelegt. Der Arbeitsbereich befindet sich in einer Ecke des Raumes, damit das Kind dessen Abgrenzung wahrnehmen kann (vgl. CORDES 1980, 36).

Drei Kinder im Gruppenunterricht: Bei der Unterrichtung mehrerer Kinder sollten die Arbeitstische räumlich so angeordnet werden, dass der Lehrer alle Schüler im Blickfeld hat, ohne dabei seine eigene Sitzposition groß verändern zu müssen. Dadurch kann er sich schneller dem jeweiligen Schüler zuwenden. Die Tische müssen genügend Abstand voneinander haben, damit die jeweiligen Nachbarn nicht gestört werden. Die Sitzordnung im Einzel- und Gruppenunterricht hat den Vorteil dass,

– der Blickkontakt besser trainiert werden kann.
– es überschaubarer ist, ob der Schüler wirklich an seiner Aufgabe arbeitet.
– Hilfen (Prompts) leichter zu vergeben sind.
– Verstärkungen leichter durchführbar sind.
– Stereotypien oder andere Störungen schnell unterbunden werden können (vgl. ebd., 36f.).

Bildungsweg

Erste Förderphase

Jedes neu aufgenommene autistische Kind durchläuft zunächst die Förderphase, die aus je 5-10 Minuten Einzelunterricht in mehreren Einheiten besteht. Um in kontrollierten Arbeitssituationen bestehen zu können, ist hier die Aneignung einer adäquaten Arbeitshaltung Voraussetzung. Am Ende sollte der Schüler die Fähigkeiten in folgenden Gebieten erworben haben:

– nach Aufforderung Blickkontakt zum Lehrpersonal herstellen;
– nach Aufforderung sich seiner Arbeit zuwenden;
– eine adäquate Sitzhaltung zum Arbeiten beherrschen;

– die Anweisungen des Lehrers verstehen;
– stereotypes und selbststimulierendes Verhalten so zu unterdrücken, dass der Arbeitsprozess nicht gestört wird.

Ablauf: Durch sukzessive Verlängerung des Förderunterrichtes erweitert er sich am Ende auf acht Einheiten mit jeweils 25 Minuten (mehr Konzentration erreichen viele Schüler nicht). Man hat durch Änderung der Lernanforderungen in der neuen Einheit die Konzentrationsfähigkeit beim Kind bis auf 50 Minuten ausdehnen können. Damit liegt es nahe, auch im Interesse der Vermeidung der häufigen Wechsel von Unterrichtsräumen, Doppelstunden mit unterschiedlichen Lerninhalten anzubieten. Zwischen den Blöcken gibt es jeweils 20–30 Minuten Pause. Dort werden die Kinder gegebenenfalls von drei Therapeuten zu grobmotorischen Aktivitäten angeleitet (vgl. ebd., 38ff.) Nach der ersten Förderphase schließt sich der weiterführende Block in Form eines Fachunterrichtes an.

Fachunterricht

Unterricht durch mehrere Lehrer: Aufgrund der Generalisierungsschwäche des autistischen Schülers wird von der Unterrichtung durch nur eine Lehrkraft abgesehen. Versuche haben gezeigt, dass autistische Kinder häufig die Gesamtsituation, ohne Berücksichtigung der relevanten Elemente, auswendig lernen. Jeder Schüler erhält daher jeweils einen Klassenlehrer und einen Fachlehrer, die jeweils zu 50 % Unterricht erteilen. Dies wirkt einer einseitigen Fixierung des autistischen Kindes auf den Lehrer entgegen. Denn nun wird der Schüler mit verschiedenen Gewohnheiten, Erziehungsvorstellungen, Sprech- und Verhaltensweisen konfrontiert, die sich wiederum begünstigend auf den Generalisierungsprozess in ihm auswirken (vgl. ebd., 41f.).

Anpassung an den Schüler: Im Fachunterricht fließen folgende Strukturierungen ein, die eingangs bereits angesprochen wurden:
– Der Schüler sollte entsprechend seinem Funktionsniveau ausreichend Zeit zur Bearbeitung der Aufgaben erhalten.
– Jeder Schüler arbeitet nach einem individuellen Lehrplan, der zudem die individuellen Behinderungs- und Bildungsnuancen berücksichtigt (vgl., ebd., 40f.).

Lehrerteam: Für 9 autistische Kinder (IQ 70-95) sind nach Cordes sehr viele Fachkräfte notwendig. (Der Betreuungsschlüssel liegt bei 1:1,13) Folgende Fachkräfte sind erforderlich: 2 Diplompsychologinnen mit Verhaltenstherapie-Zusatzausbildung; 2 Sonderschullehrer mit fachdidaktischen Schwerpunkten: Vormittags in Mathematik, Physik, Deutsch und Sachkunde und am Nachmittag in Kunst und Musik; 2 Zivildienstleistende mit Abitur, die vorher einen 50-Stunden-Trainingskurs belegt haben, um zuerst beobachtend und später co-therapeutisch am Lernprozess teilnehmen zu können; 2 weitere Zivildienstleistende, die neben den oben genannten Voraussetzungen und Aufgaben noch Vertretungen, Pausenaufsicht und Bürotätigkeiten übernehmen sowie nebenamtliche Fachlehrer für die Aufgabenfelder am Nachmittag: Sport, Schwimmen und Werken. Hinzu kommen noch 2 Elterntherapeuten, die nur mittwochs am Praxisunterricht mitarbeiten (vgl. ebd., 42f.).

Verhaltensprogramme und deren Planung

Verhaltensprogramme werden in einzeltherapeutischen Situationen angewandt, wenn der Autist (z.B. bei der Neuaufnahme) noch über kein angemessenes Lern- und Arbeitsverhalten verfügt. Bei komplexeren Zielen wird die Methode der differentiellen Konditionierung angewandt. Um jedem Kind ein individuell abgestimmtes Verhaltensprogramm zukommen zu lassen, konzipieren die Psychologen pro Kind

- eine Verhaltensanalyse: Es wird ermittelt, unter welchen Bedingungen ein Verhalten auftritt; Verhaltenslücken und Verhaltensexzesse werden aufgedeckt.
- eine Zielanalyse: Es werden die individuellen Lernziele bei Einzel- und Gruppentherapien festgelegt.
- die Techniken der Verhaltensmodifikation: Sie werden individuell für jedes Kind determiniert und mit den Daten der Verhaltensanalyse in Beziehung gesetzt.

Die Programme von Cordes, deren Methoden weitgehend denen von Schreibmann und Koegel gleichen, sind dabei so umfangreich, dass nur einige davon vorgestellt werden können (vgl. ebd., 53f.).

Blickkontakt

Aufbau eines neuen Verhaltens: Ziel: Das autistische Kind soll den Lehrer anschauen, wenn dieser äußert: „Schau mich an!"

- Erster Schritt: Prompting: Der Lehrer sagt: „ Schau mich an" und führt mit der Hand das Gesicht des Kindes in die richtige Lage.
- Zweiter Schritt: Fading: Der Lehrer schwächt beim Instruieren die Führung mit der Hand Stück für Stück ab.
- Dritter und letzter Schritt: Zwei Chainings (Verhaltensverkettungen): Das Kind hebt bei alleiniger Aufforderung den Kopf in die adäquate Position: erstens mit Augenkontakt und zweitens über die gesamte Sequenz.

Aufbau des gleichen Verhaltens nach Shaping (Verhaltensformung): Verstärkung: Zufällige Blicke des Kindes werden vom Lehrer verstärkt. Danach wird der Augenkontakt konditioniert und zuletzt erfolgen auch hier die zwei Chainings vom ersten Beispiel (vgl. ebd., 55f.).

Shaping wird angewandt, wenn Hilfestellungen versagen. Für autistische Kinder erwies sich die Methode des „backward chaining" am günstigsten, wobei sie eine Handlungsfolge vom Ende zum Anfang trainierten (vgl. ebd., 56).

Verhalten im Unterricht

Die Schulung im angemessenen Verhalten baut auf die Konditionierung des Blickkontaktes auf. Für den Unterricht wurden dabei auch wichtige Kommunikationsformen entwickelt, welche die Arbeit erheblich erleichtern. Es hat sich gezeigt, dass das Vorurteil, Autisten seien nicht lernmotiviert, falsch ist. *Meistens liegt die Ursache der Lernverweigerung in Kommunikationsproblemen* (das autistische Kind versteht nicht, was es tun soll).

Beispiele: Mit folgendem Stimulus aktiviert der Lehrer das Kind zu einer Handlung:

- der Aufforderung des Lehrers zu folgen mit: „Komm her, steh auf oder setz dich hin";
- seine Stimulationen zu beenden mit: „Bleib sitzen!" (ohne Stereotypien);
- die Handstimulationen zu beenden mit: „Leg die Hände auf den Tisch!";
- die Aufnahme des Blickkontaktes mit: „Schau mich an!";
- die Anweisung, Unterrichtsmaterial anzusehen mit: „Schau auf!";
- die Aufforderung, basale Handlungen mit den Materialien durchzuführen mit: „Festhalten, loslassen, hochheben, schieben oder hinlegen!";
- andere sich wiederholende Tätigkeiten mit z.B.: „Jacke an- und ausziehen, etwas holen, auf den Hof gehen oder Material wegbringen!" und
- die Imitation des Lehrers mit: „Mach nach und sprich nach!" (vgl. ebd., 53ff.).

Die Lernfelder

Die Lernfelder erstrecken sich auf den Bereich Sprache, Sozialverhalten, Arbeitsverhalten, Umwelt, Denken-Operieren-Rechnen (DOR) und dem zusammengefassten Bereich Hygiene-Kleidung-Nahrung (HBN). Es wird, wie bereits zitiert, mit der Verhaltensmodifikation gearbeitet, wobei durch systematische Auswahl der Elemente präzise strukturierte und möglichst eindeutige Lernsituationen geschaffen werden (vgl. ebd., 85ff.).

Sprache

Ein Ausgleich retardierter Sprache ist nach dem 5. Lebensjahr schwieriger, da die Hauptsensibilität für den Spracherwerb zwischen dem 3. und 5. Lebensjahr liegt.

Lernziel: Sprache soll von nun an dazu dienen, dass das Kind lernt, seine Wahrnehmungen statt durch optische Hilfselemente nun durch Strukturierung, Klassifizierung und Kategorisierung zu ordnen. Es lernt dabei 2 Anteile (Wort und Bedeutungsträger) miteinander zu verknüpfen (vgl. RUTTER, BARTAK und NEWAMANN 1971, 148ff.; FIRTH 1973, 14ff.; ebd. 1977, 7ff.; HERMELIN und O'CONNOR 1970; LOVAAS, KOEGEL und SCHREIBMANN 1979, 1236ff.).

Trainingselemente: Das autistische Kind muss die Sprache mit dem Bedeutungsträger verknüpfen. Bei der Erstellung eines Begriffssystems müssen Generalisierungen geübt werden. Das autistische Kind muss die Sprache auch zur Kommunikation mit anderen verwenden.

Praxis: Durch realitätsgetreues Nachspielen sozialer Situationen sollen die Kinder auch hier ihre Sprechfähigkeiten trainieren (vgl. CORDES 1980, 85ff.).

Sozialverhalten

Cordes betont noch einmal, dass die Isolation autistischer Kinder durch ihre Verarbeitungs- und Wahrnehmungsstörungen zu Stande kommt.

Lernziel: Durch Verhaltensmodifikation wird Sozialverhalten aufgebaut.

Trainingselemente: Die Aufmerksamkeit des Kindes ist auf die relevanten Handlungselemente zu schulen. Das Imitationsverhalten muss gefördert werden und die Kinder müssen lernen, dass Lob und Tadel mit der vorangegangenen Handlung in Beziehung stehen. Die Erlernung der Selektion sinnvoller Informationen aus mehreren wahrnehmbaren Reizen folgt. Darauf bauen kleine Handlungssequenzen auf, die jedoch noch nicht im Kontext zu stehen brauchen und erst später generalisiert werden.

Praxis: Mit Fotos, Dias und Filmen werden in ausreichenden Wiederholungen Handlungssequenzen erklärt, um sie anschließend mittels Generalisierung auf die Wirklichkeit zu übertragen. Es wird auch darauf geachtet, dass die Vorgänge vom Schüler verbalisiert werden.

Fortgeschrittene: Bei den von Cordes durchgeführten Versuchen lernten die autistischen Kinder die Schritte mechanisch. Nur selten wurden sie vom Partner oder dem Handlungsziel motiviert. Die Abläufe funktionierten nur an der Schule, weil bei diesem Training keine Generalisierungshilfen stattfanden.

Lernziel: Die soziale Interaktion soll aufgebaut werden.

Trainingselemente: In Zweier- oder Dreiergruppen müssen die Kinder zuerst üben, die Anwesenheit anderer Mitschüler auszuhalten. Ist dies erreicht, werden kleine Teilabschnitte von Spielabläufen durchgenommen. Sie werden dann Stück für Stück mit den Regeln vertraut gemacht. Nach dem Üben von Spielabläufen müssen die Schüler lernen, auch in gemeinsamer Arbeit etwas anzufertigen, zu bauen, zu konstruieren oder Essen zuzubereiten. Sie lernen, dass hierfür die Hilfe anderer Klassenkameraden notwendig ist.

Praxis: Spielregeln lernen sie z.B. am Gesellschaftsspiel „Mensch-ärgere-dich-nicht". In gemeinsamer Arbeit lernen die Schüler z.B. einen Salat zuzubereiten (vgl. ebd., 90ff.).

Arbeitsverhalten

Das Arbeitsverhalten wird in der ersten Förderungsphase trainiert. In der Hauptphase erhalten nur noch im Arbeitsverhalten nachlassende Schüler zusätzlichen Nachhilfeunterricht (Methode s.o.) (vgl. ebd., 93).

Umwelt: Lernziel: Vermittlung von Sachkompetenz, Wissen und Kenntnissen über die Umwelt.

Trainingselemente: Beispielfelder aus dem Nahbereich bilden das Haus, die Klasse und die Schule, aus dem Fernbereich die Haus- und Schulumgebung, der Straßenverkehr und das System von öffentlichen Institutionen. Es finden sich auch detaillierte Anwendungsbeispiele in der Naturbeobachtung, der Erkundung von physikalischen Gesetzmäßigkeiten (z.b. bei elektrischen Haushaltsgeräten) und beim Umgang mit Stoff, Holz und Metall. Praxis: Gegenstände und Sachverhalte werden diskriminiert, richtig benannt und benutzt (vgl. ebd., 93f.).

Denken - Operieren - Rechnen (DOR)
Lernziel: Der Schüler lernt hier durch einfache Materialien die Vorgänge der Diskrimination, der Ordnung, der Klassifikation, der Kategorisierung, der Analyse und der Synthetisierung.

Trainingselemente: Etwas nachlegen; nach Merkmalen ordnen; Reihen legen oder fortsetzen; nach Qualitäten sortieren; Muster ergänzen, Oberbegriffe bilden, Gemeinsamkeiten zwischen Objekten aufzeigen und Zuordnungen von Personen und Gegenständen vornehmen.

Praxisrelevanz: Der Schüler lernt hier sinnvolle Lernmethoden, die dann in anderen Fächern zur Anwendung kommen (vgl. ebd., 94f.).

Lernfeld: Hygiene - Bekleidung - Nahrung (HBN)
Lernziel: Der Schüler muss lernen sich zu waschen, Zähne zu putzen, Haare zu kämmen, die Toilette in der richtigen Zeit aufzusuchen, Schmutz wegzuwischen und Betten zu machen.

Training: Im Bereich der Bekleidung muss der Schüler lernen, sich selbstständig an- und auszuziehen, die Funktion von Schleifen, Reißverschlüssen und Knöpfen zu beherrschen. Im Bereich der Nahrung lernt er die richtige Benutzung von Besteck, den Tisch abräumen, Spülen sowie Brote schmieren (vgl. ebd., 95ff.).

Mitarbeit der Eltern
Die Eltern vom Verein „Hilfe für das autistische Kind Bremen e.V." haben sich sehr um die Realisierung des Projektes verdient gemacht. Ihre Pionierarbeit bleibt nach wie vor ein wichtiges Basiselement dieses Versuches. Cordes hat sich bei den Modellversuchen von Anfang an für die Einbindung der Eltern entschieden, weil Lovaas in einer Follow-up-study nachweisen konnte, dass autistische Kinder nur mit den Eltern Lernfortschritte erzielen konnten. Eltern, die ihre autistischen Kinder in diese Sonderklasse einschulten, mussten auch verbindlich an einer Elterntherapie teilnehmen, ein Sondertraining für Eltern absolvieren, sowie 80 Euro monatlich an die Schule bezahlen. Durch ihre Mitarbeit sollte die häusliche Situation der schulischen soweit wie möglich angeglichen werden, damit sich das autistische Kind auf Grund seiner Generalisierungsschwäche besser orientieren kann. Besonders gefordert wurden die Eltern, indem sie lernen mussten, sich an den empirischen Untersuchungen (Datenerhebung) zu beteiligen. Nur durch die intensive Zusammenarbeit mit den Eltern, die auch Haustherapien beinhaltete, konnte eine enge Verzahnung zwischen Schul-, Haus- und Praxissituationen

gewährleistet werden. Nach Absolvierung des Trainings wurde von den Eltern künftig die Teilnahme an Lernplanungskonferenzen erwartet (vgl. ebd. 1979, 99; ebd. 1980, 116f.; LOVAAS, KOEGEL, SIMMONS und LONG 1973, 131ff.).

Aufgaben der Eltern: Einstellungsänderung: Die Eltern lernten ihre Einstellung zu ihren Kindern so zu ändern, dass sie effektiver mit ihnen umgehen und realistischere Erwartungen an sie stellen konnten.

Heimtraining: Die Eltern sollten im Rahmen des Lernprogramms, Generalisierungs- und Verhaltensmethoden soweit beherrschen, dass sie auch zu Hause geübt werden können.

Anpassung des Trainings an das häusliche Umfeld: Die Eltern sollten zwar ihr Kind auch zu Hause optimal fördern, aber sich und andere in der Familie und Freizeit so wenig wie möglich behindern (vgl. CORDES 1980, 117).

Training der Eltern:
– Das Verhalten des autistischen Kindes (Einführung zum Autismus): Anhand von Untersuchungsbeispielen werden die Eltern mit den Problematiken der Reizverarbeitung und anderen Auffälligkeiten autistischer Kinder vertraut gemacht.
– Einführung in die Verhaltensmodifikation: Anhand von Ergebnissen empirischer Forschung erhalten die Eltern einen Überblick über die wichtigsten Prinzipien der Verhaltensmodifikation.
– Lernkurs zur Verhaltensbeobachtung und Verhaltensbeschreibung: Die Eltern lernen Versuchssituationen möglichst objektiv zu beobachten, damit ihre gewonnenen Eindrücke statistisch (empirisch) weiterverarbeitet werden können (z.B. exakte Unterschiede vom Verhalten vor und nach Anwendung einer Methode).
– Interventionsplanung: An Beispielen wird der Einsatz therapeutischer Interventionen erläutert. Erfolgs- und Fehlerkriterien werden dazu vermittelt.
– Die Methoden für Erweiterung und Aufbau von Verhalten: Am Verhalten der eigenen Kinder lernen die Eltern, nach welchen Funktionen Verhalten häufiger oder geringer wird. Dabei werden die diversen Methoden zur Beeinflussung diskutiert.
– Die Eltern lernen die Anwendung der Methoden: Sie lernen, auf welche Art Instruktionen, Hilfen und Konsequenzen vermittelt bzw. angewendet werden sowie die partielle Erhebung von Daten.
– Erstellung von Lern- bzw. Verhaltensprogrammen: Die Eltern sollen nun für ihr eigenes Kind mit den gelernten Mitteln ein Programm erstellen, dass nach der Verhaltensmodifikation ausgerichtet ist.
– Kontrolle der erarbeiteten Kenntnisse: Ein Psychologe prüft zum Abschluss, ob die Mutter die gelernten Mittel richtig anwandte und ob ihre therapeutische Strategie bei dem Kind Wirkung zeigte.
– Nachtraining und Generalisierung: In Haustherapie bildet der Lehrer die Mütter weiter aus. Diese können ihre gewonnenen Kenntnisse durch die Anwendung an anderen Kindern in der Schule (Gruppe) generalisieren (vgl. ebd., 117ff.).

Prognose

Ähnlich wie Schreibmann stellt Cordes nur Prognosen im Hinblick auf den durchschnittlichen Erfolg seiner Methoden. Man würde Cordes jedoch nicht gerecht werden, wenn man verschweigen würde, dass seine schulischen Lernprogramme im Vergleich zu Schreibmann im Hinblick auf die spätere Nützlichkeit im täglichen Leben entschieden komplexer und differenzierter ausgearbeitet sind. Cordes geht davon aus, dass eine Umschulung in die Regelschule erst möglich ist, wenn autistische Kinder genügend Festigung in ihrem Verhalten durch die Förderung in ihrer Spezialschule erfahren haben. Besonders wichtig dabei ist, dass sie nun trotz ihrer Störung künftig in der Lage sein werden, in der Umwelt *sinnvoll strukturiert zu lernen* (vgl. ebd. 1979, 100). Cordes geht jedoch davon aus, dass eine „Normalisierung" bei allen autistischen Kindern nur ansatzweise erreicht wird. Autisten haben es auch im Erwachsenenalter schwer, spontanes oder alternatives Verhalten zu zeigen. Sie benötigen auf Grund ihrer Strukturierungsprobleme weiterhin therapeutische Begleitung. Entscheidend für ein selbstständiges Leben ist, dass sie ein schon *gut ausgeprägtes Generalisierungsvermögen haben*; dass sie hinreichend *Erfahrungen bei der Kommunikation* haben; dass sie die Sprache gut genug verstehen und dass sie angemessen erlernt haben, Reize *realitätsgerecht* zu selektieren (vgl. ebd. 1988, 64).

3.3.4   Miller: Lernen durch Imitation

Miller hat am Hamburger „Institut für Therapie autistischer Verhaltensstörungen", dessen Träger der „Verein zur Förderung autistischer Kinder" ist, bei der Therapie autistischer Kinder *schwerpunktmäßig die Methoden der Imitation* eingesetzt. Diese basieren auf den empirischen Analysen von Lovaas, Hintgen, Churchill und Hewett vor 1970. Miller ist fest überzeugt, dass die Therapie durch Imitation, vorausgesetzt sie wird nach seinen Vorstellungen praktiziert, dem autistischen Kind zum Aufbau lebenspraktischer Fähigkeiten *mehr* nützt als die Methoden des operanten Konditionierens. Seine Therapieprogramme führte Miller ambulant durch (vgl. LOVAAS et al. 1965; HINTGEN und CHURCHILL 1971; HEWETT 1965; MILLER 1979, 119f.; ebd. 1981, 39).

3.3.4.1   Erscheinungsformen

Die Erscheinungsformen des Autismus decken sich weitgehend mit der 60-Punkte-Liste vom Bundesverband: „Hilfe für das autistische Kind", welche bereits im Kapitel über Cordes Erwähnung fand. Ähnlich wie Cordes diskutiert Miller bei den Erscheinungsformen ebenfalls nur Aspekte, die sich im Zusammenhang mit seiner Theorie interpretieren lassen. Diese geht von einer *mangelhaften Tätigkeit* des autistischen Kindes aus. Das hochselektive Interesse der Autisten an der Umwelt führt dazu, dass sie nur über wenig Sparten von *Tätigkeitszielen* verfügen. Die Stereotypien und Stimulationen schränken dabei die *Tätigkeitsmittel* erheblich ein. Wenige lebenspraktische Fertigkeiten bedeuten demnach für das autistische

Kind eine eingeschränkte *Tätigkeitsebene* (vgl. MILLER 1981, 36). Die unzureichenden Sozialisierungs- und Affektverarbeitungsprozesse, welche bei Cordes und Schreibmann Erwähnung finden, werden bei Miller nicht extra genannt (vgl. MILLER 1979, ebd. 1981).

3.3.4.2 Ursachen

Miller verweist, was die Ursachen betrifft, auf verhaltenstherapeutische Definitionen (Schreibmann, Lovaas). Darin verdeutlicht er, dass im Gegensatz zur Psychoanalyse, welche Fehlverhalten in frühkindlichen Konflikten untersucht, im Behaviorismus lediglich entsprechend von „nicht gelernten" oder „falsch gelernten" Verhaltensweisen ausgegangen wird. Darüber hinaus erwähnt er die neurophysiologischen Reizverarbeitungsmechanismen des autistischen Kindes, welche denen von Cordes gleichen (vgl. ebd. 1981, 35; CORDES und WILKER 1976a; ebd. 1976b; CORDES 1979ff.).

3.3.4.3 Behandlungsmöglichkeiten

Lernen durch Imitation

Da autistische Kinder nicht ohne weiteres imitieren können, wäre die Anwendung des operanten Konditionierens oder der verbalen Beeinflussung naheliegend. Miller erklärt hierzu jedoch, dass operantes Konditionieren im Vergleich zur Imitation nur die Entstehung einfacher Verhaltensweisen zulässt. Die verbale Beeinflussung nützt ebenfalls wenig, da autistische Kinder den semantischen Aspekt der Sprache kaum verstehen. Nach Miller kann das autistische Kind *nur durch Imitation komplexe motorische, lebenspraktische und soziale Verhaltensformen* entwickeln. Auch der zeitliche Aufwand ist hier im Vergleich zu den anderen Methoden geringer. Das autistische Kind wird mit speziellen Lernprogrammen an nützliche Tätigkeiten und Verrichtungen herangeführt. Es lernt eine Auseinandersetzung mit den neuen Handlungen, die sein Repertoire an Erkenntnissen und Erlebnissen erheblich erweitern werden. Nun kann es die gewonnenen Erkenntnisse auf sein weiteres Umfeld (z.B. Elternhaus) generalisieren. Die bei Cordes und Schreibmann erwähnte Generalisierungsschwäche wird bei Miller mit den Methoden der Imitation überwunden. Damit die Therapie den gesteckten Zielen möglichst nahe kommt, werden die Therapeuten vom Hamburger Institut sorgfältig ausgewählt (vgl. MILLER 1979, 132ff.; ebd. 1981, 35ff.).

Ziele: Im Gegensatz zu Cordes möchte die Therapie nach Miller keine umfassende kompensatorische Erziehung leisten, sondern lediglich dem autistischen Kind Hilfestellungen *zur Alltagsbewältigung* anbieten (vgl. MILLER 1981, 39).

Vorteile des Imitationslernens: Das autistische Kind wird befähigt, sich mit der Umgebung aktiv auseinanderzusetzen. Im Gegensatz zur Tiefenpsychologie und zur konventionellen Verhaltenstherapie, die das autistische Kind bei der Erstellung der Programme auf seine Symptome reduzieren, wird in der Imitationstherapie von Miller respektiert, dass sich diese Kinder durchaus mit den Aufgaben bei voller Anteilnahme zielgerichtet und planvoll auseinander setzen können. Aus dieser Überlegung heraus verzichtet Miller darauf, jene anderen Methoden heranzuziehen, in denen er vorgefertigte Techniken sieht und setzt stattdessen auf seine Art der „Methodenwahl". Damit meint er seine Versuche, dem Kind Angebote zur Verfügung zu stellen. Es gibt keine Bestrafung und der Therapeut richtet sich nach dem individuellen Entwicklungstempo und den Interessen des Kindes. Nur wenn der Therapeut für das Kind „attraktiv" erscheint, kann in vielen Fällen überhaupt erst die Therapie ansetzen (vgl. MILLER 1981, 37f.). Deshalb sollte z.B. auch der Therapieraum für ein neu aufgenommenes Kind, welches sich für visuelle Reize interessiert, dementsprechend gestaltet sein. Erst nach erfolgreicher Eingewöhnung werden die Reize zurückgenommen, zu Gunsten der nun beginnenden Imitationsprogramme (vgl. ebd., 38).

Therapieprogramm

Lernprogramm durch Imitation: Am Institut für Therapie autistischer Verhaltensstörungen hat Miller das IHR-Modell von dem Autor DeMyer aufgegriffen. Durch die sorgfältige Planung von sukzessiv abgestimmten Schwierigkeitsgraden im Konzept, können autistische Kinder wieder zum Imitieren angeregt werden und zunehmend komplexere Verhaltensabläufe entwickeln. Die Programme dürfen nur im richtig gewählten Milieu stattfinden, welches ermöglicht, dass
– das Kind die jeweilige Aufgabe wahrnehmen kann.
– die jeweilige Aufgabe positiv motiviert verarbeiten kann.
– die jeweilige Aufgabe richtig umsetzen kann.
– sie auch „richtig umgesetzt" wahrnehmen kann (vgl. STÜDEMANN 1978 in MILLER 1979, 138f.).

Trainingsziel: Im Hinblick auf den Erwerb komplexer motorischer und sozialer lebenspraktischer Fähigkeiten müssen autistische Kinder motiviert und befähigt werden, Gesehenes nachzuahmen (vgl. DEMYER et al. 1972; MILLER 1979, 134).

Das „IHR-Modell"

Im IHR-Modell wird das autistische Kind angeregt, nach einem sukzessiv schwieriger werdenden Stufenplan immer mehr Verhaltensmuster und Handlungskombinationen zu imitieren. In der ersten Stufe lernt es zunächst eine überschaubare Handlungsfolge, in der zweiten die Kombination von zwei Handlungen, welche in der dritten Stufe um weitere Handlungen ausgebaut wird.

Teil 1 – Körperbezogene Handlungen: (KH) Körperbezogene Handlungsprogramme beginnen mit nur einer zu imitierenden Bewegung und machen das autistische Kind mehr und mehr mit seinem Körper vertraut: bei Stück für Stück gesteigerten Anforderungen.

KHE 1: Aus 25 Übungsbeispielen mit den Bereichen Kopf,- Rumpf,- Bein- und Armbewegungen seien hier als Beispiel gymnastische Bewegungen mit den

Armen genannt, die das autistische Kind jeweils hochheben, ausstrecken oder über den Kopf zusammenführen kann.

KHE 2 baut auf KHE 1 auf. Das autistische Kind lernt hier die parallele Imitation von zwei Bewegungsabläufen. Hat es die ersten zwei Stufen erfolgreich absolviert, gelangt es in die dritte Stufe (KHK) der körperbezogenen Handlungskomplexe. Das Kind erlernt jetzt eine Fülle von Handlungskomplexen parallel zu imitieren, wobei die Übungen zunehmend den Charakter von sensomotorischen und rhythmischen Therapien (nach Ayres) annehmen, aus denen sie Miller auch ableitete (vgl. AYRES 1979; MILLER 1979, 136ff.).

Teil 2 – Objektbezogene Handlungen: (OH) Bei den objektbezogenen Handlungsprogrammen soll nun das autistische Kind, welches bereits mit den körperbezogenen Handlungen vertraut ist, lernen, die einzelnen Teilbewegungen auf lebenspraktische Bewegungsmuster und komplexere Handlungsfolgen auszubauen. Auch diese Übungen erfolgen bei Miller in kleinen Teilschritten:

OHE 1: Dem autistischen Kind werden zunächst einzelne Bewegungsabläufe an Objekten demonstriert. Aus den 40 „Standardmanipulationen" lernt das Kind die Vorgänge des Drehens (an Tuben, Dosenverschlüssen, Glühbirnen und Schrauben), des Ineinandersteckens (von Tassen, Bechern, Tüten und Eimern) und des Unterwasserhaltens von Händen, Armen und Gegenständen (Zahnbürste, Seife, Waschlappen, Teller, Tassen und Schwämme).

In der zweiten Stufe (OHE 2) lernt es nun zwei Handlungen kombiniert auszuführen (z.B. das Stecken und Drehen vom Schlüssel im Türschloss). In der Stufe OHE 3 wird die zweite Stufe ausgebaut, indem das autistische Kind lernt, mehrere objektbezogene Handlungen gleichzeitig auszuführen (z.B. das Abreißen und Einwickeln des Brotes inklusive dem nachfolgenden Ablegen auf dem Tisch). Danach beginnt das Kind im gleichen Lernschema das OHK-Programm, indem es noch größere Sequenzen lernt und damit in der Lage ist, größere Abläufe wie Spülen, Tischdecken oder Einkaufen selbstständig zu erledigen (vgl. MILLER 1979, 138f.). Auch im Lernprogrammen von Miller wird, ähnlich wie bei Cordes, das autistische Kind von den Mikrostrukturen beginnend bis zu den Makrostrukturen Stück für Stück mit den Anforderungen der Realität vertraut gemacht (vgl. CORDES und WILKER 1976a; CORDES 1980; MILLER 1976; ebd. 1979).

Behandlungsschwerpunkte: Das IHR-Programm kann
– als gezielte Frühförderung dienen.
– speziell auch für autistische Kinder angewendet werden, die bisher nur in der Lage waren, auf verbale Anordnungen zu reagieren, und nun größere Bereiche der Sprache eröffnet bekommen.
– mutistische Autisten, die bereits über ein gutes verbales Verständnis verfügen, nun motivieren, dieses freizulegen (vgl. MILLER 1979, 140).

Personal: Für 100 ambulante Therapieplätze stehen fünf Dipl.-Psychologen, drei Sozialpädagogen, eine Erzieherin und ein Arzt zur Verfügung (vgl. MILLER 1981, 39).

Therapeutische Bedingungen: Die therapeutischen Bedingungen orientieren sich an dem von Miller entwickelten lerntheoretischen Therapiemodell seiner Dissertation „das MSA-MSF-Modell" (vgl. MILLER 1978 in ebd. 1979, 139).

Fähigkeiten des Therapeuten: Er muss erkennen können, welchen Schwierigkeitsgrad das Kind bewältigen kann. Es wird von ihm erwartet, dass er die einzelnen Aufgaben so klar strukturiert und dem Kind „attraktiv" darbietet (unter weitgehendem Verzicht der Sprache), dass alle übrigen Ablenkungsreize des Therapieraumes in den Hintergrund geraten. Stets muss er bemüht sein, dem Kind auch mal ein durchschlagendes Erfolgserlebnis zu vermitteln (vgl. MILLER 1979, 139).

Persönlichkeit des Therapeuten: Es wird erwartet, dass der Therapeut die Sichtweise von Miller über den Autismus und der sich daraus ableitenden Therapie teilt und zwischen anderen Therapeuten, Lehrern und Eltern vermitteln kann. Stets müssen sich die Bezugspersonen der autistischen Kinder als „Lernende" begreifen und für Modifikationen der Programme offen sein. Bezugspersonen müssen sich nach Miller durch Stabilität sowohl der inneren Befindlichkeit, als auch für die Interaktion nach außen auszeichnen. Darüber hinaus wird eine sensible Nähe zu kindlichen (häufig unverständlichen) Verhaltensweisen erwartet sowie körperliche und geistige Belastbarkeit und kreative Potentiale (vgl. ebd. 1981, 37).

Prognose: Das IHR-Programm bewirkte bei den autistischen Kindern, gleichgültig welcher Behandlungsschwerpunkt gewählt wurde, binnen 4–6 Monaten erhebliche Fortschritte (vgl. MILLER 1978 in ebd., 140).

3.3.5 Gegenüberstellung von Schreibmann, Cordes und Miller

Cordes und Schreibmann entwickelten Mitte der 70er-Jahre einige Modellversuche für eine separate Schulklasse mit ausschließlich autistischen Kindern, in der nach den Methoden der Verhaltensmodifikation von Lovaas behandelt wurde. Millers Therapiezentrum ist dagegen eine ambulante Fördereinrichtung, die von den Lehren Piagets (Kleinkinder lernen durch Imitation) ausgehend Förderprogramme mit Imitationselementen anbietet (vgl. CORDES und WILKER 1976; CORDES 1980f.; MILLER 1976ff.; SCHREIBMANN und KOEGEL 1976; SCHREIBMANN 1979).

3.3.5.1 Erscheinungsformen

Cordes, Miller und Schreibmann beschrieben nur die Erscheinungen, die nachher auch mit dem Therapieprogramm in Zusammenhang standen. Miller äußerte sich zu diesem Aspekt besonders knapp. Nur Cordes verfasste eine ausführliche Symptomliste (60 Punkte), die sich hauptsächlich aus Beobachtungsmerkmalen von Kanner, ferner auch von Asperger und einigen anderen Autoren, der medizinischen Fakultät angehörend, zusammensetzte (vgl. CORDES und WILKER 1976; CORDES 1980, 185ff.; MILLER 1976ff.; SCHREIBMANN und KOEGEL 1976; SCHREIBMANN 1979).

Wahrnehmung

Alle drei Autoren sind sich einig, dass das autistische Kind seine Umwelt hochselektiv wahrnimmt.

CORDES: Jedes autistische Kind hat eine individuelle Reizschranke, die sich nach seinen Interessen richtet (vgl. CORDES 1980, 7f.).

MILLER schließt sich den Ausführungen Cordes an und folgert daraus, dass es dem autistischen Kind dadurch nicht gelingt, eigene Tätigkeitsziele zu entwickeln (vgl. MILLER 1981, 36).

Auffallende Verhaltensmuster

CORDES: Aufgrund der gestörten Wahrnehmung fehlen bereits dem Säugling notwendige antizipatorische Verhaltensweisen. Es lächelt seine Mutter nicht an und vermeidet sogar den Blickkontakt zu ihr. Stattdessen ist es auffallend oft mit Stereotypien, Handlungsritualen und Selbststimulationen beschäftigt (vgl. CORDES 1980, 8f.).

MILLER ergänzt, dass die Stereotypien das autistische Kind der Möglichkeit berauben, lebenspraktische Grundlagen (Kognitionen) zu erlernen. Miller deutet bereits bei seinen Beobachtungen autistischer Kinder an, dass unter seinen therapeutischen Bedingungen (Lernen durch Imitation), die aktiven Potentiale der Kinder weit besser zur Entfaltung kommen, als bei der traditionellen Methode der operanten Konditionierung (vgl. MILLER 1981, 35ff.).

SCHREIBMANN beschreibt „befremdende Verhaltensmuster" u.a. auch Stereotypien sowie die soziale Situation des Kindes im Elternhaus. Eine Wahrnehmungsstörung vermutet sie dahinter nicht und verweist stattdessen auf die gängige Definition der Behavioristen, die im autistischen Zustandsbild eine Häufung spezifischer Verhaltensweisen sehen (vgl. SCHREIBMANN und KOEGEL 1976, 22ff.).

Besondere Fähigkeiten und Spezialinteressen

CORDES: Autistische Kinder weichen von der homogenen Entwicklung normaler Kinder deutlich ab. In ihren Spezialgebieten liegen ihre Fähigkeiten weit über dem Altersdurchschnitt; in anderen Bereichen wiederum weit darunter (vgl. CORDES 1980, 9).

MILLER schreibt dazu, dass die wenigen Begabungen, so gut sie auch entfaltet sein mögen, das autistische Kind stark bei der Erlernung lebenspraktischer Fähigkeiten einschränken (vgl. MILLER 1981, 36).

Sprache

CORDES: Autistische Kinder richten bei der Kommunikation ihre Aufmerksamkeit eher auf situationale Aspekte, als auf deren Semantik. Beim Sprechen neigen sie zu unangemessener Melodik, Rhythmik und Grammatik. Viele autistische Kinder sprechen zudem in Echolalie (vgl. CORDES 1980, 7; KANNER 1943ff.).

SCHREIBMANN und MILLER: Während Miller die Sprache des Autisten nicht behandelt, erwähnt Schreibmann den häufigen Mutismus unter Autisten und die Echolalie (vgl. SCHREIBMANN 1976, 22 und MILLER 1981, 35ff.).

3.3.5.2 Ursachen

Alle drei Autoren orientieren sich an dem bisherigen Konsens der Behavioristen, dass wegen mangelnder Eindeutigkeit bisheriger Untersuchungen zur Ursache kein adäquates Behandlungsmodell entwickelt werden konnte. Die gestörte Reizverarbeitung ist die Basis für sekundäre Verhaltensmuster. Sie wird bei den Autoren im Therapieprogramm entsprechend berücksichtigt. Sie wird auch als Ursache für die besondere Generalisierungsschwäche bei den Autisten gesehen (vgl. DUNLOP, KOEGEL und EGEL 1979, 552ff.; CORDES und WILKER 1976, 94ff.; CORDES 1988, 56; MILLER 1981, 35; SCHREIBMANN 1979, 118).

3.3.5.3 Behandlungsmöglichkeiten

Die unterschiedliche Herkunft der Autoren und die Differenzen im Anspruch führen nachfolgend zu Unterschieden in der Behandlung, Durchführung und Prognose. Im Folgenden werden die Programme gegenübergestellt und deren Wirksamkeit diskutiert (vgl. SCHREIBMANN und KOEGEL 1976; SCHREIBMANN 1979; CORDES und WILKER 1976; CORDES 1980; MILLER 1976; ebd. 1979).

Anspruch der therapeutischen und sonderpädagogischen Förderung
CORDES: Der Schwerpunkt an der Bremer Schule bildet die Vermittlung von sozialen, motorischen und lebenspraktischen Fertigkeiten. Für jedes neu aufgenommene Kind wird ein spezieller Lehrplan erstellt, der sich genau an dem momentanen Funktionsniveau des Kindes orientiert. Im Unterricht wird nach den *Methoden der Verhaltensmodifikation* gearbeitet (vgl. CORDES 1980).

MILLERs Lernziele decken sich vom Anspruch der Vermittlung lebenspraktischer Fähigkeiten her weitgehend mit denen von Cordes. Er hält jedoch die operante Konditionierung, die in der Verhaltensmodifikation zur Anwendung kommt, für wenig effektiv, da sie nur bei der Erlernung einfacher Verhaltensweisen hilfreich ist. Wichtiges Kennzeichen seiner Therapie ist daher: er missbilligt die Bestrafung von Fehlverhalten (darin bestärkt durch Piagets Erkenntnis, dass Imitationslernen bei heranwachsenden Kindern entscheidend ist für den Erwerb komplexer motorischer, lebenspraktischer und sozialer Verhaltensformen und in Kenntnis darüber, dass gerade autistische Kinder an Imitationsschwächen leiden) (vgl. MILLER 1979, 132ff.; ebd. 1981, 35ff.).

SCHREIBMANN: Ähnlich wie Cordes, behandelt Schreibmann in der therapeutischen Praxis autistische Kinder nach den Methoden der Verhaltensmodifikation, wobei das Kind durch Anwendung diverser Verstärker so weit gefördert wird, bis eine gute Integration in die Umwelt gewährleistet ist (vgl. SCHREIBMANN 1979, 19).

Unterricht und Therapie

CORDES: Alle neu aufgenommenen Kinder durchlaufen die erste Förderphase, in der sie mit Grundtechniken ihrer zukünftigen Arbeitshaltung vertraut gemacht werden. Parallel dazu wird nach und nach die Dauer des Unterrichts ausgedehnt, bis sie dem Beginn der weiterführenden Programmfelder gleicht. Diese sind aufgeteilt in die Lernfelder Sprache, Sozialverhalten, Umwelt, Denken-Operieren-Rechnen und Hygiene-Bekleidung-Nahrung. Cordes und Mitarbeiter haben im Vergleich zu Miller und Schreibmann ein sehr ausführliches Förderungskonzept erstellt, welches in einer speziellen Sonderklasse nur für autistische Kinder zur Anwendung kommt (vgl. CORDES 1980).

MILLER verwendet einen Stufenplan (IHR-Modell). Zunächst wird die Motorik trainiert, bis komplexere Bewegungsfolgen möglich sind. Nach dieser Phase wird das autistische Kind in einer Aufbauphase mit lebenspraktischen Bewegungs-mustern vertraut gemacht. Es lernt darin kleinere und schließlich auch große Handlungssequenzen selbstständig auszuführen. Sein Förderungskonzept wurde beim Erscheinen seines Aufsatzes nur an seinem Hamburger Institut angeboten und verstand sich im Gegensatz zu Cordes' Schulprojekt als eine ambulante therapeutische Einrichtung, die das Kind soweit förderte, bis es fähig war, am sozialen Leben teilzunehmen und eventuell eine Schule zu besuchen (vgl. MILLER 1979, 132ff.).

SCHREIBMANN reduziert in der schulischen Förderung negative Verhaltens-weisen des frühkindlichen Autismus soweit, bis eine Integration in die Gesellschaft möglich wird. Durch Verhaltensmodifikation wird selbstzerstörendes und selbststimulierendes Verhalten reduziert und Wutanfälle gelöscht. Die extrem individuelle Reizselektion der Kinder wird durch spezielle Lernprogramme umgelenkt und sukzessiv reduziert, so dass auch Generalisierungen möglich werden (vgl. SCHREIBMANN 1979, 118ff.).

Maßnahmen zur verbesserten Konzentration und Stoffaneignung

Alle drei Autoren berichteten über die Schwierigkeiten autistischer Kinder, sich gezielt dem Lernstoff zu widmen. Die *extreme Reizselektion* der Kinder führt dazu, dass sie sich entweder gar nichts oder lediglich falsche Elemente in einer Lernsituation einprägen. Folgende *Lernhilfen* haben sie diesbezüglich entworfen:

CORDES: Der Unterrichtsraum ist nur mit ein paar Bänken sowie Stühlen und dem jeweils aktuellen Lernmaterial ausgestattet. Alles Übrige wird weggelassen, damit die Wahrscheinlichkeit steigt, dass sich das autistische Kind mit dem aktuellen Stoff beschäftigt. In der Regel erhält das autistische Kind Einzelunterricht. In der Förderphase wird durch Verhaltensmodifikation die rich-tige Arbeitshaltung vermittelt, damit sich das autistische Kind besser auf den Lernstoff konzentrieren kann. Auch in den Aufgabenfeldern der weiterführenden Stufe wird Verhaltensmodifikation angewandt, damit sich das Kind besser auf den Lerninhalt konzentrieren kann. In einer weiteren Stufe werden die autistischen Kinder nun mittels spezieller Generalisierungsprogramme auf die jeweiligen

Anwendungsgebiete vom Lernstoff vorbereitet. Auch wird die soziale Interaktion verbessert, indem das autistische Kind nun zunehmend in Kleingruppen lernt (vgl. CORDES 1980).

MILLER beginnt im Gegensatz zu Cordes damit, dass dem neu aufgenommen Kind zum Einstieg die Reize geboten werden, für die es sich *interessiert*. Dadurch fühlt es sich wohl und ist empfänglicher für die späteren Lerneinheiten. Diese werden zu Beginn in so kleine Schritte aufgeteilt, dass das Kind in der Regel gut folgen (imitieren) kann. Großen Wert legt Miller dabei auf die therapeutischen Bedingungen und auf die Persönlichkeit des Therapeuten, die so gestaltet bzw. geartet sein muss, *dass das Lernen für das autistische Kind möglichst attraktiv wird*. Im Institut finden ein bis dreimal wöchentlich Einzel- und Gruppenbehandlungen statt. Die Unterrichtsdauer orientiert sich an der Belastbarkeit und Motivation der Kinder (vgl. MILLER 1976, 40ff.; ebd. 1979, 132ff.).

SCHREIBMANN versucht zunächst die Frequenz störender Verhaltensmuster autistischer Kinder durch Methoden des operanten Konditionierens zu *verringern*. Der extremen Reizselektion während der theoretischen Lerneinheiten entgegnet sie, indem gerade aktuell relevante Komponenten des Lerninhalts so *übertrieben dargestellt* werden, dass sie anfangs kaum vom autistischen Kind übersehen werden können. Hat das Kind es geschafft, seine Konzentration auf die relevanten Elemente zu richten, werden die übertriebenen Darstellungen allmählich zurückgenommen. Nach Absolvierung dieser Trainingsstufe gewinnt das Kind zunehmend die Fähigkeit, auch Diskriminationsaufgaben zu lösen (vgl. SCHREIB-MANN 1979, 118ff.).

Die Rolle der Eltern während der Therapie

Alle drei Autoren legen großen Wert auf die Mitarbeit der Eltern in der Funktion des Co-Therapeuten bzw. Lehrers.

CORDES: Ausschlaggebend war eine Follow-up-study von Lovaas, die den Nachweis erbrachte, dass autistische Kinder bei Einbindung der Eltern effektiver lernen können. Daher entschied die Schule, dass sich die Eltern bei der Aufnahme ihres Kindes verbindlich dazu bereit erklärten, in der Schule mitzuarbeiten, einen finanziellen Beitrag zu entrichten und an einem speziellen Ausbildungsprogramm für Eltern teilzunehmen. Bei Cordes' Schulprojekt werden die Eltern stark gefordert. Dies zeigt sich u.a. auch darin, dass sie z.B. eingewiesen werden, ihre Eindrücke über eine Lernsituation für eine empirische Studie objektiv und damit adäquat zu formulieren. Nach erfolgreicher Absolvierung des Ausbildungstrainings sind die Eltern in der Lage, selbstständig Lern- und Verhaltensprogramme zu erstellen. Mit diesen können sie nun ihrem Kind bei Generalisierungen helfen. Dabei wird die hochstrukturierte Unterrichtssituation auf die weniger strukturierte Praxis übertragen (vgl. CORDES 1979, 99ff.; ebd. 1989).

SCHREIBMANN bezieht sich auch auf die Studie von Lovaas, welche die Vorteile der Elternarbeit verdeutlicht. Nach Unterrichtung der Grundlagen der Verhaltenstherapie sollen die Eltern diese nun die Anwendung an ihrem Kind vor einem Therapeutenteam demonstrieren. Ein Feedback findet seitens der Therapeuten so lange statt, bis die Eltern die Programme mit 80%iger Richtigkeit anwenden. Eine bloße Vermittlung von Anwendungsbeispielen in der Verhaltensmodifikation lehnt Schreibmann ab, da sie die Erfahrung machte, dass Eltern ohne eine Korrektur und Austausch mit einem Therapeutenteam die Inhalte lediglich imitierten und damit dementsprechend häufig unpassend anwandten. Genau wie bei Cordes fungieren die Eltern letztlich als gut ausgebildete Lehrer und können somit das Kind auch außerhalb des Therapiezentrums fördern (vgl. SCHREIBMANN 1979, 128f.).

MILLER: Mindestens eine elterliche Bezugsperson nimmt zunächst beobachtend am Therapieprogramm teil. Danach wird sie unter Supervision des Psychologen schrittweise in die Praxis eingeführt. Neben praktischer Unterweisung werden die Eltern auch mit den lernpsychologischen Prinzipien und deren Nutzwert für die Zukunft ihres Kindes vertraut gemacht. Miller achtet darauf, große Kontraste in den Erziehungsstilen der Bezugspersonen vom Kind außerhalb des Zentrums zu vermeiden, so dass diese zumindest über den therapeutischen Verlauf der Therapie informiert werden (vgl. MILLER 1976, 40ff.; ebd. 1979, 132ff.).

Anforderungen an das Personal und Betreuungsschlüssel

CORDES: In der Bremer Schule arbeiteten in der zweiten Projekteinheit jeweils 2 Diplompsychologen, Sonderschullehrer und Elterntherapeuten sowie 4 dafür qualifizierte Zivildienstleistende. Der *Betreuungsschlüssel lag bei 1:1,3*. Cordes legte bei der Auswahl der Mitarbeiter schwerpunktmäßig besonders viel Wert auf eine gute Vorbildung sowie ein Interesse, sich sehr intensiv mit verhaltenstherapeutischen Techniken hinsichtlich der Behandlung des Autismus auseinanderzusetzen. Dies ist zwingend notwendig im Hinblick auf die komplexe Planung und Durchführung, die es erfordert, einen Unterricht auf die jeweils individuellen autistischen Störungen des Kindes einzurichten (vgl. Cordes 1980).

MILLER: Am Institut von Miller waren zwei Diplom-Psychologen, zwei psychologisch-technische Assistenten und jeweils eine Sozialpädagogin, eine Heilpädagogin, ein Musiktherapeut und ein Arzt beschäftigt. Angaben zum Betreuungsschlüssel fehlen. Genau wie in der Bremer Schule legt Miller viel Wert darauf, dass seine Mitarbeiter, insbesondere die Therapeuten, in der Lage sind, in einer Lernsituation die Aufgaben „autistengemäß" zu strukturieren. Nach Miller ist es von elementarer Wichtigkeit, dass die Mitarbeiter dem autistischen Kind genügend Erfolgserlebnisse vermitteln. Zudem wird von den Mitarbeitern viel Einfühlungsvermögen in das autistische Weltbild verlangt, ebenso die Bereitschaft, auch an sich selbst weiterzuarbeiten (vgl. MILLER 1976, 41; ebd. 1979, 139; ebd. 1981, 37).

SCHREIBMANN: An den Santa Barbara Schulen in Kalifornien wurden unter Mitwirkung von Dr. Robert Koegel aus der Universität in Santa Babara Autistenklassen eingerichtet. Der *Lehrer bzw. Therapeutenschlüssel betrug 1:1*. Die Anzahl und Qualifikationen der Mitarbeiter führte Schreibmann nicht näher auf. Aus dem Bericht ist jedoch zu entnehmen, dass an der Schule Lehrer mit Fachrichtung Sonderschule, Assistenten und Therapeuten, Sprachtherapeuten sowie zu Hause die Eltern an der Förderung mitwirkten. Allen Teilnehmern empfahl Schreibmann, sofern nicht schon vorhanden, ein umfangreiches Training über das Störungsbild Autismus und die Grundlagen der Verhaltensmodifikation. Das lehrende Personal musste darauf achten, und damit teilt sie die Grundauffassung von Cordes und Miller, dass den autistischen Kindern vor allem solche Fertigkeiten beigebracht werden, die es ihnen eines Tages erlauben, interaktiv an einer Regelschule teilzunehmen; sofern dieses Ziel erreichbar ist (vgl. SCHREIBMANN 1979, 65ff.).

Dauer der Projekte und der Förderungszeit

CORDES: In den ersten 3 Projektjahren 1972–75 wurden insgesamt 12 autistische Kinder wöchentlich 7 ½, später 12 Stunden therapeutisch gefördert (vgl. CORDES und WILKER 1976a, 6). In den darauf folgenden 3 Projektjahren (1976–78) wurden 9 autistische Kinder wöchentlich anfangs zunächst nur 6 Stunden in 10-Minuten-Einheiten unterrichtet, später maximal 24 Vormittagsstunden und 14 Nachmittagsschulstunden à 50 Minuten (vgl. CORDES 1979, 47ff.).

MILLER: 1976 wurden in Hamburger Institut 63 Autisten im Alter von 3-20 Jahren behandelt. Einzel- und Gruppentherapien wurden ambulant 1 bis 3 mal wöchentlich von 30- bis 60-minütiger Dauer angeboten (vgl. MILLER 1976, 44).

SCHREIBMANNs Modellklasse in Santa Babara blieb bis heute Vorbild für viele autistengemäße Sonderklassen in den Vereinigten Staaten. Schreibmann machte in den mir vorliegenden Berichten keine näheren Angaben zur absolvierten Wochenstundenzahl autistischer Kinder (vgl. SCHREIBMANN 1979, 67).

Prognose für autistische Kinder

CORDES: Wenn autistische Kinder durch eine langjährige Förderung genügend Festigung in ihrem Verhalten erfahren haben, was auch bedeutet, dass sie trotz ihrer Störung in der Lage sind, in der Umwelt sinnvoll und strukturiert zu lernen, ist die Integration in eine Regelschule möglich. Cordes gibt dabei jedoch zu bedenken, dass es auch erfolgreiche Autisten im Erwachsenenalter schwer haben, spontanes Verhalten zu zeigen, und dass sie weiterhin therapeutische Begleitung brauchen, um ihre Strukturierungsprobleme zu kompensieren. Im Vergleich zu Miller und Schreibmann zeigt er noch auf, welche Verhaltensparameter entscheidend sind für ein selbstständiges Leben. Autisten müssen ihr Generalisierungsvermögen gut entwickelt haben, genügend Erfahrungen in der Kommunikation gesammelt haben, über ein gutes Sprachverständnis verfügen und es beherrschen, einfallende Reize realitätsgerecht zu selektieren (vgl. CORDES 1988, 64).

MILLER: In seiner Dissertation von 1978 konnte Miller nachweisen, dass autistische Kinder, die sein Förderprogramm durchlaufen hatten, einen umfangreichen

Sozialisierungsprozess erfuhren. Die Kinder wurden hier besonders in ihren Fähigkeiten gefördert. Im Vergleich zu Cordes kommt auch Miller zu der Einsicht, dass Generalisierungen stattfinden müssen, um dem autistischen Kind später mehr Handlungsspielraum zu eröffnen. Miller ist der Ansicht, dass seine Imitations-programme im Vergleich zur Verhaltensmodifikation, dem natürlichen Lern-prozess eines Kleinkindes schon sehr nahe kommen. Im Vergleich zu Cordes und Schreibmann, die in ihrem Unterricht die klassische Verhaltensmodifikation anwenden, ist sich Miller sicher, dass durch Imitation dem autistischen Kind später wesentlich komplexere Verhaltensformen im Umgang mit dem Leben, seiner Motorik und dem sozialen Verständnis vermittelt werden. Wie sich allerdings später seine Klienten verhielten und wo sie möglicherweise noch Probleme hatten, wurde von Miller in den drei Aufsätzen jedoch nicht erwähnt (vgl. MILLER 1979, 119f.; ebd. 1981, 39).

SCHREIBMANN: Analog zu Cordes und Miller strukturiert auch Schreibmann die Therapie so, dass das Ziel einer Integration in die Regelschule immer im Vordergrund steht. Dabei wird genau wie bei Cordes und Miller darauf geachtet, dass das Generalisierungsvermögen autistischer Kinder genügend trainiert wird. Eine Untersuchung von Russo und Kogel 1977 hat aufgezeigt, dass viele Absol-venten dieser Autistenklassen in normale Klassen übernommen wurden (vgl. RUSSO und KOGEL 1977, 579ff.; SCHREIBMANN 1979, 72).

3.4   Autoren aus dem psychiatrisch-neurologischen Bereich

Die Darstellungen der klassischen, psychoanalytischen und verhaltensthera-peutisch-orientierten Autoren haben gezeigt, dass in jeder der genannten Obergruppe schwerpunktmäßig geforscht wurde. Während Kanner und Asperger schon eine positive Wende aus der Diagnostizierung erwarteten und ansonsten auf unspezifische Behandlungsmethoden vertrauten, betonten die Psychoanalytiker Bettelheim und Mahler die Ursachen und den daraus resultierenden Verhaltens-effekt (hier: Bewusstmachung der Eltern). Die Lernpsychologen wiederum vernachlässigten die Ursachen und behandelten sämtliche Störungen nach dem Konditionierungsprinzip (vgl. KANNER 1943ff.; ASPERGER 1944ff.; MAHLER 1972; ebd. 1975; BETTELHEIM 1975ff.; LOVAAS et al. 1965ff., SCHREIBMANN und KOEGEL 1976; SCHREIBMANN 1979; CORDES und WILKER 1976; CORDES 1979ff.; MILLER 1976ff.). In der gegenwärtigen Zeit haben sich die lerntheoretischen Grundlagen in Deutschland und den USA auch für die Autismusbehandlung weitgehend durchgesetzt. Eine Fusion zwischen psychoanalytischen und lerntheoretischen Modellen hat in der Autismusbehandlung nicht stattgefunden. Trotzdem verdeutlichte insbesondere O´Gorman, dass im psychiatrisch-neurologischen Bereich eine kommunikative Vernetzung zwischen unterschied-lichen Leistungen in Diensten, Einrichtungen und Vereinigungen im Interesse der ganzheitlichen Intervention des autistischen Kindes möglich ist. Da insbesondere in der Vergangenheit für viele Autisten nur die Unterbringung in einer psychiatrischen Anstalt übrig blieb und auch heute noch, speziell in anderen

Ländern, die psychiatrische Behandlung eine wichtige Rolle spielt, habe ich mich entschlossen, den vierten Abschnitt der Arbeit psychiatrisch-neurologisch orientierten Autoren zu widmen. Die im Folgenden aufgeführten Autoren tragen nichts Fundamentales zum Autismus bei, sondern sind eher als Verbindungsglied zwischen den bisher besprochenen Ansätzen anzusehen. Ihre strukturierten Zusammenstellungen aus Elementen der klassischen, psychodynamischen, verhaltenstherapeutischen und pharmakochemischen Ansätze, die sich aus eigenen Forschungen und ausgewählten Publikationen zusammensetzen bzw. wirkungsvoll ergänzen, geben neue Einblicke in die unterschiedlichen Vernetzungsmöglichkeiten verschiedener, über den Autismus arbeitender Institutionen und Forschungseinrichtungen.

Bezüglich der Ursachenklärung vermutet nur O'Gorman eine Beteiligung von psychodynamischen Einflüssen, während Wing, Weber und Wurst von einer Wahrnehmungsstörung ausgehen. Uneinigkeit besteht jedoch über die Ätiologie von Autisten. Während Wing von einer multisensoriellen Wahrnehmungsstörung spricht, beschränkt sich die Wahrnehmungsstörung bei Weber und Wurst nur auf den optischen Bereich. Weber vermutet hierbei eine organische Ursache, wohingegen Wurst eine Entwicklungsstörung für wahrscheinlicher hält.

Die genauere Durchsicht namhafter Autoren verdeutlichte, dass die *moderne Psychiatrie* im Rahmen ihrer Interventionsmöglichkeiten sehr vielfältige Aufgaben und Vermittlungen für den Autisten übernehmen muss. Zusätzlich zu der Diagnosestellung, Hospitalisierung und Krisenbewältigung des Patienten kommt dem Stationsarzt auch die verantwortungsvolle Aufgabe zu, den künftigen Interventionsplan des autistischen Kindes zu erstellen.[12] Dabei werden Art und Umfang der Förderungsmöglichkeiten im häuslichen und schulischen Bereich empfohlen, für die weitere Institutionen oder Sozialarbeiter zuständig sind. Während O'Gorman dem autistischen Kind psychodynamische und lerntheoretische Förderung zukommen lässt, setzt Wing völlig auf Letztere. Auch die lerntheoretische Förderung erstreckt sich, wie die nachfolgenden Beschreibungen zeigen werden, auf sehr vielfältige Anwendungsbereiche (Elternhaus, Schule und Freizeit). Wurst testete autistische Kinder sehr gründlich auf ihre sozialen und intellektuellen Fähigkeiten. Die von ihr herangezogenen Testmethoden sind international anerkannt und werden in vielen psychiatrischen Einrichtungen im Rahmen psychologischer Tests angewendet. Die Durcharbeit der Literatur zu Wurst verdeutlichte mir, dass die festgestellten Ergebnisse gezielt von lerntheoretischen Autoren zum Zwecke der Auswahl und Gestaltung ihrer Fördermöglichkeiten eingesetzt werden könnten. Webers Untersuchungen in ihrer Habilitationsschrift zeigten mir noch einmal die besondere Präzision, mit der der Arzt in der Differentialdiagnostik anwenden muss (vgl. O'GORMAN 1976, J. K. WING 1977; L. WING 1976; WEBER 1966ff.; WURST 1976).

---

[12] Es werden physiologische und psychologische Untersuchungen durchgeführt. Dabei werden die international verbindlichen, ständig aktualisierten Diagnosekriterien ICD und DSM herangezogen.

3.4.1 O'GORMAN: Psychiatrie unter psychodynamischen Aspekten

Der englische Kinderpsychiater Gerald O'Gorman stellte an der Klinik „Smith-Hospital" einen eigenen Therapieansatz auf, der auf *einer psychogenen Ätiologie* des Autismus basiert. Wichtigstes Ziel der stationären Therapie ist es, dass das Kind noch im Verlauf der Behandlung wieder Kontakt zur seiner Mutter findet und die Eltern durch regen Kontakt mit Lehrpersonal, Ärzten und Psychiatern einen gemeinsamen Behandlungsweg entwickeln. In der Therapie wird mit *psychoanalytischen und verhaltenstherapeutischen* Mitteln gearbeitet. O'Gorman hat an seiner Klinik erfahren, dass die autistischen Kinder, die am frühesten behandelt wurden (wenige Wochen alte Babys), erheblich bessere Chancen auf Heilung haben (vgl. O'GORMAN 1976). O'Gorman ordnet den frühkindlichen Autismus in die übrigen Unterteilungen *der Schizophrenie-Typen* (Paraphrene, Hebephrene, Katatoniker, einfache Schizophrene, schizoide Schwachsinnige und schizophrenen Symptome des Kanner- und Mahler-Syndroms) unter, da er genau wie diese *eine veränderte Beziehung zur Realität* annimmt. Anhand von zahlreichen Beispielen belegt O'Gorman diese Beziehungsstörung auch beim Autismus. Andere Störungen (Psychose oder Neurose) können zwar viele Elemente von schizophrenem Verhalten aufweisen, aber keine veränderte Beziehung zur Realität (vgl. O'GORMAN 1976, 46f.). Schizophrene Reaktionen, eben auch der Autismus, bilden die radikalste Verteidigung gegen eine unerträglich empfundene Realität (vgl. CREAK 1963 in O'GORMAN 1976, 46; KANNER 1943ff.; und MAHLER 1952ff.). O'Gorman erstellte durch einige Umformungen aus der 9-Punkte-Erkennungsliste zur Schizophrenie von Creak eine eigene 6-Punkte-Liste, in der die ihm wesentlichen Erkennungsmerkmale auftauchen (vgl. CREAK 1963 in O'GORMAN 1976, 13ff.).

3.4.1.1 Erscheinungsformen

Isolierung

Im Gegensatz zu Bettelheim haben sich nach O'Gorman autistische Kinder nicht von der Realität zurückgezogen, sondern waren dies von Anfang an. Sie ignorieren die menschliche Umwelt und beschäftigen sich stattdessen mit neutralen Objekten. Diese stellen keine Anforderungen an sie und sie können den Umgang mit ihnen bewältigen (vgl. ebd., 40f.; BETTELHEIM 1977, 49ff.).

Veränderungsangst

Analog zu Kanner, Bettelheim und Mahler sind nach O'Gorman autistische Kinder häufig bestrebt, die für sie „unberechenbaren Mitmenschen" daran zu hindern, die Umwelt zu verändern. Vertraute Situationen versuchen autistische Kinder möglichst lange aufrecht zu erhalten (vgl. KANNER 1943, 217ff.; BETTELHEIM 1977, 88; MAHLER 1972, 72ff.; O'GORMAN 1976, 33).

Vermeidung des Blickkontakts

O´Gorman bestätigt bei seinen Kindern die Beobachtungen der klassischen und psychoanalytischorientierten Autoren. Das Kind vermeidet von Geburt an den Blickkontakt mit seiner Mutter. Zu ihnen sprechende Personen schauen autistische Kinder nicht direkt an, sondern sehen entweder an ihnen vorbei, schauen von ihnen weg, durch sie hindurch oder schließen dabei die Augen. Gerade beim Hindurchsehen hat der Beobachter nach O´Gorman den Eindruck, sie seien blind, weil die Augen nicht zucken, flackern oder sonst irgendeine Gefühlsbewegung verraten (vgl. KANNER 1943, 217ff.; ASPERGER 1960, 55; MAHLER 1972, 72ff.; BETTELHEIM 1977, 87, ‚O'GORMAN 1976, 80ff.).

Schmerzunempfindlichkeit

Autistische Kinder erscheinen unempfindlich für taktile Reize, wie Berührungen und Verletzungen. Sie ignorieren diese häufig so extrem, als würden sie nicht das Geringste merken. Bettelheim erklärte dabei die Schmerzunempfindlichkeit mit dem Abzug libidinöser Energien von seinem „Körper-Selbst" (vgl. O´GORMAN 1976, 82f.; BETTELHEIM 1977, 74f.).

Hohe Intelligenz auf Spezialgebieten

Zu diesem Punkt hatten Kanner und insbesondere Asperger bereits viel berichtet. O´Gorman ergänzt auf entwicklungspsychologischer Grundlage, dass jedes normale Kind in seiner Entwicklung bestimmte Zeitperioden hat, in der die „Lernplastizität" für viele Inhalte erhöht ist. Autistische Kinder versäumen aber in den sensiblen Phasen der Kleinkindzeit, ihre Sprache und Kommunikation im Austausch mit der Umwelt zu entwickeln. Nur eigene Interessen aus dem materiellen Bereich werden hier gezielt, oft hervorragend entwickelt. Die Folge ist, dass die verpassten Möglichkeiten dieser Phase später schwerer nachholbar sind (vgl. O´GORMAN 1976, 84f.; PIAGET 1974, KANNER 1943, 217ff.; ASPERGER 1961, 183f.).

Verhaltensauffälligkeiten

Stereotypien: O´Gormans Beobachtungen decken sich weitgehend mit denen Kanners, wobei er hinzufügt, dass jedes Individuum mit einem Trieb zur Tätigkeit ausgestattet ist. Während beim normalen Kind diese zielgerichtet sind, um eine bestimmte Absicht zu erreichen, beschäftigt sich das autistische Kind überwiegend mit langandauernden, stereotypen Bewegungen in primitiver Form, wie z.B. Erde durch die Hand rieseln lassen oder Fingerspielen vor den Augen. Neu sind Beobachtungen von Kindern, die häufig eine Faszination für glatte kühle Flächen oder flackernde Lichter hegen. Spielereien mit Exkrementen oder Masturbationen sind häufig (vgl. BETTELHEIM 1977, 87f.; O´GORMAN 1976, 87; KANNER 1943, 217ff.).

Zwangshandlungen: Hier beschreibt O'Gorman Details wie die Angewohnheit autistischer Kinder, ihre Socken hochzuziehen, Nasebohren oder Grunzen und Fratzenschneiden (vgl. O'GORMAN 1976, 88).

Analog zu Weber beobachtete O'Gorman bei seinen Kindern eine stark verzerrte Haltung. Häufig verharren sie in stark verdrehten und verrenkten Positionen. Kopf und Schulterpartien werden dabei meist in schiefe Positionen gebracht. Die Finger spreizt das Kind oft in verschiedene Richtungen (vgl. ebd., 89).

O'Gormans Beobachtung, dass Menschen wie Dinge wahrgenommen werden, sind mit Kanner identisch, wobei er ergänzt, dass autistische Kinder Liebkosungen suchen würden, um ihr Bedürfnis nach Streicheleinheiten zu befriedigen (vgl. O'GORMAN 1976, 87; KANNER 1943, 217ff.).

Seine Beobachtungen zum Spielverhalten decken sich mit Kanner und Asperger (vgl. O'GORMAN 1976, 87; KANNER 1943, 217ff.; ASPERGER 1961, 192).

Das häufig von Verhaltenstherapeuten erwähnte autoaggressive Verhalten konnte auch O'Gorman beobachten. Viele Kinder schlagen mit dem Kopf an die Wand oder schlagen sich mit beiden Händen an den Kopf. Auch verletzen sie sich durch Beißen oder Nagen (vgl. O'GORMAN 1976, 88; LOVAAS und SIMMONS 1969, 143ff.; SCHREIBMANN und KOEGEL 1976, 22; SCHREIBMANN 1979, 120f.).

O'Gorman beobachtete, dass autistische Kinder ohne Rücksicht auf die Umwelt lange und eintönig schreien oder brüllen. Freudesbezeugungen erfahren keine Hemmung und wirken daher meistens übertrieben. Von diesen Gefühlsäußerungen schrieben auch die unter Autismus leidenden Autoren Sellin und Williams in ihren Romanen (vgl. O'GORMAN 1976, 89; SELLIN 1993; WILLIAMS 1992).

Psychosomatische Krankheiten (in Beziehung zum Autismus): Im Gegensatz zu den psychoanalytischen Autoren Mahler und Bettelheim erwähnt O'Gorman auch psychosomatische Krankheiten, die ihre Primärursache im autistischen Syndrom haben (vgl. O'GORMAN 1976, 89; MAHLER 1972; BETTELHEIM 1977). Dazu ein Beispiel:

Polydipsie (krankhafter Durst): Das übertriebene Trinkbedürfnis eines von O'Gorman beobachteten autistischen Kindes hatte zur Folge, dass sich in ihm der Hypophysehinterlappen, der für die Regulation des Wasserhaushalts verantwortlich ist, so veränderte, dass jener nun wiederum den erhöhten Flüssigkeitsbedarf verursachte (im Sinne einer sich selbst verstärkenden Spirale) (vgl. O'GORMAN 1976, 91f.).

3.4.1.2 Ursachen

Der frühkindliche Autismus ist eine psychosomatische Erkrankung, deren Ursache in einem negativ verlaufenden Wechselspiel aus emotionellen und somatischen Faktoren begründet ist (vgl. O'GORMAN 1976, 48).

Konstitutionelle Prädisposition

Hier stellt O´Gorman keine eigenen Untersuchungen an, sondern bezieht sich auf die Experimente von Kallmann und Roth mit eineiigen Zwillingen. Es zeigte sich, dass diese, wenn Autismus vorliegt, immer beide betroffen waren. Bei allen Untersuchungen fanden Kallmann und Roth nur ein einziges Zwillingspaar, bei welchem nur ein Kind von beiden vom Autismus betroffen war (vgl. KALLMANN und ROTH in O'GORMAN 1976, 49).

Kulturelle Beeinflussung

O´Gorman versucht hier die Beobachtungen von Kanners „Intellektuellenfamilien" aus sozialpsychologischer Sicht zu deuten. Er geht davon aus, dass hochintelligente Männer in unserer Kultur häufig Partnerinnen mit ähnlichen Attributen wählen. Dies kann zur Folge haben, dass der Nachwuchs so „sensitiv" veranlagt ist, dass er mit rauen Umständen der Umwelt überfordert ist. Die Hypothese der sensitiven Veranlagung teilt O´Gorman auch mit Bettelheim und dem Ethologen Tinbergen. Kulturelle Begebenheiten begünstigen also nach O´Gormans Hypothese unter Umständen die Entstehung von Autismus.[13] (vgl. CREAK und INI in O´GORMANN 1976,50f.; EISENBERG und KANNER 1956, 556ff.; BETTELHEIM 1977, 57; TINBERGEN 1984, 95).

Den von Bettelheim beobachteten Rückzug des autistischen Kindes erklärt O´Gorman auf biologischer Basis. Im Vergleich zu Menschenaffen, die schon kurz nach der Geburt Überlebenskämpfe austragen müssen, haben menschliche Säuglinge nach der Geburt noch eine längere Phase vor sich, in der sie auf Schutz und Behütung von außen stark angewiesen sind. Unter ungünstigen Umweltbedingungen fühlt sich das Kind dauerhaft unwohl und kann dadurch zum Rückzug getrieben werden. Eine Beobachtung, auf welche auch Tinbergens unter dem Stichwort „autismogene Faktoren" zu sprechen kommt (vgl. O`GORMAN 1976, 51; BETTELHEIM 1977, 94ff.; TINBERGEN 1984, 119ff.).

Geschlechterverhältnis

Kanners Beobachtung, dass Jungen häufiger betroffen sind, erklärt sich O´Gorman nicht durch Vererbung des autistischen Syndroms, sondern zum einen im Abweichen der Intelligenz von Jungen gegenüber Mädchen und zum anderen aus der erhöhten Anfälligkeit von Jungen gegenüber Krankheiten und deren Verwundbarkeit (vgl. O´GORMAN 1976, 51; KANNER 1971, 142).

Organische Ursachen

Organische Erkrankungen des Zentralnervensystems: O´Gorman hält die Untersuchung von Creak für überzeugend, die aufzeigte, dass in einigen Fällen von

---

[13] Kanner stellte in seiner Untersuchung fest, dass die Eltern autistischer Kinder häufig hohe Begabungen auf abstrakten Gebieten aufweisen.

Autismus primär eine organische Erkrankung des Zentralnervensystems vorlag, die sich mit der Zeit verschlimmerte (vgl. CREAK 1961 in O`GORMAN 1976, 54).

Frühkindlicher Autismus und Epilepsie: EEG-Untersuchungen an autistischen Kindern zeigten, dass einige von ihnen die selben Abweichungen im Elektroenzephalogramm hatten wie Patienten, die unter Epilepsie litten. Über die Ursachen äußert sich O´Gorman nur spekulativ. In diesen Fällen kann eine konstitutionelle Instabilität, eine Störung des Metabolismus oder auch eine emotionelle Störung in Frage kommen. Epilepsie kann als Begleiterscheinung bei schwer wiegenden autistischen Erkrankungen auftreten (vgl. O´GORMAN 1976, 54f.).

Differentialdiagnose: Jede Untersuchung impliziert auch eine Nachforschung körperlicher Schädigungen, die als Ätiologie für den Autismus in Frage kommen könnten. Entdeckte Befunde sollten nach O´Gorman vor der eigentlichen Therapie behandelt werden, sofern das autistische Kind durch die Behandlungsmittel nicht zu sehr bedrängt wird; z.B. bei Verdacht auf mögliche Einschränkungen im optischen oder akustischen Bereich sollte die Möglichkeit einer Korrektur mittels einer Brille oder Hörgeräten zumindest versucht werden (vgl. ebd., 113).

Psychogene Ursachen

O´Gorman differenziert bei seinen autistischen Patienten und geht davon aus, dass eine Vielzahl von Ihnen eine emotionale Ätiologie hat. Darunter zählen überdurchschnittlich viele Fälle von diversen Zwischenzuständen, wie z.b. der partielle Rückzug mit autistischen Zügen. Bei diesen Kindern konnte mit Hilfe einer Psychotherapie viel erreicht werden (vgl. ebd., 62).

Psychodynamische Mechanismen beim Rückzug

O´Gorman entdeckt bei der Auswertung seiner Anamnesen, dass körperliche und emotionale Trennung zur Frustration führen. Damit zeigt er unter dem Aspekt „physische Anomalien" Problembereiche auf, die von Bettelheim noch keine Erwähnung fanden (vgl. ebd., 63ff.; BETTELHEIM 1977, 49ff.). Viele Fallgeschichten von O´Gorman berichten von Erkrankungen der Mutter nach der Geburt eines weiteren Babys. Die erhöhte Aufmerksamkeit, welche das neue Baby beansprucht und die Belastung durch Krankheiten, führen zu einer so großen Beanspruchung der Mutter, dass sie den intensiven Kontakt zum ersten Kind deutlich reduzieren muss. Der plötzliche Mangel an Zuwendung führt nun unweigerlich zu Frustrationserlebnissen.

Körperliche Trennung von den Eltern: O´Gorman bezieht sich dabei auf eine Studie von Kaplan und Winnicott:

Räumliche Trennung kann zu Frustrationserlebnissen führen. Emotionale Traumata können entstehen, wenn der Säugling oder die Mutter für längere Zeit getrennt werden. Diese Umstände können z.B. wegen einer schweren Krankheit nötig werden, weswegen ein Familienmitglied nur stationär behandelt und kuriert werden kann. Auch ein längerer Urlaub der Eltern ohne Kind kann traumatisierend wirken. Beide Möglichkeiten haben nur dann verheerende Auswirkungen, wenn sich das Kind dabei stark „im Stich gelassen" fühlt (vgl. O´GORMAN 1976, 63).

Physische Anomalien: Körperliche Anomalien am Unterkiefer des Kindes lassen die Nahrungsaufnahme zum traumatischen Erlebnis werden. Oder das Kind war eine Frühgeburt und noch nicht emotionell reif genug für die Welt. Eine neurologische Unreife des Kindes oder körperliche Missbildungen können ebenfalls die Kontaktaufnahme empfindlich behindern (vgl. KAPLAN und WINNICOTT in O´GORMAN 1976, 64).

Emotionale Trennungen führen ebenfalls zur Frustration. O´Gorman bezieht sich dabei auf die Studie von Goldfarb et al. 1961, der feststellte, dass die elterliche Unzulänglichkeit bei der Ätiologie des Autismus wesentlichen Anteil hat. Viele von ihnen haben die Elternrolle nicht verinnerlicht; ein Aspekt, den auch Tinbergen später aufgriff und historisch-gesellschaftlich begründete. Bei vielen Eltern entsteht im Gespräch der Eindruck, dass sie geradezu ratlos sind, welchen Anteil sie bei der Erziehung haben. Nicht wenige Eltern verhalten sich in der Erziehung inkonsequent und können daher dem Kind kein stabiles Weltbild vermitteln. Sie wirken auf das Kind unberechenbar (vgl. O´GORMAN 1976, 63f.; TINBERGEN 1984, 121ff.). Als weitere Möglichkeiten zieht O´Gorman noch eine schlechte Beziehung zwischen Mutter und Vater in Betracht, die verhindert, dass das Kind Beziehungen zu den Elternteilen knüpfen kann. Auch eine mütterliche Abscheu gegen Bruststillung kann Trennungen bewirken (vgl. O´GORMAN 1976, 64). Gelingt keine Beziehung zwischen Mutter und Kind, so entfremden sich beide wegen mangelnder Liebe immer weiter. Ein Teufelskreis hat sich dabei in Gang gesetzt, der sekundär auch zur Folge hat, dass das Kind später kaum motiviert ist, zwischenmenschliche Beziehungen zu anderen Personen einzugehen (vgl. ebd., 63ff.; Bettelheim 1977, 49ff.).

Schweregrad des Rückzugs

Nach O´Gorman ist der Rückzug des Kindes selten vollständig. Die nun beschriebene Gruppe ähnelt noch am ehesten den von Bettelheim beobachten Kindern, die sich leicht zurückgezogen haben. Sie sind gleichfalls mit stereotypen Zwängen beschäftigt. Im Vergleich zu Bettelheim meint O´Gorman, die Fantasiewelt dieser Kinder sei stark auf ihre Rituale begrenzt (vgl. O´GORMAN 1976, 29ff., 66ff.; BETTELHEIM 1977, 69).

Partieller Rückzug: Er kann am Anfang übersehen oder fehlgedeutet werden. Die Falldarstellungen der Mütter zeigten jedoch, dass scheinbar banale Verhaltensformen der Kinder in Wirklichkeit schon ernsthafte Signale für den autistischen Rückzug darstellen können. So berichteten die Mütter von einem ausgesprochen braven und ruhigen Baby, dass jedoch erst relativ spät anfing zu lächeln und sich auch nicht kooperativ bei der Kontaktaufnahme zeigte (vgl. KANNER 1943ff.; BETTELHEIM 1977, 64ff.). Das partiell zurückgezogene Kind hat sich meist Interessennischen auf primitivem Niveau bewahrt wie z.B. die Nahrungsaufnahme, Faszinationen für bestimmte akustische, optische und taktile Reize. Im

Umgang mit anderen Menschen werden die Folgeerscheinungen des partiellen Rückzuges auch im Verhalten sichtbar. Unter ihnen gibt es Kinder, die sich nur mit Gesten artikulieren können, oder andere, die immer nur zu den Mahlzeiten ruhig am Tisch sitzen können. Möglichen Beziehungen begegnen sie oft mit großem Misstrauen und investieren folglich nur Oberflächliches in den Kontakt, um weiteren Frustrationserlebnissen vorzubeugen. Tiefergehende Beziehungen werden in der Regel vermieden (vgl. O´GORMAN, 66f.). Autistische Kinder sollten in der Erziehung nicht unter massiven Druck gesetzt werden, da sich sonst der Rückzug stark verschlimmern kann (vgl. ebd., 67f.).

Selektiver Rückzug: Eine ganz ungewöhnliche Ansicht stellt der selektive Rückzug nach O´Gorman dar. Dabei spricht er von Kindern, die ihren Rückzug auf ganz bestimmte Situationsfelder eingegrenzt haben, während sie auf anderen Gebieten im Verhältnis deutlich mehr zu leisten vermögen. Er weitet diesen Begriff noch mehr aus und argumentiert auch im Sinne von Asperger, indem er behauptet, dass dieses Phänomen in deutlich abgeschwächter Form auch bei ganz normalen Kindern auftritt. Einige unter ihnen können gleichfalls wie die autistischen Kinder leicht emotional blockiert sein (vgl. ebd., 68).

3.4.1.3   Behandlungsmöglichkeiten

Früherkennung und Behandlung: O´Gorman geht davon aus, dass, je früher der Autismus behandelt wird, desto höher die Chancen für einen Therapieerfolg sind. Schon einige Monate nach der Geburt kann sich der Autismus so verfestigt haben, dass er nur noch zum geringen Teil abgewendet werden kann (vgl. ebd., 113).

O´Gormans Therapiemethoden sind der von Mahler ähnlich, wobei er ein anderes Verständnis der Kleinkindentwicklung erkennen lässt (vgl. ebd., 112ff.; MAHLER 1972ff.).[14] Untersuchungen am Smith-Hospital verdeutlichten dabei, das der größte Therapieerfolg dann erzielt werden kann, wenn das Kind in einer Heilanstalt behandelt wird, wo ihm eine Ersatzbemutterung zu Gute kommt. Da eine Beziehungsstörung zwischen Mutter und Kind vorliegt, muss neben der stationären Therapie des Kindes auch die Mutter intensiv beraten oder wenn nötig therapiert werden.

Vorübergehende Trennung zwischen Mutter und Kind: Im Gegensatz zu Bettelheim, der eine totale Trennung zwischen Mutter und Kind vorsieht (von 2–3 Besuchen im Jahr abgesehen), gibt es im Smith-Hospital von O´Gorman das Angebot, dass die Eltern anfangs mit stationär aufgenommen werden, um sich allmählich vom Kind zu lösen. Dabei wird das Kind schrittweise an eine neue Kindergruppe gewöhnt, in der es durch immer längere Besuche auf den stationären Aufenthalt vorbereitet wird. Nach eingehender Therapie und Beratung wird der Mutter empfohlen, ihr Kind wieder häufiger im Hospital zu besuchen, um nun einen neuen Kontakt ihm zu knüpfen. Lehnt das Kind den Kontakt noch ab, so

---

[14] O´Gormans Verständnis zur Kleinkindentwicklung nähert sich der Selbstpsychologie von Bettelheim an.

können die Besuche zu einem späteren Zeitpunkt wiederholt werden (vgl. O'GORMAN 1976,115f.; BETTELHEIM 1975, 205).

Programme: Nach der Aufnahme im Hospital wird dem Kind eine Ersatzmutter, die aus der Verwandtschaft oder dem Pflegepersonal ausgewählt wird, zugeteilt. Die Beziehung zur Ersatzmutter bleibt im Vergleich zur leiblichen Mutter weniger intensiv und kann daher zum Ende der Therapie leicht aufgelöst werden. Feindseligkeiten gegen die Klinik oder Schuldgefühle der Mutter müssen aufgearbeitet werden, damit eine spätere Kontaktaufnahme zum Kind überhaupt möglich wird. Am besten hat sich dabei bewährt, wenn die Mütter mit in die Arbeit des Krankenhauses einbezogen wurden und sie sich nun als einen Teil des Teams verstanden. So wurde mit wachsendem Erfolg der Therapie nicht ihr „eigenes Versagen" vor Augen geführt, sondern sie waren aktiv daran beteiligt, ihrem Kind zu helfen. Durch den Kontakt mit anderen betroffenen Eltern wird diese Haltung noch verstärkt. Es ist erstaunlich, wie viele Eltern O'Gorman trotz dieser Kränkung für seine Arbeit motivieren konnte. Nach einem gewissen Therapieerfolg wird den Eltern geraten, ihre Kinder wieder zunehmend öfter zu besuchen. Sie müssen dabei allerdings informiert sein, dass sie von nun an darauf bestehen, gelernte Fähigkeiten ihrer Kinder und Kenntnisse vom Krankenhaus auch während ihrer Anwesenheit fortzusetzen. Auch der routinemäßige Tagesablauf in der Klinik sollte für zu Hause so weit wie möglich übernommen werden. Lebt das Kind wieder zu Hause, so ist darauf zu achten, dass ein reger Austausch auch mit den momentanen Bezugspersonen des Kindes (Psychiater, Hausarzt, Lehrer) stattfindet, damit diese sich auf einen gemeinsamen Behandlungsweg einigen können (vgl. O'Gorman 1976, 116ff.).

Die Aussicht auf Erfolg impliziert zudem einen intensiven Kontakt des Personals zu den Eltern, der darauf gerichtet ist, ihnen bei Betroffenheit und Kummer Beistand zu leisten. Zusätzlich geben sie Hilfsangebote, um festgefahrene Einstellungen und Verhaltensstrukturen in der Familie zu ändern. Ohne den zusätzlichen Aufwand konnten die meisten autistischen Kinder lediglich den Zustand der Schizophrenie erreichen. Im Gegensatz zu Bettelheim gewinnt O'Gorman die Gunst der Eltern bei der Behandlung (vgl. O'GORMAN 1976, 62; MAHLER 1972, 149ff.; BETTELHEIM 1975, 205). Er wendet folgende Hilfsmittel an:

Medikamente: Arzneien für schizophrene Patienten führen bei autistischen Kindern, außer bei extremer Ausprägung, zu keinem Erfolg. Beruhigungsmittel, wie Phenothiazin-Derivate, können bei autistischen Kinder nur kurzzeitig Affektzustände lindern. Hyperkinetische Symptome bei Autismus können durch Amphetamine gelindert werden. Die gängigen Medikamente verringern meist die Realitätsbezogenheit des Patienten. Die Ratlosigkeit, welche Medikamente nun eingesetzt werden sollen, verdeutlicht O'Gorman auch in der Aussage, dass autistische Patienten eigentlich ein Wundermittel bräuchten, das sie empfänglicher macht für emotionale Bedürfnisse andere Menschen und sie zudem befähigt, ihnen näher zu kommen (vgl. O'GORMAN 1976, 114).

Elektroschockbehandlung: O´Gorman wendete das Elektroschockprogramm von Bender nur bei Jugendlichen und älteren Patienten an, die sich in Phasen akuter Störung befanden und bei denen ein rascher Verfall zu befürchten war. Häufig erfolgte in diesen Fällen jedoch die Anwendung 4–5 mal in der Woche über einen Zeitraum von 5 Wochen (Extremfälle). Eine intensivierte Physiotherapie und Betreuung ist dabei unbedingt erforderlich (vgl. BENDER 1947 in O´GORMAN 1976, 114).

Schulische Förderungsmöglicheiten: Bereits in der Klinik können dem Kind Elemente, die es für die Vorschule gebrauchen kann, beigebracht werden. Dies kann in Form von Stimulierung, Anregung und Beschäftigung mit Materialien ablaufen. Das daran anschließende Vorschultraining im Kindergarten, in der Jugendbildungsstätte oder der Sonderbetreuungsstelle sollte so früh wie möglich begonnen und so wenig wie möglich unterbrochen werden. Nachdem der Kontakt des Kindes zur Mutter hergestellt ist, kann dieser in der Regel auch auf die Lehrerin übertragen werden (vgl. O´Gorman 1976, 120f.). O´Gorman empfiehlt Schulen, die nach verhaltenstherapeutischen Methoden arbeiten. Die wichtigste Grundregel in der Schule ist am Anfang, dass die Lehrerin versucht, eine Beziehung zum Kind herzustellen. Dabei schaut sie nach den momentanen Interessen des Kindes und versucht darüber, eine Brücke zu ihm zu bauen. Dabei muss sie sich eine lange nur wenig unterbrochene Zeitspanne dem Kind allein widmen. Andere Personen und Interessen müssen bei der Kontaktaufnahme zurückgestellt werden. Danach beginnt die Lehrerin allmählich das Kind von seinen bisherigen ziellosen Aktivitäten zu zweckmäßigeren Handllungen mit allmählich ansteigender Erziehung überzuleiten:

– Beobachtung: Das autistische Kind hat eine Vorliebe für Tätigkeiten, wie Wiegen und Schaukeln.
– Einleitende Kontaktaufnahme: Die Lehrerin nimmt die selbe schaukelnde Bewegung ein, wie das Kind und schaukelt mit ihm, und wenn es vom Kind zugelassen wird, mit ihren Armen.
– Transferierung des Bewegungsmusters: Das Kind schaukelt auf einem Schaukelstuhl, auf welches es gesetzt wird.
– Erweiterung des Bewegungsmusters: Das Kind erlernt die Benutzung von Spielgeräten, wie einer Wippe, Schaukel, Kletterseil oder Trampolin.
– Generalisierung auf andere Spiele: Das Kind gewinnt die Fähigkeit, im Garten herumzutollen oder mit Geräten in der Turnhalle zu spielen (vgl. ebd., 123).

Elterliche Förderungsmöglichkeiten: Die Eltern begleiten das autistische Kind nun bei den Entwicklungsschritten. Sie müssen subtil erkennen, inwieweit sie das Kind fordern dürfen. Niemals sollten sie es jedoch mit Aktivitäten bedrängen. Die Arbeit muss als Spiel getarnt werden, da sonst der Negativismus, den viele autistische Kinder haben, zum Rückzug führt. Alle Schritte brauchen viel Zeit. Auch wenn die Mutter durch Termine und andere Aufgaben wenig Zeit in die Erziehung investieren kann, ist es trotzdem möglich, das Kind trotzdem in bestimmte Handlungsabläufe miteinbeziehen. Durch Verhaltensmodifikation kann dem Kind z.B. über sein Interesse am Seifenwasser das Spülen beigebracht werden (vgl. ebd.).

Prognose

Autistische Säuglinge, die sofort behandelt werden, haben eine deutlich günstigere Prognose als später behandelte Kinder (vgl. ebd., 113). O´Gorman teilt die Ansicht von Kanner, dass ein großer Prozentsatz von autistischen Kindern trotz intensiver Bemühungen nicht so weit rehabilitiert wird, dass sie eine Regelschule besuchen können. Auch die Integration in die Familie misslingt häufig. Trotzdem kann ein gewisses Maß an Fertigkeiten vermittelt werden, die dem autistischen Kind das Leben erleichtern und Verschlechterungen des Zustandes entgegenwirken. Alle unternommenen Bemühungen lohnen sich. Nach der Pubertät stabilisiert sich der autistische Zustand, und weitere Förderprogramme können durchgeführt werden. O´Gorman berichtet nicht von „erfolgreichen Autisten", die ihre Krankheit so weit in den Griff bekommen haben, dass sie ein selbstständiges Leben führen können (vgl. ebd., 136f.; EISENBERG und KANNER 1956, 556ff.; Asperger 1961, 202ff.; BETTELHEIM 1977, 543ff.).

3.4.2   J. K. und L. Wing: Autismus und Lerntheorie in der Psychiatrie

Der englische Chefpsychiater J. K. Wing leitete 1973 in England das Medical Research Council. Zudem war er Consultant Psychiatrist am Maudsley und Bethlem Royal Hospital und Ehrensekretär des wissenschaftlichen Beirates der Society for Autistic Children, Denmark Hill und London S.E. 5. Lorna Wing war zeitgleich wissenschaftliche Mitarbeiterin von J. K. Wing an den Institutionen: Medical Research Council, Maudsley Hospital, Denmark Hill und London S.E. 5 (vgl. J. K. WING 1977, 6).

Die Hauptsymptome des autistischen Syndroms basieren nach Wing auf einer Störung der *Wahrnehmung und der Sprache*. Dadurch gelingt es dem autistischen Kind nicht, die einfallenden sensorischen Reize in einer adäquaten „normalen Reizstrukturierung" zu verarbeiten. Alle sich hieraus entwickelnden Verhaltens-abnormitäten, die unmittelbar darauf zurückzuführen sind, sind *„primäre Symptome"*. Fehlverhalten und Störungen im emotionellen Bereich werden dagegen als Resultat für missglückte Kommunikationsversuche *auf Grund der primären Symptome* mit der Umwelt betrachtet und sind damit *„sekundär"* entstanden. Wing zählt dazu *auch die Kardinalsymptome* von Kanner (vgl. ebd., 29). Die Behandlung erfolgt im Gegensatz zu O´Gorman von Anfang an nach lerntheoretischen Prinzipien.

3.4.2.1   Erscheinungsformen

Wahrnehmungsstörung: Bei diesem Kardinalsymptom selektieren autistische Kinder auditive Reize nach ihren physiologischen und psychologischen Filter-mechanismen:

Akustischer Bereich: Sie können großen Lärm ignorieren und gleichzeitig hochsensibel für leiseste Geräusche sein, wie z.B. Papiergeraschel. Im Vergleich zur Ansicht von Delacato sind diese Kinder zugleich hyper- und hyposensibel. Eine Peilung des Geräusches fällt vielen autistischen Kinder schwer. Bei Lärm und gesprochener Sprache halten sie sich die Ohren zu oder verlassen ihren Ort. Einige Autisten hegen Vorlieben für spezielle Geräusche wie Echos, Klopfgeräusche oder Geräusche eines Windrädchens. Ebenso wie Kanner und Asperger entdeckte Wing die besonderen Begabungen, die viele Autisten im musischen Bereich haben, wo sie trotz erheblichen Sprachschwierigkeiten fehlerfrei komplizierte Melodiefolgen nachsingen können (vgl. ebd., 20f.; DELACATO 1985, 66ff.; KANNER 1971, 119ff.; ASPERGER 1961, 183ff.).

Optischer Bereich: Bereits Kanner und Cordes stellten in Lernsituationen mit autistischen Kindern fest, dass diese sich im optischen Bereich häufig irrelevante Dinge behalten. Wing geht davon aus, dass sie sich gesehene Bilder oft nur in der gesamten Struktur merken. Sie erkennen im Bild zwar ein Muster, aber eine Verarbeitung findet nicht statt. Werden die „relevanten Dinge" nach einem Lerntraining in einer anderen Umgebung oder Position gesehen, können sie nicht wieder von den Kindern erfasst werden (vgl. KANNER 1957, 741; CORDES 1980, 41f.; J. K. WING 1977, 21). Dazu folgendes Beispiel:

Das Objekt im Bild wird in anderer Position nicht erfasst: Ein Kind kann von weitem sein Haus nicht mehr erkennen, oder es kann ein Pferd nur im Fernsehen oder real identifizieren, aber nicht im Bilderbuch (vgl. J. K. Wing 1977, 21).

Ein solches Speicherschema dürfte schnell zur Überlastung führen. Tatsächlich beobachtete J. K. Wing autistische Kinder, die ihre Augen bedeckten oder ihren Kopf wegdrehten, wenn komplexe Strukturen, insbesondere die von lebenden Personen, es bei der Erfassung der Umgebung überforderten. Besonders schnelle Bewegungen oder mangelnde Berechenbarkeit können dabei das autistische Kind überfordern. Auf diese Ansicht, lässt sich auch die Hundeangst von autistischen Kindern zurückführen. Eine weitere Besonderheit, auf die bereits Asperger, Bettelheim und Weber zu sprechen kamen, bildet das periphere Sehen von autistischen Kindern. Die von Weber gesichteten Fingerspiele vor den Augen vollzogen die Autisten von J. K. Wing seitlich am Gesichtsfeld (vgl. ASPERGER 1961, 177ff.; BETTELHEIM 1977, 87f.; WEBER 1970, 49ff.; J. K. WING, 23f.). Autistische Kinder nehmen ihre Umgebung mit den Nahrezeptoren war. Wie blinde Kinder kratzen und beklopfen sie ihre Umgebung. Auch diese Beobachtung führte bei Weber zur Annahme, dass autistische Kinder unter einer visuellen Wahrnehmungsstörung leiden (vgl. K. MÜLLER 1959 in WEBER 1970, 67; J. K. WING, 23f.). Sie haben eine Faszination für Farben, Strukturen oder Umrisse (vgl. J. K. WING, 23f.).

Taktiler Bereich: Schmerzunempfindlichkeit und mangelnde Lokalisation von Berührungsreizen sind typisch für Autisten (vgl. BETTELHEIM 1977, 74f.; DELACATO 1985, 85f.). Auch die Geruchsabnormitäten, die Delacato in sein

Modell der Sinnesabnormitäten mit einbezog, erwähnte Wing (vgl. DELACATO 1985, 91f.; J. K. WING 1977, 24).

Sprachstörungen: Sie bilden das zweite Basissymptom. Vieles orientiert sich dabei an Kanner. Die ungewöhnliche Verwendung der Grammatik ist nach Wing den Symptomen der Entwicklungs-Aphasie (Hörstummheit) ähnlich. Bei den Spracheigentümlichkeiten benennt Wing, ergänzend zu Kanner, den öfters zu beobachtenden Telegrammstil autistischer Kinder und die Angewohnheit, in falscher Reihenfolge zu sprechen. Wing stellte zudem fest, dass autistische Kinder Wörter umso schlechter verstehen, je abstrakter sie sind. Substantive kann das autistische Kind am besten verstehen. Etwas schwerer sind die Verben und große Schwierigkeiten hat es bei den Adjektiven. Abstrakte Wörter wie „zu", „mit", „und", „aber" sind für das Kind am schwierigsten. Mit diesen Einschränkungen und diesem Verständnis antwortet das autistische Kind auch auf Fragen (vgl. KANNER 1943, 217ff.; J. K. WING 1977, 21ff.). Dazu folgendes Beispiel:

Selektiv-subjektive Entkodierung von Fragen: Ein Kind wird gefragt, was es macht, wenn es sich in den Finger schneidet, worauf dieses antwortet: „Blut" (vgl. J. K. Wing 1977, 21ff.).

Wing stellte bei autistischen Kindern Agnosien und Apraxien fest. Dabei handelt es sich um medizinische Termini. Inhaltlich konstatierte bereits Kanner die Neigung autistischer Kinder, ähnliche Objekte zu verwechseln. Dazu einige Beispiele:

Agnosien: Verwechslung von rechts und links: Das Kind legt z.B. das Besteck falsch auf den Tisch, Zeichnen und Malen ist verzögert und nicht ausgereift und Buchstaben wie „b", „d" oder Figuren werden verdreht. Neu sind die beobachteten Apraxien im Sportunterricht: Das autistische Kind ist unfähig, im Takt einer Musik zu klatschen oder, Schwimmbewegungen zu imitieren (vgl. KANNER 1943, 217ff.; J. K. WING 1977, 25).

Stereotypien: Wing unterteilt sie wie Kanner in motorische Stereotypien und solche, die mit Materialien ausgeführt werden. Nach Wing bedient sich das autistische Kind stereotyper Verhaltensweisen, um in eine chaotisch erlebte Welt Strukturen zu bringen.

Motorischer Bereich: Während viele von Kanner beobachtete autistische Kinder über gute feinmotorische Fähigkeiten verfügten, stellte Wing bei jüngeren Kindern eine schlechte Feinmotorik fest. Er beobachtete folgende Stereotypien, welche bei Erregung zunahmen: Graziöse Bewegungen, Verdrehen der Handgelenke, Grimassieren, Auf- und Niederhüpfen, Schlenkern mit den Armen und Zehenspitzengang. Folgende Stimulationen können nach Wing auch bei anderen Pathologien auftauchen: Schaukelbewegungen, Anschlagen des Kopfes, Destruktionen, Selbstverstümmelungen, orale Abtastung von Gegenständen, Sich Wiegen, Rutschen, Gefahren werden und Sich Drehen.

Mit Materialien: In Übereinstimmung mit Kanner meint Wing, das autistische Kind verwende auch Gegenstände für die Ausführung von Stereotypien (vgl. KANNER 1957, 742; WING J. K. 1977, 26).

Beharrung auf Gleicherhaltung der Umwelt: Dem Kardinalsymptom von Kanner ordnet Wing das stereotype Strukturierungsbedürfnis der autistischen Kinder unter, das sich aus der primären Wahrnehmungs- und Sprachstörung entwickelt. Wing beobachtete auch die zeitliche Strukturierung autistische Kinder (vgl. KANNER 1946, 242ff.; ebd. 1949, 416ff.; ebd. 1954, 378ff.; ebd. 1957, 739ff.; ebd. 1958, 108ff.; BETTELHEIM 1977; J. K. WING 1977, 26f.).

Isolierung: Sie bildet die Folge der Primärsymptome von Wing. Zu Kanners Beobachtungen ergänzt er, dass autistische Kinder insbesondere in fremder Umgebung sehr isoliert sind und bisweilen einen ernsten, z.T. traurigen Gesichtsausdruck zeigen (vgl. WOLFF und CHESS 1964 in J. K. WING 1977, 27). Im Vergleich dazu entdeckte Asperger, dass autistische Kinder in sehr fremder Umgebung, für lange Zeit Heimwehreaktionen zeigen, die er dem zweiten Kardinalsymptom von Kanner, der Veränderungsangst, zuordnete. In vertrauter Umgebung zu Hause können autistische Kinder aber durchaus einigen bekannten Menschen, die sie mögen, mit Freude begegnen (vgl. ASPERGER 1961, 193; J. K. WING 1977, 27).

Abnorme Emotionen: Die Fähigkeit zur Beherrschung der Affekte ist beim autistischen Kind herabgesetzt. Sie geraten durch Frustrationen, Angst und Einmischung anderer schneller in Wut, die sie durch Tränen, Füßestampfen oder mit Tritten entladen. Positive Affekte werden häufig auch im Übermaß ausgelebt. So geraten autistische Kinder zu manchen Zeiten in unbegründete Lach- und Kicherzustände.

Abnormes Angsterleben: Nicht wenigen Kindern fehlt die Angst vor realen Gefahren. Ohne Hemmungen klettern sie z.B. auf Dächer, laufen vor eine schwingende Schaukel oder ein herannahendes Auto. Andererseits fürchten sie sich vor harmlosen Dingen, wie Baden, Schuhetragen, bestimmtem Mobiliar oder vor Bussen.

Sammelleidenschaft: Sie bildet eine der Lieblingsbeschäftigungen von Autisten, wie bereits Asperger festgestellte.

Spezielle Begabungen: Kanner und Asperger erwähnten die gleichen Inhalte (vgl. KANNER 1943, 217ff.; EISENBERG 1956, 607ff.; KANNER und EISENBERG 1955, 227ff., ASPERGER 1961, 183ff.; J. K. WING 1977, 26ff.).

3.4.2.2 Ursachen

Wing stellte hierzu keine eigenen Untersuchungen an. Seine Nachforschungen beziehen sich vor allem darauf, Schwachpunkte namhafter Autoren durch neuere Untersuchungen anderer, meist empirisch arbeitender Autoren zu widerlegen und seine *durch Beobachtung aufgestellte Hypothese der Wahrnehmungsstörung* zu sichern (vgl. Kapitel 3.4.2.1). Wahrnehmungsstörungen lassen sich nach Wing verhaltenstherapeutisch behandeln (vgl. J. K. WING 1977, 45ff.; 250ff.).

Psychogene Ursachen:

Entgegen Bettelheims Verursachungstheorie vom frustrierten Säugling nennt Wing psychologische Untersuchungen, die empirisch nachweisen, dass auch Kinder nach der Geburt in schlecht geführten Institutionen, in denen sie keinen stabilen Kontakt zu Erwachsenen bekamen und zudem einer anregungsarmen Umgebung ausgesetzt waren, nicht häufiger autistisch wurden als in gut geführten Institutionen. Diese Institutionen waren gefühlskälter als die frostigste Mutter. Kinder, die unter diesen Bedingungen aufwachsen, neigen eher zu verminderter Intelligenz und zu anderen Pathologien der Persönlichkeit (vgl. AINSWORTH 1962; BOWLBY 1952; O′CONNOR 1956; PINNEAU 1955; STEIN und SUSSER 1960; YARROW 1961 in J. K. WING 1977, 46; BETTELHEIM 1977, 94ff.). Sowohl bei Bettelheim, als auch danach gab es keine einzige empirische Untersuchung, die nachweisen konnte, dass sich die Mütter autistischer Kinder gefühlskälter zu ihrem Baby verhielten oder anderweitige Schwierigkeiten hätten, die eine fruchtbare emotionelle Bindung beeinträchtigen könnten (vgl. BETTELHEIM 1977, 94ff.; J. K. WING 1977, 47). Untersuchungen der Society for Autistic Children zeigten, dass es in Familien mit autistischen Kindern auch viele normale Kinder gibt, die keinen Schaden an der Mutter-Kind-Beziehung nahmen. Von 521 Geschwistergruppen gab es nur 7 mit mehr als einem autistischen Kind. Es gab keine signifikante Verteilung für ein erhöhtes Auftreten des autistischen Syndroms beim ersten Kind (J. K. WING 1977, 47). Auch Dzikowski konnte 20 Jahre später keine Untersuchung nennen, die belegte, dass die Eltern direkte Schuld am Autismus haben (vgl. DZIKOWSKI 1996, 211).

J. K. Wing zieht bei seinen Überlegungen nicht die Möglichkeit einer polydimensionalen Ätiologie in Betracht. Demnach würde das autistische Symptom erst durch das Zusammentreffen mehrerer ungünstiger Faktoren von 2 oder 3 Kategorien zu Stande kommen. Diese müssten dann auf empirischer Grundlage untersucht und verglichen werden. Die Kategorien könnten wie folgt aussehen:

– Vererbte Anteile im Kind: Diese wären besondere Sensivität oder abnorme Reizverarbeitung.
– Umweltbezogene Einflüsse: Schwieriges Lebensmilieu oder anregungsarme Umgebung.
– Verhalten der Eltern: Sind sie arm an Gefühlen oder weisen Persönlichkeitsstörungen auf?

Intelligenz: Kanners Theorie, welche von einer hohen Intelligenz der Mütter von autistischen Kindern ausgeht, hält Wing für nicht verifizierbar, da Kanner es versäumte, auch Mütter mit hoher Intelligenz zu untersuchen, die normale Kinder zur Welt brachten. Nicht wenige wissenschaftliche Untersuchungen nach Kanner widerlegten seine Theorie, dass sich die Eltern autistischer Kinder emotional frigide, verstandesbetont und bürokratisch verhalten (vgl. CREAK und INI 1960, STROH 1962, MAHLER 1952 in J. K. WING 1977, 44f.; KANNER 1943, 248; ebd. 1949, 416ff.; KANNER und EISENBERG 1956, 556ff.).

Abnormitäten des Zentralnervensystems

Folgende Merkmale, die auch in Kombinationen auftreten können, weisen nach Wing auf eine Schädigung hin:

- hoher Anteil von Jungen,
- Komplikationen während der Schwangerschaft oder bei der Geburt,
- insbesondere die Wahrnehmungs- und Sprachprobleme des Kindes,
- neurologische Pathologien.

Differentialdiagnose

Entwicklungsbedingte Auffälligkeiten bei normalen Kindern: Auch normale Kinder zeigen in bestimmten Abschnitten ihrer Entwicklung Verhaltensweisen, die einzelnen Symptomen des autistischen Syndrom gleichen. Dazu folgende Beispiele:

- Wahrnehmung: Das Kind erkennt seine Eltern nur, wenn diese sehr nahe bei ihm sind.
- Sprache: Am Anfang der Sprachentwicklung kann das Kind zur Echolalie neigen.

Auch in anderen Verhaltensbereichen können normale Kinder zeitweilig aus unterschiedlichen Gründen autistische Züge zeigen. Im Wesentlichen dazu zeigt das autistische Kind die abnormen Verhaltensweisen jedoch permanent, oft jahrelang, und ohne neue Inhalte (vgl. J. K. WING 1977, 31).

Autistische Züge auch bei blinden und tauben Kindern: Wing verglich eine Untersuchung von Keeler, die sich mit retrolentaler Fibroplasie (Blindheit mit Hirnschädigung) befasste, unter dem Aspekt des Verhaltens mit Untersuchungen über autistische Kinder. Dabei zeigte sich, dass auch blinde Kinder viele autistische Verhaltensweisen aus dem Bereich der Sprachstörung und Stereotypien im Sinne Kanners zeigten. Bei Erblindungen in späteren Altersabschnitten nahmen die autistischen Verhaltensweisen signifikant ab (vgl. KEELER 1958 in J. K. WING 1977, 32 u. Kanner 1943, 242ff.; ebd. 1944, 211ff.; ebd. 1946, 242ff.; ebd. 1956, 556ff.; ebd.1957, 739ff.; ebd. 1958, 108ff.). Auch Gordon und Taylor, die das autistische Syndrom mit Blind- und Taubheit als Krankheitsbild verglichen, erkannten viele Parallelen in den Verhaltensäußerungen der Patienten (vgl. GORDON und TAYLOR 1964, 121ff.). Delacato entdeckte das Gleiche und bezeichnete die Verhaltensweisen als „blindismen" und „defismen" (vgl. DELACATO 1985, 51f.).

Autismus und Entwicklungsaphasie: Dass es sich beim Autismus sehr wahrscheinlich um eine Sprach- und Wahrnehmungsstörung handelt, bekräftigte Wing auch mit den Untersuchungen in Edinburgh (Schottland), die von Ingram, Lea und Mc Ginnis durchgeführt wurden. Sie verglichen Sprachstörungen von autistischen Kindern mit jungen Patienten, bei denen eine Entwicklungsaphasie diagnostiziert wurde. Es gab Parallelen in der verzögerten Sprachentwicklung, in der fehlerhaften Artikulation von Konsonanten, in der Neigung, nur den ersten Teil des Wortes auszusprechen, in der Auslassung von Präpositionen und Konjunktionen, in der Umkehrung der Reihenfolge von Wörtern, in der Suche nach Ersatzwörtern bei unbekannten Wörtern und in der Sprachimitation, die den Kindern leichter fiel als das spontane Sprechen. Nach Ingram, Lea und Mc Ginnis verursachen die Primärsymptome häufig folgende Sekundärsymptome (Störungen der Entwicklung): Vereinsamung, Unfähigkeit, mit Gleichaltrigen zu spielen, Tagträume, fehlendes Bewusstsein der Umwelt, Introvertiertheit und schwache Konzentration (vgl. INGRAM 1959, LEA 1965 und MC GINNIS 1963 in J. K. WING 1977, 32f.). Auf der Suche nach einem Unterschied entdeckte Wing eine Untersuchung von Rutter, die zeigte, dass aphasische Kinder im Durchschnitt eine normale Intelligenz aufweisen, während der Mittelwert bei autistischen Kindern deutlich darunter liegt (vgl. RUTTER 1977, 96).

Abgrenzung zum Krankheitsbild Mutismus: Ein Vergleich des autistischen Zustandsbildes mit dem Mutismus nach Tramer (vgl. TRAMER 1934, 30ff.) ergab, dass die Patienten, die später zu sprechen anfingen, keine Abnormitäten der Sprache oder andere klinische Symptome des Autismus aufwiesen (vgl. REED 1963, 99ff. in J. K. WING 1977, 36).

Abgrenzung zur Kindheitsschizophrenie: Für Wing ist dabei bedeutend, dass Autisten auch im Erwachsenenalter keine Halluzinationen oder Wahnideen haben und keine für die Schizophrenie typischen katatonen Symptome aufweisen. Auch erhielt noch nie ein erwachsener Patient mit dem Krankheitsbild Schizophrenie in der Kindheit die Diagnose: „Kanner-Autismus". Im Vergleich zum frühkindlichen Autismus hat die schizophrene Sprachstörung einen ganz anderen Charakter. Noch nie wurde bei den Verwandten einer Familie mit einem autistischen Kind ein erhöhtes Risiko zur Schizophrenie festgestellt (vgl. J. K. WING, 37; KANNER 1949, 416ff.).

3.4.2.3   Behandlungsmöglichkeiten

Im Gegensatz zur O´Gorman empfiehlt Wing den autistischen Kindern keine psychodynamische Behandlung, sondern ein von ihm entwickeltes kombiniertes Modell an Institutionen, welche wirkungsvoll miteinander verzahnt sind im Sinne eines informativen Austausches und in denen hauptsächlich *Förderung nach lerntheoretischen* Prinzipien erfolgt (vgl. L. WING 1977, 250f.). Im Therapieplan für das autistische Kind nahm Wing also nur Institutionen auf, in denen nach den Methoden der Verhaltensmodifikation gearbeitet wurde. Die Mitarbeit der Eltern ist damit ebenfalls Voraussetzung: Die Bereiche umfassen: Umgang mit Wutanfällen, Zerstörungswut, peinliche Verhaltensweisen in Gegenwart anderer, Widerstand gegen Veränderungen, Essschwierigkeiten, besondere Ängste, Mangel an Furcht vor wirklichen Gefahren, merkwürdige Bewegungen und Grimassen, Selbstzerstörung und Rückzug. Auf eine ausführliche Darstellung kann verzichtet werden, da die angewandten Methoden bereits im Abschnitt verhaltenstherapeutische Ansätze erläutert wurden (vgl. Kapitel 3.3; L. WING 1976, 65ff.; J. K. WING und L. WING 1977, 250ff.).

Behandlungsplan nach Wing

Diagnostische Dienste: Dem diagnostischen Zentrum gehören Fachspezialisten der Heilpädagogik, Genetik und Psychiatrie an. Es verfügt über die entsprechenden Mittel und Techniken, die für eine Spezialuntersuchung notwendig sind. Zudem kann häufig ein kurzfristiger stationärer Aufenthalt für das Kind geboten werden (vgl. LOTTER 1966 in L. WING und J. K. WING 1977, 252). Das Zentrum untersucht das Hör- und Sehvermögen, das Zentralnervensystem, macht psychologische Tests und analysiert das Verhalten des Kindes. Dabei werden die Primär- und Sekundärsymptome nach der Auffassung von Wing differenziert und in Beziehung gesetzt (vgl. KUSHLICK 1966 in ebd.). Während die physiologische Untersuchung nur wenige Tage dauert, nimmt die Verhaltensbeobachtung mehrere Monate bis Jahre in Anspruch. In bestimmten Perioden wird die Diagnostik wiederholt, um den Fortgang der Programme zu beeinflussen (ebd.).

Heimunterbringung: Der diagnostische Dienst entscheidet sich in Supervisionen für eine Heimunterbringung, wenn zu Hause nur eine unzureichende Betreuung gewährleistet werden kann, der häusliche Frieden massiv gestört wird, eine Spezialbehandlung nötig ist oder Mehrfachbehinderungen eine Hospitalisierung unumgänglich machen. Wing nennt dabei die Erhebung der Society for Autistic Children, die feststellte, dass dort über 30% der autistischen Kinder in diversen Einrichtungen leben. Abgesehen von diesen Härtekriterien ist Wing der Auffassung, dass dem autistischen Kind eine wohnortnahe Tagesbetreuung und Förderung angeboten werden sollte, damit es weiterhin im elterlichen Heim bleiben kann (vgl. ebd., 253f.). Wing empfiehlt nur Heime, die nach humanistischen Prinzipien gestaltet sind. Diese entsprechen den Empfehlungen vom Curtis-Commitee 1946 (vgl. M. CURTIS 1946), welche Tizard (den er referierte) vorschlug. Das Heim sollte Gefühlsbindungen zulassen, soziale und intellektuelle Anregungen geben und familienähnlich strukturiert sein, damit das Kind dort eine gefestigte und zuverlässige Umwelt internalisieren kann. Wing empfiehlt dabei die nach seinen Maßstäben strukturierte Schule der Society for Autistic Children (vgl. TIZARD 1964 in ebd., 256f.). Bedenken hat er gegen große, abseits gelegene Heime. Sie wirken sich ebenso nachteilig auf die Entwicklung des Kindes aus, wie stark institutionalisierte Einrichtungen (ebd., 257).[15]

Im Elternhaus: Eine gute medizinische Versorgung, gekoppelt mit einer ergänzenden Erziehung im Elternhaus durch einen Fachmann, erhöht das Selbstvertrauen der Eltern und trägt somit zu einem gesunden Familienklima bei. Für den Umgang mit dem Kind rät Wing den Eltern dringend, einen Fachsozialarbeiter zu konsultieren. Dieser muss über eine gute klinische Vorbildung verfügen und mit den Verhaltensauffälligkeiten autistischer Kinder in verschiedenen Situationen (Haus, Einkaufen, Reise und Besuch) vertraut sein. Seine Aufgabe ist es, die häusliche Situation zu analysieren und die Eltern überall dort zu beraten oder zu korrigieren,

---

[15] L. Wing und J. K. Wing verweisen dabei auf die Studien von Ainsworth 1962, Bettelheim und Sylvester 1948, Kushlick 1966, Report of Working Party of B.P.S.1966, Tizard 1964, Goffman 1958 und Wing 1962

wo spezielle Hilfe notwendig ist. Wie O'Gorman rät auch Wing den Eltern zu einer eigenen Psychotherapie, wenn die ambivalenten Gefühle zum Kind die Eltern überfordern und massive familiäre Konflikte die Folge sind. Der Sozialarbeiter versteht sich auch als Vermittler zu weiteren Einrichtungen, in denen die Eltern spezielle Hilfen erhalten. Zudem verweist er auf die etablierten Elternvereinigungen, in der sie Unterstützung und Austausch finden können (vgl. ebd., 254ff.).

Schulische Förderung: Wing vertritt dabei die Auffassung, dass nur ein längerer Schulbesuch wesentliche Auskünfte über die Bildungsfähigkeit der autistischen Kinder geben kann. Psychologische Tests reichen für eine Beurteilung alleine nicht aus (vgl. RUTTER 1977, 105ff.; MITTLER 1977, 137ff.). Bemerkenswert ist auch die Hoffnung, die Wing in die Bildungsfähigkeit autistischer Kinder steckt. So ist er auch der Auffassung, dass autistische Kinder, die den Unterrichtsstoff nicht bewältigen, trotzdem eine Chance darauf haben, dass sich ihr Sozialverhalten und die Fähigkeiten zur Herstellung von emotional betonten Beziehungen unter Berücksichtigung ihrer Schwierigkeiten deutlich verbessert. Autistische Kinder finden sich in recht vielen Schultypen. Bei dem Besuch der Regelschule wurden die besten Erfolge erzielt, wenn sich der Lehrer verständnisvoll verhielt und die Klassen gering frequentiert waren. Attribute, wie Spezialtalente und ein gesittetes Verhalten erwiesen sich beim autistischen Kind als günstigste Einstiegschance. Fehlende Sozialkompetenzen und abnorme Verhaltensweisen haben sich als behindernd bei der Kontaktsuche zu Mitschülern erwiesen. Persönlich empfiehlt Wing seine Spezialschule für autistische Kinder, die von der Society for Autistic Children geleitet wird. Die effektivste Förderung wird nach Wing autistischen Kindern zu Teil, wenn sie werktäglich Spezialunterricht erhalten und zudem Spielmöglichkeiten mit sprechenden und spielfreudigen Kindern erhalten. Bei Bedarf hilft dabei eine Betreuung den autistischen Kindern bei der Kontaktaufnahme (vgl. L. WING und J. K. WING 1977, 259ff.).

Prognose: Von 63 Jugendlichen sowie Erwachsenen, bei denen frühkindlicher Autismus diagnostiziert wurde, kamen 14% gut zurecht und erreichten damit eine zufriedenstellende Stufe. Bei 25% gab es in einigen Bereichen Fortschritte, während sie im Verhalten noch deutlich anormal wirkten. Der Rest konnte die Verhaltensauffälligkeiten leicht vermindern. Nur einige Autisten im Heim blieben unverändert oder regredierten sogar im Verhalten. Keiner der Fälle erhielt eine besondere Förderung oder Erziehung (vgl. L. WING 1976, 157).[16] In Bezug zur schulischen Förderung haben die autistischen Kinder bessere Chancen, die vorher einen Kindergarten besuchten. Im Erwachsenenalter kann trotzdem eine große Zahl von Autisten auf Grund ihrer sozialen, emotionalen und intellektuellen Mängel keine herkömmliche Ausbildung beginnen. Für sie bleibt die Werkstatt für Behinderte im geschützten Rahmen die einzige Alternative (vgl. L. WING und J. K. WING 1977, 263f.).

---

[16] Die Erhebung erlaubt keinen annähernd objektiven Vergleich, da wie L. Wing die einzelnen Fortschritte der Funktionsfelder nicht separat genannt wurden. Zudem fehlen Angaben über Ort, Autor und Zeit.

3.4.3 Weber: Entwicklung und Motorik bei Autisten

Seit 1954 untersuchten und behandelten Weber und Mitarbeiter in der Abteilung für Kinder und Jugendpsychiatrie am Institut für ärztlich-pädagogische Jugendhilfe der Universität Marburg Patienten mit autistischen Symptomen. Die Leitung unterstand dabei Prof. Dr. H. Stutte. Schwerpunkt der empirischen Untersuchungen bildeten die Symptomwandlungen im Laufe der Entwicklung. Dabei analysierte Weber im Rahmen ihrer Habilitationsarbeit schwerpunktmäßig *Kanners Primär- und Sekundärsymptome unter dem Aspekt der Entwicklung* und verglich diese mit blinden und hochgradig sehschwachen Kindern. Das Projekt wurde finanziell von der Deutschen Forschungsgemeinschaft unterstützt (vgl. WEBER 1966, 14; ebd. 1969, 10). Weber untersuchte am Institut im Zeitraum von zehn Jahren eine nicht repräsentative Stichprobe von 81 Kanner- und Asperger-Autisten. Die Struktur ihrer Habilitationsschrift ist nach psychologisch-empirischem Muster aufgebaut und beinhaltet folglich genau dokumentierte Statistiken. Der Versuchsrahmen ist dabei wie folgt strukturiert (vgl. ebd. 1970, 10; ebd., 41):

Population: Über eine Zeitraum von 18 Monaten untersuchte Weber 81 Autisten aus Marburg, wovon 51 in der Kinder- und Jugendpsychiatrie lebten und 30 von der ärztlichen Jugendhilfe Marburg betreut wurden (vgl. ebd. 1966, 25f.). Von derselben Gruppe waren 66 Kanner-Autisten und 9 Asperger-Autisten sowie 6 weiteren Kinder, die zwar autistisch wirkten, aber nicht die von Kanner und Asperger postulierte Sprachstörung aufwiesen. Weber geht beim Autismus nicht von einem klinischen Bild, sondern von einem Syndrom aus. Dies hat zur Folge, dass sie auch hirngeschädigte Kinder unter dem Stichwort „autistisches Syndrom" untersuchte (vgl. ebd. 1970, 38). Dabei beobachtete Weber die Symptome in den Zeiträumen von 2,6 bis 6,5 und 8,6 bis 14,5 Jahren.

Untersuchungselemente: Sie orientieren sich nach medizinisch determinierten Richtlinien, die den Gesundheitszustand psychiatrischer Patienten feststellen:
- Zunächst wird ein neurologischer Befund angefertigt (inklusive EEG-Messungen).
- Danach bearbeiten die Eltern von den Kindern Fragebögen mit den Rubriken „stimmt" oder „stimmt nicht".
- Es wird auch ein ärztlicher Befund benötigt, wenn die Eltern von einem pathologischen Geburtsverlauf sprachen.
- Abschließend werden die Kinder beim freien Spiel, bei Unternehmungen sowie diversen Ausflügen beobachtet (vgl. ebd. 1970, 26).

3.4.3.1 Erscheinungsformen

Der Autismus bildet für Weber im Gegensatz zu Kanner kein eigenständiges klinisches Zustandsbild, sondern ein Syndrom, dass auch bei blinden und vor allem neurologisch geschädigten Kindern auftritt. Die zusammengetragenen Befunde bekräftigen diese Auffassung (vgl. ebd., 37ff.). Weber stellte bei den Kanner-Autisten fest, dass sich im Laufe der Entwicklung die Kardinalsymptome immer weiter zurückbildeten. Dies steht jedoch im Widerspruch zu Kanner, der beobachtete, dass autistische Kinder im Laufe der Zeit die Sekundärsymptome aufgeben, die Kardinalsymptome jedoch weitgehend beibehalten. Webers Auswertungen ergaben zudem die Feststellung, dass sich im Laufe der Zeit die Symptome der Kanner- und Asperger-Autisten so weit angleichen, dass sie beim älteren Kind nur noch durch eine umfassende Anamnese unterschieden werden können (vgl. ebd., 46f.).

Vergleich der Motorik autistischer und blinder Kinder

Weber bezieht zu den blinden Kindern auch noch hochgradig sehschwache Kinder mit ein. Sie entdeckte bei autistischen Kindern eine, von den klassischen Autoren nicht angesprochene Handlung, das „digito-okuläre Phänomen", mit dem Franceschetti das Augenbohren meinte. Zudem beobachte sie abnorme Augenbewegungen wie Augenrollen, zeitweiliges Schielen mit beiden Augen oder die Fixierung der Pupillen am oberen oder seitlichen Augenrand mit periodischer Wiederholung (vgl. ebd., 49ff.). Zusammen mit den Fingerstereotypien vor dem Gesichtsfeld kommt Weber zu der Überzeugung, dass autistische Kinder unter einer optischen Wahrnehmungsstörung leiden. Während Weber dabei von einer *zentralen optischen Wahrnehmungsstörung* ausgeht, da eine periphere Sehbehinderung nicht diagnostiziert werden konnte, ordnet Delacato die Symptome, deren Ursachen er in einer Hirnverletzung begründet sieht, einer Unterempfindlichkeit im optischen Wahrnehmungsbereich zu. Die auffälligen Verhaltensmuster der Augen rechnet Weber bei autistischen Kindern *zu den Stereotypien*, die bei Langeweile oder vor dem Einschlafen verstärkt in Erscheinung treten (vgl. ebd., 73ff.; DELACATO 1985, 103ff.). Weitere Besonderheiten:

- Mimische Besonderheiten: Autisten zeigen auch ein situativ inadäquates, gefühlsarmes, starres Lächeln und Grimassieren (vgl. WEBER 1970, 60).
- Motorische Unruhe: Blinde und autistische Kinder zeigen auf Grund ihrer Beschränkung auf die Nahrezeptoren eine motorische Unruhe (vgl. MACKENSEN 1956 in ebd.).
- Bewegungsunfähigkeiten, die einer Apraxie gleichen: Trotz physischer Beweglichkeit können autistische Kinder bestimmte Bewegungsabläufe mangels Planung nicht durchführen, z.B. ist ein autistisches Kind trotz größtem Hunger nicht in der Lage, vom Teller zu essen (vgl. ebd., 66).
- Stereotypien: Blinde und autistische Kinder zeigen lang andauernde rhythmische Stereotypien. Auch Delacato stellte bei seinen Besuchen in Blindeneinrichtungen fest, dass blinde Kinder viele als „autistisch" geltende Stereotypien zeigten (vgl. MACKENSEN 1965; SCHÖNFELDER 1966 in WEBER 1970, 66f.; DELACATO 1985).
- Viele autistische Kinder klopfen und zupfen häufig an Gegenständen oder Zähnen (vgl. K. MÜLLER 1959 in WEBER 1970, 67).
- Kopfstand: Dieses Phänomen beobachtete Weber nur bei autistischen Kindern. In dieser Stellung verharren sie oft über mehrere Stunden. Weber erklärt sich das Durchhaltevermögen dadurch, dass das veränderte Blickfeld im Kleinkindalter noch nicht als störend registriert wird (vgl. ebd., 80ff.).

- Der Zehenspitzengang tritt bei autistischen Kindern auf, obwohl keine physischen Anomalien (z.B. Muskeldystrophie) am Fußgelenk diagnostiziert worden sind (vgl. ebd., 83ff.).

3.4.3.2 Ursachen

Die perzeptiven Störungen basieren *meist auf organischer Grundlage*. Nur selten sind sie auf psychogenem Weg erworben worden (vgl. ebd., 92). Sie bilden die Ursache für die *Störungen im Physiognomieerkennen* (das Kind kann die optischen Sinneswahrnehmungen nicht real begreifen). Weber geht davon aus, dass autistische Kinder sowohl einen angeborenen, als auch in der Kindheit erworbenen Sinnesdefekt im Bereich der Wahrnehmung haben (vgl. ebd., 90). Weber benennt dazu ein Beispiel von einem Kind, dass nicht in der Lage ist, die Handlungen seiner Eltern mit deren menschlicher Person in Zusammenhang zu bringen und daher viele Konfrontationen als störend, unverständlich oder bedrohlich empfindet (vgl. ebd.). Weber vermutet, dass der Verlust des Physiognomieerkennens das autistische Kind derart frustriert, dass es mögliche *Kompensierungsversuche über andere Sinnesbereiche vernachlässigt* oder gar aufgibt und damit *seine Persönlichkeitsentwicklung schwer beeinträchtigt wird* (vgl. ebd., 90ff.). Weber verglich diese Spekulation mit blinden Kindern, die häufig in der Lage waren, über andere Sinnesmodalitäten (taktile, auditive) ihre Schwierigkeiten auszugleichen (vgl. ebd., 90f.). Teilstörungen in wichtigen Sinnesorganen können sich schwerwiegender auswirken, als der Totalausfall (vgl. JACOB 1955 in ebd., 91).

Vererbung

Webers geschlechtliche Durchzählung brachte im Gegensatz zu Kanner nur ein Verhältnis von 1,4:1 anstatt 4:1 für Jungen. Die Auswertung über die berufliche Bildung des Vaters wich gleichfalls von Kanners Hypothese ab, die davon ausging, dass fast alle Eltern von autistischen Kindern einen höheren Beruf ausüben. Nach Weber hatten lediglich 25,5% der Väter einen akademischen Beruf. Auch die Hypothese von Kanner, dass die Eltern häufig in Großstädten leben, erwies sich als nicht verifizierbar. Nur 59% der Eltern lebten in Städten. Im Bereich der Kontaktstörungen und schizoiden Verhaltensweisen konnte Weber nur wenige Eltern mit diesen Attributen kennenlernen (vgl. ebd., 41ff.). Stattdessen wiesen viele Familien ein betont kontaktfreudiges, stabiles und gemütswarmes Klima auf (vgl. ebd. 1966, 16).

Neurologischer Befund

41% der Patienten wiesen zweifelsfrei eine Hirnschädigung auf, die häufig Folge einer Hypoxämie war (vgl. ebd. 1970, 44). Überraschenderweise ließen sich bei 97% der autistischen Kinder gewisse Indizien für eine Hirnschädigung erkennen. Nur 3% wiesen keine Schädigung auf. An dieser Stelle muss nochmals darauf hingewiesen werden, dass Weber den Begriff Autismus als Syndrom gebrauchte und nicht im Sinne eines klinischen Krankheitsbildes. Daher fanden sich in ihrer Stichprobe auch viele Patienten mit neurologischen Anomalien (vgl. ebd., 38).

Organische Befunde

Weber stellte häufiger Missbildungen am Zentralnervensystem fest, cerebrale Anfälle, extrapyramidale bzw. ataktische Störungen, Pyramidensymptome und Abweichungen von den EEG-Normalkurven. Seltener entdeckte sie noch die tuberkulöse Sklerose und Phenylketonurie (vgl. ebd. 1966, 14).

Nosologische Abgrenzungen

Abgrenzung zur Blindheit: Weber verglich in ihrer eigenen Untersuchung motorische Besonderheiten von autistischen, blinden oder hochgradig sehschwachen Kindern. Ihre dazu herangezogenen Studien und Untersuchungen wiesen dabei einen großen Umfang auf, der einen Schwerpunkt in ihrer Arbeit bildet. Hierzu muss noch einmal deutlich gesagt werden, dass dieser spezialisierte Vergleich nicht allein als differentialdiagnostisches Element zwischen blinden und autistischen Kindern herangezogen werden kann, sondern *nur* im motorischen Bereich einen Beitrag dazu leistet. Zunächst beschrieb sie die Untersuchung von Keeler über Gemeinsamkeiten zwischen frühkindlichen Autisten und Patienten, die unter einer retroletalen Fibroplasie litten. Dabei hob sie hervor, dass es Keeler in der Untersuchung darum ging nachzuweisen, dass Blindheit und emotionale Mangelsituationen die Entstehung von Autismus stark begünstigen. Im Folgenden befasste sich Weber eingehend mit Literatur von motorischen Auffälligkeiten autistischer Kinder, wobei sie die Monografie von Mackensen (vgl. MACKENSENS 1956 in ebd. 1970, 68ff.), welche sich mit der Psychomotorik von blinden Kindern befasst, besonders häufig mit ihren eigenen Untersuchungen an der Erziehungsberatungsstelle verglich. Als Erstes stellte Weber fest, dass neben blinden Kindern nur noch bei frühkindlichen Autisten (Kanner) das digito-okuläre Phänomen (Augenbohren) zu beobachten ist, wenngleich bei den Autisten die Intensität etwas geringer ist. Hand- und Fingermanierismen dicht vor den Augen gibt es wie bei autistischen Kindern auch bei hochgradig sehschwachen Kindern. Dabei fasziniert beide der Wechsel von Licht und Schatten. Als Nächstes untersuchte Weber mimische Parallelen zwischen blinden und autistischen Kindern. Dabei zeigten beide häufig ein situationsunangepasstes, emotional leer wirkendes, starres Lächeln. Weber vermutet, dass solchen Kindern ein elterliches Leitbild fehlt. Ein ticartiges Zusammenziehen der Gesichtshälfte wurde jedoch fast nur bei blinden Kindern festgestellt. In der dritten Untersuchung erforschte Weber motorische Besonderheiten vergleichend zwischen blinden und autistischen Kindern. Etwa die Hälfte der autistischen Kinder fallen, ebenso wie blinde Kinder, in der Kleinkindzeit durch Hyperkinesen und ihre Beschränkung auf den Tastraum auf. Als Viertes stellte Weber nur bei autistischen Kindern Zustände fest, die einer Apraxie glichen. Diese Kinder konnten trotz physischer Beweglichkeit auf Grund mangelnder Planung bestimmte Bewegungsfolgen nicht durchführen. In dem fünften Vergleich zwischen blinden und autistischen Kindern, der sich mit den Stereotypien befasste, zeigten beide in verschiedenen Entwicklungsstadien diverse rhythmische Bewegungsmuster. Im weiteren Verlauf fand Weber bei einigen autistischen Kindern den Drang zum Klopfen und Zupfen. Mit diesen Stereotypien beschäftigen sich blinde Kinder häufiger. Im weiteren Verlauf untersuchte Weber die Augenbewegungen. Viele blinde Kinder und ein Drittel der autistischen Probanden zeigten Phänomene wie z.b. Augenrollen, zeitweiliges Schielen und Fixierung der Pupillen am oberen und seitlichen Augenrand in periodischer Wiederholung. (Den von Ohm beschriebenen Pendel- und Rucknystagmus bei blinden Kindern konnte Weber bei ihren Patienten nicht feststellen.) Bei Langeweile und Erregung nahm deren Intensität zu. Für die Differentialdiagnose von besonderer Bedeutung ist die Tatsache, dass bei blinden Kindern im fortschreitenden Alter die motorischen Besonderheiten abnehmen (vgl. MACKENSENS 1953; ebd. 1956; K. MÜLLER 1959; SCHÖNFELDER 1966; STUTTE 1968; OHM 1958 in WEBER 1970, 60ff.).

Abgrenzung zur Schizophrenie: Beim Autismus sind im Laufe der Entwicklung Verbesserungen zu erkennen gegenüber einem Persönlichkeitszerfall bei der Schizophrenie (vgl. WEBER 1970, 12ff.; ebd. 1982, 8).

Abgrenzung zum Schwachsinn: Schwachsinnige Kinder haben in der Regel eine bessere emotionale Beziehung zum Menschen als zu Dingen.

Abgrenzung zum Hospitalismus: Betroffene Kinder zeigen nicht das psychopathologische Bild des Autismus (vgl. ebd. 1982, 8).

Abgrenzung zu normalen Kindern bzw. anderen Pathologien: Stereotype Bewegungsmuster sind allein auf keinen Fall ein Indiz für Autismus oder Blindheit. Vielmehr können sie bei zahlreichen anderen Krankheitsbildern ebenfalls auftreten. Beispiele bilden dabei oligophrene sowie hospitalisierte Kinder, der epileptische Anfall, der hysterische Dämmerzustand, der katatone Stupor in der Schizophrenie und die zerebralen Pathologien. Auch bei gesunden Kindern und Erwachsenen können rhythmische Stereotypien, welche Verlegenheit oder Ungeduld symbolisieren, auftauchen. Beim gesunden Kind kann während der Nachtruhe ein erhöhter Bewegungsdrang auftreten (vgl. MACKENSENS 1956; K. MÜLLER 1959; PEIPER 1949 in ebd. 1970, 71ff.). Der Zehenspitzengang, welcher bei autistischen Kindern, nicht jedoch bei blinden Kindern zu beobachten ist, kann auch bei einigen Subpathologien der Spastik, bei einer progressiven Muskeldystrophie, Oligophren, Entwicklungsverzögerungen und bei normalen Kindern beobachtet werden (vgl. ebd., 83f.). Nicht nur Webers differentialdiagnostische Aufstellungen zeigen, dass erst bei einer Häufung zahlreicher autistenspezifischer Symptome die Diagnose Autismus gestellt werden darf.

Fazit: Weber kommt zu dem Schluss, dass das autistische Syndrom im Kindesalter aus einem Zusammenspiel von neurologischen und organischen Störungen, Alter, Entwicklungsquotienten und ferner der einwirkenden sozialen und pädagogischen Umwelt entsteht (vgl. ebd. 1966, 17f.).

3.4.3.3 Behandlungsmöglichkeiten

In ihrer Habilitationsschrift äußerte sich Weber noch nicht zur Behandlung. In der Publikation in einer pädagogischen Fachzeitschrift empfiehlt sie eine Frühtherapie. Dabei erweist sich sensomotorisches Training nach Affolter und Kiphard als wertvoll. Techniken der Verhaltensmodifikation, die dem Kind bei der Strukturierung der Welt wichtige Dienste leisten, bauen darauf auf (vgl. AFFOLTER 1976; KIPHARD 1979; LOVAAS, KOEGEL, SIMMONS und LONG 1973, 131ff.; WEBER 1982, 12).

Prognose: Ähnlich wie J. K. Wing stellt Weber eher eine ungünstige Prognose auf. Sehr viele autistische Kinder besuchen Schulen für praktisch Bildbare, arbeiten in Werkstätten für Behinderte und leben zu Hause bzw. in psychiatrischen Einrichtungen. Ähnlich wie Kanner kommt auch Weber zum Fazit, dass Kinder, die bis zum Alter von sechs Jahren eine kommunikative Sprache entwickelt haben, eine günstige Prognose haben. Weber erwähnt noch eine wichtige Beobachtung, die bisher in der Literatur kaum Erwähnung fand: Immer wieder kommt es beim Autisten zu *episodischen Verschlechterungen*, die manchmal einen Verbleib in der Familie unmöglich machen (vgl. WEBER 1982, 11).

3.4.4 Wurst: Psychologische Tests

Abweichend zu den vorangegangenen Autoren entwickelte Wurst keinen eigenen Ansatz zur Symptomatik und Ätiologie des Autismus. Sie versucht durch diverse Tests, die Leistungsfähigkeit autistischer Kinder in sozialen und intellektuellen Bereichen zu ermitteln. J. K. Wing und Tinbergen warnen in diesem Zusammenhang davor zu glauben, der Test reflektiere die wahren Fähigkeiten des Kindes. Insbesondere Tinbergen weist darauf hin, dass autistische Kinder in Testsituationen auf Grund hoher Angst nur minimal ihre Fähigkeiten demonstrieren können (vgl. WURST 1976, 45ff.; J. K. WING 1977; TINBERGEN 1984, 25).

Alle autistischen Testpersonen von Wurst wurden ambulant oder stationär in der Heilpädagogischen Station der Universitäts-Kinderklinik in Wien behandelt. Es wurden nur solche Probanden ausgewählt, die nach differentialdiagnostischen Maßstäben entweder dem Kanner- oder dem Asperger-Autismus zugeordnet werden konnten. Diese Diagnose wurde durch anamnestische Daten und Fallbeschreibungen von Kindergarten, Schule, Spielgruppe sowie von ärztlichen und psychologischen Befunden ermittelt. Daraus musste auch hervorgehen, dass dem autistischen Kind vorher eine Behandlung von mindestens einem Pädiater, Psychologen, Kindergärtner, Lehrer oder Sprachtherapeuten zuteil wurde. Ein zusätzlicher Fragenkatalog, der aus anderen Untersuchungsbögen von Kehrer und Weber zusammengestellt wurde, wurde den Eltern bei der Aufnahme vorgelegt und diente als Überprüfung und Differenzierung der Diagnose (vgl. WURST 1976, 49).

Testpersonen: Wurst testete 30 Kinder mit Autismus. Davon waren 14 nach Kanner und 16 nach Asperger diagnostiziert. Die Kontrollgruppe bildeten 35 Kinder. Ihr Durchschnittsalter lag zwischen 6 und 8 Jahren (vgl. ebd., 109).

3.4.4.1 Erscheinungsformen

Auswertung der Tests

Bühler-Hetzer-Entwicklungstest: Es zeigten sich im Vergleich zur Kontrollgruppe keine signifikanten, quantitativ erhebbaren Mittelwertsunterschiede in den einzelnen Zeitabschnitten.

Snijders-Oomen-Intelligenz-Test: Alle autistischen Kinder zeigten im Parameter „Ergänzen" und in den von der sozialen Reife abhängigen Fragestellungen schlechtere Resultate und demonstrieren damit deutlich ihr vermindertes Sozialverständnis.

Hamburg-Wechsler-Intelligenz-Test: Autistische Kinder wiesen niedere „scores" in dem Bereich soziales Verständnis auf. Dies zeigte sich bei den vermehrten Schwierigkeiten beim allgemeinen Verständnis, dem Bilderordnen und Ergänzen.

Vergleich von Kanner- und Asperger-Autisten: Asperger-Autisten zeigten im Bereich „verbale Fähigkeiten" in den Parametern, die das Allgemeinwissen, Gemeinsamkeiten-Finden und Wortschatz betreffen, besondere Leistungen. Auch im Koordinationsvermögen im visomotorischen Bereich, bei abstrakten Bereichen wie: „Mosaiktest" und „Figurenlegen" zeigten sie überdurchschnittlich gute Leistungen. Kanner-Autisten erreichten besonders hohe Werte im Zahlensymbol-Test, Mosaiktest und im Figurenlegen (vgl. ebd., 52ff.).

Scenotests von Staabs: Im Scenospiel zeigten autistische Kinder sehr deutlich ihre Schwächen im sozialen Bereich. Diese umfassten folgende Bereiche: Kontaktstörungen, Integrationsstörungen, geringes Sozialverständnis, geringes Einordnungsvermögen, geringes Anpassungsvermögen, spezielle Ängste und spezielle Aggressionen. Der Scenotest veranschaulichte auch die Empfindung des autistischen Kindes zur Umwelt. Dabei fiel besonders ihre fehlende Geborgenheit, Unsicherheit und Isolierung auf (vgl. ebd., 86ff.).

3.4.4.2 Ursachen

Überprüfung der Perzeptionsfähigkeit autistischer Kinder

Testpersonen: Wurst wählte acht Kanner- und sechs Asperger-Autisten sowie sieben schwachbefähigte und sechs normale Kinder aus. Alle Kinder wurden nach dem „Develop-mental Test of Visual Perception" von M. Frostig, dem Bender-Gestalttest und dem Benton-Test getestet (vgl. ebd., 70ff.).

Auswertung der Tests: Im Vergleich zu schwach begabten und normalen Kindern zeigten autistische Kinder keine signifikante Entwicklungsretardation. Die im Perzeptionsprofil auftretenden Leistungseinbrüche im Developmental Test in den Parametern „Wahrnehmungskonstanz, Wahrnehmung der Raumlage" und im

174

Bender-Gestalttest in den Parametern „Entstellung, Perseveration, Drehung und Fehlplatzierung" deutet Wurst als altersinadäquate Entwicklung im visuellen Wahrnehmungsbereich. Die daraus resultierenden Verhaltensstörungen sind nicht, wie Weber vermutet, auf Entwicklungsstörungen im perzeptiven Bereich zurückzuführen. Eine Wahrnehmungsstörung als pathologisches Symptom schließt Wurst aus (vgl. ebd.).

Wurst vermutet, dass die autistischen Verhaltensstörungen durch eine erhebliche Einschränkung in der sozialen und gefühlsmäßigen Erlebnisfähigkeit zu Stande kommen. Die daraus resultierende Isolation ist zudem Konsequenz folgender Primärstörungen: die ungenügende Steuerung des Antriebes, der Aufbau sichernder Zwangshandlungen, die starke Rigidität und die reduzierte Flexibilität, welche u.a. auch die intellektuelle Entwicklung blockiert (vgl. ebd., 111).

Psychogene Ätiologie: Im Kapitel „Scenotest" folgert Wurst, dass neben einer Minderbegabung auch traumatisierende Ereignisse in der Kindheit den Autismus verursacht haben könnten (vgl. ebd., 110).

3.4.4.3 Behandlungsmöglichkeiten

Die Effektivität diverser Behandlungsmethoden wurde in dieser Studie nicht diskutiert. Wurst stellt jedoch separate Prognosen für Kanner- und Asperger-Autisten auf.

Prognose: Asperger-Autisten sind im Vergleich zu Kanner-Autisten ihrem Verhalten weniger stark ausgeliefert. Folglich können sie sich sozial auch besser einordnen und anpassen.

Kanner-Autisten, welche häufig minderbegabt sind, können sich am besten nach den Methoden der Verhaltensmodifikation entwickeln. Sekundäre Frustrationserlebnisse können durch diese Methoden effektiver vermieden werden (vgl. ebd., 111). Entscheidend für die Effektivität von therapeutischen Förderungsprogrammen ist, dass es dem autistischen Patienten in der Behandlung gelingt, seine soziale Isolation zu durchbrechen. Lernen passiert nun vor allem auf der Basis der Imitation (vgl. ebd., 52).

3.4.5 Gegenüberstellung der Autoren O′Gorman, J. K. Wing, Weber und Wurst

Der Vergleich der Autoren aus dem psychiatrisch-neurologischen Bereich zeigt, dass ihre Interessen und Vorbildungen im medizinischen Bereich auch stark ihre Fragestellung zum Autismus beeinflussen. Es fällt auf, dass alle Autoren ehrgeizig versuchen, möglichst sämtliche bisher entdeckten Symptomatiken des Autismus in ihre Ausgangshypothesen zu integrieren und mit Hilfe von passenden Spekulationen zu deuten. Die Interventionsmöglichkeiten wählen die Autoren adäquat zu ihrem Verständnis der Ursachen, welche entweder auf organischer und psychogener Grundlage (O′Gorman und Wurst) oder auf rein organischer Grundlage (J. K. Wing und Weber) beruhen. O′Gorman modifiziert das Modell Mahlers, wobei der Hauptcharakter, dass nämlich das Kind auf psychodynamischen Weg eine Beziehung zur Mutter aufnimmt, bestehen bleibt. J. K. Wing, der sich gegen eine psychodynamische Verursachung ausspricht, kann nur Methoden empfehlen, welche auf lerntheoretischer Grundlage basieren. Weber, die eine tiefgreifende Störung im Physiognomieerkennen vermutet, vertritt die Auffassung, dass die Förderung im sensomotorischen Bereich beginnen muss. Die Struktur des folgenden Vergleiches wurde den klassischorientierten Autoren weitgehend angeglichen, da diese ebenfalls Vertreter der psychiatrisch-medizinischen Fakultät sind (vgl. O´GORMAN 1976, 54ff.; MAHLER 1972, 164ff.; J. K. WING 1977, 46f.; L. WING 1976; WEBER 1970, 38ff.; WURST 1976, 70ff.; KANNER 1943, 217ff.; ASPERGER 1961, 177ff.).

3.4.5.1 Erscheinungsformen

O´Gorman und J. K. Wing haben in ihren medizinischorientierten Publikationen recht genau aus eigenen Beobachtungen das Erscheinungsbild des autistischen Kindes beschrieben. Weber und Wurst hingegen unternahmen zunächst in ihren veröffentlichten Werken einen historischen Abriss, in der schwerpunktmäßig die Untersuchungen von Kanner und Asperger dargestellt wurden. In den eigenen Untersuchungen wird bei Weber das Erscheinungsbild unter dem Aspekt der Entwicklung reflektiert. Wurst versucht mit Hilfe zahlreicher Testmethoden einen wissenschaftlichen Nachweis für die gesammelten Beobachtungen zu erbringen (vgl. O´GORMAN 1976; J. K. WING 1977, 19ff.; L. WING 1976, 20, WEBER 1970, 36ff.; WURST 1976, 86ff.; KANNER 1943ff.; ASPERGER 1944ff.).

Isolierung von der menschlichen Umwelt

O´GORMAN: Autistische Kinder sind von Geburt an nicht fähig, Kontakt zu anderen Menschen, inklusive der Mutter, herzustellen (vgl. O´GORMAN 1976, 40f.).

J. K. WING ergänzt dazu, dass sich autistische Kinder in fremder Umgebung mehr isolieren, jedoch durchaus fähig sind, sich in vertrauter Umgebung gegenüber bekannten Personen zu öffnen. Die Isolierung von der menschlichen Umwelt bildet für J. K. Wing ein Sekundärsymptom, dessen Kausalität in einer Wahrnehmungs- und Sprachstörung begründet liegt (vgl. J. K. WING 1977, 27).

WEBER: In der Entwicklungstestreihe an der Erziehungsberatungsstelle konnte bei allen Probanden eine Isolation nachgewiesen werden (vgl. WEBER 1969, 40).

WURST: Bei der Sceno-Test-Reihe beschäftigten sich viele autistische Kinder ausschließlich mit Baumaterialien und demonstrierten damit ihre rationalisierte Einstellung zu der Welt sowie ihre emotionale Isolierung zu den Menschen (vgl. WURST 1976, 97).

Veränderungsangst

O´GORMAN: In den sechs Diagnosekriterien taucht auch die Veränderungsangst auf. Sie äußert sich durch monotone Rituale und pathologische Bindung an die gleiche Umgebung, die Einrichtung, an Spielzeug und an Menschen. Sehr häufig sind personenbezogene Bindungen mechanisch und affektiv entleert. Vertraute Situationen werden so lange wie möglich aufrechterhalten (vgl. O´GORMAN 1976, 19f., 33).

J. K. WING: Das autistische Kind lehnt eine materielle und zeitliche Änderung der Umwelt ab. Dinge, Bewegungsmuster, Kleidung sowie Nahrung müssen immer gleich sein (vgl. J. K. WING 1977, 26f.).

WEBER: Die Veränderungsangst äußert sich in der frühen Kindheit häufig in „Angstparoxysmen" und im reiferen Entwicklungsalter in ausgelösten Zwangsphänomenen. Im Entwicklungstest wiesen alle Kinder eine Veränderungsangst auf (vgl. STUTTE 1960, WEBER 1969 in WEBER 1970, 36).

WURST: Die Veränderungsangst der autistischen Kinder führt zu einem Mangel an Verständnis für sensorische Inputs perzeptiver, verbaler, kognitiver und sozialer Herkunft. Diese Leistungstiefs konnten durch den Bühler-Hetzer- und den Hawik-Test nachgewiesen werden (vgl. WURST 1976, 45ff.).

Vermeidung des Blickkontakts

O´GORMAN: Von Geburt an nimmt das Kind keinen direkten Blickkontakt mit seiner Mutter auf. Im Gespräch schauen autistische Kinder den Sprecher nicht direkt an, sondern an ihm vorbei, weg oder schließen dabei die Augen. Beim starren Hindurchsehen gewinnt der Betrachter den Eindruck, das Kind sei blind, weil die Augenbewegungen fehlen (vgl. O´GORMAN 1976, 80ff.).

J. K. WING, der ähnliche Symptome beobachtete wie O´Gorman, kommt zu der Erkenntnis, dass autistische Kinder sehr oft in unterschiedlichsten Situationen inklusive bei ihren Stereotypien zum peripheren statt zum zentralen Sehen neigen (vgl. J. K. WING 1977, 23f.).

WEBER: Alle Kinder im Entwicklungstest zeigten keinen Blickkontakt. In der Verlaufsuntersuchung wurde festgestellt, dass das Blickverhalten auch im jugendlichen Alter auffällig bleibt. Weber entdeckte bei den Kindern zudem häufig abnorme Augenbewegungen, welche die Eltern nur zum Teil registrierten. Die Kinder neigten öfters dazu, mit beiden Augen zu rollen, zu schielen oder periodisch die Augenränder mit der Pupille zu fixieren (vgl. WEBER 1970, 40, 46, 73ff.).

WURST: Im Sceno-Test, der hauptsächlich die Sozialkompetenz und Kontaktumgangsformen des Kindes aufzeigt, wurde deutlich, dass die Figuren untereinander nur selten im „Blickkontakt" standen. Ihre Blickrichtung wurde von den Kindern vielmehr wahllos bestimmt (vgl. WURST 1976, 98).

Störungen in der Wahrnehmung

O´GORMAN geht in seiner Publikation von 1976 nicht direkt auf die Wahrneh-mungsanomalien des autistischen Kindes ein. Er beschreibt jedoch zahlreiche Verhaltensauffälligkeiten, die im unmittelbaren Zusammenhang mit einer gestörten Wahrnehmung stehen können. Zum Beispiel erwähnt er die Neigung autistischer Kinder, Personen wie Maschinen zu behandeln (vgl. O´GORMAN 1976, 70ff.).

J. K. WING: Die Wahrnehmungsstörung bildet für J. K. Wing ein Kardinal-symptom, aus dem sich andere (soziale) Verhaltensweisen ableiten lassen. Autis-tische Kinder verarbeiten hochselektiv auditive und visuelle Reize. Sie können Lärm ignorieren, während sie hochsensibel für minimale Geräusche, wie z.b. Papiergeraschel sind. Wird das Geräusch für sie unerträglich (Lärm oder gesprochene Sprache), halten sie sich die Ohren zu oder verlassen ihren Ort. Autistische Kinder haben aber auch Vorlieben für spezielle Geräusche, wie z.b. Echos, Klopfen oder Surrgeräusche eines Windrädchens. In der visuellen Reiz-verarbeitung fällt auf, dass autistische Kinder gesehene Bilder nicht wirklich erfassen. Zum Beispiel kann ein Kind sein eigenes Haus aus einem anderen Blickwinkel nicht wieder erkennen (vgl. J. K. WING 1977, 20ff.).

WEBER grenzt die Kardinalursache von Wing ein, da sie anhand ihrer Unter-suchungen bei autistischen Kindern lediglich eine Störung des Physiognomie-erkennens vermutet. Sie beschreibt Patienten, die infolge dieser Störung häufig abnorme Augenbewegungen durchführen. Weber vermutet, dass die Störung des Physiognomieerkennens im Kind eine große, nicht kompensierbare Frustration auslöst. Diese Frustration wäre nach Webers Theorie verantwortlich für die zahlreichen emotionellen Störungsbilder (vgl. WEBER 1970, 76, 90f.).

WURST: Sie hat durch Untersuchungen mit dem „Developmental Test of Visuell Perception" von M. Frostig in den Parametern, welche die Wahrnehmung untersuchen, deutliche Leistungstiefs autistischer Kinder festgestellt. Im Gegensatz zu Weber, die eine Störung im Physiognomieerkennen vermutet, folgert Wurst daraus, dass eine Entwicklungsstörung im perzeptiven Bereich vorliegen müsse. Im Gegensatz zu Weber, die von einer organisch bedingten Wahr-nehmungsstörung ausgeht, entsteht diese nach Wurst entwicklungsbedingt (vgl. WURST 1976, 85; WEBER 1969, 90f.).

Schmerzunempfindlichkeit (taktile Unempfindlichkeit)

O´GORMAN: Viele autistische Kinder ignorieren taktile Reize und damit auch Schmerzreize. Selbst massive Schmerzeinwirkungen, wie z.B. ein heftiger Stoß an der Tischkante können von autistischen Kindern völlig ignoriert werden. Ein sensorisches Fehlen der Modalität wurde nicht festgestellt (vgl. O´GORMAN 1976, 82f.).

J. K. WING sieht in der taktilen Schmerzunempfindlichkeit des autistischen Kindes eine weitere Komponente neben der hochselektiven Reizselektion

(Kardinalsymptom), die auch bei anderen Sinnesorganen vorkommt. J. K. Wing zählt zu seinen Beobachtungen zudem die Unempfindlichkeit des autistischen Kindes gegenüber Kälte und das Unvermögen, Berührungsreize zu lokalisieren (vgl. J. K. WING 1977, 24).

WEBER: Seine Schlussbetrachtungen lassen nur folgende Spekulation zu. Demnach würde die Schmerzunempfindlichkeit, ohne dass sie diese direkt in den eigenen Untersuchungen angesprochen hätte, eine sekundäre Folgeerscheinung darstellen, welche wiederum in der Frustration des autistischen Kindes über seine von Anfang an vorhandene Störung des Physiognomieerkennens begründet sei (vgl. WEBER 1970, 90f.).

Stereotypien

O'GORMAN führt die Stereotypien des autistischen Kindes auf den humanoiden Bewegungstrieb zurück, der hier im Vergleich zum normalen Kind keine sinnvolle Betätigung erfährt. Das autistische Kind beschäftigt sich langandauernd mit primitiven Stereotypien, wie z.B. Erde durch die Hand rieseln lassen oder Fingerspielen vor den Augen (vgl. O'GORMAN 1976, 87).

J. K. WING: Autistische Kinder zweckentfremden Spielzeug für ihre Stereotypien. Diese orientieren sich an dem inneren Bedürfnis der Kinder, dass sich die Welt nicht verändern darf. Daher weigern sich viele autistische Kinder auch, etwas Neues zu lernen (vgl. J. K. WING 1977, 26f.).

WEBER: Im Entwicklungstest zeigten 97% der Kinder motorische Stereotypien. In der Verlaufsuntersuchung nahmen diese auch bis zum Jugendalter kaum ab. Entwicklungsrückstände und begrenzte Kontakte zur Umwelt verursachen die Stereotypien. Die sonderbaren Augenbewegungen, die Weber eingehend untersuchte, gehören ebenfalls zum Repertoire der Stereotypien. Weber erwähnt zudem ganz ungewöhnliche, bisher noch nicht in der Literatur genannte Bewegungsstereotypien, wie z.B. das Imitieren von Reitbewegungen (vgl. WEBER 1970, 67ff.).

WURST: Sie protokollierte bei ihren Probanden ebenfalls stereotype Verhaltensmuster (Wackeln, Gestikulieren, Hüpfen, Tics und Zehenspitzengang). Stereotypien rechnet Wurst zu den sekundären Verhaltensstörungen, welche in einer mangelnden sozialen und emotionalen Erlebnisfähigkeit des autistischen Kindes wurzeln (vgl. WURST 1976, 111, 124f.).

Mimische und motorische Besonderheiten (inklusive stereotypem Verhalten)

O'GORMAN: Seinen Bewegungstrieb nutzt das autistische Kind häufig zu Stereotypien wie z.B. Schaukeln und Wiegen. O'Gorman beschreibt zudem zahlreiche Zwangshandlungen autistischer Kinder, wie z.B. Grimassieren, Manieriertheiten, Verrenkungen und Verkrümmungen bizarrster Art. Häufig führen solche Fehlhaltungen zu anatomischen Deformationen. Auch selbstverletzendes Verhalten, wie z.B. mit dem Kopf an harte Oberflächen stoßen, Sich-Beißen oder Sich-Nagen sind häufig zu beobachten. O'Gorman vermutet darin eine stereotype Reizüberlagerung für Versagungen und erlittene Frustrationen. Frustrationen und Freude leben autistische Kinder übertrieben stark aus. Im ersteren Fall fangen nicht wenige an, lang anhaltend zu schreien, im zweiten Fall straffen sich die Kinder und schütteln sich vor Entzücken (vgl. O'GORMAN 1976, 87ff.).

J. K. WING: Ergänzend zu den Beobachtungen von O'Gorman stellt J. K. Wing die Unbeholfenheit autistischer Kinder bei feinmotorischen Bewegungen fest (vgl. Kanner, der bei autistischen Kindern eine gute Feinmotorik beobachtete). Die Muskulatur autistischer Kinder wirkt oft schlaff. Bei der Erkundung ihrer Umgebung orientieren sie sich, ähnlich wie blinde Kinder mit den Nahrezeptoren. Sie kratzen und klopfen dabei oft an Oberflächen (auditive und taktile Empfindung). Auch die Fingerbewegungen seitlich des Gesichtsfeldes erinnern an Beschäftigungen von partiell erblindeten Kindern. Bei der Fortbewegung laufen sie nicht selten auf Zehenspitzen (vgl. J. K. WING 1977, 25ff.).

WEBER: Analog zu J. K. Wing hat auch Weber viele Ähnlichkeiten im mimischen und motorischen Verhalten zwischen blinden und autistischen Kindern festgestellt: Ähnlich wie blinde Kinder zeigen auch autistische Kinder kaum mimisches Ausdrucksverhalten. Dieses häufig leer wirkende, starre Lächeln wirkt oft völlig situationsunangepasst und wird ab und zu durch Grimassieren unterbrochen. Beide, Blinde wie Autisten, zeigen auf Grund ihrer Beschränkung auf die Nahrezeptoren sowie den Tastraum eine motorische Unruhe. Ein anderes Beispiel zeigt autistische Kinder in Situationen, in der sie bestimmte Bewegungsabläufe mangels Planung nicht durchführen können. Dieser Zustand gleicht einer Apraxie. Weber berichtet dabei von einem Beispiel, in dem ein autistisches Kind trotz größtem Hunger nicht in der Lage war, vom Teller zu essen. Weber stellte analog zu den Beschreibungen von O'Gorman und J. K. Wing stereotype Bewegungen, Klopfen und Zupfen und Zehenspitzengang bei autistischen Kindern fest. Zudem beobachtete sie jedoch auch Kinder, die längere Zeit in „Kopfstandpositionen" verharrten. Bei den Beschreibungen von Weber, darf nicht außer Acht gelassen werden, dass sie den Autismus als „Syndrom" auffasst, unter das alle Pathologien fallen, in denen Patienten autistische Verhaltensweisen zeigen (vgl. WEBER 1970, 60ff.).

Sprachstörung

O'GORMANs Entdeckungen hierzu entsprechen weitgehend denen von Kanner. Im Gegensatz zu ihm beschreibt O'Gorman Kinder, die mit zwei Jahren noch sprachen, aber im folgenden Jahr die Sprache einstellten (vgl. O'GORMAN 1976, 70f.).

J. K. WING: Er ergänzt die Grundentdeckungen von Kanner, indem er detailliert auf grammatikalische Sprachbesonderheiten sprechender Autisten hinweist. Autistische Kinder vertauschen nicht nur die Personalpronomen „ich" und „du",[17]

---

[17] Die Verwechslung der Personalpronomen wurde bereits von Kanner beschrieben.

sondern alle Begriffe, die in enger Beziehung zueinander stehen. Sie formen unbekannte Wörter in bekannte Sequenzen um, sprechen im Telegrammstil und äußern
Sätze in grammatikalisch falscher Reihenfolge. Abstrakte Bindewörter wie z.b.
„wie, zu und mit" verstehen viele Autisten nur sehr schwer oder gar nicht. J. K.
Wing beschreibt zudem die Echolalie nach Kanner (vgl. J. K. WING 1977, 21ff.;
KANNER 1944, 211ff.; ebd. 1946, 242ff.; ebd. 1949, 416ff.; ebd. 1954, 378ff.; ebd.
1957, 739).

WEBER: Die Untersuchung von Weber bestätigte weitgehend die von Kanner
beschriebene Sprachentwicklungsverzögerung mit deren im späteren Alter
typischen Symptomatiken (vgl. WEBER 1970, 40; KANNER 1944ff.).

WURST: Im Hawik-Test wiesen alle autistischen Kinder mit Asperger-Syndrom
eine höhere sprachliche Ausdrucksfähigkeit auf als Kanner-Autisten. Zudem
dominierten sie verbal im Allgemeinwissen, im Finden von Gemeinsamkeiten und
im Wortschatz (vgl. WURST 1976, 52ff.).

Intellektuelle Fähigkeiten

O´GORMAN: Autistische Kinder trainieren in den „sensiblen Lernphasen" der
Entwicklung Sprache und Kommunikation nur unzureichend oder gar nicht.
Stattdessen manifestieren sich hier Spezialinteressen aus dem materiellen Bereich,
die im Laufe der Entwicklung ein sehr hohes Niveau erreichen können. Die verpassten Entwicklungsschritte im sozialen Bereich sind später entschieden
schwerer nachholbar, als in anderen Bereichen (vgl. O´GORMAN 1976, 84ff.).

J. K. WING: Genau wie Kanner beschreibt auch J. K. Wing autistische Kinder, die
an Stelle der üblichen (häufig auf Kommunikation gerichteten) Beschäftigung
normaler Kinder, abstrakte Spezialgebiete, wie z.B. das Auswendiglernen von
langen Gedichten oder Details von Busfahrplänen vorziehen. Im Gegensatz zu
O´Gorman geht J. K. Wing nicht auf die sensiblen Lernphasen ein (vgl. WING
1977, 26 u. KANNER 1943ff.).

WEBER: Eine Untersuchung mit dem Binet-, S.O.N.- und Hawik-Test ergab
folgende Werte: Von 66 Probanden im Alter von 3 bis 24 Jahren waren 26 nicht
testbar; 22 wiesen einen IQ unter 60 auf; 8 lagen im Bereich 61–80; 7 im Bereich
81–90; 2 im Bereich 91–110 und einer im Bereich 111–120 (vgl. WEBER 1970,
40).

WURST: Mit dem E-Test, S.O.N. und Hawik zeigte Wurst detailliert die von der
Norm abweichenden Intelligenzunterschiede im Vergleich zu normalen Kindern.
Im S.O.N.- und Hawik-Test wiesen alle autistischen Probanden eine geringere
Sozialkompetenz auf, als die Kontrollgruppe. Im Test übertrafen die Asperger-
Autisten den Kanner-Typ im Bereich „Verbale Fähigkeiten". Im Zahlensymboltest
war dies umgekehrt (vgl. WURST 1976, 52ff.).

3.4.5.2 Ursachen

ALLE AUTOREN aus dem psychiatrisch-neuroglogischen Bereich können die Frage, inwieweit das autistische Störungsbild durch ein Zusammenwirken von organischen und psychogenen Faktoren entsteht nicht im Detail klären (vgl. KANNER 1943ff., ASPERGER 1944ff., O'GORMAN 1976, J. K. WING 1977, WEBER 1966f.; WURST 1976). Beobachtungen und empirische Untersuchungen lassen jedoch schon recht gesichert die Hypothese zu, dass autistische Kinder unter einer Wahrnehmungsstörung leiden: Eine Auffassung, die auch die allermeisten verhaltenstherapeutischorientierten Autoren, inklusive dem Bundesverband „Hilfe für das autistische Kind" vertreten (vgl. J. K. WING 1977, 19ff.;WEBER 1970, 36ff.; WURST 1976, 45ff. und BUNDESVERBAND „HILFE FÜR DAS AUTISTISCHE KIND" 1996).

O'GORMAN: Das autistische Kind leidet an einer physiologischen Störung im Gehirn. Diese kann auf anatomischen, metabolischen oder *emotionellen Ereignissen* beruhen. Das autistische Syndrom kann aus einer wechselseitigen Beeinflussung von zwei oder drei Ereignissen entstehen. Autismus bildet für O'Gorman eine Subform der Schizophrenien (vgl. O'GORMAN 1976, 48).

J. K. WING vermutet, dass bei der Entstehung des Autismus *immer* biologische Faktoren beteiligt sind. Einer möglichen Beteiligung von Umwelteinflüssen steht J. K. Wing skeptisch gegenüber, obwohl, wie er selbst anführte, die biologischen Einflüsse auf das Kind in Bezug auf den Autismus kaum untersucht sind (vgl. J. K. WING 1977, 45).

WEBERs Ausführungen unterscheiden sich im Detail von O'Gorman und J. K. Wing. Durch intensive Beobachtungen und neuronale Untersuchungen kommt sie zum Ergebnis, dass das autistische Kind mit großer Wahrscheinlichkeit an einer perzeptiven Störung im Gehirn leidet. Eine psychogene Verursachung vermutet Weber nur in seltenen Fällen. Das Störungsbild kann sich bei Geburt oder in früher Kindheit entwickeln. Weber vermutet in der perzeptiven Störung ein Unvermögen des autistischen Kindes, Physiognomien zu erkennen. Sie schließt sich damit auch Jakobs Hypothese an, dass eine partielle, zentrale Verarbeitungsstörung schwerwiegendere Frustrationen nach sich zieht, als ein Totalausfall. Darauf aufbauend vermutet sie, dass das autistische Kind über das fehlende Physiognomieerkennen derart frustriert ist, dass es weitere Kompensierungsversuche über andere Sinnesbereiche aufgibt oder vernachlässigt. Über die erlittenen Frustrationen ließen sich nach Weber auch die affektiven Störungsbilder erklären (vgl. JACOB 1955; WEBER 1970, 90ff.).

WURST: Eine eingehende empirische Untersuchung von autistischen Kindern mit dem „Developmental Test of Visual Perception" von M. Frostig, dem Bender-Gestalttest und dem Benton-Test lässt bei Wurst die Schlussfolgerung zu, dass autistische Kinder an einer *Entwicklungsstörung* im visuellen Wahrnehmungsbereich leiden. Ausgehend von den Befunden, dass eine Entwicklungsverzögerung im visuellen Bereich unterschiedlichste Störungsbilder erzeugen kann, distanziert sich Wurst von Webers Vermutungen, dass perzeptive Störungen eine zentrale Rolle bei der Entstehung von Autismus spielen (vgl. WURST 1976, 85).

Psychogene Ursachen

O'GORMAN befasste sich in einem gesonderten Kapitel mit den psychodynamischen Anteilen bei der Entstehung des autistischen Syndroms. Dabei spielen die Traumata des Kindes, welche auf einer emotionalen oder räumlichen Trennung von den Eltern beruhen, eine entscheidende Rolle. Eine längere Abwesenheit der Eltern, physische Anomalien des Kindes, welche den Kontakt zu den Eltern erschweren oder elterliche Unzulänglichkeit in der Erziehung sind Bereiche, welche Autismus begünstigen. Wird der Rückzug des Kindes nicht aufgehalten, so kann sich dieser auf den gesamten zwischenmenschlichen Bereich erstrecken. O'Gorman beschreibt abweichend von vielen anderen Autoren auch autistische Kinder, welche sich selektiv zurückgezogen haben. Hier beschränkt sich der Rückzug nur auf einige Situationsfelder (vgl. O'GORMAN 1976, 63ff.).

J. K. WING: Im Gegensatz zu O'Gorman, der dem psychodynamischen Faktor bei der Verursachung von Autismus einen nicht unwesentlichen Anteil zuspricht, hält J. K. Wing nach Auswertung mehrerer wissenschaftlicher Analysen die psychodynamische Theorie für nicht verifizierbar. Er befasste sich mit klinischer Literatur, welche über Babys handelte, die in einem anregungs- und kontaktarmen Umfeld (Säuglingsheime) aufwuchsen. Dabei konnte er in schlecht geführten Stationen keine signifikant höhere Rate an autistischen Erkrankungen feststellen, als in gut geführten Heimen. J. K. Wing konnte zugleich keine wissenschaftliche Untersuchung ausfindig machen, die nachgewiesen hätte, dass sich Mütter von autistischen Kindern gefühlskälter verhielten als andere Mütter. Eher das Gegenteil brachte die Untersuchung der Society for Autistic Children zu Tage. So gab es in Familien mit mehreren Geschwistern auch viele normale Kinder, die keinen Schaden an der Mutter-Kind-Beziehung nahmen (vgl. J. K. WING 1977, 45ff.).

WEBER, die auch viele hirngeschädigte Patienten mit in die Untersuchung einbezog, vermutet als Ursache für die diagnostizierten perzeptiven Störungsbilder ihrer Patienten eher organische Erkrankungen als psychogene Einflüsse. Weber rechnet alle Störungsbilder, welche sich auf eine schwerwiegende Frustration des Kindes zurückführen lassen, im Gegensatz zur psychoanalytischen Ansicht, die von einer gestörten Mutter-Kind-Beziehung ausgeht, der von ihr vermuteten Störung des Physiognomieerkennens zu (vgl. WEBER 1970, 17f., 90ff.; MAHLER 1972, 72ff.; BETTELHEIM 1977, 94ff.).

WURST: Bei der Reflexion der Ergebnisse im Scenotest zieht Wurst beim autistischen Kind neben einer möglichen Minderbegabung auch ein traumatisches Ereignis in Betracht. Leider erläutert Wurst dieses nicht näher, so dass nicht klar wird, ob deren Ursache nun auch in einer gestörten Mutter-Kind-Beziehung begründet ist (vgl. WURST 1976, 110).

Organische Ursachen

O'GORMAN ist überzeugt, unterstützt auch durch die Befunde von Creak, dass in einigen Fällen mit Autismus oder Schizophrenie diagnostizierten Kindern eine organische Erkrankung des Zentralnervensystems vorausgeht. O'Gorman erwähnt hierbei eine Untersuchung von Creak, die nachwies, dass nicht wenige autistische Kinder begleitend unter epileptischen Anfällen leiden. Wellenmessungen mit dem EEG zeigten dabei signifikante Übereinstimmungen zwischen autistischen Epileptikern und reinen Epileptikern. Epilepsie bei autistischen Kindern kann durch eine konstitutionelle Instabilität, durch eine Störung des Metabolismus oder auch psychogen verursacht werden. O'Gorman erwähnt weiter die Befunde von Simmons et al., die bei einigen autistischen Kindern im Verhältnis zu normalen Kindern eine verminderte Glucose- und Insulintoleranz entdeckten. Simmons und Gillies ermittelten bei den Blutproben einiger autistischer Patienten erhöhte Bleikonzentrationen, die sie auf den bedenkenlosen Verzehr bleihaltiger Materialien zurückführten. Des Weiteren konnten die Untersuchungen von Bender und Fish verzögerte Reifungen in neurologischen Bereichen feststellen, O'Gorman in der Entwicklung des Kiefers und des Pharynx und Grey-Walters im Reflexverhalten (vgl. CREAK 1961, 889ff.; SIMMONS und GILLIES 1964, 104ff.; BENDER 1947, 40ff.; FISH 1960, 115ff.; GREY-WALTERS 1964; O'GORMAN 1976, 54ff.).

J. K. WING kommt ebenso wie O'Gorman zum Resultat, dass nicht wenige autistische Kinder an einer Störung im Zentralnervensystem leiden. Im Vergleich zu O'Gorman festigt er die Hypothese durch eine Auflistung charakteristischer Indikatoren und Symptome, die für diese Schädigung sprechen. Diese sind

− Essstörungen und Schreianfälle, welche auf eine Hirnschädigung deuten,
− die Besserung sekundärer Symptome mit dem Reifegrad,
− die festgestellten Korrelationen zwischen Intelligenz im frühkindlichen und jugendlichen Alter,
− der hohe Anteil von Jungen,
− die Häufung von Komplikationen während der Schwangerschaft bzw. bei der Geburt,
− insbesondere die Wahrnehmungs- sowie Sprachstörungen (vgl. J. K. WING 1977, 47ff.; O'GORMAN 1976, 52ff.).

WEBER diagnostizierte folgendes, im Verhältnis zu normalen Kindern gehäuftes Auftreten von Begleitpathologien. Neben den Störungsbildern am ZNS, die auch O'Gorman und J. K. Wing entdeckten, gab es noch folgende Abweichungen von normalen Kindern, welche O'Gorman nicht erwähnte: Hydrocephalie, extrapyramidale oder ataktische Störungen, Pyramidensymptome oder pneumoencephalographische Normalabweichungen (vgl. WEBER 1966, 14).

WURST befasste sich in ihrer Arbeit nicht näher mit primären oder begleitenden organischen Pathologien, welche mit ihrer Hypothese von der visuellen Wahrnehmungsstörung bei autistischen Kindern in Beziehung ständen (vgl. WURST 1976).

Differentialdiagnose

O´GORMAN: *Abgrenzung zur Kindheitsschizophrenie:* Bei der nosologischen Abgrenzung von der Kindheitsschizophrenie zieht O´Gorman keine scharfe Grenzen, da er den Autismus als eine spezielle Ausprägung der Kindheitsschizophrenie ansieht. O´Gorman kommt bei seinen Untersuchungen zur Hypothese, dass sich die Zustandsbilder im jüngeren Alter symptomatisch angleichen. O´Gorman stellt zudem in Frage, dass autistische Kinder analog zum zweiten Kardinalsymptom von Kanner in einer Fantasiewelt leben. Vielmehr ist er davon überzeugt, dass autistische Kinder keine oder nur unwesentliche Wünsche an die Realität besitzen und daher auch im Vergleich zu schizophrenen Kindern keine Motive haben können, sich in ihren Fantasien mit der Wirklichkeit zu beschäftigen oder sie zu verzerren (z.B. durch Illusionen oder Halluzinationen). Sie leben lediglich von der Realität zurückgezogen. Bei jüngeren schizophrenen Kindern nehmen parallel zum absteigenden Alter die klinischen Symptome des frühkindlichen Autismus inklusive dem Rückzug zu (vgl. O´GORMAN 1976, 27ff.).

Abgrenzung von dem Krankheitsbild Blind- und Taubheit: Im Vergleich zu blinden und tauben Kindern zeigen autistische und schizophrene Patienten in der Analyse inkonsistente Werte, die für eine hochselektive Filterung der sensorischen Reize sprechen (vgl. ebd. 1976, 71ff.).

Abgrenzung zu normalen Kindern unter dem Aspekt der Realitätsbewältigung: O´Gorman untersuchte die Umgangsmethoden von normalen sowie autistischen (schizophrenen) Kindern mit der Realität. Dabei stellte er fest, dass normale Kinder ein genügend großes Repertoire an Kognitionen und Mittel besitzen, um diese überwiegend im harmonischen Gleichgewicht zu halten. Sie haben gelernt die Realität zu kontrollieren. Das gestörte Kind hingegen benutzt Rituale, um die Realität zu bewältigen. Zugleich versucht es die Schrecken und Ansprüche der Umwelt zu minimieren, indem es sich ablehnend gegenüber Veränderungen verhält. Wenn diese Abwehrformen scheitern, beginnt das Kind die Umwelt, in der Hoffnung, dass sie erträglicher wird, zu verzerren. Reicht diese Verzerrung nicht aus, eine trügerische Harmonie herzustellen, bleibt dem Kind nur der Rückzug als letzte Auswegmöglichkeit. In schweren Fällen wenden sich die Kinder vollkommen von der Welt ab und nehmen sensorische Reize nicht mehr wahr. O´Gorman weist in diesem Zusammenhang darauf hin, dass solche Abwehrformen nicht selten auch von normalen Kindern und Erwachsenen in abgeschwächter Form zur Bewältigung von Krisen eingesetzt werden. Im Gegensatz zu den klinischen Fällen sind sie von kurzer Dauer und gefährden nicht die Existenz des Individuums (vgl. ebd. 1976, 29f.).

J. K. WING: *Abgrenzung zur Kindheitsschizophrenie:* J. K. Wing, der im Gegensatz zu O´Gorman den Autismus bei Kindern nicht als eine spezielle Schizophrenieform ansieht, kommt aber ebenso wie O´Gorman zu der Überzeugung, dass kein autistisches Kind je unter Wahnideen, Halluzinationen oder katatonen Phänomenen litt. Diese treten auch nicht im Erwachsenenalter auf. Zudem ist J. K. Wing noch kein Fall bekannt, in dem bei einem erwachsenen schizophrenen

Patienten in der Kindheit frühkindlicher Autismus diagnostiziert wurde. Bei schizophrenen Patienten sind die Sprachstörungen von anderer Art, als bei Autisten. Die Analyse seiner Untersuchungsreihen ergab, dass es bei keinem Verwandten vom autistischen Patienten ein erhöhtes Risiko für Schizophrenie gab. J. K. Wing rät dem praktizierenden Arzt, nur dann die Diagnose „Kindheitsschizophrenie" zu stellen, wenn auch Symptome von erwachsenen Schizophrenen nachweisbar sind und der Krankheitsausbruch in der Kindheit (meist vor der Pubertät) stattfand (vgl. J. K. WING 1977, 37f.).

Abgrenzung von Blind- und Taubheit: J. K. Wing zeigt anhand einer Untersuchung von Keeler auf, dass auch bei blinden Kindern autistische Züge auftreten. Bei fünf Kindern, die an retrolentaler Fibroplasie erkrankt waren, beschrieb Keeler ganz konkret autistische Symptome bei ihren Patienten, wie z.b. Echolalie, Wiederholung gleicher Ausdrücke, Vertauschung der Pronomen, Faszination für Musik und Geräusche, Erkundung der Umwelt durch die Nahrezeptoren, Zehenspitzengang sowie Stereotypien mit den Armen und Fingern. Keelers Untersuchung zeigte auch, dass die autistischen Verhaltensweisen kontinuierlich abnahmen, je später die Erblindung in der Kindheit begann. Ebenso wie O´Gorman beschreibt J. K. Wing die Schwierigkeiten bei der Ermittlung zusätzlicher Blind- und Taubheitssymptome von autistischen Kindern (vgl. KEELER 1958 in ebd., 32).

Abgrenzung zu normalen Kindern: Ebenso wie O´Gorman kommt auch J. K Wing bei der nosologischen Abgrenzung von normalen zu autistischen Kindern zu dem Ergebnis, dass auch normale Kinder zeitweilig autistische Symptome (z.B. Zwangssymptome, Trotzanfälle und Klammern an Lieblingsobjekte) zeigen. Diese sind jedoch im Vergleich zum klinischen Zustandsbild nur von kurzer Dauer und daher in der Entwicklung normal. In diesem Zusammenhang weist J. K. Wing auch darauf hin, dass es auch bei normalen Kindern Phasen in der Entwicklung gibt, in der sie ihre Eltern nur vom Namen her kennen oder auf solche, bei denen in den frühen Stadien der Sprachentwicklung das Kind zur Echolalie neigt. Die vorübergehenden Schwierigkeiten sind völlig normal und allein noch kein Indikator für frühkindlichen Autismus (vgl. ebd., 31).

Abgrenzung zur Entwicklungsaphasie: Im Vergleich zu den übrigen Autoren dieses Vergleiches beschäftigt sich J. K. Wing noch mit den Untersuchungen von Ingram, Lea und Mc Gininis in Edinburgh, in der Kinder mit frühkindlichem Autismus mit Patienten, die an einer Entwicklungsaphasie litten, hinsichtlich ihres Verhaltens verglichen wurde. Dabei stellten die drei Autoren zwischen den beiden Krankheitsbildern zahlreiche Korrelationen fest. Ingram beobachtete auch bei den Aphasikern eine Sprachstörung, die dem Kanner-Syndrom weitgehend glich. Auch die daraus resultierenden emotionellen Störungen, wie z.B. Introvertiertheit, Vereinsamung, Tagträumen, fehlendes Bewusstsein von der Umwelt, schwache Konzentration sowie die Unfähigkeit, mit Gleichaltrigen zu spielen, kommen den Symptomen der von Kanner beschriebenen Autisten schon recht nahe. Die Untersuchung der Autoren zeigt, dass in speziellen Bereichen, wie z.B. der

Sprachstörung, identische Verhaltensmuster vorliegen, während sie in anderen Bereichen fehlen. Stereotypien, Wahrnehmungsstörungen, Vermeidung des Blickkontakts sind hingegen eindeutige Symptome für Autismus bei Kleinkindern. In der Intelligenzverteilung liegen aphasische Kinder im Normalbereich, während bei den autistischen Kindern das Mittel deutlich unter dem Durchschnitt liegt (vgl. INGRAM 1959; LEA 1965 und MC GINNIS 1963 in J. K. WING 1977, 32f.; KANNER 1943ff.).

WEBER: Abgrenzung zur Blindheit unter dem Aspekt der Motorik: Weber befasste sich in ihrer Habilitationsarbeit mit der Abgrenzung des Autismus zur Blindheit unter dem Aspekt der Motorik. Als Erstes nannte sie Keeler (s.o. bei J. K.Wing), die nachwies, dass Blindheit und emotionale Mangelsituationen die Entstehung von Autismus stark begünstigen. Neben blinden Kindern zeigen nur noch frühkindliche Autisten (Kanner) in etwas geringerer Intensität das digito-okuläre Phänomen. Hand- und Fingermanierismen dicht vor den Augen gibt es außer bei autistischen Kindern auch bei hochgradig sehschwachen Kindern. Dabei fasziniert beide der Wechsel von Licht und Schatten. Autistische und blinde Kinder zeigen häufig ein situationsunangepasstes, emotional leer wirkendes, starres Lächeln. Ein ticartiges Zusammenziehen der Gesichtshälfte wurde jedoch fast nur bei blinden Kindern festgestellt. Etwa die Hälfte der autistischen Kinder fallen ebenso wie blinde Kinder in der Kleinkindzeit durch Hyperkinesen und durch ihre Beschränkung auf den Tastraum auf. Nur autistische Kinder zeigen Zustände, die einer Apraxie gleichen. Mit Klopfen und Zupfen an Materialien beschäftigen sich blinde Kinder etwas häufiger als autistische Kinder. Viele blinde Kinder und ein Drittel der autistischen Kinder zeigen Phänomene wie z.B. Augenrollen, zeitweiliges Schielen und Fixierung der Pupillen am oberen und seitlichen Augenrand in periodischer Wiederholung. (Den von Ohm beschriebene Pendel- und Rucknystagmus bei blinden Kindern konnte Weber bei ihren Patienten nicht feststellen.) Bei Langeweile und Erregung nimmt deren Intensität zu. Für die Differentialdiagnose von besonderer Bedeutung ist die Tatsache, dass bei blinden Kindern im fortschreitenden Alter die motorischen Besonderheiten abnehmen (vgl. MACKENSENS 1953; ebd. 1956; K. MÜLLER 1959; SCHÖNFELDER 1966; STUTTE 1968; OHM 1958 in WEBER 1970, 60ff.).

Abgrenzung zur Schizophrenie: Bei der nosologischen Abgrenzung von der Schizophrenie sind beim Autismus im Laufe der Entwicklung Verbesserungen zu erkennen, die einem Persönlichkeitszerfall der Schizophrenie entgegenstehen (vgl. WEBER 1970, 12ff.).

Abgrenzung zu normalen Kindern oder andersartig erkrankten Kindern: Stereotype Bewegungsmuster sind allein auf keinen Fall ein Indiz für Autismus oder Blindheit. Vielmehr können sie bei zahlreichen anderen Krankheitsbildern ebenfalls auftreten. Auch bei gesunden Kindern und Erwachsenen können rhythmische Stereotypien, welche Verlegenheit oder Ungeduld symbolisieren, auftauchen (vgl. MACKENSENS 1956; K. MÜLLER 1959; PEIPER 1949 in WEBER 1970, 71ff.). Nicht nur Webers differentialdiagnostische Aufstellungen zeigen immer deutlicher, dass erst bei einer Häufung zahlreicher autistenspezifischer Symptome die Diagnose Autismus gestellt werden darf.

Vererbung

O´GORMAN beschreibt die Zwillingsuntersuchungen von Kallmann und Roth, die eindeutig für eine genetische Beteiligung am Entstehungsprozess des autistischen Syndroms sprechen. So gab es niemals identische Zwillinge, in denen nur ein Kind autistisch war. Ebenso ist den Autoren bisher kein Fall bekannt, in denen beide Paare nichtidentischer Zwillinge autistisch waren. O´Gorman schließt aus diesen Untersuchungen und seinen Erfahrungen mit autistischen Kindern sowie deren Eltern, dass die konstitutionelle Prädisposition hauptsächlich entscheidet, wie empfänglich das Kind für ein Trauma ist. Hohe Sensitivität für Traumen stehen häufig mit hoher Intelligenz in Zusammenhang. O´Gorman vermutet, dass die Tendenz von hochintelligenten Männern, eine Partnerin mit ähnlicher Intelligenz zu wählen, bei dem Nachwuchs ein abnormal reaktives und sensitives Gehirn entstehen lässt. Solche Kinder sind dann für die äußeren Widrigkeiten der Umwelt zu empfindlich. Angenommen, die Theorie mit der „Hypersensitivität" im Nachwuchs stimmt, wäre der Beweis erbracht, dass das Krankheitsrisiko des zukünftigen Kindes steigt, je intelligenter beide Partner zugleich sind.

O´Gorman baut seine Theorie aus, indem er davon ausgeht, dass hypersensitive Säuglinge eine längere Reifungszeit benötigen als normale Kinder. Sie sind dadurch länger auf äußere Behütung angewiesen. Wird ihnen diese nicht zuteil, kommt es zur Frustration und damit zum Rückzug.

O´Gorman integriert auch die Geschlechterverteilung (mehr Jungen als Mädchen erkranken an frühkindlichem Autismus) in seine Theorie. Dabei bezieht er sich auf medizinische Studien, die beim männlichen Nachwuchs eine größere Streuungsbreite von Intelligenz, eine höhere Anfälligkeit gegenüber Krankheiten und höhere sensitive Empfindlichkeit feststellten (vgl. O´GORMAN 1976, 49ff.).

J. K. WING: Er führt eine Reihe von Studien über die Anzahl autistischer Kinder an. Die bekannteste Untersuchung seiner Zeit war wohl die Middlesex-Studie von Lotter. Dabei sind von allen Neugeborenen im Land Middlesex (1964) von 10000 Kindern 2,1 Fälle mit Kernsyndrom und 2,1 Fälle mit noch sehr vielen autistischen Eigentümlichkeiten bekannt. J. K. Wing überträgt die Middlesexdaten auf die BRD. Dabei erwähnt er noch, dass 45% aller autistischen Kinder einen IQ über 55 aufweisen (vgl. LOTTER 1967 in J. K. WING 1977, 38f.).

Als Nächstes geht J. K. Wing der Theorie nach, dass sich frühkindlicher Autismus häufiger bei Erstgeborenen entwickelt (vgl. RIMLAND 1965 in ebd., 39). Lotters Untersuchungen und das Datenmaterial der Society for Autistic Children bestätigten das Gegenteil. Frühkindlicher Autismus trat vermehrt bei den Kindern auf, die der zweiten Hälfte der Geschwisterreihe angehörten bzw. bei zwei Geschwistern beim jüngeren Kind (vgl. LOTTER 1967 in ebd., 39f.). J. K. Wing erklärt sich die Verteilung so, dass Eltern, die nach mehreren Normalgeburten ein behindertes Kind bekommen, die Bereitschaft für noch weitere Kinder gering ist (vgl. ebd., 40f.). Bei der Verteilung der Geschlechter ergibt der Durchschnitt der zahlreichen Veröffentlichungen hierzu einen Wert von 4:1 für Jungen (vgl. KANNER 1971, 142; CREAK und INI 1960, 156ff.; ANNEL 1963, 235ff. in J. K. WING 1977, 41). Eine wichtige Entdeckung machten noch Taft und Goldfarb, die bei der Anamnese autistischer Kinder vermehrt Komplikationen bei der Geburt entdeckten. Diese könnten möglicherweise für das Kind bereits ein frühes Trauma bedeuten (vgl. TAFT und GOLDFRARB 1964 in ebd.). Lotters Middlesex-Studie ergab, dass das Alter der Mütter im Vergleich zur Entstehung des Down-Syndroms keine Rolle spielt (vgl. LOTTER 1967 in ebd., 42). Als Nächstes ging J. K. Wing der Hypothese von Kanner nach, die besagt, dass die Eltern von autistischen Kindern häufiger einen hohen beruflichen oder intellektuellen Status aufweisen. Die von ihm herangezogenen Studien bestätigten die Theorie (vgl. RIMLAND 1965, PITFELD und OPPENHEIM 1964, 51ff.; MITTLER und SIMMON 1963, LOTTER 1967 in ebd., 42f.). Als Letztes überprüfte er die Hypothese von Rimland, der anhand von ausgewählter Literatur in ähnlicher Art wie Kanner den Eltern ein hohes Maß an emotionaler Frigidität, an bürokratischen sowie mechanischen Verhaltensweisen zuschrieb. Diese Theorie konnte ausreichend widerlegt werden (vgl. CREAK und INI 1960, 156ff.; STROH 1962, 21ff.; MAHLER 1952, 286ff. in ebd., 44).

Etwas detaillierter beschrieb J. K. Wing die Untersuchung von Pitfeld und Oppenheim, welche in einer Vergleichsstudie zwischen normalen, mongoloiden und autistischen Kindern herausfanden, dass die Eltern der letzteren Gruppe ihr Kind genauso lieben wie die der ersteren, wobei sie jedoch in ihrer Haltung zum Kind etwas unsicherer waren und in manchen Dingen in der Erziehung eher nachgaben (vgl. PITFELD und OPPENHEIM 1964, 51ff. in ebd., 45).

WEBER: Im Gegensatz zu J. K. Wing ging Weber der Frage, ob der frühkindliche Autismus vererbt wird, nicht nur anhand bereits veröffentlichter Studien nach, sondern stellte diesbezüglich eigene Nachforschungen an. Weber fand heraus, dass im Gegensatz zu diversen Studien das Geschlechterverhältnis bei ihren Probanden nicht so weit zu Gunsten des männlichen Geschlechts verschoben ist. Ihr ermittelter Faktor betrug 1,4:1 für Jungen. Hierbei muss wieder angemerkt werden, dass Weber in ihre Studie auch viele hirngeschädigte Kinder miteinbezog. Sie selbst vergleicht ihren ermittelten Faktor mit der Geschlechterverteilung für hirngeschädigte Kinder (vgl. KANNER 1943ff.; LOTTER 1967; J. K. WING 1977; WEBER 1970, 38ff.).

Als Nächstes überprüfte Weber die Hypothese von Kanner, dass es eine Beziehung zwischen den autistischen Störungen der Kinder sowie der Intelligenz und den Verhaltensweisen der Eltern gibt. Dabei stellte sie fest, dass nur 25,5% (vgl. Kanner: 80%) der Väter einen akademischen Beruf hatten. Auch die vielfach in der Literatur formulierte Annahme, dass die Mehrzahl der Eltern von autistischen Kindern in Städten wohnen, konnte von Weber nicht bestätigt werden: 41% der Eltern lebten auf dem Land. Zudem ergab die Befragung, dass ungefähr 42% der Eltern nur die Volksschule absolvierten und nur ein Viertel überdurchschnittlich intelligent war. Ähnlich wie die von J. K. Wing herangezogene Studie von Pitfeld und Oppenheim konnte auch Weber die von Kanner aufgestellte Theorie der kontaktgestörten, schizoiden Familie entkräften. Abgesehen von Einzelfällen wies die Mehrheit der Familien ein betont kontaktfähiges, stabiles und gemütswarmes Klima auf (vgl. WEBER 1966, 16; ebd. 1970, 41ff.).

Ob die von Weber diagnostizierten Hirnschädigungen (hauptsächlich die Hypoxämie = 41% aller Kanner-Autisten) von autistischen Kindern mit der Vererbung in direktem Zusammenhang stehen, erläutert Weber nicht näher (vgl. Weber 1966ff.).

WURST führte eine Reihe von Untersuchungen an, die bestätigten, dass die Eltern von autistischen Kindern intelligenter sind als das übliche Mittel der Population (vgl. KANNER 1943ff.; ASPERGER 1944ff.; RIMLAND 1965; PITFELD und OPPENHEIM 1965, 51ff.; LOTTER 1966, 124ff.; CREAK und INI 1960, 156ff.; KOLVIN 1971; DEMYER et al. 1968, 584ff.; WENDELER 1977, 283ff.; J. K. WING 1977, 42f.). Ein Vergleich von vielen Publikationen zeigte, dass bei den Eltern von autistischen Kindern keine erhöhte Anzahl psychischer Krankheiten gefunden wurde (vgl. KANNER 1954b, 451; LOTTER 1966; CREAK und INI 1960, 156ff.; RUTTER 1965, 518ff. in WURST 1976, 27). Ebenso wie J. K. Wing verzichtete Wurst hierzu auf eigene empirische Untersuchungen oder Hypothesenaufstellungen.

3.4.5.3 Behandlungsmöglichkeiten

Standpunkte zur psychoanalytisch-orientierten Psychotherapie

O´GORMAN: Die Psychotherapie stellt bei O´Gorman einen Teilaspekt der Behandlung autistischer Kinder dar. Ausgehend von seinen Anamnesen, die bestätigten, dass auch emotionelle Faktoren bei der Entstehung von Autismus beteiligt sind, entwickelte O´Gorman am Smith-Hospital einen eigenen Therapieplan, der auf psychodynamischen Behandlungskonzepten beruht. Dieser hat sich in seiner langjährigen Arbeit am Institut bewährt. In einer stationären Therapieeinrichtung soll das autistische Kind zunächst lernen, sich von seiner pathologischen Mutterbindung zu lösen. Durch eine therapeutisch geschulte „Ersatzmutter" soll das Kind zu einer veränderten Mutterbeziehung gelangen. Gelingt dies erfolgreich, können elterliche Besuche wieder toleriert werden. Dabei und insbesondere, wenn die Kinder wieder zu Hause leben, müssen die Eltern bei ihren Kindern von Anfang an darauf bestehen, dass sie die gelernten Fähigkeiten und Kenntnisse bei ihnen fortsetzen (vgl. O´GORMAN 1976, 114ff.).

J. K. WING: Im Gegensatz zu O´Gorman hält J. K. Wing die Psychotherapie für inadäquat, da nach seinen literarischen Untersuchungen eine schlechte Mutter-Kind-Beziehung keinen Einfluss auf die Entstehung des Autismus hat (vgl. AINSWORTH 1962; BOWLY 1952; O´CONNOR 1956; PINNEAU 1955; STEIN und SUSSER 1960; YARROW 1961 in J. K. WING 1977, 46). Eine Vergleichsuntersuchung von Bartak 1973, die sich mit der Effizienz von psychoanalytischer Psychotherapie und heilpädagogischem Unterricht befasste, zeigte, dass autistische Kinder die meisten Lernfortschritte beim Unterricht machten. Dabei eigneten sie sich neben dem Lernstoff auch ein adäquates Arbeitsverhalten an. Ausgehend davon, dass Autismus auf organische Störungen zurückzuführen ist, welche begleitend viele kognitive Störungsbilder verursachen, ist nach J. K. Wing die Kompensierung bzw. das Training der betroffenen Bereiche durch lerntheoretische Techniken oberstes Ziel (vgl. BARTAK 1973 in WENDELER 1977, 297f.). WEBER empfiehlt sensomotorische Förderung nach Affolter und Kiphard (vgl. Kap. 3.4.5.3, Förderungsmöglichkeiten) (vgl. AFFOLTER 1976, 3ff.; KIPHARD 1972, 39ff. in WEBER 1982, 12).

Förderungsmöglichkeiten

O'GORMAN: Jedes autistische Kind muss neben der Psychotherapie auch eine schulische Förderung erfahren. Das setzt einen erfolgreichen Kontakt zwischen Schüler und Lehrer voraus. Befindet sich das Kind in einer Anstalt, rät er den Krankenpflegerinnen, die als Ersatzmutter fungieren, eine Fortbildung. Diese sollte sich mit Förderprogrammen befassen, welche auf elementaren Grundlagen, wie z.b. Stimulierung und Anregung basieren (vgl. O'GORMAN 1976, 120).

In der Vorschule muss der Lehrer, ähnlich wie z.b. bei Millers Therapiestation in Hamburg, einen Kontakt zum Kind herstellen. Der Lehrer beobachtet das Kind und erkundet seine Interessenschwerpunkte. Danach erfolgt, ähnlich wie bei Miller der Ausbau in der Reihenfolge: Transferierung, Erweiterung und Generalisierung des Bewegungsmusters. Der Lehrer benötigt dabei viel Einfühlungsvermögen, um dem autistischen Kind eine fordernde, aber nicht überfordernde Förderung zu Teil werden lassen (vgl. O'GORMAN 1976, 120f.; MILLER 1976, 40ff.; ebd. 1979, 132ff.).

Reine Autistenklassen hält O'Gorman für ungeeignet, da es zu keiner richtigen Kommunikation zwischen den Schülern kommt. Nach seiner Erfahrung profitiert das autistische Kind am meisten in einer Sonderschule für diverse geistige bzw. seelische Behinderungen. Diese sollte über ein flexibles Unterrichtsprogramm verfügen. Die Qualität einer progressiven Förderung kann dabei nur durch genügend Lehrpersonal erreicht werden. So bald wie möglich soll das Kind schrittweise am Unterricht einer Regelschule teilhaben, in die es bei zunehmendem Erfolg überwechseln kann. Wichtigstes Kriterium ist dabei, dass das Lehrerteam der Regelschule die volle Unterstützung seitens der Anstalt bekommt und die Verständigung untereinander fruchtbar ist. (vgl. O'GORMAN 1976, 135f.). Die gegenwärtige Realität an deutschen Regelschulen zeigt jedoch, dass diese Ziele nur in Ausnahmefällen bei hochbegabten Autisten erreicht wurden.

Soziale Förderung kann bereits in vielen pädagogischen Einrichtungen trainiert werden. Da autistische Kinder den Kontakt mit andern Personen häufig vermeiden, ist es wichtig, dass sie, sobald sie reif genug sind, an Gruppenaktivitäten beteiligt werden und dort die Regeln kennen und einhalten lernen. Um das autistische Kind in eine funktionierende Gruppe zu integrieren, ist vom Betreuer viel Kreativität gefordert. Individuell zu jedem Kind muss der Betreuer Zwischenschritte entwickeln, die es langsam auf die Gruppe vorzubereiten. Dabei muss der Betreuer darauf achten, dass das Kind auch den „Wettbewerb" bei Gruppenaktivitäten kennen- und aushalten lernt (vgl. O´GORMAN 1976, 130ff.).

J. K. WING vertritt den Standpunkt, dass psychologische Tests allein keinen Aufschluss darüber geben, inwieweit, insbesondere auch schwer autistisch gestörte Kinder vom Unterricht profitieren. Nur nach einem längeren Probeunterricht können hierzu Entscheidungen getroffen werden. Ebenso wie O´Gorman hat auch J. K. Wing erkannt, dass das autistische Kind in der Schule die meisten Lernfortschritte macht, wenn ein positives Klima zwischen ihm und dem Lehrer besteht. Dabei beschreibt er im Detail, dass dieses von Seiten der Institution durch eine geringe Schülerfrequenz und mit verständnisvollen Lehrern erreicht werden kann. Beim autistischen Kind wirkt sich ergänzend hierzu ein gesittetes Verhalten und einige Spezialtalente günstig auf das „Klassenklima" aus (vgl. L. und J. K. WING 1977, 260; O´GORMAN 1976, 120f.).

Bei der Erstellung des Förderkonzeptes werden nach J. K. Wing die besten Resultate erzielt, wenn die autistischen Schüler wie bei der Untersuchung von Fumeaux 1964 zunächst Spezialunterricht erhalten und ihnen später, unter einer motivierenden Aufsichtskraft die Gelegenheit gegeben wird, sich genügend soziale Kompetenzen im Umgang mit anderen Kindern anzueignen. Mit dieser Befürwortung nähert sich J. K. Wing der Empfehlung von O´Gorman an, die eine optimale Förderung dann gewährleistet sieht, wenn genügend sozialer Kontakt zu Kindern mit anderen oder keinen Störungsbildern bzw. Behinderungen besteht (vgl. FURNEAUX 1964 in L. und J. K. WING 1977, 261; O´GORMAN 1976, 135f.). Eine hohe Lehreranzahl im Verhältnis zu den autistischen Schülern hält J. K. Wing auch in eine spezialisierte Einrichtung für erforderlich.

Wing weist mehrfach darauf hin und teilt damit den sozialen Aspekt von O´Gorman, dass Förderung im Grunde fast überall erfolgen kann. Im folgenden Fall können die Einstiegschancen in die Schule verbessert werden, wenn das autistische Kind vorher einen sonderpädagogisch betreuten oder integrativen Kindergarten besucht hat, in dem es bereits mit den Lernmaterialien aus der Vorschule vertraut gemacht wird (vgl. LOVATT 1962 in L. und J. K. WING 1977, 260; O´GORMAN 1976, 130ff.).

Autistische Kinder, welche in der Spezialklasse oder Spezialschule keine Fortschritte erzielten und daher in eine Tagesstätte übernommen wurden, können hier, sofern der Betreuungsstab über die adäquaten Kompetenzen verfügt, nach der Empfehlung des Scott Committee (1962) schulisch gefördert werden. Die Tagesstätte würde sich demnach als unterste Fördereinrichtung des Schulsystems definieren (vgl. SCOTT COMMITEE 1962 in L. und J. K. WING 1977, 263).

WEBER: Im Gegensatz zu O´Gorman und J. K. Wing, die sich vor allem über schulische und häusliche Förderungsmöglichkeiten äußern, erwähnt Weber die Notwendigkeit, dass Förderung bereits im Kleinkindalter durch sensomotorische

Übungen erfolgen muss, welche dem Kind vor allem bei der Strukturierung der Welt wertvolle Dienste leisten kann (vgl. Weber 1982, 12).[18] O'Gorman und J. K. Wing sind sich darüber einig, dass eine effektive Förderung nur in einer vertrauensvollen, positiven Interaktion zwischen Schüler und Lehrer stattfinden kann (vgl. L. und J. K. WING 1977, 256ff.; O'GORMAN 1976, 112ff.; CORDES und WILKER 1976a; ebd. 1976b, 8ff.; CORDES 1979, 93ff.; ebd. 1980).

Standpunkte zur Verhaltensmodifikation

O'GORMAN: Einer Anwendung der Methoden des operanten Konditionierens steht O'Gorman zunächst gänzlich skeptisch gegenüber. Er führt einige Beispiele für die Bestrafung an, wie z.b. Elektroschocks, Prügel, kalte Bäder oder Entzug von Mahlzeiten, in denen die Bestrafung in Grausamkeit überging. Aus der Vielzahl von Methoden, die Verhalten verstärken oder abschwächen, kann O'Gorman nur den Aspekt der Belohnung für positives Verhalten und die Nichtbeachtung inadäquater Verhaltensweisen als humanes Erziehungsmittel akzeptieren. Zur Belohnung merkt er jedoch an, dass sie nicht versprochen werden sollte, um den Effekt einer „Bestechung" zu vermeiden. Vielmehr sollte sie wohl überlegt gewählt und unauffällig verabreicht werden (vgl. O'Gorman 1976, 126).

L. WING äußert sich in ähnlicher Weise wie O'Gorman kritisch über missverstandene oder zu mechanisch angewandte operante Konditionierungsmethoden. Während beide Autoren in der Belohnung das geeignetste Mittel zur Steigerung der Frequenzrate von positiven Verhaltensweisen sehen, rät L. Wing dem Betreuer und den Eltern, bei unerwünschten Verhaltensweisen möglichst schon beim kleinsten Anzeichen sofort einzugreifen und dieses, gekoppelt durch ein klares „Nein" und Abhalten von der Handlung, kenntlich zu machen. Mit dieser Art von Konsequenz kann das Kind die Unerwünschtheit seines Verhaltens besser begreifen. Beim Aufbau von Verhaltensfolgen empfiehlt L. Wing die traditionellen Methoden (Prompting-Fading-Chaining) (vgl. L. WING 1976, 67ff.; O'GORMAN 1976, 125).

WEBER empfiehlt, das sensomotorische Training nach verhaltenstherapeutischen Techniken durchzuführen. Gemäß einer Vergleichsuntersuchung von Bartak, soll die Förderung eine strukturierende, anstatt eine „gewährende" Ausrichtung haben (vgl. BARTAK 1971 in WEBER 1982, 12). Die Eigenaktivität der Kinder muss dabei immer im Vordergrund stehen (vgl. LUTZ 1976 in ebd.). Die Erkenntnisse der Entwicklungspsychologie und des Krankheitsbildes Autismus müssen dabei berücksichtigt werden (vgl. ebd.).

Die Rolle der Eltern während der Förderung

J. K. WING UND O'GORMAN sind sich einig, dass zwischen Arzt, Schule, Betreuern und Eltern ein reger Austausch über Lernfortschritte nötig ist, um dem

---

[18] Sie empfiehlt sensomotorisches Training nach Affolter 1977 und Kiphard 1972.

autistischen Kind durch einen gemeinsamen Behandlungsweg ein verlässliches Umfeld zu garantieren (vgl. O´GORMAN 1976, 119f.; J. K. WING 1977, 271; L. WING 1976, 55ff.).

O´GORMAN rät den Eltern, die Kinder nach dem Lernprinzip der Schule auch zu Hause an häusliche Pflichten (z.b. Abwaschen) zu gewöhnen. O´Gorman ist überzeugt, dass durch gezielte Förderung ein hohes Maß an Fertigkeiten zur Lebensbewältigung erlernt werden kann. Haben autistische Kinder gelernt, einige an sich körperlich zu verrichtende oder häusliche Pflichten zu übernehmen, entlastet dies nicht nur die Eltern, sondern gibt dem Kind zudem eine sinnvolle Tätigkeit, mit der es beschäftigt ist und somit negativistischem Verhalten entgegenwirkt. Auch die Annäherung an Gruppenarbeiten fällt den meisten Kindern durch die Gewöhnung („Dressur") leichter. O´Gorman weist in diesem Zusammenhang darauf hin, dass die Eltern sehr viel Geduld und Ausdauer beim Lernprozess mitbringen müssen, da autistische Kinder im Vergleich zu normalen Kindern sehr viel langsamer lernen (vgl. O´GORMAN 1976, 121ff.).

J. K. WING: Im Vergleich zu O´Gorman, der den Eltern konkrete Anleitungen für die Einbeziehung ihres Kindes in häusliche Pflichten gibt, ist J. K Wing überzeugt, dass die Eltern bei einem autistischen Kind in der Regel überfordert sind und daher auf die Hilfe eines fachkompetenten Sozialarbeiters angewiesen sind, der auf Grund seiner klinischen Erfahrungen in der Lage ist, bewährte Erziehungsmethoden zu vermitteln, den Tag zu planen und in schwierigen Situationen zu helfen. Verursacht das gestörte Verhalten und die Abhängigkeit des Kindes in der Familie ambivalente Gefühle, die zu massiven familiären Konflikten führen, rät J. K. Wing dringend zu einer Familientherapie, um die betreffenden Gefühle offen zu legen und zu diskutieren (vgl. J. K. WING 1977, 248ff.).

L. WING vermittelt den Eltern viele Tipps und Umgangsformen, um mit den unzähligen sonderbaren Verhaltensweisen autistischer Kinder fertig zu werden. In einem Beispiel, der den Umgang mit schwierigem Verhalten betrifft, rät L. Wing den Eltern, sofort mit verbaler Betonung einzugreifen, sobald das Kind unerwünschtes Verhalten zeigt. Zudem gibt sie den Eltern noch eine Fülle von Förderungsmöglichkeiten mit auf den Weg. In einem Beispiel rät sie ebenso wie O´Gorman, die passive Rolle des Kindes in der Familie in eine aktive umzuwandeln. Adäquat zum Entwicklungsstand des Kindes kann es lernen, einfache Verrichtungen im Haushalt selbstständig durchzuführen. Für längere Handlungsfolgen können die Eltern auf die Methoden der Verhaltensmodifikation zurückgreifen (vgl. L. WING 1976, 63ff.).

WEBER: Während O´Gorman und J. K. und L. Wing konkrete Situationen schildern, wie Eltern mit ihrem autistischen Kind umgehen können, weist Weber darauf hin, dass sie einen Gesprächspartner für ihre Probleme und Nöte bräuchten. Eine konkrete Hilfe, wie z.B. den Sozialarbeiter nach J. K. Wing, erwähnt sie dabei jedoch nicht. Weber schließt sich bei der verhaltenstherapeutisch ausgerichteten sensomotorischen Förderung dem Konsens der Verhaltenstherapeuten an, dass bei der Förderung von Kindern die Eltern miteinzubeziehen sind (vgl. O´GORMAN

1976, 121ff.; vgl. J. K. WING 1977, 248ff.; L. WING 1976, 63ff.; SCHREIBMANN und KOEGEL 1976, 22ff.; SCHREIBMANN 1979, 118ff., CORDES und WILKER 1976a; ebd. 1976b, 8ff.; CORDES 1979ff.; MILLER 1976ff. und WEBER 1982, 12).

Prognose

ALLE VIER AUTOREN: Da in der mir vorliegenden Literatur bei allen Autoren individuelle Beurteilungen getroffen wurden oder keine untereinander genormten Statistiken verwendet bzw. aufgeführt wurden, sind die Prognosen *nicht objektiv vergleichbar* (vgl. O'GORMAN 1976, 113; ebd., 136f.; L. und J. K. WING 1977 263f.; L. WING 1976, 157; WEBER 1970, 104; ebd. 1982, 11; WURST 1976, 111).

O'GORMAN: Er sieht beim sehr früh diagnostizierten Autismus im Säuglingsalter die günstigste Prognose sowohl für die Empfänglichkeit der Förderung, als auch für die „Heilungschancen" insgesamt. Nach den Untersuchungen von O'Gorman (1976) fällt die Prognose nicht besonders optimistisch aus. Die meisten autistischen Kinder können durch adäquate Förderung lediglich im Laufe der Zeit eine Reihe von lebenspraktischen Techniken lernen, die Sonderschule besuchen und später im geschützten Rahmen arbeiten. Der Besuch einer Regelschule und anschließender Beschäftigung auf dem freien Arbeitsmarkt bleibt nur wenigen Autisten auf hohem Funktionsniveau vorbehalten. Im Erwachsenenalter stabilisiert sich der autistische Zustand und weitere Förderprogramme können durchgeführt werden (vgl. O'GORMAN 1976, 113, 136f.).

L. WING: Bei einer nicht repräsentativen Stichprobe von 63 Autisten, die keine spezielle Erziehung oder Förderung erhielten, kamen 14% später im Erwachsenenalter zufriedenstellend zurecht, weitere 25% machten bis dahin einige sinnvolle Fortschritte und der Rest schaffte es, im Verhalten umgänglicher zu werden. Nur wenige Autisten blieben unverändert oder regredierten sogar im Verhalten. Da L. Wing ihr Buch als Elternratgeber verfasst hat, fehlen hierzu wissenschaftliche Angaben über den Träger des Versuches (vgl. L. WING 1976, 157).

WEBER: Ähnlich wie bei L. Wing sieht Weber die Prognose eher ungünstig. In ihrer Untersuchung von 1970 stellte Weber jedoch fest, dass sich das klinische Bild des frühkindlichen Autismus unter der Entwicklung ständig wandelt. In einer Publikation von 1982 stellte sie dann eine berufliche Prognose für autistische Kinder: Sehr viele autistische Kinder besuchen Schulen für praktisch Bildbare, arbeiten in Werkstätten für Behinderte und leben zu Hause bzw. in psychiatrischen Einrichtungen. Ähnlich wie Kanner kommt auch Weber zu dem Fazit, dass Kinder, die bis zum Alter von sechs Jahren eine kommunikative Sprache entwickelt haben, eine günstige Prognose haben. Weber erwähnte noch eine wichtige Beobachtung, die bisher in der Literatur kaum Erwähnung fand. Immer wieder kommt es beim Autisten zu *episodischen Verschlechterungen*, die manchmal einen Verbleib in der Familie unmöglich machen (vgl. WEBER 1970, 104; ebd. 1982, 11; EISENBERG 1956, 607ff.; KANNER und EISENBERG 1955, 227ff.; EISENBERG und KANNER 1956, 556ff.; KANNER 1971, 119ff.).

195

WURST: Die Untersuchungen von Wurst zeigen Unterschiede für Kanner- und Asperger-Autisten hinsichtlich der Prognose. Da Asperger-Autisten ihrem Verhalten weniger stark ausgeliefert sind, können sie sich sozial besser einordnen und anpassen als Kanner-Autisten. Ergänzend zu O'Gorman differenziert Wurst, dass eine Minderbegabung häufiger bei Kanner-Autisten anzutreffen ist. Hier erweisen sich die Methoden der Verhaltensmodifikation zum Erlernen von Verhaltensabläufen am effektivsten, da sie im Vergleich zu Asperger-Autisten häufig nicht in der Lage sind, soziale Regelabläufe intellektuell zu erfassen (vgl. EISENBERG 1956, 607ff.; KANNER und EISENBERG 1955, 227ff.; EISENBERG und KANNER 1956, 556ff.; KANNER 1971, 119ff.; ASPERGER 1961, 204; O'GORMAN 1976, 113; ebd., 136f.; WURST 1976, 111).

3.5   Ethologischorientierte Autoren [19]

Die ethologischorientierten Autoren Delacato und Tinbergen bereichern die bisherigen Untersuchungen zum Autismus. Delacatos Publikation eröffnete der Fachwelt, dass es zahlreiche Parallelen zwischen Symptomen von autistischen und hirnverletzten Kindern gibt. Einer Zuordnung zu medizinisch-neurologisch orientierten Autoren kann ich nicht zustimmen, da sämtliche Hypothesen aus ethologischen Beobachtungen zusammengestellt wurden (vgl. DELACATO 1985, 9ff., 74ff.; TINBERGEN 1984, 25ff.). Tinbergen verdeutlichte, dass das gesamte soziale Umfeld mit seinen autismogenen Faktoren bei der Entstehung von Autismus beteiligt ist. Eine Zuordnung zu den psychoanalytischorientierten Autoren lehne ich ab, da Tinbergen seine Hypothesen kaum mit den Fachbegriffen der Psychoanalyse begründet, die Kindheitsentwicklung lediglich unter dem Umweltaspekt reflektiert und bei den therapeutischen Interventionsmöglichkeiten die kontrovers diskutierte Haltetherapie und andere z.T. behavioristischorientierte Förderungsmodelle miteinbezieht. Die unterschiedlichen Beobachtungsresultate finden ihre Ursache in der Biografie der Autoren. Während sich Delacato lange Zeit mit hirnverletzten Kindern beschäftigte, setzte sich Tinbergen sehr lange mit der Tier-Verhaltensforschung auseinander. Durch einige Zufälle, auf die später noch genauer eingegangen wird, bekamen beide Forscher die Aufgabe, autistische Kinder gründlich zu beobachten. Delacato stellte aus seinen Beobachtungen eine hirnorganische Verursachungstheorie auf, die er jedoch nicht empirisch durch Laboruntersuchungen nachwies. Janetzke zeigte hierzu ergänzend auf, dass 50% der Autisten im EEG beschleunigte oder abgeflachte Wellenformen zeigten, die jedoch auch bei schizophrenen Patienten zu finden waren. Bei Intelligenzminderung ohne autistische Störungen traten die Varianzen nicht auf. Ein autismusspezifisches EEG-Merkmal konnte Janetzke jedoch nicht aufzeigen. Im Vergleich zu 5% der Normalpopulation fand Janetzke bei 33% der Autisten eine Veranlagung zu Krampfanfällen im Gehirn. Die Untersuchung mit der Kern-

---

[19] Rödler 1983 ordnet beide Autoren unter dem Begriff Ethologie ein. Gleichzeitig spielen bei beiden Autoren aber auch ethnologische Aspekte eine Rolle.

spinresonanz-Tomografie zeigte bei autistischen Kindern Abweichungen der Lappen vier und sechs des Kleinhirnwurms, die auf eine Entwicklungshemmung hindeuteten. Konventionelle Röntgenbefunde zeigten hierzu häufig Beeinträchtigungen im frontalen linken Stirnlappen des Großhirns, wo sich das motorische Sprachzentrum befindet. Der Wada-Test[20] bestätigte, dass bei 95 % der Rechtshänder die Sprache von der linken Hirnhemisphäre gesteuert wird, während dies nur bei 70 % der Linkshänder der Fall ist. Janetzke fällt dabei auf, dass die sprachlichen Schwierigkeiten linkshändiger Autisten häufig in Kontrast stehen zu ihren Leistungsinseln, die sich im räumlich visuellen Bereich manifestieren. Ob Janetzke hierzu eigene Untersuchungen anstellte oder Publikationen ohne Nennung der Autoren zusammenfasste, bleibt dabei unklar (vgl. JANETZKE 1997, 38ff.). Tinbergens Theorie über die autismogenen Faktoren in der Gesellschaft wurde von Prekop in Deutschland bestätigt. Große systematische, international verbindliche statistisch angelegte Untersuchungen fehlen hierzu jedoch bis heute. Beide Autoren erkannten, dass autistische Kinder kognitive Defizite in der Entwicklung aufweisen. Da jedoch beide Autoren von einer unterschiedlichen Ursache ausgingen, die sich wiederum auf ihren biografisch bedingten selektiven Beobachtungsspielraum zurückführen lässt, bieten sie dem Kind unterschiedliche „Brücken", damit es in die Entwicklungsförderungstherapie einsteigen kann. Während Delacato autistischen und hirnverletzten Kindern eine passende „mentale Prothese" schneidert, sieht Tinbergen den Erfolg in der konsequenten Anwendung der Bindungsforschung aus der Tierethologie. Die von ihm empfohlene Haltetherapie als Brücke zu den Förderprogrammen vermittelt dem Kind neue Einsichten in seinen Motivationskonflikt (vgl. TINBERGEN 1984, 135ff.; WELCH 1984 in ebd., 297ff.; PREKOP 1984, 800; ebd. 1989, 83ff.; GRUEN und PREKOP 1986, 248ff.; DELACATO 1985, 74ff.).

3.5.1 Delacato: Eine organisch-kausale Studie

Der Pädagoge und Psychologe Carl H. Delacato arbeitete von 1933 bis 1953 in Philadelphia (USA) als Mitarbeiter in einem Zentrum für hirnverletzte Kinder. Dort entwickelte er für seinen Nachhilfeunterricht von hirnverletzten Schülern spezielle Lernprogramme. Zwischenzeitlich organisierten Delacato et al. Studienreisen sowohl in hoch zivilisierte, als auch in primitive Kulturen, um die Entwicklung des Nervensystems und Gehirns vor Ort an gesunden, hirnverletzten und lerngestörten Kinder zu studieren. Dabei entdeckte er, dass alle Kinder (gleich welcher Kultur), bestimmte von der Natur vorgegebene Entwicklungsstadien durchlaufen müssen. Werden dabei bestimmte Stadien übersprungen, hat dies zur Folge, dass das Kind seine Fähigkeiten nicht voll entfalten kann (z.B. ein Kind lernt erst, auf dem Bauch zu kriechen, dann zu krabbeln, bevor es aufrecht gehen lernt). Dort therapierte er auch Kinder mit der nach ihm benannten „Doman-

---

[20] Eine Hirnhälfte wird durch eine schlafmittelähnliche Substanz durch Injektion in die linke oder rechte große Halsarterie lokal betäubt. Von der Halsschlagader wird jeweils die auf derselben Seite gelegene Hirnhälfte mit Blut versorgt. Nachdem die Injektion die Hirnhälfte für wenige Minuten betäubt, können die Messungen durchgeführt werden.

Delacato-Methode", die auch der Ethologe Tinbergen später in sein Therapie-programm für autistische Kinder miteinbezog. Delacato vertritt die Hypothese, dass sich das Gehirn und das Nervensystem durch Tätigkeit und Stimulationsreize aus der Umwelt entwickelt. Er konzipierte spezielle Trainingsprogramme, mit denen unterentwickelte Bereiche gezielt so weit stimuliert werden können, dass eine Normalisierung der Funktion möglich wird. Delacato wendete sich somit gegen zu seiner Zeit pessimistisch eingestellte Vertreter der neurologischen Medizin, die generell von einer Irreversibilität der Hirnschädigungen sprachen. Er verdeutlichte, dass Hirnstörungen ein Kontinuum von leicht bis schwer haben können. Dabei zeigte sich, dass leichte Hirnstörungen nicht durch medizinische Techniken (z.B. EEG) zu erfassen sind. Sie äußern sich in der Regel durch Wahrnehmungsstörungen der Sensorismen. Er und seine Mitarbeiter entwarfen ein diagnostisches Entwicklungsprofil, womit sie nun Art und Ausprägung der Wahrnehmungsstörung ermitteln konnten. 1963 wurde Delacato zum stellvertretenden Direktor des Institutes ernannt. Kurz darauf wurde er jedoch von seinem eigenen Institut dazu beauftragt, sich im folgenden Zeitraum nur noch den Verhaltensstörungen zu widmen, da seine auf neurologischer Grundlage veröffentlichten Theorien über das Lernen, wie er selbst formulierte, in Fachkreisen auf harsche Kritik bis offene Ablehnung stießen. Delacato wählte dabei autistische Kinder, deren Problematiken zweifellos zu den schwierigsten Verhaltensstörungen zählen. Für die Behandlung nahm er Kinder mit der Diagnose Autismus aus anderen Zentren auf (vgl. DELACATO 1985, 10ff.). Auf Grund seiner langjährigen Forschungstätigkeit in der neurologischen Fakultät konnte er zahlreiche Parallelen zwischen hirnverletzten Kindern und Autisten aufdecken. Davon leitete er ab, dass autistische Kinder primär nicht an einer psychischen Störung leiden, sondern hirnverletzt sind. Zur Untermauerung seiner Hypothese berichtete Delacato von gesunden Kindern und erwachsenen Personen, die nach einem Unfall mit Folge einer Hirnverletzung nun Symptome zeigten, die dem frühkindlichen Autismus gleichen. Genau wie diese waren sie nun von einer Veränderungsangst in räumlicher und zeitlicher Sicht betroffen, zeigten Hyperaktivitäten (nur bei leichten Schädigungen), Stereotypien und hatten die Neigung, auf Zehen zu gehen (Folge der Spastik) (vgl. ebd., 44ff.). Egal, welche Stereotypien die Kinder ausführten, sie wiesen stets den gleichen Rhythmus auf. Auch Kinder, die an einer Sinnesbehinderung leiden, zeigen die gleichen Rhythmen. Konkret beschrieb Delacato seine Exkursionserfahrungen an einer Blinden- und Gehörlosenschule, in der die Kinder im selben Rhythmus wie autistische Kinder Stereotypien ausführten. Er kam zu der Überzeugung, dass diese Kinder und solche, die in anderen sensorischen Bereichen (Geruch, Geschmack und Tastsinn) Störungen zeigten, unter einer oder mehreren Wahrnehmungsstörungen leiden, welche sich wiederum auf eine Fehlfunktion der analogen Sinnesbahnen zurückführen lassen. Dabei wurden entweder zu viele, zu wenige oder ohne äußeren Stimulus produzierte Reize weitergeleitet, die als Ursache für die unzähligen Wahrnehmungs- und Verhaltensabnormitäten autistischer Kinder in Frage kommen (vgl. ebd., 10, 55, 66ff.). Eine vertiefte Darstellung findet sich dazu später im Kapitel Ursachen. Delacato weicht vom ersten bis zum vierten Kapitel seiner Abhandlung so stark von der üblichen Gestaltung und Gliederung wissenschaftlicher Publikationen ab, dass einige Passagen einen Romanstil annehmen und Autorenangaben fehlen. Andererseits verfasste er ein durchaus unterhaltsames Werk, in dem ihn der Leser mit Spannung Schritt für Schritt bis zum Durchbruch seiner Hypothese begleiten kann.

3.5.1.1 Erscheinungsformen

Seine Beobachtungen an autistischen Kindern ordnet Delacato nicht nach dem üblichen Schema medizinisch-neurologischorientierter Autoren ein. Die primäre Skala seiner Klassifikation bilden die gestörten Sensorismen und nicht die Obergruppen der Verhaltensabnormitäten. Er unterteilt in taktile Probleme (96–100%), Gehörprobleme (86–90%), visuelle Probleme (65–70%) sowie Geschmacks- und Geruchsprobleme (24–28%) (vgl. ebd., 192). Im Hinblick auf den Vergleich der Interventionsmöglichkeiten, die nach dem gleichen Schema angeordnet sind, erschien es mir sinnvoll, die Struktur nicht zu verändern. Stichworte in der Headline verhelfen zu einer raschen Orientierung (vgl. ebd., 80ff.). Delacato studierte bei autistischen Kindern äußerst detailliert die Verhaltensabnormitäten. *Eine Beschäftigung mit den Sprachstörungen sprechender Autisten fehlt allerdings weitgehend.* In seiner Klassifikation zeigte er deutlich auf, dass der Beobachter beim genauen Hinsehen erahnen kann, welchen Zweck die Stereotypien für das Kind haben. Es versucht mit der Behinderung seiner Sinnesbahn zurechtzukommen. Die nun folgende Kurzdarstellung möglicher Fehlausprägungen der Sensorismen, die im Kapitel 3.5.1.2 (Ursachen) weiter vertieft werden, sollen dabei dem Leser als Orientierung dienen (vgl. ebd., 74ff.).

Hyper: Das Verhalten des Kindes signalisiert dem Beobachter, dass eine Sinnesbahn überempfindlich ist. Äußere Reize, die normale Menschen als angenehm definieren, empfinden hypersensible Kinder bereits als schmerzhaft.

Hypo: Das Kind verhält sich so, dass der Beobachter den Eindruck gewinnt, dass beim Kind eine Sinnesbahn unterempfindlich ist. Für normale Menschen schmerzhafte Reize finden diese Kinder erst angenehm.

„Weißes Rauschen": Das Kind verhält sich so, dass der Beobachter davon ausgehen kann, dass Störreize den rezeptiven Vorgang des Kindes behindern. Sie erleben dies so stark, als würden normale Menschen einen intensiven Reiz ständig wahrnehmen und dadurch unter ständiger Ablenkung stehen. Delacato stellte bei seinen Untersuchungen fest, dass sich die Verhaltensweisen bei überempfindlichen gegenüber unterempfindlichen Autisten häufig ins genaue Gegenteil verkehren (vgl. ebd., 80ff.).

Tastsinn

Delacato zählt nach den Kriterien von Aristoteles zu den Reizen Temperatur-, Schmerz-, Druck- und Tiefensensibilität. Sehr viele taktile Reize werden dabei über die Haut wahrgenommen. Dabei darf nicht vergessen werden, dass neben dem Geschmack über den Mund, die Zunge und die Zähne auch taktile Reize wahrgenommen werden. Der wichtigste Sinnesträger bildet die Hand:

Hypersensibilität (Abneigung gegen Berührungen und Druck): Überempfindliche Autisten zeigen hier häufig Abneigungen gegen Berührungen von anderen Menschen. Viele unter ihnen haben eine Abneigung gegen raue (Wolle oder Grobgewebtes) oder zu enge (auch Kragen) Kleidung. Andere registrieren hypersensibel Temperaturschwankungen. Viele unter ihnen stimulieren sich mit weichen, rhythmischen Tasterlebnissen. In einer neueren Untersuchung stellte Delacato bei dieser Gruppe zugleich eine Hypersensibilität gegen Nahrungsmittelfarbstoffe, Konservierungsmittel, Medikamente und neue Nahrungsmittel fest (vgl. ebd., 85, 192).

Hyposensibilität (Selbstverletzendes Verhalten): Sie kommt doppelt so häufig vor wie die Tastüberempfindlichkeit. Unterempfindliche Autisten registrieren viel zu schwach Berührungsreize. Autistische Kinder dieser Kategorie bemerken eigene Verletzungen nicht und lächeln bei einem Klaps. Viele zeigen selbstverletzendes Verhalten, wie z.B. Sich-Beißen, -Stechen, -Schlagen oder -Kneifen. Auch für normale Menschen sehr unbequeme Körperhaltungen und repetitive Balanceakte fallen darunter (vgl. ebd., 85f.; ebd., 192).

„Weißes Geräusch" (Häufiges Sich-Kratzen, unerwartetes Schütteln und Um-Sich-Schlagen): Diese Kinder empfinden ständig taktile Reize. Sie kratzen sich häufig, ohne dass ein erkennbarer Grund vorliegt. Zu ihnen zählen auch jene Kinder, die in zeitlichen Abständen zu völlig überraschenden Ausbrüchen neigen, die dem Beobachter deutlich signalisieren, dass sie während des Vorgangs bestrebt sind, vermeintliche Berührungs- oder Schmerzreize auszuschalten. Auch unerwartete Streck- und Senkbewegungen der Hautbeharrung waren zu beobachten (vgl. ebd., 86).

Geruchsinn

Der Geruchsinn kann für das autistische Kind im Gegensatz zum normalen Menschen eine außerordentliche Bedeutung annehmen:

Hypersensibilität (Verweigerung der Brust, der Umarmung, Nähe zu Menschen und dem Essen sowie Erbrechen auf der Toilette): Hypersensible Säuglinge verweigern den oralen Kontakt mit der Brustwarze, da sie diese im Geruch zu stark wahrnehmen. Die Situation wird im Laufe der Stillzeit noch problematischer, wenn sich der Stoffwechsel der Mutter ändert und das Baby zusätzlich den einsetzenden Schweißgeruch hypersensibel wahrnimmt. Später sträuben sie sich aus dem gleichen Grund gegen Umarmungen und Nähe zu anderen Personen. Viele unter ihnen verweigern am Essenstisch auffällig geruchsintensive Speisen oder verweigern die Fütterung, die wiederum eine Nähe zu einer anderen Person bedeuten würde. Ein besonders auffälliges Indiz hierfür ist, wenn autistische Kinder während oder nach dem Toilettengang erbrechen müssen (vgl. ebd., 89ff.).

Hyposensibilität (Spiel mit Exkrementen, Geruchsorientierung, Belecken der Hände, Aufsuchen von stark riechenden Objekten): Viele Kinder verunstalten mit ihrem Kot sich selbst, die Wände und das Inventar ihrer Umgebung, um sich mit wohl bekannten Gerüchen zu umgeben. Viele geruchsunempfindliche Kinder nässen ein, spielen mit Urin oder belecken ihrer Hände so lange, bis der Speichel mit dem Hautgeruch einen stechend-säuerlichen Geruch erzeugt. Viele Kinder unter ihnen erkunden zunächst neue Räume nach starken Düften, um dann eigene „Duftmarken" zu setzen. Oft halten sie sich lang an den Orten auf, wo starke Gerüche herrschen (z.B. nach der Ausscheidung auf der Toilette). Diese Kinder riechen gern an Menschen und kommen extrem dicht an die Personen, um deren Geruch festzustellen (vgl. ebd., 91f.).

„Weißes Geräusch": (Hand über Mund und Nase halten, Überprüfung der Atemluft und Hyperventilationen, Nasenöffnungsblockaden): Diese Kinder nehmen ständig schwächste Geruchspartikel hypersensibel wahr. Häufig sind sie damit beschäftigt, ihre Atemluft zu testen, indem sie diese in die Nase blasen, oder zu hyperventilieren, um die Nase von dem vermeintlichen Fremdgeruch zu befreien. Andere versuchen den vermeintlichen Geruch durch Verstopfung der Nasenöffnungen mit Gegenständen zu überstimmen. Ein auffälliges Indiz ist zudem, dass das Kind zu Gerüchen der Außenwelt keine rechte Beziehung herstellen kann (vgl. ebd., 92).

Gehörsinn

Autisten, die hier Abweichungen vom Normalmaß aufweisen, haben die schwierigsten Verhaltensstörungen. Eine Unterscheidung zwischen hyper- und hyposensiblen Autisten ist nicht immer einfach, da beide aus unterschiedlichen Gründen öfter akustische Reize ignorieren. Nicht wenige werden als „taub" diagnostiziert:

Hypersensibilität (Entfernen von Geräuschquellen, Ohren zuhalten, Taubheit für Geräusche, Panikattacken, Weglaufen von zu Hause): Hypersensitive Kinder entfernen sich häufig so weit wie möglich von Geräusch- oder Tonquellen. Kann das Kind keine ausreichende Distanz herstellen, hält es sich entweder mit beiden Händen bzw. den Fingern die Ohren zu oder verhält sich so, als ob es vollkommen taub wäre. Dabei filtert es im Gehirn die akustischen Reize einfach heraus, und sein Gesicht verfärbt sich aschfahl. Leise eigenproduzierte Geräusche und das Flüstern anderer Personen werden jedoch toleriert bzw. aufgesucht. Menschenansammlungen und Straßenlärm empfindet das Kind als schmerzhaft. Monotone Geräusche von Klimaanlagen, Heizungen und insbesondere das Rauschen der Meeresbrandung empfindet es als unangenehm. Können sich diese Kinder nicht mittels Distanzierung oder Filterung dem Geräusch entziehen, laufen sie einfach weg, an einen ruhigeren Ort. Viele unter ihnen schlafen schlecht, da schweres Atmen, Schnarchen oder vom Wind verursachte Geräusche außerhalb des Hauses ängstigen. Nicht wenige unter ihnen geraten dabei auch in Panik. Häufige Amplituden- und Modulationsschwankungen im Pfeifton vom Wind lösen bei autistischen Kindern dieser Art besonders starke Angst und Irritationen aus, da sie die Geräuschquelle nicht orten können. Bei Regen und Gewitter ergeben sich die gleichen Probleme. Nur nach einem Schneefall registriert es hypersensibel die nun gedämpfte Geräuschkulisse und lauscht ihr in tranceähnlichem Zustand. Delacato hat herausgefunden, dass hypersensible Kinder sich gegen einen Aufenthalt im Badezimmer wehren wegen der schallreflektierenden Wände, während hyposensible Kinde diese Orte mögen. In einer neueren Untersuchung wies Delacato nach, dass die Hypersensibilität dieses Organs dreimal häufiger vorkommt als die Hyposensibilität (vgl. ebd., 93ff.; ebd., 192).

Hyposensibilität (Aufsuchen von Lärm, Erzeugung lärmender Stereotypien, Faszination von Motorenlärm und lauten Jahrmärkten): Autistische Kinder, die eine Unterempfindlichkeit im Gehörsinn aufweisen, haben eine Vorliebe für laute Maschinen wie z.B. Waschmaschinen, Geschirrspüler, Mixer, Staubsauger und vibrierende Oberfläche, auf welche sie häufig ihre Ohren legen. Viele unter ihnen mögen den Aufenthalt in stark schallreflektierenden Räumen (z.B. Küche, Bad) und erzeugen dort starke Geräusche, um die unterschiedlichen Echos auszumachen. Außerhalb des Hauses faszinieren sie besonders sehr laute Verkehrsmittel (z.B. Müllabfuhr, Feuerwehr oder Krankenwagen) und motorisierte Gartengeräte (z.B. Rasenmäher) sowie Massenveranstaltungen und Zirkuslärm. Diese Kinder erzeugen selbst oft sehr laute, meist rhythmische Töne oder Laute. Viele bevorzugen lärmende Stereotypien, angefangen vom Zerreißen von festem Papier bis zum lautstarken Zuknallen von Türen (vgl. ebd., 97f.).

„Weißes Geräusch" (Horchen auf Körpergeräusche, Kopfschaukeln, Summen und Kopfstand): Solche Kinder sind oft lange Zeit damit beschäftigt, auf die unterschiedlichen Geräusche ihres Körpers zu achten (z.B. Herzschlag, Verdauung oder Blutrauschen im Ohr). Viele schaukeln mit periodischen Unterbrechungen mit dem Kopf. In den Ruhephase gewinnt der Beobachter den Eindruck, dass sie nun den Variationen ihrer Kopfgeräusche lauschen. Auch beim Kopfstand wirken sie so, als ob sie ihren inneren Geräuschen lauschen. Viele summen monoton vor sich hin (vgl. ebd., 69; ebd., 98f.).

Geschmackssinn

Die Geschmacksknospen der Zunge können Informationen an das Gehirn senden, ob die Speise sauer, salzig, bitter oder süß ist. Die größte Sensitivität besteht für salzig und süß und ist an der Zungenspitze lokalisiert. Hypersensible Kinder untersuchen Speisen häufig mit der Zungenspitze, während unterempfindliche Kinder häufig mit dem rückwärtigen und seitlichen Anteil der Zunge Speisen nach Saurem und Bitteren untersuchen. Nicht immer lassen sich Geschmacksanomalien von taktilen Anomalien auf diesen Bereichen unterscheiden:

Hypersensibilität (Ablehnung geschmacksintensiver und scharfer Speisen): Schon im Kleinkindalter lehnen sie viele Speisen durch massive Abwehr ab. Nach genauerer Beobachtung betrifft dies vor allem stark oder scharf schmeckende Speisen (vgl. ebd., 100).

Hyposensibilität (Essen alles, was in Griffweite liegt): Sie können nicht oder nur unzureichend zwischen Ess- und Ungenießbarem unterscheiden. Sie verzehren daher, ohne es zu bemerken, auch schädliche oder giftige Substanzen, wie z.B. Benzin oder Anstrichfarben. Häufig müssen diesen Kindern deswegen im Krankenhaus die Mägen ausgehoben werden (vgl. ebd., 100f.).

„Weißes Geräusch" (Zungensaugen, Erbrechen von Mahlzeiten in den Mund, um sie dann wieder zu verschlucken, und Speicheltests): Diese Kinder haben ständig einen Geschmack im Mund. Sehr häufig testen sie ihren eigenen Speichel mit der Zunge, die sich im Laufe der Jahre ungewöhnlich vergrößert. Reicht dieser Test nicht, neigen nicht wenige dazu, Mahlzeiten in die Mundhöhle zu erbrechen, um sie nach eingehender geschmacklicher Prüfung wieder zu verschlucken. Gegenüber Mahlzeiten zeigen sie sich auffallend gleichgültig (vgl. ebd., 101).

Sehsinn

Visuelle Abnormitäten kann der Beobachter bei Körperbewegungen, wie Schaukeln, Drehen oder Quirlen sowie bei allen Bewegungen, die das Kind vor den Augen ausführt, vermuten. Auch das zwanghafte Beobachten von Bewegungen dürfte Indizien für visuelle Abnormitäten liefern. Bei allen Abnormitäten vermeiden diese Kinder den Blickkontakt. Die autistischen Kinder mit Eigensensationen vermeiden am meisten:

Hypersensibilität (Fokussierung von kleinsten Partikeln, hohe visuelle Merkfähigkeit, Nachtangst, Spiegelscheu, Lichtempfindlichkeit): Sehr viele unter ihnen verbringen lange Zeit mit der Fixierung kleinster Gegenstände oder Staubteilchen. Häufig sind sie damit beschäftigt, stundenlang Fusseln vom Teppich oder Kleid zu zupfen. Des Weiteren starren sie stundenlang in Wasser oder Speicheltropfen, um die unterschiedlichen Lichtbrechungen darin zu betrachten. Sie verfügen oft über ein gut trainiertes visuelles Gedächtnis. Viele können sehr gut lesen und merken sich ungewöhnliche Inhalte wie z.B. Telefonbücher oder Autonummern in artistischer Leistung. Die Fähigkeit, sehr komplexe Zeichnungen anzufertigen, ist bei ihnen oft vorhanden. Die meisten fertigen dabei komplizierteste Muster an. Sehr viele haben eine Abneigung, sich im Spiegel oder auf Fotos zu betrachten. Der Dunkelheit, aber auch grellem Licht weichen sie immer aus. Die neueren Untersuchungen von Delacato zeigten, dass die Überempfindlichkeit im Sehsinn im Verhältnis von 3:2 zur Unterempfindlichkeit vorkommt (vgl. ebd. 102f.; ebd., 192).

Hyposensibilität (Räumliche Spiele, Licht-Schatten-Spiele, Angst vor Dunkelheit und Tiefe, Drehen von Objekten): Diese Kinder verbringen viel Zeit damit, optische Reize extrem auszukosten. Den Reiz der räumlichen Wahrnehmung verstärkt das Kind durch ein extremes Heran- oder Wegschaukeln von Objekten oder durch ein Umwandern relevanter Gegenstände bei gleichzeitiger scharfer Fixierung. Viele spielen gerne mit Draht und formen diverse Gebilde, die sie von allen Seiten betrachten. Große Abgründe und Treppen bereiten dem Kind Angst. Den Reiz der Helligkeit verstärkt es durch periodische Blickwechsel von einer extrem starken Lichtquelle in scharfe Schatten. Dunkle Tunnel bereiten ihm Angst. Viele spielen gerne mit Spiegeln, Gläsern, Kristallen und anderen glitzernden Gegenständen. Um den Reiz der Farben zu verstärken, können sie stundenlang damit zubringen zwischen zwei farbdifferenten Objekten einen Schritt vor und zurückzutreten. Bei einigen ist die Irritation bei Farbkontrasten so groß, dass sie sich bei Schnittpunkten verschiedenfarbiger Flächen auf den Boden fallen lassen. Den Reiz der Bewegung stimulieren sie mit diversen Objekten, wie z.b. Bleistiften, die sie stundenlang drehen. Auch Fingerspiele im Gesichtsfeld zählen hierzu. Des Weiteren schießen sie gern Gummibänder durch Räume oder sehen aufmerksam sich bewegende Blätter und schwingende Pendel an. Die Aktiven unter ihnen blasen auch gerne Papierkügelchen oder Staub von sich weg. Vor hohen Fahrgeschwindigkeiten im Fahrzeug haben sie jedoch Angst (vgl. ebd. 103ff.).

„Weißes Geräusch" (sehen durch Menschen „hindurch", überstrapazieren ihre Augen, kein Blickkontakt): Sie schauen durch Menschen und Dinge hindurch. Sie wirken dabei so, als ob sie etwas konzentriert beobachten, das innerhalb des Augapfels liegt. Man merkt dem Kind an, dass die optischen Seheindrücke für ihn ein Chaos bedeuten, weil innere Illusionen Interferenzen erzeugen, von dem es sich nun abzulenken versucht. Viele verbringen stundenlang damit, durch Berühren, Ziehen, Reiben oder Schlagen Lichtsensationen (Sterne) im Auginneren zu erzeugen (vgl. ebd., 105f.).

3.5.1.2 Ursachen

Delacato befasste sich viel mit den Verhaltensforschern Ardney, Morris und Lorenz. Ein wichtiger Konsens, dem sich Delacato anschließt, ist dass der Urmensch einen instinktiven Trieb zum Jagen, Erkunden und Territorialbesitz hatte. Beim modernen Menschen gerät dieser in den Hintergrund zu Gunsten der *Jagd nach Sinneseindrücken, nach denen sein Nervensystem „hungert"* (vgl. ebd., 152f.).

„Ich stimme mit den Ethologen überein, dass der Mensch instinktiv ein Entdecker ist: Ich glaube aber, dass wir nicht Entdecker sind, weil wir wissenshungrig sind – wir sind Entdecker, weil wir besitzgierig sind. Wir sind versessen auf Sinneseindrücke, die unsere Bedürfnisse befriedigen im Sinne von Frequenz, Intensität, Dauer und Abwechslung. Diese ständige Aktivität (die zeitweise Hyperaktivität ist) hat ihre Bedeutung für den Erwerb neuerer und vermehrter Sinnesempfindungen. Sinnesempfindungen sind Nahrung für das Gehirn und die treibende Kraft für dessen Veränderung" (ebd.).

Gestörte Sinnesbahnen auf Grund einer organischen Hirnverletzung

Durch zahlreiche detaillierte Beobachtungen merkte Delacato dass autistische Kinder nicht psychisch krank sind, sondern verzweifelt versuchen, mit einem gestörten Sinn zurechtzukommen. Er erkennt, dass die normale Eigenschaft eines Gehirns, aus dem einströmenden Chaos eine Ordnung herzustellen, beim autistischen Kind gestört sein muss. Über die gestörten Sinnesbahnen empfängt es mehrdeutige Informationen, die es verwirren. Ein Kind, dass zu viele Reize empfängt, erlebt z.b. auf Grund deren Mehrdeutigkeit einen Raum als bedrängend, während ein mit Reizen unterversorgtes Kind keine Grenzen darin erkennen kann. Das normale instinktive Bedürfnis nach einem Territorium wird hier also beim autistischen Kind zum Feind. Da es den Defekt nicht selbst heilen kann, versucht es ihn zumindest mit speziellen Verhaltensformen (z.B. Stereotypien) zu kontrollieren. Dabei bestimmt es selbst, welche Reize es annimmt. Die anderen Reize bleiben als Chaos außen vor (vgl. ebd., 153f.). Folgende Elemente bilden das Fundament seiner Hypothese:

- Autistische Kinder sind nicht psychisch krank, sondern hirnverletzt.
- Die Hirnverletzung verursacht Wahrnehmungsstörungen auf einer oder mehreren Sinnesbahnen zwischen der Außenwelt und dem Gehirn. Betroffen sein können der Sehsinn, Gehörsinn, Geschmackssinn, Tastsinn und der Geruchssinn. Die dabei auftretenden Stereotypien (Sensorismen) nennt Delacato analog zur oberen Reihe Blindismen, Defismen, Taktilismen und Gutismen.

Folgende Wahrnehmungsveränderungen können auf Grund von Hirnverletzungen auftreten (vgl. Kapitel 3.5.1.1):

HYPER	Die Sinnesbahn ist zu weit geöffnet. Es gelangen zu viele Außenreize ins Gehirn, sie führen schneller zu Überlastung:
Praxis:	Ein für normale Menschen mittelstarker Reiz wird bei diesen Kindern auf den Sinnesbahnen bereits derart verstärkt, dass sie ihn als schmerzhaft empfinden. Bei vielen Kindern ist die Empfindlichkeit derart hoch, dass sie den Sinn vollkommen ignorieren. Zu ihnen zählen auch die autistischen Kinder, die sich verhalten, als wären sie vollkommen taub, während sie in seltenen Fällen auf leiseste Geräusche reagieren.
Sichtweise vom Kind:	Für normale Menschen angenehme Reize werden vom Kind feindlich wahrgenommen.
Reaktion vom Kind:	Das Kind versucht mit allen Mitteln, das Reizüberangebot zu minimieren bzw. abzuwehren.
HYPO:	Die Sinnesbahn ist zu wenig geöffnet. Es erreichen zu wenig Außenreize das Gehirn. Als Folge verkümmern die Bereiche wegen mangelnder Reize.
Praxis:	Diese Kinder empfinden auf dem Sinneskanal so wenig Stimulation, als wäre dieser leichter oder schwerer betäubt. Um genügend Stimulationen zu bekommen, veranstalten sie häufig für normale Menschen sehr extreme und unangenehme Handlungen.
Sichtweise vom Kind:	Das Unterangebot an Reizen wird vom Kind als ein nicht greifbarer Feind erlebt.
Reaktion vom Kind:	Das Kind versucht mit allen Mitteln, durch intensive Reize eine Sättigung zu erfahren.
WEISSES GERÄUSCH:	Die Sinnesbahn produziert eigene Reize, welche die Außenreize entstellen und schlimmstenfalls völlig überlagern.
Praxis:	Als „weißes Rauschen" werden auch Organempfindungen bezeichnet, die ein gesundes Gehirn herausfiltern kann. Bei autistischen Kindern mit dieser Störung überlagert auch hier der nicht abstellbare Reiz die Wirklichkeit.
Sichtweise vom Kind:	Die Störreize werden feindlich wahrgenommen.
Reaktion vom Kind:	Das Kind versucht mit allen Mitteln, den Störreiz zu lokalisieren oder zu verdecken (vgl. ebd., 66ff.; ebd. 152f.).

Abgrenzung zu klassischen und psychoanalytischorientierten Autoren: Die Sensorismen (Stereotypien) der autistischen Kinder bilden für Delacato entgegen der Auffassung von Kanner, der sie als Sekundärsymptome beschreibt, die Primärsymptome, da sie mit dem gestörten Sinnesorgan in unmittelbarem Zusammenhang stehen. Das Kind versucht damit, den entstellten Sinn zu normalisieren (vgl. ebd., 74; KANNER 1957, 742). Umgekehrt rechnet Delacato die Isolierung von der Umwelt, welche für Kanner ein Primärsymptom darstellt, zu den Sekundärsymptomen. Die Isolation entsteht nach Delacato durch die lange Zeit, die das Kind mit dem Ausgleich seiner Sinnesorgane verbringt. Dabei verliert es auch die Fähigkeit, mit der Welt fertig zu werden (vgl. DELACATO 1985, 74ff.).

Delacato wendet sich nachdrücklich gegen einen psychogenen Anteil bei der Entstehung des Autismus. Er konnte anhand eigener Beobachtungen an 100 Eltern nachweisen, dass diese entgegen der Theorie von Kanner nicht emotional kälter sind, als der übliche Durchschnitt (vgl. ebd., 23ff.). Ausgehend von dieser Feststellung (die er mit den Autoren J. K. Wing und Weber vollständig teilt) kann daher eine mangelnde Zuwendung (z.B. verstopfte Atemwege unbemerkt von einer unsensiblen Mutter) nicht die wesentliche Ursache sein. Als Beweis führt er die Geschwister in der Familie an, die sich bei derselben Mutter häufig völlig normal entwickelten (vgl. BETTELHEIM 1967 (1977) in ebd., 28f.; J. K. WING 1977, 45ff.; WEBER 1970, 17f., 90ff.). Delacato glaubt, dass die für ihn nicht verifizierbaren Hypothesen, die der Mutter die Schuld zuschreiben, aus ähnlichen Motiven gespeist werden, wie einst die Hexenverfolgung im Mittelalter (vgl. Delacato 1985, 30ff.).

Differentialdiagnose

Delacato unterzieht nur ansatzweise blinde und taube Kinder einer Differentialdiagnose, nämlich lediglich was die Gemeinsamkeiten betrifft. Im Wesentlichen versucht er jedoch darzulegen, dass sie sich in einer ähnlichen Situation befinden wie Autisten. Eine nosologische Abgrenzung zur Kindheitsschizophrenie fehlt. Er erwähnt diesbezüglich nur die Autoren Bender und Rimland, die sich damit beschäftigten. Ein nosologischer Vergleich mit der Epilepsie und Entwicklungsaphasie fehlt leider ganz (vgl. ebd., 39; ebd., 51ff.).

Autistische Züge auch bei blinden und tauben Kindern: Auch bei blinden Kindern gibt es viele stereotype Verhaltensweisen, die an Autismus erinnern. Sehr viele unter ihnen verbringen viel Zeit mit Schaukeln, Händewedeln, Drehen eines Gegenstandes mit der Hand, Augenbohren und rhythmischem Stoßen von Finger oder Hand in eins oder beide Augen. Bei den gehörlosen Kindern entdeckte Delacato andere stereotype Bewegungsmuster. Viele stimulieren sich, indem sie ihre Köpfe hin und herbewegen, an harte Gegenstände hauen, mit den Händen auf das Ohr klatschen oder gleichmäßige Laute erzeugen. Delacato sah hier zugleich den Beweis erbracht, dass Veränderungen und Totalausfälle von Sinnesorganen in diesen Beispielen immer Kompensierungsversuche bei den Kindern auslösen, die mit der Störung in Beziehung stehen. Alle Sensorien hatten den selben Rhythmus wie beim Autismus. Insofern bestand untereinander eine gewisse Ähnlichkeit in der Situation blinder, tauber und autistischer Kinder, wenngleich einmal das Sinnesorgan und ein anderes mal das Gehirn Ursache war (vgl. ebd., 51ff.).

Vererbung

Delacatos Recherche von bisherigen Publikationen ergab, dass Autismus nicht weitervererbt werden kann. Auch eine Häufung in den Familiengenerationen konnte Delacato nicht bestätigen. Auf folgende Punkte ging er etwas näher ein:

Keine vermehrten Gefühlsabnormitäten bei den Eltern: Delacatos Eindruck von 100 Eltern ergab, dass sie im Persönlichkeitsprofil nicht vom üblichen Mittel abwichen. Er konnte damit die Beobachtungen von Kanner nicht bestätigen, dass in Familien mit autistischen Kindern vermehrt schizoide Charakterzüge vorkommen. Zum intellektuellen Niveau der Eltern machte Delacato jedoch keine Angaben (vgl. KANNER 1949, 416ff.; ebd. 1954, 378ff.; EISENBERG 1957, 715ff.; KANNER und EISENBERG 1956, 556ff.; DELACATO 1985, 27ff.).

Kein erhöhtes Auftreten von Autismus bei Geschwistern: Delacato stellte in Familien mit autistischen Kindern bei den Geschwistern keine vom üblichen Mittel abweichenden Verhaltensstörungen fest. Eine nähere Untersuchung hierzu, wie z.b. die von Lotter (1967) fehlt (vgl. DELACATO 1985, 29; LOTTER 1967 in J. K. WING 1977, 39ff.).

Epidemiologie: Sie verdient bei Delacato eine besondere Erwähnung, da er anhand seiner Hypothese den Autismus-Begriff derart ausgeweitet hat, dass er weit über die Definitionen anderer Autoren hinausgeht (vgl. DELACATO 1985, 9; RÖDLER 1983, 105). Delacato schätzt, dass in den USA 600.000 autistische Kinder leben. Bei der damaligen Einwohnerzahl von 200 Millionen wäre demnach im Durchschnitt jedes 390. Kind autistisch gestört. Die Middlesex-Studie von 1964 ergab, dass nur jedes 5000. Kind autistisch gestört ist. Auch Rödler erwähnte in seiner Dissertation die veränderten Diagnosekriterien von Delacato, welche dazu führten, dass er deutlich mehr Fälle entdeckte als der Durchschnitt anderer Autoren (vgl. ebd.) Obwohl Delacato angab, nur mit Autismus diagnostizierte Kinder zu behandeln, hege ich bezüglich seiner Beobachtung die Vermutung, dass er analog zu Weber ebenfalls hirnverletzte Kinder unter der Diagnose Autismus behandelte. Weitere Überlegungen und Recherchen führten zur Überzeugung, dass Delacato das Krankheitsbild Autismus nicht klar abgrenzt. An anderer Stelle erwähnte er nämlich auch noch ausdrücklich, dass er mit denselben Methoden auch Kinder mit der Diagnose Kindheitsschizophrenie behandelte (vgl. DELACATO 1985, 56).

3.5.1.3 Behandlungsmöglichkeiten

Bezüglich der Auswahl der geeigneten Behandlungsmethode machte Delacato noch einmal deutlich, dass das autistische Kind ein „frustrierter Jäger" ist, da es von seinen besonderen Sinneserfahrungen „nie gesättigt" wird. Es erreicht praktisch nie eine Befriedigung in den adäquaten Bereichen. Der erste thera-peutische Erfolg muss daher darin bestehen, dass es von „seiner Sinnsucht" befreit wird, ehe die zentrale Behandlung einsetzt (vgl. ebd., 152).

„Es ist fast so, als ob wir ihnen helfen müssten, vom Jagen den rechten Gewinn zu haben, die Jagdbeute zu verdauen, von ihr ernährt zu werden und dann erst zu neuen Jagdgründen aufzubrechen" (ebd.).

Therapieplan

1. Phase, Symptombehandlung (erste Hilfe): Die gestörten Sensorismen werden ausgeglichen, damit die Gesellschaft das Kind wieder akzeptiert. Die Mehrdeutigkeit gesendeter Reize wird minimiert. Für jede Hirnverletzung entwickelte Delacato somit die exakt passende Prothese, d.h. mentale Brille.

2. Phase, Behandlung der Ursache der Störung (zentrale Behandlung): Sie besteht aus einer Entwicklungsförderung mit dem Ziel der sozialen Integration und Wiederherstellung größtmöglicher Bildungsfähigkeit. Verhaltenstherapie, Erziehung und Medikamente können dabei eingesetzt werden. Delacato empfiehlt eine gezielte Förderung der neurologischen Organisation. Seine Behandlungstheorien sind, wie er selbst schreibt, kein *„Allheilmittel und befinden sich noch auf dem Suchstadium"*. Mit Misserfolgen ist also durchaus zu rechnen (vgl. ebd., 107ff.; ebd., 155).

Testprobanden: Für die Überprüfung seiner therapeutischen Arbeit wählte er aus allen Kindern, die ihm im Zeitraum 01.03.67 – 30.05.67 vorgestellt wurden, nur die aus, die vom Facharzt die Diagnose „Autismus" oder „frühkindliche Schizophrenie" erhielten und bei denen von seinen Institut eine Hirnverletzung festgestellt wurde. Genau 10 Patienten entsprachen den Kriterien. Den Eltern der 10 Patienten legte er zu Beginn und am Ende des einjährigen Behandlungsversuchs einen Fragebogen vor, worin die Intensität einzelner motorischer Verhaltensabnormitäten (Stereotypien, Fingermanierismen und Grimassieren) erfragt wurde (vgl. ebd., 56).

1. Phase: Symptombehandlung, Therapieziele für die Überlebensphase
Lokalisierung der Störung und Verständnis für das Verhalten herstellen: Durch ausführliche Beobachtungen am Institut erforschen die Mitarbeiter, anhand des Verhaltens (z.B. Stereotypien), welche Sinneskanäle beim autistischen Kind gestört sind. Im Detail muss sich nun das Personal festlegen, ob beim Kind die Funktionsstörung „hyper", „hypo" oder „weißes Geräusch" vorliegt. Eltern und Personal können nun das Verhalten verstehen und daher akzeptieren. Es stört sie

weniger. Die Akzeptanz ist eine wichtige Voraussetzung dafür, die Motivation zur weiteren Behandlung des Kindes zu erhalten (vgl. ebd., 75ff.).

Abbau der Sensorismen, damit das Kind nicht mehr abgelenkt wird: Zugleich soll mittels eines Ausgleichs das Kind aufhören, sich fortwährend zu reizen, worin bisher zwangsläufig ein großer Teil seiner Aufmerksamkeit lag. Bei erfolgreicher Analyse der Störung kann sich das Team nun auf Art, Umfang und Anwendung des Ausgleichsreizes bzw. auf die Umgebung einigen. Durch eine kontinuierliche Anwendung des Ausgleichsreizes bzw. der Umgebung gelangt das autistische Kind wieder in ein Gleichgewicht. Bisherige Einstellungen und repetitive Verhaltensmuster können nun aufgegeben werden. Es hat jetzt die Möglichkeit, die zentrale Behandlung zu beginnen, da es nun über genügend freigelegte Aufmerksamkeit verfügt. Interesse an Menschen und Dingen kann sich dabei begleitend entfalten (vgl. ebd., 75; ebd., 108f.).

Praxis: Delacato sieht im nun folgenden Training „Erste-Hilfe-Maßnahmen", die dem Kind eine weitere Akzeptanz in der Gesellschaft ermöglichen. Diese Maßnahmen weisen folgende Struktur auf:

- Trainingsziel: Reduzierung der Stereotypien. Durch von außen angebotene Hilfestellungen sollen die gestörten Sensorismen in die richtigen Bahnen gelenkt werden. Dabei soll das Kind seine Aufmerksamkeit zunehmend auf die „reale" Welt richten.
- Trainingsplan: Durch ein aufbauendes Trainingsprogramm wird das Kind Schritt für Schritt mit der „realen Welt" vertraut gemacht. Dabei gibt das Kind in der Regel das Trainingstempo an. Zwang oder Druck dürfen niemals erfolgen.
- Vorbedingungen: Sie umfassen alle Vorkehrungen, die das Kind vor Gefahren bewahren, seine sensorischen Eigenheiten im Alltag berücksichtigen und ihm das Training häufig erst ermöglichen.
- Hilfen im Alltag: Leicht verstehbare Verhaltensmuster oder Hilfen unterstützen es bei vielen Situationen im Alltag.
- Übungsschritte: Delacato benennt durchgeführte Methoden, die das Kind sukzessiv der Welt mit unseren Wahrnehmungen näher bringt. Die herangezogenen Übungen schulen das Differenzierungs-, Denk- und Gestaltungsvermögen des Kindes. Dabei achtet Delacato häufig darauf, dass alle Handlungsabläufe dem Kind in einer ihm verständlichen Sprache verbalisiert werden. Er ermuntert Eltern und Fachleute, bei der Gestaltung des Übungsprogramms viel Eigenimprovisation durchzuführen. Wichtig ist dabei nur, dass das Kind dem Trainingsziel näher kommt (vgl. ebd., 110ff.).

Es folgen nun die Anwendungsbeispiele, die Delacato mit äußerster Präzision beschrieb. Da eine zusammengefasste Darstellung wichtige methodische Schritte und Mittel nicht berücksichtigen könnte, sollen die Anwendungsbeispiele nun in tabellarischer Form dargestellt werden (vgl. ebd.):

Ausgleich taktiler Störungen

HYPER	Tastüberempfindlichkeit
Trainingsziel:	Abbau von Taktilismen wie z.b. Fingerverdrehen oder bizarre Stellungen
Trainingsplan:	Umformung in brauchbare Bewegungsmuster
Vorbedingungen:	- Berührungen müssen vorsichtig vonstatten gehen.
	- Dem Kind darf künftig keine raue Kleidung gegeben werden.
	- Die Temperatur sollte im Haus konstant gehalten werden.
1. Schritt:	Der Therapeut soll stellvertretend für das Kind die Stereotypien ausführen.
2. Schritt:	Er soll das Kind mit vielen Körperregionen, angefangen mit der Wange, über das Gesicht bis zu den Händen mit sanften Berührungsreizen vertraut machen. Die Körperpartien sollen dabei verbal benannt werden.

HYPO	Tastunterempfindlichkeit
Trainingsziel:	Senkung eigener Stimulierungen durch Fremdstimulierungen
Trainingsplan:	Das Kind muss mit sehr vielen Tast und Berührungswahrnehmungen vertraut werden.
1. Schritt:	Rate, Dauer und Intensität der Wiederholungen müssen zunehmend steigen.
Bewegung:	- Training von Armen und Beinen
	- Übung stürmischer Umarmungen
Raue Reize:	- starkes Kitzeln
	- mit rauem Handtuch abtrocknen
	- häufige Veränderung der Temperatur des Badewassers
Massage:	- Tiefenmassage diverser Hautpartien
	- Vibrationen mit dem Massagegerät
2. Schritt:	Kreativ sollten dem Kind immer wieder Tasterlebnisse geboten werden. Die Gründlichkeit
Stimulierung der Hände	steigt.
	- Eintauchen in temperaturdifferente Gefäße
	- Außenseite der Hand reiben und beklatschen

WHITE NOISE	Tastsinn mit weißem Geräusch
Trainingsziel:	Das Kind lernt zwischen Innen- und Außenreizen zu unterscheiden. Die inneren Reize verlieren dabei an Bedeutung.
Trainingsplan:	Zeigen und verbalisieren beabsichtigter Handlungen
Vorbedingungen:	Alle Geräte, die Vibrationen erzeugen, dürfen dem Kind nicht zugänglich sein.
1. Schritt:	Fokussierung auf eine Tastwahrnehmung.
Kitzeln:	Bevor das Kind gekitzelt wird, wird ihm diese Absicht verbal mitgeteilt. Auch während des Kitzelns muss diese benannt werden.
2. Schritt:	- Konfrontation mit verschiedenen Tastwahrnehmungen
	- Benennung und Gegenüberstellung verschiedener Tastwahrnehmungen
Hochheben u. Drücken	Jede Handlung muss im Moment für sich verbalisiert werden.
3. Schritt:	Die Tastreize und die Rhythmusfrequenz können zunehmend variiert werden.

Ausgleich olfaktorismer Störungen

H Y P E R	**Übersensibilität im Geruchsinn**
Trainingsziel:	Vertrautmachen mit alltäglichen Gerüchen
Trainingsplan:	In geruchsarmer Umgebung wird das Kind Stück für Stück mit dem Geruchsstoff vertraut gemacht.
Vorbedingungen:	- Räume müssen immer gut gelüftet sein - Düfte wie z.b. Raumsprays, Deodorants, Zahnpasten, Rasierwasser, Haarsprays, kölnisch Wasser und Parfüms sollten immer vermieden werden. - Kleidung sollte mit geruchlosen Lösungen gereinigt werden - Das Gesicht darf nur mit einem frischen Lappen gewaschen werden. - Windeln sollten nicht in die Nähe eines hypersensiblen Kindes gelangen. - Starke Kochdünste sollten vermieden werden.
Essen:	- Die Nahrung muss mild schmecken und darf nicht riechen.
1. Schritt:	In geruchsarmer Umgebung können dem Kind in ausreichender Distanz Gerüche geboten werden. Vor und während der Übung wird der Geruchsstoff verbalisiert. Grundsätzlich darf der Stoff niemals dem Kind unter die Nase gehalten werden.
2. Schritt:	Hat das Kind gelernt, milde Gerüche zu tolerieren, kann begonnen werden, es mit Menschengerüchen vertraut zu machen.
Beispiel:	Mit verbundenen Augen lässt man das Kind anhand der Düfte raten, welche Personen in seiner Nähe sitzen. Wenn es keine Antwort weiß, darf die Lösung verraten werden und das Kind darf noch mal riechen.
3. Schritt:	Bei Erfolg können mehr Geruchsvariationen sowie Haushaltsgerüche miteinbezogen werden.
H Y P O	**Untersensibilität im Geruchsinn**
Trainingsziel:	Das Kind lernt über die Differenzierung von Geruchsstoffen, Gerüche auch aus weiterer Distanz zu identifizieren.
Trainingsplan:	Das Kind muss Kontakt zu sehr vielen und intensiven Gerüchen erhalten.
1. Schritt:	Das Kind wird mit einem intensiven Geruchsstoff konfrontiert, der ihm direkt unter die Nase gehalten wird. Der Name des Stoffes sollte dabei ohne weitere Kommentare ausgesprochen werden.
Verwendbare Stoffe:	Kleidergerüche, Abfallgerüche, eingenässte Windeln, eigener Kot sowie starke Speisen
2. Schritt:	Das Kind lernt zwei verschiedenartige Geruchsstoffe voneinander zu unterscheiden. Im Spiel können diese Fähigkeiten gut trainiert werden, wenn das Kind lernt, den Stoff mit geschlossenen Augen zu identifizieren.
3. Schritt:	Das Kind wird nach und nach dazu gebracht, auch auf geruchsärmere Stoffe zu reagieren. Dabei lernt es begleitend nun auch Gerüche aus größerer Distanz wahrzunehmen. Es internalisiert dabei, dass Gerüche nicht immer aufgesucht werden müssen.
Übungen / Maßnahmen	- Es muss nun darauf geachtet werden, dass das Kind die Toilettenspülung direkt nach seinem Besuch betätigt. - Gebrauchte Windeln und eingenässte Kleidung müssen jetzt in luftdichten Gefäßen abgelegt werden. - Das Kind muss zunehmend davon abgehalten werden, Menschen und Dinge zu beriechen.
WHITE NOISE	**Weißes Geräusch im Geruchssinn**
Trainingsziel:	Das Kind lernt auf Gerüche zu reagieren, die außerhalb seines Körpers liegen.
Trainingsplan:	Durch Darbietung verschiedener Geruchsstoffe lernt es die Differenzierung zu Außengerüchen.
Vorbedingungen:	- Der Haushalt muss relativ geruchlos sein. - Kleidung und Waschmittel von allen Personen inklusive dem Kind müssen geruchsneutral sein.
1. Schritt:	Jeden Tag wird die Kleidung mit einem ganz bestimmten leicht identifizierbaren Geruch beträpfelt. Das Kind erfährt zu Beginn jedes neuen Tages, welcher Geruch heute verwendet wird.
Geruchsstoffe:	Rasierwasser, Essig, kölnisch Wasser, Parfüm, Petroleum und Ammoniak
2. Schritt:	Wenn das Kind auf die Außengerüche reagiert, können ihm weniger spezifische und mildere Stoffe dargeboten werden.
3. Schritt:	Es werden dem Kind zwei und später mehr Geruchsstoffe pro Tag geboten.
4. Schritt:	Sobald das Kind auf die dargebotenen Stoffe reagiert, kann die Hilfe, dass jeden Tag die Kleidung einen anderen Duft aufweist, ausgeblendet werden.
5. Schritt:	Das Kind lernt, verschiedene Gerüche mit geschlossenen Augen zu unterscheiden.

Ausgleich akustischer Störungen

HYPER	Hypersensibilität im Gehörsinn
Trainingsziel:	Im geräuscharmen Umfeld soll der Therapeut mit dem Kind in Kommunikation treten.
Trainingsplan:	Die Vorbedingungen müssen zwingend eingehalten werden. Mit Flüstern wird der Kontakt aufgebaut und weiter vertieft.
Vorbedingungen:	- Die Umgebung muss schallgedämpft gestaltet sein. Dem kann durch Einrichtung von Teppich böden, durch Vorhänge, Wandverkleidungen und schallschluckende Deckplatten nachgeholfen werden. Räume mit Kacheln und blanken Böden müssen unbedingt vermieden werden.
	- Das Kind muss von allen lauten Außengeräuschen (z.B. Veranstaltungen, Massenansammlungen und reger Straßenverkehr) fern gehalten werden.
	- Plötzliche, für das Kind unvorhersehbare Geräusche sind unbedingt zu vermeiden.
	- Jedes starke und neue Geräusch muss dem Kind mitgeteilt werden (insbesondere auf Reisen).
	- Vor Gewitter und Sirenen sollte das Kind immer gewarnt werden.
	- Das Kind muss ein absolut ruhiges Schlafzimmer erhalten: Bodenknarren, Heizungs- und Wasserleitungsgeräusche, Tierlaute und Lärm von Verkehrsmitteln stören empfindlich den Schlaf. Wenn die Möglichkeiten fehlen, sollte ein Radio dauerhaft auf Rauschen eingestellt werden, um dem Kind durch die alles verdeckende Geräuschkulisse ein Durchschlafen zu ermöglichen.
	- Diese Kinder müssen häufiger in ihrer Anwesenheit kontrolliert werden, als anderer Kinder, da sie nicht selten wegen zu laut empfundener Geräusche weglaufen.
	- Ohrenschützer und Pfropfen sind erste Wege, wenn keine Ruhe im Umfeld herzustellen ist.
1. Schritt:	Kommunikationsaufbau durch Flüstern. Das Kind lernt, Vertrauen zu gewinnen.
2. Schritt:	Bei Vertrauen kann der Therapeut versuchen, dem Kind direkt etwas ins Ohr zu flüstern.
3. Schritt:	Das Kind lernt, sich Stück für Stück den Lauten der Umwelt zu öffnen.
HYPO	Hyposensibilität im Gehörsinn
Trainingsziel:	Das Kind lernt Laute zu verstehen, zu lokalisieren und sich daran zu erinnern.
Trainingsplan:	Auch hier ist eine besonders strikte Einhaltung der Vorbedingungen erforderlich. Es folgt eine Differenzierung mit Klangkörpern (z.B. Spielzeug) und Tonanlagen.
Vorbedingungen:	- Die Umgebung soll klangreflektierend gestaltet sein. Schalldämpfende Materialien sollten so weit wie möglich fehlen.
	- Räume mit Kacheln (meist Küche, Bad und Toilette) sind auf Grund ihrer tonreflektierenden Akustik optimal für einen längeren Aufenthalt des Kindes geeignet.
Training im Alltag:	- Im Straßenverkehr muss besonders auf das Kind aufgepasst werden.
	- Es sollte an Menschenansammlungen, Straßenverkehr und lauten Veranstaltungen teilnehmen.
	- Es sollte immer laut und deutlich mit dem Kind gesprochen werden.
1. Schritt:	Das Kind lernt anhand von geräuscherzeugenden Materialien Klänge zu identifizieren. Dazu muss die Geräuschkulisse im Hintergrund minimal sein.
2. Schritt:	Mit Hilfe eines Kassettenrecorders, der über einen Mikrofonanschluss verfügt, kann das Kind spielerisch die Differenzierung von Stimmen und sehr vielen Klängen lernen. Die Merkleistungen des Kindes können weiter gesteigert werden, indem der Therapeut mit dem Kind übt, Klänge auf dem Band wieder zu erkennen.
WHITE NOISE	Weißes Geräusch im Gehörsinn
Trainingsziel:	Das Kind lernt eine Differenzierung zwischen inneren und äußeren Geräuschen.
Trainingsplan:	Aufbau der Differenzierung durch tonerzeugende Objekte.
Training im Alltag:	- Zur Ablenkung von seinen innen wahrgenommenen Geräuschen sollte das Kind mit sehr vielen Lauten, Geräuschen und insbesondere mit gesprochener Sprache umgeben sein.
	- Häufige Einbindungen in häusliche Tätigkeiten unterstützen den Prozess.
1. Schritt:	Das Kind lernt, seine inneren Geräusche zu differenzieren.
Übungen:	Durch Bauchlagen, Kopfstand, Schaukeln und andere motorische Bewegungen ändern sich die inneren Geräusche. Es lernt nun, diese besser zu unterscheiden.
2. Schritt:	Anhand von tonerzeugendem Spielzeug wird dem Kind demonstriert, wo darin der Ton erzeugt wird.
3. Schritt:	Das Kind lernt anhand verschiedener Materialien aus dem Alltag durch Befühlen, dass diese selbst ein Geräusch erzeugen.
Übungsbeispiele:	Ton- und geräuscherzeugende Geräte, Lautsprecher, Klavier, Waschmaschinen, Geschirrspüler und Radio.

Ausgleich gutistischer Störungen:

H Y P E R	**Hypersensibilität im Geschmack**
Trainingsziel:	Durch geringe Konzentration werden dem Kind neue Speisen näher gebracht.
Trainingsplan:	Das Kind gewöhnt sich langsam an neue Speisen, indem es einen Tröpfchenkontakt mit der Zunge erhält. Auch für die nachfolgenden Schritte gilt, dass jede Trainingssitzung mit einer milden Speise eingeleitet wird.
Vorbedingungen:	- Unbeliebte Geschmacksrichtungen des Kindes sollten auf keinen Fall gereizt werden. - Das Kind sollte keinen Sprudel (Limonade) erhalten, da die Kohlensäure den Geschmack des Getränkes verstärkt. - Da autistische Kinder ihre Nahrungsmittel oft hochselektiv auswählen, müssen die angenommenen Speisen besonders nährstoffhaltig sein.
1. Schritt:	Ein winziger Tropfen einer neuen Speise mit mildem Geschmack wird dem Kind direkt hinter den Schneidezahn im Oberkiefer verabreicht. Einen weiteren Tropfen erhält es auf die Zungenspitze. Während des Vorganges wird ihm die neue Speise mitgeteilt.
2. Schritt:	Bei Akzeptanz können nach demselben Schema auch zucker- und salzhaltige Speisetropfen verabreicht werden.
H Y P O	**Hyposensibilität im Geschmack**
Trainingsziel:	Das Kind lernt die geschmackliche Differenzierung verschiedener Speisen.
Trainingsplan:	Das Kind erhält tägliche Lehrsitzungen. Alle zwei Wochen wird es mit einer neuen Geschmacksrichtung konfrontiert. Am Ende des Trainings sollte das Kind fähig sein, bis zu vier verschiedene Geschmacksrichtungen bei acht Wiederholungen an einem Tag auseinander halten.
Vorbedingungen:	- Zuerst müssen alle giftstoffhaltigen Substanzen (z.B. Reinigungsmittel, Seifen und Petroleum) aus dem Haus entfernt werden. - Dem Kind muss eine ausgewogene Kost geboten werden.
1. Schritt:	Dem Kind wird ein bitterer Geschmacksstoff in flüssiger Form in den Zungengrund gegeben. Der Name des Stoffes wird ihm vorher mitgeteilt.
2. Schritt:	Das Kind erhält nun sauerschmeckende Speisen durch Tröpfeln auf beide Seiten der Zunge. Saure Gurken haben sich nach Delacato besonders bewährt.
3. Schritt:	Es werden salzige Speisen auf die Zungenspitze gegeben.
4. Schritt:	Es werden süße Speisen auf die Zungenspitze verabreicht.
5. Schritt:	Die Geschmacksrichtungen werden täglich gewechselt und durch Wiederholungen geübt.
6. Schritt:	Mehrere Geschmacksrichtungen werden nun am gleichen Tag durchgenommen.
WHITE NOISE	**Weißes Geräusch im Geschmackssinn**
Trainingsziel:	Das Kind soll lernen, verschiedene Geschmacksrichtungen, die von außen kommen, zu tolerieren und zu unterscheiden.
Trainingsplan:	Das Kind erfährt eine Reizung mit seinem Lieblingsgeschmack. Zudem lernt es, sensibel auf andere Geschmacksrichtungen zu reagieren und Unterschiede zu benennen.
Training im Alltag:	- Das Kind muss vom Therapeuten abgehalten werden, geschluckte Speisen wieder heraufzuwürgen und zu kauen. - Beim Zähneputzen sollte auch die Zunge kurz geputzt werden. Die Anwendung einer Mund- dusche mit einer Mundwasserlösung erfüllt auf der Zunge den gleichen Zweck. Hier ist jedoch darauf zu achten, dass das Kind das Mundwasser nicht schluckt.
1. Schritt:	Der Therapeut zeigt dem Kind einen festen Geschmacksstoff, der einen von vier möglichen Geschmacksrichtungen deutlich repräsentiert, erlaubt diesen und lässt es daran riechen. Da- nach wird ihm derselbe Stoff in die Backentasche verabreicht, wo er sich allmählich auflöst. Es muss darauf geachtet werden, dass das Kind den Stoff nicht kaut. Alle vier Geschmacksrich- tungen werden auf diese Weise ausgetestet, bis die Vorliebe des Kindes ermittelt ist.
2. Schritt:	Mit der Lieblingsgeschmacksrichtung werden die Sitzungen begonnen. Nach jeder Woche wird nun ein anderer Geschmack durchgenommen. Süße und salzige Speisen werden auf die dafür sensible Zungenspitze verabreicht. Das Kind wird nun angehalten, die Nahrung zu kauen. Ver- trägt das Kind den Geschmack noch nicht, müssen Nahrungsmittel verabreicht werden, in denen er in geringerer Konzentration vorkommt.
3. Schritt:	Bei erfolgreicher Toleranz der Nahrung beginnt der Therapeut, dem Kind die Unterschiede klar zu machen.

Ausgleich visueller Störungen:

HYPER	Hypersensibilität im Sehsinn
Trainingssziel:	Reduktion optischorientierter Stereotypien und Lenkung des visuellen Gedächtnisses auf sinnvolle Betätigungen
Trainingsplan:	Zuerst lernt es das Kind zu ertragen, wenn andere Personen ihm optische Reize anbieten. Danach wird es mit dem Unterrichtsmaterial der Vorschule vertraut gemacht.
Vorbedingungen:	- Das Umfeld sollte vor intensiven Sehreizen abgeschirmt sein. Gedämpftes Licht und gedämpfte Wandfarben erfüllen den Zweck. Spiegel und andere reflektierende Materialien müssen aus dem Haus entfernt werden.
	- Das Kind darf niemals gezwungen werden, an einem sonnigen Tag nach draußen zu gehen.
	- Spaziergänge sollten in die Morgen- und Abendstunden verlegt werden, wenn die Sonne bereits untergegangen ist.
	- Autofahrten an sonnigen Tagen sind mit Kind unbedingt zu vermeiden.
	- Lässt sich eine Konfrontation mit einem sonnigen Tag nicht vermeiden, sollte das Kind so lange eine Sonnenbrille tragen.
1. Schritt:	Das Kind lernt, von außen herangetragene visuelle Reihe anzunehmen und kann daher zunehmend auf eigenproduzierte Sensationen verzichten.
Übungen:	- Kinder, die optische Kontraste lieben, sollte der Therapeut animieren, mit den Augen dem auf die Wand projizierten Lichtkegel einer Taschenlampe zu folgen.
	- Kinder, die bisher allein an allen möglichen Gegenständen drehten, werden nun animiert zuzuschauen, wie der Therapeut den gleichen Vorgang vollziehen kann.
	- Kinder, die sich bisher um sich selbst drehten, werden nun von jemand anderem gedreht.
2. Schritt:	Die optischen Fähigkeiten des Kindes werden nun auf sinnvolle Beschäftigungen gelenkt.
Übungen:	Puzzle legen, Durchzeichnen von Motiven und Lesen. Auf Grund ihrer hohen Begabung benötigen sie nur zu Beginn der Übung Hilfestellungen.
3. Schritt:	Die sinnvollen Beschäftigungen werden ausgebaut und nehmen an Komplexität zu.
HYPO	Hyposensibilität im Sehsinn
Trainingsziel:	Sensibilisierung für optische Objekte
Trainingsplan:	Unter Zuhilfenahme des Tastsinns lernt das Kind Objekte besser kennen. Danach lernt es eine Differenzierung von Strukturen und Farben mit steigendem Anspruch.
Vorbedingungen:	- Umgekehrt zum hypersensiblen Kind sollte hier das Umfeld möglichst viele Reize bieten. Ein heller Raum mit vielen scharfen und dunklen Schatten ist hier ideal.
	- Das Kind sollte viel Zeit im Freien verbringen.
	- Es benötigt eine besondere Beaufsichtigung, da es Treppen, Höhen und Verkehr häufig zu spät registriert.
	- Zudem muss aufgepasst werden, dass es nicht in die Sonne oder in sehr helle Scheinwerfer schaut.
Training im Alltag:	- Mit Hilfe eines Vergrößerungsglases soll dem Kind die Gelegenheit geboten werden, Objekte genauer anzuschauen.
	- Das Kind sollte immer wieder animiert werden, Dinge und Personen direkt anzuschauen, anstatt nur deren Konturen.
1. Schritt:	Das Kind lernt anfangs mittels seines Tastsinns die Objekte leichter zu identifizieren. Der Therapeut zeigt dem Kind ein unscheinbares Objekt, benennt dieses und erzählt etwas über seinen Gebrauch. Danach wird das Kind motiviert, den Gegenstand zu befühlen und unter unterschiedlichen Perspektiven, Lichtintensitäten, Lichtfarben sowie Schatten zu beobachten. Dabei muss immer darauf geachtet werden, dass das Kind das Objekt mit dem Sehzentrum fixiert, da hier ein erhöhter Schärfebereich vorliegt.
2. Schritt:	Nach dem gleichen Muster werden dem Kind kleine Handlungsabläufe vorgestellt (Bewegungen).
Übungen:	Flüssigkeiten ausgießen sowie Dinge ergreifen und hinstellen.
3. Schritt:	Das Kind lernt, fluoreszierende Farben in der Dunkelheit zu erkennen.
Übungen:	Die Übungen erfolgen dabei an fluoreszierenden Bildern und Motiven.

214

WHITE NOISE	Weißes Geräusch im Sehsinn
Trainingsziel:	Das Kind lernt, seine Aufmerksamkeit auf äußere Objekte zu richten.
Trainingsplan:	Das Kind lernt zunächst die Tolerierung anderer Personen, die äußere Lichtsensationen erzeugen. Der Therapeut begleitet das Kind durch die versäumte „Spiegelphase".
Vorbedingungen:	- Um innere Sensationen im Kind zu minimieren, muss das Kind davon abgehalten werden, seine Augen zu berühren, zu reiben oder zu schlagen. - Das Kind darf niemals zum Blickkontakt gezwungen werden.
1. Schritt:	Das Kind lernt optische Reize von einer anderen Person anzunehmen. Begonnen wird mit einem Wechsel von Hell zu Dunkel und umgekehrt.
Übungen:	- Das Kind soll lernen es zu ertragen, wenn eine andere Person eine Taschenlampe an- und ausknipst. - Des Weiteren soll es tolerieren, wenn andere Personen die Führung über ein beleuchtetes Spielzeug oder eine Taschenlampe haben.
2. Schritt:	Als Nächstes wird ein Wechsel verschiedener Farben durchgenommen. Durch einen Spiegel wird dem Kind ein neues Körperbild und Gefühl vermittelt.
3. Schritt:	Ein großer, bis auf den Boden reichender Wandspiegel mit heller, natürlicher Lichtanstrahlung ist geeignet, dem Kind seine „äußeren" Körperteile zu zeigen. Auch soll das Kind lernen, auf seine Körperteile zu deuten.

2. Phase: Zentrale Behandlung

Die zentrale Behandlung bildet das von Delacato et al. konzipierte Entwicklungs-förderungsprogramm (Doman-Delacato-Methode).

Delacato geht davon aus, dass beim Kind von Geburt an die neurologische Reifung seines Gehirns vererbungsbedingt stufenweise voranschreitet. Die Entwicklung und Durchorganisierung beginnt vertikal vom Rückenmark her. Im Verlauf erfahren der Hirnstamm, danach die Medulla und schließlich das Mittelhirn eine Durchorganisierung. Die Entwicklungsprozesse finden ihren Abschluss mit der Lateralisierung (Seitigkeit des Gehirns). Sie entscheidet, ob das Individuum die Umwelt mehr mit den rechten oder linken Sinnesorganen wahrnimmt. Durch schwere Hirnverletzungen oder Ausschaltung von Sinneseindrücken kann die Entwicklung in den adäquaten Bereichen zum Stillstand kommen. Dies impliziert, dass auch eine spätere Durchorganisierung mangelhaft sein kann, wenn das Kind dabei eine oder mehrere Entwicklungsstufen übersprungen hat. Bewegungs-, Lern- oder Koordinationsstörungen können dann die Folge sein. Mit speziellen Trainingseinheiten soll nun bei hirnverletzten Kindern die neurologische Organisation in den unterentwickelten Regionen beschleunigt werden. Die versäumten Entwicklungsstufen werden dabei Schritt für Schritt nachgeholt. Häufige Wiederholungen fördern ähnlich wie bei sportlichen Leistungen die Durchorganisierung, Differenzierung und Strukturierung der unterforderten Regionen. Es muss jedoch berücksichtigt werden, dass sich beim Kind zunächst die primitiveren Hirnregionen voll durchorganisieren müssen, bevor die Differenzierung zu komplexeren Denkleistungen erfolgen kann. Dieses Programm ist ursprünglich nur auf retardierte Kinder ausgerichtet, kann aber nach Delacato auch bei autistischen Kindern, die er mit in seine Klassifikation für Hirnverletzungen aufnahm, angewendet werden (vgl. DELACATO 1985, 132ff.). Das Training der Sinnesbereiche umfasst:

- *Sehen:* Beginnend mit dem Lichtreflex bei der Geburt erreicht das Kind allmählich über sieben Stufen die Fähigkeit zum Lesen von Schriftsymbolen.
- *Hören:* Nach der Geburt ist zunächst nur der Schreckreflex (Audiopalpebralreflex) entwickelt. Über sieben Stufen gelangt das Kind allmählich zum Verständnis der Sprache.
- *Fühlen:* Ab der Geburt ist das Kind mit Hautreflexen ausgestattet, die ein Zurückziehen bei Berührungen verursachen. Ebenfalls über sieben Stufen erreicht das Kind die Fähigkeit, zweidimensionale Gegenstände durch Betasten zu erkennen.

Das Entwicklungsprofil berücksichtigt aber auch drei expressive Funktionsbereiche:

- *Motorik:* Nach der Geburt sind die Bewegungen des Babys noch ziellos. Über sieben Stufen gelangt das Kind zur aufrechten Fortbewegung.
- *Handfunktion:* Sie beginnt bei der Geburt mit dem Greifreflex und findet über sieben Stufen in der differenzierten Bewegung des Schreibens ihre volle Entfaltung.
- *Sprechen:* Aus dem anfänglichen Schreien entwickelt sich beim Kind über sieben Stufen die Sprache.

Für jeden der sechs Funktionsbereiche kann Delacato an seinem Institut ein Entwicklungsprofil erstellen, das genaue Auskünfte über die Differenziertheit der neurologischen Organisation gibt, ein Beispiel (vgl. ebd., 144):

Expressives Training	Unterentwicklung in der Motorik
Trainingsziel:	Dem Kind soll durch ein Nachholtraining die Fortbewegung ermöglicht werden.
Trainingsplan:	Die Förderung erfolgt ab der Stufe, an der das Kind in seiner Entwicklung stehen geblieben ist. Eine rasche Differenzierung der neurologischen Organisation soll durch häufiges Training erreicht werden.
Situation:	Das Kind liegt in seiner Bewegungsfunktion einige Stufen zurück. Obwohl das Kind altersmäßig zum Gehen fähig sein müsste, kann es noch nicht einmal kriechen.
1. Schritt: Pattern:	- Leichte Störung: Das Kind übt täglich stundenweise das Kriechen und Krabbeln. - Schwere Störung: Drei Erwachsene führen stellvertretend mit dem Körper des Kindes Kriechbewegungen aus.
Wirkung:	Die Bewegungsmuster werden im Gehirn verinnerlicht.
2. Schritt:	Die Frequenz, Intensität, Dauer und Komplexität der Bewegung wird allmählich erhöht.
Heimtraining	Nach eingehender Beratung durch das Institut können die Eltern die Therapie auch zu Hause durchführen. Die Einbindung der Eltern hat sich bereits bei den lerntheoretischen Modellen als nützlich erwiesen.

Delacato, J. Wolf und die National Association für Retarded Children empfehlen das dargestellte Training, da empirische Vergleichsstudien dieser Behandlung eine höhere Erfolgsrate zusprechen als der reinen körperlichen Betätigung und der Spieltherapie (vgl. J. WOLF 1969 in DELACATO 1985, 140ff.). Delacato wendet sich auch gegen andere Therapiemethoden:

- *Verhaltenstherapie:* Bei dieser Methode muss das Kind nach einem aufgezwungen Willen handeln. Dabei könnte die komplexe Matrix überlebenswichtiger Funktionen nur unzureichend aufgebaut werden (vgl. DELACATO 1985, 133f.).
- *Sonderschulförderung:* Sie behandelt nach Delacato nicht die zentrale Störung und würde überdies seiner Auffassung nach zu wenig Erfolge verzeichnen (vgl. ebd., 134f.).

216

- *Amphetaminhaltige Medikamente* werden nach Delacato bei mangelnder Wirkung voreilig hoch dosiert (vgl. J. MILLICHAP und G. FOWLER 1967, 767ff.; S. KRIPNER et al. 1973, 261ff.; alle in DELACATO 1985, 136ff.).
- *Diättherapien* werden nach Delacato im Hinblick auf ihre Wirksamkeit noch zu kontrovers diskutiert (vgl. A. HOFFER et al. 1957, 181; B. RIMLAND 1968; alle in DELACATO 1985, 138ff.).

Therapiedauer: Das Training beträgt 12 Stunden pro Tag. Der Trainingsplan wird auch in zeitlicher Hinsicht exakt festgelegt (vgl. DELACATO 1975 in RÖDLER 1983, 108).

Erfolgskontrolle: Alle 6 Monate wird die Entwicklung des Kindes am Institut überprüft und ein neuer Trainingsplan für die weitere Entwicklungsförderung entworfen (vgl. ebd.).

Prognose: Bei der Anwendung von Entwicklungsprogrammen, welche die neurologische Organisation in den Schwachstellen fördern, ist z.T. eine günstige Prognose zu erwarten (vgl. DELACATO 1985, 148). Am erfolgreichsten erwies sich die Arbeit mit Kindern, die in mindestens zwei Bereichen überempfindlich waren. Eine weniger günstige Prognose hatten die Kinder mit Geruchs- und Geschmacksproblemen, wobei diese Gruppe nur 24–28% der Patienten ausmachte. Die schlechteste Prognose hatten die Kinder, welche in allen Sinnesbereichen hyposensibel waren. Bei Forschungsexkursionen im israelischen Kibbuz kam Delacato zu der Überzeugung, dass Kinder, die sich in geborgenen Verhältnissen einer Großfamilie befinden, größere Fortschritte erzielen.[21]

3.5.2   N. und E. Tinbergen

Der amerikanische Nobelpreisträger N. Tinbergen und seine Gattin E. A. Tinbergen veröffentlichten 1984 ihre bis dahin in zehnjähriger Arbeit gesammelten ethologischen Studien zum frühkindlichen Autismus (Kanner-Syndrom). Tinbergen, bislang eher bekannt als Verhaltensforscher bei Tieren, verschaffte sich bereits 1981 bei einer Fachtagung in Lindau auch in Deutschland bei einem breiteren Publikum Gehör (vgl. RÖDLER 1983, 109, 302).[22] Mit dem methodischen Vorgehen der Verhaltensforschung (insbesondere dem Beobachten) gelingt es ihm, das Beziehungsgefüge zwischen der Umwelt, dem Kind und seinen Bezugspersonen unter dem Aspekt pathogener Einflüsse plastisch darzustellen. Durch kulturelle und historische Vergleiche zeigte er die Veränderungen darin auf. Tinbergen veröffentlichte bewusst keine empirischen Studien zu seinen Hypothesen, da diese erst nach eingehender Beobachtung erfolgen dürfen und dazu noch umfassende weitere Forschung nötig ist.

---

[21] Der Kibbuz stellt für die Kinder eine Art Großfamilie dar. Das tägliche Miteinander ist durch gegenseitige Hilfe mit hohem Engagement gekennzeichnet. Jedes einzelne Kind bekommt hier genügend Liebe und Zuwendung von vielen helfenden Erwachsenen.

[22] Vortrag von Tinbergen auf der 31. Tagung der Nobelpreisträger in Lindau/Bodensee vom 29.06.81 – 3.7.81, unveröffentlichtes Manuskript, 1.

Die von Tinbergen empfohlene Haltetherapie nach den Kriterien von M. Welch löste bei einer breiteren Fachwelt, insbesondere bei den Autoren, die organische Dysfunktionen innerhalb der Verursachung des Autismus nicht ausschließen, heftige Diskussionen aus (vgl. FEUSER 1988, 115ff.; JANTZEN 1988, 155ff.; KISCHKEL und STÖRMER 1988, 185ff.; DALFERTH 1988, 206; HEILMANN 1988, 39ff., MATONI 1990, 191; BURCHARD 1984, 281ff.). Dies veranlasste wiederum deren Vertreter zu Gegendarstellungen (vgl. Prekop 1988, 1ff.). Die bekannteste Befürworterin der Haltetherapie in Deutschland ist J. Prekop.

3.5.2.1 Erscheinungsformen

Das autistische Erscheinungsbild lässt sich nach Tinbergen nicht scharf von anderen pathologischen Zustandsbildern abgrenzen, da bei jedem Kind der *Ausprägungsgrad verschieden* ist, er höchst *unterschiedliche Formen* annehmen kann und die Symptomatiken einer *zeitlichen Veränderung* unterliegen. Tinbergen zog dieses Resultat nach der Befassung mit einer Studie von Rimland, der darin empirisch nachwies, dass verschiedene Ärzte denselben Patienten durchaus unterschiedlich diagnostizieren können.

Diagnose-Vergleich zweier Ärzte an 445 Kindern, die schwere

Verhaltensstörungen aufweisen (Rimland 1971)

zweiter Arzt	autistisch	infantiler Autismus od. früh- kindli- cher Au- tismus	infantile Schizo- phrenie	emotio- nell gestört od. geistes- krank	hirnge- schädigt oder neu- rologisch geschä- digt	zurückge- blieben	psycho- tisch (symbio- tische Psychose) etc.	taub od. sehr schwer- hörig	ins- gesamt
erster Arzt									
autistisch	33	5	53	18	23	51	10	7	200
infantiler Autismus od. frühkindlicher Autismus	1	10	6	0	4	6	0	2	29
infantile Schizophrenie	17	3	1	2	8	1	0	0	32
emotionell gestört od. geisteskrank	12	2	4	2	9	13	3	0	45
hirngeschädigt oder neurologisch geschädigt	14	3	2	5	4	15	0	1	44
zurückgeblieben	21	2	6	18	16	5	2	2	72
psychotisch (symbiotische Psychose) etc.	4	0	1	1	2	2	0	0	10
taub od. sehr schwerhörig	4	1	0	2	0	5	1	0	13
insgesamt	106	26	73	48	66	98	16	12	445

(TINBERGEN 1984, 16)

Im Gegensatz zu Kanner, der die Symptomatiken in Beziehung zu seinen aufgestellten Kardinalsymptomen und Diagnosekriterien diskutierte, erläuterte Tinbergen seine Beobachtungen unter dem Aspekt der angstbeherrschten Störung des emotionellen Gleichgewichts, welches er aus seinen Beobachtungen in der Fauna ableitete. So fand er (im Gegensatz zu Kanner) auf beobachtendem Wege (Feldstudie) eine mögliche Ursache für die Isolation (vgl. ebd., 95; KANNER 1943ff.).

Isolierung von der menschlichen Umwelt: Autistische Kinder ziehen sich vor der Ansammlung zahlreicher Personen und vor Situationen zurück, die ihnen fremd sind. Dies beruht auf latenten Ängsten, die verantwortlich sind für die fehlende Erkundung der Umwelt. Tinbergen zeigte jedoch auf, dass man nicht, wie Kanner meint, pauschal von einem Rückzug sprechen darf, da sich autistische Kinder nicht von ihren Eltern zurückziehen, solange sie in Ruhe gelassen werden. Auch zu ihrem Lieblingsspielzeug haben sie einen guten „Kontakt" (vgl. ebd.). Übereinstimmend mit Kanner beobachtete Tinbergen das Ausbleiben der Lächelreaktion im fünften Monat, wenn die Mutter das Kind aufheben möchte (vgl. ebd., 108; Kanner 1943, 242).

Veränderungsangst: Tinbergen verdeutlichte im Gegensatz zu Kanner, dass sich auch der gesunde Mensch mit einer bestimmten Anzahl von Ritualen wohl fühlt. Autistische Kinder unterscheiden sich hier insbesondere in gradueller Hinsicht. Sie hängen häufig stark an bestimmten Dingen und Umgebungen, da ihnen alles Weitere fremd ist und Angst bereitet. Auch ihre Beschäftigung mit den Gegenständen (Spielzeug) ist sehr begrenzt, da ihnen die vielen anderen Möglichkeiten der Verwendung Unbehagen bereiten würden. Gehäufte Wutanfälle bei Veränderungen sind nach Tinbergen aber auch häufig das Resultat einer zu nachgiebigen Erziehung (vgl. TINBERGEN 1984, 98f.).

Rezeptive Wahrnehmungsstörungen: Tinbergen ist überzeugt, dass Wahrnehmungsstörungen in der emotionell gesteuerten Reaktionsverweigerung des Kindes ihre Ursache haben. Dies führt auch zu Entwicklungsstörungen der Sensorismen, die das Kind nicht genügend gebraucht. Einen empirischen Nachweis liefert Tinbergen dazu jedoch nicht. Wie Delacato entdeckte auch Tinbergen autistische Kinder, die im auditiven Bereich eine Hyper- oder Hyposensibilität aufwiesen, wobei Hypersenible den fremden und unangenehmen Reizen dadurch entgingen, dass sie nicht darauf reagierten (vgl. DELACATO 1985, 66ff.; TINBERGEN 1984, 97).

Stereotypien (motorische Besonderheiten): Sie stellen für Tinbergen infantile Verhaltensformen dar, welche bei normalen Kindern nur in einer sehr frühen Entwicklungsphase kurz auftreten. Tinbergen verdeutlicht im Vergleich mit Tieren, dass auch bei den Stereotypien des autistischen Kindes die vielen gehemmten Intensionsbewegungen der „Konfliktbewegung" eines in Not geratenen Tieres zur Anwendung kommen. Alle beobachteten Stereotypien der von Tinbergen untersuchten Kinder gleichen denen von Kanner (vgl. TINBERGEN 1984, 85ff.; KANNER 1957, 742). Ähnlich wie die Stereotypien, die einen Teil der motorischen Besonderheiten repräsentieren, stellen auch die übrigen motorisch-bizarren Bewegungen einen Motivationskonflikt dar (z.B. deutet auch der Zehenspitzengang nach Tinbergen auf Unsicherheit hin).

Sprachstörung: Die ausbleibende oder gestörte Sprachentwicklung ist eine weitere Folge des aktiv verweigerten Sozialkontaktes, der wie alle anderen Symptome auf der Störung des emotionellen Gleichgewichts basiert. Die in psychiatrisch-medizinischen Kreisen verbreitete Annahme, dass neuronale Schäden in motorischen Zentren die Sprechfähigkeit behindern, lehnt Tinbergen ab (vgl. EICHHORN et al. 1982; KEHRER 1989, 69ff.; JANTZEN 1985, 274ff.; RIMLAND 1964; TINBERGEN 1984, 96). Die von ihm beschriebenen Sprachauffälligkeiten entsprechen weitgehend den Beobachtungen von Kanner. Im Gegensatz zu ihm und vielen anderen Autoren hat Tinbergen jedoch auch Kinder beobachtet, die, nachdem sie ihre normale Sprechfähigkeit erreichten, diese infolge eines Rückzuges wieder verloren (vgl. TINBERGEN 1984, 91ff.; ebd. 1981 in RÖDLER 1983, 110).

Intellektuelle Fähigkeiten: Tinbergen stellt übereinstimmend mit den Ergebnissen der psychologischen Tests von Wurst fest, dass gerade die Entwicklungsbereiche, die sich normale Kinder im Rahmen einer sozialen Wechselbeziehung und spontanem Erkundungsverhalten aneigneten, genau die sind, bei denen Autisten die größte Rückständigkeit aufwiesen. Im krassen Gegensatz dazu haben sich viele Autisten überall dort, wo sie alleine lernen konnten, Fähigkeiten angeeignet, die z.T. weit über den Leistungen des Altersdurchschnitt liegen. Häufig entwickelten sie ein hohes Geschick in technischen, künstlerischen oder musischen Bereichen (vgl. TINBERGEN 1984, 95f.; WURST 1976, 52ff.). Tinbergen stellt unter diesem Gesichtspunkt auch die Notwendigkeit psychologischer Leistungstests in Frage, da nach seiner Auffassung die Kinder oft zu verängstigt oder gelangweilt sind und daher ihr wahres Potential an Fähigkeiten in der Testsituation unterdrücken. Derartige Überlegungen kamen bei Wurst nicht vor. Aber die Auswertungen von Wurst lassen Zweifel an Tinbergens Annahme aufkommen (vgl. TINBERGEN 1984, 25; WURST 1976, 52ff.).

3.5.2.2 Ursachen

Autismus stellt für Tinbergen eine emotionelle Störung dar. Dabei handelt es sich um eine *von Angst* beherrschte *Störung des emotionellen Gleichgewichts*. Diese *Basisangst* beeinträchtigt das Kind, Fähigkeiten und Kompetenzen zu erwerben, um mit der Umwelt in eine durch Wechselseitigkeit geprägte Beziehung zu treten. Alle anderen Symptome sind *peripher* (kognitive, motorische und Sprachstörungen) (vgl. TINBERGEN 1984, 20 ff.).

Die erhöhte Angst ist dabei auf *frühe traumatische Erlebnisse* (bedingt durch autismogene Umstände) zurückzuführen und in geringem Maße auf eine *genetisch bedingte erhöhte psychische Verletzlichkeit*. Diese Zentralhypothese leitet Tinbergen von Beobachtungen bei Tieren in Not- bzw. Konfliktsituationen ab. Empirische Überprüfungen fehlen allerdings (vgl. ebd., 95).

Autismogene Umstände: Autismogene Umstände können vor, während oder nach der Geburt wirksam werden. Eine ungünstige Summierung oder Häufigkeit derselben hat zur Folge, dass das Kind nun von ständiger Furcht beherrscht wird, das emotionale Gleichgewicht durcheinander gerät und die Symptomatiken entstehen:

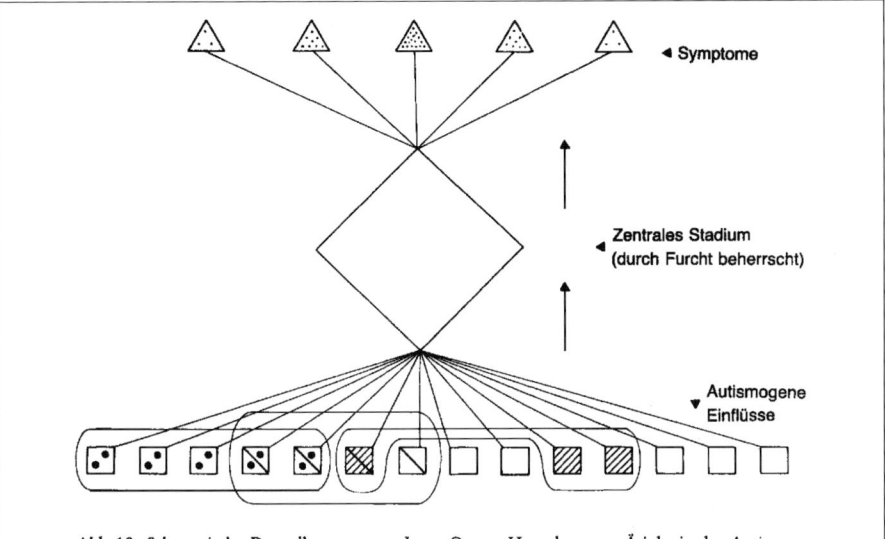

Abb. 18. Schematische Darstellung unserer Input-Output-Hypothese zur Ätiologie des Autismus. Jede beliebige Kombination einiger weniger autismogener Faktoren kann eine Störung des zentralen Motivationsgleichgewichts bewirken, und diese hat wiederum verschiedene Symptome des Kannerschen Syndroms zur Folge. Drei willkürlich gewählte Faktorengruppen sind durch Linien miteinander verbunden. Jeder dieser Faktoren hat seine eigene Markierung. Die Dichte der Punktierung in den Output-Dreiecken (Symptomen) zeigt die Wahrscheinlichkeit des Auftretens des betreffenden Symptoms bei verschiedenen Schweregraden des Autismus an

(ebd., 119)

Pränatale Einflüsse: Folgende Umstände können den Fötus zumindest somatisch schädigen:

- Tinbergen führt Chess an, der empirisch Korrelationen zwischen kongenitalen Röteln der Mutter während der Schwangerschaft und einem erhöhten Autismus-Risiko für das Kind nachwies.
- Fehlernährung und Suchtmittel wirken sich ebenso ungünstig aus.
- Auch ein unsanftes Knuffen des Ungeborenen bei unbequemer Lage ist zu vermeiden.
- Depressionen, Stress und erhöhte Ängstlichkeit können sich psychosomatisch auf das Ungeborene auswirken und es damit anfälliger für emotionelle Störungen machen (vgl. ebd., 119f.).

Perinatale Einflüsse: Auch während der Geburt ist das Kinder höchst sensibel für die Umwelt. Tiefe Zangengeburten oder div. Methoden, um den Säugling zum Atmen zu bringen, können es sehr erschrecken und tiefgreifend seelisch schädigen (vgl. ebd., 121).

Postnatale Einflüsse: Nach der Geburt sind die Ereignisse sehr vielfältig und differieren kulturell und historisch betrachtet recht stark.

Störungen im frühen Wechselspiel: In den Kulturen, in denen die Geburt unter Vollnarkose bzw. Lokalanästhesie fast Routine ist, wird damit auch das früheste soziale Wechselspiel unterbunden, welches für das Kind jedoch von allergrößter

221

psychologischer Bedeutung ist. Auch sofortiges Waschen und Anziehen, Krankheit und Klinikaufenthalte von Mutter und Kind können sich sehr schädigend auf die Beziehung auswirken. Daher ist ein kontaktförderndes Milieu nach der Geburt auf jeden Fall unerlässlich. Eine ungünstige Situation für das Kind (auch nur wenige Stunden nach der Geburt) kann zur Folge haben, dass das soziale Wechselspiel gestört ist und eine Abwärtsspirale der gegenseitigen Entfremdung (negative Rückkopplung) in Gang kommt.

Stressfaktoren: Die Ankunft eines Geschwisterchens innerhalb von 18 Monaten, ein Umzug unter negativem Stress, bevor das Kind 2½ Jahre alt ist, häufige Besuchsfahrten (insbesondere in unbekannte Gegenden oder ins Ausland) oder ein Unfall belasten das Kind äußerst stark (vgl. ebd., 121ff.).

Exkurs von Tinbergen: Der kulturelle Wandel

Tinbergen begreift, dass die gestörte Wechselseitigkeit im frühen Kindesalter auch ein gesamtgesellschaftliches Problem darstellt. Im Gegensatz zu Feuser, der das Verhältnis der Gesellschaft zur Behinderung untersuchte, versuchte Tinbergen im Rahmen von Feldstudien an „primitiven" und „zivilisierten" Kulturen autismogene Umstände aufzudecken. Der historische Wandel der abendländischen Gesellschaft (Industrialisierung, Verstädterung, Zerfall der Großfamilie in Kleinfamilien) führte zu zahlreichen Problemen. Nicht umsonst sieht Tinbergen im Autismus auch eine *Zivilisationskrankheit*:

Post-Partum-Depression: Sie wird auch als Wöchnerinnen-Schwermut bezeichnet und befällt die Mutter unmittelbar nach der Geburt. Durch die eingeschränkte Wechselseitigkeit wird das Urvertrauen des Kindes zur Mutter erheblich eingeschränkt. Inwieweit gesellschaftliche Aspekte daran beteiligt sind, konnte noch nicht hinreichend geklärt werden.

Unerfahrenheit der Mütter: Immer mehr Mütter in Kleinfamilien sind insbesondere beim ersten Kind erschreckend unerfahren in der Erziehung. Viele unter ihnen haben nicht mehr genügend Kontakt zu ihren Eltern oder anderen älteren Frauen, die ihnen noch zu den Zeiten der Großfamilie mit Rat und Tat zur Seite gestanden hätten. Stattdessen vertiefen sich immer mehr Mütter (häufig aus Ängstlichkeit und Unsicherheit) in Ratgeber über Kindererziehung. Doch die theoretische Wissensaneignung reicht wie so oft nicht aus, um die spezifischen Probleme real angehen zu können.

Stillen: Nach Tinbergen sind zunehmend mehr Mütter inkompetent, etwa bezüglich der Frage, in welcher Form der Stillvorgang beim Kind zum Vergnügen wird. Tinbergen rät daher, die Flaschenfütterung in der natürlichen „Stillage" an der Brust der Mutter nachzuahmen. Genau wie Bettelheim ermahnt Tinbergen die Mütter, unbedingt darauf zu achten, dass die Atemöffnungen des Kindes beim Stillvorgang nicht blockiert werden (vgl. BETTELHEIM 1977, 21; TINBERGEN 1984, 121ff.).

Fehlende Spielgruppen: Gerade in Städten sind dem Kind Spielgruppen gemischten Alters nicht mehr ohne weiteres zugänglich. (Diese sind aber von hohem pädagogischem Wert, da hier das Kind Gelegenheit hat, sich Erfahrungen von älteren Kindern anzueignen sowie diese an Jüngere weiter zu vermitteln).

Stress: Immer mehr beruflich stark engagierten oder beanspruchten Mütter fällt es zunehmend schwerer, dem Kind zu Hause genügend Aufmerksamkeit zu schenken. Des Weiteren können noch ein schlechtes familiäres Klima, welches aus unterschiedlichen Ursachen entstehen kann, Ehescheidung, übertriebener Ehrgeiz der Eltern und Zweisprachigkeit der Eltern als autismogene Faktoren in Frage kommen (vgl. ebd. 1984, 121ff.).

Ob die beschriebenen autismogenen Umstände in Kombination mit einer erhöhten Anfälligkeit für Autismus schädigend wirken, muss noch empirisch nachgewiesen werden. Tinbergen bestätigte selbst, dass auf diesem Gebiet noch viel Forschung notwendig ist. In jedem Fall hebt er mit der Frage, inwieweit die Gesellschaft die Entstehung autistischer Störungen begünstigt, einen wichtigen Aspekt hervor, der in dieser Form von vielen anderen Autoren bis dahin gar nicht oder nur am Rande Erwähnung fand (vgl. ebd.).

Psychogene Ursachen

Tinbergen spricht den Eltern im Gegensatz zu Bettelheim die konkrete Schuld bei der Mitverursachung des Autismus ab, da, wie er meint, die autismogenen Umstände, die auf das Kind einwirken, ein gesamtgesellschaftliches Problem seien, dem sich die Eltern nicht entziehen könnten. Trotzdem sieht sich Tinbergen im Interesse der autistischen Kinder dazu gezwungen, die Eltern auf die psychogenen Umstände und ihre Beteiligung daran hinzuweisen (vgl. ebd.; BETTELHEIM 1977, 94ff.).

Organische Störungen

Organische Ursachen haben nach Tinbergen nur einen geringen Einfluss bei der Entstehung des kindlichen Autismus, da sie alleine kein schlüssiges Erklärungsmodell für dessen Entstehung liefern können. Organische Schädigungen können, wenn sie beteiligt sind, genetisch determiniert sein oder milieubedingt auftreten. Tinbergen verweist in diesem Zusammenhang auf die Unklarheit vieler Autoren, die nicht genügend kenntlich machen, ob sie unter organischen Störungen strukturelle Dauerschäden im Makrobereich verstehen oder auch vorübergehende biochemische oder biophysische Änderungen im Mikrobereich in ihre Theorien einbeziehen (vgl. TINBERGEN 1984, 110ff.). Kongenitale Röteln (eine Viruserkrankung) können das Erkrankungsrisiko für Autismus leicht erhöhen. Tinbergen verweist dabei auf eine Untersuchung von Chess et al. (1964), die besagt, dass von 243 Kindern, die mit Rötel-Embryopathie geboren wurden, 18 Kinder autistisch wurden. (Epidemiologisch liegt die Zahl bei 5:10000; bei den Patienten von Chess war das Verhältnis jedoch ungefähr 150 Mal höher,

741:10000) (vgl. ebd., 111; CHESS, S. J. KORN und P. FERNANDEZ 1971; CHESS 1971, 33ff.; CHESS 1977, 69ff.). Störungen in der Wahrnehmung und in der Motorik sind nach Tinbergen peripher. Sie verschwinden, wenn die zentrale Störung „Autismus" behoben ist (vgl. TINBERGEN 1984, 111).

Vererbung

Der Ansicht der Vererbung des Krankheitsbildes „Autismus" steht Tinbergen skeptisch gegenüber, da nach seiner Auswertung relevanter Literatur deutlich wurde, dass Chromsomenanomalien bisher nicht festgestellt werden konnten und die Konkordanzrate bei der Untersuchung von Folstein und Rutter bei eineiigen Zwillingen mit 4 bei 11 Fällen eindeutig zu gering war (denn in der Naturwissenschaft genügt schon ein einziger Fall von Diskordanz, und die Hypothese ist widerlegt) (vgl. FOLSTEIN und RUTTER 1977, 297ff. in ebd., 113). Tinbergen gelangt jedoch zur Überzeugung, dass der Grad der Anfälligkeit, eine erhöhte Sensibilität des Kindes (im Sinne einer erhöhten Verletzlichkeit) für die Vorgänge der Umwelt, durchaus prädispositional determiniert ist (vgl. ebd., 113; ebd., 135).

3.5.2.3 Behandlungsmöglichkeiten

Tinbergens Auswahl geeigneter Therapiemethoden orientiert sich vor allem an der Kompensation des Motivationskonfliktes, durch die Bindungen unmöglich waren. Dabei stellte er bei seinen Studienreisen zu diversen Instituten fest, dass all jene Therapien für das Kind förderlich waren, bei denen (oft unbewusst) das emotionelle Gleichgewicht des Kindes stabilisiert wurde (vgl. ebd., 164). Die therapeutische Atmosphäre empfand Tinbergen in diesen Fällen *als warm, liebevoll und fürsorglich.* Die Haltetherapie bildet die Basis seiner Methode. Alle anderen Therapiemethoden sind von Tinbergen als Ergänzung gedacht, sofern sie die emotionelle Störung (auch unbewusst) berücksichtigen (vgl. ebd., 163ff.; WELCH in TINBERGEN 1984, 297ff.).

Präventive Ratschläge: Tinbergen empfiehlt, genau hinzusehen, wenn sich Babys bzw. Kleinkinder für langere Zeit sozial abwenden, sei es, dass sie keine Erwartungshaltung entgegenbringen wenn sie mit offenen Armen aufgehoben werden sollen, sie die Mutter mit leeren Blick anschauen oder sich abgekapselt, stereotyp beschäftigen. Bei Flaschenfütterung sollte die Flasche so gehalten werden, als käme sie von der Brust. Auch Urteile fremder Personen über das Kind sollten ernst genommen werden. Junge, unerfahrene Mütter sollten sich nicht scheuen, öfters mal die Großeltern bezüglich der Erziehung um Rat zu fragen. Zudem rät Tinbergen zu einer Überprüfung weiterer von ihm angesprochener autismogener Umstände.

Ratschläge für die Eltern mit einem autistischen Kind: Wird beim Kind tatsächlich Autismus diagnostiziert, liegt es in der Verantwortung der Eltern, alle möglichen therapeutischen Angebote im Interesse ihres Kindes zu nutzen. Auch ein Erfahrungsaustausch mit anderen Eltern hilft oft weiter. Eine weitere Möglichkeit bietet die Gründung einer Spielgruppe, eines Kindergartens oder einer Kleinkindschule (bedeutet viel Aufwand bei der Bewilligung durch die Erziehungsbehörden, insbesondere bei unkonventionellen Erziehungsmethoden). Dass sich der Aufwand lohnt, bestätigen auch die in Deutschland in den 70er-Jahren etablierten Elternvereinigungen für das autistische Kind (vgl. ebd., 205ff.).

Interventionsangebote

Exkurs über die Haltetherapien: Tinbergen empfiehlt jedem autistischen Kind, bevor es andere Therapien in Anspruch nimmt, die Haltetherapie von Welch. Bevor speziell darauf eingegangen wird, halte ich es auf Grund der Popularität der Haltetherapien für lohnend, Begründer und Kritiker einander gegenüberzustellen. Kaum eine andere Therapiemethode für Autisten, hat in den wissenschaftlichen Fachkreisen für mehr kontroverse Diskussionen gesorgt als die Festhaltetherapie.[23] In zahlreichen Zeitschriften wurde ausführlich über die schädlichen und nützlichen Anteile der Haltetherapien diskutiert (vgl. BURCHARD 1984, 282ff.; ebd. 1988, 89ff.; ebd. 1990, 141ff.; FEUSER 1988, 115ff.; JANTZEN 1988, 155ff.; KISCHKEL und STÖRMER 1988, 185ff.; DALFERTH 1988, 206ff.; HEILMANN 1988, 39ff., STADES-VETH 1990, 121ff.; MÜNCH und HOLZMANN 1990, 159ff.; KALDE 1990, 175ff.; MATONI 1990, 191; PREKOP 1984a, 798ff.; ebd. 1984b, 1043ff.; ebd. 1984c, 1170ff., ebd. 1984d, 6ff.; ebd. 1986, 1ff.; ebd. 1991; ZASLOW und BERGER 1969, 246ff.; ZASLOW und MENTA 1975, 214ff.). Dies lag zum einen daran, dass die Hypothese von Tinbergen, die Bindung zwischen Mutter und Kind sei gestört (ev. schon im fötalen Stadium), kaum zu begründen ist (vgl. TINBERGEN 1984 in KEHRER 1989, 131). Zum anderen sehen viele Kritiker der Haltetherapie darin einen Gewaltakt, der auf behavioristischen Methoden basiert und der autonomen Entfaltung bzw. Entwicklung des Kindes entgegenwirkt (vgl. FEUSER 1988, 115ff.; JANTZEN 1988, 155ff.; KISCHKEL und STÖRMER 1988, 185ff.). Die Kritiker übersehen dabei, dass dem Kind bei der Entwicklung in vielfältigen Bereichen auch Grenzen gesetzt werden müssen.

Die Befürworter der Haltetherapie gehen davon aus, dass bereits seit vielen Jahrhunderten die Mütter, ihrem Urinstinkt folgend, schluchzende und jähzornige Kinder so lange in die Arme schlossen, bis sich diese beruhigten. Dabei stellten die Mütter analog zu dem adäquaten Teilaspekt der Haltetherapie den Blickkontakt her, indem sie den Kopf des Kindes hochhoben und dabei freundlich anschauten (vgl. PREKOP 1989, 89ff.; TINBERGEN 1984; STADES-VETH 1990, 121). Kritiker und Befürworter argumentieren dabei im Interesse der Humanität. Direkte empirisch geführte Nachweise fehlen. Einige Autoren waren auch bereit, nach modifizierten Modellen zu fragen bzw. zu forschen (vgl. HERBST 1985, 180ff.; ebd. 1988, 197ff.; ROHMANN und HARTMANN 1985, 182ff.).

---

[23] Ausgenommen die psychoanalytische Therapie von Bettelheim: Er schrieb den Müttern die Schuld für die Verursachung des Autismus zu.

Das Behandlungskonzept von Welch stellt keine völlig neue Behandlungsmethode dar, sondern kann als weitere Modifizierung bisheriger Ansätze zur Haltetherapie angesehen werden. Bereits Pestalozzi (1746–1827), Witmer (1922), Reich (1945), Waal (1955) und H. Erikson, beschäftigten sich damit. Ab 1965 wandte Zaslow die „Forced Holding Therapy", die er bislang nur für psychotisch erkrankte Kinder empfahl, auch bei autistischen Kindern an. Zaslow (Entwicklungspsychologe) und Allan (Kinderpsychotherapeut) stellten fest, dass sich die Kinder erst von ihren negativen Emotionen durch intensives Austoben befreien müssen, bevor sie sich ändern können. Die Kinder sollen dabei konsequent, jedoch liebevoll festgehalten werden. Auch ein freundliches Zusprechen darf dabei nicht fehlen. Nach Überwindung der Widerstandsphase, in der Mutter und Kind von ihren emotionalen Spannungen und Frustrationen Befreiung erfahren, zeigen nach Zaslow und Allan viele Kinder „dramatische Verbesserungen" im emotionellen und sozialen Verhalten. Oft begannen autistische Kinder hier erstmals Laute und Worte zu äußern. Ihre physischen Handicaps und neurologischen Abweichungen blieben jedoch unverändert (vgl. ALLAN 1976, 11ff.; ebd. 1977, 11ff.; ZASLOW 1981 in DZIKOWSKI und ARENS 1990, 124f.). Da die nun freigesetzten positiv besetzten Emotionen des Kindes an die mütterliche Elternfigur gerichtet werden, sollte nach Allan möglichst die Mutter die Haltetherapie ausführen. Unsichere Mütter müssen unbedingt hierzu angeleitet werden. In der Folgezeit modifizierte Allan die Forced Holding Therapy von Zaslow zur Holding-Therapy, die kaum noch Kraftaufwand benötigt. Drei Varianten haben sich bei ihm bewährt: Vertikales und horizontales Festhalten (Das Kind wird sitzend bzw. liegend auf dem Schoß der Mutter oder des Therapeuten in der Balance gehalten.) sowie Holding for Pleasure (motivierende, aufheiternde Aktionen, wie z.B. spielerisches Balgen). Ab 1968 praktizierte Zaslow in zu großer Selbstüberzeugung seine Haltesitzungen immer rigider und dehnte sie zeitlich zu sehr aus (Acht-Stunden-Sitzungen). Dabei verletzte er sogar physisch Patienten, um Wut bei ihnen hervorzurufen. Dies hatte zur Folge, dass ihm nach einem Prozess 1972 die Lizenz entzogen wurde und die Haltetherapien wieder an Bedeutung verloren.

Haltetherapie nach M. Welch: 1976 entwickelte M. Welch am Albert-Einstein-Hospital in New York die Mother-Child-Holding-Therapy. Analog zur Holding-Therapeutin J. Prekop, (dazu unter dem gleichen Kapitel später mehr) erlebte sie, wie das Festhalten unter Menschen „Brücken der Kommunikation und Menschlichkeit" errichten kann. Welch empfiehlt daher generell einen körperbetonteren Umgang (inklusive öfterem Halten) in der Familie (Eltern und Großeltern untereinander und mit Kind). Dies führt bei Erfolg zu einer deutlichen Spannungsminderung in der Familie, wovon auch das autistische Kind profitiert. Welch nahm 1983 Kontakt zu Tinbergen auf und lud ihn zum Albert-Einstein-Hospital ein. Tinbergen war begeistert und erklärte diese Behandlungsmethode zum bedeutendsten Fundament bei der Behandlung autistischer Störungen (vgl. WELCH 1984; TINBERGEN 1984 in STADES-VETH 1990, 132).

Praxis: Um Verletzungen vorzubeugen, findet die Haltetherapie auf einer weichen Couch oder Matratze statt. Der Therapeut leitet nun die Mutter an, das Kind auf ihrem Schoß so zu halten, dass beide Gesichter einander zugewandt sind. Der Vater sitzt dabei neben der Mutter und legt seinen Arm um ihre Schulter. Das Kind sitzt wie ein Reiter auf den Knien der Mutter, wobei die Beine an den Seiten herunterhängen. Um den Kopf des Kindes zu ihrem zu wenden, damit ein Blickkontakt zu Stande kommen kann, legt sie die Arme des Kindes um ihren Körper und hält sie unter ihren Armen fest. Es folgt eine Abbildung des Haltevorgangs:

(vgl. TINBERGEN 1984, Tafel 51)

Während des Vorgangs interpretiert der Therapeut die unverstandenen Signale des Kindes und der Mutter und spricht der Mutter Mut zu, wenn sie auf Grund des zu großen Widerstandes ihres autistischen Kindes aufgeben möchte. Während der Haltetherapie offenbaren sich zahlreiche Schwierigkeiten zwischen Mutter und Kind, bei dessen Analyse der Therapeut behilflich ist. Die Mutter darf erst nach dem „Umschwung" nachlassen, in der sie eine deutliche Entspannung des Kindes wahrnimmt. Häufig schmiegt sich das Kind nun von allein an die Mutter, schaut ihr in die Augen und erkundet ihr Gesichtsfeld. In dieser Phase darf die Mutter auch Forderungen an das Kind herantragen. Im besten Fall zeigt das Kind nun, was es bisher latent gelernt hat, und entwickelt genügend Eifer, Versäumtes nachzuholen. Wichtig dabei ist, dass „gehaltene Kinder" auch häufig ein Verlangen bekommen, sich nun mit Gleichaltrigen zu beschäftigen, da sich das Kind hier in natürlicher Form über das Spiel eine Vielfalt sozialer Fähigkeiten aneignet. Janzowski, Klein und Schmäh publizierten zu den Haltetherapien eine tabellarische Übersicht, in der sie die Entwicklungsfortschritte im motivationalen, sprachlich-kommunikativen, psychomotorischen und kognitiven Bereich aufzeigten.

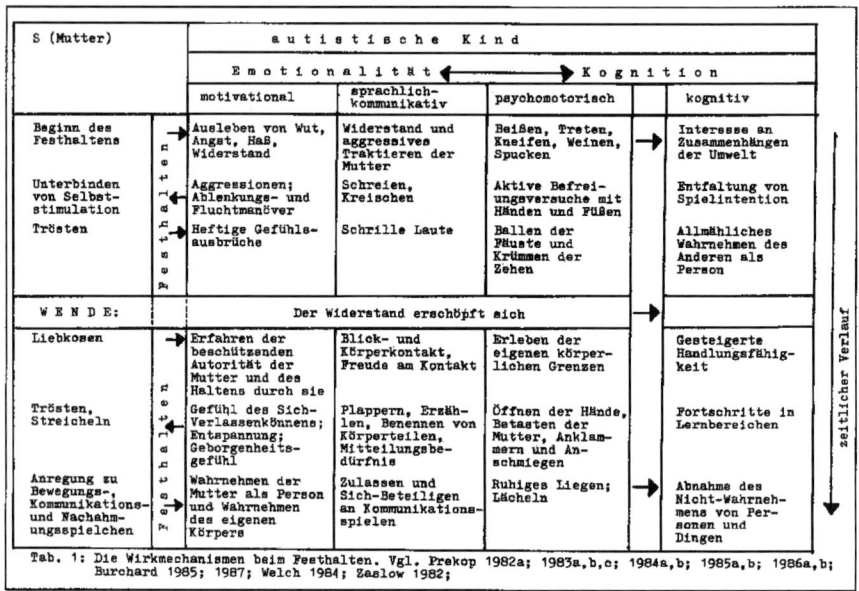

S (Mutter)	autistische Kind			
	Emotionalität ⟷		Kognition	
	motivational	sprachlich-kommunikativ	psychomotorisch	kognitiv
Beginn des Festhaltens	Ausleben von Wut, Angst, Haß, Widerstand	Widerstand und aggressives Traktieren der Mutter	Beißen, Treten, Kneifen, Weinen, Spucken	Interesse an Zusammenhängen der Umwelt
Unterbinden von Selbststimulation	Aggressionen; Ablenkungs- und Fluchtmanöver	Schreien, Kreischen	Aktive Befreiungsversuche mit Händen und Füßen	Entfaltung von Spielintention
Trösten	Heftige Gefühlsausbrüche	Schrille Laute	Ballen der Fäuste und Krümmen der Zehen	Allmähliches Wahrnehmen des Anderen als Person
WENDE:	Der Widerstand erschöpft sich			
Liebkosen	Erfahren der beschützenden Autorität der Mutter und des Haltens durch sie	Blick- und Körperkontakt, Freude am Kontakt	Erleben der eigenen körperlichen Grenzen	Gesteigerte Handlungsfähigkeit
Trösten, Streicheln	Gefühl des Sich-Verlassenkönnens; Entspannung; Geborgenheitsgefühl	Plappern, Erzählen, Benennen von Körperteilen, Mitteilungsbedürfnis	Öffnen der Hände, Betasten der Mutter, Anklammern und Anschmiegen	Fortschritte in Lernbereichen
Anregung zu Bewegungs-, Kommunikations- und Nachahmungsspielchen	Wahrnehmen der Mutter als Person und Wahrnehmen des eigenen Körpers	Zulassen und Sich-Beteiligen an Kommunikationsspielen	Ruhiges Liegen; Lächeln	Abnahme des Nicht-Wahrnehmens von Personen und Dingen

Tab. 1: Die Wirkmechanismen beim Festhalten. Vgl. Prekop 1982a; 1983a,b,c; 1984a,b; 1985a,b; 1986a,b; Burchard 1985; 1987; Welch 1984; Zaslow 1982;

(JANZOWSKI, KLEIN und SCHMÄH 1990, 861)

Welch empfiehlt, die Haltesitzungen mindestens einmal täglich für wenigstens eine Stunde auch zu Hause fortzuführen. Auch in konfliktbeladenen Situationen sollten sich die Familienangehörigen ruhig mal gegenseitig halten. Um weitere pathologische Strukturen in der Familie aufzudecken, die das Kind negativ beeinflussen könnten, kommt dem Therapeuten auch die Rolle des „Familientherapeuten" zu (vgl. WELCH in TINBERGEN 1984, 165ff.; ebd., 299ff.).

In Deutschland erfuhr die Haltetherapie insbesondere durch die Kinderpsychotherapeutin J. Prekop weitere Verbreitung. Die Holding-Therapie wurde von ihr wieder zur Forced-Holding-Therapy umgestaltet. Es fällt im Vergleich zu Welch auf, dass sie das symbiotische Nachholbedürfnis des Kindes stärker betont. Ihre praktischen Anleitungen verfasste sie noch gründlicher als Welch. Auch zusätzliche Hilfsmittel, wie z.B. der Festhaltegürtel bei älteren Kindern, kamen dabei zum Einsatz. Die Emotionen, welche bei der Haltetherapie frei werden, verglich Prekop dabei mit der Krisenspirale von Schuchard.

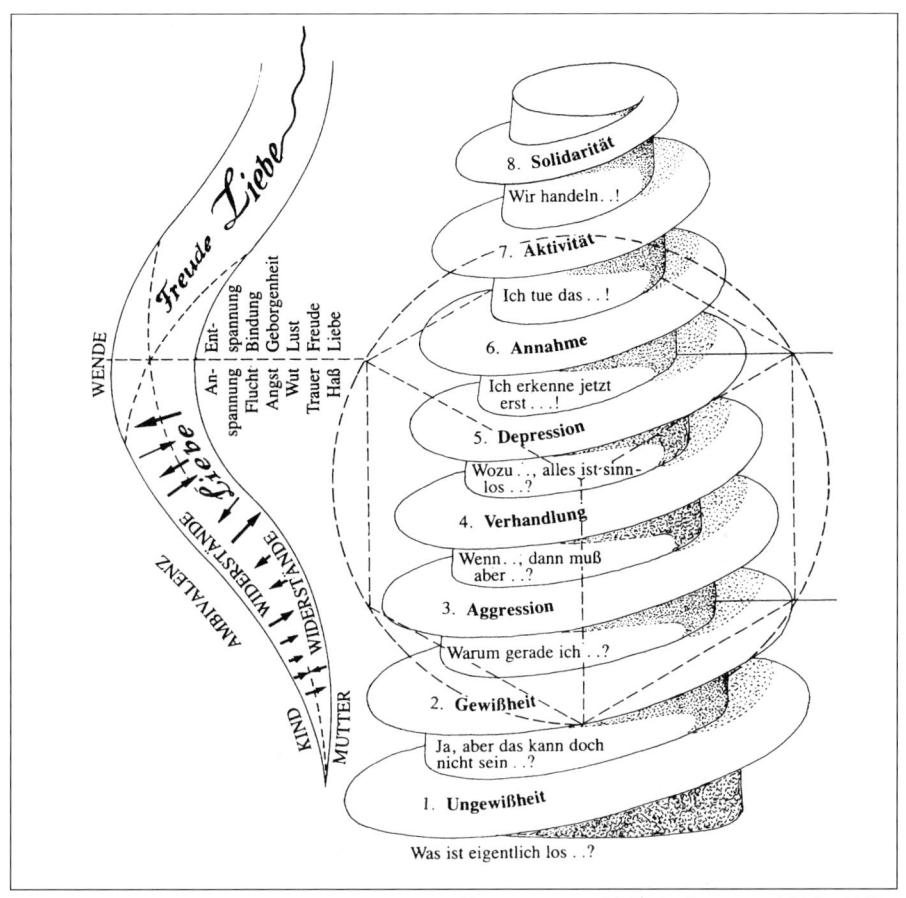

Was ist eigentlich los . .?

Im Gegensatz zu Welch, die mindestens eine Stunde am Tag vorsah, dauerten die anfänglichen Sitzungen von Prekop über sechs Stunden. Neu sind bei der Festhaltetherapie von Prekop auch die Provokation eines Widerstandes und die Spende von Trost (vgl. PREKOP 1984a, 798ff.; ebd. 1984b, 952ff.; ebd. 1984c, 1043ff.; ebd. 1984d, 1170ff.; ebd. 1986, 1ff.; ebd. 1989, 42ff.).

Weitere Therapien: Die nachfolgenden Therapiemethoden sind nach Tinbergens Empfehlungen zusammengestellt. Sie bilden die weitere Intervention, wenn das autistische Kind die Haltetherapien erfolgreich durchlaufen hat. In Krisenzeiten darf das Kind auch weiterhin gehalten werden.

Waldon-Methode: Waldon, leitender Arzt an einem Heim für geistig Behinderte in Manchester, geht von der Theorie aus, dass es bei autistischen Kindern auf Grund ihres fehlenden Erkundungsverhaltens zu einer Dissonanz zwischen physischem Wachstum, intellektuellem Verständnis und den von der Umwelt an das Kind

229

herangetragenen Erwartungen kommt. Sozialer Druck schwächt dabei zusätzlich das Selbstwertgefühl des Kindes, und es stellt seine Erkundungen noch weiter ein. Die Therapie beginnt daher in einem Milieu, in dem die sozialen Anforderungen ausgespart werden. Es folgt eine Beurteilung des momentanen Leistungsstandes, indem sein Spielverhalten untersucht wird. Danach wird die Konzentrationsfähigkeit des Kindes trainiert, indem ihm Aufgaben zu bestimmtem Spielzeug gestellt werden. Das Kind gibt das Lerntempo an, der Lehrer darf in schwierigen Situationen lediglich nachhelfen. Wortlos gibt es zur rechten Zeit Anerkennung. Die Waldon-Methode eignet sich gerade für die Fälle, in denen der Sozialkontakt das Kind noch überfordern würde. Tinbergen empfiehlt diese Therapie direkt nach der Haltetherapie, da Erkundungsverhalten der nächste Lernschritt nach einer gelungenen Mutter-Kind-Bindung darstellt (vgl. WALDON in TINBERGEN 1984, 170ff.).

Schreibmann-Koegel-Methode: Tinbergen hält dabei die eingesetzte Verhaltensmodifikation teilweise für nebensächlich, da in dem überaus positiven Klima einer von ihm besichtigten Institution die Kinder schon aus diesem Grund überaus motiviert seien. Den Erfolg erklärt sich Tinbergen demnach vor allem durch die emotionale Stärkung, welche die Kinder in der „warmen Atmosphäre" des Institutes erfahren (vgl. Kapitel 3.3.2; SCHREIBMANN und KOEGEL 1976, 22ff. in ebd., 170).

Doman-Delacato-Methode: Auch beim Besuch des Instituts von Delacato stellte Tinbergen neben den publizierten Behandlungsmethoden eine liebevolle, durch Zuneigung und Vertrauen geprägte Atmosphäre fest, in der Kinder und Eltern genügend Achtung erfuhren (vgl. Kapitel 3.5.1; DELACATO 1975 in ebd., 174). Weitere Empfehlungen:
- Clancy-McBride-Methode (vgl. CLANCY und MCBRIDE 1969 in ebd., 176f.),
- Operantes Konditionieren nach Park (vgl. PARK 1974 in ebd., 177f.),
- Ruttenberg-Methode (vgl. Ruttenberg 1971, 145ff.; RUTTENBERG, DRATMAN, FRANKNOI und WENAR 1966, 453; RUTTENBERG, KALISH und WENAR 1977; alle in ebd., 178f.),
- Kinder als therapeutischer Helfer (vgl. SASAKI 1978 in ebd., 229f.),
- Tiere als therapeutische Helfer (vgl. ROYDS 1978 in ebd.,179; ebd., 228),
  Corson-Methode (vgl. CORSON et al. 1977, 61ff. in ebd., 180f.).

Alle genannten Therapien kann Tinbergen empfehlen, sofern sie in einer liebevollen, fürsorglichen und durch Achtung geprägten Atmosphäre durchgeführt werden (vgl. ebd., 164ff.; ebd., 228ff.).

Prognose: Ein endgültiges Urteil über die Prognose kann noch nicht gefällt werden, da sich nach Tinbergen die Forschungen zum autistischen Phänomen noch im Anfangsstadium befinden und der Autismus sich höchst unterschiedlich beim Kind manifestiert. Daher sind auch quantitative Aussagen über Besserung nach Tinbergen verfrüht, da noch kaum einheitliche Wertungsskalen wie etwa die BRIAAC (Behavior rating instrument for austistic and other atypical children) zum Einsatz kommen (vgl. ebd., 155f.). Tinbergen schließt sich Ornitz an, der davon ausgeht, dass, je früher der Autismus diagnostiziert wird, desto größer die

Heilungserfolge sind (vgl. ebd., 215). Zu einer Studie von Ornitz erwähnt Tinbergen analog zu Kanner, dass Kinder, die im Alter von fünf Jahren noch immer nicht sprechen und nur einen niedrigen Intelligenzquotient aufweisen, geringere Heilungschancen haben (vgl. ORNITZ 1973 in ebd., 156; EISENBERG und KANNER 1956, 556ff.). Die günstigsten Prognosen zeichnen sich bei den Therapien ab, die am wirkungsvollsten das emotionelle Gleichgewicht des Kindes wiederherstellen und in denen der Therapeut über große intuitive Fähigkeiten verfügt. In diesem Zusammenhang kritisiert Tinbergen die Ansichten der Psychiatrie in den USA, die durch zu viele Tests an Kindern bei gleichzeitigem Desinteresse an Feldstudien eine verzerrte, häufig negative Prognose für Betroffene aufstellten. Tinbergen weist in seiner Publikation ausdrücklich darauf hin, dass Autisten dort nur selten ihr wahres Leistungspotential entfalten können (vgl. TINBERGEN 1984, 115, ebd., 156f.).

3.5.3 Gegenüberstellung von Delacato und Tinbergen

Sowohl Tinbergen, als auch Delacato haben sich in ihrer beruflichen Laufbahn zunächst anderen Studien gewidmet, bevor sie begannen, autistische Kinder zu untersuchen:

DELACATO: Er arbeitete zuerst an Lernprogrammen für hirnverletzte Kinder, die jedoch im späteren Verlauf in der Fachwelt auf Ablehnung stießen (vgl. Delacato 1963 in DELACATO 1985, 10ff.). Das Institut beauftragte ihn daraufhin, sich nun primär den Verhaltensstörungen bei Kindern zu widmen. Unter seinen Patienten waren auch viele autistisch gestörte Kinder, dessen tiefgreifende Störung für ihn in therapeutischer Hinsicht eine große Herausforderung darstellte. Delacato versuchte dabei, nun Aspekte der Verhaltensforschung (dem Beobachten) mit seinem bisherigen Fachwissen der Neurologie zu verknüpfen (vgl. ebd., 20).

TINBERGEN: Er war als Biologe im Gegensatz zu Delacato schon immer mit der Verhaltensforschung (bei Tieren) vertraut und seine methodischen Vorgehensweisen erscheinen im Vergleich zu Delacato ausgereifter. Delacato wendet sie lediglich zur Untermauerung seiner Theorie an und nicht global auf die Gesamtsituation des autistischen Kindes (vgl. ebd., TINBERGEN 1984, 26ff.; ebd., 190ff.). Erst Hutt lenkte 1970 das Interesse von Tinbergen auf autistische Kinder, indem er ihm den Auftrag für eine wissenschaftliche Studie übergab, in der er Gemeinsamkeiten zwischen ängstlichen Tieren und autistischen Kindern analysieren sollte (vgl. HUTT 1970 und TINBERGEN 1972 in STADES-VEHT 1990, 131).

DELACATO und TINBERGEN: Sie untersuchten Kinder, die bereits von einem Arzt mit der Diagnose „Kanner-Autismus" überwiesen wurden und unternahmen viele Studienreisen, um verschiedene Therapieinstitute kennenzulernen, u.a. zum Zweck des Ausbaus und der Absicherung ihrer Theorien.

3.5.3.1 Erscheinungsformen

DELACATO: Er beschreibt seine Beobachtungen in direktem Zusammenhang mit seiner neuen Wahrnehmungstheorie, die von einer sensorischen Fehlsteuerung der Sinnesorgane ausgeht. Alle weiteren Symptome, die in seinen Theorien nicht erscheinen (Isolierung, Sprachstörung und kognitive Defizite), stellen für Delacato Entwicklungsstörungen dar, die ihre Ursache in einer übersprungenen Entwicklungsphase haben. Weitere Beobachtungen finden sich nur sporadisch verteilt in seinen Kapiteln, in denen er den Leser Stück für Stück bis zur Offenbarung seiner Theorie führt (vgl. DELACATO 1985, 74ff.).

TINBERGEN: Er berichtet direkt über Feldstudien von autistischen Kindern. Dabei wird der entdeckte Motivationskonflikt auch ausführlich mit dem von Tieren verglichen (Annäherungs- und Vermeidungsverhalten). Alle Beobachtungen lassen sich nach Tinbergen weitgehend psychogen begründen (vgl. TINBERGEN 1984, 25ff.).

Isolierung von der menschlichen Umwelt

DELACATO: Die gestörten Sensorismen beeinträchtigen das Kind in der Orientierung von Zeit und Raum. Es kann infolge der in ihm ausgelösten Verwirrung nicht auf andere Personen zugehen. Das autistische Kind versäumt nun wichtige soziale Entwicklungen, wie Erkundungsverhalten oder Zugehen auf andere Personen (vgl. DELACATO 1985, 74ff.).

Vermeidung des Blickkontaktes: Nach Delacato ist das Kind infolge eines „weißen Geräusches" im optischen Bereich so irritiert, dass es die Außenwelt nur unzureichend rezeptieren kann. Auf den fehlenden Blickkontakt als eigenständiges Symptom des Autismus geht Delacato jedoch nicht ein (vgl. ebd., 103ff.).

TINBERGEN: Im Gegensatz zu Delacato vermutet Tinbergen eine psychogene Ursache. Die latente Angst im Kind bewirkt demnach den Rückzug aus der sozialen Umwelt. Nur bei vertrauten Situationen kann es die Angst überwinden (vgl. TINBERGEN 1984, 95).

Vermeidung des Blickkontaktes: Der Blickkontakt stellt einen Aspekt des Sozialkontaktes dar, den autistische Kinder ablehnen (vgl. ebd., 93).

Veränderungsangst

DELACATO: Nach Delacatos Beobachtungen lässt sich folgern, dass hier von gar keiner Veränderungsangst gesprochen werden darf, da die Kinder keine Angst haben. Ängste setzen jedoch einen emotionellen Konflikt voraus, den Delacato für unwahrscheinlich hält. Vielmehr bleiben autistische Kinder in ihren Stereotypien verhaftet, die Delacato als Selbstheilungsprozess der gestörten Sensorismen deutet (vgl. DELACATO 1985, 74; ebd., 80ff.).

TINBERGEN: Autistische Kinder haben vor fremden Dingen und Begebenheiten Angst. Im Gegensatz zu Delacato ist die Veränderungsangst hier Folge der Störung des emotionellen Gleichgewichts (vgl. TINBERGEN 1984, 98f.).

Störungen der Wahrnehmung und Verarbeitung

DELACATO: Dieser Bereich stellt den Themenschwerpunkt von Delacato dar. Er geht davon aus, dass alle autistischen Kinder infolge gestörter sensorischer Wahrnehmung äußere Reize zu stark (hyper), zu gering (hypo) oder infolge einer inneren Überlagerung (weißes Rauschen) unzureichend wahrnehmen. Dabei können taktile, gutile, oligophrene, visuelle und akustische Sinne beeinträchtigt sein (vgl. DELACATO 1985, 74ff.). In diesem Zusammenhang müsste Delacato bedenken, dass dem Gehirn noch wesentlich mehr Informationen zukommen, als von den fünf Sinnen. Delacato führt keinen Vergleich durch mit Patienten, bei denen bestimmte Regionen des Großhirns geschädigt sind (z.B. Erinnerungsvermögen).

Schmerzunempfindlichkeit: Bei Autisten, die schmerzunempfindlich reagieren, senden die Nervenbahnen für taktile Reize zu wenig Reize (Aktionspotentiale) aus (Hypo). Diese Autisten verletzen sich häufig selbst, da sie geringere Reize kaum wahrnehmen (vgl. ebd., 85f.).

TINBERGEN: Manche autistische Kinder reduzieren infolge ihrer inneren Angst ihre Wahrnehmung, indem bereits im Vorfeld unangenehme Reize im Gehirn ausselektiert werden (z.B. ein Kind reagiert so, als ob es taub wäre). Im Gegensatz zur Ansicht von Delacato stellt dies einen aktiven, emotionellen Vorgang dar (vgl. TINBERGEN 1984, 97).

Schmerzunempfindlichkeit: Da Tinbergen es für möglich hält, dass autistische Kinder in der Lage sind, unangenehme Reize innerlich zu selektieren, lässt sich folgern, dass sie diese Fähigkeit auch auf Berührungsreize ausdehnen können (vgl. ebd., 97f.).

Stereotypien

DELACATO: Stereotypien bezeichnet Delacato als „Autismen", und sie sind Symptome einer Hirnverletzung. Das Kind versucht über diesen Weg, seine Sinnesbahn wieder zu normalisieren (Selbstheilungsprozess). Art und Umfang werden in den einzelnen Kapiteln über die jeweilig gestörten Sensorismen erläutert. (vgl. DELACATO 1985, 74ff.).

Motorische Besonderheiten: Auch die vielen bizarr anmutenden Bewegungen in der Motorik betrachtet Delacato als ein von den Kindern gewähltes „Korrekturmittel" ihrer sensorischen Wahrnehmungsstörungen (vgl. ebd., 80ff.).

TINBERGEN: Er vergleicht die Stereotypien mit gehemmten Intensionsbewegungen der Konfliktsituation eines in Not geratenen Tieres. Art und Umfang der Aufzählungen gleichen denen von Weber und Kanner (vgl. TINBERGEN 1984, 85ff.; WEBER 1970, 60ff.; KANNER 1957, 742). Motorische Besonderheiten erfüllen nach Tinbergen den gleichen Zweck.

Sprachstörung/Intellektuelle Leistungen

DELACATO: Er ordnet die Sprachstörung als Entwicklungsstörung ein, die erst in der zentralen Behandlung behoben werden kann, nachdem das Kind in der Überlebensphase eine „mentale Brille" erhalten hat. Die Therapie erfolgt nach der Doman-Delacato-Methode.

Intellektuelle Leistungen: Autistische Kinder weisen entwicklungsbedingt kognitive Störungen auf, die ebenfalls erst in der zentralen Behandlung nachgeholt werden können (vgl. DELACATO 1985, 140ff.).

TINBERGEN: Während Delacato bei der Sprachstörung von einer Entwicklungsstörung ausgeht, begründet Tinbergen diesen Aspekt auch psychogen: Die ausbleibende oder gestörte Sprachentwicklung ist eine weitere Folge des verweigerten Sozialkontaktes. Neuronale Schädigungen als Ursache lehnt Tinbergen entschieden ab. Er beobachtete auch Kinder, die ihr neu erworbenes Sprechvermögen wieder verloren. Dagegen stehen jedoch die Beobachtungen von Kanner (vgl. TINBERGEN 1984, 91ff.; ebd. 1981, 1ff. in RÖDLER 1983, 110, KANNER 1943ff.).

Intellektuelle Leistungen: Nur Tinbergen nennt besondere Begabungen (Leistungsinseln), die sich beim autistischen Kind überall dort entfalten können, wo es Gelegenheit bekommt, ohne Sozialkontakte zu lernen. Konträr dazu bestehen große Wissenslücken in den Bereichen, wo sozial ausgerichtetes Erkundungsverhalten eine wichtige Zugangsvoraussetzung darstellt. Im Gegensatz zu Delacato begründet Tinbergen auch diesen Entwicklungsrückstand psychogen (vgl. ebd., 95f.).

3.5.3.2 Ursachen

Obwohl beide Forscher mit dem ethnologischen Aspekt des Beobachtens arbeiteten, kamen sie zu unterschiedlichen Resultaten. Dies verdeutlicht aber auch, wie sehr die Forschungsresultate und Hypothesen durch Interessen der jeweiligen Forscher geleitet sind. Verfolgt man gezielt einen Ansatzpunkt, so lassen sich zu allen möglichen Gegebenheiten erstaunlich viele „Beweise" für eine Ausgangshypothese finden. Für die Realität des Autismus bedeutet dies, dass beide Forscher bestimmte Aspekte des Autismus bei ihrer Theoriebildung (unbewusst!) übersahen. Die Gesamtsituation dieser Kinder konnte keiner der Ethologen darstellen. Allerdings scheint dies meiner Meinung nach eine kaum leistbare Aufgabe zu sein.

DELACATO: Seine Beobachtungen führten ihn zur Ansicht, dass das autistische Kind nicht psychisch krank, sondern hirnverletzt ist. Diese Hirnverletzung kann zu einer oder zu mehreren Wahrnehmungsstörungen von fünf Sinnesbereichen (Sehen, Hören, Schmecken, Fühlen und Riechen) führen. Dabei stellte er drei Abweichungen von der Normalität fest: Patienten, deren Sinnesbahnen zu viele Reize senden, sind in den adäquaten Sinnesbereichen überempfindlich (hyper). Folglich sind die Patienten, die zu wenig Reize erhalten, unterempfindlich (hypo). Bei der dritte Gruppe erzeugt die Sinnesbahn zu viele Interferenzen, die das Kind von der Außenwelt ablenken (weißes Rauschen) (vgl. DELACATO 1985, 74ff.). Delacato verzichtete auf die medizinische Labortechnik, die es ihm ermöglicht hätte, neurologische Untersuchungen über Ort und Stelle der Hirnverletzung anzustellen und empirisch zu protokollieren (EEG, Positronen-Emissions-Tomographien, Messung der Leitfähigkeit der Sinnesbahnen). Die von vielen Autoren erwähnte emotionale Abwendung des Kindes von den Eltern lässt sich nach Delacatos Theorie der Hirnverletzung nur unzureichend erklären, da eine organische Störung allein nicht genug Kraft besitzt, die emotionelle Hinwendung des Kindes zu den Eltern umzukehren. Schließlich werden nicht alle organisch oder zerebral schwer geschädigten Kinder autistisch. Eine Untersuchung über die Störung und die folgende Interaktion zwischen Eltern und Kind könnte hier mehr Einblicke verschaffen. Kognitive Defizite inklusive der Sprachstörung stellen für Delacato eine Entwicklungsstörung dar, die ihre Ursache in den gestörten Sensorismen haben.

TINBERGEN: Im Vergleich zu Delacato, der sich ein profundes Wissen über die Hirnentwicklung aneignete, waren Tinbergens ethologische Kenntnisse weitergehend. Mit seinem Vorwissen der animalistischen Verhaltensforschung kam Tinbergen nach einem ethologisch ausgerichteten Vergleich mit Tieren zu dem Resultat (vgl. Tinbergen 1984, 25ff.),[24] dass Autismus eine von Angst beherrschte emotionelle Störung darstellt. Alle übrigen Symptome sind für Tinbergen peripher. Erhöhte psychische Verletzlichkeit kombiniert mit traumatischen Erlebnissen kann den Autismus auslösen. Zahlreiche autismogene Umstände der Gesellschaft können dabei traumatisierend wirken (vgl. ebd., 105ff.). Nicht wenige Autoren berichten auch von autistischen Kindern, die in einer völlig intakten Umwelt aufwuchsen und trotzdem bald von den typischen Wahrnehmungsstörungen betroffen waren. Dies bestätigen auch die autobiografischen Berichte (vgl. J. K. WING 1977, 44ff.; ZÖLLER 1989f.; SELLIN 1993ff.; WILLIAMS 1992f.).

Psychogene Ursachen

DELACATO: Mit seinen Erfahrungen bei über 100 Eltern konnte er die Auffassung von Kanner nicht bestätigen, dass diese sich im emotionellen Bereich „kühler" verhielten als der Durchschnitt (vgl. KANNER 1943, 248; ebd. 1949, 412ff.; ebd. 1954, 378ff.; EISENBERG 1957, 715ff.; KANNER und EISENBERG 1956, 556ff.; DELACATO 1985, 27f.). Mangelnde Zuwendung oder verstopfte Atemwege beim unsachgemäßen Stillen können nach Delacato nicht die Symptomatiken des Autismus erklären. Auch Geschwisteruntersuchungen zeigten, dass viele Kinder bei derselben Mutter unbeschadet aufwuchsen. Bettelheims Theorie, die davon ausgeht, dass die Mütter den Autismus ihres Kindes aus Unkenntnis selbst verschuldet haben, hält Delacato für nicht verifizierbar. In seiner Kritik geht er dabei so weit, dass er die Hypothese mit der Hexenverfolgung im Mittelalter vergleicht

---

[24] Studie für Hutt (1970)

(vgl. DELACATO 1985, 27ff.; BETTELHEIM 1977, 21; J. K. WING 1977, 44ff.; WEBER 1970, 41ff.).

TINBERGEN: Während Delacato sich auf Geschwisteruntersuchungen bezieht, kommt Tinbergen durch die Analyse der gesellschaftlichen Mitverursachung zu dem Resultat, dass Eltern keine konkrete Schuld bei der psychogenen Mitverursachung des Autismus haben, da sie mit dem Kind in ein soziales Gefüge integriert sind, das viele „autismogene Faktoren" beinhaltet. Mit diesen Tatsachen müssen die Eltern im Interesse einer Heilungsaussicht für ihr Kind auch dann konfrontiert werden, wenn dies eine Kränkung für sie bedeuten würde (vgl. TINBERGEN 1984, 148). Im Gegensatz zu Bettelheim werden die Eltern nach Tinbergen nicht zum Hauptschuldigen degradiert, sondern vielmehr als Opfer einer modernen abendländischen Gesellschaft betrachtet, dessen „kinderfeindliche" Strukturen den Eltern immer weniger Handlungs- und Erfahrungsspielraum bietet (vgl. BETTELHEIM 1977, 94ff.; TINBERGEN 1984, 148).

Organische Ursachen

DELACATO: Die Hirnverletzung der autistischen Kinder stellt eine organische Schädigung dar. Mit den dadurch veränderten Wahrnehmungseindrücken versuchen die Kinder verzweifelt, zurechtzukommen. Aus dieser Hypothese werden somit die merkwürdig anmutenden Stereotypien und Verhaltensweisen erklärbar (vgl. DELACATO 1985, 74ff.). Leider unternahm Delacato als Neurologe keine wieteren Schritte oder formulierte Denkanstöße für klinisch orientierte Forscher, um die Hirnverletzung in Bezug auf Vererbung und Entstehungsfaktoren zu untersuchen.

TINBERGEN: Organische Störungen vermögen nicht, die vielfältigen Symptome des Autismus zu erklären. Nur die Prädisposition zur erhöhten psychischen Verletzlichkeit setzt Tinbergen als Maßstab, so dass einige Kinder in belastenden Lebensabschnitten autistisch werden, andere wiederum nicht (vgl. TINBERGEN 1984, 110ff.).

Vererbung

DELACATO: Er stellte im Gegensatz zu Kanner fest, dass die Eltern keine erhöhten Gefühlsabnormitäten aufweisen. Auch erschien ihm die Untersuchung von Lotter plausibel, die bestätigte, dass Autismus nicht erhöht unter Geschwistern auftritt (vgl. Delacato 1985, 27ff.; ebd., 58).

TINBERGEN: Nach Tinbergen kann das Störungsbild Autismus nicht vererbt werden, sondern lediglich der Grad der psychischen Verletzlichkeit gegenüber der Umwelt. Diese hat jedoch nur einen leichten Einfluss auf die Entstehung des Autismus (vgl. TINBERGEN 1984, 113ff.).

Abgrenzung zu anderen Pathologien

DELACATO und TINBERGEN weiten den Autismus-Begriff durch ihre extreme Fokussierung auf ihre Zentralhypothesen zu stark aus. Dabei versäumen beide Forscher, den Autismus-Begriff durch eine Differentialdiagnostik wieder im „überschaubaren" Rahmen einzugrenzen. Bei beiden Autoren fehlt eine Abhandlung über die Abgrenzung zur Kindheitsschizophrenie, Epilepsie und Entwicklungsaphasie (vgl. DELACATO 1985, 74ff.; TINBERGEN 1984, 20ff.).

DELACATO: Obwohl Delacato auch bei blinden und tauben Kindern viele Sterotypien und motorische Bewegungen autistischer Kinder fand, können anhand dieses Vergleichs nicht die überaus vielfältigen Symptomatiken des frühkindlichen Autismus unter dem Aspekt von defekten Sensorismen diskutiert werden. Die Fallgeschichten von Bettelheim lassen bei mir keinen Zweifel aufkommen, dass psychogene Ursachen zumindest einen Anteil daran haben (vgl. DELACATO 1985, 51ff.; BETTELHEIM 1977, 124ff.).

TINBERGEN: Eine genaue differentialdiagnostische Abhandlung fehlt. Die von Tinbergen aufgestellte Hypothese der von Angst dominierten Störung des emotionellen Gleichgewichts weitet den Autismus-Begriff auch wieder so stark aus, dass hierunter selbst leicht psychotische oder stark introvertierte Kinder fallen können. Tinbergen vermeidet es, dem organischen Aspekt bei der Mitverursachung die nötige Aufmerksamkeit zu schenken (vgl. TINBERGEN 1984, 20ff.).

3.5.3.3 Behandlungsmöglichkeiten

DELACATO: Da nach Delacato das autistische Kind ein „frustrierter Jäger nach Sinneseindrücken" ist, muss es zunächst von seiner Sinnsucht befreit werden. In dieser Symptombehandlung wird versucht, die gestörten Sensorismen wieder auszugleichen. Danach soll die neurologische Organisation, die auf Grund von Entwicklungsdefiziten z.T. unterentwickelt ist (z.B. die Komplexität der Hirnleistungen), durch Verhaltenstherapie weiter differenziert werden. Das Kind lernt, seine Sinne für die Umwelt praktisch nutzbar zu machen (vgl. DELACATO 1985, 107ff.).

TINBERGEN: Er hingegen empfiehlt, die autismogenen Faktoren so weit wie möglich zu reduzieren. Bevor beim Kind entwicklungsfördernde Programme durchgeführt werden, rät Tinbergen dringend zur Haltetherapie nach Welch, da seiner Auffassung nach nur ein Kind, welches die bedingungslose Liebe der Mutter wirklich erfahren hat, genügend motiviert ist, weitere Entwicklungsschritte in Angriff zu nehmen. Die gewonnenen Sicherheiten kann sich das Kind insbesondere für die weitere Erkundung der Umwelt und der darin lebenden Menschen nutzbar machen. Im Anschluss an die Haltetherapie empfiehlt Tinbergen entwicklungsfördernde Therapien aus dem amerikanischen Raum, die sich untereinander fließend ergänzen. Dabei gibt Tinbergen zu bedenken, dass das Kind nur dann von den Therapien profitieren kann, wenn sie in einer warmen, fürsorglichen und durch Achtung geprägten Aura stattfinden (vgl. TINBERGEN 1984, 206ff.).

Prognose

DELACATO: Bei der Anwendung von Entwicklungsprogrammen, welche die neurologische Organisation in den Schwachstellen fördern, ist z.T. eine günstige Prognose zu erwarten. Allen anderen Förderungsmethoden steht er skeptisch gegenüber. Die pauschale Formulierung, dass seine Doman-Delacato-Methode wirksamer sei als alle anderen Behandlungsmethoden, verdeutlicht seine extreme Selbstüberzeugtheit und Verschlossenheit gegenüber anderen Ansätzen (vgl. DELACATO 1985, 148). Nach Delacato erwies sich die Arbeit mit den Kindern am erfolgreichsten, welche in mindestens zwei Bereichen überempfindlich waren. Eine weniger günstige Prognose hatten die Kinder mit Geruchs- und Geschmacksproblemen, wobei diese Gruppe nur 24–28% der Patienten ausmachte. Die schlechteste Prognose hatten die Kinder, welche in allen Sinnesbereichen hyposensibel waren. Delacato ist davon überzeugt, dass Kinder, die sich in geborgenen Verhältnissen einer Großfamilie befinden, größere Fortschritte erzielen. Hiermit spricht er nach der Analyse erfolgreicher therapeutischer Bedingungen einen weiteren psychogenen Aspekt an mit dem er sich den Resultaten von Tinbergens Gesellschaftsanalyse annähert (vgl. DELACATO 1985, 192ff.).

TINBERGEN: Er verdeutlicht, dass noch keine endgültige Prognose gestellt werden kann, solange sich die Forschungen zum autistischen Phänomen noch im Anfangsstadium befinden. Zudem muss bedacht werden, dass das autistische Erscheinungsbild der Kinder höchst unterschiedlich ist. Ähnlich wie Delacato gibt Tinbergen seiner empfohlenen therapeutischen Kombination die besten Chancen (vgl. TINBERGEN 1984, 115; ebd., 155ff.).

3.6. Ein materialistischer Ansatz

3.6.1 Feuser

Feusers Modell von einer neuen Behindertenpädagogik

Einen ganz neuen Weg zur Autismusforschung schlug der Bremer Professor Feuser ein. In seiner Dissertationsschrift von 1979 stellte er eine umfassende gesellschaftlichorientierte Theorie zum Autismus dar (vgl. FEUSER 1979, 4ff.).

Bisherige Publikationen zum Autismus erfassen die Gesamtsituation autistischer Kinder nicht. Feuser hat bei den bisher publizierten Arbeiten über Autismus eine „systematische erziehungswissenschaftliche Diskussion" vermisst, in der die Gesamtsituation des autistischen Kindes deutlich wird. Während die pädagogisch orientierten Studien im Wesentlichen auf die therapeutische Intervention abzielen, steht bei den biologischen, psychologischen und medizinischen Ansätzen die Psychopathologie zu sehr im Vordergrund. Die genannten Disziplinen gehen diesbezüglich nicht über den Horizont hinaus, das autistische Kind als „behindertes Kind" im gesellschaftlichen Kontext zu betrachten.

Nur dann, wenn versucht wird, die Gesamtsituation des autistischen Kindes aufzuhellen, kann diesem eine optimale Förderung zukommen.[25]

Wie die Behindertenpädagogik in der Gesellschaft verstanden wird: Feusers umfangreiche Nachforschungen über den historischen Wandel der Behindertenpädagogik zeigen, dass diese zu einer Humanwissenschaft geworden ist, welche sich an der Anthropologie und der Wertphilosophie orientiert. Die Erziehungswissenschaft hat sich bis heute nicht davon lösen können. Zudem kritisiert Feuser, dass sich die Pädagogik sich nicht zugleich auch als Gesellschaftswissenschaft definiert. Dies hat zur Folge, dass der Behinderte nach ontologisch-wertphilosophischen Kategorien beurteilt wird, die seiner Gesamtsituation nicht gerecht werden. Der Behinderte wird dadurch als Forschungsgegenstand zum Objekt gemacht. Die Analyse durch Feuser ergab, dass die Behinderung in der Gesellschaft als ein „naturwüchsiges Phänomen" definiert wird. Nur in kompensatorischen Programmen findet die Pädagogik ihren Ausdruck, wobei sie hier nur im Hinblick auf eine „äußere Defektkorrektur" des behinderten Menschen Einfluss nimmt. Die Heil- und Sonderpädagogik ist auf die wissenschaftlichen Befunde der Nachbardisziplinen angewiesen. Diese werden additiv zu einem Konstrukt aneinander gereiht und in der Regel ungeprüft akzeptiert. Mit der Dominanz von psychologischen Diagnostiken wird in der Sonderpädagogik ein defektspezifischer Ansatz übernommen, der die Ontologisierung und Verobjektivierung des Behinderten weiter vorantreibt. Diese Matrix begünstigt die Separation und die gesellschaftliche Stigmatisierung der Behinderten. Ein weiteres Problem stellt die Wertfreiheit der Pädagogik dar, die dazu führt, dass sich zu wenig Pädagogen mit der Bewertung von Behinderten auf wissenschaftlicher Basis auseinander setzen. Dementgegen stellt die Befriedigung des eigenen „Helferwillens" ein häufiges Leitmotiv der pädagogischen Arbeit dar, das in Kombination mit einer rein theoretisch vermittelten Praxis zu einer Kluft zwischen Theorie und Praxis führt. Es werden viel zu wenig Erkenntnisse aus der Praxis für Theoriebildungen verwertet (vgl. BLEIDICK 1967; ebd. 1972, VON BRACKEN 1976; LANGENOHL 1971; WYGOTSKI 1975; JANTZEN 1973; BACH 1974 - alle in FEUSER 1979, 16ff.).

Behindertenpädagogik ist auch Gesellschaftswissenschaft: Die Behindertenpädagogik „von morgen" müsste in der Lage sein, Ergebnisse der Nachbardisziplinen

---

[25] Feuser bezieht seine Aussage auf folgende Autoren: ERSTBESCHREIBER: KANNER 1943; ebd. 1944; ebd. 1971; ASPERGER 1944; ebd. 1960; ebd. 1962; ebd. 1968; FISCHER 1965; EISENBERG und KANNER 1959; GREWEL et al. 1954; HARTMANN 1964; KEHRER 1972a; ebd. 1972b; VAN KREVELEN 1958; ebd. 1964; LUTZ 1968; NISSEN 1971; POPELLA 1955; RIMLAND 1964; ebd. 1968; SCHLACHTER 1968; STERN und SCHLACHTER 1953; STUTTE 1960; WEBER 1966; WING 1973; BIOLOGIE, NEUROPSYCHOLOGIE: CAMPBELL 1973; COLEMAN 1973; DELACATO 1975; DEMYER 1975; GEIGER-MARTY 1968; MAUTINIUS 1974; ETHNOLOGIE: TINBERGEN/TINBERGEN 1972; ENTWICKLUNGSPSYCHOLOGIE: FRYE 1968; LUTZ 1968; MITTLER 1973; SCHUMANN 1966; VERHEES 1969; WEBER 1970; WING 1973; TIEFENPSYCHOLOGIE: BETTELHEIM 1972; KERSTENBERG 1960; INTELLIGENZDIAGNOSTIK UND -PROGNOSTIK: DEMYER 1973; ebd. 1974; FIRTH 1972; FISCHER 1966; KIPHARD 1972; RUTTER 1973; WASSING und VAN KREVELEN 1968; KOMMUNIKATION UND SPRACHE/BEHAVIORISMUS: BECKER und CRONMEYER 1972; BOSCH 1962; CORDES und WILKER 1974; CREAK 1972; HEWETT 1965; KEHRER 1972; ebd. 1974; KÖRBER 1970; LOVAAS 1966; ebd. 1973, RICKS und WING 1975; SCHMIDT 1972; WARD und HODDINOTT 1968; WEBSTER 1973; SOZIALPSYCHOLOGIE/BEHAVIORISMUS: ASPERGER 1962; BOSCH 1964; DEMYER et al. 1972; DÖMER-WALDMEYER 1972; DUNDAS 1968; HINTGE, SANDERS und DEMYER 1965; HOWLIN 1973; KANNER 1968; Kaner/Rodruguez/Ashemden 1972; Lotter 1974; Lovaas/Schaeffer/Simmons 1965; LOVAAS und SIMMONS 1969; STÄDELI 1968; alle in FEUSER 1979, 6ff.

zu überprüfen und mit deren Methoden umgehen können. Diese Kenntnisse sollten jedoch nicht nur zu einer Annäherung und Anpassung der sonderpädagogischen Forschung an andere Wissenschaften führen, sondern zur Profilierung einer eigenen Wissenschaft verwendet werden. Die Behindertenpädagogik versäumt es zu überprüfen, ob ihre erzielten Ergebnisse überhaupt mit den historisch-gesellschaftlichen Vorstellungen und Zielsetzungen vereinbar ist. Wenn dieser Bezug fehlt, so lassen sich auch keine weiterführenden Interpretationen anstellen. Feuser zeigt damit auf, dass der erfahrungswissenschaftliche Ansatz seine historisch-gesellschaftliche Plastizität erst in der Einbettung der geisteswissenschaftlich-hermeneutischen Lehre erfährt. Für die Behindertenpädagogik muss daher die historische Bestimmung analysiert werden. Ohne diese Analyse würde die Auseinandersetzung mit dem autistischen Syndrom wieder dazu führen, dass es ontologisiert und im Wissenschaftsprozess verobjektiviert wird. Neben einer unkritischen Übernahme medizinischer und psychologischer Daten würden wieder Art und Umfang der autistischen Behinderung als anthropologische Kategorie wertphilosophisch gedeutet werden. Doch damit wird das Kind im Sinne einer Stigmatisierung auf seine Defektivität reduziert. Die Behindertenpädagogik muss daher ihren Horizont für die Nachbardisziplinen erweitern, damit diese nicht länger nur nach ihren Methoden das autistische Phänomen untersuchen und interpretieren. Unter Einbezug des gesellschaftlichen Ansatzes kann der begrenzte Rahmen von empirischen Analysen überwunden werden, und die Entwicklung des behinderten Kindes auch aus der Sicht eines gesellschaftlich determinierten Vorgangs begriffen werden. Feusers Fundament für die Arbeit bildet die Erfassung der Gesamtsituation des autistischen Kindes und eine neue Sozialerziehung, die auf einer Behindertenpädagogik basiert, die selbst auf einer stetigen Weiterentwicklung im Interesse der Behinderten ausgerichtet ist (vgl. BLEIDICK 1972; KLAFKI 1971 in FEUSER 1979, 31ff.).

Das gegensätzliche Verhältnis von biologischen Voraussetzungen und gesellschaftlichen Verhältnissen: Um die Gesamtproblematik autistischer Kinder zu erhellen, müssen die biologischen Voraussetzungen und sozialen Interaktionen genau analysiert und differenziert werden. Dabei muss u.a. deutlich werden, dass bestimmte Verhaltensweisen des autistischen Kindes von der Gesellschaft in bestimmter Art und Weise aufgefasst und interpretiert werden. Die Behindertenpädagogik muss daher auch die gesellschaftlichen Umstände erfassen, welche die Pädagogik zu ihren Aussagen führte. Nur auf diesem Weg kann sich der Pädagoge mit gesellschaftlicher und bildungspolitischer Arbeit befassen und die Sozialisierungsbedingungen behinderter Kinder zu ihren Gunsten verändern. Es können auf dieser Basis auch neue Lernstrategien für behinderte Kinder entwickelt werden, die durch die bisherige Pädagogik verhindert wurde. Feuser zitiert dazu auch die Feststellungen von Reinartz (vgl. JANTZEN 1973; ebd. 1974; BLEIDICK 1968; WYGOTSKI 1975 in Feuser 1979, 34ff.).

„In diesem Sinne lässt sich Lernbehinderung als Summe systembedingt verhinderter Lernprozesse während des Sozialisierungsprozesses verstehen" (BLEIDICK 1972, 220 in FEUSER 1979, 36).

240

Jantzen hebt ebenfalls den Stellenwert der Sozialisierung hervor:

„Entscheidender Hauptmechanismus der Entwicklung ist das Lernen (nicht die biologische Reifung)" (JANTZEN 1974c, 13 in FEUSER 1979, 36).

Feuser untersuchte die Bedeutung des Begriffes „Behinderung" und fand in Jantzens Publikationen adäquate Definitionen, die ihn zum Weiterdenken anregten. Danach wird die „Behinderung" erst sichtbar, wenn

„Merkmale und Merkmalkomplexe eines Individuums auf Grund sozialer Interaktion und Kommunikation in Bezug gesetzt werden zu jeweiligen gesellschaftlichen Minimalvorstellungen über individuelle und soziale Fähigkeiten" und indem „ein Individuum auf Grund seiner Merkmalsausprägung diesen Vorstellungen nicht entspricht" (JANTZEN 1976c in FEUSER 1979, 37).

Die psychopathologischen Publikationen aus Medizin und Psychologie beschreiben daher nicht umfassend die Behinderung, sondern nur die Kausalfaktoren (vgl. FEUSER 1979, 37f.).

Die „Behinderung" des Kindes im Sinne eines eingeleiteten Defekts ist von Beginn an nicht nur biologisch determiniert, sondern auch durch die Sozialstruktur der Gesellschaft, die ein bestimmtes Verständnis von dem Begriff „Behinderung" hat und zwar im Sinne der historischen Tradierung und dem Umgang mit diesem. Feuser unterscheidet bei dem Sozialisierungsprozess zwei Komponenten, die sich im gewissen Maße in höchst komplexer Weise ständig beeinflussen:

– Gerät der Sozialisierungsprozess auf Grund eines Defekts in pathologische Bahnen, sollte fortan von einer Schädigung bzw. Beeinträchtigung gesprochen werden.

– Weicht der Sozialisierungsprozess nur oder zusätzlich von der Norm ab, sollte von einer Störung gesprochen werden (vgl. ebd., 38).

Die Psychodiagnostik (Intelligenz, Begabung und Schulleistungstests), welche auch heute in der Psychologie und Behindertenpädagogik zur Anwendung kommt, kann allein nicht dazu beitragen, die Störungen und Schädigungen behinderter Kinder ganzheitlich zu erfassen und zu analysieren.

Für das autistische Syndrom könnte die Analyse zukünftig wie folgt aussehen:

– Feststellung der Kausalfaktoren: Defekte, Schäden und Mängel müssen aufgedeckt werden und in Bezug auf ihren Bedeutungsinhalt für den daran anschließenden pathogenen Sozialisierungsprozess analysiert werden.

– Die auf Kausalfaktoren beruhenden Beeinträchtigungen müssen in analytischer Weise von den begleitenden sozialen Störungen differenziert werden.

– Es muss ermittelt werden, wo, wann und warum der Behinderte von der Öffentlichkeit „verbannt" oder stigmatisiert wird. Dies impliziert auch historische und gesellschaftswissenschaftliche Analysen.

Zukünftig könnte die Behindertenpädagogik folgendes dazu beitragen:

– Die anthropologisch-biologischorientierte Analyse des behinderten Menschen muss beträchtlich erweitert werden.

– Die Defekte dürfen nicht den alleinigen Inhalt der Behinderung darstellen. In der Behindertenpädagogik sollten die „erziehungsphilosophischen" Elemente im Interesse des Behinderten auch außerhalb der Norm Platz finden dürfen. Diese im Interesse des Behinderten neu aufgezeigten Räume wirken sich schützend gegen die zunehmende

Verobjektivierung des Behinderten in den Mühlen der Wissenschaft und in der pädagogischen Arbeitsweise aus (vgl. ebd., 39).

Folgendes würde die Behindertenpädagogik zukünftig anerkennen:

- Biologische und soziale Faktoren stehen in permanenter Interaktion und formen gemeinsam den Sozialisierungsprozess. Die Behinderung darf nicht länger ausgehend von einer gesonderten biologischen Prädisposition oder von sozialen Faktoren interpretiert werden.
- Die defektorientierte Therapie wird durch eine soziale Kompensation zu einem ganzheitlichen Therapieangebot für Behinderte.
- Der Behinderte befindet sich in einem „Bildungsschicksal", da bereits seine Behinderung von der Gesellschaft als Schicksal definiert wird, die meist nur karitativ motivierte Helfer aktiv werden lässt und damit seine mangelnde Wehrhaftigkeit demonstriert (vgl. ebd., 39f.).

Die Erfassung der Gesamtsituation soll künftig dazu dienen, der Behinderung mit Rücksicht zu begegnen und durch eine adäquate Sozialerziehung dem Behinderten bei der Überwindung seiner Behinderung zu helfen (vgl. ebd., 40). Im erweiterten Begriff von Behinderung kann auch nicht mehr von „Besonderheiten der Persönlichkeitsstruktur" gesprochen werden, sondern lediglich von „Besonderheiten der Entwicklung der Persönlichkeit" (vgl. MANSCHATZ 1975, 321ff.).

Der Behinderte als Subjekt im Bemühen um seine Persönlichkeitsentwicklung: In der Praxis darf die Behindertenpädagogik im Kontext zu Feusers erweiterten gesellschaftskritischen Überlegungen geistig Behinderte nicht länger als „unfertige Wesen" betrachten, denen ohne adäquate Erziehung und Beschulung die „Menschlichkeit" abgesprochen wird. Die Erzieher müssen sich künftig dem dialektischen Lebens- und Lernprozess des Kindes anpassen, und nicht das Kind an die Norm der Erzieher. Bisher galt der Behinderte in der Behindertenpädagogik als ein Objekt der Forschung, die unter Missachtung seiner Gesamtpersönlichkeit auf interdisziplinär separierte Fakten zurückgriff und sich damit bereits ein Urteil über sein Verhalten und seine Prognose erlaubte. So gerät der humanitäre Aspekt hierbei in den Hintergrund (vgl. FEUSER 1979, 41; MANNSCHATZ 1975, 321ff.). Die erste Grundvoraussetzung in Feusers ganzheitlichem Konzept soll dem Behinderten künftig die Chance geben, seine Förderung primär unter dem Aspekt der Integration in die gesellschaftlichen Verhältnisse zu konzipieren. Dies impliziert, dass der Behinderte seinen Objektstatus zu Gunsten der Wissenschaft verliert und fortan als Subjekt fungiert, dessen Integration in die Gesellschaft ein wesentliches Fundament in der reformierten Wissenschaft bildet (vgl. BUBER 1965 in FEUSER 1979, 42ff.). Die zweite Grundvoraussetzung bildet die Praxis, in der wissenschaftliche Reflexionen und methodische Orientierungen neu gestaltet werden. Dabei muss das Erziehungsverhältnis kritisch überprüft und der neuen Ideologie angeglichen werden. Der Erzieher interagiert als „du" zum „ich" des Kindes im Interesse der Konstituierung seiner Emanzipation und Mündigkeit. Um die Gesamtsituation des Kindes dabei zu erfassen, muss er sein bisheriges Selbstverständnis erheblich erweitern und im Interesse des Kindes die Umwelt und das Kind selbst im verflochtenen Beziehungsgefüge untereinander reflektieren und reformieren (vgl. FEUSER 1979, 43ff.). Die Behindertenpädagogik versteht sich zur Zeit als Erfahrungswissenschaft. Forschung und Lehre bleiben weiterhin den Psychologen vorbehalten. Bevor die Behindertenpädagogik damit beginnt, selbst interdisziplinär übergreifende Forschungen zu betreiben, muss sie im Rahmen einer Grundlagenforschung ihr neues Selbstverständnis artikulieren. Dabei werden explizit die adäquaten Zusatzmethoden determiniert. Feuser zitiert Klafki, der die Problematik einer traditionell betriebenen Behindertenpädagogik aufzeigt. Das Zitat warnt vor einer Wissenschaft, die die leitenden Interessen nicht hinterfragt:

„Positivistisch-empirische Forschung, die nicht nach ihren eigenen Voraussetzungen, nach den Voraussetzungen der von ihr untersuchten Phänomene und Beziehungen und nach den Interessen derer, die sich ihrer Ergebnisse möglicherweise bedienen, fragt, bleibt auf dem halben Wege der rationalen Aufklärung der Wirklichkeit und des Bewusstseins der Menschen über die Wirklichkeit stehen, sie verfestigt die bestehenden Verhältnisse, sofern sie zulässt, dass ihre Ergebnisse fälschlich als Aussagen über Unabänderliches mißverstanden werden" (KLAFKI 1971, 381 in FEUSER 1979, 45f.).

Die Behindertenpädagogik erreicht ihre Ganzheitlichkeit durch die „interaktive" Vernetzung zwischen historisch-hermeneutischen und erfahrungswissenschaftlichen Methoden. Insbesondere die ideologiekritische Auseinandersetzung mit dem gesellschaftlichen System und den daraus resultierenden Fragestellungen trägt besonders zur Erhellung und einer möglichen Reformierung des dialektischen Verhältnisses zwischen biologischer Beeinträchtigung und dem Gesellschaftssystem bei (vgl. JANTZEN 1974c; BRACKEN 1976; KLAFKI 1971 in FEUSER 1979, 46f.). Die theoretisch betriebene Behindertenpädagogik muss über genügend Praxisnähe verfügen, um die Realisierung ihrer Theorien zu ermöglichen. Nach Feuser lassen sich die Theorien (z.B. Unterrichtskonzepte) am besten im ständigen Austausch mit der Praxis aufstellen. Nach seiner Interpretation der Gesamtsituation wären die bisherigen Einschulungskriterien für Behinderte hinfällig, da ja gerade durch den zusätzlichen Einbezug der Praxis sehr viel dynamischer Spielraum für die Modifikation der Unterrichtsgestaltung geschaffen wird (vgl. BACH 1974, 377; FEUSER 1979, 46ff.).

Die relative Autonomie der Behindertenpädagogik: Auch gegenüber der Pädagogik muss sich die Behindertenpädagogik genügend Autonomie bewahren, um ihrem neuen Anspruch gerecht zu werden. Während sich die Pädagogik vor allem kritisch mit den Diskrepanzen der Erziehungsrealität auseinandersetzt, die von den Politikern und Ministerien definiert werden, muss die Behindertenpädagogik weiter gehen und durch engen Theorie-Praxis-Bezug im Interesse einer Veränderung aktiv an der Etablierung ihrer Ideologie in den adäquaten Institutionen mitwirken. Von welcher Tragweite die politische Dimension für die Behindertenpädagogik ist, verdeutlicht Feuser anhand der Hitler-Herrschaft, in der sich die Pädagogik in ihrer damaligen Struktur gut zur Weiterverbreitung von faschistischem und rassistischem Gedankengut missbrauchen ließ. Auch aus diesem Grund muss die Behindertenpädagogik abträgliche Bedingungen rasch identifizieren und verändern (vgl. KLAFKI 1971; ROHR 1975 in FEUSER 1979, 49ff.).

Das erzieherische Verhältnis soll ein „dialogisches Verhältnis" sein: Im dialogischen Erziehungsverhältnis erfahren Schüler und Lehrer wichtige Selbst- und Fremderkenntnisse, die nun in den weiteren Arbeitsablauf eingebracht werden können. Der Lehrer kann die Sozialerziehung nach dem aktuellen Bedarf der Persönlichkeitsentwicklung des Kindes individuell modifizieren. In diesem Interesse muss die Behindertenpädagogik organisiert werden.

Die Pädagogik muss ebenfalls hinterfragt werden, wenn sie den Anspruch erhebt, von der Praxis losgelöste Theoriebildungen in die Behindertenpädagogik einzubringen. Die traditionelle Behindertenpädagogik als Spezialdisziplin der Pädagogik unterstützt in ihrer Verobjektivierung die Separierung und Stigmatisierung behinderter Kinder und stört die reformierte Sozialerziehung, die nicht vom Begriff „Behinderung" ausgeht (vgl. FEUSER 1979, 52ff.).

Feusers Leitmotiv der Arbeit – Grundlagen der Pädagogik autistischer Kinder: Die Gesamtsituation von autistischen Kindern soll anhand einer reformierten Behindertenpädagogik erfasst werden. Damit soll dem autistischen Kind eine optimale Erziehung und Bildung im Rahmen der definierten Sozialerziehung zukommen. Feuser setzt zum Teil die Kundigkeit des Lesers über diverse Publikationen voraus, da diese im Rahmen einer kritischen Überprüfung unter dem Aspekt seiner neu definierten Behindertenpädagogik reflektiert werden. In seiner nachfolgenden Publikation „Autistische Kinder" erläutert er dann die praktische Umsetzung seiner Denkansätze. Feuser beschreitet mit seiner Arbeit einen neuen Weg, wobei er damals wusste, dass sich sein Ideengut noch nicht wissenschaftlich etabliert hat. Die Arbeit leistet einen wichtigen Beitrag zur neuen Identitätsbildung der Behindertenpädagogik. Beim Aufzeigen der Problematiken des autistischen Kindes werden zugleich auch die Probleme der Behindertenpädagogik sichtbar (vgl. ebd., 55ff.).

Feusers Modell der Wahrnehmungstätigkeit

Der Sozialisierungsprozess des Kindes setzt sich aus einem Wechselspiel zwischen biologischen Determinanten und der realen Umwelt zusammen, welche wiederum durch gesellschaftliche Verhältnisse geformt sind. Rödler folgert daraus, dass der Wahrnehmung dabei eine zentrale Rolle zukommt. Feuser steht auch den Autoren skeptisch gegenüber, die beim frühkindlichen Autismus als Ursache eine Wahrnehmungsstörung vermuten (Delacato, Weber, Bosch etc.). Er erkennt in diesen Publikationen nur eindimensional-kausale Studien, die sich nicht hinreichend genug mit der zentralen Bedeutung der Wahrnehmung für das autistische Kind auseinandersetzen, sondern nur mit dem Phänomen und seinen Folgen. Für Feuser leistet die Wahrnehmung des Kindes nicht nur den Aufbau kognitiver Denkprozesse im Bereich Sprache und Intelligenz, sondern ist insbesondere für die Entwicklung der Persönlichkeit schlechthin bedeutsam. Feuser nimmt Bezug auf den zuletzt genannten Aspekt, indem er davon ausgeht, dass die

Wahrnehmungstätigkeit der Person eine sensomotorische Tätigkeit darstellt, in der die Motorik und Sensorismen im Wechselspiel zueinander verknüpft sind, sich im neuronalen Netzwerk des Kindes festigen und damit eine Kompatibilität zur Umwelt gewährleisten. In dieser Koordination ist nach Feuser auch der Zeitfaktor verknüpft, der eine zeitliche Orientierung, nach dem Ursache-Wirkungs-Prinzip in der Umwelt garantiert. Dass Feuser den Ansatz von Delacato für am weitesten fortgeschritten hält, wird deutlich an seiner Theorie der Dysjunktion von Wahrnehmungstätigkeiten (vgl. DELACATO 1976, 74ff.; WEBER 1970, 90ff.; FEUSER 1979, 210ff.; RÖDLER et al. in JACOBS 1980, 49ff.; RÖDLER 1983, 138).

Zeitliche Dysjunktion der Wahrnehmungstätigkeit bei autistischen Kindern: Nach Feuser ist ein im psychobiologischen Bereich angesiedelter Zeitfaktor entweder verändert oder kann vom Nervensystem nicht richtig verarbeitet werden. Es kommt im Individuum zu einer Dysjunktion der Wahrnehmungstätigkeit, welche eine kompatible Aneignung der Umwelt unmöglich macht. Im Gespräch mit Rödler lieferte Feuser einige anschauliche Beispiele der dysjunktiven Wahrnehmungstätigkeit, die in ähnlicher Form auch bei der menschlichen Wahrnehmung abläuft:

„Als Beispiel zur Verdeutlichung der Entstehung der disjunktiven Wahrnehmung benutzt Feuser das Problem der Synchronisierung von Bild und Ton bei der Videoaufzeichnung und -wiedergabe. Hierbei treten verschiedene Bearbeitungszeiten im Aufnahme- und im Wiedergabegerät für Bild und Ton auf. Um nun dem Wiedergabegerät zu ermöglichen, Bild und Ton zu synchronisieren, wird bei der Aufzeichnung auf einer dritten Spur ein gleichmäßiges Zeitsignal aufgezeichnet. Dieses wird sowohl mit dem Bild als auch mit dem Ton zusammen verarbeitet und erlaubt der Ausgangsstufe anhand der Zusammengehörigkeit der entsprechenden Zeitmarken, auch die Zusammengehörigkeit von Bild und Ton zu erkennen" (FEUSER in RÖDLER 1983, 139; ebd., 307).

„Wird der Knall des Aufschlages eines Gegenstandes gehört, bevor der Fall und der Aufschlag optisch wahrgenommen wurde, ist dieser als Verursacher des Knalls nicht identifizierbar" (ebd.).[26]

Mit den Beispielen sollte der Versuch unternommen werden, zu veranschaulichen, dass bei der dysjunktiven Wahrnehmungstätigkeit des autistischen Kindes die auf die Sensomotorik entfallenden Signale aus verschiedenen Sinnesbereichen zeitlich asynchron weiterverarbeitet werden. Die Ursache für die Störung liegt nach Feuser nicht in der Biologie, sondern im verfehlten Sozialisierungsprozess des Individuums. Feuser verglich sein theoretisches Modell mit Untersuchungen im medizinischen Labor. Es ist in der Medizin bekannt, dass sich am EEG Alpha-Wellen einstellen, wenn beim untersuchten Individuum zwei Sinnesbereiche (z.B. Hören und Sehen) synchron auf Empfang geschaltet sind. Bei Untersuchungen an autistischen Kindern konnten im EEG immer dann Alpha-Wellen nachgewiesen werden, wenn das Kind Stereotypien zeigte. Feuser deutete dabei die Stereotypien von autistischen Kindern als externes Hilfssignal, welches er mit den Zeitmarken eines Videobandes verglich und was der Synchronisierung und Organisierung der

---

[26] Rödler deckte dabei im Gespräch mit Feuser auch Unklarheiten bei seiner Theorie vom Zeitplan auf.

Wahrnehmung dient. Die dysjunktive Wahrnehmungstätigkeit verfestigt sich mit der Zeit im neuronalen Netzwerk des Gehirns. Auf diesem theoretischen Fundament *ordnet Feuser die Symptome autistischer Kinder ein*, die er nicht als fehlerhafte Anpassung an die Umwelt deutet, sondern als konsequente Anpassung an die dysjunktive Wahrnehmung auffasst. Diese Einschränkung der Wahrnehmung veranschaulicht Rödler mit der Benennung von Astronautenexperimenten, bei denen die Probanden schon kurze Zeit nach Entzug aller elementarer Reize Halluzinationen etc. zeigten (vgl. FEUSER 1979, 195ff. in RÖDLER 1983, 138ff.). Diese im Beziehungsgeflecht verstandene Isolation führte zu einer Inkongruenz der Aneignung aller Aspekte der Gesellschaft und schließlich zu einer völlig veränderten Beziehung zur Realität. Folgender Kreislauf hat sich nach Feuser in Gang gesetzt:

„Die Isolation produzierenden perzeptiv-operanten Aktivitäten führen zu entsprechenden geistigen Strukturen, denen gegenüber selbst normale Umweltbedingungen als isoliert erscheinen, wodurch sie wieder den ersten Bereich der perzeptiv-operanten Aktivitäten in seiner Isolation produzierenden Form verstärken" (RÖDLER 1983, 140).

„Mit der Zeit wird die Umwelt jedoch auch auf das in dieser Weise in Erscheinung tretende Verhalten reagieren und selbst zu einem im Hinblick auf das Individuum Isolation produzierenden Faktor werden, was in verstärktem Maße die entsprechenden Aktivitäten verstärkt" (ebd., 141f.).

„Der umgekehrte Weg, dass der Anfang der Entwicklung in Isolation produzierenden Umweltbedingungen liegt, wird nur am Rande als möglich erwähnt" (ebd., 142).

Die psychische Organisation des autistischen Kindes erlebt dabei immer wieder Zusammenbrüche, um sich dann wieder mit Hilfe nicht-kommunikativer funktioneller Systeme zu stabilisieren. Dabei erlebt das autistische Kind Angst (vgl. FEUSER 1979, 404; RÖDLER et al. 1980 in JACOBS 1980, 42).

Behandlungsmöglichkeiten

Der Zyklus kann nach Feuser nur unterbrochen werden, wenn dem Kind eine Umwelt geboten wird, welche die Isolierung reduziert. Im Rahmen einer Sozialerziehung soll die dysjunktive Wahrnehmungstätigkeit durch eine andere, seinen psychischen Strukturen verträgliche Wahrnehmung ersetzt werden. Hierdurch ließe sich nach Feuser auch ein Rückgang autistischer Symptome erzielen. Mit folgendem Modell kann in der schulischen Förderung der Zyklus von Aneignung und Isolation unterbrochen werden:
– Klar strukturierte Unterrichtssituation,
– einfache, eindeutige und klare Interaktions- und Kommunikationsangebote,
– exakte Strukturanalyse der zu vermittelten Stoffe (im Sinne ihrer dialektisch/therapeutisch Aufbereitung),
– Durchführung unter Verwendung verhaltenstherapeutischer Prinzipien und Techniken in entsprechenden Formen des Unterrichts (z.B. Kleingruppen, Kurs- und Einzelunterricht) (FEUSER 1980, 45f.).

Nach Feuser wird autistischen Kindern nur in der Schule für geistig Behinderte eine optimale Förderung zuteil. Er wendet sich kritisch gegen eine reine Sonderschule für Autisten nach dem Modell von Cordes und Wilker. Auch an einer Schule für geistig Behinderte können durch den Einsatz lerntheoretischer und verhaltenstherapeutischer Techniken in einer adäquat strukturierten Lernumgebung gleiche Erfolge erzielt werden, wie an einer Sonderschule für Autisten. Vom strukturierten Unterricht profitieren nicht nur autistische Kinder, sondern alle Kinder (Feuser startete dazu im Schuljahr 1969/1970 mit 11 autistischen Kindern einen Modellversuch). Der Unterricht ist wie bei Cordes (vgl. Kapitel 3.3.3) in Gruppen-, Fach-, Kurs- und Einzelunterricht aufgeteilt. Genauso wichtig erachtet Feuser die Aufstellung individueller Curricula im Rahmen der Lehrpläne einer Schule für geistig Behinderte. In der Sonderschule für autistische Kinder sieht Feuser die Gefahr, dass hier eine Gruppe von Kindern isoliert wird, deren Problem ja gerade die Isolation, im Sinne der beeinträchtigten Wahrnehmungstätigkeit ausmacht. Zudem wird an der Sonderschule die gesamte Persönlichkeitsentwicklung nur unzureichend berücksichtigt, da bei Cordes und Wilker vor allem eine symptomorientierte Förderung auf ausschließlich verhaltenstherapeutischer Grundlage erfolgt (vgl. ebd., 47ff.).

Damit die Förderung so früh wie möglich einsetzen kann, ist eine frühe Diagnose und Aufklärung vom Arzt die erste wichtige Voraussetzung. Bereits in einer Sonderkindertagesstätte kann qualifizierte Förderung erfolgen, wenn die Mitarbeiter dort über genügend sachadäquate Kenntnisse zum Autismus auf hohem Niveau verfügen. Die Förderung erfolgt in zwei Phasen:

Erste Förderphase: Es wird zunächst die Ansprechbarkeit und die zielgerichtete Neugier des autistischen Kindes gefördert. Dabei muss der Therapeut das Kind im Sinne non-direktiver Therapieverfahren (vgl. Kapitel 4.1) vorbehaltlos akzeptieren.[27] Bei Kindern, die starke Störungen im Sozialkontakt aufweisen, sich massiv aggressiv, destruktiv verhalten oder zu sehr von ihrer Veränderungsangst eingenommen sind, wird sofort mit verhaltenstherapeutischen Maßnahmen begonnen (der primären Reaktionsquotenverstärkung). Bei den Kindern, die nach non-direktiven Methoden behandelt werden, wird das Störverhalten mit einem „neutralen" Nein vermindert. Niemals darf der Therapeut dabei eine Reaktion zeigen. Bei massiven Aggressionsausbrüchen wird jedoch eine vorübergehende Isolierung (Time-Out) angeordnet. Das Kind muss sofort und ohne Kommentar des Personals wieder aus diesem Raum entlassen werden, wenn es sein Störverhalten einstellt. Nach hinreichender Festigung des Sozialkontaktes dominiert auch hier wieder die non-direktive Haltung des Therapeuten. Feuser empfiehlt dem autistischen Kind sensomotorische Übungen (vgl. Kapitel 4.2.1), Wahrnehmungstraining, rhythmische Methoden, Imitationstraining und weitere Therapie, in der die Verhaltensmodifikation zum Einsatz kommt. So früh wie möglich sollte das Kind aus dem Einzelunterricht in den Gruppenunterricht

---

[27] nondirektive Therapieverfahren nach Rogers und Axline

überwechseln. Nach Feuser muss diese Gruppe bereits über hinreichend soziale Festigungen verfügen. Er gibt jedoch zu bedenken, dass eine Gruppe von acht Kindern nur maximal zwei Autisten verkraften kann.

Zweite Förderphase: Unter gleichen therapeutischen Bedingungen kann jetzt damit begonnen werden, das autistische Kind an den allgemeinen Zielen der Schule für geistig Behinderte[28] teilhaben zu lassen. Konditionierungstechniken kommen hier nicht mehr zum Einsatz, da die Fähigkeit des Kindes, sich in der Umwelt zurechtzufinden, Priorität hat. Die Entwicklung des Selbst schätzt Feuser demnach sehr hoch ein. Auch hier darf die Therapie nicht nur symptomorientiert erfolgen.

Prognose: Je nach Fortschritt kann das autistische Kind in eine Lernbehinderten- oder Regelschule überwechseln (vgl. FEUSER 1980, 47ff.; FEUSER in RÖDLER 1983, 143ff.).

4 Weitere fachtherapeutische Interventionsmöglichkeiten

Bei der Durchsicht der Literatur wurde von nicht wenigen Autoren eine therapeutische Intervention empfohlen, die entsprechend der Individualität des autistischen Kindes durch zusätzliche Fachtherapien ergänzt wird (vgl. KANNER 1943, 217ff.; ebd. 1952, 701ff.; ebd. 1955, 227ff.; ebd. 1968, 108ff.; ebd. 1971, 140ff.; KANNER und EISENBERG 1955, 227ff.; EISENBERG und KANNER 1956, 556ff.; J. K. und L. WING 1977, 227ff.; O'GORMAN 1976, 112ff.; TINBERGEN 1984, 164ff.; KEHRER 1989, 119ff.). Die empfohlenen Fachtherapien sind zum Teil nicht speziell für die Behandlung autistischer Kinder vorgesehen, können jedoch bei einiger Modifikation der Behandlungsprogramme auch hier wertvolle Dienste leisten. Dazu zählen basale Stimulation, Entwicklungsförderungspro- gramme, Musiktherapien, lautsprachunabhängige Kommunikationsformen und Tanztherapien. Viele Therapien intervenieren dabei, häufig ohne es zu wissen, auch fachübergreifend. Die Fülle der international erarbeiteten Möglichkeiten ist inzwischen unüberschaubar geworden. Die Durchsicht von Publikationen, die mit eigenen oder fremden Untersuchungen eine mehr oder weniger vollständige Gesamtabhandlung bisheriger Autismusforschung präsentieren, offenbarte, dass eine exakte Gliederung in Ansätze und Autoren nicht möglich ist, da

- das Phänomen Autismus noch immer nicht zufrieden stellend definiert ist (vgl. Feuser 1979, 62).
- die Autoren ihre Forschungen nach zweierlei Maßstäben betreiben. Zum Beispiel ist Delacato medizinisch vorgebildeter Hirnforscher und Ethologe zugleich.
- die Differenzierung der Ansätze unterschiedlich präzise gehandhabt wird.
- interdisziplinär diverse mentale Schablonen existieren, welche nicht miteinander kompatibel sind.

---

[28] nach der Kultusministerkonferenz Neuwied 1981

– Symptome, Ursachen und Behandlungsmethoden öfter unterschiedlich gewertet werden, je nachdem welchen thematischen Schwerpunkt sich der Autor gesetzt hat.

Im Rahmen dieser Arbeit habe ich eine Auswahl nach den Gesichtspunkten der Verschiedenartigkeit und der Bedeutsamkeit getroffen. Die entsprechenden Autoren werden nocheinmal in der folgenden Übersicht erwähnt und zugeordnet. Einige Autoren sind dabei so bedeutsam für die Theoriebildung über Autismus, dass deren Interventionsmethoden unter den jeweiligen Forschungsansätzen bereits im vorigen Kapitel diskutiert wurden (vgl. Kapitel 3) (vgl. BETTELHEIM 1976, 22ff.; ebd. 1977, 116ff.; MAHLER 1972, 164ff.; DELACATO 1985, 107ff.; O'GORMAN 1976, 112ff.; ZASLOW et al. 1969, 246ff.; WELCH in TINBERGEN 1984, 297ff.).

Sensomotorische Ansätze sind körperwahrnehmungsorientiert:
– Sensorische Integrationsbehandlung nach Ayres: Sie geht von einer speziellen Verarbeitungsstörung aus. Nach ihrer Theorie soll es durch Vermittlung von dosierten Reizen wieder zu einer Integration im Zentralnervensystem kommen. Erst danach können Lernstörungen abgebaut werden.
– Führen nach Affolter: Über die Methode des „Patterning" soll das autistische Kind genügend „Spürinformationen" über die Umwelt erhalten. Danach kann Lernen erfolgen.
– Delacato-Methode: Sie ist den sensomotorischen Ansätzen noch recht ähnlich. Durch Zuführung sensorischer Reize je nach Störungsart der adäquaten Sinnesmodalität soll dem Kind die Orientierung in der Umwelt ermöglicht werden (mentale Brille). Danach erfolgt Entwicklungsförderung nach der Doman-Delacato-Methode.
– Hartmann und Rohrmann: Im Vergleich zur therapeutischen Intervention von Ayres, bei der sich das Kind autonom das therapeutische Angebot für seine Entwicklung nutzbar machen kann, steht bei Hartmann und Rohrmann der Entwicklungsprozess der Interaktion im Mittelpunkt. Während Ayres jedes Kind individuell behandelte, entwickelten Hartmann und Rohrmann ein übergeordnetes Therapiekonzept. Nur Ayres widmete sich sehr ausgiebig der sensorischen Integrationsbehandlung (vgl. AYRES 1988, 18ff.; ebd. 1992, AFFOLTER in JANETZKE 1997, 57ff.; DELACATO 1985, 74ff.; HARTMANN und ROHRMANN 1988, 156ff.; ebd. 1990, 87ff.).

Der audiosensorische Ansatz von Tomatis ist hörwahrnehmungsorientiert ausgerichtet. Über ein „elektronisches Ohr" erhält das Kind so lange akustische Reize aus der präverbalen Phase, bis es in die Kommunikation mit der Umwelt eintritt (vgl. TOMATIS 1987 in JANETZKE 1997, 74ff.).

Lernpsychologische Ansätze sind symptomorientiert: Die Ansätze von Lovaas Sprachförderungsprogramm, Schreibmanns Integrations- und Lernprogramm, Cordes Autistenklassen und Millers Imitationsprogramm sind bereits im Kapitel Verhaltenstherapeutische Ansätze (vgl. Kapitel 3.3) vorgestellt worden (vgl. LOVAAS, SCHÄFER UND SIMMONS 1965, 99ff.; LOVAAS, KOEGEL, SIMMONS und LONG 1973, 131ff.; LOVAAS 1966, 125ff.; ebd. 1967, 108ff.; ebd. 1969; SCHREIBMANN und KOEGEL 1976; SCHREIBMANN 1979a; ebd. 1979b; CORDES und WILKER 1976a; ebd. 1976b, 8ff.; CORDES 1980ff.; MILLER 1976ff.). Die Bearbeitung einiger psychogener Interventionsmöglichkeiten verdeutlichte jedoch, dass der Therapeut immer wachsam sein muss, ob das Kind die Therapie auch wirklich nach seinen Vorstellungen annimmt. Bei der Haltetherapie von Welch (vgl. WELCH in TINBERGEN 1984, 297ff.) sind einige Kritiker davon ausgegangen, dass diese Methode durch eine Art Konditionierung wirkt (vgl. FEUSER 1988, 115ff.). Die Lernpsychologie leistet auch einen Beitrag zur Entwicklungsförderung. Die Spezialisten aus dem amerikanischen Raum sind Schopler und Reichler, welche das TEACCH-Programn (Treatment and education of autistic and related communication handicapped children) auf breiter Grundlage erstmals ausgiebig und empirisch gesichert für autistische Kinder anwendeten. Über die Erstellung eines individuellen Persönlichkeitsprofils (PEP) wird gezielte Förderung in den Bereichen Imitation, akustische und optische Wahrnehmung, Fein- und Grobmotorik, Auge-Hand-Koordination, kognitive Leistungen und verbale Leistungen angeboten. Entwicklungsförderung findet natürlich auch automatisch bei sensomotorischen, psychoanalytischen, lautsprachunabhängigen Ansätzen und bei der facilitated communication statt, wobei hier jeweils nur bestimmte Phasen und Bereiche gefördert werden (vgl. SCHOPLER und REICHLER 1981ff.).

Psychodynamische Ansätze sind beziehungsorientiert: Die Begründer der psychoanalytischen Autismustherapie sind Mahler und Bettelheim. Ihre Publikationen begannen schon in den 50er-Jahren (vgl. BETTELHEIM 1943, 417ff.; MAHLER 1952, 286ff.). Ebenfalls zu dieser Zeit entwickelte Axline aus dem non-direktiven Therapieplan von Rogers die Kinderspieltherapie im non-direktiven Verfahren. Im Gegensatz zur direktiven Therapie hilft der Therapeut hier „nonverbal" dem Kind beim Selbstfindungsprozess (vgl. AXLINE 1947). Später publizierte O'Gorman eine Psychotherapie für autistische und psychotische Kinder, die eine Modifikation des therapeutischen Modells von Mahler darstellt (vgl. MAHLER 1972, 164ff.; O'GORMAN 1976, 114ff.). Die Autoren Axline und O'Gorman behandelten mit ihrer Therapie auch Kinder mit anderen Beeinträchtigungen (Axline behandelte anders verhaltensgestörte Kinder; O'Gorman schizophrene sowie Kinder mit diversen Psychosen) (vgl. AXLINE 1973; ebd. 1980; O'GORMAN 1954, 934; ebd. 1968). Die Haltetherapien von Zaslow, Welch und Prekop stützen sich auf die psychologische Bindungsforschung und sind konfliktpsychologisch orientiert. Ihre Erfolge sind in der Fachwelt stark umstritten (vgl. BURCHARD 1984, 282ff.; ebd. 1988, 89ff.; ebd. 1990, 141ff.; FEUSER 1988, 115ff.; JANTZEN 1988, 155ff.; KISCHKEL und STÖRMER 1988, 185ff.; DALFERTH 1988, 206ff.; HEILMANN 1988, 39ff., STADES-VETH 1990, 121ff.; MÜNCH und HOLZMANN 1990, 159ff.; KALDE 1990, 175ff.; MATONI 1990, 191; PREKOP 1984a, 798ff.; ebd. 1984b, 1043ff.; ebd. 1984c, 1170ff., ebd. 1984d, 6ff.; ebd. 1986, 1ff.; ebd. 1991; ZASLOW und BERGER 1969, 246ff.; ZASLOW und MENTA 1975, 214ff.). Zu nennen wären noch unter dem Aspekt der Verursachungstheorie die Vegetotherapie nach Heilmann (vgl. Heilmann 1990, 219ff.) und die Tanztherapie nach Siegel (vgl. SIEGEL 1986).

Lautsprachunabhängige Ansätze sind kommunikationsorientiert:
– Gebärdentherapie: Sie wird Augmentative und Alternative Kommunikationsform (AAC) genannt und wird von Ganghofer als lohnende Alternative angesehen, wenn das autistische Kind die Sprache verweigert (vgl. LÉPPE in JANETZKE 1997, 67;

DUKER 1991; BERNARD-OPITZ, BLECH und HOLZ 1988, 31ff.; GANGHOFER 1994, 86ff.).

- Facilitated Communication (FC): Hier lernt das autistische Kind, die Buchstaben-tastatur als alternatives Kommunikationsmittel einzusetzen. Als Begründerin gilt Rosemary Crossley. Im deutschsprachigen Raum befassten sich damit vor allem Schubert und Nagy. Von Zöller und Sellin liegen autobiografische Berichte vor (vgl. CROSSLY 1993; ebd. 1997; EICHEL 1996; NAGY 1993ff.; BUNDSCHUH 1997; ZÖLLER 1989f.; SELLIN 1993ff.).
- Tanztherapie: In der Therapie von Siegel werden über motorische Bewegungen nonverbale Kommunikationsformen hergestellt (vgl. SIEGEL 1986).
- Musiktherapie: Als die bedeutsamsten Vertreter hierzu zählen Nordoff und Robbins, Benenzon, Orff und Alvin. Das autistische Kind öffnet sich hier der Welt über ein Instrument. Im nächsten Schritt lernt es mit Hilfe der Instrumente, mit der Umwelt in ein Wechselspiel zu treten (vgl. BENENZON 1983; NORDOFF und ROBBINS 1986; ORFF 1974; ALVIN 1988).
- Tiere als therapeutische Helfer: Über Pferde, Hunde, Katzen und Delfine kann das autistische Kind eine „Brücke schlagen" zur Kommunikation mit der menschlichen Umwelt (vgl. ROYDS 1977, 46ff.; DÖPP-WESELER 1981, 511ff.; LUNGERSHAUSEN 1981, 184ff.; KEIENBORG 1987, KUPPER-HEILMANN 1998; ebd. 1999).
- Basale Kommunikation nach Fröhlich: Auf der Grundlage der Verhaltensformen des Babys in der pränatalen Phase sollen kommunikationsorientierte Inhalte der Phase nachgeholt werden (vgl. FRÖHLICH 1982).

4.1 Non-direktive Therapien

4.1.1 Axline: Die non-direktive Therapie nach Rogers – Aktivierung der Selbstheilungskräfte

Grundlagen der non-direktiven Spieltherapie

Die klinisch arbeitende Psychologin Axline gilt historisch gesehen als Wegberei-terin der Spieltherapie. Ihre Techniken orientieren sich dabei an der non-direk-tiven Beratung von Carl. R. Rogers (vgl. ROGERS 1942). Die nicht-direktive Beratung beruht auf der philosophischen Überzeugung der Selbststeuerung und -regulierung des Menschen, einer fundamentalen Kraft der Selbstbestimmung im Menschen in jeder Lebensphase. Die dem Individuum eigene Fähigkeit, über sich selbst zu bestimmen, bildet das Kernfundament der non-direktiven Therapie. Der dabei inbegriffene Humanismus ähnelt dem von Bettelheim. Sowohl die klassische Psychoanalyse, als auch die non-direktive Therapie gehen bei autistischen Stö-rungen von frühen psychogen erworbenen Traumata aus. Bei der Behandlung entscheidet der Patient in der non-direktiven Therapie jedoch vollkommen selbst, ob und wie weit er sich mit sich beschäftigen möchte. Die non-direktive Inter-aktion hilft dabei dem Patienten beim Selbstfindungsprozess (vgl. BETTELHEIM 1976, 22ff.; ebd. 1977; MAHLER 1952ff.).

Theorie der Persönlichkeitsstruktur in der nicht-direktiven Spieltherapie: Axline geht davon aus, dass im Individuum eine gut ausgewogene Persönlichkeitsstruktur entsteht, wenn es genügend Freiheiten in Kombination mit dem Angenommensein erfährt. Erst das internalisierte Gefühl, ein Wesen mit Recht und Würde zu sein, erlaubt es ihm, seinen Wachstumsprozess mit Befriedigung zu erleben. Nach den Prinzipien von Bettelheim steht das Individuum in einem wechselseitigen, dynamischen Prozess zwischen seiner Person und der Umwelt. Dabei verdeutlicht Axline, dass all jene Individuen eine bessere Sicht für ihre Handlungskompetenzen erwerben, die sich aktiv und willentlich für ihre Lebensgestaltung und Selbstverwirklichung einsetzen. Während sich gut angepasste Individuen durch Authentizität und genügend Selbstvertrauen auszeichnen, ist das Verhalten von schlecht Anpassungsfähigen durch eine vorgetäuschte Selbstverwirklichung charakterisiert. Das Verhalten stimmt dabei nicht mit der inneren Vorstellung des Selbst überein und das Ich neigt zu entsprechenden Abwehrmechanismen (Anna Freud), um diese aufrecht zu erhalten. Dabei steigt die Unangepasstheit, je größer die Kluft ist. Im therapeutischen Prozess wir daher unangepassten Individuen zunächst vermittelt, dass sie ein würdiges Wesen sind, das durchaus in der Lage ist, sein Leben autonom zu gestalten (vgl. AXLINE 1980, 16ff.; BETTELHEIM 1977, 34ff.).

Die nicht-direktive Therapie macht dem Individuum wieder bewusst, dass es autonom seine Probleme im Leben bewältigen kann und zu der Erkenntnis kommt, dass es mit jedem Erfolgserlebnis Befriedigungen erzielen kann. Die therapeutische Arbeit orientiert sich dabei am Entwicklungsstand und dem Reifungstempo des Klienten. Diagnostische Voruntersuchungen spielen dabei keine Rolle. Das Selbst des Individuums spielt demnach in der non-direktiven Therapie eine zentrale Rolle. Es hat die Gelegenheit, „selbst" zu sein, da es in der Therapie vollkommen angenommen wird. Die vom Klienten zum Ausdruck gebrachten Gefühle werden dabei vom Therapeuten reflektiert. Dies führt dazu, dass sich der Klient besser kennenlernt und zur Erkenntnis gelangt, wie er sein Leben progressiver strukturieren kann (vgl. AXLINE 1980, 20ff.).

Die nicht-direktive Spieltherapie ist nach Axline ideal für Kinder geeignet, da das Spiel das natürlichste Medium der Selbstinszenierung darstellt. Axline geht von der Grundüberzeugung aus, dass jedes Kind veranlagungsbedingt einen innerlichen Drang zur physischen und psychischen Entwicklung hat, die bei Ersatzhandlungen (Wut und Trotz) Umwege geht. Im Spieltherapiezimmer soll das Kind nun endlich die Gelegenheit bekommen, sich von seinem psychischen Druck zu befreien und autonom etwas zu bewirken. Im Spiel lernt das Kind seine Gefühle besser kennen und lernt, neue Bewertungen dazu aufzustellen. Es erlebt und erfährt dabei Zeiträume von eigenen Überlegungen, Plänen und Handlungen. Negativ erlebte Situationen, wie im Alltag (z.B. Rivalität, Kritik oder Ärger) werden dem Kind hier nicht aufgebürdet. Eine grundlegende Erfahrung in der non-direktiven Therapie besteht für das Kind dadurch, dass es vom Therapeuten im festen Glauben seiner Selbstentscheidung immer angenommen wird, egal wie es sich verhält. Mit wachsendem Vertrauen in den Therapeuten steigen auch seine Erkundungen im Spielzimmer. Zunächst erkundet es diesen „fremden Raum" (auch im Sinne der neu erlebten Beziehung zum Therapeuten) erst tastend, später dann mit voller Dynamik seiner Emotionen, die vorher zu stark von der Umwelt gebremst wurden. Als „lebendiger Spiegel" reflektiert der Therapeut dabei alle Gefühlseinstellungen des Kindes in treffenden Worten, was dem Kind bei seinem Selbstreifungsprozess hilft. Gezielte Fragen an das Kind werden dabei vermieden (vgl. ebd., 20ff.).

Das Spielzimmer und das angebotene Material: Der Raum sollte nach Möglichkeit schallisolierend strukturiert sein. Im Raum sollte ein Waschbecken mit heißem und kaltem Wasser vorhanden sein. Die Fenster können durch Fliegenfenster gesichert werden. Wände und Fußböden sollten leicht zu reinigen sein.

Das Spielmaterial besteht z.b. aus Babyflaschen, einer Puppenfamilie, einem möblierten Puppenhaus, Spielsoldaten inklusive deren Ausrüstung, Spieltieren, Spielhaus-Materialien (Tisch, Stühle, Feld- und Puppenbett, Ofen, Zinnteller, Pfannen, Puppenkleider, Wäscheleine und -klammern und Waschkorb), diversen Puppen, diversen Mal- und Bastelutensilien, handwerklichen Artikeln, einem Spieltelefon, einer Sandkiste etc. Alle Materialien sollten stabil konstruiert sein, um auch rauer Behandlung standzuhalten. Nach Axline sollte jedes neue Kind wieder einen aufgeräumten, gepflegten Raum vorfinden (vgl. ebd., 55ff.).

Das Kind bildet den Mittelpunkt der Therapie. Viele „Problemkinder" lernen in der Therapie konstruktive Umgangsformen mit ihren Verhaltensschwierigkeiten. Zu den problematischen Kindern zählt Axline verhaltensgestörte Kinder, introvertierte Kinder, entwicklungsgestörte Kinder und Problemkinder mit körperlicher, Seh- oder sprachlicher Behinderung (vgl. ebd., 59ff.).

Der Therapeut verhält sich trotz seiner indirekten Rolle nicht passiv. Seine ständige Wachsamkeit, Sensibilität und die differenzierte Auswertung des Verhaltens des Kindes fordern ihn sehr. (Es ist eine Kunst für sich, dem Kind in relativ kurzer Zeit mit treffenden Worten sein Verhalten zu kommentieren.) Seine in der Therapie geforderte Rolle sollte niemals geheuchelt sein, sondern durch persönliche Reife mit seiner inneren Grundhaltung zur Welt im Einklang stehen. Er muss sich unbedingt seiner hohen Verantwortung in der Therapie bewusst sein. Eine hohe Fachkompetenz im Umgang mit Kindern, Verlässlichkeit und die Liebe zu seinem Beruf stellen weitere Voraussetzungen dar. Alter und Geschlecht spielen keine Rolle (vgl. ebd., 63ff.).

Unter einem erfahrenen Therapeuten gewinnt das Kind non-direktiv mehr Einsicht in sein Verhalten, was seine zukünftige Planung beeinflusst. Mit steigender Selbstachtung wachsen auch seine Fähigkeiten, Verantwortung für sich selbst zu übernehmen. Folgende acht Grundprinzipien sollten dem Therapeuten bei der Therapie immer gegenwärtig sein.

„1. Der Therapeut muss eine warme, freundliche Beziehung zum Kind aufnehmen, die sobald wie möglich zu einem guten Kontakt führt.

2. Der Therapeut nimmt das Kind so an, wie es ist.

3. Der Therapeut gründet seine Beziehung zum Kind auf einer Atmosphäre des Gewährenlassens, so dass das Kind all seine Gefühle frei und ungehemmt ausdrücken kann.

4. Der Therapeut ist wachsam, um die Gefühle, die das Kind ausdrücken möchte, zu erkennen und reflektiert sie auf eine Weise auf das Kind zurück, dass es Einsicht in sein eigenes Verhalten gewinnt.

5. Der Therapeut achtet auf die Fähigkeit des Kindes, mit seinen Schwierigkeiten selbst fertig zu werden, wenn man ihm die Gelegenheit dazu gibt, eine Wahl im Hinblick auf sein Verhalten zu treffen. Der Entschluss zu einer Wandlung und das In-Gang-Setzen einer Veränderung sind Angelegenheiten des Kindes.

6. Der Therapeut versucht nicht, die Handlungen oder Gespräche des Kindes zu beeinflussen. Das Kind weist den Weg, der Therapeut folgt ihm.

7. Der Therapeut versucht nicht, den Gang der Therapie zu beschleunigen. Es ist ein Weg, der langsam Schritt für Schritt gegangen werden muss, und der Therapeut weiß das.

8. Der Therapeut setzt nur dort Grenzen, wo diese notwendig sind, um die Therapie in der Welt der Wirklichkeit zu verankern und um dem Kind seine Mitverantwortung an der Beziehung zwischen sich und dem Kind klar zu machen" (ebd. 1980, 73).

Nähere Ausführungen zu den acht Grundprinzipien

Ein Lächeln und ein paar Begrüßungsworte vom Therapeuten können sich positiv auf die Einleitung der Therapiestunde auswirken, sofern das Kind dabei nicht bedrängt wird. Auch darf der Ton des Therapeuten in der Therapie niemals eine Spur von einem Vorwurf enthalten. Von Anfang an soll das Kind durch die Kommentare des Therapeuten erfahren, dass dieser sein Selbst absolut respektiert.

Anders als die Umgebung, welche die unangepassten Teile des Kindes ablehnt, wird es hier in all seinen Eigenschaften angenommen. Der Therapeut vermeidet Ungeduld, Belobigungen, Taten und Worte oder Anzeichen, die beim Kind Schuldgefühle erwecken könnten.

Insbesondere in der ersten Stunde, in der viele Kinder die Materialien untersuchen und mit hoher Aufmerksamkeit das Verhalten des Therapeuten beobachten, muss dieser auf eine gewährende Haltung achten. Das Kind entscheidet vollkommen selbst, wie es seine Therapiestunde gestalten will. Diese Erkenntnis erwerben manche Kinder erst allmählich in der Therapiestunde.

Nach Axline sollte sich der Therapeut beim Initialkontakt eher sachlich auf die Gesprächsinhalte beziehen, als auf die Emotionen des Kindes. Erst später darf sich der Therapeut auf Letzteres konzentrieren. Er sollte so wenig wie möglich von der Interpretation Gebrauch machen und sich vermehrt der Reflexion (im Sinne der Kommentierung des Inhaltes) zuwenden. Stets sollte er sich dabei auf den Beschäftigungsinhalt des Kindes beschränken.

Axline verdeutlicht, dass Verhaltensänderungen nur dann von bleibendem Wert sind, wenn das Kind selbst die Erkenntnis zu einer (besseren) Wandlung im Verhalten erlangt. Alle Aktivitäten hierzu muss der Therapeut mit neutraler bis leicht-freundlicher Ausstrahlung tolerieren. Ähnlich wie bei Bettelheim darf auch hier der Therapeut niemals Druck auf das Kind ausüben.

Er stellt keine Testfragen, vermeidet Lob und Tadel, macht dem Kind niemals Spielvorschläge und beantwortet Fragen des Kindes so neutral und sachlich, dass keine Wertung oder Beeinflussung darin zum Ausdruck kommt.

Ähnlich wie beim Therapiekonzept von Bettelheim gibt das Kind das Tempo und den Inhalt an, mit dem es arbeiten möchte. Nur ohne Druck kann es sich in entspannter Form entfalten. Zeichnet sich für lange Zeit kein Fortschritt ab, so muss der Therapeut seine Arbeitsmethoden und Notizen noch einmal kritisch überprüfen.

Die Grenzen werden während der entsprechenden Situation aufgezeigt. Der Therapeut darf nur begrenzend einschreiten, wenn das Kind z.B. anfängt, mutwillig Spielzeug zu zerstören, oder das Spielzimmer verwüstet. Auch tätlichen Auto- oder Fremdaggressionen muss Einhalt geboten werden. Der zeitliche Rahmen der Therapie wird dem Kind als Grenze vorgegeben. Der Therapeut sollte in diesen Fällen der Grenzüberschreitung die Szene kurz kommentieren, etwa mit der Wendung, dass „dies nicht geht" und das Kind zu realistischen Bewältigungsformen hinleiten. Nur in Ausnahmesituationen darf das Kind aus dem Therapiezimmer verwiesen werden. Verlässt das Kind den Raum, weist der Therapeut darauf hin, dass damit die Stunde beendet ist (vgl. ebd., 73ff.).

Indirekte Teilnehmer – Eltern oder Ersatzpersonen profitieren von den gewonnen Einsichten der Kinder in der Therapie. Neue Lösungsmodelle im eigenen Verhalten helfen dem Kind, Spannungen im Umfeld zu minimieren (vgl. 67ff.).

Dibs – Die wunderbare Entfaltung eines menschlichen Wesens

Axline veröffentlichte 1973 eine ausführliche Fallgeschichte, die sie jedoch nicht unter diagnostischen Kriterien ausgewertet hat. Allerdings ist davon auszugehen, dass Dibs, von dem nun die Rede sein wird, ein autistisches Kind im Sinne von Kanner war. Über die Frühkindheit von Dibs ist wenig bekannt. (Tinbergen erwähnte lediglich einen Kinderpsychiater, der Axline einmal anvertraute, dass er das Gefühl hatte, das „am meisten verstoßene Kind" kennen gelernt zu haben.) Dibs Fallgeschichte erinnert auch an Hypothesen bereits besprochener Autoren:

– Die Eltern von Dibs zeigen die „Frigidität" und Kälte, von denen auch Kanner und Bettelheim gesprochen haben (vgl. AXLINE 1973; KANNER 1949, 412ff.; ebd. 1954, 378ff.; KANNER und EISENBERG 1956, 556ff.; BETTELHEIM 1977, 94ff.).
– Axline zeigt deutlich auf, dass die freie aktive Entfaltung (im Sinne von Bettelheim) bei Dibs von den Eltern blockiert worden ist, etwa durch überzogene Erwartungen (vgl. AXLINE 1973; BETTELHEIM 1977, 34ff.).
– Axline erkannte im Gespräch mit den Eltern, dass sie nicht genügend Kenntnisse in der Kindererziehung hatten. Von einer zunehmenden Unkenntnis sprach auch Tinbergen in der historischen Reflexion der Kindererziehung (vgl. AXLINE 1973 vgl. mit TINBERGEN 1984, 126ff.).

In der Kinderspieltherapie lernt der autistisch zurückgezogene Dibs, seine Hass- und Rachegefühle gegenüber seinen Eltern und der Schwester zu überwinden und Frieden mit ihnen zu schließen. Die nonverbale Haltung von Axline gibt Dibs dabei genügend Zeit, seine unreifen Züge abzulegen und seine Kräfte für Mut und Autonomie selbst zu entdecken. Nach und nach gelingt es Dibs, sich diese Kräfte für die Erkundung der Umwelt nutzbar zu machen und ein stabiles „Ich" zu entwickeln. Die nun folgende Fallgeschichte verdeutlicht, auf welche Art und Weise sich Dibs im non-direktiven therapeutischen Prozess entfaltet und welch ein begabtes, aufnahmefähiges, äußerst empfindsames und leicht verwundbares Kind hinter seiner autistischen Fassade steckte (vgl. AXLINE 1973).

Die Fallgeschichte von Dibs

Axline beginnt die Erzählung mit einer Episode aus dem Schulzimmer einer Privatschule, in dem sich Dibs die meiste Zeit ganz auf sich selbst zurückzog und stundenlang unter einem Tisch kauerte. Beim Abholen machte er regelmäßig einen großen Aufstand, um kurze Zeit später sein Schicksal ausdruckslos zu ertragen. Dibs sprach nicht und blieb die meiste Zeit an seinem Platz. Später bewegte er sich kriechend im Raum umher. Er wehrte jeden Kontakt ab, sah seinem Gegenüber nicht in die Augen und rollte sich wie zu einem Ball zusammen, wenn sich ihm jemand näherte. Obwohl Dibs Verhalten sehr unausgeglichen war und er den Eindruck starker geistiger Zurückgebliebenheit erweckte, war er in der Lage, in unbeobachteten Momenten Handlungen zu vollziehen, die äußerst intelligent waren. Er übte sich in allen Situationen, in denen er alleine lernen konnte.

Dibs Eltern sind beide auf ihren naturwissenschaftlichen Gebieten berühmt. Er hat noch eine jüngere Schwester, die sich im Gegensatz zu ihm musterhaft in die Familie einpasste.

Da Dibs auch zu Fremdaggressionen neigte, wurde an einer Schulkonferenz, an der auch Axline teilnahm, beschlossen, dass Axline Dibs genauer beobachten sollte. Dabei stellte Axline bei den Beobachtungen an der Schule fest, dass Dibs sich sehr viel mit Materialien und Büchern im Alleingang auseinander setzte. Bereits seit der ersten Kontaktaufnahme in der Kindergruppe pflegte Axline einen non-direktiven Umgang zu Dibs. Bei der ersten Zusammenkunft im Spielzimmer an der Schule formulierte Axline neutral, ohne Dibs direkt zu einer Handlung aufzufordern, dass sie jetzt eine Stunde gemeinsam verbringen und er sich eine Beschäftigung suchen kann. Zunächst erkundete Dibs den Raum und seine Spielsachen mit den Nahrezeptoren und murmelte die Namen der untersuchten Gegenstände. Axline stellte erste Weichen für eine Verbindung untereinander, indem sie Dibs durch leichte Hinzufügungen zu seinen Worte verdeutlichte, dass sie seine Sprache verstand. Im Folgenden konnte er in der ersten Stunde seine Probleme zur Raumangst und zu seinen Eltern in Ansätzen im Spiel darstellen. Bereits an dieser Stelle wird deutlich, dass Dibs sich unter der non-direktiven Aura nach den oben erläuterten Kriterien gut entfalten wird.

Als Nächstes vereinbarte Axline ein Treffen bei den Eltern von Dibs, um die familiäre Struktur besser kennen zu lernen. Die Beschreibungen über die Eltern könnten geradezu ein Musterbeispiel für Kanners Untersuchungen über die Akademikerfamilien autistischer Kinder darstellen. Anstatt tiefe Betroffenheit über die Störungen ihres Kindes zu äußern, überhäuften die Eltern Axline in kühl distanzierter Art mit Entwicklungsdaten über Dibs. Sie erreichte bei diesem Treffen eine Vereinbarung, dass Dibs anstatt zu Hause, wie es die Eltern wollten, im Therapiezimmer der Beratungsstelle therapiert wird. Auch in der zweiten Sitzung gewährte Axline Dibs viel Zeit, die räumlichen Gegenstände zu erkunden. Dibs hatte Probleme, seine Kleidung auszuziehen. Zögernd bot Axline ihm dabei nur so viel Hilfe an, wie er auch im non-direktiven Dialog anforderte. Den Rest durfte er autonom erledigen. Danach demonstrierte Dibs seine Kenntnisse in Farben und deren Benennung. Durch ein kleines Frage-Anwort-Spiel zeigte Axline ihm, dass sie seine indirekten Kontaktangebote verstanden hat. Dibs gab das Tempo an. Durch gemeinsame Sacherlebnisse konnten sich Axline und Dibs mehr annähern und gegenseitig verständigen. Dibs vertauschte dabei regelmäßig die Personalpronomen im Sinne von Kanner. Um eine Fixierung· auf seine Lieblingsinteressen zu vermeiden, gab Axline kein Lob ab. Auch bei den nachfolgenden Handlungen achtete Axline darauf, Dibs so viel Autonomie und Eigenverantwortlichkeit wie möglich zuzugestehen. Am Ende der Spielstunde musste Axline Dibs die Begrenzung des zeitlichen Rahmens verdeutlichen, die sie auch in den nachfolgenden Sitzungen konsequent einhielt. Auch durch diese Maßnahmen erhält das Kind Sicherheit. Die Therapie wird dadurch nicht zum Haupteinfluss für Dibs und ihm wird klar, dass die Stunde ein Bestandteil seines übrigen Lebens darstellt. In der folgenden Sitzung verhalf ihm die non-direktive Kommunikation dazu, eine Menge verhüllter Kenntnisse im räumlich-visuellen Bereich zu offenbaren. Axline ließ Dibs, ohne ihn zu lenken, autonom seine Erfahrungen mit dem Spielzeug machen. Seine Beschäftigungen bestimmte Dibs selbst. Dies wurde bald „belohnt", indem Dibs für Axline ein Bild malte und es ihr aus eigenem Willen schenkte. In der nächsten Sitzung stellte Axline fest, dass er noch große Schwierigkeiten hatte, seine Gefühle offen zu legen – als Dibs wieder seine Kenntnisse im räumlich-visuellen Bereich demonstrierte. Axline vermutete, dass Dibs in der Schule diese Fähigkeiten verbarg, da es ihm in Wirklichkeit darum ging, auch als Mensch geachtet und geliebt zu werden. Erste deutliche Schritte im sozialen Bereich offenbarte Dibs, als er vorschlug, eine Teeparty zu spielen. Dabei kamen auch seine Gefühle der Hochstimmung in Form von Lachen zum Ausdruck. Im nächsten Spiel inszenierte er eine Handlung im Sandkasten, indem er erwachsene Soldaten in den Sand vergrub und eine Ente (Symbolträger für armes Kind) thronend darauf setzte. Axline vermied auch am Ende dieser Stunde voreilige Deutungen, da diese bei weiteren Sitzungen den (non-direktiven) Prozess störend beeinflussen könnten. Vielmehr soll Dibs dadurch mehr über sich selbst erfahren. Erst mit der reifenden Selbstachtung lernt er, sich in andere Menschen hineinzuversetzen. Dibs abschließende Bitte, die Anordnung im Sandkasten beizubehalten, erfüllte Axline nicht. Dibs lernte hierdurch in der nächsten Stunde in ersten Ansätzen, dass sich die Umwelt außerhalb seines Körpers ändert. Dass Dibs bereits in der Schule sorgfältig die Umgebung beobachtete, lernte und Schlüsse zog, zeigte sich auch daran, dass er in der Spielstunde viele Gedanken über das Schulkaninchen äußerte, das er in unbeobachteten Momenten sogar alleine aus dem Käfig herausnahm. Dibs begann in dieser Stunde, auch in Form einer Spielszene, seine Wut über seinen Vater zu äußern. Axline erkannte, nachdem sie den nüchtern-kühlen Auftritt des Vaters von Dibs beim Abholen erlebt hatte, dass Dibs vor allem darunter litt, dass dieser nicht an seine inneren Kräfte und Autonomiebestrebungen glaubt. Dibs zeigte im häuslichen Bereich vermehrt negative Gefühle gegenüber dem Vater. Es kam zum regelrechten Familienkonflikt. Nachdem die Last zu groß wurde, erschien die Mutter von Dibs bei Axline. Schon im Gespräch erkannte Axline, dass Mutter und Vater trotz ihrer vielfach betonten Intelligenz einen Mangel an Selbsterkenntnis und gefühlsmäßiger Reife aufwiesen. Mutter und Kind waren sich in gewisser Weise ähnlich im Verhalten. Axline erkennt aber im Gespräch mit der Mutter bereits eine innere Wandlung. Sie sprach deutlicher als bei den von ihr früher benannten Interviews bei diversen Psychiatern und Neurologen über ihre wahren Einstellungen zu Dibs. Die non-direktive Haltung von Axline bewirkte, dass die Mutter genügend Zeit und Freiraum bekam, diese Erkenntnisse nach und nach in sich reifen zu lassen. Dibs lernte im Folgenden immer mehr, Gefühle und Wünsche aller Art frei zu äußern und im Rahmen der Therapie auszuleben. So sang er Axline ein Lied über seine innere Not vor, erkundete mit allen Sinnen den Sand im Sandkasten und äußerte deutlich seine Ablehnung gegen seine Schwester Dorothy und seinen Papa. In der darauf folgenden Stunde berichtete Dibs sehr ausgiebig von seiner Beziehung zum Hausgärtner, der ihm immer schöne Geschichten erzählte. Auch sein Vater trat in einer weiteren Sitzung mehr in Erscheinung. Dibs berichtete, dass dieser ihm erzählte, wie „Weidenkätzchen" im Wasser wieder Wurzeln schlagen können. In der nächsten Stunde spielte Dibs mit hoher Präzision eine Teefeier bei seinen Eltern nach, indem er in dramatischer Form die extremen Tischmanieren demonstrierte. Dabei wurde einmal die Feier beendet, weil er aus Versehen ein Glas umgestoßen hatte. Die Eltern unterstellten ihm dabei Dummheit, was Dibs Würde sehr verletzte. Gemeinsam mit Axline schaffte es Dibs, seine dabei verletzten Gefühle zu überwinden. Axline beobachtete in den weiteren Stunden, dass er noch sehr große Angst vor fremden Leuten hatte, während seine Beziehung zu Dingen ausgesprochen gut war. So vermied Dibs es, als er sich aus dem Fenster des Spielzimmers lehnte, auf das „Hallo" vorbeikommender Mädchen zu antworten. Einem wegfahrenden Lastwagen sagte er jedoch „Auf Wiedersehen". In einer schwierigen Situation befand sich Axline mehrere Male, als Dibs sein Erkundungsverhalten auf gefährliche Situationen ausweitete. So bat sie ihn, in den Mund genommenes Scheuerpulver wieder auszuspucken. Bei rauem Hantieren von Glasflaschen wagte es Axline jedoch, an die Vernunft von Dibs zu appellieren und ihn selbst entscheiden zu lassen, vorsichtiger damit umzugehen. Zwischendurch erlebte Axline in vielen Therapiestunden, dass Dibs immer dann in die Babyphase regredierte oder sich in „abstrakte Welten" flüchtete, wenn ihn der emotionale Inhalt einer soeben gespielten Szene überforderte. Axline verstand dies und ließ Dibs damit genügend Zeit für das Gewahrwerden der eigenen Gefühle. In einer anderen Stunde schaffte Dibs es in sehr großer emotioneller Erregtheit, die Verzweiflung darüber darzustellen, dass es ihm „versperrt" war, das Wohlwollen seiner Eltern zu erlangen – und das Einsperren im Zimmer als Erziehungsmaßnahme in einer spielerischen Inszenierung anzuklagen. In der nächsten Therapiestunde schlug Axline Dibs vor, die Spielstunde mit einem anderem Kind zu teilen. Obwohl Dibs den Gedanken entschieden ablehnte, zeigte er zum Ende der Stunde, dass eine Verarbeitung dieses Gedankens stattgefunden hatte. Er sprach nun davon, dass er noch keinen Spielkameraden im Therapiezimmer dulden konnte. Zum ersten Mal umarmte er seine Mutter herzlich, als sie ihn von dieser Stunde abholte. Am folgenden Tag suchte die Mutter von Dibs Axline auf und berichtete, dass sich ihr Junge nun normaler zur Familie verhielt und ihnen eine Fülle von Fähigkeiten offenbarte. Gleichzeitig erkannte sie, dass sie von Anfang an zu hohe Anforderungen an Dibs gestellt hatte und dass er „kein Kind mehr sein durfte" (vergleichbar mit den Erwartungen einer Mutter an ihr hyperbegabtes Kind). Die Folge daraus war, dass Dibs sich ständig unter Leistungsdruck fühlte und berechtigte Angst verspürte, nicht genügend Wohlwollen und Liebe seitens der Eltern zu erfahren, wenn er ihren Erwartungen nicht gerecht werden konnte. Analog zur Hypothese von Tinbergen, die davon ausgeht, dass autistische Kinder nur in Bereichen Leistungs- inseln aufweisen, in denen sie alleine lernen konnten, entdeckte auch die Mutter von Dibs, dass er sich vor allem dann mit Materialien beschäftigte, wenn er sich unbeobachtet glaubte. Die Mutter kam zu der Einsicht, dass sie in der Vergangen- heit große Ängste hatte, ihren Anteil an Dibs Problemen auch nur ansatzweise zu beleuchten. Auch Miss Jane, eine Betreuerin der Schule, welche Dibs besuchte, kontaktierte Axline und berichtete über die sozialen Fortschritte von Dibs. Bemer- kenswert dabei war, dass Dibs beim Malen und Schreiben von seiner Hyperbega- bung nur so viel offenbarte, dass seine Leistung denen anderer Kinder entsprach. Auch hiermit zeigte Dibs, dass sein oberstes Ziel in dem Bestreben liegt, sich in die Gemeinschaft einzufügen. In der nächsten Stunde drückte Dibs noch einmal seine ganze Wut über seinen Vater aus, der in der Vergangenheit so gemein gewe- sen war. Er konnte seine Wut intensiver als je zuvor in Spiel- und Sprachszenen ausleben, weil er sich durch die gegenwärtig verbesserte Beziehung zu seinem Vater sicherer fühlte. Zum Ende der Therapiestunde spielte Dibs die Versöhnung mit seinem Vater. In der folgenden Stunde wiederholte er diesen Vorgang nach ähnlichem Schema für seine Schwester. Über die neu erlangte Fähigkeit, seine Wut über die bisher erlittenen Verletzungen zu äußern, spielerisch mit den adäquaten „Symbolfiguren" abzurechnen, erreichte Dibs die Versöhnung mit seiner Familie. Die Beispiele zeigen, dass er im Begriff war, immer mehr Verant- wortung für sein Leben zu übernehmen. Dies zeigte sich auch bei der Gestaltung einer Miniaturstadt, indem er schon recht differenziert die einzelnen Elemente zu einem sinnvollen Gefüge strukturierte und somit Interesse für äußere Begeben- heiten und Regeln bekundete.

In den vergangenen Spielstunden hatte Dibs seine kleine unreife Rolle immer mehr gegen ein starkes und autonomes „Ich" ausgetauscht. Er war jetzt in der Lage, seine Gefühle zu erkennen, zu verstehen und zu beherrschen. Er gewann im Laufe der Zeit immer mehr Vertrauen in sich selbst. Mit der neu gewonnenen

Sicherheit konnte er nun auch Menschen, die zu seiner Welt gehörten, akzeptieren und achten. „Er hatte keine Angst mehr, er selbst zu sein" (vgl. ebd.).

4.2 Sensomotorische Therapien

4.2.1 Ayres: Sensorische Integrationstherapie bei autistischen Kindern

Die amerikanische Psychologin und Beschäftigungstherapeutin Jean Ayres gilt als Begründerin der sensorischen Integrationstherapie. Ihre Theorien leitete sie aus den Resultaten der Grundlagenhirnforschung ab, die sie mit Beobachtungen und Ergebnissen der Verhaltensforschung verband. Ähnlich wie Delacato beschäftigte sie sich zunächst mit Lernstörungen, bevor sie ihre Theorien auch auf autistische Störungen anwandte (vgl. AYRES in DZIKOWSKI und VOGEL 1988, 18; DELACATO 1985, 10ff.).

Entwicklung: Analog zu Piaget und Delacato geht Ayres davon aus, dass jede Entwicklungsstufe des Kindes vom Reifegrad der vorherigen abhängig ist. Im Laufe der Entwicklung erfahren nach Ayres die niederen Areale des Nerven- systems eine enorme Differenzierung durch die höheren Hirnareale. Die höheren Areale können dabei nur einwandfrei funktionieren, wenn die niederen Areale „richtig" strukturiert sind (vgl. AYRES in DZIKOWSKI und VOGEL 1988, 19). Sieben Jahre lang bildet das Spiel und die Motorik des Kindes die sensomotorische Grundlage für die Entwicklung intellektueller, sozialer und persönlicher Fähig- keiten (vgl. AYRES 1992, 35).

Sensorische Integration bedeutet für Ayres die Interaktion und Koordination von zwei oder mehr Funktionen zur Steigerung der Adaptionsfähigkeit des Gehirns. Konkret bedeutet dies, wie Ayres treffend formuliert,

„die sinnvolle Ordnung und Aufgliederung von Sinneserregung, um diese nutzen zu können. Diese Nutzung kann in einer Wahrnehmung oder Erfassung des Körpers oder der Umwelt bestehen, aber auch in einer Anpassungsreaktion oder einem Lernprozess oder auch in der Entwicklung bestimmter neuronaler Tätigkeiten. Durch die sensorische Integration wird erreicht, dass alle Abschnitte des Zentralnervensystems, die erforderlich sind, damit ein Mensch sich sinnvoll mit seiner Umgebung auseinander setzen kann und eine angemessene Befriedigung dabei erfährt, miteinander zusammenzuarbeiten" (ebd., 260).

Biologie: Ayres verdeutlicht, dass der Hirnstamm die wichtigsten sensorischen Informationen aus sämtlichen Bereichen des neuronalen Netzwerkes enthält und auch in der Lage ist, komplexe sensorisch-integrative Prozesse durchzuführen. Der im Hirnstamm und Thalamus gelagerte äußerst komplexe Formatio reticularis steuert diese Prozesse und bildet damit den Hauptkontrollmechanismus im zen- tralen Nervensystem. Sensorische Inputs aus allen Modalitäten fließen hier auf einem konvergierenden Neuron zusammen und werden je nach Bedeutsamkeit der Information gehemmt oder verstärkt, um dann in die entsprechenden Hirnareale zu gelangen. Im Gegensatz zu Delacato, der sich nicht näher zur Biologie der Störung äußert, geht Ayres davon aus, dass eine organische Störung die Weiterverarbei- tung bzw. die Verteilung der Nervenimpulse durcheinander bringt und das Individuum sich nicht mehr hinreichend in der Umwelt orientieren und auseinander setzen kann (vgl. ebd., 71).

Störungen: Mit dem SCSIT-Test führt Ayres die Diagnose durch, in der die Auswirkungen der Hirnstörung deutlich werden. Dementsprechend wird dann der Therapieplan aufgestellt. Bei autistischen Kindern wurde in folgenden Parametern häufig ein positiver Befund gefunden.

Entwicklungsapraxie: Bereits J. K. Wing hat davon gesprochen, dass Kinder Schwierigkeiten bei der Planung und Koordination von Bewegungen haben können (vgl. ebd., 128ff.; WING 1977, 25).

Einen Aspekt, den Delacato völlig vernachlässigt hat, bilden die Form- und Raumwahrnehmungsstörungen, bei denen das Kind seine Lage nicht im geschlossenen Raum bestimmen und keine Gegenstände mit geschlossenen Augen identifizieren kann. Ayres vermutet daher einen anderen Hirnabschnitt, den sie noch nicht lokalisieren kann (vgl. AYRES 1992, 174; DELACATO 1985, 80ff.).

Störung beim Autismus: Wie Delacato geht Ayres von einer seltenen Störung des Gehirns aus. Im Vergleich jedoch zu Kindern mit minimalen Hirnschäden, die viele Symptome mit den autistischen Kinder teilen, haben letztere noch weitere Probleme im sensomotorischen Bereich und auf sozialen Gebieten. Ayres ordnet dementsprechend die Primär- und Sekundärsymptome von Kanner ein (vgl. AYRES 1992, 173ff.; KANNER 1943ff.; DELACATO 1985, 149ff.). Folgende drei Störungen sind beim Autismus möglich:

„1. Der Sinneseindruck wird im Gehirn des Kindes nicht richtig `registriert´, was so viel heißen will wie nicht richtig zur Kenntnis genommen. Und deshalb schenkt ein solches Kind den meisten Dingen nur sehr wenig Aufmerksamkeit, während es zu anderen Zeiten überreagiert" (AYRES 1992, 174).

Bei autistischen Kindern ist das limbische System gestört (vgl. ebd., 258),[29] so dass es die Umwelt zu wenig zur Kenntnis nimmt (vgl. ebd., 175ff.).

„2. Das Kind kann die Sinneseindrücke nicht richtig modulieren, was besonders für Gleichgewichts- und Berührungsempfindungen gilt. Deshalb besteht eine Schwerkraftverunsicherung und eine Berührungsabwehr" (ebd., 174).

Diese Kinder bewegen sich in ihrem Umfeld sehr unsicher. Ayres spricht dabei von der Abwehr, eine ungewöhnliche Körperposition einzunehmen. Im Unterschied dazu berichtet Weber von Kindern mit autistischem Syndrom, die über Stunden im Kopfstand verharrten (vgl. WEBER 1970, 80ff.). Die Eigenwahrnehmung körperlicher Empfindungen ist dabei so beeinträchtigt, dass keine Ich-Entwicklung erfolgen kann. Der Hirnabschnitt mit der Aufgabe „Ich will es tun" findet keine oder nur unzureichende Verwendung. Unter diesem Aspekt diskutierte Ayres auch die Stereotypien (Handlung kann nicht vollzogen werden) und die Isolation (Kinder brauchen viel Zeit, wenn sie sich den Dingen alleine widmen) (vgl. AYRES 1992, 178ff.; JANETZKE 1997, 56).

---

[29] Limbisches System: Entscheidungsinstanz, welche selektiv auf die Informationsflut der Sensorismen einwirkt und die emotionalen Reaktionen determiniert.

„3. Derjenige Teil seines Gehirns, der das Bedürfnis nach Beschäftigung mit neuen oder unterschiedlichen Dingen wach hält, arbeitet nicht normal, so dass das Kind nur wenig oder überhaupt kein Interesse an sinnvoller und konstruktiver Tätigkeit besitzt" (AYRES 1992, 174).

Die Kinder haben Schwierigkeiten, mit Objekten oder Personen in „Beziehung" zu treten. In diesem Zusammenhang spricht Ayres auch von einer Veränderungsangst. Neue Eindrücke müssen sich bei den Kindern erst längere Zeit festigen, bevor sie akzeptiert werden. Jede Veränderung im Raum löst wieder neue Verunsicherungen aus. Von einer zeitlichen Veränderungsangst berichtet Ayres jedoch nicht (vgl. AYRES 1992, 180ff.).

Behandlungsmethoden

Das Ziel der Behandlung ist eine Verbesserung der sinnlichen Wahrnehmungsverarbeitung, so dass mehr Sinneseindrücke bewusst aufgenommen und an die Struktur des Nervensystems angepasst werden können. Das Kind lernt adäquate Anpassungsreaktionen zu den Reizen, um sein Verhalten zu stabilisieren (vergleichbar mit der mentalen Brille von Delacatos ersten Behandlungsabschnitt) (vgl. AYRES 1992, 184; DELACATO 1985, 107ff.).

Analog zu Delacato achtet auch Ayres darauf, dass Reize, welche das Wahrnehmungssystem des autistischen Kindes überfordern, reduziert bzw. in verarbeitbarer Dosis angeboten werden. Vergleichbar mit Delacatos Behandlung der Hyposensibilität werden Sinnessysteme, die zu schwach empfangen, durch Vorgabe klarer Strukturen stimuliert. Bei erfolgreicher Motivation des Kindes führt die Adaption an die Reize zu einer Integration im Zentralnervensystem. Im Gegensatz zu Delacato soll nach Ayres nicht nur die sensorische Integration stattfinden, sondern auch die emotionelle Entwicklung berücksichtigt werden. Die Therapie selbst erfolgt auf lerntheoretischer Grundlage. Kinder mit anderen Störungen therapiert Ayres zudem nach dem gleichen Anspruch wie Axline, nämlich mit der Motivierung, ihr Leben selbst in die Hand zu nehmen (vgl. AYRES 1992, 196; ebd., 212; JANETZKE 1997, 56; DELACATO 1985, 107ff.).[30]

Die therapeutischen Erfolge waren nach Ayres bislang gering, wenngleich sie große Hoffnungen in die Ausweitung zukünftiger Behandlungen setzt (vgl. AYRES 1992, 184).[31]

4.2.2   Affolter: Führen

Die Schweizer Pädagogin, Gehörlosensprachheillehrerin und Psychologin Félicie Affolter leitetet ihr Entwicklungsförderungsprogramm von Piagets Lehren ab. Affolter verglich wahrnehmungsgestörte Kinder mit einer Kontrollgruppe unter

---

[30] Axline und Ayres gehen trotz gleicher Grundhaltung von unterschiedlichen Ansätzen und Zielen aus (bei Axline psychogen, bei Ayres lerntheoretisch) (vgl. AYRES 1992, 216).

[31] Die amerikanische Originalausgabe erschien hierzu bereits 1979. Inzwischen wurde die Forschung auf diesem Gebiet vorangetrieben.

dem Aspekt, wie diese die Umwelt berühren, spüren oder auf sie einwirken. Dabei stellte sich heraus, dass wahrnehmungsgestörte Kinder die Realität in den o.g. Punkten anders rezeptieren und infolgedessen zu anderen kognitiven Erfahrungen gelangen. Affolters Therapieprogramm berücksichtigt dabei die entwicklungspsychologische Erkenntnis, dass Verhaltensänderungen und Lernen auf „Spürinformationen" (taktile Ertastung der Umwelt) angewiesen sind. Wie bereits bei Delacato angesprochen, verlaufen die Änderungen in Stufen. Autistische Kinder leiden nach Affolter analog zu Ayres an einer Wahrnehmungsstörung. Sie benötigen eine spezielle Therapie, die ihnen genügend „Spürinformationen" vermittelt. Auch schwerstgeschädigte Kinder können am Führen teilnehmen (nach Doman und Delacato auch Patterning genannt) (vgl. Kapitel. 3.5.1.3; AFFOLTER 1987 in JANETZKE 1997, 57ff.; DELACATO 1985, 140ff.; AYRES 1992, 173).

Therapie: Affolter möchte den Kindern mit dem Patterning vor allem die Bewegungsmuster zukommen lassen, die ihnen bei der Bewältigung alltäglicher Aufgaben große Dienste leisten. Mit viel Zeit und Ruhe sowie dem Grundsatz, sich dem Tempo des Kindes anzupassen, soll ihm Gelegenheit gegeben werden, Selbstvertrauen und Erkundungsfreude aufzubauen (vgl. AFFOLTER in JANETZKE 1997, 57ff.).

4.3 Audiosensorische Therapien

4.3.1 Tomatis: Audiovokales Training

Der französische Chirurg und Hals-Nasen-Ohren-Arzt Tomatis vertritt die Meinung, dass autistische Kinder absichtlich nicht kommunizieren wollen (vgl. TOMATIS 1972 in DZIKOWSKI 1996, 102). Diese Haltung beruht auf einer ganz frühen, schon intrauterinen Störung:

Hören in der pränatalen Phase: Tomatis geht davon aus, dass beim Fötus bereits mit viereinhalb Monaten ein funktionstüchtiges Gehör entsteht, über welches es die Stimme der Mutter über die Knochenleitung und die Wirbelsäule hören kann. Das Kind steht damit auch auditiv mit der Mutter in einer Wechselbeziehung, die ihm im positiven Freude bereitet.

Organische und psychoanalytische Hypothese: Die „Horchfunktion" kann beim Fötus unterbleiben, wenn die organische Entwicklung des Gehörs stehen bleibt oder die mütterliche Stimme ablehnend oder hasserfüllt beim ihm ankommt. Hiermit werden bereits die Weichen für die postnatale Sprach- und Sozialentwicklung gelegt (vgl. TOMATIS 1987 in JANETZKE 1997, 74; ebd. 1972 in KEHRER 1989, 147).

Therapie

Sukzessives Anregen der Horchfunktion kann nervenbedingte und psychische Störungen heilen. In einer passiven Behandlung werden dem Kind die gefilterte Stimme von der Mutter und klassische Musik vom Tonband über ein „elektronisches Ohr" vorgespielt. Dieses Hörerlebnis soll dem autistischen Kind helfen, sich wieder in den intrauterinen Zustand zurückzuversetzen, in dem die Störung ihren Anfang nahm. Das elektronische Ohr stellt einen Hörsimulator dar, bei dem auditive und tatkile Reize über den Kopfhörer und mit einem Vibrator vermittelt werden. Schrittweise wird der Anteil von gefilterten und ungefilterten Tönen so verändert, dass möglichst eine adäquate Simulation der auditiven Wahrnehmung im Entwicklungsverlauf der fötalen Zeit erreicht wird. Nach der „akustischen Geburt" wird das Ohr in der präverbalen Phase auf die Frequenzanteile der Sprache vorbereitet. Über das elektronische Ohr werden dem Kind nun hohe Frequenzanteile von Musik, Gesang und seiner eigenen Stimme vorgespielt. Bei dem Musikmaterial wählte Tomatis Kinderlieder, Reime, Instrumentalmusik und gregorianische Gesänge aus. Erst nachdem das Kind seine eigene Stimme erkennen kann und die verbale Phase erreicht ist, werden Stimm- und Sprechübungen über das „elektronische Ohr" vorgenommen (vgl. TOMATIS 1987 in JANETZKE 1997, 75f.; ebd. 1972 in DZIKOWSKI 1996, 102; ebd. in KEHRER 1989, 148).

Ort/Dauer: Die Behandlung findet nur in speziellen Tomatis-Zentren in Paris und Zürich statt. Sie erfolgt meist nicht über die Kostenträger (Krankenkasse etc.). Daher müssen die meisten Eltern pro Jahr horrende Behandlungskosten von 20.000 DM an das Institut bezahlen. Die Behandlung erfolgt z.T. mehrmals täglich sowie mehrmals wöchentlich für jeweils 30 Minuten (vgl. TOMATIS 1972 in DZIKOWSKI 1996, 102f.; ebd. in KEHRER 1989, 149).

Prognose: Ein Drittel der autistischen Kinder konnte so weit rehabilitiert werden, dass sie fähig waren, eine Regelschule zu besuchen; ein weiteres Drittel zeigte leichte Verbesserungen in der autistischen Symptomatik. Bei den übrigen Kindern gab es keine Fortschritte (vgl. TOMATIS 1972 in DZIKOWSKI 1996, 103). Tomatis hat der Fachwelt bislang keine kontrollierte Studie über seine Erfolge und Misserfolge vorgelegt. Das Fehlen von empirischen Studien der Behandlung lässt die „Tomatis-Methode" mehr als fragwürdig erscheinen. Eltern berichteten von Erfolgen und Misserfolgen. Zwischenzeitlich gab es zahlreiche kontroverse Diskussionen in der Fachwelt, die im kleineren Rahmen ähnlich „hitzig" geführt wurden, wie bei der Haltetherapie. Kritiker sehen es nicht als erwiesen an, dass eine misslungene Wechselseitigkeit in der pränatalen Phase den Autismus auslösen kann. Von weiterem Nachteil sind die möglichen Schuldgefühle bei den Müttern, da Tomatis auch eine psychogene Verursachung nicht ausschließt (vgl. ebd., 103; ebd. in KEHRER 1989, 148). Nieß berichtete von einem unseriösen Institut in Zürich, bei dem ihre Tochter ohne nennenswerte Berücksichtigung ihrer Symptomatiken mit dem „elektronischen Ohr" beschallt wurde. Anstatt der versprochenen Verbesserung der Symptome litt die Tochter fortan noch unter Schlafstörungen (vgl. NIEß 1987, 16ff.).

4.4 Interaktive Therapien

4.4.1 Rohrmann und Hartmann: Aufmerksamkeits-Interaktionstherapie (AIT)

Die deutschen Autismusforscher und -therapeuten Hartmann und Rohrmann veröffentlichten 1984 eine neue Theorie zur Informationsverarbeitung von autistischen, schizophrenen und psychotischen Kindern. Sie nannten sie die „Zwei-System-Theorie", die sie im Rahmen stetiger Forschung zur „Zwei-Prozess-Theorie" modifizierten (vgl. HARTMANN und ROHRMANN 1984, 272ff.; ebd. 1988, 156ff.). Während Ayres von einer Störung im Hirnstamm ausgeht, sehen Hartmann und Rohrmann die Ursache in einer Verarbeitungsstörung der neurologischen Zentren für Wahrnehmung und Handlung. Im Vergleich zur therapeutischen Intervention von Ayres, bei der sich das Kind autonom das therapeutische Angebot für seine Entwicklung nutzbar machen kann, steht bei Hartmann und Rohrmann der Entwicklungsprozess der Interaktion im Mittelpunkt. Während Ayres jedes Kind individuell behandelte, entwickelten Hartmann und Rohrmann ein übergeordnetes Therapiekonzept. Nur Ayres widmete sich sehr ausgiebig analog zu ihrer Theorie der sensorischen Integrationsbehandlung. Hartmann und Rohrmann stellten ein spezielles Therapieprogramm vor, dass z.T. gewisse Ähnlichkeiten mit Millers Imitationsprogramm aufweist (vgl. ebd.; AYRES 1979, 30f.; MILLER 1976, 40ff.; ebd. 1979, 132ff.).[32]

Zwei-System-Theorie: Das menschliche Gehirn funktioniert nach zwei Basisprozessen, die in ständigem Wechselspiel zueinander stehen. Während im ersten Prozess neue Informationen und Wahrnehmungseindrücke rezeptiert werden, folgt im zweiten Prozess dazu der Vergleich mit vertrauten Eindrücken. Das „Endprodukt" formt sich aus beiden Prozessen. Überwiegen die neuen Anteile der Information, so folgt eine Sensibilisierung des Wahrnehmungsprozesses. Hat die Information viel an Bekanntheitsgrad, so überwiegen die Zentren der „Handlungsprozesse". Bei der normalen Informationsverarbeitung folgt auf eine kurze Aktivierung des Wahrnehmungsprozesses eine Verschiebung der Aktivität zu handlungsorientierten Prozessen (vgl. HARTMANN und ROHRMANN 1988, 156ff.).[33]
Wenn sich die beiden Systeme im ausgewogenen Verhältnis befinden, verlieren die neuen Anteile immer mehr an Bedeutung und es kommt zum „Aha-Erlebnis" oder zu „Bedeutungserfahrungen" (vgl. ebd. 1984, 272ff.).
1. Bei einer neuen Situation konzentriert sich das Individuum erst einmal ohne Handlung auf die Aufnahme der Information. Sie wird vom Individuum emotional besetzt und aktiv bewertet durch Sprache und Verhalten.
2. Eine vertraute Information erfährt schnell einen Vergleich und wird im Vergleich zum ersten Beispiel nur wenig emotional besetzt und nach vertrauten Kriterien durch Handlung und Sprache bearbeitet (vgl. ebd.).

---

[32] Der Aspekt des Spiegeln (Imitation) wurde auch von Miller eingesetzt.

[33] Zum Beispiel entdeckt eine Person beim Betrachten eines Bildes nach und nach immer mehr vertraute Anteile.

Störung: Das Gehirn von autistischen Kindern ist nicht in der Lage, neue und bekannte Informationen adäquat zu behandeln. Durch Enthemmungs- und ungeregelte Hemmungsprozesse wird der Informationsaustausch zwischen beiden Systemen gestört. Es kann zudem zu Verselbstständigungen beider Systeme kommen: Neue Informationen können dann nicht mehr mit vertrauten Anteilen verglichen werden, oder bestimmte Handlungssequenzen können nicht mehr auf neue Situationen adaptiert bzw. transferiert werden. Bei Aktivitätserhöhungen gerät das Kind in immer größere Unruhe, die dazu führen kann, dass ein und derselbe Reiz immer wieder neu erlebt wird. Dadurch löst jeder Reiz wieder Abwehr und Angst aus. Zum Beispiel hat ein autistisches Kind jedes Mal von neuem die gleichen panischen Ängste vor dem Berührtwerden. Durch empirische Tests konnten Hartmann und Rohrmann nachweisen, dass bei erhöhter Aktivität (Enthemmungsphänomen) bestimmter Systeme auch höhere Leistungen erzielt werden können. Beim Erkennen von unscharfen Fotos, unvollständigen Wörtern und Kopfrechnen waren autistische Kinder der nicht-autistischen Kontrollgruppe überlegen. Die hochselektiven Hyperbegabungen von autistischen Kindern finden daher ihren Grund im „Enthemmungsphänomen" der gestörten Systeme (vgl. ebd.; KEHRER und MORCHER 1987, 315ff.).

Behandlung

1. Phase: Während der Therapeut die Verhaltensweisen (ausgenommen Sprache) spiegelt, muss er die eigene „Laut-Symbol-Sprache" auf ein Minimum reduzieren (auch wenn geringe Sprachkompetenz bei den Kindern vorhanden ist). Der Therapeut setzt mit seinem Programm bei den vorhandenen Äußerungen, Verhaltens- und Reaktionsweisen des Kindes an und nutzt adäquate Anteile für den kommunikativen Prozess, inbegriffen dem gemeinsamen Handeln. Durch Übung verbessert sich nun auch das innere Wechselspiel zwischen Wahrnehmung und Handlung. Die innere Abstimmung funktioniert normal, wenn es dem Kind gelingt, seine Aufmerksamkeit auf eine Situation zu richten. Am Anfang muss der Therapeut daher besonders sensibel für flüchtige Momente sein, wie z.B. kurzer Blickkontakt, Laute etc., die sich auf eine aktuelle Situation beziehen könnten. Solange keine Aufmerksamkeit beim Kind erzielt wird, müssen die Therapeuten ihr kindbezogenes Verhalten modifizieren (vgl. HARTMANN, KALDE, JACOBS und ROHRMANN 1988, 136).

– Direktes Spiegeln: Motorische Bewegungen aller Art, Laute und andere Äußerungen vom autistischen Kind werden vom Therapeuten aufgegriffen und imitiert. Es wird damit ein Interaktionsmuster geschaffen, dem sich das Kind nicht entziehen kann (vgl. ebd., 131; MILLER 1986, 40ff.; ebd. 1979, 134).

– Beim indirekten Spiegeln nimmt der Therapeut geringfügige Modifikationen (z.B. Änderung des Rhythmus) vor, um das Kind in „die gewünschte Richtung zu lenken". So kann z.B. die Frequenz von Autoaggressionen gesenkt werden, wenn diese vom Therapeuten immer verlangsamt imitiert werden (vgl. ebd.).

Variation bekannter Verhaltensweisen: Nach der ersten Kontaktaufnahme werden die folgenden Interaktionsformen ausprobiert. Hartmann und Rohrmann empfehlen Variationen erst, wenn das Kind längere Zeit seine Aufmerksamkeit auf den Therapeuten richtet oder emotionale Anteilnahme zeigt. Auch wenn beim direkten Spiegeln keine Veränderung des Verhalten erzielt wird, raten Hartmann und Rohrmann zu Modifikationen. Diese stellen neue Anforderungen an die Wahrnehmungs- und Handlungsprozesse des autistischen Kindes (vgl. HARTMANN, KALDE; JACOBS und ROHRMANN 1988, 132). Die Beschreibungen im verbalen Bereich erinnern dabei an das Vokaltraining von Lovaas (vgl. LOVAAS 1966; ebd. 1970; LOVAAS, KOEGEL, SIMMONS und LONG 1973, 131ff.).

– Warten: Der Therapeut unterbricht seinen Anteil und wartet, bis das Kind den Interaktionskreis wieder schließen möchte (d.h. eine Aufmerksamkeitsreaktion zum Therapeuten zeigt).

– Einschalten in die Handlung: Der Therapeut stört die Handlungsabläufe des Kindes in der Form, dass es gezwungen ist, sich mit dem Therapeuten auseinander zu setzen, um die Tätigkeit fortführen zu können.

– Nichtsoziale Reizangebote auf diversen Sinnesmodalitäten: Sie sollen das Interesse des autistischen Kindes auf die Umwelt lenken und als Fundament für komplexere Interaktionen dienen.

– Neugierde des Kindes nutzen: Ohne Beachtung des Kindes führt der Therapeut nondirektiv interessante Aktionen durch, um die Neugierde des Kindes zu wecken.

– Adaption: Die Frequenz der Imitation (z.B. Sprache) und Distanz wird so gewählt, dass das Kind am ehesten Aufmerksamkeit auf den Interaktionspartner richten kann.

– Interaktionssteuerung durch gesprochene Sprache: Worte wie „sag, schau, gib und warte" können dabei Einsatz finden, solange sie den Selbststeuerungsprozess nicht blockieren (vgl. HARTMANN 1986, 243f.; HARTMANN, KALDE, JACOBS und ROHRMANN 1988, 131ff.).

2. Phase: Neue und bekannte Elemente aus dem Erleben und dem Umfeld des Kindes finden nun eine Verknüpfung. Spiel- und Handlungsmöglichkeiten können immer weiter expandieren. Zum Beispiel greift der Therapeut beim Kind häufig vorkommende Verhaltensmuster auf und integriert diese in überschaubare Interaktionen mit Gegenständen. Diese werden dem Kind non-direktiv vorgespielt (also im Sinne einer indirekten Konfrontation). Über das Beobachten gelangt das Kind zur Teilnahme. Durch die vertrauten Verhaltensmuster kann es sich wieder erkennen, um darauf neue Spiel- und Handlungsmuster zu kreieren (Neuheitskomponente). Die Inhalte müssen dabei vom Kind „spannungsgeladen" erlebt werden (vgl. HARTMANN und ROHRMANN 1988, 135ff.).

3. Phase: Der Austausch der Handlungen findet jetzt vermehrt und aktiv über die Sprache statt. Analog zu verhaltenstherapeutischen Zielsetzungen werden dem Kind jetzt sinnvolle Abläufe, Ziele und Aufgaben vermittelt (vgl. HARTMANN und ROHRMANN 1988, 137; MILLER 1976, 40ff.; ebd. 1979, 132ff.).

4.5 Lautsprachunabhängige Therapien

4.5.1 Augmentative and Alternative Communication (AAC)

Bereits 1770 gründete der „Großvater" der Gebärdentherapie L´Epée die erste Gehörlosenschule der Welt, an der von Beginn an in Gebärdensprache unterrichtet wurde. Aus dem international anerkannten Gebärdensystem leitete die deutsche Psychologin Bernard-Opitz ein vereinfachtes Handzeichensystem (360 Zeichen) ab. Sie publizierte 1988 dazu ein spezielles Buch „Sprachlos muss keiner bleiben", in dem sie ihre Auffassung vorstellte, dass auch autistische Kinder mit eingeschränktem Sprachverständnis diese Gebärdensprache erlernen können (vgl. L´EPÉE und BERNARD-OPITZ 1988 in JANETZKE 1997, 67f.).

Aus nicht näher erforschten Gründen, erlernen nur die Hälfte aller autistischen Kinder die Vokalsprache. Viele „mutistische" Autisten besitzen dennoch eine „Sprachkompetenz" und Begabungen zur Imitation (vgl. SELLIN 1993ff.; ZÖLLER 1989f.). Für diese Kinder bleibt die Verständigung durch Gebärden eine wichtige Alternative, die ebenso „vollwertig" ist, wie ein verbales Gespräch. (Für Sellin und Zöller ergab sich eher die Alternative in der FC = Facility Communication als in AAC-Methoden = Augmentative and Alternative Communication.) Auch Ganghofer sieht in AAC einen nicht zu unterschätzenden Wert und kritisiert dabei den aktuellen Trend bezüglich der Fixierung auf Vokalsprache. Es sollten dem Kind alle Möglichkeiten der Kommunikation, u.a. auch die Gebärdensprache, angeboten werden, da fehlende Kommunikation die kognitive, psychische und soziale Entwicklung beeinträchtigt. Ganghofer verdeutlicht, dass auch bei der verbalen Kommunikation wesentliche Anteile nonverbal über mehrere Sinnesmodalitäten ausgetauscht werden (vgl. GANGHOFER 1994, 87; ebd., 93). Viele autistische Kinder können sich die Motorik der Gebärden leichter aneignen als vokale Sprachäußerungen, da der visuelle Inhalt der Gebärden eher erfasst wird und therapeutisch effektiver trainiert werden kann. Die Sensibilisierung für den verbalen Ausdruck vermindert sich durch den Gebrauch der Gebärdensprache keineswegs, sondern bleibt bestehen oder erhöht sich sogar. Emotionen können nun besser in den interaktiven Prozess eingebracht werden, so dass die Frequenz der Auto- oder Fremdaggressionen deutlich abnimmt (vgl. JANETZKE 1997, 68f.).

Behandlung: Zunächst wird Überzeugungsarbeit bei den Angehörigen des stummen autistischen Kindes geleistet, dass Gebärdentherapie eine wirkungsvolle Verständigung darstellt, die der aktuellen Verständigung in jedem Fall überlegen ist. Dann werden mit dem autistischen Kind die wichtigsten Gebärden durchgenommen. Um die Aufmerksamkeit des Kindes zu erhalten, wird im weiteren Verlauf auf die Interessengebiete des Kindes Rücksicht genommen. Es gibt beim Unterricht keine einheitliche, verbindliche Vermittlungsmethode. Vorrangiges Ziel dabei ist, dass das Kind zu der Erkenntnis kommt, dass Wünsche durch Gebärden formuliert werden können und vom „Empfänger" verstanden werden (vgl. ebd.). Als nonverbale Kommunikationssysteme stehen alternativ drei Methoden zur Verfügung: die deutsche Gebärdensprache, die Auswahl von Bernard-Opitz oder das Bliss-System (vgl. GANGHOFER 1994, 87).

Bernard-Opitz entwickelte ein strukturiertes Förderungsprogramm. Bei der Behandlung autistischer Kinder müssen nach Opitz auch Erkenntnisse der Lern- und Wahrnehmungspsychologie, der klinischen Psychologie und der kognitiven Verhaltensmodifikation miteinbezogen werden. Die Lernziele müssen sich individuell an den Bedürfnissen des Behinderten orientieren und ihm primär den Alltag erleichtern sowie sekundär eine Normalisierung des Verhaltens bewirken. Über die reizarme Einzeltherapie kann zur Kleingruppentherapie im natürlichen Umfeld übergegangen werden. Die Kontrolle des Therapeuten soll allmählich durch die eigene Kontrolle ersetzt werden. Sämtliche Lernvorgänge orientieren sich bei Bernard-Opitz an der Verhaltenstherapie (vgl. BERNARD-OPITZ, BLESCH und HOLZ 1988, 31ff.). Es fogt ein Modell der strukturierten Förderung:

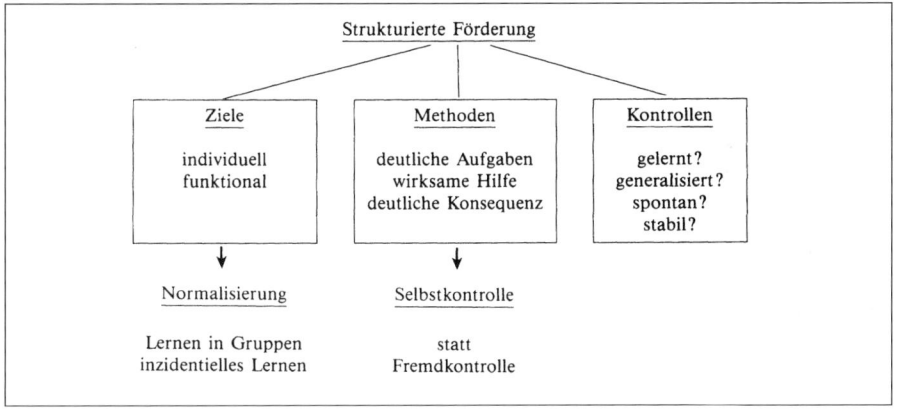

(BERNARD OPITZ, BLESCH und HOLZ 1988, 31)

4.5.2   Nagy: Facilitated Communication (FC)

Die Facilitated Communication („gestützte Kommunikation") bei autistischen Menschen hat in Deutschland vor allem durch autobiografische Publikationen von Zöller und Sellin auch über die Fachkreise hinaus an Bekanntheitsgrad gewonnen. Sie orientiert sich an lerntheoretischen Prinzipien. Facilitated Communication (FC) stellt ebenso wie die augmentativ alternative Communication (AAC) eine spezielle, alternative Kommunikationsform dar. Sie arbeitet mit Schriftsymbolen. Profitieren können von dieser Methode insbesondere Autisten aller Altersstufen, die über Sprachkompetenzen verfügen, diese jedoch aus diversen Gründen nicht anwenden können. (Auch spastisch, dyspraktisch oder geistig behinderte Kinder können mit FC gefördert werden.) Bei der Facilitated Communication sitzt der zu Stützende an einer Buchstabentafel oder einem Schreibgerät (vgl. SELLIN 1993ff.)[34] und wird während seiner Buchstabenwahl an Hand und Arm gestützt.

---

[34] Birger Sellin arbeitete z.B. am Notebook-Computer.

Durch Aneinanderreihung verschieden gewählter Buchstaben ergeben sich in mühevoller Kleinarbeit Worte, Sätze und schließlich ganze Texte.

Entwicklung von FC: Die Facilitad Communication ist im Vergleich zur Augmentativ Communication eine noch recht junge Interventionsmethode und wurde Anfang der 80er-Jahre durch Rosemary Crossley begründet. Zunächst entwickelte sie mit spastischen Kindern in einer Institution Facilitated Communicaton (vgl. NAGY 1993a, 2)[35]. 1988 gründete sie das DEAL-Kommunikationszentrum in Melbourne. Ende der 80er-Jahre stellte Crossley fest, dass Facilitated Communication neben Patienten mit Hirnschädigungen, Down-Syndrom und geistiger Behinderung auch autistischen Kindern helfen kann. 1989 besuchte Biklen [36] das Deal Zentrum und war von Crossley so überzeugt, dass er die Facilitated Communication auch in den Vereinigten Staaten publik machte. Seine Assistentin Annegret Schubert importierte die Facilitated Communication nach Berlin. Inzwischen hat sich Facilitated Communication über ganz Deutschland verbreitet. Zunehmend mehr Institutionen, die mit autistischen Kindern arbeiten, wenden sie trotz kontroverser Diskussionen in der Fachwelt an. Inzwischen wird in München eine umfangreiche Studie über Facilitated Communication verfasst, die dem deutschsprachigen Raum erstmals ein sehr differenziertes Praxiswissen darüber vermittelt. In Deutschland publizierte Nagy aus München bereits in Fachzeitschriften Theorie- und Praxisbeispiele (vgl. CROSSLEY und MCDONALD 1994; CROSSLEY 1997; NAGY 1993a; ebd. 1993b; BUNDSCHUH 1997).

Die gestützte Kommunikation verhilft Autisten zu einer neuen Individualität und zu neuem Selbstbewusstsein. Verborgene kognitive Fähigkeiten sowie Einstellungen und Gefühle zur Umwelt können nun vom FC-Schreiber ausgedrückt werden (vgl. NAGY 1993a, 4). Dazu Birger Sellin:

„ich will es tatsächlich, dass ihr wißt wie es da innen in autistischen kindern aussieht ohne das schreiben zu tangieren haben wir sagen wir solche Angst die ohnegleichen ist kannst du dir vorstellen wie es ist in einem sozialen system zu leben dass dich auf immer verrückt erklärt es ist die inkarnation solcher auswüchse elementarer bösigkeit, daß es keine beschreibung gibt aus der erkenntnis solcher auswüchse sehen wir daß unser system nicht stimmen kann ich will dass jeder weiß daß autistische kinder nicht dumm sind wie oft angenommen wird ich bin ohne schreiben kein richtiger mensch denn es ist die einzige ausdrucksweise die ich habe es ist außerdem der einzigste weg zu zeigen wie ich denke dies tue ich auch aber es ist noch sehr schwer fast eine strapaze finde ich – 23.12.90" (SELLIN 1993a, 124; ebd. 1993b, 81).

---

[35] Rossemary Crossly schilderte ihre Erfahrungen in einer Einrichtung für schwer mehrfachbehinderte Kinder in Australien. Dort entwickelte sie mit spastischen Kindern die Facilitated Communication. Ihre Erfahrungen dokumentierte sie in ihrem Buch: „Annie – Licht hinter Mauern" 1990.

[36] Professor für Sonderpädagogik der Universität von Syracuse in New York

Praxis der Facilitated Communication

FC stellt eine Methode dar, die in der Regel Facilitator und FC-Schreiber erst lernen müssen. Sind beide Anfänger, so wird eher ein langsames Tempo zu erwarten sein.

Aufklärung der Methode: Der Kandidat wird vor der gestützten Kommunikation umfassend über Methode und Erfahrungen aufgeklärt. Gegebenenfalls wird ihm zusätzlich zur besseren Veranschaulichung adäquates Foto-, Video- und Textmaterial vorgeführt (vgl. NAGY 1993a, 8).

Hinführung zu FC: Der Kandidat wird zunächst aufgefordert, auf bestimmte Objekte zu deuten. Danach ordnet er drei fotografierte Objekte den passenden Namenskärtchen zu. Danach kann eine Verständigung über Karten erfolgen, auf denen „Ja" und „Nein" notiert ist. Erfolgserlebnisse sind für den Kandidaten dabei außerordentlich wichtig. Auch die Mitentscheidung, wann die Arbeit endet, erhöht die positive Einstellung zu FC. Bei diesen Vorübungen, die sich noch weiter differenzieren lassen, kann auch die aktuelle Sprachkompetenz des FC-Schreibers ermittelt werden. Autistische Kinder können oft erst hier ihre wahren Sprachkenntnisse offenbaren. Trotzdem sollte auch bei vorhandenen Schreibkenntnissen mit leichten Übungen begonnen werden (vgl. NAGY 1993a, 9; ebd., 13).

Dauer/Ort: Anfangs genügen fünf bis zehn Minuten pro Tag. Die Sitzungen können dann je nach Motivation des FC-Schreibers allmählich verlängert werden. Mit der Zeit soll beim FC-Schreiber eine so große Sicherheit erreicht werden, dass die schriftliche Kommunikation zu einem normalen Bestandteil seines Lebens wird. Die Schreib- und Deutungsgeräte sollten möglichst mobil sein, damit auch unterwegs kommuniziert werden kann (durch spezielle mobile Schreibgeräte und mit preislich erschwinglichen Buchstabentafeln, welche mit Folie bezogen witterungsbeständig werden. Letztere haben den Vorteil, dass häufig gebrauchte Redewendungen des Autisten darauf Platz finden können.) (A. SELLIN in NAGY 1993a, 9; ebd., 18).

Anforderungen an den Facilitator:
- Offenheit: Vom Facilitator wird erwartet, dass er gegenüber dem FC-Schreiber Offenheit zeigt und auch ihm fremden Äußerungen nicht ablehnend gegenübersteht.
- Respekt: Der FC-Schreiber muss mit altersgemäßem Respekt behandelt werden.
- Kompetenz zu FC: Der FC-Schreiber erwartet eine „Stütze" und keine Unterrichtssituation.
- Positive Einstellung zu FC: Sie gibt dem FC-Schreiber mehr Mut und Selbstvertrauen.
- Austausch zu den Eltern: Die Eltern sind bei Anwendung vom Verlauf des FC zu informieren (vgl. NAGY 1993a, 5).

Die Stütztechnik

Die physische Stütze – Ausgleich der Stützmotorik: Sie dient der Kompensation der vermuteten neurologischen Dysfunktion (vgl. AYRES 1992, 134ff.). Der Facilitator (die stützende Person) vermittelt dem FC-Schreiber durch Berührung eine bessere taktile und kinästhetische Wahrnehmung. Der Facilitator hilft dem

FC-Schreiber zu gezielten motorischen Bewegungen, die ohne seine Hilfe nicht möglich wären. Beim Schreiben hilft der Facilitator dem FC-Schreiber beim Anstoßen und Auslösen des Buchstabens und verhindert unnötiges Verweilen auf dem gleichen Buchstaben.

Die psychische Stütze: Sie erfolgt, indem der Facilitator dem FC-Schreiber von Beginn an Mut zuspricht, Fehler nach Möglichkeit vermeidet und ihm auch bei emotional aufwühlenden Themen zur Seite steht.

Ziel: Sofern vorhanden, werden die wenigen Schreibimpulse des FC-Schreibers allmählich gefördert und ausgebaut. Parallel dazu werden die motorisch bedingten ungenauen Zeigebewegungen sukzessiv präzisiert und die Hilfestellungen zurückgenommen (vgl. NAGY 1993a, 13).[37] Über eine sich langsam ausbauende wechselseitige Kommunikation übt der FC-Schreiber, auch „persönliche" Gespräche mit dem Facilitator auszutauschen. Dabei schult er auch seine grammatikalischen Ausdrucksformen (vgl. ZÖLLER 1992 in NAGY 1993a, 13f.).

Vorgang: Nach Ermittlung der Händigkeit nimmt der Facilitator die Hand in der Form auf, dass der Zeigefinger isoliert wird. Bei einigen FC-Schreibern wird anfangs auch die Stützung des Unterarms erforderlich werden. Dies kann auf verschiedene Art erfolgen. Zur Reduktion von schmerzhaften Verspannungen sollte der Facilitator niemals mit der gleichen Hand stützen, die der FC-Schreiber benutzt. Die Praxis hat gezeigt, dass vertikales Hinführen zum Buchstaben im Vergleich zum Horizontalen den Facilitator weniger anstrengt. Daher wird sie nach jedem Tippen in eine bestimmte Ausgangsposition zurückgezogen. Art und Form des Stützens sind bei jedem Autisten individuell verschieden anzuwenden und unterliegen zeitlich bedingten Unterschieden.

In einem Abstand von 20 Zentimetern hält nun der Facilitator die Hand des FC-Schreibers über die Buchstabentafel bzw. Tastatur. Beides sollte sich auf einer niedrigen Auflagefläche (Tisch, Schoß des Stützenden) befinden, damit der FC-Schreiber nur geringe Mühen hat, die stützende Hand zu den Buchstabensymbolen zu führen. Während der FC-Schreiber zum Zeigen auffordert, übt der Facilitator einen leichten Gegendruck aus. Der FC-Schreiber kann nun wiederum durch eigenen Gegendruck Spürinformationen darüber erhalten, in welche Richtung sein Impuls geht. Nachdem der FC-Schreiber seinen Impuls abgegeben hat, verringern Facilitator und FC-Schreiber im taktilen Wechselspiel den Gegendruck allmählich, bis der Buchstabe erreicht ist. Nur wenn der FC-Schreiber keinen Druck mehr abgibt, muss der Facilitator nochmals vermehrt Gegendruck abgeben, damit eine zielgerichtete Bewegung möglich wird. Danach wird zur Ausgangsposition zurückgekehrt und dem FC-Schreiber Nachdenkzeit für den nächsten Buchstaben gegeben.

Bereits aus den Ausführungen zum physischen Stützen wird ersichtlich, dass der Facilitator gegen die Regeln von FC verstoßen würde, wenn er die Hand nach

---

[37] Siehe hierzu auch das ähnliche Schema der Verhaltensmodifikation:"prompting, fading und chaining" in Kapitel 3 der verhaltenstherapeutischen Ansätze.

seinen Vorstellungen lenken würde (beispielsweise um ein Wort zu vervollständigen).

Ausblenden der Unterstützung: Zur Erreichung möglichst großer Unabhängigkeit wird die Stützung nach folgendem Muster zurückgenommen: Von der Maximalunterstützung, bei welcher der Facilitator mit beiden Händen Unterarm und Hand (Zeigefinger isoliert) des FC-Schreibers unterstützt, können folgende Stützen verändert bzw. weggelassen werden:

- Der Schreiber benötigt jetzt nur noch die Stütze der Hand und die Isolierung des Zeigefingers.
- Die Hand des FC-Schreibers ruht auf der nach oben gewandten Handfläche des Facilitators.
- Der Facilitator umfasst jetzt nur noch fest das Handgelenk.
- Im nächsten Schritt ruht das Handgelenk des Schreibers auf der Handfläche des Facilitators.
- Jetzt liegt nur noch der Unterarm des FC-Schreibers in der Handfläche des Facilitators.
- Der Facilitator übt auf den Oberarm einen festen Druck aus.
- Das gleiche kann nun über die Schulter mit leichtem Druck erfolgen.

Der Facilitator darf nie vergessen, dass selbst die gestützte Kommunikation für den FC-Schreiber eine große Anstrengung bedeutet. Die Zurücknahme der Stützung sollte entweder mit dem FC-Schreiber abgesprochen oder vorsichtig herantastend probiert werden (vgl. NAGY 1993a, 21).

Individuelle Variationen in der Vorgehensweise bei diversen motorischen Störungen: Vor der Anwendung der gestützten Kommunikation muss ermittelt werden, unter welcher motorischen Störung der FC-Schreiber leidet. Adäquat dazu bietet der Facilitator diverse Hilfestellungen an, die er nach und nach zurückzieht, bis der FC-Schreiber selbstständig über die Buchstaben kommunizieren kann (vgl. SCHUBERT 1993 in NAGY 1993a, 6).[38]

- Schlechte Auge-Hand-Koordination: Der FC-Schreiber kann seine Handbewegungen nicht optisch steuern. Der Facilitator hemmt solange die Bewegungen des Schreibers, bis dieser seine Augen für zumindest kurze Zeit dem Objekt zugewendet hat.
- Niedriger Muskeltonus: Der FC-Schreiber kann seine Hand oder seinen Arm nicht bewusst heben. Korrektur erfolgt hierbei durch starken Gegendruck bei der Stütze und der Zurücknahme der Hand.
- Hoher Muskeltonus: Es kommt zu kräftigen und überschießenden Bewegungen. Bei starken Verkrampfungen sollte der FC-Schreiber seine Arme durch Ausschütteln lockern und zwischen den Symboldeutungen seinen eigenen Körper oder ein nahe liegendes Objekt berühren. Durch erhöhten Gegendruck können seine Bewegungen verlangsamt werden.
- Probleme beim Isolieren und Strecken des Zeigefingers: Wenn der FC-Schreiber die Streckung nach Aufforderung noch nicht durchführen kann, so hält der Facilitator entweder selbst die übrigen Finger zurück oder lässt den Mittel-, Ring- und kleinen Finger einen Stab umschließen.

---

[38] nach den Seminarunterlagen von Annegret Schubert, Syracuse USA, 17.1.93; bearbeitet von Weber

- Perseveration bei gleichen Bewegungsmustern (z.B. ständige Beharrung auf den gleichen Buchstaben): Der FC-Schreiber wird aufgefordert, zwischen der Wahl der Buchstaben andere Punkte der Tafel oder am eigenen Körper zu berühren. Auch eine Verlangsamung der Bewegung durch mehr Gegendruck kann hier eine Hilfe darstellen.
- Störimpulse aus der freien, nicht benutzten Hand: Die Störung äußert sich darin, dass die entsprechende Hand Impulse offenbart, auf andere Buchstaben zu tippen (als die zu einem angefangenen Sinnkomplex passenden). Dem Problem kann entweder begegnet werden, indem der Facilitator die betroffene Hand festhält oder den FC-Schreiber auffordert, sie unter den Tisch zu legen oder in die Hosentasche zu stecken.
- Intensionstremor: Der FC-Schreiber führt insbesondere die Vorwärtsbewegung mit starkem Zittern aus. Etwas Abhilfe kann hier eine zusätzliche Stützung des Unterarms oder Gewichtsmanschetten für das Handgelenk leisten. Praktische Tipps kann hier der Physio- oder Ergotherapeut geben.
- Radiale/Ulnare Muskelinstabilität: Durch unterschiedliche Bewegungsimpulse einzelner Muskeln im Unterarm und Handgelenk zeigen die Finger des FC-Schreibers in unterschiedliche Richtungen und erschweren die Treffsicherheit einzelner Buchstaben erheblich. Durch Verlagerung des Schreibgerätes in einen günstigeren Winkel oder die Haltemöglichkeit der Finger an einem Stab kann eine Isolierung des Zeigefingers erzielt werden.
- Fehlende selbstständige Inition: Kann der FC-Schreiber trotz verbalem Hinweis keine Initiative entfalten, wird oft eine kurze Berührung notwendig sein.
- Zu viele Initionen: Der FC-Schreiber zeigt zu hastig, z.B. oft noch bevor der Facilitator seine Frage zu Ende gestellt hat, auf die Buchstaben und verfehlt diese wegen der hohen Geschwindigkeit. Zu viel Initiative tritt vermehrt mit schlechter Auge-Hand-Koordination auf. Durch starken Gegendruck können die Bewegungen gebremst werden.
- Proximal instability: Unkontrollierte Bewegungen der Arme und des Oberkörpers können durch Stabilisierung an Schulter und Oberarm reduziert werden.
- Reduzierte kinästhetische Wahrnehmung: Diese Personen können nur schlecht einschätzen, wo sich ihr Körper im Raum befindet. Mit Hilfe von Gewichten und Bandagen, welche auf die Gelenke gelegt werden, können sie nun einen besseren kinästhetischen Eindruck vom Körper wahrnehmen. Durch die Stütze erhält der FC-Schreiber einen Eindruck, wo sich die Hand, das Handgelenk und die Finger momentan gerade befinden.
- Lässt sich der FC-Schreiber nur ungern anfassen, darf der Facilitator seine Hand als Stütze nur anbieten. Bandagen und Stäbe helfen dabei, den direkten Hautkontakt zu vermeiden (vgl. NAGY 1993a, 7f.).

Übungen des Buchstabierens

Übungen mit einem Impuls: Zunächst kann nach etwas Bekanntem gefragt werden. Beispiele:
- Der FC-Schreiber darf durch die „Ja/Nein-Karte" entscheiden, ob er einige vom Facilitator diktierte Buchstaben schreiben möchte.
- Ausbau der Übung auf Ergänzung von Lückentexten, bei denen Buchstaben fehlen.
- Bei Multiple Choise-Augaben soll der richtige Antwortbuchstabe getippt werden.

- Übung einfacher Additionen.
- Additionen bei einfachen Textaufgaben (z.b. wie viele Wochentage/Monate/Jahreszeiten gibt es).

In der nächsten Stufe kann der Facilitator dem FC-Schreiber mehrere Wahlmöglichkeiten vorschlagen, auf deren Anfangsbuchstaben der FC-Schreiber zeigt (vgl. ebd., 14).

Übungen mit mehreren Impulsen:
- Festgelegte Antworten sollten täglich trainiert werden beispielsweise in Form von Übungsdiktaten, Wissensfragen, durch Suche nach Oberbegriffen, der Selektion von inadäquaten Begriffen, Kreuzworträtsel sowie Fragen zu Geschichten und Filmen.
- Etwas freiere Antworten: z.b. Auswählen aus Alternativen und Reimwörtern.
- Freie Antworten: Fragen nach Interessen, wie z.b. der Lieblingsspeise, Lieblingsfilm sowie Geburtstags- und Spielwünsche (vgl. ebd., 15).

Übungen zur wechselseitigen Kommunikation

Im Vergleich zu den Buchstabenübungen liegt hier das Lernziel im Wesentlichen in der wechselseitigen Kommunikation. Dabei können Facilitator und FC-Schreiber ein Gefühl für die Zusammenarbeit entwickeln. Je nach Kommunikationsbereitschaft des FC-Schreibers kann der Facilitator die Stufenleiter nach Bedarf hinauf- und hinabsteigen:
- Über Objekte im Raum oder über die Bildkarte kann der Autist seine nächste Aktion wählen (z.B: er möchte den Zoo besuchen).
- Die Auswahl einer Aktion erfolgt über mehrere beschriftete Karten.
- Der Autist schreibt seinen nächsten Wunsch ab (z.B.: sein Lieblingsgericht aus der Speisekarte).
- Er gibt eine Ja/Nein-Antwort auf einen Vorschlag oder eine Wissensfrage (z.B.: Hast du Lust, mit spazieren zu gehen?).
- Fragen, auf die es festgelegte Kurzantworten gibt (z.B.: Wo waren wir heute Nachmittag?).
- Auswahl aus zwei oder drei Wahlmöglichkeiten (z.B.: Magst du spielen oder Fernsehengucken?).
- Die Kurzantworten sind begrenzt (z.B.: Welche Gesellschaftsspiele besitzt du?).
- Es soll nun eine Antwort auf einen inhaltlich vorbestimmten Satz erfolgen (z.B.: Was hast du alles beim Zoobesuch gesehen?).
- Im nächsten Schritt können nun offene Fragen an den FC-Schreiber gerichtet werden (z.B.: Warum hast du dich im Zoo so aufgeregt?).
- Der Facilitator animiert nun den FC-Schreiber, ihm etwas zu erzählen. In neutraler Form darf der Facilitator dazu Kommentare abgeben, Fragen stellen oder einiges dazu erzählen. Schreibt der FC-Schreiber einen Brief, dürfen Zwischenbemerkungen nicht erfolgen. Der Facilitator kann auch als Dolmetscher zwischen zwei FC-Schreibern oder dem FC-Schreiber und einer darin nicht involvierten Person vermitteln (vgl. ebd., 16f.).

Grundsätzliches

Reaktion auf Schreibfehler: Die Wortwahl und Ausdrucksweise ist häufig poetisch eindrucksvoll (vgl. ZÖLLER 1989ff.; SELLIN 1993ff.; NAGY 1993a, 17f.). Bei persönlicher Kommunikation (etwa bei Briefen) sollte eine Korrektur der Rechtschreibung und Grammatik zu Gunsten der Kommunikation vorerst unterbleiben (anders bei schulischen Bearbeitungen). Dabei muss sich der Facilitator auch auf Aggressionen gefasst machen (vgl. NAGY 1993a, 17f.).

Übertragung auf neue Facilitators: Der neue Facilitator sollte keinesfalls in eine enttäuschende Haltung geraten, wenn unter seiner Hilfe die Kommunikation viel weniger anspruchsvoll abläuft als zuvor. Stattdessen sollte er jeden kleinen Fortschritt loben. Öftere Wechsel sind wichtig, damit keine Fixierung auf einen Facilitator zu Stande kommt und dieser bald mit seiner Aufgabe überfordert ist. (Die Ausbildung zum Facilitator setzt immer innere Bereitschaft voraus.) (vgl. ebd., 19)[39]

Beweisführung

Von FC-Kritikern wird häufig eine Beeinflussung durch den Facilitator vorgeworfen. Die kritische Haltung ist nach Nagy durchaus nachvollziehbar, da ein Beobachter nicht ohne weiteres erkennen kann, ob der Impuls vom FC-Schreiber kommt oder der Facilitator „führt". Außerdem blicken FC-Schreiber nur selten auf die Buchstaben (vgl. ebd., 27). Eine Studie aus der USA konnte experimentell nachweisen, dass der Facilitator „führt":

„So wurden beispielsweise den Betreuern ohne deren Wissen andere Bilder (zum Beispiel Tasse) gezeigt, als den Kindern (zum Beispiel Hut). Die Kinder tippten nun – vermeintlich völlig autonom – die exakte Beschreibung der Betreuer-Bilder, die sie gar nicht gesehen hatten, in den Computer. Die Bilder, die sie gesehen hatten, wurden in keinem einzigen Fall bezeichnet" (SKEPTICAL INQUIREER 1993 in GOLDNER 1994, 9).

Goldner verglich FC mit dem Carpenter-Effekt (Phänomen der ideomotorischen Bewegung wie sie z.B. auch beim Gläserrücken oder Pendeln anzutreffen sind) und kritisierte den verantwortungslosen Medienrummel um FC, der falsche Hoffnungen bei den Eltern von autistischen Kindern wecken würde (vgl. ebd., 8f.). Goldners Zitate aus der amerikanischen Studie sind allerdings meiner Ansicht nach viel zu knapp ausgefallen. Die daraus pauschal aufgestellte Ansicht, FC gebe nur die Gedanken des Facilitators wieder, halte ich für verantwortungslos, wenn man bedenkt, welcher Chancen Autisten beraubt würden (selbst wenn nicht alle Autisten auf FC ansprechen), wenn FC keine weiteren Förderungsmittel erhalten würde.

Auch Kehrer, der bei FC von einer eigenständigen Therapieform ausgeht, erwähnt kritisch, dass autistische Kinder häufig die Wünsche und Vorstellungen der Eltern formulieren, wenn die Mutter als Facilitator fungiert. Nach Kehrer misslingt

---

[39] Die Ausbildung kann z.B. durch ein zweitägiges Seminar erfolgen, dass geschulte Fachleute leiten. Auch der FC-Schreiber selbst kann sich bei der Übung äußern, ob die Stütze optimal ist.

zudem die von Nagy postulierte Übertragung auf andere Facilitators (vgl. KEHRER 1996, 40). In einer Gegendarstellung unterstrich Nagy, dass es sich bei FC nicht um eine Therapieform handelt, sondern um eine alternative Kommunikationsförderung (vergleichbar mit der Musiktherapie oder der Gebärdensprache, etwa AAC). Ihr Anspruch ist es, dem Autisten zu einer wechselseitigen Kommunikation zu verhelfen, in der er auch aus eigener Motivation eigene Gedanken formulieren kann: „Kommunikation ist ein Grundbedürfnis jedes Menschen" (vgl. NAGY 1996, 41ff.).

Die amerikanischen Studien[40] stellen für Nagy eine sterile Testsituation dar, die mit der natürlichen Interaktion zwischen zwei Partnern nicht verglichen werden kann und zudem den FC-Schreiber und den Facilitator unter Leistungsdruck setzt. In diesem Zusammenhang verdeutlicht Nagy, dass bei jeder Kommunikation auch Anteile des Partners einfließen, die jedoch in der Regel den FC-Schreiber nicht daran hindern, seine eigenen Gedanken zu formulieren. Der Facilitator sollte darauf achten, durch allmähliche Ausblendung der Stützung und durch Animationen zur eigenen Gedankenäußerung, den FC-Schreiber zu autonomer Kommunikation gelangen zu lassen. Leitfragen und erwartungsvolles Raten sollten vermieden werden.

Umgang mit dem Inhalt: Da FC-Sprecher von ihrer Persönlichkeit im Vergleich zum Durchschnitt häufig verletzlicher und empfindlicher sind, wird vom Facilitator ein sensibler Umgang mit den Texten erwartet. Die Texte dürfen nur mit Erlaubnis des Facilitators an Dritte weitergegeben werden. Auch mündlich sollte der Facilitator differenzieren, was er weiteren Personen mitteilt. Nach Nagy sollten daher die schriftlichen Mitteilungen unter Berücksichtigung der individuellen Person wie mündliche behandelt und bewertet werden (vgl. ebd. 1993a, 30).

„Würde man alles, was wir im Lauf eines Tages sagen, aufzeichnen, und wir müssten uns womöglich rechtfertigen, so könnten wir die Freude am Sprechen verlieren" (ebd., 30).

Auswirkungen von FC: Nagy führte als Beispiel das autistische Kind „C" an: Die Umgebung setzte sich nun mit C. sprachlich auseinander und sprach ihn zum Teil altersgemäß an. Die Umgebung nahm nun auch am Innenleben des Autisten teil. Viele unerklärliche Reaktionsweisen konnte C. nun schriftlich begründen. Dabei zeigte C. auch eine lebendigere und ausdrucksvollere Mimik. C. konnte, wenn er gefragt wurde, ob er aufs Klo musste, nun erstmals auch autonom mit einer Ja/Nein-Karte die Helfer „steuern". Er konnte nun auch klarstellen, welche Freizeitangebote ihn interessieren. Durch Einbringen eigener Wünsche war es ihm nun möglich, mehr am Familienleben teilzunehmen.

Durch die Öffnung zur Umwelt steigt auch das Selbstbewusstsein. Über FC-Briefe können FC-Schreiber auch Kontakte zu anderen FC-Schreibern schließen (vgl. ebd., 35f.). Seit Neuerem werden von hochbegabten FC-Schreibern auch internationale Briefkontakte über Internet und E-Mail geknüpft.[41]

---

[40] Einige davon bilden die dargestellten Studien von Goldner 1994.

[41] eigene Nachforschung im Internet

4.6 Musiktherapien (Lautsprachunabhängig)

Die musiktherapeutische Praxis, deren Begründer Benenzon ist, hat inzwischen so an Vielfalt zugenommen, dass nur eine Auswahl davon vorgestellt werden kann. Die drei Hauptströmungen entsprechen den 3 Disziplinen: der Psychoanalyse, der Medizin und der Heilpädagogik. Viele autistische Kinder haben eine erhöhte Sensibilität für Musik. Der Spielraum der Entwicklungsförderung ist sehr vielseitig. Neben der tonalen Vermittlung macht das Kind auch taktile Erfahrungen, begreift die Beziehung zwischen Musik und Instrumenten und knüpft über den Gesang Beziehungen zur Sprache (vgl. KEHRER 1989, 132). In der Therapie findet physiologische, psychomotorische, psychologische und pädagogische Förderung statt. Der gemeinsame Konsens aller Therapien ist es, mit den Ausdruckmitteln der Musik mit dem Kind in einen interaktiven Prozess zu treten und es aus seiner Isolation herauszulocken. Über das Vorspielen der Musik soll sein Interesse für den Therapeuten und die Instrumente geweckt werden. Im weiteren Verlauf wird es mehr und mehr in einen gemeinsamen musikalischen Entwicklungsprozess integriert. Alle musiktherapeutischen Ansätze vermitteln ihre Erkenntnisse über umfangreiche Falldarstellungen und beziehen viele Behinderungsarten bei der Behandlung mit ein (vgl. KEHRER 1989, 133; MAHNS 1988; ALVIN 1988; BENENZON 1983; ORFF 1971; ebd. 1974; HERMANN-HAUNHORST 1988; KRAMANN 1982). Die Durchsicht hat gezeigt, dass beim frühkindlichen Autismus die Therapie in einer besonders frühen Entwicklungsstufe angesetzt werden muss, wofür jeder Therapeut sein eigenes Rezept hat. Musiktherapie kann einzeln oder in Gruppen erfolgen. Dabei kann sie in rezeptiver Form angewendet werden oder den Patienten aktiv miteinbeziehen (vgl. ALVIN 1988; ORFF 1974; NORDOFF und ROBBINS 1986; BENENZON 1983).

4.6.1 Benenzon

Benenzon entwickelte eine Musiktherapie für geistig und seelisch behinderte Kinder. Seine therapeutische Intervention basiert auf seinen Hypothesen der „ISO" und dem „intermediären Objekt", deren Erläuterung Benenzons Behandlungsplan verständlicher macht.

ISO-Prinzip

– Gestalt-ISO: Jeder Patient bringt seine eigene musikalische Welt in die Therapie mit. Um bei ihm einen Kommunikationskanal zu öffnen, muss sich der Therapeut bei der Auswahl der Musik an der momentanen seelischen Charakteristik des Patienten (mentales Klang- und Tempogefühl) orientieren. Patienten mit depressiver Verstimmung finden eher Zugang zu schwermütig klingender Musik, während sich manische Patienten eher durch ein Allegro oder durch Popmusik angesprochen fühlen (BENENZON 1983, 38; ebd. in WILMS in HARRER 1975, 195; ebd. in JANETZKE 1997, 72). Die Auswahl ist vielseitig. Bei der Behandlung autistischer Kinder können auch Geräuschkulissen (z.B. Herzschlag) aus der Umwelt eingesetzt werden (vgl. BENENZON 1983,

41). Außer auf die Gestalt muss der Therapeut von Fall zu Fall noch andere Kriterien berücksichtigen.
- Komplementär-ISO: Aufbauend auf das Gestalt-ISO kann analog zur Dynamik in den therapeutischen Sitzungen auch die Musik modifiziert werden.
- Gerade bei der Arbeit mit ausländischen Kindern muss der Therapeut das Gruppen-ISO (Kultur-ISO) berücksichtigen, in welches das Gestalt-ISO eingebettet ist. Die Gruppen variieren von Kleingruppen bis zur Kultur (ethnische Identität).
- Bei schwer gestörten Kindern oder wenn alle anderen Mittel ausgeschöpft sind, kann der Therapeut auch auf das Universal-ISO zurückgreifen, denn es beinhaltet Aspekte, die interkulturell vertraut sind, wie z.B. der Herzschlag der Mutter (vgl. ebd., 39ff.).

Intermediäres Objekt: Als intermediäre Objekte fungieren kommunikative Instrumente, die therapeutisch ihren Zweck erfüllen, ohne beim Patienten Alarmzustände auszulösen. (Der Begriff „Intermediäres Objekt" orientiert sich an Dr. J. G. Rojas Bermudez Psychodrama.) Sie zeichnen sich durch ihre reale und konkrete Existenz, Harmlosigkeit, Wandelbarkeit, ausreichender Distanz, Assimilierbarkeit und Identifizierbarkeit aus (vgl. ebd., 42f.).

Autistische Störung: Benenzon vertritt die Ansicht, dass es sich beim Autismus um eine pathologische Verlängerung des vorgeburtlichen Seelenzustandes handelt. Folglich arbeitet Benenzon mit dem Kind auf eine Weise, als wenn es noch nicht geboren wäre. Auftretenden Ängsten des Kindes vor der unbekannten Außenwelt und Bemerken von Unzuverlässigkeiten der Innenwelt soll durch eine spezielle Therapieatmosphäre, die beim Kind Erinnerungen an die Pränatalzeit auslösen soll, entgegen gewirkt werden (vgl. ebd., 130). Bei der Behandlung wählte Benenzon drei Arbeitsphasen, in dem das „Ich" des Kindes, welches durch eine gläserne Hülle getrennt von der Umwelt lebt, geöffnet wird:
- Regressive Phase: Das autistische Kind bekommt Klänge zu hören, die seinem regressiven Zustand entsprechen. Dabei werden oft die Kommunikationskanäle so sensibilisiert, dass die defensiven Zentren freigelegt werden können. Passive und rezeptive Techniken kommen dabei zur Anwendung.
- Kommunikative Phase: Über die geöffneten Kommunikationskanäle versucht der Therapeut nun mit dem Kind in Kontakt zu treten.
- Integrative Phase: Der Therapeut fördert den Kontakt des Kindes zur Umwelt und zum familiären Umfeld (vgl. ebd., 133).

Konkreter Therapieplan: Als intermediäre Objekte fungieren bei autistischen Kindern wie bereits im Beispiel erwähnt
- ursprüngliche Klänge mit regressiven Inhalt: Herzschlag, Atemgeräusche, Plätschern von Wasser etc.
- strukturierte Klänge (z.B. Fragmente einer Sinfonie) und elektronisch erzeugte synthetische Klänge.

Hat der Therapeut den Klang ermittelt, welcher der seelischen Charakteristik des Kindes entspricht, kann er beginnen, mit diesem einen Kontakt zum Kind zu knüpfen. Durch Wiederholung wird in der Regel erreicht, dass das Kind einen Kommunikationskanal zur Außenwelt öffnet, indem es auf den auditiven Reiz antwortet. Als Nächstes kann der Therapeut dazu übergehen, tonale Ausdrucksformen des Kindes zu imitieren, die es geäußert hat (z.B. Schnalz- oder Kehllaute).

Ausstattung des Übungsraums: Die Ausstattung des Raumes muss in allen Sitzungen gleich bleiben, damit das Kind sich mehr den Klangreizen widmen kann. Dazu gehört ein Tisch mit einem Wasserschälchen. Damit diese Schale vielseitige Verwendung finden kann, sollte sie rund und aus Metall sein, damit das Kind sie drehen kann (Element aus der Welt vieler autistischer Kinder) und damit Klänge und Vibrationen darauf erzeugt werden können. Benenzon hat viele gute Erfahrungen mit dem Einsatz von Wasser gesammelt, welches noch kein autistisches Kind abgelehnt hatte. Wasser hat den Vorteil, dass es den meisten autistischen Kindern als Element vertraut ist und sie sich über dieses Medium nonverbal oder auch „non-oral" äußern können. Ebenso können autistische Kinder unter Wasser eher einen Hautkontakt über die Hände aushalten (BENENZON 1983, 47ff.).

4.6.2   Nordoff und Robbins: Schöpferische Musiktherapie

Der amerikanische Komponist und Pianist Nordoff und der englische Sonderpädagoge Robbins entwickelten eine spezielle Musiktherapie für behinderte Kinder und Jugendliche, die inzwischen weltweit anerkannt ist (vgl. NORDOFF und ROBBINS in MAHNS 1988, 72).

Von 1960 bis 1966 entwickelten sie im Rahmen eines Projektes die Musiktherapie für autistische Kinder mit Auswertungsskalen, die heute als fundierte Grundlage für die wissenschaftliche Arbeit gilt. Im Mai 1983 wurde in London das N/R-Center gegründet, dem viele internationale Musiktherapeuten angehören. Nordoff verstarb 1977 in Herdecke. Bald danach wurde die Nordoff und Robbins Musiktherapie auch in der Psychiatrie und Neurologie für Erwachsene angewandt (vgl. NORDOFF und ROBBINS 1986, 221ff.). Auf der Grundlage der humanistischen Psychologie entwickelten Nordoff und Robbins eine musiktherapeutische Methode, die bei allen Patienten mit schwerwiegenden Behinderungen, inklusive dem Autismus bei der Kommunikationsfähigkeit wirksam helfen soll. Über das Medium der Musik gelangt der Patient auch zu einer persönlichen Beziehung zum Therapeut und Co-Therapeuten. Alle Sitzungen wurden auditiv aufgezeichnet und analysiert (vgl. NORDOFF und ROBBINS in MAHNS 1988, 72). Ein Teil der Aufnahmen werden dem Leser zur auditiven Illustration mit einer dem Buch beigelegten Tonkassette näher gebracht.

Music Child (Musik-Kind) stellt für Nordoff und Robbins einen Oberbegriff dar, der besagt, dass diese Kinder über ein individuelles musikalisches Empfindungsvermögen verfügen, in dem adäquate Tiefe, Intensität, Vielfalt und Intelligenz verankert sind. Bei schwerst behinderten Kindern (Autismus) sind die musikalischen Reaktionen noch so bruchstückhaft, dass sich das Music child erst noch entwickeln muss. Von Music child sprechen Nordoff und Robbins daher erst, wenn das Kind über rezeptive, kognitive und expressive Fähigkeiten verfügt, die es kombiniert einsetzen kann. Die Musiktherapie nach Nordoff und Robbins hat also die Aufgabe, das Kind zum „Music child" zu entwickeln und zu fördern. Die Förderung der schöpferischen Beteiligung des Kindes verbessert seine Gedächtnisleistungen wie Wiedererkennen, Wahrnehmung und Erinnerung. Intelligenz, zielgerichtetes Handeln und Vertrauen bauen darauf auf und bilden sich bei Erfolg spontan beim Kind. Neben seiner rezeptiven und aktiven Beteiligung am musiktherapeutischen Geschehen sehen Nordoff und Robbins beim Music child den Aspekt der Selbstverwirklichung und Integration der gesamten Therapiesituation als ebenso bedeutend an (vgl. NORDOFF und ROBBINS 1986, 1).

Klinische Techniken und Verfahren: Die Musiktherapie sollte in ihrer Struktur erforschend, beständig und beweglich sein.

- Erforschend: Sie soll die vorläufigen Grenzen und Fähigkeiten des Kindes aufzeigen und in der Lage sein, in jeder Phase zu ermitteln, auf welche Bestandteile der Musik das Kind reagiert, sie rezeptiert und bevorzugt.
- Beständig: Sie muss so strukturiert sein, dass das Kind sowohl in Aktivität als auch stimmungsmäßig den Kontakt zu ihr aufrechterhalten kann. Nur wenn das Kind die Musik als verlässliches Element internalisiert, nimmt seine Entwicklung Sinn und Richtung an.
- Beweglich: Sie muss in der Lage sein, sich neuen Entwicklungen im Kind anzupassen und zu fördern. Auch in der momentanen Arbeitssituation profitiert das Kind mehr von einer dynamischen Musiktherapie. Der Musiktherapeut muss daher technisch empirisch -kreativ arbeiten. Seine Ziele werden von Sitzung zu Sitzung von den Reaktionen des Kindes bestimmt.

Neben der Vermittlung musikalischer Erlebnisse kommt dem Therapeuten auch die Aufgabe zu, das Kind durch die seelischen Entwicklungsphasen zu begleiten, deren Ziele jeweils durch musikalische Aktivitäten erreicht werden können (vgl. ebd., 79).

Bei autistischen Kindern, die nicht ohne weiteres vokal oder instrumental reagieren können, muss der Therapeut eine musikalisch-emotionale Umgebung schaffen, zu der sich das Kind hingezogen fühlt. Im Gegensatz zur Methode von Benenzon, in der der Therapeut die Anfangsmusik an die seelische Charakteristik des Kindes anpasste, differenzieren Nordoff und Robbins diesen Aspekt zur jeweiligen Situation und propagieren auch in bestimmten Situationen für „ausgleichende Musik", die komplementär zur seelischen Verfassung des Kindes ausgerichtet ist (z.B. für jähzornige, hyperaktive Kinder eine ruhige Musik). Die Anfangsmusik muss „empirisch" sein. Bevor die Therapie beginnt, sollte er sich Informationen über die Lebensumstände des Kindes einholen. Einen noch wichtigeren Aspekt liefern jedoch die direkt zu beobachteten Eindrücke des Kindes. Während des Spiels sucht der Therapeut nach klanglichen Ausdrucksmitteln, um den Reaktionen des Kindes antworten zu können. (Erreicht die Musik das Kind nicht oder nicht in der Form wie beabsichtigt, so muss der Therapeut weiter experimentell improvisieren.) Jede rhythmische Körperbewegung, die ein musikalisch-inaktives Kind macht, wird vom Therapeut aufgegriffen und mit Musik und Gesang im selben Tempo begleitet. Auch tonale Laute, Weinen und Schreien werden vom ihm adäquat begleitet. Dadurch internalisiert das Kind die

Beziehung zwischen Bewegung und Rhythmus. Stimmt die Musik mit der innerlichen Befindlichkeit des Kindes überein, so erlebt es sich dadurch selbst. Es bemerkt, dass die Musik ihm begegnet und seinen Zustand akzeptiert (vgl. ebd.; BENENZON 1983, 38). Das Kind fühlt sich nun weniger isoliert und gelangt zu einer ursprünglichen Erfahrung von gegenseitiger Verbindung. Nachdem das Kind gelernt hat, seine Laute im Rhythmus zu äußern, kann der Therapeut beginnen, durch spezielle Akkordfolgen oder Rhythmen ein klar umrissenes Motiv einzuführen. Rhythmus, Stimmung und Dynamik orientieren sich weiterhin an der Stimmung des Kindes und es beginnt, sich seines Anteils und seiner Emotionen bei der Interaktion bewusst zu werden. Als Nächstes beginnt der Therapeut das Kind durch nonverbales Singen zu Vokalisierungen zu animieren. Die Übung wird weiter ausgebaut, indem der Therapeut z.B. den Namen des Kindes singend hinzufügt in der Erwartung, dass das Kind singend antwortet. Weitere Hinzu-fügungen dürfen folgen. In weiteren Sitzungen variiert der Therapeut sein Tempo und beginnt, die Arme des Kindes zur Musik zu bewegen. Durch konsequente Übung bekommen die Äußerungen des Kindes zunehmend selbstdarstellenden Charakter (NORDOFF und ROBBINS 1986, 79ff.). Sind diese Schritte vollzogen, kann der Co-Therapeut beginnen, das autistische Kind zu irgendeiner Art der Instrumental-Aktivität zu führen. Zur Auswahl stehen Naturinstrumente, wie das Klavier, die Trommel, Flöte, Horn und Streichinstrumente. Der Therapeut muss sich dabei der Spielweise des Kindes anpassen, um herauszufinden, durch was das Kind miteinbezogen werden kann und welche Richtung seine mögliche Ent-wicklung einnimmt. Damit sich das Kind noch mehr seiner Beteiligung bewusst wird, beginnt der Therapeut Pausen einzuführen, die nur auf Initiative des Kindes beendet werden. Immer mehr kristallisieren sich nun Form und Charakter des musikalischen Zusammenspiels heraus (vgl. ebd., 105ff.). Diese fertigen, aus der Improvisation entstandenen Musikstücke trainieren beim Kind auch die Vorhersagbarkeit auf musikalische Ereignisse und reduzieren damit Ängste vor dem Unbekannten (vgl. NORDOFF und ROBBINS in MAHNS 1988, 72).

Die Erfahrungen von Nordoff und Robbins haben gezeigt, dass musikalische Prozesse von der musikalischen Kommunikativität eines jeden Kindes abhängen. Jede Steigerung der musikalischen Beteiligung in der Therapie führt zu einer höheren Stufe der Interkommunikation. Die Begrenzungen nehmen dabei ab. Mit wachsender Kommunikativität steigt die Freiheit der Reaktionen an und trägt somit auch zu einem besseren Therapeut-Kind-Verhältnis bei. Nordoff und Robbins entwickelten zwei Skalen,[42] die den Grad der Kind-Therapeut-Beziehung und der musikalischen Kommunikation im Therapieverlauf dokumentieren. Die Skala der Kind-Therapeut-Beziehung kann im Rahmen der Arbeit nur stark verkürzt zitiert werden (vgl. NORDOFF und ROBBINS 1986, 162):

---

[42] Nordoff und Robbins entwickelten diese Skalen im Frühjahr 1964 im Rahmen des NIMH-Projektes (National Institut of Mental Health) an der Tagesklinik für psychotische Kinder der Universität Pennsylvania.

Stufe	Form der Teilnahme:	Arten der Abwehr:
1	Völliges Nicht-Beachten	Unzugänglichkeit, Wut-Reaktion bei Forderungen
2	Flüchtiges Anzeichen von Erkennen	Abkehr in den autistischen Zustand
3	Erkennen, aber kein Akzeptieren	Kontinuierliche Negativhaltung
4	Tastende Ambivalenz, Versuchsweises Akzeptieren	Ängstliche Ungewissheit, Tendenz zur Zurückweisung
5	Begrenzte Reaktivität	Ausweichendes Defensiv-Verhalten
6	Entstehung von Aktivitätsbeziehung	Widersetzlichkeit und/oder Manipulation
7	Selbstsicherheit in der gemeinsamen Aktivität, Arbeitsbeziehung	Beharrliche Zwanghaftigkeit und/oder selbstbehauptende Unnachgiebigkeit, offene Auseinandersetzung, Widerspenstigkeit.
8	Gleichberechtigtes Miteinander in ausdrucksvoller musikalischer Beweglichkeit	(a) Krise – zur Lösung hin (b) Keine Abwehr
9	Stabilität und Selbstvertrauen innerhalb der gegenseitigen musikalischen Beziehung, konstruktive Teilnahme an Gruppenaktivitäten	Durch Identifikation mit den Erwartungen der Therapeuten fähig, den eigenen Regressionstendenzen zu widerstehen.
10	Erreichen und Festigen von aktiver Selbstständigkeit in Gruppenarbeit	

(vgl. ebd., 162)

Die zweite Skala vermittelt neben dem Grad der musikalischen Kommunikation auch Einblicke über die Entwicklung des Kindes, da sie auch Art und Dauer der musikalischen Kommunikation erfasst (vgl. ebd., 162ff.). Die Stufen eins bis fünf beschreiben graduell die Aktivierung und Differenzierung der musikalisch gerichteten Reaktion. Die nun folgenden Tabellen wurden im Zitat übernommen:

Stufe 1	Keine kommunikative Reaktivität
Stufe 2	Hervorgerufene Reaktion I: fragmentarisch, flüchtig
Stufe 3	Hervorgerufene Reaktion II: deutlich zusammenhängend oder mit unverkennbarem Einfluss auf die Musik oder Ordnung. Der passende Ausdruck der Reaktion des Kindes deutet darauf hin, dass das Kind sie auf irgendeine Art erlebt, obwohl sie nicht kommunikativ gerichtet sind.
Stufe 4	Zeitweilige musikalische Rezeption und musikalisches Gerichtetsein tritt auf. Das Kind entwickelt ein Gespür für die Beziehung zwischen seinen Reaktionen und der Musik.
Stufe 5	Gerichtete Reaktionsimpulse werden aufrechterhalten, schaffen Formen der Aktivität und bauen musikalische Kommunikation auf. Das Interesse des Kindes für seine Aktivität innerhalb der Musik wird geweckt.

(ebd., 173f.)

Der Grad der Kommunikation und Persönlichkeitsentwicklung wird auf der Skala sechs bis neun beschrieben. Ab Stufe zehn ist das Kind in der Lage, an Gruppenaktivitäten teilzunehmen:

Stufe 6	Das Engagement des Kindes ist stark auf den besonderen Bereich interkommunikativer Aktivität konzentriert, der aus der(n) individuellen Form(en) seiner Reaktivität entsteht. Es führt diese Aktivitäten und die dadurch verwirklichten Erlebnisse mit zunehmendem Einbezogensein durch. Dabei begründet und stabilisiert es die Beziehung zur musikalischen Situation.
Stufe 7	Das Kind zeigt musikalische Selbstsicherheit. Seine Aufmerksamkeit ist auf die Musik gerichtet. Es folgt dem Musiker in weitere oder freiere Erlebnisbereiche und übernimmt sogar manchmal die Führung. Es nimmt an musikalisch mehr entwickelten Aktivitäten teil. Es zeigt eine gewisse Unabhängigkeit in der musikalischen Anwendung von Struktur- und Ausdrucksformen.
Stufe 8	Die Aktivitäten des Kindes vermitteln seine Begeisterung in der musikalischen Kompetenz. Es erkennt und genießt die Kreativität des Musikers und beteiligt sich daran. Es beherrscht musikalische Fertigkeiten; es kann die ihm eigene musikalische Kreativität zeigen.
Stufe 9	Die musikalische Intelligenz des Kindes ist jetzt frei wirksam und steht der Kommunikation zur Verfügung. Es hat sich soweit musikalisch verwirklicht, wie dies in der Einzeltherapie-Situation möglich ist. Es nimmt an Gruppenaktivitäten teil.
Stufe 10	Das Kind arbeitet mit Beständigkeit an musikalischen Aufgaben in der Gruppe. Es überträgt sein musikalisches Engagement auf andere Kinder und teilt mit ihnen Erlebnisse und Aktivitäten. Es beteiligt sich verantwortungsbewusst an Aufführungen.

(ebd., 174)

4.7   Tanztherapie (Lautsprachunabhängig)

4.7.1   Ausdruckstanz für Autisten

Der Tanztherapieansatz entwickelte sich in den 40er-Jahren in den Vereinigten Staaten. Er setzte sich aus dem europäischen Ausdruckstanz und dem amerikanischen „modern dance" zusammen. In den USA findet die Tanztherapie als körperorientiertes Therapieverfahren bereits seit langer Zeit Anerkennung (vgl. JANETZKE 1997, 69).

Nach Wilczek haben die Erfahrungen von AusdruckstänzerInnen mit sich und Schülern gezeigt, dass die Beschäftigung mit dem Körper und den mannigfaltigen Möglichkeiten der Bewegung auch Auswirkung auf geistig-seelische Vorgänge hat. Gleichzeitig steht auch die innere Befindlichkeit in einem Wechselspiel zur Körperhaltung und Bewegungsausdruck. Tanztherapie leistet damit vor allem Entwicklungsförderung bei motorischen, geistigen und seelischen Störungen. Über die freie Bewegung kann der Körper dabei sehr vieles ausdrücken. Autistischen Menschen, die mit anderen Ausdrucksformen Probleme haben (z.B. Sprache), wird hier eine neue Kontaktmöglichkeit geboten (vgl. WILCZEK 1992, 24). Über die körperliche Verhaltensänderung können sich bei ihnen auch psychische Veränderungen ergeben (vgl. JANETZKE 1997, 70).

Speziell für die Autismusbehandlung modifizierten Adler, Kalish-Weiss und Siegel die Elemente so, dass die Tanztherapie auch für autistische Kinder einen Beitrag zur Entwicklungsförderung leisten kann.

Für die Tanztherapie sind auch noch folgende Schlussfolgerungen über das Wechselspiel zwischen dem autistischen Kind und der Umwelt von Bedeutung:

Auch ein autistisches Kind, welches sich völlig von der Umwelt abschottet, steht in einer Wechselwirkung mit der Umwelt. Neben den großen Kommunikationsschwierigkeiten werden hier auch große Kommunikationsmöglichkeiten gesehen. Bei der Bewegung offenbart sich die Entwicklungsstufe, vergangene und gegenwärtige Erfahrungen des Kindes sowie Beziehungsschwierigkeiten (vgl. ebd., 71). Bei der Behandlung wird vom Therapeuten eine hohe Sensibilität für nonverbale Signale vorausgesetzt. Analog zum ersten Behandlungsschritt der Aufmerksamkeits-Interaktions-Therapie von Rohrmann und Hartmann (vgl. ROHRMANN und HARTMANN 1988, 131ff.) sollen autistische Kinder mit geringen Ausdrucksfähigkeiten auch hier über die Spiegelung des Therapeuten via Imitation „empathisch erspüren". Aus gemeinsamen Bewegungen können im Wechselspiel Variationen eingebaut werden, welche die Kommunikationsformen erweitern. Körperliche und psychische Beweglichkeit, Kommunikations- und Lebensfreude sowie das eingeengte Interessensspektrum erfahren dabei Vergrößerungen. Die Atemarbeit kann als Fundament für die Sprachanbahnung und Sprachförderung genutzt werden. Atemarbeit in Kombination mit den Bewegungen erhöhen beim autistischen Kind die Selbst- und Fremdwahrnehmung und stärken sein Identitätsgefühl. Spannungen, Verstimmungen und aggressive Gefühle können über die Bewegung Ausdruck erfahren und dabei ausagiert werden. Über Bewegungsvariationen kann jedoch auch die Stimmung beeinflusst werden. Über Musik und Bewegung sollen erste Weichen für soziale Regeln gesetzt werden (JANETZKE 1997, 70f.).

Prognose: Sprach- und Beziehungsprobleme können hier in ersten Ansätzen bearbeitet werden.

4.8 Tiere als therapeutische Helfer

4.8.1 Reit- und Delfintherapie nach Royds und B. Smith

Tiere können das Sozialverhalten autistischer Kinder weiter verbessern (vgl. TINBERGEN 1984, 228). Janetzke erwähnt Buten, der berichtete, dass Tiere autistischen Kindern keine Angst bereiten und Neugierde erwecken (vgl. BUTEN in JANETZKE 1997, 74). Dass dabei das autistische Kind besonders behutsam zum Tier geführt werden muss, wird deutlich, wenn man die Beobachtung von J. K. Wing aufgreift. Er beschrieb bei autistischen Kindern eine latente Hundeangst, die durch die schnellen Bewegungen des Tieres ausgelöst wurde. Buten geht davon aus, dass Tiere analog zu Gegenständen keine Erwartungen an das autistische Kind stellen (vgl. ebd.; J. K. WING 1977, 23). Diese Formulierung erscheint allerdings zu weitgehend, wenn man sich verdeutlicht, dass auch das Tier ein lebendiges Individuum darstellt, das mit seinem Partner in einem interaktiven Prozess steht. Vielmehr stellt das Tier nach Tinbergens Auffassung eine Brücke zwischen der Dingwelt und der menschlichen Umwelt dar (vgl. TINBERGEN 1984, 228). Die Auswahl des Tieres sollte unter dem Gesichtspunkt getroffen werden, dass das autistische Kind seine Bedürfnisse hinreichend berücksichtigen kann und gegenseitige Verletzungen vermieden werden. Nicht wenige autistische Kinder behandeln ihr Tier gefühllos und ungeschickt, weil sie nicht wissen, dass es Schmerz und Unbehagen empfinden kann (vgl. DÖPP-WESELER 1981, 511ff.; LUNGERSHAUSEN 1981, 184ff.).

Im Umgang mit dem Tier soll dem autistischen Kind analog zu den Musiktherapien die Gelegenheit gegeben werden, Berührungsängste vor Lebewesen abzubauen, soziales Verständnis zu entwickeln sowie Kontakte und Kommunikation auf nichtsprachlicher Ebene herzustellen. Im Gegensatz zu den Autoren der Musiktherapie geht Buten davon aus, dass hier nur geringe Entwicklungsförderung geleistet wird (vgl. BUTEN in JANETZKE 1997, 74). Als Tiere können hier Pferde, Delfine, Hunde und Katzen wertvolle Dienste leisten (vgl. KEHRER 1989, 150).

Reittherapie: Sie wird öfters bei autistischen Kindern angewandt. Hierbei wird die Motorik, Kreislauf, Stoffwechsel, Eigenwahrnehmung und der Kontakt zu anderen Mitgliedern der Voltigiergruppe verbessert (vgl. KEHRER 1989, 151; KAESER in JANETZKE 1997, 73). Royds beobachtete, dass sogar reizbare und nicht ganz zuverlässige Pferde mit einer freundlichen und fürsorglichen Haltung auf ein schwer behindertes Kind reagieren. Seine Beobachtung begründet er damit, dass Pferde instinktiv fühlen, wie hilfsbedürftig der Reiter ist. Tinbergen geht davon aus, dass hier beim Pferd der „Mutterinstinkt" geweckt wird. Nach Royds setzen die Pferde in hoher Sensibilität für den Reiter ihren Willen stärker durch, wenn der Reiter, hier das autistische Kind, Fortschritte in Richtung Aktivität gemacht hat (vgl. ROYDS 1977, 46ff. in TINBERGEN 1984, 180). Das Kind erlebt auf dem Sattel des Pferdes ein „gehobenes Lebensgefühl". Royds beobachtete, dass viele stumme Kinder ihre ersten Worte vom Pferderücken aus sprachen. Tinbergen weist darauf hin, dass sich das Kind nie zu stark an das Tier binden sollte, da es sonst weiter Kontakt zu seinen Hauptbezugspersonen vermeidet und regrediert, wenn eine Trennung vom Tier bevorsteht (vgl. ebd., 228).

Delfintherapie: Als Begründerin gilt hier die amerikanische Psychologin Betsie Smith, die Delfine als Co-Therapeuten einsetzte (vgl. SMITH in JANETZKE 1997, 73). 1978 ließ Smith den 18-jährigen autistischen Jugendlichen Michael vier Wochen mit Delfinen zusammen schwimmen. Analog zu den Beobachtungen von Royds sprach auch Michael seine ersten Laute im Wasser. Er ahmte dabei die Laute der Delfine nach, wenn eines der Tiere in sein optisches Blickfeld schwamm. Michaels motorische Unruhe und Autoaggressionen traten danach für eine Stunde deutlich zurück. Kehrer erklärt sich den Erfolg durch das „frühkindlich" wirkende Verhalten der Delfine (vgl. ebd. in KEHRER 1989, 150).

4.9 Medikamentöse Therapien

4.9.1 Medikamentöse Therapie nach Kehrer

Die medikamentöse Therapie zählt zu den physikalischen Behandlungsmethoden. Ihre Wirkung erstreckt sich über den Körper und das Zentralnervensystem, wodurch psychische Veränderungen erzielt werden sollen. Ihr Anwendungs-bereich erstreckt sich beim Autismus auf Symptombehandlung, Beeinflussung biochemischer Störungen und der Wiederherstellung der Zugänglichkeit für heilpädagogische und psychotherapeutische Interventionen.

Die Medikation darf nur von einem Arzt festgelegt werden, der die Situation des autistischen Kindes richtig einschätzen und daher die richtigen Mittel in optimaler Dosierung verordnen kann. Häufig wird mit einer geringen Dosierung begonnen, die dann allmählich gesteigert werden kann. Dabei wird nun beobachtet, ab welcher Dosis eine Wirkung erzielt wird. Am besten funktioniert die Behandlung, wenn der Arzt den Eltern einen Behandlungsplan erstellt, worin die Dosengaben verzeichnet sind. Bei Symptombehandlung ist dem Arzt auch eine schriftliche Protokollierung der Verhaltensweisen in Beziehung zu den Dosierungen und Ereignissen im familiären Umfeld hilfreich. In periodischen Abschnitten kann durch Blutproben die Verträglichkeit analysiert werden, um größere Nebenwirkungen zu vermeiden. Der Wirkungsbereich der Medikamente erstreckt sich hier auf den Wachheitsgrad, Unruhe oder Teile des affektiven Verhaltens. Bei zu großer Unruhe oder aggressivem Verhalten sind beruhigende Mittel angebracht, wie z.b. Haloperidol, Dipiperon, Neuracen und ferner Atosil und Dogmatil. Bei Anwendung von Ritalin muss besonders genau die Verträglichkeit beobachtet werden, da zu hohe Dosierung Muskelsteifheit im Kopf-Halsbereich bewirken kann. Auch kann es teilweise zu unerwünschten Kreislaufwirkungen kommen. Gegen depressive Stimmungen empfiehlt Kehrer Thymoeptikea, ein Antidepressionsmittel, das auch gegen die depressiven Verstimmungen von Autisten wirkt. Bei autistischen Kindern und Jugendlichen, die zu epileptischen Anfällen neigen, empfiehlt Kehrer Antiepileptika (z.B. Phenhydan, Petnidan, Suxinutin, Caramazepin, Clonazepam, Ospolot, Orfiril, Ergenyl). Die Auswahl erfolgt nach den Eigenschaften des Anfalls und dem Befund des Elektroenzephalogramms (EEG) (vgl. KEHRER 1989, 136ff.). Viele Betreuer und Eltern haben ein ambivalentes Verhältnis gegenüber Psychopharmaka. Kehrer greift dazu eine Studie von Puttich auf, die aufzeigte, dass von 82 Eltern mit autistischen Kindern 81% skeptisch gegenüber Medikamenten eingestellt waren, nur 17,5 % sich Erfolge versprachen und 30% noch keine Erfahrungen mit Psychopharmaka hatten (vgl. PUTTICH 1987 in Kehrer 1989, 137).

4.10   Ernährungstherapien

4.10.1   Gesunde Ernährung nach Rimland

Der amerikanische Psychologe Rimland gilt in den Vereinigten Staaten als bedeutender Autismusforscher und vertritt mehrere Theorien zum Autismus. Auffallend ist dabei seine Hypothese, dass es beim Autismus auch durch bestimmte Nahrungsmittel bzw. Substanzen im Nervensystem und Gehirn zu allergischen Reaktionen kommen kann. Zu den inneren Prozessen äußert sich Rimland nicht näher. Allergene Stoffe bilden nach Rimland Weizenmehl, Milch, Zucker, Salz, Phosphate, künstliche Farb- und Aromastoffe und Geschmacksverstärker. Einer oder mehrere dieser Stoffe können zur „Hirnallergie" führen, die zerebrale Fehlfunktionen nach sich zieht. Nach Rimland muss dem autistischen Kind eine spezielle Diät verordnet werden. Rimland empfiehlt die Protokollierung des beobachteten Verhaltens in Beziehung zu den Essgewohnheiten, um dem allergenen Stoff auf die Spur zu kommen. Präventiv empfiehlt er eine gesunde und ausgewogene Ernährung. Anstatt Produkten aus industrieller Fertigung sollten dem autistischen Kind naturbelassene Produkte aus schadstoffarmem Anbau angeboten werden. Brauner Reis, frisches Obst und Gemüse und Fisch erweisen sich dabei als günstig (vgl. RIMLAND 1972; ebd. 1973, 513ff.; ebd. 1974, 371ff.; ebd. 1983, 331ff.). Früher erzielte Rimland größere Erfolge mit massiven Gaben von Vitamin B6 und Magnesium. Ein Vitamin B6-Mangel macht sich durch größere motorische Unruhe, akustische Überempfindlichkeit und lebensbedrohliche Krampfanfälle im Gehirn bemerkbar (vgl. Rimland et al. 1978, 472ff.). Durch den Placebo-Test[43] konnte Rimland tatsächlich eine Wirkung nachweisen (vgl. Rimland 1978, 42ff.).

---

[43] In diesem Test werden dem Patienten nach einiger Zeit unwirksame Medikamente verabreicht, um festzustellen, ob das Medikament oder nur der Glaube an die Heilung die Verbesserung verursacht hat.

5   Diskussion

In der nachfolgenden Diskussion habe ich mich entschlossen, den Begriff des Autismus noch einmal in der Perspektive eines selbst konzipierten Autismus-Modells zu betrachten, welches meine Gedanken zum Autismus wiedergibt. Dabei handelt sich um ein subjektives, für mich schlüssiges Gesamtmodell. Dieses Modell des Autismus stellt nur eine Theorie unter vielen dar. Sie erhebt keinen Anspruch auf Objektivität oder Vollständigkeit, sondern stellt eher einen vorsichtigen, aber dennoch gewollten Versuch dar, die immense Vielfalt zum Autismus in ein schlüssiges Modell zu fassen, das vor allem dem einen Zweck dienen soll: den Interessen des autistischen Kindes! Zusätzlich erscheinen noch einige Autorendiskussionen, die im vorangegangenen Teil noch keine Erwähnung fanden.

Begriffliche Problematik

Seit der Entdeckung von Bleuler, der mit Autismus die Selbstbezogenheit bei schizophrenen Patienten bezeichnete, hat sich der Begriff in über 50 jähriger Forschung inhaltlich derart gewandelt und ausgeweitet, dass er sein Existenzrecht zu verlieren droht (vgl. BLEULER 1911 in BOSCH 1962; ebd. in SAMMECK 1973, 12; ebd. in SAMMECK 1973, 60; ebd. in L. WING 1976, 14f.; RÖDLER 1983, 162). Um wieder Ordnung in die Vielfalt zu bekommen, wären zwei Lösungen denkbar:

Differenzierung des Autismusbegriffs: Analog zu den Subformen der Schizophrenien müsste auch der Autismus-Begriff international und interdisziplinär verbindlich in kleine Subgruppen unterteilt werden, um eine bessere Verständigung in der Fachwelt auf internationaler Basis zu gewährleisten und der Unvereinbarkeit diverser Hypothesen ein Ende zu setzen. Sie könnten nach Autoren, wie teilweise auch schon geschehen oder nach den charakteristischen Auffälligkeiten benannt werden.

Isolierung der Kerngruppe: Die Fachleute müssten sich international und interdisziplinär einigen, welche Subform der autistischen Störungen, weiterhin den Namen „Autismus" beibehält, und welche Formen entweder zu anderen Krankheitsobergruppen subsumiert werden [44] oder neue Krankheitsgruppen bilden sollen. Dabei müsste zudem eine deutliche Trennung zwischen Krankheiten mit einzelnen Autismusmerkmalen und der Pathologie als Syndrom erfolgen.

Erscheinungsbilder

Unterschiede unter den Autoren: Die Systematisierung der Erscheinungsbilder nach Autoren hat mir gezeigt, dass sich Umfang, sprachlicher Ausdruck und inhaltliche Darstellung von Autor zu Autor unterscheiden. Einflussfaktoren bilden dabei die nationale Zugehörigkeit des Autors, seine Disziplinzugehörigkeit, seine

---

[44] Zum Beispiel Überschneidungen, wie in der Untersuchung von Weber, wo auch hirnorganisch verletzte Kinder unter dem Stichwort Autismus analysiert wurden, könnten von nun an der Vergangenheit angehören.

Vorbildungen, seine Praxis- und Theorieerfahrungen, seine Persönlichkeit, seine Lebenserfahrungen, seine Forschungsgebiete und die Thematik der Publikation. Es ist naheliegend, dass der Ethologe Tinbergen, welcher seine Beobachtungen unter dem Thema „Angstverhalten bei Tieren und autistischen Kinder" reflektiert ein anderes Erscheinungsbild von autistischen Kindern erhält als Delacato, der auf Grund seiner langjährigen Erfahrungen auf dem Gebiet der Neurologie sehr viel sensibler auf Verhaltensmuster prädisponiert ist, die den zerebralen Störungen zuzurechnen sind (vgl. DELACATO 1985, 10ff.; TINBERGEN 1984, 70ff.).

Unterschiede zwischen den verschiedenen Populationen mit bestimmtem Erscheinungsbild, die für die Diagnose eine Rolle spielen: Bei Autoren, die bereits mit Autismus diagnostizierte Kinder aufgenommen haben, kann man nach meiner Ansicht nicht mehr davon ausgehen, dass weiter daran angestellte Studien einen (hohen) relevanten Vergleichswert haben, da ungewiss ist, wie, wo, und wie lange die autistischen Kinder mit welchen Methoden und Voraussetzungen die Diagnose „Autismus" erhielten (vgl. WEBER 1970, 27; WURST 1976, 49; DELACATO 1985, 56). Es kann sich auch nicht mehr um eine „kindgerechte" Intervention handeln, wenn Autoren wie Delacato und Prekop den Autismus pauschal nach ihrem Modell behandeln (vgl. DELACATO 1985, 107ff.; PREKOP 1984a, 798ff.; ebd. 1984b, 952ff.; ebd. 1984c, 1043ff.; ebd. 1984d, 1170ff.; ebd. 1986, 1ff.; ebd. 1989, 42ff.). Die bereits genannten Unterschiede der Autoren wirken sich stärker als man denkt auf die Qualität der Diagnose aus, die je nach Bedeutungsinhalt dem Kind mehr schaden kann, als nützen. Es ist bekannt, dass gerade bei mentalen Krankheiten ein Patient von verschiedenen Ärzten durchaus verschieden Diagnosen erhalten kann.[45]

Da alle als „autistisch" diagnostizierten Kinder, unabhängig von welcher Substörung sie gerade betroffen sind, immer unter dem Stichwort „autistisches Syndrom" zusammengefasst sind, wird logischerweise je nach dem Behandlungskonzept der zuständigen Institutionen ein Teil von ihnen profitieren, während der Rest „fehlbehandelt" und schlimmstenfalls gequält wird (wie möglicherweise bei der Haltetherapie). Anstatt der nicht enden wollenden Versuche der Autoren, daran „herumzuzerren", welche Symptome zu welcher Interpretation des „Autismusbildes" passen, sollte dieser Versuch als „nicht lösbar" aufgegeben werden und stattdessen die Splittung des Begriffs in Untergruppen vorangetrieben werden. Anhand dieser Untergruppen würde dann auch die Orientierung und der Austausch und zwischen den Eltern und den Institutionen, die das Kind betreuen, einfacher werden. Die Behandlung selbst sollte dann absolut im Interesse des Kindes ganz individuell erfolgen.

Mit diesen Ideen stelle ich keine der beobachteten Merkmale der Autoren in Frage, sondern halte sie alle nach wie vor für „wertvoll", sofern es künftig gelingen würde, die Störungsbilder der autistischen Kinder weitgehend zuzuordnen.

---

[45] Meine Ansicht beziehe ich auf eine Studie von Rimland 1971. Bei einem Diagnosevergleich zweier Ärzte an 445 Kindern mit schweren Verhaltensstörungen konnte Rimland nachweisen, wie unterschiedlich die Diagnosen für die gleichen Kinder ausfallen.

Damit müsste die Fachwelt auch parallel anerkennen, dass es in den einzelnen Subformen des Autismus bei den Merkmalen zahlreiche Überschneidungen gibt, die es nun international hinreichend verbindlich in qualitativer und quantitativer Hinsicht weiter zu untersuchen gilt. In ihrer Beziehung zur jeweiligen Subform müssten sie dann im Interesse der Kinder sehr kritisch anhand empirisch weltweit genormter Maßstäbe überprüft werden. Auch diese Idee versteht sich nur als nur als Vorschlag zur besseren Orientierung.

Autismus ist eine Entwicklungsstörung!

Die Durchsicht der Autoren hat gezeigt, dass die autistische Störung, unabhängig davon, ob psychogen, hereditär oder organisch, letztendlich immer eine Entwicklungsstörung darstellt, bei der sich das Kind nur „hochselektiv" die Inhalte der sensiblen Phasen aneignet (vgl. KANNER 1943ff.; ASPERGER 1944ff.; KREVELEN 1952ff.; MAHLER 1972ff.; BETTELHEIM 1975ff., O'GORMAN 1976, J. K. WING 1977, L. WING 1976; WEBER 1966ff.; WURST 1976; DELACATO 1985; FEUSER 1979ff.; AYRES 1992; TOMATIS 1987; HARTMANN und ROHRMANN 1984ff.; FRITH 1972ff.; RÖDLER 1983; DZIKOWSKI 1996; JANETZKE 1997). Tatsächlich lassen sich unter diesem Aspekt zahlreiche Merkmale erklären:

Isolierung von der Umwelt: Die Isolierung des autistischen Kindes von der Umwelt haben so gut wie alle Autoren als Merkmal für das autistische Kind festgestellt. Unterschiede ergeben sich jedoch in den Interpretationen vieler Autoren (vgl. EISENBERG und KANNER 1956, 556ff.; EISENBERG 1956, 607ff.; EISENBERG 1957, 715ff.; KANNER 1946, 242ff.; ebd. 1949, 416ff.; ebd. 1954, 378ff.; ebd. 1957, 739ff.; ebd. 1958, 108ff.; ASPERGER 1961, 181f.; BETTELHEIM 1977, 69ff.; MAHLER 1972, 72ff.; O'GORMAN 1976, 40f.; J. K. WING 1977, 27; DELACATO 1985, 74ff.; TINBERGEN 1984, 93ff.; WURST 1976, 97; FEUSER 1979, 283ff.; AXLINE 1973, AYRES 1992, 174; AFFOLTER 1976; TOMATIS 1987; HARTMANN und ROHRMANN 1984, 272ff.; ebd. 1988, 156ff.; GANGHOFER 1994; NAGY 1993ff.; BENENZON 1983; NORDOFF und ROBBINS 1986.).). Während Tinbergen die Isolation auf eine Störung des emotionellen Gleichgewichts zurückführt und damit psychogen begründet, bildet sie für Feuser eine Folgeerscheinung der veränderten Raum-Zeit-Wahrnehmung (vgl. FEUSER 1979, 195ff.; TINBERGEN 1984, 20). Unter dem Hintergrund meiner Idee von den „Subformen des Autismus" hätten beide Autoren Recht. Zu klären wäre nun, welche autistischen Kinder psychogen traumatisiert wurden und welche tatsächlich unter einer Wahrnehmungsstörung leiden. Auch die wechselseitige Beeinflussung von psychogenen und organischen Komponenten müsste unter dem Aspekt der neurologischen Organisation weiter untersucht werden.

Veränderungsangst: Ebenfalls sehr viele Autoren haben festgestellt, dass autistische Kinder auf räumliche und zeitliche Veränderungen sehr sensibel reagieren. Die Vertreter der psychogenen Auffassung sehen darin eine Entwicklungsstörung, die sich aus einer verfehlten Mutter-Kind-Beziehung ergibt (vgl. BETTELHEIM 1977, 64ff.; MAHLER 1972, 72ff.; TINBERGEN 1984, 98). Die stetig steigende

Anzahl an Autoren, die von einer Wahrnehmungsstörung ausgehen, sehen darin eher eine Entwicklungsstörung, die auf zerebralen und neuronalen Dysfunktionen basiert (vgl. DELACATO 1985, 74ff.; FEUSER 1979, 210ff.; AYRES 1992, 71ff.; HARTMANN und ROHRMANN 1984, 272ff.; ebd. 1988, 156ff.). Ungeklärt geblieben ist, ob sich die Veränderungsangst wirklich auf alle materiellen und zeitlichen Strukturierungen im Umfeld des Kindes bezieht oder nur auf Teile, die ihm etwas bedeuten bzw. es stören. Es gibt auffallend viele Fallbeschreibungen, in denen autistische Kinder ihre Umwelt hochselektiv nach ihren Interessensgebieten wahrnehmen. (Feuers Modell von der veränderten Raum-Zeit-Wahrnehmung ließe sich hiermit jedoch kaum in Einklang bringen.) (vgl. FEUSER 1979, 210ff.).

Kein direkter Blickkontakt: Psychoanalytisch-orientierte Autoren sehen darin beim autistischen Kind eine weitere psychogen erzeugte Abwehr gegenüber der Umwelt (vgl. BETTELHEIM 1977, 87ff.; MAHLER 1972, 72ff.; TINBERGEN 1984, 93). Demgegenüber kann sich ein autistisches Kind mit Wahrnehmungsstörungen nicht an der Umwelt orientieren bzw. Elemente darin nicht hinreichend fokussieren. Dem widersprechen jedoch die Beobachtungen von Kanner, dass autistische Kinder zu Dingen einen guten Kontakt pflegen. Rödler geht davon aus, dass sich autistische Kinder in der sozialen Entwicklung soweit zurückgezogen haben, dass sie die materielle und zwischenmenschliche Umwelt nur „dinglich" erfassen können oder wollen (vgl. KANNER 1943, 246; ebd. 1957, 741; RÖDLER 1983, 269ff.).

Sprachstörung: Egal auf welcher Ursache basierend, bildet sie nach meiner Ansicht ein sicheres Indiz für die mangelnde Übung des autistischen Kindes in den sensiblen Entwicklungsphasen. Die Vertauschung der Personalpronomen könnte ein Indiz sein, dass autistische Kinder gesprochene Sätze rein mechanisch nach dem Ursache-Wirkungs-Prinzip phonetisch auswendig lernen, ohne darin zu einer Ordnung des semantischen Inhaltes zu gelangen. Dafür sprechen auch die fehlende Fähigkeit zu Generalisierungen von Inhalten und die Bildung von Restriktionen. Mit fortschreitender Entwicklung kann das autistische Kind graduell die mechanische Form des Lernens durch Verstehens- und Einfühlungsprozesse ablösen. Auch hier wäre zu klären, ob es ein Zusammenspiel zwischen organischen und psychogenen Anteilen in der neurologischen Organisation gibt. Die häufig auftretende Echolalie kann als Stereotypie verstanden werden, welche entwicklungsbedingt auch bei Kleinkindern auftritt (vgl. KANNER 1943, 242ff.; ebd. 1944, 211ff.; ebd. 1946, 242ff.; ebd. 1949, 416ff.; ebd. 1954, 370ff.; ebd. 1957, 739ff.; ebd. 1958, 87ff.; EISENBERG 1956, 607ff.; KANNER und EISENBERG 1956, 556ff.).

Wahrnehmungsstörung: Ähnlich wie bei der Sprachstörung vermute ich auch bei der Wahrnehmungsstörung eine rein mechanische Aneignung der Umwelt nach dem Erkennen- und Nicht-Erkennen-Prinzip, welches sich die Kinder autodidaktisch strukturieren. Daher konnten sich die autistischen Kinder von H. Cordes (vgl. CORDES in Kapitel 3.3.3) auch nur schlecht auf die relevanten Lerninhalte konzentrieren oder, in neuen Räumen nicht mehr zeigen. J. K. Wing berichtete von Kindern, die sich die Umwelt über in ein „Mosaik" eingeteilte Bildpunkte aneignen, die als Bedeutungsträger fungieren. So beschrieb J. K. Wing, dass autistische Kinder ein gesehenes Haus aus einer anderen Perspektive oder Entfernung nicht mehr wieder erkennen können (vgl. CORDES 1980, 41f.; J. K. WING 1977, 23f.). Hierzu passt auch ein Fernsehbericht aus der Sendereihe „Normal", in der ein autistisches Mädchen beschrieb, dass sie die Entfernung von Autos im Straßenverkehr nur schlecht einschätzen könne.[46] Ich halte solche Beobachtungen und Berichte für sehr realistisch, da sie auch kompatibel mit den übrigen Lern- und Orientierungstechniken der autistischen Kinder sind. Die immer wieder beschriebene Schmerzunempfindlichkeit (vgl. BETTELHEIM 1977, 79) verstehe ich so, dass autistische Kinder zwar Schmerzen fühlen, jedoch keine passende Reaktion darauf parat haben, da sie entweder entwicklungsbedingt ihren Körper noch nicht erfassen können (vor der Spiegelstufe) oder erst gar nicht zu einer Bewertung der Reize bzw. entsprechender Handlung gelangen.

Stereotypien: Sie bilden ein einfaches Verhaftetsein in überschaubare Bewegungsmuster, die das Wahrnehmungs- und Strukturierungsvermögen autistischer Kinder nicht überlasten. Nach Rödler fallen die Stereotypien je nach Entwicklungsalter differenzierter aus, um schließlich durch die Fähigkeit des planvollen Handelns abgelöst zu werden (vgl. PIAGET in RÖDLER 1983, 263). Auch die von Delacato aufgestellte Überlegung, dass der Mensch einen Urtrieb zur Bewegung hat, leuchtet mir ein (vgl. DELACATO 1985, 152). Auch wäre es denkbar, dass die Stereotypien für das autistische Kind einen beruhigenden Effekt haben, wenn sie sich durch die momentane Situation überlastet fühlen. Dass sich Stereotypien keineswegs nur auf die motorischen Bewegungen beschränken, sondern sich auch im verbalen und gedanklichen Bereich autistischer Kinder abspielen, verdeutlicht der Fall Dibs von Axline. Immer dann, wenn sich Dibs in der non-direktiven Therapie von seinen inneren Gefühlen überfordert fühlte, flüchtete er aus der Situation, indem er begann, nach stereotyper Art und Weise, Dinge und Materialien nach Funktion und Gebrauch zu benennen (vgl. AXLINE 1973). Tinbergen hingegen vertritt die Ansicht, dass Stereotypien gehemmte Intensionsbewegungen darstellen. Einige Autisten führen bei der Konfrontation mit neuen Kontaktpersonen auch stereotype Wippbewegungen mit den Beinen aus, wenn sich der Wunsch nach Kontakt mit der inneren Abwehr überschneidet (vgl. TINBERGEN 1984, 85ff.).[47]

Intellektuelle Fähigkeiten: Meine Vermutung ist, dass autistische Kinder durch die mechanische Aneignung der Umwelt über das Auswendiglernen zahlreicher optischer und akustischer „Vorlagen" ihr Gedächtnis in den sensiblen Phasen derart im Auswendiglernen „übertrainieren", dass sie im Verhältnis zu ihren übrigen Leistungen, darin in quantitativer und zeitlicher Hinsicht „artistische" Hochleistungen erzielen können. Parallel dazu können natürlich auch prädis-

---

[46] Arbeitgemeinschaft für Behinderte in den Medien: Sendereihe: Normal, 2-teilige Themensendung über Autismus. Das hierzu erhältliche VHS-Video ist zu beziehen bei der „Arbeitgemeinschaft Behinderte in den Medien", Bonner Platz 1, Müchen.

[47] Szene aus der Fernsehsendung: „Das Haus Bucken". (Das VHS-Video hierzu kann beim Filmverleih der Bundesvereinigung Lebenshilfe Marburg e.V. bezogen werden).

positionale Hyperbegabungen im räumlich-visuellen oder musischen Bereich eine Erklärung sein. Auf dem Hintergrund dieser Überlegungen wären auch die herausragenden zeichnerischen Talente des 15-jährigen Autisten Stephen Wiltshire erklärbar. Wilshire fixierte regungslos 15 Minuten lang die Notre Dame von Paris. Anschließend fertigte er eine detailgetreue Zeichnung an, die in Ausdruck und Differenziertheit schon an „Wunder" grenzt (vgl. DRAEGER 1989, 17). Auch Dustin Hoffmann demonstrierte in der Rolle des Autisten „Rain Man", dass neben dem Fassungsvermögen für optische Strukturen, auch die Geschwindigkeit sensationelle Rekorde erreichen kann.[48] Auch wenn einige Medien herausragend talentierte Autisten als Sensationen vermarkten, so haben diese Fähigkeiten für die Betroffenen keinerlei gesellschaftlichen oder sozialen Wert, sondern dienen meiner Ansicht nach vielmehr als Überlebensstrategie in einer inneren Welt, die vom Chaos beherrscht ist (vgl. Feuser 1979, 401ff.).[49] Auch die autobiografischen Romane von Zöller, Sellin, Schäfer, Grandin und Williams berichten von dem inneren Chaos, aus denen sie sich (Zöller und Sellin) über die gestützte Kommunikation einen Weg hinaus „an die Oberwelt" ebnen möchten (vgl. ZÖLLER 1989f.; SELLIN 1993ff.; SCHÄFER 1997; ebd. 1998, 45ff.; GRANDIN 1992, 48ff.; WILLIAMS 1992f.).

Fazit: Meiner Meinung nach leiden autistische Kinder, die charakteristische Sprach- und Wahrnehmungsauffälligkeiten zeigen, an einer ganz speziellen „Hirnstörung", die sich auf Grund mangelnder Übung neuronal oder biochemisch manifestiert hat. Die Schwierigkeiten der Kinder belegen, dass sie zwar Reize kodieren und entkodieren können, jedoch die Gedächtnisteile bzw. die neuronalen Verbindungen, die für die semantische Integration und den sozialen Austausch zuständig sind, durch entwicklungsbedingte organische Umstrukturierungen des neuronalen Netzwerkes gestört oder verletzt sind.

Diese Hypothese sehe ich auch durch die Untersuchungen von Baron-Cohen, Leslie und Frith (1985) bestätigt, die durch experimentelle Studien zum Resultat gelangten, dass autistische Kinder eine mangelnde Fähigkeit zum „Mentalisieren" bzw. zur Ausbildung einer „Theory-of-mind" aufweisen. Auf Grund einer inadäquaten Bewusstseinsentwicklung begreifen autistische Kinder nicht mental, dass andere Menschen über ein eigenes Bewusstsein verfügen, mit dem sie individuelle Hypothesen über die Wirklichkeit ableiten können. Sie können sich demnach überhaupt nicht in die Gedankenwelt anderer Personen hineinversetzen (vgl. BARON-COHEN, LESLIE und FRITH 1985 in FRITH 1993, 174ff., ebd. in KLICPERA und INNERHOFER 1999, 122ff.).

Cohen, Leslie und Frith überprüften diese Hypothese nach der Methode von Wimmer und Perner mit einer szenischen Darstellung (Sally-Anne-Experiment). Normalen, autistischen und geistig behinderten (Down-Syndrom) Kindern mit

---

[48] Regisseur: Barry Levinson – Der Hauptdarsteller Dustin Hoffman spielte den Autisten „Rain Man", der in einer Spielbank sein schnelles Auffassungsvermögen für optische Strukturen unter Beweis stellen konnte.

[49] Feuser spricht hierbei von einer konsequenten Anpassung des autistischen Kindes an die verändert erlebte Umwelt.

einem geistigen Alter von mehr als drei Jahren wurden mit zwei Puppen folgende Szene vorgespielt: Zunächst wird ihnen gezeigt, dass die Puppe Sally einen Korb und einem Ball besitzt, während Anne über eine Schachtel verfügt. Nun legt Sally ihren Ball in den Korb und geht anschließend hinaus. Während Anne allein ist, nimmt sie den Ball aus dem Korb und legt ihn in die Schachtel. Nun kommt Sally zurück und die Kinder wurden gefragt, wo Sally ihren Ball suchen wird. Bis auf wenige Ausnahmen antworteten alle autistischen Kinder: „In der Schachtel!" Die normalen Kinder und jene mit Down-Syndrom nannten als richtige Antwort den Korb. Beiden Gruppen war zudem bewusst, dass sich der Ball tatsächlich in der Schachtel befand und fanden die Aufgabe z.T. sogar lustig (vgl. ebd.).

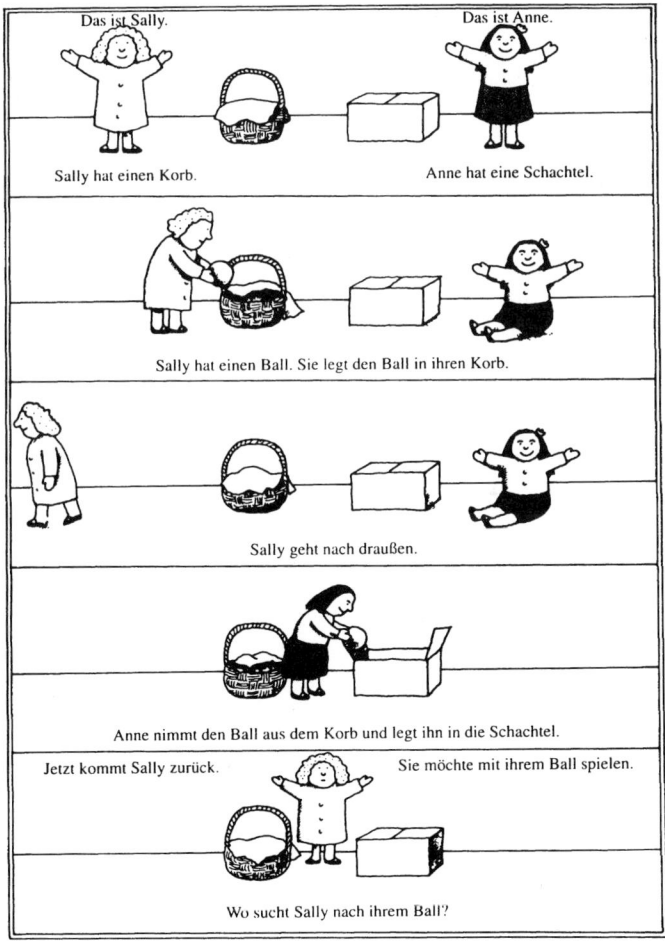

(BARON-COHEN, LESLIE und FRITH 1985 in FRITH 1992, 175 u. ebd. 1993, 52)

Kehren wir nun noch mal zur neuronalen Verursachungshypothese zurück. Meiner Ansicht nach bilden diese Hirnstörungen das Resultat einer tiefgreifenden Entwicklungsstörung, bei der organische und psychogene Faktoren in stetiger Wechselwirkung beteiligt sind.

Ich halte es jedoch auch für möglich, dass andere Hirnareale durch intensives sensomotorisches und entwicklungsorientiertes Training, die Störungen teilweise kompensieren können (vgl. KIPHARD 1972, 39ff.; ebd. 1979; ebd. 1980; SCHOPLER und REICHLER 1981; SCHOPLER, REICHLER und LANSING 1983).

Ursachen

Die genannten Symptomatiken können multifaktoriell verursacht werden. Ungeklärt ist dabei weiterhin, ob biochemische, hereditäre, psychogene und hirnorganische Störungen sowohl als Einzelfaktor, wie als Ursachenkomplex für die Ätiologie des Autismus verantwortlich sind.

Psychogene Verursachung: Ich bin überzeugt, dass sich unter den autistischen Kindern auch jene befinden, welche sich auf Grund von „autismogenen Faktoren"[50] aus sozialen Zusammenhängen derart zurückgezogen haben, dass die Entwicklung im zwischenmenschlichen Bereich massiv stagnierte. (Der Auslöser kann schwerpunktmäßig in einer pathologischen Mutter-Kind-Beziehung liegen oder eher in organischen Handicaps des Kindes, die das emotionale Gleichgewicht empfindlich stören können.) Dies hat nun gravierende Konsequenzen für die Entwicklung des Gehirns. Mit der „totalen Isolation" (aus Selbstschutz oder als Überlebensstrategie) beraubt sich das Kind nun selbst den ungeheuer wichtigen Entwicklungsphasen, die sich auf das soziale Erkundungsverhalten und das Begreifen und Verstehen des sozialen Gefüges beziehen. Dadurch eignet sich das Kind die Umwelt permanent nur mechanisch an. Diese veränderten Lernbedingungen verfestigen sich allmählich zu einem unauslöschbaren Netzwerk, das später durch entwicklungsangemessene Therapien nur im Sinne eines Ausweichens auf andere Hirnareale korrigiert werden kann (durch „Umwege" und „Umleitungen").

In der Fachwelt sind die psychoanalytischen Behandlungssätze weitgehend im Rückzug begriffen. Wie kommt es dazu? Dies liegt erstens an der schweren Beweisbarkeit psychoanalytischer Modelle und zweitens an der schwer fassbaren Begrifflichkeit der Fachausdrücke. Welcher Leser kann sich schon den pränatalen Seelenzustand des Kindes näher vorstellen? Aber auch der weitreichende Einfluss von Bettelheim, der den Müttern die Schuld für die Verursachung aufgebürdet hat und eine räumliche Trennung zwischen Mutter und Kind forderte, dürfte die ablehnende Haltung vieler Mütter gegenüber psychoanalytischen Modellen begreifbar machen. Ebenso gibt es in der Fachwelt kein Einvernehmen, welche Elemente als „traumatisch" gelten und welche nicht (vgl. BETTELHEIM 1977; MAHLER 1972).

---

[50] Der Begriff „autismogene Faktoren" stammt von Tinbergen (1984) und meint alle belastenden Störeinflüsse der zivilisierten Gesellschaft auf das autistische Kind.

Diese Eindimensionalität teilen Tinbergen und Prekop nicht, sondern vermuten die pathogenen Einflüsse auch bei den Angehörigen des Kindes im Wechselspiel zur Technokratisierung und Anonymisierung der zivilisierten Umwelt. Allerdings ist deren Aufstellung pathogener Einflüsse so umfangreich, dass die daraus abgeleitete Anzahl von Betroffenen nicht mehr mit den tatsächlichen epidemiologischen Werten kompatibel ist (vgl. TINBERGEN 1984, 119ff.; PREKOP 1984a, 800; ebd. 1989, 83ff.). Ich habe die Vermutung, dass die von Tinbergen angegebenen Einflüsse auch häufig in den Anamnesen anderer psychischer Störungsbilder zu finden sind.

Tomatis, Tinbergen und Prekop sind zudem überzeugt, dass auch pränatale Einflüsse die Psyche des Kindes nachhaltig beeinflussen können (vgl. TOMATIS 1987, TINBERGEN 1984, 119f.; PREKOP 1984a, 800; ebd. 1986, 4; ebd. 1989, 82). Keiner der Autoren kommt auf die Idee zu überlegen, dass diese Einflüsse, wenn sie schon die Psyche des Kindes beeinträchtigen, auch Störungsbilder außerhalb des Autismus hervorrufen können. Diese Fragen müssten erst geklärt werden.

Mahlers Modell, dass beim autistischen Kind von einer konstitutionell bedingten Wahrnehmungsstörung[51] und einer daraus resultierenden Blockierung aller weiteren psychischen Reifeprozesse ausgeht, halte ich erst für verifizierbar, wenn genügend Nachweise für ein derartiges Zusammenspiel existieren (vgl. MAHLER 1972ff.).

In Bezug auf die nicht endende Streitfrage, ob der Säugling nun ein passives oder aktives Individuum ist, hat die moderne Säuglingsforschung Belege zu Gunsten beider Seiten publiziert, die hier neuere Einsichten geben können (vgl. STERN 1992).

Organische Verursachung: Bei meiner unter dem Abschnitt Erscheinungsform vorgestellten Überlegung von der „speziellen Hirnstörung" (vgl. Kapitel 5) unter denen die autistischen Kinder leiden könnten, wäre natürlich auch eine organische Primärursache bzw. deren Beteiligung denkbar. Sie könnte durchaus die gleichen Konsequenzen nach sich ziehen, wie eine auf psychogenem Wege erworbene Hirnstörung. Es ist allerdings die Frage, ob einer hirnorganischen Dysfunktion auch immer eine organische Ursache zu Grunde liegen muss (wird nicht zu schnell von einem großen Teil der Wissenschaftler eine greifbare körperliche Ursache angenommen?). Ich halte es für am wahrscheinlichsten, dass sich aus einem ungünstig verlaufenden Wechselspiel zwischen organischen, konditionellen und psychogenen Anteilen eine Krankheit manifestiert, die wir das „autistische Syndrom" nennen. Wesentlich seltener, stelle ich mir vor, reicht ein Faktor aus für eine derartig gravierende Entwicklungsstörung wie den Autismus.

Am Beispiel der Rötel-Embryopathie konnten Weber und Schmidt sowie Chess bereits statistisch nachweisen, dass auch organische Krankheiten durchaus ein erhöhtes Risiko für Autismus darstellen können (vgl. WEBER und SCHMIDT 1969, 117ff.; CHESS 1971, 33; ebd. 1977, 69ff.).

---

[51] Bei Mahlers Wahrnehmungsstörung ist das Kind nicht in der Lage zwischen Lebendigem und Leblosem zu unterscheiden.

„These findings led to the conclusion that the high prevalance of autism was one consequence of the invasion of the central nervous system by the rubella virus" (CHESS 1977, 70).

Eine Überprüfung aller organisch und psychogen erworbenen Störungen im Hinblick auf ihren Einfluss auf biochemische und neuronale Veränderungen stellen hier die nächsten Ansatzpunkte der medizinischen Fakultät dar. Alle bisher publizierten Versuche demonstrieren die ungeheure Schwierigkeit diesbezüglich zahlenmäßig aussagekräftige Einflüsse und Korrelationen nachzuweisen.[52]

Konditionelle Verursachung: Über die Vererbung können sowohl organische, als auch psychogene Merkmale sowie deren Aktivierungszeitpunkte weitergegeben werden. Im Hinblick auf die autistische Störung bedeutet dies, dass die o.g. Störungen sowohl durch aktuelle, als auch konstitutionelle Einflüsse entstehen können bzw. könnten. Auch besteht die Möglichkeit, dass analog zu den Mendel'schen Gesetzen ein Individuum Träger eines Erbmaterials ist, ohne dass sich deren Inhalt in seinem Leben aktiviert.[53] Autoren, die dieser Frage nachgegangen sind, haben z.T. umfangreiche Studien über die Charaktereigenschaften der Verwandtschaft und den Zwillingen aufgestellt, um überzeugende Korrelationen aufzuzeigen. Während Kanner und Asperger zu der Überzeugung kamen, dass sich die Eltern der autistischen Kinder durch übermäßig viel Intellektualität und mangelnde Instinktfunktion auszeichnen (vgl. KANNER 1943, 248ff.; ebd. 1949, 416ff.; ebd. 1954, 378ff.; KANNER und EISENBERG 1956, 556ff.; EISENBERG 1957, 715ff.; ASPERGER 1961, 193), konnte diese Hypothese von der Society for Autistic Children widerlegt werden. Janetzke weist darauf hin, dass sich die überwältigende Mehrheit der Mütter durch Warmherzigkeit und Fürsorglichkeit auszeichnet (vgl. JANETZKE 1997, 34f.). Mit diesen Untersuchungen gilt auch die Hypothese von Bettelheim als widerlegt, der das Hauptübel in einer verfehlten Mutter-Kind-Beziehung vermutet. Janetzke benannte biochemische Untersuchungen die herausgefunden haben, dass ein fragiles X-Chromosom[54] neben einer Intelligenzminderung bei Jungen auch Aufmerksamkeitsstörungen sowie für den Autismus typische soziale, motorische und sprachliche Auffälligkeiten hervorbringen kann.

Differentialdiagnose: Ergänzend zu der kritischen Würdigung der Differentialdiagnosen im Abschnitt Erscheinungsform (vgl. Kapitel 5) ist hinzuzufügen, dass die medizinisch-orientierten Autoren und Janetzke auch von Publikationen bzw. eigenen Untersuchungen berichten, bei denen mit Hilfe von EEG-Wellen und biochemischen Untersuchungen Abgrenzungen zu anderen Krankheitsbildern möglich sind (vgl. KANNER 1949, 416ff.; ASPERGER 1961, 197; HILL 1948, 95 in O'GORMAN 1976, 54; J. K. WING 1977, 30ff.; WEBER 1970, 26; JANETZKE 1997,

---

[52] vgl. Rötel-Embryopahie: WEBER und SCHMIDT 1969, 117ff.; CHESS 1971, 33; ebd. 1977, 69ff.; Tuberöse Sklerose: VEEH 1990; HUMPHREYS 1987, 12ff.; Pockenschutzimpfung: EGGERS 1976, 172ff.; Histidimänie: KOTSOPOULOS und KUTTY 1979, 55ff.; Windpocken: INNERHOFER und KLICPERA 1888

[53] vgl. die Lehren von Gregor Mendel über rezessives Erbmaterial

[54] Eine brüchige Stelle auf einem X-Chromosom hat in der Regel eine Schädigung der Erbsubstanz zur Folge.

298

38f.). Solche Untersuchungen können m. E. erst dann als differentialdiagnostisches Element verwendet werden, wenn die Konkordanzrate zwischen den festgestellten Anomalien und dem autistischen Syndrom mindestens 80% beträgt.

Fazit: Ich bin der Meinung, dass sich die autistische Störung aus einem ungünstigen Wechselspiel zwischen zwei oder mehreren Faktoren aus den Bereichen der konstitutionellen, organischen, biochemischen, chemischen und psychogenen Verursachungstheorien entwickelt.[55] Ich vermute, dass dabei bestimmte Kombinationen vermehrt anzutreffen sind. Würde sich diese Vermutung bestätigen, wäre auch der z.T. uneinheitliche Entwicklungsverlauf von autistischen Kindern zu erklären. Auch die in meiner Arbeit besprochenen Autoren Kanner, Asperger und Mahler vermuten, dass der Autismus immer aus einem Zusammenspiel von konstitutionellen und psychogenen Faktoren entsteht (vgl. EISENBERG und KANNER 1956, 556ff.; ASPERGER 1961, 201ff.; MAHLER 1972, 149). O'Gorman erweitert den Bereich um biochemische Faktoren und die verzögerte Reifung (vgl. O'GORMAN 1976, 51ff.). J. K. Wing hingegen spricht sich wegen mangelnder Beweisbarkeit gegen die psychogene Verursachung aus und steht zu einer Ätiologie rein aus organischen Störungen (vgl. WING J.K 1977, 44ff.).

Des Weiteren geben die Therapieerfolge von Bettelheim Anlass zur Hoffnung, dass durch Psychotherapie die psychosozialen Sekundärschädigungen verringert werden können (vgl. BETTELHEIM 1977, 543ff.). Bevor jedoch einem autistischen Kind eine dieser Fachtherapien angeboten wird, muss sehr gründlich und gewissenhaft mit den Bezugspersonen des Kindes diskutiert und abgewogen werden. Die kontrovers geführten Diskussionen zu Bettelheim verdeutlichen, dass längst nicht alle autistischen Kinder derartige Therapien benötigen.

Behandlungsmöglichkeiten

Die Durchsicht der vielen Interventionsmöglichkeiten oder aufgestellten Programme zeigt,[56] dass sich für den Autismus nach seiner Entdeckung durch die klassischen Autoren (vgl. KANNER 1943, 217ff.; ASPERGER 1943, 76ff.; KREVELEN 1954, 207ff.) bis heute immer mehr spezialisierte therapeutische Richtungen der Behandlung des autistischen Phänomens angenommen haben. Die spezialisierten Interventionsprogramme sind nicht erst mit der Entdeckung des autistischen Syndroms entstanden. Sehr viele bestanden schon vorher und wurden nun durch ihre Begründer oder nachfolgende Autoren durch „autistengemäße" Modifika-

---

[55] Meine Idee beruht auf der Anahme, dass das autistische Syndrom in der Regel erst beim Zusammentreffen zweier oder mehrere abnormer organischer oder psychogener Vorgänge zum Ausbruch kommen kann.

[56] (vgl. KANNER 1943ff.; ASPERGER 1944; MAHLER 1952f.; BETTELHEIM 1975ff.; LOVAAS 1966ff.; CORDES und WILKER 1976ff.; CORDES 1979; MILLER 1976f., SCHREIBMANN und KOEGEL 1976, SCHREIBMANN 1979; O'GORMAN 1976; J. K. Wing 1977; L. WING 1973; WEBER 1966f., DELACATO 1985; TINBERGEN 1984; WELCH in TINBERGEN 1984; PREKOP 1984ff.; FEUSER 1979ff.; AXLINE 1973f.; AFFOLTER 1976; AYRES 1992; HARTMANN und ROHRMANN 1984f.; SCHOPLER, REICHLER und LANSING 1983; TOMATIS 1987, BERNARD-OPITZ 1988, GANGHOFER 1994; CROSSLEY 1993f.; NAGY 1993, EICHEL 1996; BENENZON 1983; NORDOFF und ROBBINS 1996; ORFF 1974, ALVIN 1988, WILCEK 1992; ROYDES 1977, KEHRER 1972ff.; RIMLAND 1964ff.)

tionen auch für autistische Kinder angeboten (vgl. MAHLER 1952ff.; BETTELHEIM 1975ff.; LOVAAS 1966ff.; O'GORMAN 1976; J. K. WING 1977; AXLINE 1973f.; AFFOLTER 1976; AYRES 1992; HARTMANN und ROHRMANN 1984f.; BERNARD-OPITZ 1988; CROSSLEY 1993f.; BENENZON 1983; NORDOFF und ROBBINS 1996; ORFF 1974; ALVIN 1988). So wird z.b. die Musiktherapie, die Haltetherapie, die psychoanalytische Therapie und die non-direktive Therapie auch bei anderen psychischen Erkrankungen oder Verhaltensstörungen empfohlen (vgl. BENENZON 1983; NORDOFF und ROBBINS 1986; ORFF 1974; ALVIN 1988; PREKOP 1984ff.; MAHLER 1972f.; BETTELHEIM 1952ff.; und AXLINE 1973f.). Selbst Crossley entwickelte die gestützte Kommunikation ursprünglich für spastisch behinderte Kinder (vgl. CROSSLEY 1993; ebd. 1997, 19ff.; ebd. in NAGY 1993a, 2). Die Durchsicht der Therapiemethoden der einzelnen Autoren haben bei mir positive und negative Eindrücke hinterlassen. Die nun folgende Diskussion erfolgt auf dem Hintergrund meiner theoretischen Auffassung der Ätiologie des Autismus. Dabei halte ich insbesondere die Therapien für erfolgreich, bei denen das Kind, ohne bedrängt zu werden, Entwicklungsförderung angeboten bekommt. Auch bei der Rückkehr zur sozialen Umwelt muss das autistische Kind bereits viele Entwicklungsschritte durchlaufen. Bei den psychoanalytischen Therapieangeboten (MAHLER 1972, 164ff.; BETTELHEIM 1977, 116ff.) halte ich es durchaus für möglich, dass sich eine, auf psychogenem Weg erworbenem Dysfunktion im Gehirn auch wieder durch eine psychoanalytische Therapie in Kombination mit diversen Reizangeboten ausgleichen lässt. Die Entwicklungsförderung erfolgt hier im Vergleich zur Verhaltenstherapie, die mehr auf die Bewältigung lebenspraktischer Fähigkeiten fokussiert ist, vor allem in der sozialen Eingliederung in die Gemeinschaft. Davor sollte jedoch alles Erdenkliche getan werden, damit das Kind wieder einen neuen Zugang zu seiner Mutter bekommen kann. Für die psychoanalytischen Therapien kann ich grundsätzlich nur dann plädieren, wenn sie in einem Gesamtbehandlungskonzept integriert sind. Darin müsste individuell festgelegt werden, ob Psychotherapie dem Kind überhaupt etwas bringt. Sollte dies der Fall sein, so wäre als Nächstes zu entscheiden, ab welcher Entwicklungsphase das autistische Kind von der Psychotherapie profitieren kann.

BETTELHEIM: Das humanistisch geprägte Behandlungskonzept in der Publikation von Bettelheim hat bei mir einen guten Eindruck hinterlassen (vgl. BETTEL-HEIM 1975ff.). Zu bemängeln habe ich bei seiner Milieutherapie jedoch, dass er es nach meiner Ansicht aus nicht beweisbaren Gründen vermieden hat, der frühen Mutter-Kind-Beziehung eine neue Chance zu geben. Der Hinweis auf die traumatische Situation im Elternhaus reicht meiner Meinung nach nicht aus, ein Kleinkind für über fünf Jahre von seinen Eltern zu trennen; selbst dann nicht, wenn sich dadurch die Therapie erschweren sollte. Auch musste ich zu meinem Entsetzen über Dzikowski erfahren, der von einer amerikanischen Zeitschrift (DZI-KOWSKI 1996, 116)[57] berichtete, dass Bettelheim seinen theoretisch formulierten

---

[57] Dzikowski bezieht sich dabei auf die Berichterstattung „Bruno Bettelheim dead at. 86" in der Zeitung „Autism Research Review International (ARRI)" (1990) Vol. 4, Nr. 2., 7.

Humanismus in der Praxis nur unzureichend anwendete und brutal mit seinen Schülern umging. Obwohl in den USA auch viele überzogene Berichte in der Sensationspresse zu finden sind, bekommt man hier ein ganz anderes Bild von Bettelheim vermittelt, dass man gar nicht glauben möchte:

„Nach seinem Tod erschienen zahlreiche Berichte von ehemaligen (nicht-autistischen) Schülern seiner Orthogenetic School. Darin berichteten sie von häufigen verbalen und körperlichen Angriffen Bettelheims auf seine Schüler (routinely verbally and physically abused by Bettelheim himself). Weiter hätten sie keine positiven Veränderungen bei den autistischen Kindern, die die Schule besucht hatten, erkennen können. Bettelheim schlug, zog Schüler an den Haaren, sperrte sie ein (send them to the asylum), zensierte die Post und konfiszierte Tagebücher der Schüler" (ebd.).

Die Art und Weise der Sanktionen von Bettelheim lassen bei mir die Vermutung aufkommen, dass er seine traumatischen Erfahrungen im KZ Buchenwald und Dachau nicht ganz verarbeitet hat. Diese Berichterstattung steht somit im krassen Widerspruch zu seiner Forderung nach besonderer Sensibilität der Mütter gegenüber ihren Kleinkindern.

MAHLER: Ihre ambulant durchgeführte Therapie hinterlässt bei mir einen gemischten Eindruck (vgl. MAHLER 1972, 164ff.). Einerseits honoriere ich ihre Bestrebungen, dass sie dem autistischen Kind hilft, wieder eine positiv besetzte Bindung zur Mutter herzustellen, andererseits halte ich eine ambulant durchgeführte Psychotherapie als alleinige Intervention für unzureichend. Erst in Kombination mit passend aufeinander abgestimmten Fachtherapien würde ich eine Psychotherapie nach Mahler befürworten.

PREKOP: Obwohl Prekop die Haltetherapie, mit den Ergebnissen der Bindungsforschung rechtfertigen will, darf sie nach meiner Meinung in der momentanen Form nicht für autistische oder anders behinderte Kinder angewendet werden, da sie nicht mehr der natürlichen Interaktion zwischen Mutter und Kind entspricht und zudem die Entwicklung des Kindes negiert. Feuser kritisiert dabei, dass Prekop den drohenden Autismus auf der frühen oralen Stufe für „eingefroren" (Es-Zustand) ansieht. Feuser verweist dabei auf Spitz, der analog zu Bettelheim aufzeigt, dass sich das Ich von Anfang an in einer permanenten Wechselbeziehung strukturiert – auf dem Wege der Entwicklung von Objektbeziehungen. Feuser sieht daher im „erzwungenen Halten" eine massive Störung des Gleichgewichts zwischen Kind und Umwelt (vgl. PREKOP 1984a, 798ff.; ebd. 1984b, 952ff.; ebd. 1984c, 1043ff.; ebd. 1984d, 1170ff.; ebd. 1986, 1ff.; ebd. 1989, 42ff.; FEUSER 1988, 133).

„Jede Maßnahme, die den Austausch eines Menschen mit seiner Umwelt begrenzt oder gar verhindert, wie das mit dem `erzwungenen Halten´ eklatant der Fall ist, behindert die Ich-Entwicklung des betroffenen Kindes und zerstört seine adäquate integrative Funktion. Dies ist letztlich der schwerste Vorwurf, der diesem Verfahren zu machen ist" (FEUSER 1988, 133).

Den in der Haltetherapie ausgeübten Zwang vergleichen Kischkel und Störmer mit den aversiven Methoden der Verhaltenstherapie. Sie halten zudem das emotionelle Umschwenken der Mutter in der Trostphase für bedenklich, da hier das Kind mit einer widersprüchlichen Interaktion konfrontiert wird. Kischkel und Störmer verweisen dabei auf eine Untersuchung von Watzlawick, die bestätigt, dass derartige Widersprüchlichkeiten psychosenanfällige Entwicklungen begünstigen (Double-Bind-Beziehung) (vgl. WATZLAWICK, BEAVIN und JACKSON 1974 in KISCHKEL und STÖRMER 1988, 188). Sie sehen die vom Kind in der Trostphase einsetzenden Interaktionsspiele daher auch nicht als Interessensbekundung für die Mutter, sondern vielmehr als eine „angstdominierte Vermeidungsreaktion", die es nach den Regeln der Verhaltenstherapie gelernt hat. Das Kind internalisiert dabei, dass die Haltetherapie länger dauert, wenn „es nicht mitmacht" (vgl. KISCHKEL und STÖRMER 1988, 188f.). Unter dieser Betrachtung bekommen auch die Erfolge der Verlaufsstudie von Burchard ein neues Bild (vgl. BURCHARD 1988, 89ff.). Ein erschütterndes Beispiel liefert dazu eine Fallgeschichte von Matoni (vgl. MATONI 1990, 191ff.). Feuser verdeutlicht noch einmal die dramatischen Veränderungen im Kind:

„Was sich hier, äußerlich sichtbar in der Beendigung des Widerstandes durch das Kind, in diesem selbst abspielt, ist der dramatische Verlust der Kontrolle über die eigenen physiologischen und psychologischen Funktionen bis in die tonale Regulation der Motorik hinein, der vom Kind emotional als zutiefst existenzbedrohend erlebt wird" (FEUSER 1988, 134).

Entwicklungspsychologisch führt das erzwungene Halten zu einer Zerstörung der Ich-Funktion der Kinder, indem ihr Wille gebrochen wird:

„Das erzwungene Halten ‚bewirkt' mit den Mitteln sensorieller und informationeller Deprivation, der Reizüberflutung, widersprüchlicher Kommunikationsangebote und dem systematischen Bemühen, einen anderen verrückt zu machen, die Chaotisierung der behandelnden Kinder und führt zum Zusammenbruch ihrer Ich-Funktion" (ebd., 137).

Bezugnehmend auf diese Diskussion profitiert das autistische Kind auf psychosozialer Ebene eher von einem Elternhaus, dass sich durch einen warmen, verständnisvollen und durch gegenseitige Achtung (beinhaltet auch Grenzen) geprägten Umgangsstil auszeichnet. Dabei dürfte es dem Kind wohl am besten bekommen, wenn Mutter und Kind intuitiv über das Kuscheln zueinander finden. Wenn autistische Kinder den Körperkontakt ablehnen, muss dies unbedingt respektiert werden. Die Mutter sollte daher über gelegentlich an das Kind gerichtete Angebote für einen körperlichen Kontakt nicht hinausgehen. Lehnt das Kind ab, darf es von der Familie in keinerlei Weise, etwa durch Liebesentzug oder andere Einschränkungen, erpresst werden. Schließlich entspricht die gegenseitige Achtung der Würde auch den Grundprinzipien der Reformpädagogen und der Demokratie.

Gerade unter diesem Aspekt erscheint Tinbergen widersprüchlich. Einerseits spricht er von erfolgreichen Therapien, wenn diese demokratischen Grundprinzipien vorherrschen und andererseits empfiehlt er bedenkenlos die Festhaltetherapie nach Welch, die diese Rechte missachtet (vgl. TINBERGEN 1984, 164ff.).[58]

---

[58] Bei der Beurteilung weiterer Therapiemethoden kam Tinbergen zu der Einsicht, dass nur die Therapien erfolgreich sind, die sich durch eine warme, fürsorgliche und durch gegenseitige Achtung geprägte Atmosphäre auszeichneten.

DELACATO: Da Delacatos Theorien über die Devianzaktivität der Sensorismen und Neuronen sowie der zu Grunde liegenden Hirnverletzung nicht empirisch abgesichert sind, sollte die Behandlung nach seinen Methoden mit großer Vorsicht erfolgen. Zusätzlich sollte bedacht werden, dass autistische Kinder auch im psychosozialen Umgang zu emotionellen Devianzen neigen. Nach meiner Ansicht sollte hier dann eine Korrektur[59] einsetzen, wenn das Kind zur Mitarbeit zu gewinnen ist. Ansonsten sollte man ihm Angebote machen, wie es z.b. besser mit seiner emotionellen Hypersensibilität umgehen kann. Dies setzt jedoch ein gewisses Entwicklungsniveau voraus.

Bei autistischen Kindern, bei denen mit Gewissheit eine der von Delacato genannten Störungen zu beobachten ist und parallel dazu ausgeschlossen werden kann, dass diese Devianz auf psychogenem Weg (z.B. Hyposensibilität im Gehörsinn) erworben wurde, dürften die Interventionsmöglichkeiten von Delacatos Symptombehandlung nach meiner Auffassung tatsächlich die ersten Schritte eines umfassenden Therapieangebotes darstellen. Nach der von Delacato empfohlenen Entwicklungsförderung über das Patterning würde ich die Entwicklungsförderungsprogramme nach Schopler und Reichler (vgl. SCHOPLER, REICHLER und LANSING 1983) als Ergänzung empfehlen.

FEUSER: Feusers Therapievorschlag, autistische Kinder mit anders behinderten Kindern an der Schule für geistig Behinderte zu unterrichten, kann ich für all die autistischen Kinder befürworten, die von ihrer Entwicklung her in der Lage sind, von dem sozialen Umgang mit anderen Kindern zu profitieren. Autistische Kinder mit höherem Funktionsniveau sähe ich dagegen lieber in der integrativen Beschulung einer Regelschule aufgehoben. Die in der ersten Förderphase postulierte non-direktive Haltung (vgl. Kapitel 4.1) des Therapeuten steht nach meiner Ansicht in einem nicht vereinbaren Kontrast zu den herbeigezogenen Methoden der Verhaltenstherapie. Insbesondere das „Time out" (Isolierung in einem anderem Raum, bis das Individuum das Störverhalten abgelegt hat) halte ich dabei für sehr bedenklich, da hierdurch die Isolation noch verstärkt wird. Das Paradoxe daran ist, dass gerade Feuser in seinen theoretischen Modellen aufgezeigt hat, dass sich die Lebenssituation des autistischen Kindes speziell durch Isolation auszeichnet.

AXLINE: Nach meinem subjektiven Empfinden würde ich dem autistischen Kind in Bezug auf seine soziale Entwicklung, die non-direktive Therapie vor der Psychotherapie empfehlen. Denn nur hier erhält das Kind in Form eines Selbstfindungsprozesses die Gelegenheit sich über seine Gefühle zu seinen Eltern und der Umwelt klar zu werden. Besonders positiv beeindruckt hat mich, dass das Kind hier freiwillig entscheiden darf, ob es sich auf einen Selbstfindungsprozess einlassen möchte. Von allen hier in der Arbeit besprochenen Therapiemethoden hat mich die non-direktive Therapie nach Axline vom humanistischen Standpunkt her am meisten beeindruckt.

---

[59] Entwicklungsförderung auf dem sozialen Bereich

Kommunikationsförderung: Die stetig wachsende Zahl von Institutionen, die ihre Kommunikationsförderung auch für Autisten anbieten, zeigt, dass sich das Interesse und Öffentlichkeitsbewusstsein für diese Störung bis heute erweitert hat. Beeindruckt haben mich die Möglichkeiten, dass autistische Kinder, die aus welchen Gründen auch immer, nicht sprechen können, Hilfe zur Kommunikation angeboten bekommen. Mit Hilfe des BLISS-Systems und der Gebärdensprache (vgl. GANGHOFER 1994, 86ff.; BERNARD-OPITZ, BLESCH und HOLZ 1988; DUKER 1991) wird den Kindern erstmalig die Gelegenheit eröffnet, ihre bis dahin internalisierte Rolle zur Passivität zu verlassen. Ihre Lernfähigkeiten darin bestärken meine Annahme, dass diese Kinder sich bis dahin durch ein Zuviel an verbalen Kontaktangeboten falsch verstanden gefühlt haben. Die Resultate der gestützten Kommunikation verdeutlichen noch prägnanter, dass autistische Kinder nicht in ihren räumlich-visuellen und logischen Intelligenzbereichen gestört sind, sondern infolge der Wahrnehmungsstörungen Hilfe von außen benötigen, um sie in Form einer Kommunikation einzusetzen (vgl. CROSSLEY und MCDONALD 1993; CROSSLEY 1997; NAGY 1993ff.; ZÖLLER 1989f.; SELLIN 1993ff.). Nachdem sich die Diskussionen über die Haltetherapie gerade beruhigt hatten, sorgte FC für neuen Diskussionsstoff in der Fachwelt. Gegner der FC bezweifeln die mangelnde Nachweisbarkeit von FC und stützen sich auf amerikanische Studien, die (angeblich) belegen, dass der FC-Schreiber nur die Gedanken des Facilitators wiedergibt (vgl. GOLDNER 1994, 8f.). Nagy hält dagegen, indem sie von FC-Schreibern berichtet, die im Verlauf des FC-Trainings auch völlig neue Texte entwerfen können, von deren Inhalt mit Sicherheit niemand vorher wusste (vgl. NAGY 1993a, 27ff.; ebd. 1993b, 13ff.). Vor dem Hintergrund, dass sich autistische Kinder auch über die augmentative alternative Communication (AAC) verständigen können, halte ich es schlichtweg für falsch, wenn behauptet wird, autistische Kinder würden ihre Buchstaben nicht selbst wählen. Nach meiner Auffassung sollten die Versuche, dem Kind eine alternative oder verbale Kommunikation zu ermöglichen, immer auf der Ebene des Angebotes ablaufen. Entschließt sich ein autistisches Kind oder wird im geringen Entwicklungsalter ersichtlich, dass es eine Bereitschaft für eine alternative Kommunikation oder Sprachtraining zeigt, sollte dies im Therapieplan mit berücksichtigt werden. Über die Musik- und Tanztherapie (vgl. BENENZON 1983; NORDOFF und ROBBINS 1986; ALVIN 1988; ORFF 1974; WILCZEK 1992, 24f.) (beides kann auch kombiniert eingesetzt werden) kann sich das autistische Kind auch über Instrumente und Bewegung emotionell ausdrücken. Wertvoll sind diese Methoden insbesondere für die Kinder, welche noch nicht den Mut haben oder aus anderen Gründen nicht in der Lage sind, ihre Gefühle direkt mitzuteilen. Auch die Tiertherapien leisten unter diesem Aspekt wertvolle Dienste. Von einer Kunsttherapie für autistische Kinder habe ich dagegen noch nichts gehört. Dabei könnte ich mir durchaus vorstellen, erst recht auf dem Hintergrund des Zeitungsberichtes über den talentierten Autisten Stephen Wiltshire, dass hier nicht wenig autistische Kinder ein neues Entfaltungsgebiet erfahren würden (vgl. DRAEGER 1989, 17).

Meine Ansicht vom Autismus:

Ätiologische Möglichkeiten	Störung wurde konditionell erworben	Störung trat erst im Verlauf der Entwicklung auf
Psychogene Faktoren	Das Kind zog sich infolge realer oder als traumatisch empfunden Ereignisse aus der Umwelt zurück.	
dafür sprechen:	– Erhöhte Sensibilität oder anderweitig veränderte Psyche – Zwillingsuntersuchungen und Auswertung der Anamnesen	– autistische Abkapselung in den ersten 3 Lebensjahren
Organische Faktoren	Das Kind zieht sich infolge der zerebralen Auswirkungen von organischen Krankheiten zurück.	
dafür sprechen:	Zwillingsuntersuchungen und Auswertung der Anamnesen	Korrelationen zwischen der organischen Krankheit und dem Autismus

Aus den Ursachen bildet sich nun das autistische Erscheinungsbild.	Die möglichen Kombinationen der Ursachen führen zu einem autistischen Erscheinungsbild, in deren Schnittmenge aus allen Kombinationen ich mindestens eine Konkordanz von 50% vermute.
Isolation Veränderungsangst Sprachstörung Stereotypien Intellektuelle Leistungen	Die genannten Symptome verhindern die Entwicklung im zwischenmenschlichen Bereich und andere Erfahrungen im Erkundungsverhalten. Während den sensiblen Phasen kommt es zu zahlreichen Entwicklungsdefiziten. Das Kind eignet sich die Umwelt permanent nur mechanisch an.

Konsequenz:

Durch die permanente Wiederholung (Übung) der stereotypen Verhaltensmuster können biochemische und neuronale Abläufe des Gehirns oder die Abspeicherung von Außen- und Innenreizen eine veränderte Struktur erhalten. Die Veränderungen beziehen sich auf all die Inhalte, die in den sensiblen Entwicklungsphasen verpasst wurden. Dies dürfte insbesondere viele Verhaltens- und Umgangsformen im zwischenmenschlichen Bereich betreffen (Sprache, Einfühlung, Neugier, Verständnis, Grenzen). Beispiel: Autistische Kinder können sich nur schlecht oder gar nicht in die Gedankenwelt anderer Personen hineinversetzen (vgl. FRITH 1992, 174ff.; ebd. 1993, 48f.).

Diagnose:

Durch eine möglichst frühzeitig gestellte Diagnose, die auf sehr gründlicher Basis erfolgen sollte, werden die Weichen für die künftige Förderung gestellt. Dabei wird geprüft nach welchen bisher in der Autismusforschung gesprochenen Merkmalen sich das Kind verhält. Beispiele:
- Es wird überprüft, ob das Kind eine oder mehrere Störungen im Sinne Kanner, Asperger, Bettelheim, Mahler, Delacato oder Ayres zeigt.
- Es wird die familiäre Situation analysiert (inklusive längeren Beobachtungen).
- Es wird das familiäre Umfeld analysiert (inklusive längeren Beobachtungen).
- Es wird ein EEG vom autistischen Kind aufgezeichnet.
- Es wird eine Blutuntersuchung vom autistischen Kind ausgewertet.

Ergeben sich in einer Richtung vermehrt Hinweise zu autistischen Störungen, müssen nach sehr detaillierten Untersuchungsplänen weitere Nachforschungen erfolgen.

Erstellung des Interventionsplans:

Nach einer im Interesse des Kindes gründlich geführten Analyse muss ebenso gewissenhaft der Interventionsplan ausgearbeitet werden. Er ist so zusammenzustellen, dass er der Persönlichkeit und vor allem dem Entwicklungsstand des Kindes gerecht wird. Gegebenenfalls sollte die eine oder andere Therapieform probeweise ausprobiert werden. Da ich davon ausgehe, dass sich das autistische Syndrom aus verschiedenen Ursachen bildet, wird auch das Interventionsprogramm adäquat zu jedem autistischen Kind verschieden ausfallen. Um hier eine schnellere Orientierung zu erhalten, würde es sich bereits im Vorfeld bewähren, wenn eine Merkmal- und Ursachenliste für die einzelnen Subtypen existieren würden.

Angebote der therapeutischen Intervention (Eine Auswahl):

Therapeutische Schwerpunkte	Angebote
Soziale Entwicklungsförderung (psychoanalytisch orientiert)	– Die non-direktive Therapie nach Axline – Psychotherapie nach Mahler
Symptomtherapie (lerntheoretisch orientiert)	– Symptomtherapie nach Delacato – Affolter-Therapie – Sensomotorisches Training nach Ayres – Entwicklungsförderung nach Cordes oder Schopler und Reichler
Kommunikationsförderung	– AAC, Kommunikationsförderung mit alternativen Mitteln – FC, Kommunikationsförderung mit der gestützten Kommunikation – Sprachtraining – Kommunikationsförderung mit Musik – Kommunikationsförderung mit Ausdruckstanz – Tiertherapien
Ernährungstherapien	z.B. nach Rimland (nur zu empfehlen, wenn eindeutig eine Korrelation zwischen der Ernährung und dem autistischen Syndrom hergestellt werden kann. Ansonsten kann eine gute Ernährung bekanntlich als Vorsorge gegen organische Krankheiten nicht schaden).
Medikamentöse Intervention	z.B. nach Kehrer (empfehle ich nur, wenn alle anderen Methoden versagt haben, oder dem autistischen Kind durch medikamentöse Intervention neue therapeutische Chancen eröffnet werden).

Schlussbemerkung und Ausblick

Ich hoffe, mein Kompendium hat verdeutlicht, welche Ausmaße die Autismusforschung bis zur Gegenwart angenommen hat und wie dringend notwendig hier eine Systematik erscheint. Zu dem gegenwärtigen Stand der Autismusforschung lässt sich nochmal zusammenfassend sagen:

- Es gibt kein absolut einheitliches Erscheinungsbild für den Autismus. Die Publikationen zeigen, dass die Grenze zwischen Autismus und anderen Pathologien oftmals sogar fließend ist. Es bleibt zu hoffen, dass hier durch eine weitere Differenzierung des DSM und ICD noch mehr Präzision hineinkommt.
- Es gibt keine gemeinsame Ursache für das autistische Störungsbild. Ich vermute, dass hier sehr viele autistische Erscheinungsbilder mit unterschiedlicher Ätiologie unter einem Sammelbegriff zusammengefasst werden.
- Die sozial-ökologische Situation der Familie kann Autismus begünstigen, muss jedoch keineswegs die Ursache darstellen.
- Die Behandlung der Ursache des Autismus ist gegenwärtig noch nicht möglich. Durch Früherkennung und moderne Frühförderung kann jedoch soviel Entwicklung erreicht werden, dass eine Eingliederung auf dem freien Arbeitsmarkt ermöglicht wird.

Die Sichtung der Literatur hat aufgezeigt, dass Theorien zur Verursachung des Autismus in naher Zukunft noch mehr auseinander differieren werden. Von großer Wichtigkeit wird jedoch immer der Praxisbezug sein.

„Wie bereits erwähnt, erscheint es angesichts der Vielzahl einander teils wiedersprechender, teils ergänzender Theorien zur Verursachung des frühkindlichen Autismus unwahrscheinlich, daß zukünftige Forschungen einen gemeinsamen – alle autistischen Menschen gleichermaßen treffenden – Ursachenfaktor zu Tage fördern werden. Wahrscheinlicher dagegen ist eine stärkere Auseinanderdifferenzierung der einzelnen Modelle und ihre empirische Absicherung. Dabei muß mehr als deutlich werden, welche Hypothesen tragfähige und praxisnahe Erklärungsmuster anbieten und welche AutorInnen sich weiterhin lediglich im rein spekulativen Raum bewegen. Eine Aufgabe weiterer Studien zu diesem Thema dürfte darin liegen, eine härtere ‚Gangart' gegenüber AutismusforscherInnen und -therapeutInnen einzuschlagen, die mit unabgesicherten Verursachungshypothesen ‘jonglieren´ und darauf teils fragwürdige therapeutische Interventionen aufbauen. Das Verwirrspiel um die Ursachen des Autismus muß zum Nutzen der Betroffenen ein Ende finden" (DZIKOWSKI 1996, 213).

Parallel dazu rechne ich auch in naher Zukunft mit einem Anstieg und einer Professionalisierung der fachtherapeutischen Interventionsmöglichkeiten, und deren Eingebundenheit in einen für das autistische Kind individuell konzipierten Gesamtförderplan. Dabei wird auch die Qualität der Vernetzung von einzelnen Institutionen und Bezugspersonen des Kindes eine wesentliche Rolle spielen.

Die schier grenzenlose Fülle der internationalen Literatur zeigt, dass über diese Arbeit hinaus noch sehr viele interessante Ansätze und Interventionsmöglichkeiten auf dem Fachmarkt sind, deren Diskussion und Praxiserprobung sich als lohnenswert erweist (vgl. TUSTIN 1989; KUSCH UND PETERMANN 1990).

Trotz der Fülle an Informationen und Berichten über den Autismus habe ich versucht, den eingeschlagenen Weg weitgehend beizubehalten, den namhaften Autoren so viel Raum zu widmen, dass sich auch der unkundige Leser ohne vorheriges Studium der Primärliteratur bereits ein recht genaues Bild über deren Persönlichkeitsprofil, Forschung und Interventionsplänen machen kann. Auch die systematische Einteilung in Erscheinungsformen, Ursachen und Behandlungsmöglichkeiten inklusive deren Unterpunkten hat sich als hilfreich erwiesen, aus dem stellenweisen „Wirr-Warr des autistischen Dschungels" eine Ordnung herzustellen, auf die der Leser, sei es, dass ihn wesentliche Punkte an einem bestimmten Autor interessieren oder ein Vergleich benötigt wird, zurückgreifen kann.

Das während dem Literaturstudium gedanklich entwickelte Modell vom Autismus stellte von mir einen Versuch dar, die immense Vielfalt der Literatur zum Autismus in ein schlüssiges Modell zu fassen, das vor allem den Interessen des autistischen Kindes dienen soll.

Schließen möchte ich die Arbeit mit Zitaten von Autismus betroffenen Autoren. Birger Sellin beendete sein zweites Buch „Ich desserteur einer artigen autistenrasse" mit folgendem Gedicht:

„einen neuen einsamenerlösenden weg werde ich finden
ich sehe irre jubeln an der seite der normalen
auch stumme werden mitsingen
wenn der tag da ist
an dem die trennung aufgehoben ist
wo welten sadismus zaghaftigkeit angst und willkuer
eines tages ueberwinden
wo einer den anderen achtet
wo einer den anderen versteht
wo alle das wirsein begreifen
aus einsicht
aus lebensfreundlicher ausdrucksmoeglichkeit
sehnsucht auch erfuellt wird
und weisheit gefragt ist

dies ist irrsinn eines irren
traum eines einsamen
ausdruck eines kindischen
finsterer optimismus
aber unsterbsam" (vgl. SELLLIN 1995, 219)

Donna Williams, beendete ihre zweite autobiografische Erzählung mit der Erkenntnis:
„Das Wichtigste, was ich gelernt habe, ist:
DER AUTISMUS IST NICHT ICH
...Das Zweitwichtigste, was ich gelernt habe, ist
ICH KANN DEN AUTISMUS BEKÄMPFEN
ICH WERDE IHN BEHERRSCHEN
ER WIRD NICHT MICH BEHERRSCHEN" (WILLIAMS 1994, 328).

6 Literaturverzeichnis

ABELIN, E. L. (1971): „The Role of the Father in the Separation Individuation Process", Separation Individuation. In: J. B: McDevitt und C. F. Settlage (Hg.), Essays in Honor of Margaret S. Mahler, New York, S. 229–253.

AFFOLTER, F. (1976): Therapeutische Erfahrungen mit einer Gruppe autistischer Kinder. In: Therapeutische Erfahrungen und neuere Überlegungen zum Verständnis des Autismus, Tagungsbericht 1976 des Schweizer Vereins der Eltern autistischer Kinder und weiterer am Autismus Interessierter. Lüdenscheid, S. 3–17.

AFFOLTER, F. (1987): Wahrnehmung, Wirklichkeit und Sprache. Villingen-Schwenningen am Neckar.

AINSWORTH, M. et al. (1962): „Deprivation of Maternal Care", Public Health Papers No. 14, Geneva: W.H.O.

ALLAN, J. A. B. (1969): „The modification of an autistic child's behavior by holding". Paper presented at the British Psychological Society, London.

ALLAN, J. A. B. (1976): „The Identification and treatment of `difficult' babys. Early signs of disruption in parent-infant attachment bond", Canadan Nurse 72, 11-76, 1976 Abriged version of lecture 1974

ALLAN, J. A. B. (1977): „Some uses of `holding'with autistic children", Spec. Educ. Can. 51, S. 11–15.

ALVIN, J. (1988): Musik und Musiktherapie für behinderte und autistische Kinder. In: V. Bolay und V. Bernius (Hg.), Praxis der Musiktherapie, Band 8, Stuttgart.

ANNELL, A. L. (1963): The prognosis of psychotic syndroms in children. In: Acta Psychiatrica, Scand. 39, S. 235.

ARBEITGEMEINSCHAFT FÜR BEHINDERTE IN DEN MEDIEN (1994): Sendereihe: Normal, 2-teilige Themensendung über Autismus – Video ist zu beziehen bei der Arbeitsgemeinschaft, Behinderte in den Medien, Bonner Platz 1, München.

ARENS, C. und DZIKOWSKI S. (1988): Autismus heute – Aktuelle Entwicklungen in der Therapie autistischer Kinder, Band 1, Dortmund.

ASPERGER, H. (1944): Die autistischen Psychopathien im Kindesalter. In: Archiv für Psychiatrie und Nervenkrankheiten 117, S. 76–136.

ASPERGER, H. (1960): Autistisches Verhalten im Kindesalter. In: v. W. Villinger (Hg.), Jahrbuch für Jugendpsychiatrie und ihre Grenzgebiete. Bern und Stuttgart, Heft 2, S. 53–67.

ASPERGER, H. (1961): Autistische Psychopathen. In: Heilpädagogik. Einführung in die Psychopathologie des Kindes für Ärzte, Lehrer, Psychologen, Richter und Fürsorgerinnen, Wien, 3. Auflage, S. 177–205.

ASPERGER, H. (1962): Heimweh und Erlebnis des Verlassenseins bei autistischen Kindern. Symposium internationale orthopaedagogicum, Leuven.

ASPERGER, H. (1968): Zur Differentialdiagnose des kindlichen Autismus. In: Acta paedopsychiatrica 35, S. 136–145.

ASPERGER, H. und WURST, F. (1982): Psychotherapie und Heilpädagogik bei Kindern, München.

AUTISM RESEARCH REVIEW INTERNATIONAL (1990a): Bruno Bettelheim dead at 86, Vol.4, Nr. 2.

AUTISM RESEARCH REVIEW INTERNATIONAL (1990b): Bettelheim charges fly, Vol.4, Nr. 4.

AXLINE, V. (1973): Dibs – Die wunderbare Entfaltung eines menschlichen Wesens. München.

AXLINE, V. (1980): Kinder-Spieltherapie im nicht-direktiven Verfahren. München.

AYRES, J. (1979): Lernstörungen. Sensorisch-integrative Dysfunktion. Berlin/Heidelberg.

AYRES, J. (1992): Bausteine der kindlichen Entwicklung – Die Bedeutung der Integration der Sinne für die Entwicklung des Kindes. Berlin, 2. Auflage.

BACH, H. (1974): Die Eingliederung geistig Behinderter in die Gesellschaft unter pädagogischem Aspekt. In: Vierteljahreszeitschrift für Heilpädagogik, Luzern, 43 Jg., S. 377–383.

BACHMANN, W. (1979): Jan Daniel Georgens (1823.1973): 150 Jahre deutsche Heilpädagogik. In: Dr. Georgens und H. Deinhardt (Hg.), Die Heilpädagogik mit besonderer Berücksichtigung der Idiotie und der Idiotenanstalten. Band 1, Leipzig, S. 9–18.

BANDURA, A. und MENLOVE, F. L. (1968): Factors determining vicarious extinction of avoidance behavior through symbolic modeling. In: Journal of Abnormal and Social Psychology, S. 99–108.

BANDURA, A (1969): Principles of behavior modification. New York, S. 677ff.

BANDURA, A., ROSS D. und ROSS, S. A. (1963 a): Imitation of filmmedited aggressive models. In: Journal of Abnormal Social Psychology, S. 3–11.

BANDURA, A., ROSS D. und ROSS, S. A. (1963 b): Vicarious reinforcement and imitative learning. In: Journal of Abnormal Social Psychology, S. 601–607

BARRY, Levinson (1988): Regisseur über den Film:"Rain Man". Die Hauptrolle spielte Dustin Hoffmann.

BARTAK, L. (1978): Educational approaches. In: E. Schopler und M. Rutter (Hg.), Autism – A reappraisal of concepts and treatment. London.

BECKER, H. und NIEDELMANN, C. (1987): Psychoanalytische Sozialarbeit mit psychotischen Kindern und Jugendlichen – Themenheft: Psychosozial, Nr. 32.

BECKER, U. und CRONEMEYER K. (1972): Aufbau und Formung der Sprache. In: Bundesverband: „Hilfe für das autistische Kind e.V." (Hg.), Tagungsberichte 1972. Lüdenscheid, S. 105–110.

BEGEMANN, E. (1970): Die Erziehung der soziokulturell benachteiligten Schüler – Zur wissenschaftlichen Grundlegung der Hilfsschulpädagogik. Hannover.

BENDER, L. (1942): Childhood schizophrenia. In: Nervous Child 1, S. 193ff.

BENDER, L. (1947): Childhood schizophrenia: a clinical study of 100 schizophrenic children. In. Journal of Orthopsychiatry, Jg. 17, S. 40ff.

BENENZON, R. O. (1983): Einführung in die Musiktherapie. München.

BENJAMIN, J. D. (1961): The Innante and the Experimental in Child Development. In: v. H. Brosin (Hg.), Lectures on Experimental Psychiatry. Pittsburgh, S. 19–42.

BERNARD-OPITZ V., Blesch G. und Holz K. (1988):"Sprachlos muss keiner bleiben – Handzeichen und andere Kommunikationsmittel für autistisch und geistig Behinderte", Lambertus-Verlag Freiburg (*).

BESCHEL, E. (1974): Grundgedanken zu einer Geschichte der Erziehung geistig behinderter Kinder und Jugendlicher in Deutschland. In: P. Sporken (Hg.), Geistig Behinderte, Erotik und Sexualität, Düsseldorf, S. 43–57.

BETTELHEIM, B. (1943): Individual and Mass Behavior in Extreme Situations. In: Journal of Abnormal and Social Psychology, Jg. 38, S. 417–452.

BETTELHEIM, B. (1956): Childhood Schizophrenia – As A Reaction to Extreme Situation. In: American Journal of Orthopsychiatry, Jg. 26, S. 507–518.

BETTELHEIM, B. (1964): Aufstand gegen die Masse. München.

BETTELHEIM, B. (1970): Liebe allein genügt nicht. Stuttgart.

BETTELHEIM, B. (1973): So können sie nicht leben. Stuttgart.

BETTELHEIM, B. (1975): Der Weg aus dem Labyrinth – Leben lernen als Therapie. Stuttgart.

BETTELHEIM, B. (1976): Autismus und Psychoanalyse. In: Psychologie heute, Heft 2, S. 12–21.

BETTELHEIM, B. (1977): Die Geburt des Selbst – Erfolgreiche Therapie autistischer Kinder. München.

BETTELHEIM, B. und SYLVESTER E. (1948): A therapeutic milieu, American Journal of Orthopsychiatry, Jg. 18, S. 191ff.

BIERMANN, G. (1988): Stellungnahme eines Kinderanalytikers zur Festhaltetherapie. In: Behindertenpädagogik, Jg. 27, Heft 2, S. 218–222.

BIKLEN, Douglas (1992): Autism Orthodoxy versus Free Speech. In: A Repy to Commins and Prior, Harvard Educational Review, Vol. 62, S. 2ff.

BLEIDICK, U. (1967): Über sonderpädagogische Anthropologie. In: Zeitschrift für Heilpädagogik, Jg. 18, S. 245–263.

BLEIDICK, U. (1968): Über Beziehungen zwischen Milieuschädigung, Erziehungsschwierigkeit und Lernbehinderung. In: Zeitschrift für Heilpädagogik, Jg. 19, S. 225–241.

BLEIDICK, U. (1972): Pädagogik der Behinderten. Berlin.

BLEULER, Eugen (1911): Handbuch der Psychiatrie, Band 1: „Dementia praecox". Leipzig.

BRACKEN, von H. (1976): Vorurteile gegen behinderte Kinder, ihre Familien und Schulen. Berlin.

BOSCH, G. (1962): Der frühkindliche Autismus. Eine klinische und phänomenologisch-anthropologische Untersuchung am Leitfaden der Sprache. Monografien aus dem Gesamtgebiet der Neurologie und Psychiatrie, Band 96. Berlin.

BOSCH, G. (1964): Autismus und Schwachsinn. International Copenhagen Congress on the Scientific Study of Mental Retardation.

BOWLBY, J. (1952): Maternal Care and Mental Health. Geneva.

BOWLBY, J. (1958): The nature of the Childs Tie to the mother. In: International Journal of Psychoanalysis, Jg. 39, S. 350–373.

BUBER, M. (1965): Das dialogische Prinzip, Heidelberg.

BUNDESVERBAND: „HILFE FÜR DAS AUTISTISCHE KIND e. V." Hrsg: (1976): Therapie des frühkindlichen Autismus – Förderung autistischer Kinder in der BRD und in Dänemark. Modelle in Berlin, Bremen, Gießen, Hamburg, Kopenhagen, Viersen und Weißenseifen. Bremen/Hamburg.

BUNDESVERBAND: „HILFE FÜR DAS AUTISTISCHE KIND" e. V." (1976): H. Cordes und F. W. Willker: Kompensatorische Erziehung bei autistischen Kindern. Abschlussbericht über den Modellversuch A 5261 „Bremer Projekt. Kompensatorisches Programm für autistische Kinder. Bremen / Hamburg.

BUNDESVERBAND: „HILFE FÜR DAS AUTISTISCHE KIND e. V." (1979): Therapie und schulische Förderung autistischer Kinder in England, USA und Deutschland – Referate der 4. Bundestagung und des Kongresses in Frankfurt am Main. Hamburg.

BUNDESVERBAND: „HILFE FÜR DAS AUTISTISCHE KIND e. V." (1981): Autismus Europa 1980 – Die Dokumentation der Europäischen Konferenz der Elternvereinigungen vom 20. bis 22. Juni in Gent (Belgien). Hamburg.

BUNDESVERBAND: „HILFE FÜR DAS AUTISTISCHE KIND e. V." (1988): Autismus – heute und morgen. Dritter Europäischer Kongress vom 6.–8. Mai in Hamburg. Hamburg.

BUNDESVERBAND: „HILFE FÜR DAS AUTISTISCHE KIND e. V." (1992): Autismus im Europa von morgen. Vierter Europäischer Kongress vom 8.-10. Mai in Den Haag. Hamburg.

BUNDESVERBAND: „HILFE FÜR DAS AUTISTISCHE KIND e.V." (1994): Autismus und Familie – 8. Bundestagung des Bundesverbandes vom 18. bis 20. November in Baunatal. Hamburg.

BUNDESVERBAND: „HILFE FÜR DAS AUTISTISCHE KIND e. V." (1996a): Denkschrift – Zur Situation autistischer Kinder in der Bundesrepublik Deutschland. Hamburg.

BUNDESVERBAND: „HILFE FÜR DAS AUTISTISCHE KIND e. V." (1996b): K. Steindal: Das Asperger-Syndrom – Wie man Personen mit Asperger-Syndrom und autistischen Personen mit hohem Entwicklungsniveau („high-function-autism") versteht und wie man ihnen hilft.

BUNDESVERBAND: „HILFE FÜR DAS AUTISTISCHE KIND e.V." (1998): Mit Autismus leben – Kommunikation und Kooperation – 9. Bundestagung des Bundesverbandes vom 27. Februar bis 1. März in Magdeburg. Hamburg.

BUNDSCHUH, K. (1997): „Facilitated Communication" bei Menschen mit schweren Kommunikationsstörungen, 1. Zwischenbericht. München.

BURCHARD, F. (1984): Praktische Anwendung und theoretische Überlegungen zur Festhaltetherapie bei Kindern mit frühkindlichem autistischen Syndrom. In: Praxis der Kinderpsychologie und Kinderpsychiatrie 1984, Jg. 33, S. 282–291.

BURCHARD, F. (1985): Festhalten bei Kindern mit autistischen Verhaltensweisen. Der psychologische und physiologische Ansatz. In: Geistige Behinderung, Heft 2, S. 103–113.

BURCHARD, F. (1988): Verlaufsstudie zur Festhaltetherapie – Erste Ergebnisse bei 85 Kindern. In: Praxis der Kinderpsychologie und Kinderpsychiatrie, Jg. 37, S. 89–98.

BURCHARD, F. (1990): Eckdaten zur Orientierung – Festhalten bei autistischen Kindern in der Praxis – Ergebnisse aus den Elternbefragungen. In: Stefan Dzikowski und Christiane Arens (Hg.), Autismus heute – Neue Aspekte der Förderung autistischer Kinder. Band 2, Dortmund, S. 141–158.

CAMPBELL, M. (1973): Biological interventions in psychosis of childhood. In: Journal of Autism and Childhood Schizophrenia, Jg. 3, S. 347–373.

CARR, E. G., SCHREIBMANN, L. und LOVAAS, D. I. (1975): Control of echolalic speech in psychotic children. In: Journal of Abnormal Child Psychology 3 Jg., S. 331–351.

CHESS, S. (1971): Autism in Children with Congential Rubella. In: Journal of Autism and Childhood Schizophrenia, Jg 1, Heft 1, S. 33–47.

CHESS, S. (1977): Follow-Up Repord on Autism in Congential Rubella. In: Journal of Autism and Childhood Schizophrenia, Jg, 7, Heft 1, S. 69–81.

CHITTENDEN, G. E. (1942): An experimental study in measuring and modifying assertive behavior in young children – Monographs of the Society for Research. In: Child Development, Jg. 7, S. 1–31.

CLANCY H. und MCBRIDE G. (1969): The autistic process and its treatment. In: Journal Child Psychology and. Psychiatry 10, S. 233–244.

COLEMAN, M. (1973): Serotin and central nervous system syndromes of childhood, A review. In: Journal of Autism and Childhood Schizophrenia, Jg. 3, S. 27–35.

CORDES, H. (1979): Entwurf eines Unterrichtskonzepts für autistische Kinder mit verschiedenen Funktionsniveaus. In: Bundesverband: „Hilfe für das autistische Kind e. V." (Hg.), Therapie und schulische Förderung autistischer Kinder in England, USA und Deutschland – Referate der 4. Bundestagung in Frankfurt. Hamburg, S. 93–101.

CORDES, H. (1980): Autistische Kinder in der Schule – Unterricht und Therapie für autistische Kinder nach lerntheoretischen Prinzipien – Modellversuch A 5261. In: „Hilfe für das autistische Kind Bremen". Bremen.

CORDES, H. (1988): Lernprogramme zur Erweiterung der Handlungskompetenz autistischer Kinder im Alltag. In: Bundesverband „Hilfe für das autistische Kind e.V." (Hg.), Autismus – heute und morgen – Dritter Europäischer Kongress der internationalen Assoziation. Hamburg, S. 55–64.

CORDES, H. und WILKER F. W. (1974): Bremer Projekt (Kompensatorisches Programm für autistische Kinder). In: Verein zur gemeinnützigen Förderung der Sonderschule (Hg.), Die Sonderschule heute, Bremen, Jg. 23, S. 32–36.

CORDES, H. und WILKER F. W. (1976a): Kompensatorische Erziehung bei autistischen Kindern. In: Bundesverband „Hilfe für das autistische Kind e.V." (Hg.). Hamburg.

CORDES, H. und WILKER F. W. (1976b): Das Bremer Projekt – Therapie des frühkindlichen Autismus. In: Bundesverband „Hilfe für das autistische Kind e.V." (Hg.). Hamburg, S. 8–39.

CORSON, S. A., CORSON E. O. L., GWYNNE P. H.und ARNOLD L. E. (1977): Pet dogs as nonverbal communication links in hospital psychiatry. In: Compreshensive Psychiatry, Jg. 18, S. 61–72.

CREAK, M. (1961): The schizophrenic Syndrome in Childhood – Progress Report of Working Party. Cerebral Palsy Bulletin, 3 Jg., S. 501ff.

CREAK, M. (1963): Childhood Psychosis – A Review of 100 Cases. In British Journal of Psychiatry, Jg. 109, S. 84–89.

CREAK, M. (1972): Reflections on communication and autistic children. In: Journal of Autism and Childhood Schizophrenia, Jg. 2, S. 1–8.

CREAK, M. und INI S. (1960): Families of Psychotic children. In: Child Psychology and Psychiatry, 1, S. 156ff.

CROSSLEY, R. (1997): Gestützte Kommunikation – Ein Trainingsprogramm. Weinheim.

CROSSLEY, R. und MCDONALD A. (1993): Annie – Licht hinter Mauern – Die Geschichte der Befreiung eines behinderten Kindes. München.

CURTIS, M. (Chairman) (1946): Report of the Care of Children Committee. London.

DALFERTH, M. (1987): Behinderte Menschen mit Autismussyndrom – Probleme der Perzeption und der Affektivität - ein Beitrag zum Verständnis und zur Genese der Behinderung. Heidelberg.

DANIELS, W. A. (1941): A Study of Insulin Tolerance and Glucose Tolerance Tests on Normal Infants. In: Journal Pädiatry, Jg. 19, S. 789ff.

DELACATO, C. H. (1959): The Treatment and Preventation of Reading Problems, Springfield Ill – Charles C. Thomas.

DELACATO, C. H. (1963): The diagnosis and Treatment of Speech and Reading Problems, Springfield Ill, Charles C. Thomas.

DELACATO, C. H. (1966): Neurological Organization and Reading, Springfield Ill, Charles C. Thomas.

DELACATO, C. H. (1970): A new Start for the Child with Reading Problems - A manual for parents. New York.

DELACATO, C. H. (1985): Der unheimliche Fremdling – Das autistische Kind – Ein neuer Weg zur Behandlung, Freiburg.

DEMYER, M. K. (1975): The Nature of the Neuropsychological Disability in Autistic Children. In: Journal of Autism and Childhood Schizophrenia, Jg. 5, S. 109–128.

DEMYER, M. K., WARD, S. D. und LITZENICH, J. (1968): Comparison of Marcronutrients in the diets of psychotic and normal children. In: Archiv. Gen. Psychiatry, Jg. 18, S. 584–590.

DEMYER, M. K. et al.(1972): Imitation in autistic, early schizophrenic, and non-psychotic subnormal children. In: Journal of Autism and Childhood Schizophrenia, Jg. 2, S. 264–287.

DEMYER, M. K. et al.(1973): Prognosis in autism: a follow-up-study. In: Journal of Autism and Childhood Schizophrenia, Jg. 3, S. 199–246.

DEMYER, M. K. et al.(1974): The measured intelligence of autistic children. In: Journal of Autism and Childhood Schizophrenia, Jg. 4, S. 42–60.

DIAGNOSTISCHES UND STATISTISCHES MANUAL PSYCHISCHER STÖRUNGEN DSM III (1984): In: H. Saß, H. U. Wittchen und M. Zaudig (Hg.). Göttingen.

DIAGNOSTISCHES UND STATISTISCHES MANUAL PSYCHISCHER STÖRUNGEN DSM III-R (1989): H. Saß, H. U. Wittchen, M. Zaudig und K. Koehler (Hg.).Göttingen.

DIAGNOSTISCHES UND STATISTISCHES MANUAL PSYCHISCHER STÖRUNGEN DSM IV (1994): H. Saß, H. U. Wittchen und M. Zaudig (Hg.). Göttingen.

DÖMER-WALDMEYER, M. (1972): Über Kontaktstörungen bei autistischen Kindern. In: „Hilfe für das autistische Kind e. V" (Hg.), Tagungsberichte 1972, Lüdenscheid, S. 93–96.

DÖPP-WESELER, A. (1981): Analyse des kindlichen Fehlverhaltens beim Umgang mit Hund und Katze. In: Sozialpädiatrie 3, S. 511–515.

DRAEGER; W. (1989): Im Schneckenhaus gibt´s keine Bilder. In: Die Welt, 5. August, S. 17.

DUKER, P. C. (1991):"Gebärdensprache mit autistischen und geistig behinderten Menschen – Ein Handbuch der Gebärden. In: Behinderung, Autismus, Psychose, Band 3, Dortmund.

DUNDAS, M. U. (1968): The One-to-One Relationship in the Treatment of Autistic Children. In: Acata Paedopsychiatrica, Vol.35, S. 242–245.

DZIKOWSKI, S. (1996): Ursachen des Autismus – Eine Dokumentation. Weinheim.

DZIKOWSKI, S. und ARENS, C. (1990) Stefan Dzikowski und Christiane Arens, Autismus heute – Neue Aspekte der Förderung autistischer Kinder, Band 2, Dortmund.

DZIKOWSKI, S. und VOGEL C. (1988): Störungen der Sensorischen Integration bei autistischen Kindern – Probleme von Diagnose, Therapie und Erfolgskontrolle. Weinheim.

DUNLAP, KOEGEL R. L. und EGEL (1979): Autistic Children in School – The Council for Exceptional Children.

EICHEL, E. (1996): Gestützte Kommunikation bei Menschen mit autistischer Störung. Dortmund.

EGGERS, C. (1976): Autistisches Syndrom (Kanner) und Pockenschutzimpfung. In: Klinische Pädiatrie, Jg. 188, S. 172–180.

EICHHORN J., GOETZKE R. und KLEIN M. (1982): Zu Problemen der Diagnostik, Erziehung und Bildung bei Kindern mit autistischem Syndrom (Ost).

EISENBERG, L. (1956): The autistic child in adolescence. In: American Journal of Pädiatry, Jg. 112, S. 607–612.

EISENBERG, L. (1957): The fathers of autistic children. In: American Journal of Orthopsychiatry, Jg. 27, S. 715-764.

EISENBERG, L. und KANNER L. (1956): Early infantile autism 1943-1955. In: American Journal of Orthopsychiatry, Jg. 26, S. 556–566.

ERIKSON, E. H. (1950): Childhood and Society, New York.

ERIKSON, E. H. (1956): The Problem of Ego Identity. In: Journal of the American Psychoanalytic Association, Jg. 4, S. 56–121.

ERIKSON, E. H. (1959): Childhood and Society. New York.

ESTES, W. K. (1944): An experimental study of punishment. In: Psychol. Monogr., Jg.57, S. 3ff.

FERENCZI, S. (1913): Entwicklungsstufen des Wirklichkeitssinnes. In: v. Balint, Schriften zur Psychoanalyse, Frankfurt am Main, Band 1, S.148–163.

FEUSER, G. (1979): Grundlagen zur Pädagogik autistischer Kinder. Gesellschaftswissenschaftlich-erziehungswissenschaftliches Verständnis des „frühkindlichen Autismus". Weinheim.

FEUSER, G. (1980): Autistische Kinder. Solms-Oberbiel.

FEUSER, G. (1988): Aspekte einer Kritik des Verfahrens des erzwungenen Haltens (Festhalte-therapie) bei autistischen und anders behinderten Kindern und Jugendlichen. In: Behinder-tenpädagogik, Solms-Oberbiel, 27Jg., Heft 2, S. 115–155.

FISH, B. (1960): Involvement of the Central Nervous System in Infants with Schizophrenia, A. M. A. Archiv Neurol. Chikago, 2, S. 115ff.

FISCHER, E. (1965): Der frühkindliche Autismus (Kanner). In: Jahrbuch für Jugendpsychiatrie und ihre Grenzgebiete, Band 4, S. 157–205.

FISCHER, E. (1966): Zur Frage der Intelligenzentwicklung des autistischen Kindes. In: Jugend-psychiatrie und psychologische Diagnostik. Stuttgart, S. 67–90.

FOLSTEIN S. und RUTTER M. (1977): Infantile autism – A genetic study of 21 twin pairs. In: Journal of Child. Psychology and Psychiatry, Jg. 18, S. 297–321.

FOUQUET, C. (1978) Euthanasie und Vernichtung „lebensunwerten" Lebens unter Berücksichti-gung des behinderten Menschen. In: Bachmann W (Hg.), Oberbiel.

FRANCESCHETTI (1947): Rubéole pendant la grossesse et cataracta congéntiale chez l´enfant, accompagnée du phénomène digito-oculaire. In: Ophthalmologica, Jg. 114, S. 332–339.

FRANKL, G. (1943): Language and affektive contact. In: Nervous Child 2, S. 251–262.

FREEDMAN, A. M., EBIN, E. V. und WILSON, E. A. (1962): Autistic schizophrenic children. An experiment in the use of d-lysergic acid diethylamide (LSD-25). In: Arch. Gen. Psychiatry 6, S. 203–213.

FREUD, S. (1895): Entwurf einer Psychologie. Aus den Anfängen der Psychoanalyse. Briefe an Wilhem Fließ. Abhandlungen und Notizen aus den Jahren 1887–1902.

FREUD, S. (1920): Jenseits des Lustprinzips. In: Gesammelte Werke, Band 13, S.1ff.

FREUD, S. (1923): Das Ich und das Es. In: Gesammelte Werke, Band 13, S. 235ff.

FREUD, S. (1930): Das Unbehagen der Kultur. In: Gesammelte Werke, Band 14, S. 419ff.

FRITH, U. (1972): Neuere psychologische Studien über Autismus in England. In: „Hilfe für das autistische Kind e. V. (Hg.), Tagungsberichte, Lüdenscheid, S. 13–21.

FRITH, U. (1977): Sprache und Denken bei autistischen Kindern – Sprachtherapie bei autistischen Kindern. In: „Bundesverband Hilfe für das autistische Kind". Bremen, S. 7ff.

FRITH, U. (1992): Autismus – Ein kognitionspsychologisches Puzzle. Heidelberg.

FRITH, U. (1993): Autismus. In: Spektrum der Wissenschaft 8, S. 48–55.

FRÖHLICH, A.D. (1982): Lernmöglichkeiten – Ansätze zu einer pädagogischen Förderung schwerst mehrfachbehinderter Kinder. Heidelberg.

FRYE, I. B. M. (1968): „Fremde unter uns" – Autisten, ihre Erziehung, ihr Lebenslauf. In: J. A. Boon en Zoom (Hg.). Meppel.

FUHRER, M. (1964): The development of a Preschool Symbiotic Boy – The Psychoanalytic Study of the Child. New York, Band 19, S. 448–469.

FURNEAUX, Babara (1964): New hope at Hollymount. Helping autistic Children. Times Educ. Sup., 24th April.

GALENSON, E. (1971): A Consideration of the Nature of Thought in Childhood Play. In: v. J. B. McDevitt und C. F. Settlage (Hg.), Separation-Individuation, Essays in Honor of Margaret S. Mahler, New York, S. 41–60.

GANGHOFER, M. (1994): Symbolische Kommunikation ohne Laut- und Schriftsprache. In: Bundesverband: „Hilfe für das autistische Kind e. V." (Hg.), 8 Bundestagung, Autismus und Familie, Tagungsbericht 18-20 Nov. in Baunatal, S. 86–103.

GEIGER, G. (1977): Schwachsinnsfürsorge – Eine Analyse der „Zeitschrift für das Idiotenwesen" (1880–1934).

GEIGER-MARTY, O. (1968): Beitrag zum frühkindlichen Autismus. In: Acta paedopsychiatrica, S. 178–188.

GEORGENS, J. D. und DEINHARDT H. (1979): Die Heilpädagogik mit besonderer Berücksichtigung der Idiotie und der Idiotenanstalten. Band 1, Leipzig.

GERHARDT, J. P. (1904): Zur Geschichte und Literatur des Idiotenwesens in Deutschland, Alsterdorfer Anstalten, Selbstverlag.

GESCHWIND, N. (1964): Non-aphasic disorders of speech. In: Int. J. Neurol. 4, S. 207ff.

GOLDFARB, W. (1961): Childhood Schizophrenia. Cambridge/Mass.

GOLDFARB, W. (1964): An Investigation of Childhood Schizophrenia", Archiv of Gen. Psychiatry, Jg. 2, S. 620ff.

GOLDNER, C. (1994): Gestützte Kommunikation – Wer schreibt denn hier – Verantwortungsloser Medienrummel um eine längst widerlegte Methode. In: Psychologie heute, Heft 5, S. 8f.

GOFFMANN, E. (1958): The characteristics of total institutions. In: Symposium on Preventive and Social Psychiatry. Washington.

GOODMAN, N. und TIZARD, J. (1962): Prevalence of imbecility and idiocy among children. In: Brit. Med. J. 1, S. 216ff.

GORDON, N. und TAYLOR, I. G. (1964): The assessment of children with difficulties of communication. In: Brain, Jg. 87, S. 121ff.

GOTTWALD P. und REDLIN W. (1972): Verhaltenstherapie bei geistig behinderten Kindern – Grundlagen, Ergebnisse und Probleme der Verhaltenstherapie retardierter, autistischer und schizophrener Kinder. Göttingen.

GRANDIN, T. (1992): Wahrnehmungsstörungen, räumliches Denken und Kommunikationsschwierigkeiten – Eine autistische Frau spricht über ihre Erfahrungen. In: Bundesverband: „Hilfe für das autistische Kind", Vierter Europäischer Kongreß – Autismus im Europa von morgen, Hamburg, S. 48–61.

GRANDIN, T. (1997): Ich bin die Anthropologin auf dem Mars – Mein Leben als Autistin. München.

GREENARCE, P. (1960): „Considerations Regarding the Parent-Infant Relationship", Emotional Growth 1, New York, S. 199–244.

GREENARCE, P. (1966): Problems of Overidealization of the Analyst and of Analysis – Their Manifestions in the Tranference and Counter Tranceferenc Relationship. In: The Psychoanalytic Study of the Child, New York, Jg. 21, S. 193–212.

GREENARCE, P. (1968):"Perversion, General Considerations Regarding Their Genetic an Dynamic Background", Psychoanalytic Study of the Child 23, New York, S. 47–62.

GREWEL, F. et al. (1954): Infantiel Autisme, Journal of Mussees te Purmerend. Amsterdam.

GREY-WALTER, W. (1964): Report of Neurophysiological Correlates of Apparent Defects of Sensory motoric Integration in Autistic Children, Mental Health Research Fund.

GRUEN, A. und PREKOP, J. (1986): Das Festhalten und die Problematik der Bindung im Autismus – Theoretische Betrachtungen. In: Praxis der Kinderpsychologie und Kinderpsychiatrie, Jg. 35, S. 248–253.

GUNTHER, M. (1961): Infant Behavior at the Breast. In: B. M. Foss (Hg.), Determinats of Infant Behavior, London.

HÄNSEL, D. (1974): Die „physiologische Erziehung" der Schwachsinnigen (Edouard Séguin 1812-1880). Freiburg/Breisgau.

HARTMANN, H. (1952): The Mutal Infuences in the Development of the Ego and Id. In the psychoanalytic Study of the Child, New York, Jg. 7, S. 9–30.

HARTMANN, H. (1964): Zur Problematik des kindlichen Autismus und der psychiatrischen Nosologie. In: Praxis der Kinderpsychologie und Kinderpsychiatrie, Jg. 15, S. 91–95 und S. 131–133.

HARTMANN, H. (1986): Aufmerksamkeits-Interaktions-Therapie mit psychotischen Kindern. In: Praxis der Kinderpsychologie und Kinderpsychiatrie, Jg. 35, S. 242–247.

HARTMANN, H. und ROHRMANN, U. (1984): Eine Zwei-System-Theorie der Informationsverarbeitung und ihre Bedeutung für das autistische Syndrom und andere Psychosen. In: Praxis der Kinderpsychologie und Kinderpsychiatrie, Jg. 33, S. 272–281.

HARTMANN, H. und ROHRMANN U. (1988): Die Zwei-Prozess-Theorie der Informationsverarbeitung und ihre Bedeutung für Psychosen (Mehrleistungen). In: G. Oepen (Hg.), Psychiatrie des rechten und linken Gehirns, Köln, S. 156–162.

HARTMANN, H., KALDE M., JACOBS G. und ROHRMANN U. (1988): Die Aufmerksamkeits-Interaktions-Therapie (AIT). In: Christiane Arens und Stefan Dzikowski (Hg.), Autismus heute. Aktuelle Entwicklungen in der Therapie autistischer Kinder. Band 1, Dortmund, S. 129–138.

HEILMANN, J. (1988): Kann denn Zwang Liebe sein? – Anmerkungen zum Thema „Festhalten" als Therapie. In: Christiane Arens und Stefan Dzikowski (Hg.), Autismus heute, Aktuelle Entwicklungen in der Therapie autistischer Kinder. Band 1, Dortmund, S. 39–48.

HERBST, L. D. (1985): Autismus – Überlegungen zur Pathologisierung situativer menschlicher Verhaltensweisen. In: Behindertenpädagogik, Solms-Oberbiel, 24. Jg., Heft 3, S. 302–305.

HERBST, L. D. (1988): Wider die Zwänge des „Autisten" – Anmerkungen zur Mutter- und Kind-Haltetherapie bei beziehungsauffälligen Kindern. In: Behindertenpädagogik, Solms-Oberbiel, 27Jg., Heft 2, S. 197–206.

HERMANN-HAUNHORST, M. L. (1988): Frühkindlicher Autismus und Musik - Theorie, Experimente, Ergebnisse. Dissertation. Münster.

HERMELIN und O'CONNOR (1970): Psychological experiments with autistic children. London.

HEWETT, F. M. (1965): Teaching speech to an autistic child through operant conditioning. In: Americn Journal of Orthopsychiatry, Jg. 35, S. 927–936.

HILFE FÜR DAS AUTISTISCHE KIND BREMEN e.V. (1980): Cordes, H.: Autistische Kinder in der Schule. Unterricht und Therapie für autistische Kinder nach lerntheoretischen Prinzipien. Bremen.

HILFE FÜR DAS AUTISTISCHE KIND (1995): Therapiemaßnahmen, Beratung und Information, Öffentlichkeitsarbeit, Gemeinsames Planen und Handeln, Kontakte zu Fachleuten, Freizeitmaßnahmen und gegenseitige Hilfe. In: „Regionalverband Rhein-Main e.V." Frankfurt am Main.

HILL, D. (1948): Relationship between Epilepsy and Schizophrenia – EEG-Studies. In: Folia psychiat. neurol. neurochir. neel., Jg. 51, S. 95ff.

HINGTEN, J. N. und CHURCHILL, D. W. (1971): Differential Effects of Behavior Modification in Mute Autistic Boys. In: Infantile Autism. Springfield.

HINGTEN, J. N., SANDERS, B. J. and DEMEYER M.K. (1965): Shaping co-operative responsens in early childhood schizophrenics – Case studies in behavior modifications. In: L. Ullmann and L. Krasser, New York/Holt, S. 130–138.

HOFFER, A. et al. (1957): Treatment of Schizophrenia with Nicotinic Acid and Nicotinamide. In: Journal of Clinical and Experimental Psychopathology and Quarterly Review of Psychiatric Neurology, Jg. 18, S. 181.

HOFFER, W. (1950): Oral Aggressiveness and Ego Development. In: Int. Psycho-Anal., Jg. 31, S. 156–160.

317

HOMBURGER, M. (1923): Zur Gestaltung der normalen menschlichen Motorik und ihre Beurteilung. In: Zeitschrift Gesamte Psychiatrie, 75, S. 274ff.

HOOKER, D. (1952): The Pernatal Origins of Behavior, Lawrence: U. of Kansas Press, S. 62–82.

HOWLIN, P. et al. (1973): A home-based approach to the treatment of autistic children. In: Journal of Autism and Childhood Schizophrenia, S. 308–336.

HUMPHREYS, A. (1987): Genetik und Autismus – Gibt es Zusammenhänge? In: Autismus, Nr. 23, S. 12–15.

HUTT, C. (1970): Gaze aversion and is significance in childhood. Behavior Studies in Psychiatry. Oxford.

HUTT, C. (1978): Beiträge der Ethologie zur Erforschung des frühkindlichen Autismus. In: H. E. Kehrer (Hg.), Kindlicher Autismus. Basel.

INGRAM, T. T. S. (1959): A description and classification of the common disorders of speech in children. In: Archiv Dis. Childhood, Jg. 34, S. 444ff.

INGRAM, T. T. S. (1959): Spezific development disorders of speech in childhood. In: Brain, Jg. 82, S. 450ff.

INGRAM, T. T. S. (1965): The Neurology of Psychosis in Childhood. In: The Working Party. In: Childhood Schizophrenia Brit. med. Journal 2., S. 889.

INNERHOFER, P. und CLICPERA, C. (1988): Die Welt des frühkindlichen Autismus. München.

ITARD, J. M. G. (1965): Victor, das Wolfskind von Aveyron. Einführung und Nachwort von Jacob Lutz. Stuttgart.

ITARD, J. M. G. (1974): Die wilden Kinder. Frankfurt.

JACOB, H. (1955): Wahrnehmungsstörungen und Krankheitserleben. Psychopathologie des Parkinsonismus und verstehende Psychologie Bewertungs- und Wahrnehmungsgestörter – Monografien aus dem Gesamtgebiet der Neurologie und Psychiatrie. Berlin/Göttingen/Heidelberg.

JACOBS, K. (1980): Jacobs – Projektgruppe – Materialien zum frühkindlichen Autismus. Frankfurt am Main.

JACOBS, K. (1984): Autismus – Schulische Förderung und ambulante Therapie. Bonn-Bad Godesberg.

JANETZKE, H. (1997): Stichwort Autismus. München.

JANTZEN, W. (1973a): Definition von Lernbehinderung. In: Behindertenpädagogik in Hessen, Jg. 12, S. 38–45.

JANTZEN, W. (1973b): Theorien zur Heilpädagogik. In: Das Argument, Nr. 80, Sonderband, S. 152–169.

JANTZEN, W. (1974a): Überlegungen zu Gegenstand und Methode der Behindertenpädagogik als Sozialwissenschaft. In: Behindertenpädagogik in Hessen, Jg. 13, S. 134–140.

JANTZEN, W. (1974b): Verhaltensgestörtenpädagogik – praktische Theorie oder Erziehungswissenschaft? In: Heilpädagogische Forschung, Band V, S. 7–68.

JANTZEN, W. (1974c): Sozialisation und Behinderung. Studien zu sozialwissenschaftlichen Grundfragen der Behindertenpädagogik. Gießen.

JANTZEN, W. (1976a): Zur begrifflichen Fassung von Behinderung aus der Sicht des historischen und dialektischen Materialismus. In: Zeitschrift für Heilpädagogik, Jg. 27, S. 428–436.

JANTZEN, W. (1976b): Biografie, Zeitplan und schlechte Individuation – Versuch einer kritischen Anwendung von Sèves materialistischer Persönlichkeitstheorie auf die Analyse der sozialen Karrieren verhaltensgestörter Kinder und Jugendlicher". Unveröffentlichter Vortrag anlässlich des 5. Kongresses der deutschen Gesellschaft für Erziehungswissenschaft in Duisburg vom 29. bis 31.3.1976.

JANTZEN, W. (1976c): Materialistische Erkenntnistheorie Behindertenpädagogik und Didaktik. In: Demokratische Erziehung, Jg. 2, S. 15–29.

JANTZEN, W. (1988): Eine neuropsychologische Theorie des Autismus. In: Behindertenpädagogik, Jg. 24, Heft 3, S. 274–288.

JANTZEN, W. und v. SALZEN W. (1988): Halte-„Therapie": Für wen Halt und für wen Therapie? In: Behindertenpädagogik, Solms-Oberbiel, Jg. 27, Heft 2, S. 155–185.

JANZOWSKI, F., KLEIN F. und SCHMÄH B. (1990): Grundlagen der Haltetherapie zur Behandlung des frühkindlichen Autismus. In: Zeitschrift für Heilpädagogik, Jg. 41, S. 859–865.

JOSSELYN, L. M. (1962): Concepts Related to Child Development, 1. the Oral Stage. In: Journal of the American Academy of Child Psychiatry 1, S. 209–224.

KALDE, M. (1990): Halt durch Festhalten? Erfahrungen von Bezugspersonen mit Haltetherapien. In: Stefan Dzikowski und Christiane Arens (Hg.), Autismus heute – Neue Aspekte der Förderung autistischer Kinder. Band 2, Dortmund, S. 175–190.

KALLMAN, F.J. und ROTH, B.(1956): Genetics Aspects of Pre-Adolescent Schizophrenia. In: American Journal of Psychiatry, Jg. 112, S. 599ff.

KANNER, L. (1943): Autistic disturbances of affective contact. In: Nervous Child, Jg. 2, S. 217-250 und in: Acta Paedopsychiatrica, Jg. 35, S. 98–136.

KANNER, L. (1944): Early infantile autism. In: Journal Pädiatry 25, S. 211–217.

KANNER, L. (1946): Irrelevant and methaphorical language in early infantile autism. In: American Journal of Psychiatry, Baltimore. Jg. 103, S. 242–246.

KANNER, L. (1949): Problems of nosology and psychodynamics in early infantile autism. American Journal of Orthopsychiatry. Jg. 19, S. 416–452.

KANNER, L. (1952): Emotional interference with intellectual functioning. In: American Journal Mental Deficiency, Jg., 56, S. 701–707.

KANNER, L. (1954a): To what extent is early infantile autism determined by constitutional inadequacies? In: Res. Pub. Ass. Nervous Mental Dissae, Jg. 33, S. 378–385.

KANNER, L. (1954b): General concept of schizophrenia at differentages in Neurology and Psychiatry in Childhood. In: Mc R. Intosh und C. Hare, A.R.N.M.D. Proc., Jg. 34, S. 451ff.

KANNER, L. (1956): The emotional bluck. In: American Journal of Psychiatry. Baltimore.

KANNER, L. (1957): Early infantile autism. In: Child Psychiatry, C. Thomas Publisher, Springfield, S. 739–742.

KANNER, L. (1958): The spezifity of early infantile autism. In: Acta Paedopsychiatrica 25, S. 108-113.

KANNER, L. (1962): Child Psychiatry. Springfield.

KANNER, L. (1964): A History of the Care and Study of the Mentally Retarded. Springfield.

KANNER, L. (1971): Follow-up study of eleven autistic children originally reported 1943. In: Journal of Autism and Childhood Schizophrenia, Jg. 1, S. 119–145.

KANNER, L. und EISENBERG, L. (1958): Notes on the follow-up studies of autistic children. In: P. H. Hoch und J. Zubin (Hg.), Psychopathology of Childhood. New York, S. 227ff.

KAPLAN, M. (1950): An Approach to Psychiatric Problems in Childhood. In: American Journal. Dis. Child, Jg. 79, S. 791ff.

KEELER, W. R. (1958): Autistic patterns and defective communication in blind children with retrolental fibroplasia. In: P. H. Hoch und J. Zubin J, Psychopathology of Communication, New York.

KEHRER, H. (1972a): Formen und Ursachen autistischen Verhaltens. In: „Hilfe für das autistische Kind e. V.", Tagungsberichte 1972, Lüdenscheid, S. 89–91.

KEHRER, H. (1972b): Gutachten über den kindlichen Autismus (Symptome des infantilen Autismus). In: „Hilfe für das autistische Kind e. V.", Tagungsberichte 1972 – Anhang 1, Lüdenscheid, S. 111–115.

KEHRER, H. (1972c): Verhaltenstherapie bei autistischen Kindern. In: „Hilfe für das autistische Kind e. V.", Tagungsberichte 1972, Lüdenscheid, S. 55–58.

KEHRER, H. (1974): Verhaltenstherapie bei kindlichem Autismus. In: Zeitschrift für Kinder- und Jugendpsychiatrie, Band 2, S. 233–247.

KEHRER, H. (1996): Kritische Gedanken zur F.C. In: Autismus, Nr. 42, S. 40–41.

KEHRER, H. (1989): Autismus – Diagnostische, therapeutische und soziale Aspekte. Heidelberg.

KEHRER, H. und KÖRBER, H. P. (1971): Sprachbehandlung durch Verhaltenstherapie bei autistisch-mutistischen Kindern. In: Acta peadopsychiatrica 38, S. 2–17.

KEHRER H. und MORCHER S. (1987): Das Erkennen und Lesen auf dem Kopf stehender (up-side-down) Bilder und Schrift als Mehrleistung bei autistischen Kindern und Jugendlichen. In: Zeitschrift der Kinder- und Jugendpsychiatrie, Jg. 15, S. 315–326.

KEIENBORG R. (1987): Die besondere Möglichkeit des Heilpädagogischen Voltigierens für Kinder und Jugendliche mit Autismus-Syndrom oder autistischen Zügen. In: Therapeutisches Reiten, Jg. 14, Heft 4, S. 3-11.

KERSTENBERG, J. (1960): Die Geschichte eines „autistischen Kindes". In: Praxis der Kinderpsychologie und Kinderpsychiatrie, S. 117–124.

KIERKEGAARD, S. (1846): Die Reinheit des Herzens.

KIPHARD, E. J. (1972): Möglichkeiten und Grenzen eines sensomotorischen Intelligenztrainings bei autistischen Kindern. In: „Hilfe für das autistische Kind e. V.", Tagungsberichte 1972, Lüdenscheid, S. 39–54.

KIPHARD, E. J. (1979): Psychomotorik als Prävention und Rehabilitation. Gütersloh.

KIPHARD, E. J. (1980): Wie weit ist ihr Kind entwickelt. Dortmund.

KISCHKEL W. und STÖRMER N. (1988): Kritische Überlegungen zur Festhaltetherapie. In: Behindertenpädagogik, Solms-Oberbiel, Jg. 27, Heft 2, S. 185–197.

KLAFKI, W. (1971a): Erziehungswissenschaft als kritisch-konstruktive Theorie – Hermeneutik – Empirie – Ideologiekritik. In: Zeitschrift für Pädagogik, Jg. 17, S. 351–385.

KLAFKI, W. (1971b): Hermeneutische Verfahren in der Erziehungswissenschaft. In: W. Klafki et al. (Hg.), Funk-Kolleg, Erziehungswissenschaft 3, Frankfurt, S. 126–153.

KLAFKI, W. (1971c): Erziehungswissenschaft –Theorie einer Praxis. In: W. Klafki et al. (Hg.), Funk-Kolleg, Erziehungswissenschaft 3, Frankfurt, S. 175–183.

KLEVINGHAUS, J. (1972): Hilfen zum Leben. Zur Geschichte der Sorge für Behinderte. Bielefeld.

KOBI E. E. (1977): Heilpädagogik im Abriss. München-Basel.

KOEGEL, R. L. RUSSO, D. C. und RINCOVER, A. (1977): Teaching autistic children to respond to simultaneous multiple cues. In: Journal of Experimental Child Psychology, Jg. 24, S. 299–311.

KÖRBER, H.-P. (1970): Verhaltenstherapie bei autistisch-mutistischen Kindern. Dissertation: Medizinische Fakultät der Westfälischen Wilhelmsuniversität, Münster, unveröffentlicht.

KOLVIN, I. (1971): Psychosis in Childhood – A comparative study. In: M. Rutter (Hg.), Infantile Autism – Concepts, characteristics and treatment, London.

KOTSOPOULOS S. und KUTTY K. M. (1979): Histidinemia and Infantile Autism. In: Journal of Autism and Developmental Disorders, Jg. 9, Heft 1, S. 55–60.

KRAMANN, J. (1982): Der Einfluß verschiedener Musikstücke auf das Verhalten von Kindern mit autistischem Syndrom. Dissertation. Münster.

KRAEPLIN, E. (1981): Clinical psychiatry (A.R. Diefendorf, Trans.) Delmar, NY: Scholars Facsimiles and Reprints (Original work published 1883).

KREVELEN, D. A. van (1954): Quelques remarques sur l'usage abusif du diagnostic d'autisme. In: Acta Neurol. Belg., S. 207–212.

KREVELEN, D. A. van (1958): Zur Problematik des Autismus. In: Praxis der Kinderpsychologie und Kinderpsychiatrie, S. 87–93.

KREVELEN, D. A. van (1960): Autismus infantum. In: Acta paedopychiatrica, Jg. 27, S. 97–107.

KREVELEN, D. A. van (1963): One the relationship between early infantile autism and autistic psychopathy. In: Acta paedopsychiatrica 30, S. 303–323.

KREVELEN, D. A. van (1964a): Sur les manifestations autistiques. In: Sud. méd. chir., Jg. 99, S. 677–686.

KREVELEN, D.A. van (1964b): Autismus und Iatrogenie. In: Acata paedopsychiatrica, S. 129–133.

KRIPNER, S. Et al. (1973): A Study of Hyperkinetic Children Receiving Stimulant Drugs. In: Academic Therapy, Jg. 8, Heft 3, S. 261–269.

KUHLEN, V. (1972): Verhaltenstherapie im Kindesalter. Grundlagen, Methoden und Forschungsergebnisse. Deutsches Jugendinstitut. Band 5, München.

KUPPER-HEILMANN, S. (1998): „Und wenn er dann loslässt?" Unterstützung von Individuations- und Ablösungsprozessen in der Mutter-Kind-Beziehung im Rahmen einer Frühförderung durch psychoanalytisch orientiertes heilpädagogisches Reiten. In: Frühförderung interdiziplinär, Jg. 17, S. 125–134

KUPPER-HEILMANN, S. (1999): Getragenwerden und Einflussnehmen. Aus der Praxis des psychoanalytisch orientierten heilpädagogischen Reitens. Gießen.

KUSCH, M. und PETERMANN, F. (1990): Entwicklung autistischer Störungen. Bern.

KUSHLICK, A. (1961): Subnormality in Salford. In: M. W. Susser und A. Kushlick, A, Report of the Mental Service of the City of Salford for the Year 1960, Salford Health Dept.

KUSHLICK, A. (1966): Community service for the mentally subnormal. In: Social Psychiatry 1.

LANGENOHL, H. (1971): Zur wissenschaftlichen Neuorientierung der Sonderpädagogik – Möglichkeiten – Kritik – Grenzen, Sonderpädagogik, Jg. 2, Heft 1, S. 59–75.

LEA, J. (1965): A language scheme for children suffering form receptive aphasia. In: Speech Pathology and Therapy, Jg. 8, S. 58.

LEVY, D. M. (1937): Primary Affect Hunger. In: American Journal Psychology, Jg. 94, S. 643–652.

LOEBEN-SPRENGEL S., SOUCOS-VALAVANI I. und VOIGT F. (1981): Autistische Kinder und ihre Eltern – Veränderung der familiären Interaktion. Weinheim.

LOTTER, V. (1967) Epidemiology of autistic conditions in young children. In: Social Psychiatry Jg. 1, S. 163–173.

LOTTER, V. (1974a): Social Adjustment and Placement of Autistic Children in Middlesex – A Follow-up Study In: Journal of Autism and Childhood Schizophrenia, Jg. 4, S. 11–32.

LOTTER, V. (1974b): Factors Related to Outcome in Autistic Children. In: Journal of Autism and Childhood Schizophrenia, Jg. 4, S. 263–277.

LOVAAS, O. I. (1966): A program for the establishment of speech in psychotic children. In: J.K Wing (Hg.), Early childhood autism. London, S. 125–154.

LOVAAS, O. I. (1967): A behavior therapy approach to the treatment of childhood schizophrenia. In: Child Psychol., Jg. 1, S. 108–159.

LOVAAS, O .I. (1969): Reinforcement therapy, 16mm Tonfilm, Philadelphia, Smith Kline and French Laboraties 1966. Gezeigt auf einer Tagung der Gesellschaft zur Förderung der Verhaltenstherapie in München 1969.

LOVAAS, O. I., KOEGEL R. L., SIMMMONS J. Q. und LONG J. S. (1973): Some Generalization and Follow-Up Measures on Autistic Children in Behavior Therapy. In: Journal of Applied Behavior Analysis, Jg. 6, S. 131–166.

LOVAAS, O. I., KOEGEL R. L. und SCHREIBMANN L. (1979): Stimulus overselectivity in autism: A review of research. In: Psychological Bulletin, Jg. 86, S. 1236ff.

LOVAAS, O. I., SCHAEFFER, B. and SIMMONS, J. Q. (1965): Building social behavior in autistic children by use of electric shock. In: Journal of Experimental Research in Personality, Jg. 1, S. 99–109.

LOVAAS, O. I. und SIMMONS, J. Q. (1969): Manipulation of self-destruction in three retarded children. In: Journal of Applied Behavior Analysis, Jg. 2, S. 143–157.

LOVATT, M. (1962): Autistic children in a day nursey. In: Chidren 5/6.

LUNGERSHAUSEN, E. (1981): Erfahrungen mit einem Tierpark in einem psychiatrischen Krankenhaus. In: Spektrum der Psychiatrie und Nervenheilkunde 10, S. 184–186.

LUTZ, J. (1937): Über die Schizophrenia im Kindesalter. In: Archiv of Neurology and Psychiatry, Zürich, Jg. 39, S. 335ff.

LUTZ, J. (1968): Kindlicher Autismus. In: J. Lutz (Hg.), Kinderpsychiatrie. Stuttgart, S. 280–284.

LUTZ, J. (1968): Zum Verständnis des Autismus infantum als einer Ich-Bewusstseins-, Ich-Aktivitäts- und Ich-Einprägungsstörung. In: Acta Paedopsychiatrica, Jg. 35, S. 161–177.

MACKENSENS (1953): Beobachtungen über das Verhalten blinder und hochgradig schwachsinniger Kinder. In: Klin. Mbl. Augenheilkunde, Jg. 122, S. 394–402.

MACKENSENS (1956): Die Psychomotorik blinder Kinder, Klin. Mbl. Augenheilkunde, Beiheft 26. Stuttgart.

MAHLER, M. S. (1944): Tics and Impulsions in Children. A Study of Mobility. In: Psychoanal. Quart, Jg. 13, S. 430–444.

MAHLER, M. S. (1949): A Psychoanalytic Evaluation of Tic in Psychopathology of Children – Symptomatic Tic and Tic Syndrome. In: Psychoanalytic Study of the Child, New York, Jg. 3/4, S. 279–310.

MAHLER, M. S. (1952): One child psychosis and schizophrenia – Autistic and symbiotic infantile psychoses. In: The Psychoanalytic Study of the Child, New York, Jg. 7, S. 286–305.

MAHLER, M. S. (1959): Severe Emotional Disturbances in Childhood Psychosis. In: Arieti (Hg.), American Handbook of Psychiatry, New York, S. 816ff.

MAHLER, M. S. (1961): On Sadness and Grief in Infancy and Childhood, Loss and Restoration of the Symbiotic Love Object. In: The Psychoanalytic Study of the Child, New York, Jg. 16, S. 332–351.

MAHLER, M. S. (1963): Thoughts about Development and Individuation. In: The Psychoanalytic Study of the Child, New York, Jg. 18, S. 307–324.

MAHLER, M. S. (1966): Notes on the Development of Basic Moods – The depressive Affect. In: R. M. Loewenstein, L. M. Newman, M. Schur und A. J. Solnit (Hg.), Psychoanalysis – A general Psychology: Essays in Honor of Heinz Hartmann, New York, S. 152–168.

MAHLER, M. S. (1967): One Human Symbiosis and the Vicissitudes of Individuation. In: Journal Am. Psychoanal. Association, Jg. 15, S. 740–763.

MAHLER, M. S. (1968): Discussion of Börje Löfgren's paper – Castration Anxiety and Body Ego. In: Int. J. Psychoanal.; Jg. 49, S. 410–412.

MAHLER, M. S. (1969): Pertubances of Symbiosis and Individuation in the Development of the Psychotic Ego. In: v. P. Doucet and C. Laurin, (Hg.), Problems of Psychosis – Exerpt. Med. Int. Cong. Series, Teil 1, S. 188–196, Teil 2, S. 375–378.

MAHLER, M. S. (1971): A Study of the Separation-Individuation Process and Its Possible Application to Borderline Phenomena in Psychoanalytic Situation. In: The Psychoanalytic Study of the Child, New York, Jg. 26, S. 403–424.

MAHLER, M. S. (1972): Psychosen im frühen Kindesalter – Symbiose und Individuation. Band 1, Stuttgart.

MAHLER, M. S. (1975): Die psychische Geburt des Menschen. Frankfurt.

MAHLER, M. S. und FURER, M. (1963): Certain Aspects of the Separation-Individuation Phase. In: Psychoanal. Quart 32, S. 1–14.

MAHLER, M. S. und FURER, M. (1966): Development of Symbiosis, Symbiotic Psychosis, and the Nature of Separation Anxiety – Remarkson J. Weiland´s Paper. In: Int. Journal Psycho-Anal., Jg. 47, S. 559–560

MAHLER, M. S. und GOSLINER, B. J. (1955): One symbiotic child psychosis – Genetic, dynamic and restitutive aspects. In: Psychoanalytic Study Child, Jg. 10, S. 215–240.

MAHNS, B. (1988): Musiktherapeutische Ansätze in der Praxis mit autistischen Kindern und Jugendlichen. In: Deutsche Gesellschaft für Musiktherapie e. V. (Hg.), Musiktherapeutische Umschau 9, Thema Autismus, Heft 1, S. 68–78.

MALL, W. (1984): Basale Kommunikation – ein Weg zum andern – Zugang finden zu schwer geistig behinderten Menschen. Geistige Behinderung, Heft 1, Praxisteil S. 1–16.

MANNSCHATZ, E. (1975): Persönlichkeitserziehung bei Kindern mit Entwicklungsanomalien. In: Die Sonderschule, Jg. 20, S. 321–330.

MARTINIUS, J. (1974): Der neuropsychologische Ansatz zum Verständnis des frühkindlichen Autismus. In: Zeitschrift der Kinder- und Jugendpsychiatrie, Jg. 2, S. 187–199.

MARTINIUS, J. (1984): Autistische Syndrome. In: G. Nissen, Ch. Eggers und J. Martinius, Kinder und Jugendpsychiatrische Pharmakotherapie, Heidelberg, S. 264–270.

MARX, Karl (1977): Marx Engels Werke. Band 20, Berlin-Ost.

MASTERSON, J. F. (1973): The mothers Contribution to the Psychic Structure of the Borderline Personality. Vortrag auf dem Margaret S. Mahler Symposium on Child Development, Philadelphia, Mai 1973, unveröffentlicht.

MATONI, H. (1990): Nie mehr Festhalten! Ein Fallbeispiel. In: Stefan Dzikowski und Christiane Arens (Hg.), Autismus heute – Neue Aspekte der Förderung autistischer Kinder. Band 2, Dortmund, S. 191–196.

MCGINNIS, M. A. (1963): Aphasic Children: Identification and Education by the Association Method. Washington.

METZ, J. R. (1965): Conditioning generalized imitation in autistic children. In: Journal of Exp. Child Psychol. 2, S. 389–399.

MEYER, D. (1973): Erforschung und Therapie der Oligophrenien in der ersten Hälfte des 19. Jahrhunderts. Berlin Charlottenburg.

MILLER, B. (1976): Die Förderung autistischer Kinder und Jugendlicher im Institut für Therapie autistischer Verhaltensstörungen. In: „Bundesverband Hilfe für das autistische Kind" (Hg.), Therapie des frühkindlichen Autismus. Hamburg, S. 40–48.

MILLER, B. (1978): Grundlagen eines Therapie-Modells für die Entwicklung imitativer Fähigkeiten bei autistischen Kindern. Dissertation. Universität Hamburg.

MILLER, B. (1979): Konzept für die Entwicklung imitativer Fähigkeiten bei autistischen Kindern. In: Bundesverband: „Hilfe für das autistische Kind e. V." (Hg.), Therapie und schulische Förderung autistischer Kinder in England, USA und Deutschland – Referate der 4. Bundestagung in Frankfurt. Hamburg, S. 132–142.

MILLER, B. (1981): Zur Therapie autistischer Kinder – Möglichkeiten und Grenzen eines Therapie-Instituts. In: Bundesverband „Hilfe für das autistische Kind e.V.", Autismus Europa 1980, S. 35–40.

MILLICHAP J. und FOWLER, G. (1967): Treatment of Minimal Brain Dysfunction Syndromes. In: Pediatric Clinics of North America, Jg. 4, S. 767–777.

MITTLER, P. (1973): Die psychologische Untersuchung autistischer Kinder. In: J. K. Wing (Hg.), Frühkindlicher Autismus, klinische, pädagogische und soziale Aspekte, Weinheim, S. 137–148.

MONACOW, C. von (1923): The Emotions, Morality and the Brain. Washington & New York.

MÖCKEL, A: (1979): Geschichte der Sonderpädagogik unter besonderer Berücksichtigung der Schule für Lernbehinderte, Teil 1 und Teil 2. Fernuniversität Hagen.

MONCRIEFF, A. A. et al. (1964): Lead Poisioning in Children. In: Arch. Dis. Childhood, Jg. 39, S. 1ff.

MÜHL, H. (1971): Notwendigkeit und Möglichkeit der Erziehung geistig behinderter Kinder. Bad Godesberg.

MÜHL, H. (1984): Einführung in die Geistigbehindertenpädagogik. Stuttgart.

MÜLLER, K. (1955): Zum sogenannten „oculo-digitalen Phänomen" und einigen anderen motorischen Erscheinungen. In: Mschr. Kinderheilkunde, Jg. 103, S. 219–221.

MÜLLER, K. (1959): Beobachtungen zur Psychomotorik blinder Kinder. In: Klin. Mbl. Augenheilkunde, Jg. 134, S. 213–227.

NAGY, C. (1993) Einführung in die Methode der gestützten Kommunikation (Facilitated Communication-FC). In: Verein: „Hilfe für das autistische Kind" – Regionalverband München (Hg.).

NAGY, C. (1993): Einige Gedanken zum Streit um die gestützte Kommunikation (FC). In: Autismus, Nr. 35, S. 13–16.

NAGY, C. (1994): Facilitated Communication - sind die Sorgen berechtigt. In: Autismus, Nr. 37, S. 9–10.

NAGY, C. (1996): Zu Prof. Kehrers Artikel – Kritische Gedanken zu FC – Gegendarstellung. In: Autismus, Nr.42, S. 41–45.

NIEß, N. (1987): Erfahrungen in Zürich – Das IAPP und die Tomatis-Methode. In: Autismus, Nr. 23, S. 16–18.

NISSEN, G. (1971): Zur Klassifikation autistischer Syndrome im Kindesalter. In: Der Nervenarzt, S. 35–39.

NORDOFF P. und ROBBINS C. (1986): Schöpferische Musiktherapie – Individuelle Behandlung für das behinderte Kind. In: Bolay V. und Bernius V. (Hg.), Praxis der Musiktherapie. Band 3, Stuttgart.

O´CONNOR, N. (1956): The evidence for the permanently disturbing effects of mother-child separation. In: Acta Psychology, Jg. 15, S. 174ff.

O´ CONNOR, R. D. (1969): Modification of social with draw through symbolic modelling. In: Journal Applied Behavior Analysis, Jg. 2, S. 15–22.

O´GORMAN, G. (1954): Psychosis as a Cause of Mental Defect. In: Journal of Mental Sciene, Jg. 100, S. 934ff.

O´GORMAN, G. (1968): The relationship of severe emotional disorders including psychosis, with intellectual deterioration. Montpellier.

O´GORMAN, G. (1976): Autismus in früher Kindheit. München.

OHM, J. (1958): Nystagmus und Schielen bei Sehschwachen und Blinden. Stuttgart.

OLIVER, B. E. und O´GORMAN, G. (1966): Blood Lead and Pica in Psychotic Children, Develop. Med. Child Neurology.

ORNITZ, E. M. (1973): Childhood autism – a review of the clinical and experimental literature – Medical progress. In: Calif. Med., Jg. 118, S. 21–47.

ORFF, C. (1971): Das Schulwerk - Rückblick und Ausblick. In: A. W. Schmidt (Hg.), Carl Orff, sein Leben und sein Werk. Köln.

ORFF, G. (1974): Die Orff-Musiktherapie – Aktive Förderung der Entwicklung des Kindes. München.

OTTO, B. (1993): Bruno Bettelheims Milieutherapie. Weinheim.

PACELLA, B. L. (1972): Early Ego Development and the Déjà-Vu. Vortrag vor der New York Psychoanalytic Society. New York, 30 Mai 1972. Unveröffentlicht.

PAWLOW, L. P. (1953): Zwanzigjährige Erfahrungen mit dem objektiven Studium der höheren Nerventätigkeit (des Verhaltens) der Tiere. Sämtliche Werke. Band 3, Berlin.

PEIPER, A. (1949): Die Eigenheit der kindlichen Hirntätigkeit. Leipzig.

PIAGET, J. (1974): Psychologie der Intelligenz. München.

PIAGET, J. (1975): Nachahmung, Spiel und Traum. Stuttgart.

PIAGET, J. (1977): Die Psychologie des Kindes. Frankfurt.

PINNEAU, S. R. (1955): The infantile disorders of hospitalisation and anaclinic depression. In: Psychology Bulletin, Jg. 52, S. 429ff.

PITFIELD, M. und OPPENHEIM, A. N. (1964: Child rearing attitudes of mothers of psychotic children. In. Journal of Child Psychology and Psychiatry, Jg. 5, S. 51ff.

POPELLA, E. (1955): Zum Krankheitsbild des frühkindlichen Autismus. In: Der Nervenarzt, Jg. 26, S. 268–271.

POTTER, H. W. (1933): Schizophrenia in children. In: American Journal Psychiatry, Jg. 12, S. 1253ff.

PREKOP, J. (1982): Erste praktische Erfahrungen nach Tinbergen und Welch. In: Autismus 13, Jg. 12-15.

PREKOP, J. (1984a): Zur Festhaltetherapie bei autistischen Kindern. In: Der Kinderarzt, 15 Jg., Heft 6, S. 798–802.

PREKOP, J. (1984b): Zur Festhaltetherapie bei autistischen Kindern – 1. Fortsetzung. In: Der Kinderarzt, 15 Jg., Heft 7, S. 952–953.

PREKOP, J. (1984c): Zur Festhaltetherapie bei autistischen Kindern – 2. Fortsetzung. In: Der Kinderarzt, 15 Jg., Heft 8, S. 1043–1052.

PREKOP, J. (1984d): Zur Festhaltetherapie bei autistischen Kindern - 3. Fortsetzung. In: Der Kinderarzt, 15 Jg., Heft 9, S. 1170–1175.

PREKOP, J. (1986): Das Festhalten bei Menschen mit autistischen Verhaltensweisen. In: Geistige Behinderung, Heft 2, S. 1–24.

PREKOP, J. (1989): Hättest du mich fest gehalten – Grundlagen und Anwendung der Festhalte-Therapie. München.

PROVENCE, S. (1956): The use of developmental tests in the diagnosis of autistic children. Presented at the New Jersey Neuropsychiatric Institute.

PUTTICH, A. (1987): Eine Untersuchung über die medikamentöse Behandlung des autistischen Syndroms. Dissertation. Münster.

REED, G. F. (1963): Elective Mutism in children. In: A re-appraisal Journal Child Psychology and Psychiatry 4, S. 99ff.

REPORT OF WORKING PARTY OF BRITISH PSYCHOLOGICAL SOCIETY (1966): Children in Hospitals for the Subnormal: A Survey of Addissions and Educational Facilities. London.

RICKS, D. M. and WING, L. (1975): Language, Communication, ant the Use of Symbols in Normal and Autistic Children. In: Journal of Autism and Childhood Schizophrenia, Jg. 5, S. 191–221.

RIMLAND, B. (1964): Infantile Autism. The Syndrom and its Implications for a Neural Theory of Behavior, New York.

RIMLAND, B. (1965): Infantile Autism. London.

RIMLAND, B. (1968a): On the Objective Diagnosis of Infantile Autism. In: Acta Paedopsychiatrica, Jg. 35, S. 146–161.

RIMLAND, B. (1968b): High Dosage Levels of Certain Vitamins. in the Treatment of Children with Severe Mental Disorders. San Diego.

RIMLAND, B. (1972): Megavitamins, Hypoglycemia and Food Intolerances as related to Autism. Paper presented at the Annual meeting of the National Society for Autistic Children at. Flint, Michigan, USA.

RIMLAND, B. (1973): High-Dosage Levels of Certain Vitamins on the Treatment of Children with Severe Mental Disorders. In: D. R. Hawkins und L. Pauling, Orthomolecular Psychiatry. San Francisco, S. 513–540.

RIMLAND, B. (1974): An Orthomolecular Study of Psychotic Children. In: Orthomolecular Psychiatry, Jg. 3, Heft 4, S. 371–377.

RIMLAND, B. (1983): The Feingold Diet – An Assessment of the Reviews By Mattes, By Kavale and Foness and Others. In: Journal of Learning Disabilities, Jg. 16, Heft 6, S. 331–333.

RIMLAND, B. et al. (1978): The Effect of High Doses of Vitamin B6 on Autistic Children – A Double-Bind Crossover Study. In: American Journal of Psychiatry, Jg. 135, Heft. 4, S. 472–475.

RINCOVER, A. (1978): Variables affecting stimulus-fading and discriminative responding in psychotic children. In: Journal of Abnormal Psychology.

RINCOVER, A. und KOEGEL, R. L. (1975): Setting generality and stimulus control in autistic children. In: Journal of Applied Behavior Analysis, Jg. 8, S. 235–246.

RITTER, B. (1968): The group treatment of children's make phobias using vicarious and contact desensitization procedures. In: Behav. Res. Ther., S. 1–6.

RITVO, S. und PROVENCE, S. (1953): From perception and limitation in some autistic children. In: Psychoanalytic Study Child, Jg. 8, S. 155–161.

RÖDLER, P. (1983): Diagnose Autismus. Ein Problem der Sonderpädagogik. Grundlagen zum pädagogischen Umgang mit dem Problem des autistischen Verhaltens. Frankfurt am Main.

ROHR, B. (1975): Kritische Erziehungswissenschaft – eine Herausforderung an die Didaktik der Lernbehinderten. In: Zeitschrift für Heilpädagogik, Jg. 26, S. 506–522.

ROHR, B. (1975): Entgegnung zur Stellungnahme von Hartmut Willand: „Kritische Erziehungswissenschaft – eine Herausforderung an eine pädagogisch verstandene Sonderpädagogik."
In: Zeitschrift für Heilpädagogik, Jg. 26, S. 863–865.

ROHRMANN, U. und HARTMANN, H. (1985): Modifizierte Festhaltetherapie (MFT) – Eine Basis-
therapie zur Behandlung autistischer Kinder. In: Zeitschrift für Kinder- und Jugendpsychiatrie, Jg. 13, S. 182–192.

ROHRMANN, U., KALDE, M. und JAKOBS G. (1988): Modifizierte Festhaltetherapie (MFT) –
Beschreibung und Abgrenzung zur Festhaltetherapie. In: C. Arens und S. Dzikowski,
Autismus heute – Aktuelle Entwicklungen in der Therapie autistischer Kinder. Band 1,
Dortmund, S. 153–159.

ROYDS, E. (1977): The Beacon, S. 46–71.

RUBINFINE, D. L. (1961): Perception, Reality Testing, and Symbolism. In: The psychoanalytic
Study of the Child, New York . Jg. 16, S. 73–89.

RUSSO, D. C. und KOEGEL R. L. (1977): A method for integrating an autistic child into a normal
public school clasroom. In: Journal of Applied Behavior Analysis, Jg. 10, S. 579–590.

RUTTENBERG, B. A. A. (1971): A psychoanalytic understanding of infantile autism and its treatment. In: Churchill D. W und DeMyer M. K. (Hg.), Infantile Autism, Springfield III, Charles C. Thomas, S. 145–184.

RUTTENBERG, B. A. A., DRATMAN M., FRANKENOR J. und WENAR C. (1966): An instrument for
evaluating autistic children. In: Journal. American. Academic Child Psychiatry, Jg. 5,
S. 453–478.

RUTTENBERG, B. A. A., KALISH B. I., WENAR C. und WOLF E. G. (1977): Behavior rating instrument for autistic and other atypical children. (BRIAAC): scales and instruction manual. Erschienen bei: Development Center for Autistic Children, 120 North 48th Street, USA-Phi-
ladelphia, Pennsylvania 19139.

RUTTER, M. (1965): The influence of organic and emotional factors on the origins, nature and
outcome of childpsychosis. In: Develop. Med. Child. Neurology, Jg. 7, S. 518ff.

RUTTER, M. (1973): Charakteristische Verhaltensweisen und kognitive Funktionen autistischer
Kinder. In: J. K. Wing (Hg.), Frühkindlicher Autismus, klinische, pädagogische und
soziale Aspekte. Weinheim, S.76–104.

RUTTER, M. (1973): Prognose: Psychotische Kinder im Jugend- und frühen Erwachsenenalter.
In: J. K. Wing (Hg.), Frühkindlicher Autismus, klinische, pädagogische und soziale
Aspekte. Weinheim, S. 105–121.

RUTTER, M. (1978): Diagnosis and definition. In: M. Rutter M und E. Schopler, Autism –
A reappraisal of concepts and treatment. New York, S. 1–25.

RUTTER, M., BARTAK, L. und NEWMAN, S.(1971): Autism – a central disorder of cognition and
language". In: M. Rutter (Hg.), Infantile Autism – Concepts, characteristics and treatment.
Edinburgh, S. 148–171.

RUTTER, M., GREENFELD, D. und LOCKYER L. (1967): A five to fifteen-year follow-up-study of
infantile psychosis. II – Social and behavioral outcome. In: British Journal of Psychiatry,
Jg. 113, S. 1183ff.

SAENGER, G. S. (1960): Factors influencing the institutionalization of mentally retarded indivi-
duals in New York City, A Report to the New York Interdepartmental Health Resources
Board.

SAß, H., WITTCHEN H. U. und ZAUDIG M. (1984): Diagnostisches und Statistisches Manual
Psychiatrischer Störungen DSM III. Göttingen.

SAß, H., WITTCHEN H. U., ZAUDIG M und Koehler K.: (1989): Diagnostisches und Statistisches Manual Psychiatrischer Störungen DSM III-R. Göttingen.

SAß, H., WITTCHEN H. U. und ZAUDIG M.: Diagnostisches und Statistisches Manual Psychiatrischer Störungen DSM IV. Göttingen.

SANTE DES SANCTIS (1925): La neuropsychiatirica infantile – Infanzia anormale. Rom.

SASAKI, M (1978): Film: „All are friends – an integration remedy for autistic children. Department of Neuropsychiatry, Faculty of Medicine, University of Tokyo, Japan.

SCHÄFER, S. (1997): Sterne, Äpfel und rundes Glas – Mein Leben mit Autismus. Stuttgart.

SCHÄFER, S. (1998): Mein Leben mit Autismus. In: Bundesverband „Hilfe für das autistische Kind e.V." (Hg.), Mit Autismus leben – Kommunikation und Kooperation – 9. Bundestagung in Magdeburg, Hamburg, S. 45–54.

SCHILDER, P. F. (1923: The Image and Appearance of the Human Body – Studies in the Constructive Energies of the Psyche. New York.

SCHMAUCH, U. (1977): Ist Autismus heilbar? – Zur Psychoanalyse des frühkindlichen Autismus, Bruno Bettelheim und Margaret Mahler. In: A. Leber (Hg.), Psychoanalytische Reflexion und therapeutische Verfahren in der Pädagogik 3. Frankfurt am Main.

SCHMIDT, H. (1972): Grundlagen und Praxis einer Sprachanbahnung bei autistischen Kindern. In: „Hilfe für das autistische Kind e. V", Tagungsberichte 1972, Lüdenscheid, S. 71–76.

SCHÖNFELDER, Th. (1966): Sprachstörungen bei hirnorganischen Syndromen. In: „Arbeitsgemeinschaft für Sprachheilpädagogik" (Hg.), Sprachheilpädagogische und hirnpathologische Probleme bei der Rehabilitation von Hirn- und Sprachgeschädigten, Tagungsbericht. Köln.

SCHOPLER, E. und REICHLER, R. J. (1981): Entwicklungs- und Verhaltensprofil – P.E.P. (Psychoeducational Profile) – Förderung autistischer und entwicklungsbehinderter Kinder. Band 1. Dortmund.

SCHOPLER, E., REICHLER R. J. und LANSING, M. (1983): Strategien der Entwicklungsförderung für Eltern, Pädagogen und Therapeuten, Förderung autistischer und entwicklungsbehinderter Kinder. Band 2. Dortmund.

SCHOPLER E., LANSING M. und WATER, L. (1987): Übungsanleitungen zur Förderung autistischer und entwicklungsbehinderter Kinder. Band 3. Dortmund.

SCHREIBMANN, L. (1975): Effects of within-stimulus and extra stimulus prompting on discrimination learning in autistic children. In: Journal of Applied Behavior Analysis, Jg. 8, S. 91–113.

SCHREIBMANN, L. (1979a): Struktur und Organisation von Institutionen zur Förderung autistischer Kinder. In: Bundesverband: „Hilfe für das autistische Kind e. V." (Hg.), Therapie und schulische Förderung autistischer Kinder in England, USA und Deutschland – Referate der 4. Bundestagung in Frankfurt. Hamburg, S. 65–74.

SCHREIBMANN, L. (1979b): Der verhaltenstheoretische Ansatz in der Behandlung autistischer Kinder. In: Bundesverband: „Hilfe für das autistische Kind e. V." (Hg.), Therapie und schulische Förderung autistischer Kinder in England, USA und Deutschland – Referate der 4. Bundestagung in Frankfurt. Hamburg, S. 118–131.

SCHREIBMANN L. und KOEGEL R. L. (1975): Autism a defeatable horror. In: Psychology Today 1975, Jg. 8, S. 61–67.

SCHREIBMANN L. und KOEGEL R. L. (1976): Autismus und Verhaltenstherapie. In: Psychologie heute 1976, Heft 2, S. 22–28.

SCHRÖDER; S. (1983): Historische Skizzen zur Betreuung schwerst- und mehrfachgeschädigter geistig behinderter Menschen. In: Nik Hartmann (Hg.), Beiträge zur Pädagogik der Schwerstbehinderten. Heidelberg, S. 17–61.

SCHUMANN, P. (1940): Geschichte des Taubstummenwesens vom deutschen Standpunkt aus dargestellt. Frankfurt am Main.

SCHUMANN, W. (1966): Zur Problematik des kindlichen Autismus und der psychologischen Nosologie. In: Praxis der Kinderpsychologie und Kinderpsychiatrie, S. 168–175.

SCOTTISH COUNCIL FOR RESEARCH IN EDUCATION (1953): Social Implications of the 1947 Scottish Mental Survey. London.

SELBMANN, F. (1982): Jan Daniel Georgens – Leben und Werk – Gießen.

SELLIN, Annemarie (1996): Die häufigsten Fragen zur Gestützten Kommunikation. In: Autismus, Nr. 42, S. 36–39.

SELLIN, Birger (1993): Mitteilungen an die Oberwelt. In: Der Spiegel, Jg. 35, S. 118–131.

SELLIN, Birger (1993): Ich will kein inmich mehr sein – Botschaften aus einem autistischen Kerker. In: M. Klonovsky (Hg.). Köln.

SELLIN, Birger (1995): Ich deserteur einer artigen autistenrasse – Neue Botschaften an das Volk der Oberwelt. In: Michael Klonovsky (Hg.). Köln.

SIEGEL, E. V. (1988): Tanztherapie. Stuttgart.

SIMON, G. B. und GILLIES, S. M. (1964): Some physical characteristics of a group of psychotic children. In: British Journal of Psychiatry, Jg.110, S. 104ff.

SKINNER, B. F. (1938): The Behavior of organismus. New York.

SKINNER, B. F. (1953): Science and human behavior. New York.

SPECK, O. (1980): Geistige Behinderung und Erziehung. München.

SPITZ, R. A: (1945): Hospitalism, The Psychoanalytic Study of the Child, New York, International Universities Press, Band.1, S. 53–74.

SPITZ, R. A. (1946): The Smiling Response – A Contribution to the Ontogenesis of Social Relations (with the assistance of K.M. Wolf. In: Genetic Psychology. Monogr., Nr. 34, S. 57–125.

SPITZ, R. A: (1955): The Primal Cavity – A Contribution to the genesis of Perception and Its Role for Psychoanalytic Theory. In: The Psychoanalytic Study of the Child, New York, Band 10, S. 215–240.

SPITZ, R. A. (1965): Vom Säugling zum Kleinkind. Naturgeschichte der Mutter-Kind-Beziehung im ersten Lebensjahr. Stuttgart.

STADES-VETH, J. (1990): Zur Geschichte und Entwicklung der Festhaltetherapie. In: Stefan Dzikowski und Christiane Arens (Hg.), Autismus heute – Neue Aspekte der Förderung autistischer Kinder. Band 2, Dortmund, S. 121–140.

STÄDELI; H. (1968): Ein Beitrag zur Problematik der Beziehungsschwierigkeiten von Müttern zu ihren autistischen Kindern. In: Acta Paedopsychiatrica, S. 227–241.

STEIN, Z. und SUSSER, M. (1960): The families of dull children: a classification for predicting careers. In: British Journal Prev. Soc. Med., Jg. 14, S. 83ff.

STEIN, Z. und SUSSER, M. (1963): The social distribution of mental retardation. In: American Journal. Ment. Def., Jg. 67, S. 811ff.

STEINDAL, K. (1996): Das Asperger-Syndrom – Wie man Personen mit Asperger-Syndrom und autistische Personen mit hohem Entwicklungsniveau („high-function-autism") versteht und wie man ihnen hilft. In: Bundesverband: „Hilfe für das autistische Kind – Vereinigung zur Förderung autistischer Menschen c. V". Hamburg.

STERN, D. (1992): Die Lebenserfahrung des Säuglings. Stuttgart.

STOLLER, R. J. (1973): Male Transsexualism, Uneasiness. In: American Journal of Psychiatry, Jg. 130, S. 536–539.

STROH, G. (1962): Psychosis in childhood. In: Publish Health, Jg. 77, S. 21ff.

STÜDEMANN, M. (1978): Training von Wahrnehmung und Verhalten zur Verbesserung der therapeutischen Interaktion mit autistischen und entwicklungsgestörten Kindern. Diplomarbeit, Universität Hamburg. Unveröffentlicht.

STUTTE, H. (1960): Kinder und Jugendpsychiatrie. In: H. W. Gruhle, R. Jung, , W. Mayer-Gross und M. Müller, Psychiatrie der Gegenwart. Band 2. Berlin-Göttingen-Heidelberg.

STUTTE, H. (1962): Intellektuelle Hochbegabungen bei autistischen Kindern. In: Unsere Jugend, Jg. 14, S. 225–228.

STUTTE, H. (1968): Warum sollen wir von kindlicher Aphasie sprechen. In: Acta paedopsychiatrica, Jg.35, S. 1–4.

TAFT, L. T. und GOLDFARB W. (1964): Prenatal and perinatal factors in childhood schizophrenia. In: Dev. Med. Child Neurol., Jg. 6, S. 32ff.

TINBERGEN, N. und TINBERGEN E. A. (1972): Early Childhood Autism. An Ethological Approach. In: Zeitschrift für Tiefenpsychologie – Fortschritte der Verhaltensforschung, Berlin 1972, Heft 10.

TINBERGEN, N. und TINBERGEN E. A. (1984): Autismus bei Kindern. Fortschritte und neue Behandlungsmethoden lassen hoffen. Berlin.

TIZARD, J. (1964): Community Services for the Mentally Handicapped. London.

TOMATIS A. A. (1972): Neue Theorien zur Physiologie des Ohres. Vortrag vom 2. internationale Kongress für audio-psycho-Phonologie. Paris.

TOMATIS, A. A. (1987): Der Klang des Lebens. Reinbek.

TRAMER, M. (1934): Elektiver Mutismus bei Kindern. In: Zeitschrift der Kinderpsychiatrie, 1 Jg., S. 30ff.

TUSTIN, F. (1989): Autistische Zustände bei Kindern. Stuttgart.

VEDDER, R. (1962): Kinderen met leer – en gedragsmoeilijkchiat. In: D. A. Van Krevelen und Ch. Kuipers: The psychopathology of autistic psychopathy. In: Acta paedopsychiatrica, Jg. 29, S. 22–31.

VEEH, S. (1990): Tuberkulöse Sklerose – Ein umfassendes Problem und seine sozialpädagogische Bearbeitung. Veröffentlichte Diplomarbeit. Würzburg-Seligenstadt.

VERHEES, B. (1969): Über den frühkindlichen Autismus. Diplomarbeit aus dem Heilpädagogischen Institut der Universität Freiburg/Schweiz, Abteilung: Angewandte Psychologie. Unveröffentlicht.

WALDON G. (1985): In: P. Haverson P: The listeners – the story of some autistic children.

WARD, T. F. and HODDINOTT, B. A. (1969): The Development of Speech in an Autistic Child. In: Acta Paedopsychiatrica, Jg. 35, S. 199–215.

WASSING, H. E. und van KREVELEN D. A. (1968): Zur Frage der Intelligenz zeichenbegabter autistischer Kinder. In: Acta Paedopsychiatrica, S. 215–227.

WATZLAWICK, P., BEAVIN J. H. und JACKSON D. D. (1974): Menschliche Kommunikation. Stuttgart.

WEBER, D. (1966): Zur Ätiologie autistischer Syndrome des Kindesalters. In: Praxis der Kinderpsychologie und Kinderpsychiatrie 15, S. 12–18.

WEBER, D. (1970): Der frühkindliche Autismus unter dem Aspekt der Entwicklung. Bern/Stuttgart.

WEBER, D. (1982): Autistische Syndrome und dazugehörige Verhaltensweisen. In: Geistige Behinderung, Heft 1, S. 4–16.

WEBER, D. (1985): Autistische Syndrome. In: Helmut Remschmidt und Martin H. Schmidt, Kinder- und Jugendpsychiatrie in Klinik und Praxis. Stuttgart.

WEBER, D. und SCHMIDT B. (1969): Autistisches Syndrom und Pseudoretinitis pigmentosa nach Rötel-Embryopathie bei einem Zwillingspaar. In: Jahrbuch Jugendpsychiatrie, Bern-Stuttgart-Wien. Band 7, S. 117–146.

WEBSTER, C. D. et al. (1973): Communication with autistic boy by gestures. In: Journal of Autism and Childhood Schizophrenia, Jg. 3, S. 337–346.

WENDELER, J. (1977): Neuere Forschungsergebnisse. In: J. K. Wing (Hg.), Frühkindlicher Autismus, klinische, pädagogische und soziale Aspekte. Weinheim, S. 283–308.

WIENER, G. (1995): Therapie und Autismus. In: „Hilfe für das autistische Kind" – Vereinigung zur Förderung autistischer Menschen Regionalverband Rhein-Main e.V. Frankfurt am Main.

WILCZEK, B. (1992): Tanztherapie mit autistischen Menschen am Hamburger Autismus-Institut. In: Autismus, Nr. 33, S. 24–25.

WILLIAMS, D. (1992): Ich könnte verschwinden, wenn du mich berührst – Erinnerungen an eine autistische Kindheit. Hamburg.

WILLIAMS, D. (1994): Wenn du mich liebst, bleibst du mir fern – Eine Autistin überwindet ihre Angst vor anderen Menschen. Hamburg.

WILMS H. (1975): Musiktherapie bei frühkindlichem Autismus. In: H. Wolfgart (Hg.), Orff-Schulwerk und Therapie – Therapeutische Komponenten in der elementaren Musik- und Bewegungserziehung. Carl Marhold, S. 188–201.

WILSON, M. D. (1964): Administrative and social aspects. Proceedings of Conference on the Educational Needs of Psychotic Children, Hove, November. Unveröffentlicht.

Wing, J. K. (1962) Institutionalism in mental hospitals. In: British Journal Clin. Soc. Psychology, 1, S.38ff.

WING, J. K. (1977): Symptome, Verbreitung und Ursachen des frühkindlichen Autismus. In: J. K. Wing (Hg.), Frühkindlicher Autismus, klinische, pädagogische und soziale Aspekte. Weinheim, S. 17–51.

WING, L. (1976): Das autistische Kind - Wie Erziehungsschwierigkeiten und Verhaltensstörungen überwunden werden können. Ravensburg.

WING, L. und WING J. K. (1977): Praktische Hilfen für autistische Kinder. In: J. K. Wing (Hg.), Frühkindlicher Autismus, klinische, pädagogische und soziale Aspekte. Weinheim, S. 250–272.

WINNICOTT, D. W. (1953a): Psychosis and Child Care. In: Br. J. Med. Psychol., Jg. 26, S. 68ff.

WINNICOTT, D. W. (1953b): Transitonal Objects and Transitonal Phenomena. In: International Journal of Psychoanalysis, Jg. 34, S. 89–97.

WINNICOTT, D. W. (1958): The Capacity to be Alone. In: Int. J. Psycho. Anal., Jg. 39, S. 416–420.

WOLF, J. (1969): The Results of Treatment of Cerebral of Cerebral Palsy. Springfield III, Charles C. Thomas.

WOLFF, P. H. (1959):"Observations on Newborn Infants", Psychosomatic Medicine, Jg. 21, S. 110–118.

WOLFF, P. H. und WHITE B. L. (1965): Visual Pursuit and Attention in Young Infants. In: Journal of Child Psychiatry, Jg. 4, S. 473ff.

WOLFF, S. und CHESS, S. (1964) A behavioral study of schizophrenic children. In: Acta Psychiatrica, Scand. 40, S. 438ff.

WÜNSCH, M. und HOLZMANN K. (1990): Festhalten – Erfahrungen aus der Praxis. In: Stefan Dzikowski und Christiane Arens (Hg.), Autismus heute – Neue Aspekte der Förderung autistischer Kinder. Band 2, Dortmund, S. 159–174.

WURST, E. (1976): Autismus. In: Reihe: Arbeiten zur Theorie und Praxis der Rehabilitation in Medizin, Psychologie und Sonderpädagogik. Band 13, Stuttgart.

WYGOTSKI, L. S. (1924): Zur Psychologie und Pädagogik der kindlichen Defektivität. In: Die Sonderschule, Jg. 20, S. 65–72.

YARROW, L. J. (1961): Maternal deprivation. In. Psychology Bulletin, Jg. 58, S. 459ff.

ZASLOW, R. W. (1977): Rage, resistance and holding –The Z-process approach. California.

ZASLOW, R. W. (1982): The Medusa complex. Human aggression within the framework of attachment theory, reflected in the Medusa myth. In: Autism and in schizophrenia. Carlifornia.

ZASLOW, R. W. und BERGER L. (1969): A theory and treatment for autism. In: L. Berger (Hg.), Clinical Cognitive Psychology. Prentice Hall, S. 246–289.

ZÖLLER, D. (1989): Wenn ich mit euch reden könnte. München.

ZÖLLER, D. (1992): Ich gebe nicht auf. München.